KB199838

낭만주의 윤리와 근대 소비주의 정신

나남
nanam

한국연구재단 학술명저번역총서
서양편 298

낭만주의 윤리와 근대 소비주의 정신

2010년 8월 25일 발행
2010년 8월 25일 1쇄

지은이_ 콜린 캠벨
옮긴이_ 박형신 · 정헌주
발행자_ 趙相浩
발행처_ (주) 나남
주소_ 413-756 경기도 파주시 교하읍
출판도시 518-4
전화_ (031) 955-4600 (代)
FAX_ (031) 955-4555
등록_ 제 1-71호(79.5.12)
홈페이지_ http://www.nanam.net
전자우편_ post@nanam.net
인쇄인_ 유성근(삼화인쇄주식회사)

ISBN 978-89-300-8499-4
ISBN 978-89-300-8215-0(세트)
책값은 뒤표지에 있습니다.

'한국연구재단 학술명저번역총서'는 우리 시대 기초학문의 부흥을 위해
한국연구재단과 (주)나남이 공동으로 펼치는 서양명저 번역간행사업입니다.

낭만주의 윤리와 근대 소비주의 정신

콜린 캠벨 지음 | 박형신 · 정헌주 옮김

나남
nanam

The Romantic Ethic and the Spirit of Modern Consumerism
by Colin Campbell

옮긴이 머리말

오늘날 우리는 살기 위해 소비하는 것이 아니라 소비 속에 살고 있다고 해도 과언이 아니다. 이렇듯 현대사회는 이제 '소비'사회라고 일컬어질 정도로 소비가 중요한 의미를 지니는 사회이다. 하지만 경제현상이라고도 할 수 있는 소비에 주목한 것은 아이러니하게도 경제학보다는 사회학이라고 할 수 있다. 경제학에서는 소비가 생산의 부산물로 인식되어 논의의 주변에 머물러 있었다면, 사회학은 일찍이 소비를 경제적 효용을 넘어서는 그 자체의 의미를 지니는 하나의 사회적 현상으로 인식하고 나섰기 때문이다.

우리 사회학계에서도 아직 '소비사회학'이라는 분과까지 성립하지는 않았지만, 문화사회학의 측면에서 소비에 대한 사회학적 관심이 크게 증가해왔다. 이러한 현상을 반영하듯, 소비에 관한 고전적 저술이라고 할 수 있는 베르너 좀바르트의 《사치와 자본주의》와 소스타인 베블런의 《유한계급론》이 여러 번역본으로 출간되었고, 소비사회이론의 현대적 고전이라고 할 수 있는 장 보드리야르의 《소비의 사회》와 피에르 부르디외의 《구별짓기》 역시 일찍이 번역・출간되어 독자들의 꾸준한 사랑을 받고 있다.

하지만 서구 소비사회의 기원과 관련한 역사적 저술들은 국내에 그리 소개되어 있지 않다. 이와 관련한 저술로는 인류학자 그랜트 맥크래켄의 《문화와 소비》, 경제학자들인 맥켄드릭 · 브루어 · 플럼의 《소비사회의 탄생: 18세기 영국의 상업화》, 그리고 사회학자 캠벨의 《낭만주의 윤리와 근대 소비주의 정신》을 꼽을 수 있다. 이 중 우리말로 번역되어 있는 것은 맥크래켄의 저작뿐이다. 맥켄드릭 등의 역사학적 저술과 우리가 번역한 캠벨의 저작은 서구의 많은 소비관련 저작들에서 대가들과 나란히 인용되고 있음에도 불구하고, 우리 사회에서는 널리 알려져 있지 못하다.

이 책에서 캠벨은 맥켄드릭과 그의 동료들이 그들의 저작에서 제시하는 테제와 막스 베버가 《프로테스탄트 윤리와 자본주의 정신》에서 제시하는 테제 사이에서 발견되는 수수께끼를 푸는 식으로 낭만주의 윤리와 근대 소비주의 정신의 관계를 추적한다. 맥켄드릭 등은 18세기 영국 소비혁명의 기원을 경쟁적 소비가 귀족계급에서 중간계급으로 확산되는 과정에서 찾고 있다. 하지만 이는 베버의 테제와 정면으로 배치된다. 베버에 따르면, 이들 중간계급은 금욕적이고 합리적인 프로테스탄트 윤리의 담지자들이기 때문이다. 캠벨은 이 수수께끼를 풀기 위해 베버의 방법론적 전략을 따라 먼저 '자기환상적 쾌락주의'로 집약되는 근대 소비주의 정신의 '이상형'을 구축하고, 프로테스탄트 윤리에 대한 반발과 그 윤리의 '의도하지 않은 결과'로서의 낭만주의 윤리를 포착해내어 양자를 서로 연결시킨다(이에 대한 보다 상세한 설명은 옮긴이 해제를 참고하라). 이 책은 바로 '근대적' 쾌락주의와 '감정주의적' 생활방식을 씨줄과 날줄로 엮어가며 양자 간의 선택적 친화성을 밝히기 위한 긴 역사적인 지적 기행이다.

캠벨의 이 책은 소비와 관련한 다른 저작들과는 달리 소비가 단순한 물질적 수준을 넘어 '관념적'인 성격을 가지고 있다는 점을 규명한다는 데 그 특징이 있다고 평가받는다. 즉 캠벨은 베버가 맑스의 유물론적 관점과는 달리 프로테스탄트 윤리라는 관념적 측면에서 근대자본주의 정신의 발현을 탐색한 것처럼, 낭만주의 윤리가 어떻게 근대 소비주의 정신을 이끌었는지를 탐구하고 있다는 것이다. 이러한 주장은 캠벨이 자신의 이 저작이 베버 저작의 '자매서'라고 표현하는 것을 정당화해준다. 하지만 이 책에는 베버의 입장과 크게 다른 한 가지 중요한 점이 자리하고 있다. 베버에서 그리고 칼뱅교에서 감정은 억제의 대상이었다면, 이제 캠벨에서 그리고 또 다른 프로테스탄트 윤리들에서 감정은 행위의 목적 또는 목표를 설정하는 중요한 분석적 범주로 제시된다. 캠벨에게서 근대 소비주의의 근간을 이루는 감정이 바로 쾌락이고, 이 쾌락적 동기의 정당화과정을 추적함으로써 근대 소비주의 정신을 도출한다(하지만 여기서도 캠벨은 베버가 자본주의적 이윤추구의 동기가 금욕주의에 의해 정당화되는 과정을 추적하는 것과 동일한 전략을 취한다). 이러한 맥락에서 볼 때, 이 책이 갖는 보다 큰 의미는 캠벨이 소비혁명에 대한 감정사회학적 접근을 시도하고 있다는 점이라고 할 수 있다. 이런 점에서 이 책은 또한 감정사회학의 주요 저작 중의 하나로 손꼽을 수 있다.

이 책이 갖는 이러한 가치는 번역하는 과정에서 우리에게 수많은 지적 자극과 사회학적 상상력을 고취시켜주기에 충분한 것이었다. 하지만 18세기 영국역사와 교회사에 대해 문외한이었던 우리는 보다 충실한 번역을 위해 또 다른 지적 탐험을 해야만 했다. 그 결과 신학적 교리에 대해 종교인 앞에서 우쭐거리기도 했지만, 서툰 지식이 독자들을 혼란시키는 것은 아닐까 하는 우려를 지울 수 없다. 그렇지만 보다 수준 높은 번역이 될 수 있도록 좋은 지적을 해주신 명저번역 심사위원 선생님들께 깊은 감사를 드려야 할 것 같다. 그리고 이 같은 지적 쾌락의 기회를 준 한국연구재단에도 깊이 감사한다. 아울러 멋진 책으로 탈바꿈시켜준 나남출판사 편집진에게 감사한다. 또한 결코 쉽지 않은 책이지만, 소비주의시대를 살고 있는 독자들에게 이 책이 무한한 상상력을 자극할 수 있는 또 다른 지적 소비재가 되기를 바라본다.

2010년 여름

장맛비 중 햇볕 내리쬐는 날에

옮긴이

낭만주의 윤리와 근대 소비주의 정신

차 례

제 1 장

서 론

근대사상의 전반적 발전을 기술하고자 하는 대부분의 시도들은 유독 합리주의의 성장에만 주의를 기울이는 경향이 있다. 그 결과 역사적 사실과 우리가 알고 있는 세계가 전혀 양립하지 않는 사태가 초래되었다.

— 칼 만하임

《옥스퍼드 영어사전》에서는 '낭만적'(*romantic*)이라는 단어를 첫 번째로는 "로맨스에 의해 특징지어지거나 그것을 암시하거나 그것에 부여된"이라는 의미로, 두 번째로는 "상상적, 경험과는 거리가 먼, 환상적"이라는 의미로, 그리고 세 번째로는 "(문학적 또는 예술적 방법과 관련해서는) 완결이나 조화보다는 장관이나 열정 또는 파격적인 미(美)를 선호하는"의 의미로 정의한다.[1] 이러한 함의들 중 그 어느 것도 이 책의 제목에 들어있는 '소비'(*consumption*)라는 말이 일반적으로 포괄하는 활동들과는 별 연관이 없어 보인다. 재화와 서비스의 선택과 구매 그리고 사용은 모두 일상적 행위 형태들이다. 하지만 우리는 집이나 자동차 같이 중요한 물품을 구입하는 아주 드문 경우들을 제외하고는, 그러한 행위들을 흔히 사소하고 평범한 일쯤으로 여기는 경향이 있다. 따라서 경제적 행동의 한 형태인 소비는

1) *Oxford English Dictionary*, 1969년판, s.v. 'romantic'.

우리가 일반적으로 '낭만적'이라고 간주하는 모든 것들과는 정반대편에 위치하는 삶의 형태인 것처럼 보이기도 한다. 하지만 이러한 대비는 온당하지 못하다. 우리가 실제로 그 둘을 직접적으로 연결하고 있는 하나의 유의미한 근대적 현상이 존재한다는 점을 인식하자마자, 그 같은 사실은 분명해진다.

그 근대적 현상이 바로 광고이다. 왜냐하면 화려한 잡지의 면면이나 텔레비전 상업광고의 내용을 슬쩍 훑어보기만 해도, 얼마나 많은 광고들이 '낭만'이라는 주제에 관심을 두고 있는지, 그리고 얼마나 많은 광고의 이미지와 카피들이 "일상적 경험과는 거리가 먼" 장면, '상상적인' 장면, 아니면 '장관' 또는 '열정'을 암시하는 장면들을 다루고 있는지를 알 수 있기 때문이다. 그리고 그것은 향수나 담배 광고 또는 란제리의 광고에서 크게 부각되는 좁은 의미에서 낭만적인 것만은 아니다. 그것은 사용된 사진이나 이야기가 이국적이고 상상적이고 이상화된 것이라는 넓은 의미에서도 일반적으로 '낭만적'이다. 물론 광고의 본래 목적은 그것이 부각시키는 제품을 사람들이 사게끔 유인하는 것, 달리 말하자면 소비하도록 유혹하는 것이다.[2]

본래 '낭만적인' 문화적 소재가 이런 식으로 광고에서 통상적으로 사용되고 있다는 사실은 자주 지적되었으며, 따라서 혹자는 '낭만주의'와 '소비'의 연계관계는 이미 널리 인식된 사실이라고 말할 수도 있다. 하지만 사회과학자들이 (그러나 실제로는 대학교수와 지식인 일반이) 널리 받아들이던 가정은, 그러한 소재를 사용하기로 선택한 사람은 자신들이 대변하는 생산자들의 이익을 증진시키고자 하는 광고업자들이며, 따라서 그 관계는 '낭만적' 신념과 열망과 태도가 '소비사회'를 위해 작동하게 만들어지고 있는 관계로 파악되어야 한다는 것이었다.[3] 이 같은 견해는 이 책에서 (비록

---

2) 물론 모든 광고가 '낭만적' 카피를 사용하는 것은 아니다. 그러나 또 한편으로는 모든 소비가 성격상 '근대적인' 것도 아니다.

3) 우리는 이 같은 견해를 이를테면 근대광고의 성장에 대한 피스(Pease)의 논의에서 찾아볼 수 있다. Otis Pease, *The Responsibilities of American Advertising*:

기각되지는 않지만) 도전받는다. 이 책은 문화 속에서 '낭만적' 요소들이 근대 소비주의 자체의 발전에 중요한 역할을 수행해 온 것으로 간주하는 까닭에, 그 역(逆)의 관계 역시 진지하게 검토될 필요가 있다고 주장한다. 실제로 소비가 수요를 결정하고 수요가 공급을 결정하기 때문에, 낭만주의 자체가 산업혁명을 촉진하고 그리하여 근대경제의 성격을 변화시키는 데 결정적 역할을 수행했다는 주장을 제기할 수 있다. 이는 매우 야심찬 주장이다. 그러므로 나는 내가 어떻게 해서 이 주장을 검토하게 되었는지를 설명하는 것에서 논의를 시작하고자 한다.

1960년대 후반과 1970년대 초에 나로 하여금 이 책을 쓰도록 한 사건들이 발생했다.[4] 서유럽과 북미의 대부분의 학자들(그리고 특히 사회과학자들)처럼, 나는 그 시기가 비록 때로는 활력이 있기도 하지만, 동요하고 있으며, 또 각종 도전을 받고 있음을 발견했다. 대학들은 세대 간 전쟁의 최전선에 서 있는 듯했고, 특권을 가진 교육받은 젊은이들이 역사의 경로를 기어코 예기치 않은 방향으로 빗나가게 하지는 않을까 하는 느낌이 들기도 했다. 어떤 학자도, 특히 어떤 사회학자도 자신의 전문적 작업 및 개인적 행위 모두를 인도해 온 가정들을 재고하거나 재검토하지 않고서는, 그런 지적·문화적 혼란을 감당할 수 없었다. 나의 동료들 중 일부는 상당한 성찰적 숙고를 하고 난 후에 젊은 '반(反)문화주의자들 대열'(*counter-culturalists*)에 가담하기로 결정한 반면, 다른 일부는 그것을 젊은이들의 도덕률폐기론적 광기(*antinomian madness*)로 파악하고 자신들의 반대 입장을 보다 확고히 했다.[5] 개인적으로 말하자면, 나는 개인들을 그러한 딜

Private Control and Public Influence, 1920~1940(New York: Arno Press, 1976), pp. 40~41을 보라.

4) 〔역주〕 젊음, 저항, 변혁, 그리고 베트남전쟁, 핵공포 등이 1960년대 후반과 1970년대 초를 특징짓는 핵심어들이라고 할 수 있다. 젊은이들은 프랑스의 68혁명과 미국의 반전운동을 통해 양차 대전에서 살아남은 기성세대 및 기득권 세력들에게 철저하게 대항하며, 정치·경제·사회적 변혁을 요구했다. 이들의 정치운동은 한편으로는 다양한 스펙트럼의 신좌파를 탄생시켰고, 다른 한편으로는 다양한 형태의 반문화운동으로 이어졌다.

레마에 빠지게 하는 현상들에 점점 더 흥미를 느껴갔다. 내가 완전하게 이해할 수 없다고 느낀 것을 그냥 내버려두는 것도, 그렇다고 책망하는 것도 내키지 않았기에, 나는 점차 그러한 당혹스러운 문화적 격변을 연구하는 쪽으로 정열을 쏟게 되었다. 비록 처음에는 사건들에 대해 합리적으로 대응하자는 사치스런 기대 속에서 착수한 개인적 탐구였지만, 그것은 곧 전문적 관심사로 발전했고, 실제로 나중에야 알아차렸지만, 그것은 또한 다른 사람들이 보기에 나의 전문분야가 되었다.

그 후 몇 년 동안 나는 '물병자리 시대'(*Age of Aquarius*)[6]의 전령들이 저술하거나 좋아한 문헌이나 그들에 앞서 그것을 옹호한 사람들이 저술한 문

---

5) 이러한 반응들을 보여주는 몇몇 사례들을 David Martin ed., *Anarchy and Culture: The Problem of the Contemporary University*(London: Routledge and Kegan Paul, 1969)에서 찾아볼 수 있다.

6) 〔역주〕 '물병자리 시대'란 뉴에이지(*New Age*)를 의미한다. 이 용어가 널리 통용되기 시작한 것은 다음과 같은 1960년대 뮤지컬 '헤어'(*Hair*)의 타이틀곡 '물병자리의 시대'가 알려지면서부터이다.

> 태양이 제 7궁으로 들어설 때, / 목성이 화성과 나란히 설 때에/ 그러면 평화가 행성들을 안내하고/ 사랑이 별들을 인도할 것이다. /이제 물병자리 시대가 오고 있다. / 물병자리 시대가!/ 물병자리!/ 물병자리!

이 물병자리 시대는 어떤 것으로도 채워지지 않는 인간의 정신적 갈등을 충분히 채울 수 있는 물병이 상징하듯이, 인간영혼의 참자유를 표현한다고 뉴에이지 추종자들은 보고 있다. 그리하여 세상이 아주 다른 세상이 된다고 본다. 이 물병자리는 태양의 춘분점으로부터 순수한 천문학적 변위를 나타내는 것으로서, 점성술에 의하면 약 2천 년 동안 지구운명을 지배할 12개 별자리 중 하나이다. 이번 2천 년이 지나면, 태양의 춘분점이 그리스도를 상징하던 물고기자리에서 뉴에이지를 상징하는 물병자리로 바뀌게 되고, 새로운 시대가 도래한다고 본다.

뮤지컬 '헤어'는 장발에 맨발, 청바지, 미니스커트, 통기타 등으로 상징되는 히피들이 집단을 이루어 도시를 누비고, 전원을 찾고, 기존체제에 반발했던 반문화운동을 배경으로 한 것이었으며, 이때 물병자리 시대는 감성적이고 반항적인 문화를 특징으로 한다. 여기서 언급하는 물병자리의 시대는 종교적인 새로운 영성운동보다는 반문화운동을 지칭하는 것으로 보인다.

헌을 독해하는 식으로 연구를 했다. 이들 두 가지 문헌을 통해 나는 그들의 세계관을 보다 잘 이해할 수 있기를 기대했다.[7] 그와 동시에 다른 한편으로, 나는 당연히 그러한 새롭고 당혹스러운 현상을 설명하고자 하는 몇 안 되는 (그러나 점차 증가하고 있는) 사회학적 연구논문들을 참고했다.[8] 이 나중의 학습을 특히 어렵게 만든 것은, 전후시기에 일반적으로 받아들여지고 있던 사회학적 지식, 그리고 실제로는 그 이전 세대의 지식이 현대사회가 합리성, 물질주의, 세속성의 길로 계속해서 전진할 것이라는 가정에 기초해 있다는 점이었다. 그리하여 교육받은 중간계급 젊은이들의 상당수가 마술적이고 신비적이고 이국적인 종교 — 합리성 문화로부터 분명하게 이반(離反) 하고 또 반(反) 청교도주의를 단호하게 드러내는 — 에 의지하는 것은, 예상하지 못한 것만큼이나 설명하기 어려운 것이었다. 그러면서도 그러한 장기적 '합리화'라는 보다 커다란 전제에 대해 곧장 이의를 제기하고 나서지 않은 까닭은, 그런 현상을 설명하는 데에는 상당한 어려움이 따랐기 때문이었다. 게다가 그러한 가정에 이의를 제기하는 설명을 제시한다는 것은, 불가피하게 근대자본주의사회의 근본적 합리성과 관련된 하나의 교의 — 그 규율의 '창시자'만이 아니라 현재 이 분야에 종사하는 사람들 대부분이 지지하는 — 에 의문을 제기하는 것이었다.

이전에도 이와 유사한 문화혁명들이 발생한 적이 있다는 것과 반문화주의자들이 신봉하는 세계관이 '낭만적'이라는 형용사에 의해서만 적절하게

---

7) 내가 보기에, 이와 관련한 특히 유용한 편집서들로는 다음과 같은 것들이 있다: Joseph Berke (ed.), *Counter Culture* (London: Peter Owen, 1969); *The Hippy Papen*: Jerry Hopkins ed., *Notes from the Underground Press* (New York: Signet Books, 1968); Peter Stansill and David Zane Mairowitz ed., *BAMN: Outlaw Manifestos and Ephemera 1965~70* (Harmondsworth, Middx.: Penguin Books, 1971).

8) 그때 참고한 주요 텍스트가 Kenneth Westhues (ed.), *Society's Shadow: Studies in the Sociology of Countercultures* (Toronto: AIcGraw-Hill Ryerson, 1971) 과 Frank Musgrove, *Ecstasy and Holiness: Counter Culture and the Open Society* (London: Methuen, 1974) 이다.

묘사될 수 있다는 것을 내가 (자주 반복해서 그러한 작업을 포기하겠다고 표명했음에도 불구하고) 확신하게 된 것은 그리 얼마 되지 않았다. 하지만 나만이 이와 같은 견해를 가진 것은 아니었다. 그리고 아주 최근 분출되고 있는 '낭만적 열병'을 옹호하는 사람들과 비판하는 사람들 모두 그것을 종종 낭만주의 운동과 비교했다.[9] 하지만 그와 같은 규명이 그 문제를 해명하기보다는 오히려 문제를 더욱 확대시키고 있다고 파악한 사람은 나밖에 없는 것처럼 보였다. 반문화를 이런 식으로 식별할 수 있는 능력을 가진 많은 논평자들은 반문화를 탈신비화할 뿐만 아니라 그것을 어떻게 판단해야 하는가 하는 문제를 해명하는 데에도 기여했다. 그 결과, 낭만주의는 언제나처럼 강한 열정을 불러일으키는 하나의 현상이라는 점이 분명해졌다. 하지만 이와 같은 비교들과 관련하여 나는 매우 주목할 만한 사실을 발견했다. 그것은 그러한 비교들이 분석가들에게 현대의 문화변동을 논의하기 위한 맥락을 제공하는 데 기여했지만(즉, 사람들은 초기 낭만주의의 계승자들의 견해를 밝히기 위해 낭만적인 것과 '등가를 이루는 것들'을 재차 언급하거나 초기의 낭만주의자들의 신념과 태도를 활용할 수 있었다), 현대의 문화변동을 낭만주의가 주장한 정체성의 결과로 설명한 경우는 거의 없었다는 점

9) 이 같은 비교는 1960년대의 분위기와 첫 번째 낭만주의시대의 분위기 사이의 '밀접한 유사성'에 대해 논의한 부커(Booker)의 저작에서 찾아볼 수 있다(Christopher Booker, *The Neophiliacs* 〔London: Fontana, 1970〕, p. 52). 그 책에서 부커는 실제로 다음과 같이 선언한다: "우리는 우리 시대의 열병을 낭만주의라고 알려진 18세기 후반과 19세기 현상의 꿈과 미혹과 부절제 속에서만큼 분명하게 전조하는 것을 어디에서도 발견할 수 없다"(ibid., p. 54). 또다른 논평자인 마틴(Martin)은 1960년대의 반문화가 "여전히 근대시대 개막기의 북미와 서유럽 문화에 뿌리를 두고 있는 낭만주의 원리로부터 작동하고 있는 것"으로 간주하고, 반문화 자체를 "몇몇 중요한 낭만적 가치들"을 아주 극적인 방식으로 구현하고 있는 것으로 파악한다(Bernice Martin, *A Sociology of Contemporary Cultural Change* 〔Oxford: Blackwell, 1981〕, pp. 1~2). 한편 머스그로브(Musgrove)는 "19세기 낭만주의는 놀랄 정도로 현대의 반문화와 닮았다"고 논평하며, 그가 낭만주의 내의 중요한 분열로 파악한 것을 반문화적 행동을 측정하기 위한 두 개의 별개의 하위척도의 토대로 사용한다(Musgrove, *Eatasy and Holiness*, p. 65).

이다. 반문화가 '낭만적'이었다는 인식은 우리가 그것이 발생한 이유를 이해하는 데 아무런 보탬이 되지 않았다. 왜냐하면 내가 발견할 수 있었던 낭만주의 운동에 대한 '설명들'은 주로 프랑스혁명과 산업혁명 같은 독특한 사건들을 강조하는 형식상 아주 역사적인 것이었기 때문이다.

낭만주의 운동이나 낭만주의자들 및 그들의 작품에 대한 학문적 관심이 없었던 것은 아니었다. 반대로 그러한 자료들은 실로 방대했다. 하지만 그 중 대부분이 형식상 문학적이거나 미학적 또는 철학적인 것들이었으며, 나머지 일부는 다양한 사회정치사나 지성사들로 채워져 있었다. 그리고 내가 발견한 바로는, 이들 학자들이 매우 귀중한 것들을 산출하기는 했지만, 그것들은 사회학적 논의에까지 이르지는 못했다. 바꾸어 말하면, 낭만주의를 당시 출현하던 산업사회와 기능적으로 상호연관된 사회문화운동으로 여기는 문헌들이 극히 일부 발견되기는 했지만, 사람들이 근대적 삶 속의 '낭만적 요소'—'합리적인' 것에 대립되는 것으로서의 '낭만적인' 것—라고 부르는 것을 검토한 문헌은 발견할 수 없었다. 우리가 1960년대와 1970년대 초에 일어난 사건들을 그저 낭만주의의 가장 최근의 표출로 간주하기만 하더라도, 우리는 분명 낭만주의를 근대문화 속에서 지속되는 하나의 요소로 이해할 필요가 있다.

내가 보기에는, 낭만주의사상이 사회학에 미친 영향에 대한 논의가 종종 등장하기는 했지만, 그것의 이해득실을 견주는 낭만주의 사회학은 거의 찾아볼 수 없었다.[10] 낭만주의사상은 계몽주의사상 — 낭만주의는 적어도 부분적으로는 계몽주의에 대한 하나의 반발이었다 — 의 이념과 태도와 함께 사회학을 하나의 분과학문으로 만들어낸 주요한 지적 질료였다.[11] 그러나 이 분과학문의 창시자들 중 너무 많은 사람들이 자신들의 낭

10) 근대사상의 전개과정에서 낭만주의가 수행한 역할에 대한 일반적인 논의는 H. Stuart Hughes, *Consciousness and Society* (Brighton: Harvester Press, 1979)에서 찾아볼 수 있다.

11) 〔역주〕 계몽주의, 낭만주의, 사회학의 관계: 계몽주의는 포괄적으로 정의하자면, 반종교적·반형이상적 사고방식을 자연인식에뿐만 아니라 사회인식에까지

만주의적 경향을 극복하는 데 관심을 기울여 왔고 또 너무나도 '진보적' 역사관에 몰두해 온 탓에, 사회학이 낭만주의를 근대적 삶 속의 '반동적 요소' — 즉 과거에 뿌리를 두고 있으며, 문화와 사회 속의 합리적 요소의 수중에서 사라질 운명에 놓여 있는 하나의 현상— 로까지 간주하는 듯이 보였다.[12] 그리하여 만하임(Mannheim) 같은 인물이 분명하게 표명한 것처럼, 이것은 이미 상식이라고 언급되기까지 했다.[13]

이러한 생각들이 마음속에서 구체화되고 또 낭만주의 — 종래의 낭만주의와 새로운 낭만주의 모두 — 를 연구하는 데 점차 열정을 쏟기 시작한 몇 해 동안에도, 나는 여전히 내가 사회학에 입문할 때부터 나의 주요한 관심 영역이던 것을 계속 연구하고 있었다. 그것은 종교사회학이었다. 그리고 이 분야의 강의를 하는 동안, 나는 베버의 저작에 관심을 가질 수밖에 없었고, 따라서 자연스럽게 '프로테스탄트 윤리 테제'가 연구의 초점이 되었다. 이 주제를 가르치는 동안, 나는 프로테스탄트 윤리의 운명에 더욱 특별한 관심을 가지게 되었다. 그런데 시간이 흐를수록 점점 더 이 테제에 많은 문제가 있어 보이기 시작했다. 사회학자들은 〔베버 테제가 지닌 문제점을 - 역자첨가〕 세부적 또는 집중적 연구의 대상으로 삼지 않은 반면, 오히려 다른

확장시키고자 한 것이라고 할 수 있다. 초창기의 사회학이 목적론적·형이상학적 사변으로부터 벗어나 사회현상에 대한 자연과학적 연구를 제창했다는 점에서 사회학은 계몽주의 전통의 상속자였다. 그러나 계몽주의의 합리적 개인에 기초한 사회이론이 보다 합리적인 사회보다는 이기적 개인들에 의한 원자화되고 파편화된 사회를 산출하자, 일부 사회학자들 — 특히 프랑스의 콩트와 뒤르켕 — 은 빈곤과 무질서가 난무하는 새로운 산업질서를 혐오하며 새로운 도덕질서의 구축을 통해 사회와 사회질서의 본질에 접근하고자 했다. 낭만주의 운동의 예술과 음악은 계몽주의의 개인주의가 산출한 상실감에 대한 반발로, 거의 사라져버린 진정한 공동체의 탐색과 새로운 사회질서에 대한 소속감을 모색했다는 점에서 사회학과 관심을 공유하는 것으로 해석되기도 한다.

12) 휴즈(Hughes)가 진술하듯이, 프로이트(Freud)와 베버(Weber)는 모두 "그들이 자신들 내부에서 발견한 낭만주의를 억제하고자 했다"(ibid., p. 35).

13) Karl Mannheim, *Essays on the Sociology of Culture* (London: Routledge and Kegan Paul, 1956), pp. 87~90.

분과학문들에서의 탐구가 (설득력 있는 통념과 함께) 베버가 규명한 윤리가 근대 서구산업사회에서 지배적인 사회윤리가 되었다가 다시 그것과는 다소 대비되는 '타자지향적', '사회적' 또는 '표출적' 윤리로 대체되었다는 견해를 산출하는 데 기여했다.[14] 비록 나는 처음에는 이 테제에 대해 이의를 제기할 마음이 없었으나, 그럼에도 불구하고 그 테제가 제시한 많은 난점과 불일치들 때문에 혼란스러웠다.

우선 '프로테스탄트 윤리 테제의 쇠퇴'를 지지하는 것으로 생각되었던 연구들은 대체로 성격상 인상주의적이거나 저널리즘적인 것들이었다. 나를 더욱 혼란스럽게 만든 것은, 화이트(White)가 입증한 바와 같이, 대부분의 논자들이 '지적 이데올로기'를 발전시키는 데 몰두함으로써 문화변동의 방향을 도해하기보다는 그것을 개탄하는 데에 더 많은 관심을 기울이고 있었다는 사실이었다.[15] 그 다음으로는, 역사과정에 대한 주장을 펼치기 위한 근거로서 사용된 어떠한 연구 — 비록 그것 자체도 순간적인 '스냅사진'일 뿐이지만 — 에도 방법론적 난점이 내재한다는 것이었다. 그러한 주장들은 적절한 종단적 연구를 수행하지 않을 경우 과거와 현재를 실체화(實體化)하는 것으로 귀착되기 마련이다.[16] 그런데 이러한 난점들에 아랑곳하지 않고 개진된 다양한 주장들은, 프로테스탄트 윤리가 어떻게 그리고 심지어는 언제 무너질지에 대해 별반 합의를 이끌어내지 못했다. 그렇지만 (놀랍게도 항상 다음 날 '죽기' 위해 사는 것처럼 보이는) 프로테스탄

---

14) David Riesman, Nathan Glazer and Reuel Denny, *The Lonely Crowd: A Study in the Changing American Character* (New York: Anchor Books, 1966); William H. Whyte, *The Organization Man* (New York: Doubleday Anchor Books, 1957)을 보라.

15) Winston White, *Beyond Conformity* (Glencoe, Ill.: Free Press, 1961).

16) 그 같은 연구들에 대한 비판으로는 Elizabeth Long, "Affluence and After: Themes of Success in American Best-Selling Novels, 1945~1975", Robert Alun Jones and Henrika Kuklick (eds), *Knowledge and Society: Studies in the Sociology of Culture Past and Present*, vol. 3 (Greenwich, Conn.: Aljai Press, 1981), pp. 257~301, 특히 pp. 258~9를 보라.

트 윤리의 실질적 또는 임박한 '사망'과 관련한 일련의 공언들은 계속 있어 왔다. 게다가 이 윤리가 어떻게 절멸되고 있는지 그리고 특히 어떤 사회경제적 또는 문화적 힘이 주로 그것의 '살해'에 책임이 있는지를 두고 상당한 견해차가 존재했다.[17] 그 밖에도 프로테스탄트 윤리가 처음으로 형성된 16세기 초와 그것이 전복되었다고 통상적으로 주장되어 온 20세기 초 간의 역사적 간극과 관련한 흥미로운 쟁점도 찾아볼 수 있었다. 프로테스탄트

---

17) 벨(Bell)은 "20세기의 첫 10년에 이르러 청교도주의에 대한 주요한 지적 공격이 제기되었다"고 주장하며, 그것을 월터 리프만(Walter Lippmann), 반 위크 브룩스(Van Wyck Brooks), 존 리드(John Reed), 해럴드 스턴스(Harold Stearns) 같은 '젊은 지식인들'과 연계시킨다(Daniel Bell, *The Cultural Contradictions of Capitalism* 〔London: Heinemann〕, 1976, p. 61). 화이트(Whyte) 역시 프로테스탄트 윤리에 대한 지적 비난이 세기 전환기에 발생한 것으로 보지만, 그는 관련인물들로 윌리엄 제임스(William James), 존 듀이(John Dewey), 찰스 비어드(Charles Beard), 소스타인 베블런(Thorstein Veblen)을 거론한다. 그러면서 그는 프로테스탄트 윤리가 "제 1차 세계대전경에 회복하지 못할 정도로 난타 당했다"고 본다(*The Organization Man*, pp. 22~4). 캐롤(Carroll)은 자신이 청교도적 성격유형이라고 부른 것을 역사적으로 "제 1차 세계대전 이전에" '성숙단계'에 도달한 것으로 본다〔John Carroll, *Puritan, Paranoid, Remissive: Sociology of Modern Culture* (London: Routledge and Kegan Paul, 1977), p. 10〕. 그렇지만 카울리(Cowley)가 볼 때는, 청교도주의에 대한 실질적인 맹렬한 비난은 제 1차 세계대전 **후**에 발생했으며, 프로이트의 이름 하에서 행해졌다〔Malcolm Cowley, *Exile's Return: A Literary Odyssey of the 1920s* (New York: Viking Press, 1956), p. 66〕. 레이버스(Lavers) 역시 청교도주의에 반대한 폭동이 1920년대에 발생했고, 프로이트가 주요한 영향력을 행사했다고 본다〔James Lavers, *Between the Users* (Boston, Mass.: Houghton Mifflin, 1961), p. 113〕. 그러나 리샤르 르 가이엔느(Richard le Gallienne)는 청교도주의에 대한 지적 폭동이 대체로 1890년대에 발생했으며, 오브리 비어드슬리(Aubrey Beardsley)와 오스카 와일드(Oscar Wilde) 같은 예술가들이 주도했다고 본다〔Richard Le Gallienne, *The Romantic Nineties* (London: G. P. Putnam, 1926), p. 167〕. 우리는 이것들로부터 일부 논자들은 프로테스탄트 윤리에 대한 반발을 19세기 말이나 20세기 초에 발생한 것으로 보고, 일부 논자들은 1920년대에, 그리고 다른 일부 논자들은 제 2차 세계대전 후에 발생한 것으로 보고 있다는 것을 알 수 있다.

윤리가 실제로 400여 년 동안 변하지 않은 채 아무런 도전도 받지 않고 존속했을까? 앞서 제시한 여러 이유들 때문에, 나는 일반적으로 인정받고 있는 견해에 대해 점점 더 회의적이 되었으며, 점차 모종의 힘들 — 최근의 힘은 아닌 — 이 프로테스탄트 윤리에 도전하는 데 작동하고 있다고 느끼게 되었다. 그러나 나는 20세기 이전으로까지 거슬러 올라갈 정도로 확장되는 이와 관련한 하나의 계보를 발견할 수 있었다. 역사적 기록에 나타난 이와 같은 간극으로 인해, 나는 베버의 분석을 갱신할 필요가 있다고 느끼게 되었다. 다시 말해, 나는 서구의 종교적 전통의 발전 및 그것과 사회경제적 삶의 관계에 대한 그의 신중하고 면밀한 논의가 《프로테스탄트 윤리와 자본주의 정신》(*The Protestant Ethic and the Spirit of Capitalism*) 에 기입되어 있는 역사적 연대 — 이것은 일부 사회학자들이 생각하듯이 1920년경의 어딘가가 아니라, 1620년경 또는 기껏해야 1720년경이었다 — 너머로까지 확장시킬 필요가 있다고 느꼈다.[18)]

대체로 이 무렵에 나의 두 가지 관심이 비로소 함께 어우러지며 이 책의 밑그림이 된 구상이 내 마음속에 틀을 잡게 되었다. 왜냐하면 바로 그때 다음과 같은 생각들이 머리에 떠올랐기 때문이다: 만약 반(反) 청교도적인 문화적 힘들이 본질적으로 '낭만주의적' 성격을 띤다면, 아마도 그것들은 소비와도 연관되어 있을 것이며, 만약 소비와 낭만주의가 1960년대에 연계되어 있었다면, 혹시 그것들은 이전부터 늘 그래오지는 않았을까? 베버가 '청교도' 윤리가 자본주의 정신을 진작시켰다고 가정한 것처럼, 혹시 '낭만주의 윤리'가 '소비주의 정신'을 진작시키는 역할을 하지는 않았을까? 청교도주의의 '천부적 적(敵)'으로 빈번히 인식되었던 것도 바로 '낭만주의

18) 〔역주〕 이는 베버가 프로테스탄트 윤리와 자본주의 정신 간의 관계를 그가 살았던 시대 — 1920년은 베버가 사망한 해이다 — 를 대상으로 하여 규명한 것이 아니라 17세기의 청교도주의에 기반하여 자본주의 정신을 끌어내고 있다는 것을 말한다. 캠벨은 바로 그렇기 때문에 베버의 테제가 소비의 문제를 다루지 못하는 등의 심각한 문제를 가지고 있으며, 따라서 연대를 18세기와 그 이후로까지 확대할 필요가 있다고 지적하고 있는 것이다.

적' 문화운동이었다.

이러한 생각은 나로 하여금 소비 및 소비행동에 관한 자료를 탐색하게 했을 뿐 아니라 낭만주의를 새로운 견지에서 바라보게 할 만큼, 나의 호기심을 크게 자극했다. 그리고 내가 제 2장에서 논의할 맥켄드릭, 브루어, 플럼(McKendrick, Brewer & Plumb)이 공동으로 집필한 저작을 접하게 된 것은 그리 오래 되지 않았다.[19] 그 책을 읽음으로써, 나는 나의 테제를 한층 더 진척시키도록 고무받았다.

> 세계 최초의 소비사회가 명백히 1800년경에 출현했다는 것을 앞으로 어느 누구도 의심하지 않을 정도로, 당시에 소비행동이 맹위를 떨치고 있었고 상업적 태도가 널리 수용되어 있었다는 것을 보여주는 것이 이 책의 주요 요지 중 하나가 될 것이다.[20]

이 저자들은 자신들이 기록하고 있는 변화들을 지칭하기 위해 '소비혁명'이라는 표현을 사용하기까지 한다. 그러한 변화는 분명 시기상으로 낭만주의 운동과 상응하는 것이었다. 그리하여 나는 이 둘 간의 연계관계를 다소 상세하게 검토하는 것은 가치가 있을 것이라고 느끼게 되었을 뿐만 아니라 자연스럽게 이 책의 제목도 머릿속에 떠올랐다. 이 책의 제목을 《낭만주의 윤리와 근대 소비주의 정신》(*The Romantic Ethic and the Spirit of Modern*

---

19) 〔역주〕 맥켄드릭, 브루어, 플럼(McKendrick, Brewer and Plumb)의 저작 《소비사회의 탄생: 18세기 영국의 상업화》(*The Birth of a Consumer Society: The Commercialization of Eighteenth-Century England*)는 경제적 측면에서 소비사회의 기원을 밝힌 중요한 저작으로 꼽힌다. 맥켄드릭 등은 18세기 영국의 경제적 번영이 그 이전의 어느 때보다 많은 사회계급들에게 유행을 따르는 상품의 세계를 열어주었고, 이것이 곧 소비사회의 기점이라고 본다. 그들은 이 때의 소비분출을 엘리자베스시대의 정치적 소비와는 다른 대중소비에 기반한 것으로 본다.

20) Neil McKendrick, John Brewer and J. H. Plumb, *The Birth of a Consumer Society: The Commercialization of Eighteenth-Century England* (London: Europa Publications, 1982), p. 13.

Consumerism) 말고 달리 무엇이라고 붙일 수 있겠는가?

불행하게도, 나의 테제가 전망이 있어 보이게끔 해주는 증거들이 쌓여 가는 것만큼, 아주 골치 아픈 장애물로 입증된 것과 맞부딪히게 된 것도 바로 이 시점이었다. 그 당시 나는 만족할 만한 근대 소비주의 이론을 도무지 찾아볼 수 없었다.

그런데 베버의 테제는 산업혁명이 지금까지 세계가 목격했던 공산품 생산체계상에서 가장 중요한 격변 — 근대자본주의의 출현과 연관된 격변 — 이었다는 가정에 입각한 것이었다. 이와 같은 가정은 베버만이 아니라 당대 사회이론가들 대부분이 공유하였으며, 상당한 탐구와 논쟁의 주제가 되고 있었다. 하지만 근대 생산자본주의를 구성하는 것이 무엇인지에 대해서는 전반적인 합의가 이루어졌기 때문에, 논쟁은 그것의 형태보다는 그 기원을 두고 벌어졌다. 소비의 경우는 그렇지 않았다. 당시에 경제사가들이 산업혁명은 소비영역에서도 하나의 주요한 혁명을 목격했다는 견해를 견지했지만(오늘날 보기에, 그것이 사실이었던 것으로 보인다), '근대' 소비의 본성이 무엇인지를 밝혀주는 그 어떤 적절한 이론도 존재하지 않았다.

왜냐하면 소비행동을 모든 시기에 모든 사람에게 기본적으로 동일한 것으로 간주하는 몰(沒) 역사적인 가정의 틀을 가지고 연구하는 경제학자들에게 소비행동이라는 주제가 거의 전적으로 맡겨졌기 때문이었다. 당연히 나는 소비로 관심을 돌린 베블런(Veblen)과 좀바르트(Sombart) 등과 같은 사회학자들의 저술을 참고했으나, 거기서도 역시 그들이 문제의 핵심 쟁점을 거의 다루고 있지 않음을 발견했다.[21] 그리하여 근대 소비주의 이론을 정식화하는 데 진력해야 하는 수월하지 않은 과제가 내게 남겨졌으며, 이 때문에 베버가 불과 십여 쪽에 걸쳐 다룬 주제 — 근대 자본주의 정

21) 여기서 참고한 주요 저작은 Thorstein Veblen, *The Theory of the Leisure Class: An Economic Study Institutions*(London: George Allen and Unwin, 1925); Werner Sombart, *Luxury and Capitalism*, introduction by Phil Siegelman(Ann Arbor, Mich.: University of Michigan Press)이다. 이 두 저작에 대해서는 제 3장과 제 4장에서 논의할 것이다.

신 — 에 상응하는 것을 이 책에서는 네 개의 장(章)에 걸쳐 논의하게 되었다. 이와 관련하여 다음과 같은 점을 확실히 할 필요가 있었다:

첫째, 근대 소비행동이론이 필요하다. 둘째, 고전경제학도 베블런도 적절한 이론을 제시하지 못했다. 셋째, 쾌락주의적 사회행위 이론은 경제학에서 통용되는 공리주의에 기반한 관점과 근본적으로 다르다. 넷째, 그러한 근대 쾌락주의적 행위이론이 실제로 근대 소비행동의 독특한 특징들을 설명할 수 있다.

내가 이 야심찬 작업방침에 전혀 주저하지 않고 착수한 것은 아니었다. 왜냐하면 나는 내 자신의 분야 이외의 분과학문에 과감하게 뛰어들고 싶지 않았기 때문이다. 그렇지만 맥켄드릭, 브루어, 플럼이 제시한 18세기 소비혁명의 설명을 검토하면서, 나는 그 사태를 설명하는 데 있어 그들이 보여준 무능력은 적절한 이론이 부재한다는 데서 직접적으로 기인한 것이며, 또 그것은 단지 경제학의 실패를 보여주는 것일 뿐만 아니라 사회학자를 포함한 모든 사회과학자들을 기소하는 것이라고 확신하게 되었다. 게다가 그들이 제시한 자료는 물론 1960년대 및 초기의 낭만주의 운동에 관한 나의 연구를 통해 볼 때, 사회과학자들이 대체로 무시해 온 여타의 현상들 — 유행, 낭만적 사랑, 취향, 소설읽기 등과 같은 현상들 — 이 소비혁명 및 근대 소비행동 모두와 어떻게든 깊숙이 연루되어 있다는 것이 분명해 보였다.

이러한 주제들이 전적으로 무시되었다는 사실이 이제 나에게는 매우 유감스러운 일로 보인다. 왜냐하면, 비록 유행이나 낭만적 사랑 같은 몇몇 주제들이 그것들이 지닌 중요성을 시사할 수 있는 어떤 유력한 이론적 관점이 부재한 탓에 대체로 사회학자들의 주목을 받지 못했다고 주장할 수는 있겠지만, 그러한 현상들이 근대 세계 전역에 널리 존재한다는 것은 아주 자명하기 때문이다. 그러므로 그러한 것들을 무시하게 된 것은, 일차적으로 그러한 현상은 본질적으로 사소하고 또 진지하게 연구할 가치가 없다는 가정에서 발로한 편견에서 비롯된 것이라고 볼 수밖에 없다. 그러한 견해는 부분적으로는 대부분의 사회과학에 만연한 생산중심주의적인 경제학적 편향이 금욕주의적 청교도주의의 기본적 성향과 결합하여 생겨난 것이다.

하지만 그러한 주제들이 지금까지 적절하게 탐구되지 못했다는 사실은 그러한 편향의 원인이자 결과로 파악되어야만 한다. 왜냐하면 만약 사회과학자들이 오래 전에 이들 주제를 진지하게 검토하는 데 관심을 기울였다면, 지금 이들 분과학문 내에 그러한 편견들이 만연하지는 않을 것이기 때문이다. 소비관행을 도덕화하는 데 몰두하는 경향은 베블런의 저작에서〔그의 후계자인 리즈먼(Riesman)의 저작에서와 마찬가지로〕 매우 뚜렷하게 나타난다. 하지만 갤브레이스(Galbraith)는 이를 하나의 미덕으로 치켜세웠다. 헤르베르트 마르쿠제(Herbert Marcuse)와 다니엘 벨(Daniel Bell) 같이 아주 다른 견해를 가진 현대의 권위자들조차도 동일하게 탐구와 설명보다는 비판과 비난을 선호하는 경향을 보였다.[22]

그런데 그 자체로 똑같이 우리를 당혹스럽게 하는 또 하나의 문제가 바로 여기서 발생했다. 만약 내가 생각한 것처럼 낭만주의가 18세기 말과 19세기 초 영국에서 실제로 '소비윤리'를 정당화하는 근대소비행동의 출현을 촉진시키는 데 기여했다면, 어떻게 프로테스탄티즘에서 발로한 (그와 정반대되는) '생산윤리'가 같은 시기에 같은 장소에서 동시에 작동할 수 있었을까? 하나는 생산을 정당화하고 다른 하나는 소비를 정당화하는 형식상 서로 대립되는 두 개의 사회윤리가 실제로 나란히 존재하고 있었을까? 만약 그것이 사실이었다면, 각각의 문화적 담지자로서 행동하는 두 개의 사회집단이 존재했을까? 베버의 테제가 생산윤리를 신흥부르주아와 분명하게 연계시켰다면, 그럼 소비윤리는 혹시 귀족과 연계되어 있었을까? 그러나 여러 증거들은 수요의 새로운 파고가 벼락부자에게서 나왔다는 것을 보여주었다. 어떤 결론은 부르주아가 프로테스탄트 윤리와 소비윤리 모두를 신봉했다고 제시한다. 이러한 견해는 내가 낭만주의 운동이 가지고 있는

---

22) Veblen, *The Theory of the Leisure Class*; Riesman et al., *The Lonely Crowd*; Kenneth Galbraith, *The Affluent Society* (Harmondsworth, Middx: Penguin Books, 1958); Herbert Marcuse, *One Dimensional Man* (London: Routledge and Kegan Paul, 1964); Daniel Bell, *The Cultural Contradictions of Capitalism*.

현저한 중간계급적 특성이라고 알고 있었던 것과 일치한다. 그러나 이는 다시 새로운 사회학적 수수께끼를 제기한다.

나는 점차 소비혁명의 기원을 설명하는 역사적 문제는 기본적인 이론적 문제 — 특히 근대 소비주의의 중핵을 이루는 역동적 메커니즘과 관련된 문제 — 를 우선적으로 해결하지 않고는 성공적으로 해명될 수 없으며, 어떻게 판명되든 간에 그것은 문화과정과 근본적으로 뒤얽혀 있다고 느끼게 되었다. 그리하여 나는 역사적 · 경제적 · 사회학적 문제를 (실제로 베버가 생산혁명의 기원에 관한 자신의 독창적 연구 속에서 그것들이 서로 연계되어 있음을 인식했던 것처럼) 서로 밀접하게 연관된 것으로 보기 시작했다.

근대산업사회 및 그 문화의 출현과 관련하여 통상적으로 받아들여지던 견해를 근본적으로 수정하는 것이 내가 진전시키던 테제와 어떻게 연루되는지를 스스로 깨닫기 시작한 것도 바로 이 시점이었다. 그것은 내가 원래 예견했던 것 이상이었다. 첫째, 산업혁명이라는 이름하에 진행된 격변은 생산혁명뿐만 아니라 소비혁명에서도 중심을 이루는 것으로 간주해야만 했다. 이것은 경제사가들이 제시한 증거에서 분명하게 암시되어 있었다. 그리고 경제사가들은 점차 그 같은 관점에 공감하는 듯이 보였다. 하지만 만약 경제사가들의 견해가 옳다면(그리고 그들의 탐구결과뿐 아니라 논리도 그것이 옳다고 암시하는 듯이 보였다), 그로 인해 일련의 다른 결론들이 도출될 수 있을 것 같아 보였다. 예컨대 그것은 '소비윤리'가 산업사회 이후에 출현한 것이기보다는 처음부터 산업사회 속에 존재했음이 틀림없다고 시사했다. 이는 다시 소비를 정당화하는 윤리와 프로테스탄트 윤리가 대체로 동시대의 현상이라는 것을 함의했다. 다음으로 이것은 청교도적인 것과 낭만적인 것은 일반적으로 사회학자들이 그렇게 간주하듯이 분명한 문화적 대안이 아닐 수도 있다는 생각으로 이어졌다. 이는 널리 알려진 '문화적 모순'(*cultural contradiction*) 테제[23]에 이의를 제기하는 것일 뿐만 아

23) 〔역주〕 문화적 모순 테제의 대표적인 학자가 다니엘 벨이다. 그는 《자본주의 사회의 문화적 모순》에서 "〔자본주의의 문화적 모순은〕 경제영역에서 필요로 하는 유형의 규범을 문화에서 중심을 차지한 '자아실현'의 규범이 분열시키고

니라, '합리성'이 자본주의와 근대문화 모두의 지배적 특성이라고 보는 당연한 것으로 간주되어온 가정에 의문을 던지는 것이었다. 이 모든 함의들은 산업혁명을 단지 생산수단의 급격한 변화일 뿐인 것처럼 다루는 당시 널리 퍼졌던 오류를 거부하는 데서 나오는 것으로 생각되었다. 물론 베버가 프로테스탄티즘의 합리적이고 금욕적인 특성을 특히 중요한 요소로 택하게 된 것도 역시 이러한 편협한 견해를 취했기 때문이다. 하지만 만약 베버의 잘못이 소비영역에서 동시에 발생한 혁명을 명백히 무시했기 때문이라면, 혹시 기독교 전통의 또 다른 종교적 요소들이 근대경제의 발전에 중요한 영향을 미치지는 않았을까? 이러한 것들이 내가 이 책을 쓰기 위한 연구에 착수했을 때 나의 마음을 관통하고 있던 많은 생각들 중 일부였으며, 나의 작업을 계발하고 인도하기 위해 나는 점점 더 베버의 원작에 기대게 되었다.

베버의 발자국을 따라서

대부분의 사회학자들은 분명 막스 베버를 학자이자 사회학의 '창시자' 중 한 사람으로 매우 존경하면서도, 대체로 그와 겨루기보다는 그와 그의 저작에 대해 저술하고 싶어했다. 다시 말해, 그가 그토록 개척하고자 했던 문화사회학의 형태 속에서 전력을 다하고자 하는 노력보다도 베버산업(*Weber industry*)이 더 많이 존재하고 있다.[24] 왜 이런 일이 일어났는지는

있기 때문"이라고 지적한다. 즉 그에 따르면, 자본주의의 문화적 모순은 프로테스탄트 윤리에 바탕하여 발생한 자본주의가 바로 쾌락주의적 자아실현의 가치를 열광적으로 조장하여 프로테스탄트 윤리를 파괴함으로써 발생한다.

24) 사회학자들이 일반적으로 베버의 이론을 말초적으로 사용하거나 심지어는 의례적으로 인용하는 데 스스로를 한정하고 있음을 보여주는 증거로는 Kiku Adatto and Stephen Cole, "Classical Theory in Contemporary Sociological Research: The Case of Max Weber", *Knowledge and Society: Studies in the Sociology of Culture Past and Present*, 3 (1981), pp. 137~62를 보라.

(어쩌면 그의 발자국을 따라가는 일이 분명 수월치 않다는 것을 말고는) 전혀 분명하지 않다. 당시에도 학문의 폭에서 베버에 필적할 만한 학자는 거의 없었고, 세기의 전환기 이래로 학계에서 분과학문의 전문화가 증대한 결과, 이제는 그의 광범위하고 다(多)학문적인 탐구양식을 어느 한 사람이 흉내 내고자 하는 것도 실제로 거의 불가능하게 되었다.[25] 그렇다고 해서 그런 시도를 하지 말아야 한다는 말은 아니다. 왜냐하면, 베버가 몸소 보여주었듯이, 근대사회의 사회문화적 동학에 대한 지극히 중요한 통찰들은 어쩌면 종교와 경제 같이 통상적으로 서로 관련이 없다고 고려되던 영역들 간의 관계에 대한 탐구를 통해서만, 그리고 전통적인 학문의 경계를 일부러 뛰어넘음으로써만 얻어지기 때문이다. 비록 다른 분과학문의 학자들이 그 같은 학계의 예의에 벗어난 행동을 미심쩍어 하는 경향이 있기는 하지만, 사회학자들은 대체로 학문의 경계를 가로지르는 것을 크게 두려워하지 않는다. 앞서 제기한 의문에 대한 답변은, 부분적으로는 베버를 그토록 높이 칭송하는 사회학자들 중에서도 많은 사람들이 문화의 연구로 나아갈 때에는 실제로는 맑스의 전례를 따르기로 결정하고, 베버가 그렇게 성공적으로 활용한 어떤 독특한 범주들이 아니라 '이데올로기' 개념에 초점을 맞춘다는 사실에서 찾을 수 있다.[26]

아이러니하게도 또 다른 주요 이유는 베버의 저작과 그것이 구현하고 있는 세계관에 부여된 바로 그 존경에서 비롯되고 있는지도 모른다. 왜냐하

---

25) 존 렉스(John Rex)가 진술하듯이, 베버는 "현대에는 범접할 수 없는 폭넓은 비교역사적 지식"을 가지고 있었다〔Justin Wintle (ed.), *Makers of Modern Culture: A Biographical Dictionary* (London: Routledge and Kegan Paul, 1981), s. v. "Weber, Max"〕.

26) 이것은 영국 사회학계의 문화연구경향에 대한 연구의 끝머리에 제시한 스티브 배런(Steve Baron)의 다음과 같은 주장에서 분명하게 드러난다: "문화연구는 이데올로기개념에 의지하며, 바로 이 이데올로기개념이 문화연구의 문제영역의 중심을 이루고 있다"〔"The Study of Culture: Cultural Studies and British Sociology Compared", *Acta Sociologica*, 28, 2 (1985), 71~85, 특히 p. 84를 보라〕.

면 베버가 신봉한 합리주의적 세계관이 그가 평생 동안 연구에 몰두한 바로 그 현상이 실제로 사라질 것으로 예견했기 때문이다. 비록 베버가 (여전히 근대세계의 중요한 요소로 남아 있는) 관료제, 분업, 법, 국가 같은 각종 제도에 폭넓은 관심을 가지기는 했지만, 그의 주요 관심은 종교였으며, 탈주술화와 전반적인 합리화과정에 대한 그의 강조는 종교현상이 앞으로 (실제로 사라지지는 않는다 할지라도) 그 영향력을 크게 상실할 것이라는 점을 시사했다. 베버는 종교가 근대세계의 탄생에 결정적으로 중요한 역할을 수행했지만, 종교는 자신의 산파의 임무를 완수했기 때문에, 세계무대에서 수행할 어떤 중요한 역할을 가지지 않게 될 것이라고 보았던 것처럼 보인다. 그러므로 사회학자들이 베버식의 견해 — 물론 그에게만 한정되는 것이 아닌 — 를 받아들여 온 한에는, 그들은 베버가 자신의 요새를 구축한 특정한 형태의 문화분석에 종사한다는 것은 그리 의미가 없다고 가정해도 용서받을 수 있을 것이다. 왜냐하면 신정설, 금욕주의, 예언 등과 같이 베버가 사용한 많은 개념들이 현재에도 '종교적' 신념 및 가치의 체계들에 구체적으로 적용되고 있는 것으로 보이기 때문이다.

하지만 조금만 성찰해 보더라도, 이 같은 가정의 오류는 곧 드러난다. 왜냐하면 베버가 개발하고 사용한 바와 같이, 이런 용어들은 '카리스마'라는 용어 — 이는 베버의 모든 용어들 중에서 그 같은 개념적 '게토화'(*ghettoization*)[27] 를 탈출한 가장 주목할 만한 용어이다 — 와 마찬가지로 종교와 그 어떤 필연적인 관계를 가지지 않기 때문이다. 물론 이럴 경우, 베버의 분석양식은 그가 연구한 종교의 역사적 형태 못지않게 현대의 문화현상에도 적용될 수 있는 것으로 보인다. 이것이 바로 이 책의 근간을 이루는 가정이다.

그러나 또 다른 한편으로는 종교를 자신들의 전문연구분야로 삼은 사회학자들은 대체로 자신들의 주제에 대해 이상하게도 모호한 태도를 취했

---

27) 〔역주〕 개념적 게토화(*conceptual ghettoization*)란 특정한 개념을 특정한 대상에 틀에 박힌 채로 고정적으로 적용시키는 것을 말한다. 따라서 당연한 것으로 간주되기 때문에, 그 이상의 어떠한 분석이나 논의는 불필요한 것이 된다.

다. 즉 그들은 현재의 것에 대해 접근할 때는 뒤르켕식 방법을 따르면서, 과거의 것을 조명할 때는 베버식 방법을 취한다.[28] 다시 말해, 그들은 '종교'의 속성 및 기능과 관련한 뒤르켕식의 식견이 통찰력 있게 적용될 수 있는 현대의 활동과 제도들을 추적하는 데에 자신들이 매우 재간이 있다는 것을 알고 있음에도 불구하고, 과거의 것을 검토할 때에는 베버를 따라 '종교적 현상'으로 고려될 수 있는 것에 대해 보다 전통적인 견해를 채택한다. 만약 세계의 종교들과 그것들의 역사적 발전을 연구하려는 베버의 매우 야심찬 도식이 실제로 베버 자신의 시대까지 이어졌더라면, 이것 자체는 문제가 되지 않았을 수도 있다.[29] 그러나 베버가 신학체계의 발전에 대한 자신의 분석을 18세기로까지 확장하지 않은 탓에, 어설픈 시간의 그림자가 문화사회학 내에 드리워지게 되었다. 이것은 봉건시대 및 전근대시대를 현대세계와 본질적으로 분리시킨다. 전자에서는 모든 중요한 사회정치운동과 문화운동이 '종교적' 형태로 현시되고 또 어떤 식별할 수 있는 신학을 수반했을 가능성이 높은 것으로 가정되는 반면, 후자에서는 정반대의 가정이 우세할 가능성이 높다. 이 둘을 매개하는 시기 — 대략 1650년에서

---

28) 〔역주〕 베버의 종교에 대한 기본관심은 《프로테스탄트 윤리와 자본주의 정신》에서 나타나듯 사회의 전반적 합리화과정의 일환으로서의 종교의 '탈주술화' 과정에 있다. 따라서 전근대사회에서 종교가 자신의 신념에 입각하여 세계를 '주술화'했다면, 근대세계에서 종교는 합리화의 효과에 따라 탈주술화된다. 반면 뒤르켕의 종교에 대한 관심은 《종교생활의 원초적 형태》에서 잘 드러나듯 인간의 집합적 삶의 산물로서의 종교의 본질 — 즉 '사회의 숭배' — 과 그것이 수행하는 기능 — 즉 사회통합 — 에 있다. 이렇듯 양자의 관심은 베버의 합리화를 통한 종교의 탈주술화에 대한 관심과 뒤르켕의 의례를 통한 종교의 주술화에 대한 관심으로 대비될 수 있다. 하지만 여기서 캠벨이 대비시키고자 하는 것은 종교사회학자들이 현대의 종교를 다룰 때에는 종교가 현대사회에서 수행하는 기능이라는 측면에서 뒤르켕의 시각을 채택한다면, 과거의 종교를 다룰 때에는 베버를 따라 종교를 비합리적인 것으로 다루는 경향이 있다는 점을 지적하고 있다는 것이다.

29) 겉으로 보기에 전근대시기의 '비종교적인' 운동으로 보이는 것에 보다 광범위한 뒤르켕식 관점을 적용하는 것도 마찬가지로 가치 있는 것으로 입증될 수도 있다.

1850년에 이르는 중대한 시기인 — 의 경우에는, 베버의 '프로테스탄트 윤리 테제'가 당시의 모든 것을 말해주는 것처럼 가정되고 있다.[30] 하지만 유감스럽게도 사람들은 프로테스탄트 윤리 테제는 근대자본주의가 왜 서유럽에서 처음으로 출현했는가라고 하는 매우 구체적인 문제에 대한 하나의 답변으로 전개된 것이었으며, 그러므로 그 테제는 서유럽의 종교사상이 근대시대로까지 발전되어 온 것을 완전하게 또는 포괄적으로 설명하는 것으로 간주할 수는 없다는 점을 너무나도 쉽게 잊고 만다.

이 책은 위인을 존경하는 최선의 방법은 그를 모방하는 것이지 단지 칭송하는 것이 아니라는 신념을 표현하는 것이며, 그래서 학자로서의 베버에 대해 경의를 표시하는 동시에 그의 가장 유명한 저작을 보완하고자 한다. 비록 이 책이 《프로테스탄트 윤리와 자본주의 정신》의 자매서나 그것에 대한 비평서로 기획된 것은 아니지만, 독자들은 아마도 어느 정도는 두 가지 모두를 맛볼 수 있을 것이다. 여기서 전개한 주요 주장이 베버의 주장을 보완한다는 점에서 이 책은 자매서이다. 사실 이 책은 베버 저작을 거울에 비춘 모습을 하고 있다. 이 책은 프로테스탄티즘과 자본주의 간의 관계의 성격과 관련한 베버의 주장을 부정하는 것이 아니라, 그 종교운동의 합리적인 금욕적 측면과 감상적인 경건주의적 측면 모두가 근대경제의 발전에 기여하는 것으로 보인다는 식으로 그것을 확장한다. 이 같은 보다 야심찬 종합적 설명을 하기 위해 베버의 견해를 다소 세련화하고자 한 것은 사실이다. 그러한 시도는 특히 프로테스탄티즘에 대한 베버의 논의, 프로테스탄트 '윤리'를 구성하는 것으로 합당하게 간주될 수 있는 것, 그리고 후에 그 윤리가 맞이하게 될 운명 등과 관련하여 이루어졌다. 그러나 이러한 수정들이 어떤 식으로든 베버의 논지를 심각하게 침해하지는 않을 것으로

---

30) 〔역주〕 이 시기는 영국에서 17세기 중반 시민혁명에 의해 봉건질서가 해체되고 18세기 중엽 산업혁명에 의해 자본주의적 질서가 구축되는 전근대시기에서 근대시기로의 이행기를 말한다. 토니(Tawney)가 《종교와 자본주의의 발흥》(*Religion and the Rise of Capitalism*, 1926)에서 지적하듯, 베버는 바로 이 시기 영국 청교도들의 행위방식에서 근대 자본주의 정신을 끌어내고 있다.

보인다. 그와는 반대로 그러한 수정은 베버의 테제를 승인함으로써 초래되어 온 오랜 문제들 중 몇 가지를 해소하기 위해 불가피하다.

먼저 제 1부에서 '소비주의 정신'을 개관할 때 그리고 다음으로는 제 2부에서 '프로테스탄트'('낭만주의') 윤리를 논의할 때는 베버의 전례를 따랐다. 그러나 이러한 절차는 근대 소비주의의 성격을 약간 길게 논의할 필요성 때문에 복잡해졌다. 그 다음으로 그렇게 완성된 소비주의 '정신'은 자율적인 자기환상적 쾌락주의로 구체화되고, 이를 통해 다시 소비주의 정신의 출현을 촉진한 문화적 윤리를 개관하는 쪽으로 나아간다.

여기서의 논법의 차이는 베버 자신의 저작에 직접 기인한다. 왜냐하면 베버가 자신이 자본주의 정신에 우호적인 윤리의 발전에 영향을 미쳤다고 간주한 프로테스탄트 교의들을 개관하는 데 집중하고 있지만, 여기서는 동일한 교의들에서 나온 또 다른 윤리의 기원을 해명할 필요가 있기 때문이다. 이를테면 소비를 정당화하는 데 기여한 윤리적 규약의 토대는 주로 베버가 묘사한 '프로테스탄트 윤리'와 그것을 구분짓는 과정을 통해 묘사된다. 이 같은 차이들에도 불구하고, 이렇게 진전된 논의의 기본구조는 베버의 그것과 매우 흡사하게, '근대적' 형태의 경제행위를 도입하는 데 있어 문화적 '윤리'가 수행한 중심적 역할을 강조하고, 양자 간의 '조화'와 심리적 · 문화적 연계관계를 입증한다.

그렇다고 통상적인 의미에서의 관념사 속에서 작업을 수행하는 것은 아니지만, 이 책은 베버의 저작과 같이 관념사적 접근방법의 풍취를 일정 정도 드러낸다. 이를테면 이 책은 마음이나 정신이 역사발전 배후에 있는 궁극적인 추동력이라는 일방적인 견해에 동의하지 않으면서도, 관념이 사람들의 '생생한 신념'이나 '체계화된 열망'을 구성하고 있을 때에는 관념의 운동이 사회변동의 주요한 원인일 수 있다는 주장을 진지하게 받아들인다.[31] 하지만 베버의 전례를 따라, 특정한 신념의 수용에서 발로하는 행

---

31) 이 구절은 오르테가 이 가세트(Ortega y Gasset)에서 따온 것이다. Franklin Baumer, *Modern European Thought: Continuity and Change in Ideas, 1600~1950* (New York: Macmillan, 1977), p. 9에서 재인용했다.

동의 정확한 성격을 문제영역으로 설정하며, 그 자체를 탐구의 중심적 대상으로 삼는다. 그러므로 진·선·미에 대한 사회의 관념의 변화가 행동유형에 영향을 미치는 방식을 추적하는 것이 주요 관심사이다. 하지만 우리는 관념의 변화가 행위유형을 직접적으로 규정하는 방식을 통해서가 아니라 관념이 행동의 성격을 추인하는 방식을 통해 그 같은 영향을 파악한다. 그렇다고 해서, 물질적 힘이 관념의 구성과 채택에 미치는 영향을 무시하는 것은 아니다. 이와 관련해서는 '관념론적' 설명양식과 '유물론적' 설명양식을 보다 성공적으로 연계시킬 수 있는 방식을 다룬 결론의 장에서 몇 가지 제안을 하고 있다.

이 책이 관념사와 갖는 또 다른 유사성은, 아서 러브조이(Arthur Lovejoy)[32] 같은 저명한 해설자가 모범을 보인 바와 같이, 명시적인 신념체계에 대해서뿐만 아니라 암묵적인 가정과 전제의 형태를 띠고 있는 관념과 '사상'에 대해서도 관심을 가진다는 점이다.[33] 러브조이가 사람들의 '무의식적인 정신적 습관'(*unconscious mental habits*)이라 부른 것은 분명 그들이 공언한 신조만큼이나 그들의 윤리적 행동을 이해하는 데에 중요할 수 있다.[34] 그리고 문학비평의 자료들이 특히 그 가치를 인정받아 온 것도 바

32) 〔역주〕 아서 러브조이(Arthur Oncken Lovejoy; 1873~1962)는 관념사라고 알려진 영역을 개척한 미국 지성사가이다. 그는 관념사는 단위관념들(*unit ideas*)이 시간이 경과하며 어떻게 서로 결합하고 재결합하는지를 연구하는 데 초점을 맞추어야 한다고 주장한다. 그에 따르면, '정의', '민주주의' 등 개념을 지칭하는 단위관념은 자체의 생명력을 갖으며, 인간사의 다른 측면과 무관하게 자체의 역사를 갖는다. 그의 가장 유명한 저서 《존재의 대사슬: 관념사연구》(*The Great Chain of Being: A Study of the History of an Idea*, 1936)는 초기 그리스시대부터 18세기까지 '충만의 원리'(모든 가능성은 실현될 수 있다는 원리)의 역사를 추적한 책이다. 말년의 저작 《인간본성에 관한 고찰》(*Reflections on Human Nature*, 1961)과 《이성·오성·시간》(*The Reason, the Understanding and Time*, 1961)은 이 책의 주제인 낭만주의를 다룬 저작이다.

33) Arthur O. Lovejoy, *The Great Chain of Being: A Study of the History of an Idea* (Cambridge, Mass.: Harvard University Press, 1961), chap. 1.

로 이 같은 맥락에서이다. 동시에 이 책은 지성사와 유사하게, 그렇지만 완전한 의미에서의 문화사와는 달리, (비록 '고급'문화는 아닐지라도) '좀 더 고급의' 문화에 중점을 두기 위해 통속신앙 및 민간신앙을 무시하는 경향이 있다. 이것은 전자가 일반적인 지적 풍조, 그리고 특히 윤리적 이상의 정식화에 더 커다란 영향을 미친다는 사실에 의해 정당화된다. 아래에서 노동자계급에 대한 언급이 별로 없는 것도 바로 이러한 이유에서 연유한다.[35]

동시에 이 책은 관념사와 그것의 독특한 특징인 학제적 성격을 공유하며, 따라서 러브조이가 제시한 바 있는 "분과학문들을 분리하는 벽"에 설치된 '문'들을 들락거린다.[36] 그 결과 이 책은 통상적인 분과학문의 맥락에서 벗어난 주제들을 탐구할 뿐만 아니라 분과학문 내에서는 통상적으로 거부되는 의미를 그러한 주제들에 부여하고 있기 때문에, 다소 난삽한 모습을 하고 있다. 이를테면 여기서 감상주의는 (단지 그것이 차후에 낭만주의에 미치는 영향 때문에만 의미를 지니는) 다소 유감스러운 문학적 조류라기보다는 커다란 중요성을 갖는 사회-윤리운동으로 고려된다.[37] 이와 유사하게, 유행은 그저 교묘하게 남을 이용해먹는 판매계략으로서가 아니라 근대사회의 중심적인 가치를 드러내는 주요한 사회적-심미적 현상으로 고려된다.[38] 따라서 이 책은 근대사회의 탄생에 관한 진부한 이야기에 숨어있

---

34) Ibid., p. 7.

35) 이 같은 배제는 현재에는 정당화될 수 없는 것이 되었으나, 18세기와 19세기에서는 그러한 제한이 대체로 받아들여지고 있었다.

36) Ibid., p. 16.

37) 〔역주〕 감상주의는 18세기에서 19세기 초까지 고전주의나 계몽사상에 대한 반작용으로 발생해서 서구 교양사회를 풍미했던 심적 경향 또는 문예사조를 뜻한다. 감정에 호소하는 특징을 가지고 있고, 감정을 선과 악의 척도로 삼을 뿐만 아니라 인간 가치의 기본적인 기준으로 삼았다. 비애・눈물・우울・탄식・절망・애상・정한(情恨) 등을 그 속성으로 하기 때문에, 낭만주의의 말기적 증상으로, 값싼 감정에 빠져 이성을 상실한 비정상적인 정서상태를 가리키는 것으로 묘사되기도 한다.

38) 이러한 점에서 일부 학자들은 실제로 분과학문적 속성을 지나칠 정도로 오만하

는 뜻을 독해하는 것을 일정 정도 포함하며, 역사학과 사회과학 모두에서 나타나는 생산중심주의적 편향에 대해서뿐만 아니라 근대문화의 발전은 끊임없이 증대하는 합리성에 의해 가장 잘 특징지어진다는 (그 같은 편향이 동반하는) 가정에 대해서도 이의를 제기하는 설명을 제시한다.

물론 이런 식으로는 베버의 논지를 '보완한다고' 주장할 수 없다. 그러기 위해서는 이 두 테제를 통합하려는 시도를 통해 만들어낸 통합테제와 관련하여 일련의 질문을 추가로 제기하는 것이 필요하다. 만약 유사한 문화적 과정이 근대의 생산 및 소비 모두의 발전과 관련하여 발생했다고 한다면, 이 등식의 양 측면 간의 정확한 관계는 무엇인가? 산업혁명에 대한 베버의 견해를 특징짓는 생산중심주의적 편향을 일부 수정할 필요가 있다면, 그것을 소비중심적 견해로 대체해야 하는가, 아니면 (그 문제에 관련하여 어느 한편을 드는 것에서 탈피한) 근대경제의 출현에 대한 다소 통합적인 '균형적' 설명이 요구되는가? 이는 흥미를 자아내는 문제이나, 차후에 다른 저작에서 검토하기로 한다.

마지막으로, 사실 이 책은 이 책이 귀감으로 삼고 있는 저작처럼 하나의 시론이라는 점을 밝혀두고자 한다.[39] 따라서 이 책은 긴 분량에도 불구하고, 대부분의 현대의 논의들이 안고 있는 미심쩍은 문화적 대비와 현저한 생산중심주의적 편향에 대한 강한 불만에서 발로한 하나의 시도, 즉 하나의 실험으로, 근대소비의 발전과 근대성의 문화에 대한 보다 설득력 있고 또 받아들일 만한 하나의 설명을 구축하고자 하는 노력이다. 이 책은 세밀한 학문적 연구가 아니라, 매우 다양하고 명백히 무관해 보이는 각종 자료들을 끌어 모아 하나의 의미 있는 일관된 이야기를 구성하고자 하는 광범위한 그리고 근본적으로 추론적인 하나의 시도이다.[40]

게 무시함으로써 광범위한 왜곡과 오류를 낳았다고 생각할 수도 있다. 범학문적 연구는 명백한 모험이지만, 만약 그러한 과정을 통해 근대사회의 문화체계의 작동과 관련한 일정한 통찰을 얻을 수 있다면, 그렇게 할 만한 가치가 있다.

39) 많은 점에서 이 책은 베버의 원래의 시론에 대한 각주 — 비록 과도하게 확대된 각주이기는 하지만 — 정도로 간주해도 무방할 것이다.

이 이야기는 제 1부에서는 근대 소비주의와 18세기 소비혁명, 그리고 그것으로부터 파생한 근대 소비행동에 대한 쾌락주의적 이론의 전개가 보여주는 수수께끼에서 출발한다. 이어 제 2부에서는 프로테스탄티즘과 쾌락주의의 관계를 자비예찬과 우울증을 검토함으로써 탐구하고, 다음으로 감상주의와 낭만주의에 대해 논의한다. 마지막으로, 결론에서는 서구문화 내의 합리적인 청교도주의와 낭만주의 간의 복잡한 관계뿐만 아니라 사회적 행위의 관념론적 측면과 자아추구적 측면 간의 복잡한 관계를 해명하고자 한다.

40) 이 책은 베버를 따라 일반적인 방법론적 개인주의(*methodological individualism*) — 현재 많은 사회학자들이 선호하는 방법론적 상호작용주의(*methodological interactionism*)와 대립되는 — 를 채택하고 있으며, 또한 지식의 사회적 구성보다는 사회적 행위의 문화적 생산에 초점을 맞추고 있다는 점을 먼저 지적해 두고자 한다.

제1부

근대 소비주의 정신

제 2 장

18세기 영국 소비혁명에 대한 설명

소비수요가 산업혁명의 핵심이었다면, 사회적 경쟁심리는 소비수요의 핵심이었다.

— 해럴드 퍼킨

지난 20년 동안 경제사가들은, 자신들의 분과학문이 공급요인을 과도하게 강조하는 경향을 보여 왔고, 또 고전경제학자들을 너무나도 모범으로 삼은 탓에 산업혁명에 대한 분석이 수요성격의 변화보다는 생산기법의 변화에 치중하는 경향을 띠어 왔다는 점을 점차 인식하게 되었다.[1] 이러한 인식의 결과, 시장의 팽창이라는 수요측면과 관련된 문제와 ("단지 기계화된 생산의 상승추세를 반영하는 것"만으로는 다룰 수 없는) 그러한 현상을 설명할 필요성에 보다 많이 주목하게 되었다.[2] 그와 동시에 경제사가들은, 산업혁명을 공급측면에서의 급격한 변화로 이해하는 설명들도 논리적으로

1) Elizabeth Waterman Gilboy, "Demand as a Factor in the Industrial Revolution", R. M. Hartwell (ed.), *The Causes of the Industrial Revolution in England* (London: Methuen, 1967), pp. 121~38; Eric L. Jones, "The Fashion Manipulators: Consumer Tastes and British Industries, 1660~1800", Louis P. Cain and Paul J. Uselding (eds), *Business Enterprise and Economic Change* (Kent State, Ohio: Kent State University Press, 1973), pp. 198~226.

2) Jones, "The Fashion Manipulators", p. 199.

"그것과 동시에 발생한 소비의 발전과 확장을 전제하고" 있다는 사실과,[3] 따라서 소비혁명은 "산업혁명의 필연적 대응물 — 즉 이 등식의 공급측면의 격변에 상응하는 수요측면에서의 필연적 격변"[4] — 이라는 사실을 뒤늦게 인식하게 되었다. 이를 종합하면, 이러한 통찰들은, 근대사회의 경제적 토대의 출현과 관련한 모든 해석에서 핵심을 이루는 요소는 수요의 급격한 증대를 불러온 힘이 무엇인지를 식별해내는 것이라는 견해, 또는 퍼킨(Perkin)의 표현으로는 "소비수요가 산업혁명의 궁극적 핵심"이었다는 견해로 귀착된다.[5] 이것은 아주 자연스럽게 수요에 대한 설명을 수요에 대한 일반적 관심 및 통상적 의미 그 이상의 문제로 만든다.

처음에 역사가들은 상품수요에 아주 분명하게 영향을 미치는 것처럼 보이는 것, 즉 시장의 규모에 주목했고, 그 결과 인구성장이 관심의 초점이 되었다. 하지만 이 '시장팽창' 테제는 몇 가지 문제를 드러냈다. 그중에서도 특히 그것이 암시하고 있는 듯이 보이는 인과관계의 순환이 문제로 지적되었다. 게다가 제3세계에서 나온 여러 증거들은 그 같은 주장을 뒷받침해주지 않았다. 대신에 그러한 증거들은 인구증가 자체가 수요의 실질적인 증대 없이 다만 빈곤만을 가중시킬 수도 있음을 보여주었다. 그리하여 결정적으로 중요한 것은 생활수준의 상승에 의해 뒷받침되는 구매력의 증대였다는 생각으로 관심이 이동했다.[6] 이 테제 역시 곧 난점이 있는 것

---

3) Gilboy, "Demand as a Factor", p. 122.

4) Neil McKendrick, John Brewer and J. H. Plumb, *The Birth of a Consumer: The Commertialization of Eighteenth-Century England* (London: Europa Publications, 1982), p. 9.

5) Gilboy, "Demand as a Factor", pp. 122~3.

6) 국내시장과 해외시장 중 어느 것이 상품수요를 증대시키는 데 더 중요한 역할을 하는가를 둘러싸고 이와 관련된 하나의 논쟁이 벌어졌다. 이 논쟁은 맥켄드릭이 지적하듯이, 수출테제가 더 이상 일반적 지지를 받지 못하기 때문에 국내시장을 지지하는 쪽으로 결말이 난 듯 보인다(McKendrick, Brewer and Plumb, *The Birth of a Consumer Society*, p. 180을 보라). 이 견해를 더욱 진전시키고 확증하고 있는 것으로는 다음의 글들을 보라. A. H. John, "Aspects of English Economic Growth in the First Half of the Eighteenth

으로 인식되었다. 왜냐하면 소비자들이 잉여소득을 욕망을 충족시키는 데 곧바로 사용하지 않는다는 것을 보여주는 증거들이 많이 있기 때문이다. 실제로 근대적 소비자만이 대체로 그렇게 하며, 전통적 소비자는 오히려 자신의 여분의 부를 저축하든가 여가로 전용하는 경향을 보였다. 퍼킨이 지적하듯이, 농민들은 대체로 황소를 바꾸거나 딸에게 지참금을 줘야 할 때를 대비하여 잉여를 축적했다.[7] 반면 호이트(Hoyt)와 네어(Nair)[8]는 공히 농민들이 환금작물 재배를 통해 졸지에 부를 획득했을 때 어떻게 자신들이 새로 습득한 풍요로운 부를 여가로 전용하고 자신들의 일을 대신하는 사람들에게 보수를 지불하고자 하는 마음을 먹게 되는지에 대해 기술한다.[9] 설령 사람들이 18세기 소비자의 태도와 제 3세계 농민의 태도가 같

Century", *Economica*, 28 (May 1961), 176~90; D. E. C. Eversley, "The Home Market and Economic Growth in England, 1750~1780", in E. L. Jones and Edmund Mingay Gordon (eds), *Land, Labour and Population in the Industrial Revolution* (London: Edward Arnold, 1967), pp. 206~59; W. A. Cole, "Factors in Demand, 1700~1780", in Roderick Floud and Donald McCloskey (eds), *The Economic History of Britain since 1700* (Cambridge: Cambridge University Press, 1981), pp. 36~65.

7) Harold Perkin, *The Origins of modern English Society* (London: Routledge and Kegan Paul, 1969), p. 91.

8) Elizabeth E. Hoyt, "The Impact of a Money Economy upon Consumption Patterns", *Annals of the American Academy of Political and Social Science*, 305 (May 1956), 12~22; Kusum Nair, *Blossoms in the Dust: The Human Factor in Indian Development* (New York: Frederick A. Praeger, 1962), p. 56.

9) 이는 오랫동안 후방굴절 노동공급곡선(*backward-sloping supply curve of labour*)에서 드러나는 것과 같은 경제적 전통주의의 문제로 인식되어 왔다. 그렇지만 그러한 전통주의가 근대 소비행동에 대해서도 마찬가지의 실질적인 장애물이라는 사실은 그만큼 강조되지 않아 왔다.
〔역주〕 후방굴절 노동공급곡선: 임금이 일정한 수준 이상이 되면 임금노동자들의 근로의욕을 자극하여 더 많은 노동량이 공급될 것이라는 기대(대체효과)와는 반대로, 임금상승으로 더 많은 소득을 올리기에 노동자가 노동을 줄이고 여가를 늘리는 현상(소득효과)이 발생하여, 즉 소득효과가 대체효과보

지 않다는 점을 인정한다고 하더라도, 에릭 존스(Eric Jones) 처럼, "비필수품을 살 수 있는 새로운 **능력**을 가진 집단과 기꺼이 그렇게 하고자 하는 새로운 **의지**"[10] 를 가진 집단을 구분하고 그것에 근거하여 전통적 태도가 극복되는 방식을 설명하는 것은 여전히 매우 중요하다. 사실 윌리엄 코벳(William Cobbett) 은 1825년에 영국에서 자영농민층(*yeomanry*) 이 자신들의 여분의 부를 새로운 욕망을 충족시키는 데 곧바로 사용하지 않았다는 견해를 뒷받침하는 증거들을 제시한다. 그가 그 당시의 한 가족을 관찰한 바에 따르면, "그들이 새로운 소지품을 구입하기에 충분할 만큼의 수입을 올린 것은 오래 전이었으나, 그것을 소유해야겠다고 느낀 것은 바로 그 당시에 이르러서였다."[11]

경제사가들은, 수요증대를 설명하는 문제에 대한 답변을 구매자 수나 구매력을 고려하는 것만으로 발견할 수 있다고 인식함에 따라, 그 문제에 대한 답변을 소비를 지배하는 가치와 태도의 변화 속에서 찾아야만 한다고 볼 수밖에 없게 되었다. 그리하여 사람들은 점차 "새로운 도덕적 태도가 소비지출에 대해" 수행하는 중요한 역할에 대한 언급이나 구매행위에 대한 '심적 태도'의 중요한 변화에 대한 언급들을 발견한다. 반면 존스(Jones) 는 취향과 유행 같은 요소들을 강조한다.[12] 이러한 주장들은 논쟁을 전통적인 경제이론 영역 밖으로 끌어내어 사회과학이라는 보다 광범위한 맥락

다 커져 노동공급이 감소하는 현상을 보여주는 경우를 말한다.

10) Jones, "The Fashion Manipulators", p. 200 (강조는 원저자).

11) William Cobbett, *Rural Rides… with Economical and Political Observations*, ed. E. W. Martin (London: Macdonald, 1958), p. 222.

12) Joan Thirsk, *Economic Policy and Projects: The Development of a Consumer Society in Early Modern England* (Oxford: Clarendon Press, 1978), p. 23; Walter Minchinton, "Convention, Fashion and Consumption: Aspects of British Experience since 1750", Henri Baudet and Henk van der Meulen (eds), *Consumer Behaviour and Economic Growth in the Modern Economy* (London: Croom Helm, 1982), p. 22; Jones, "The Fashion Manipulators", p. 216.

에 위치시키는 경향이 있다.[13]

각종 문헌들을 자세히 살펴보면, 수요증대가 산업혁명을 수반했다고 보는 '표준적' 또는 전통적 설명은 소비자 측의 태도변화를 그 중심에 전제하고 있음을 알 수 있다. 이 같은 관점은 인구나 소득 같은 직접적인 물질적 요소를 다루는 대신에, 소비행동의 배후에 놓여 있는 동기의 중요성을 인식하고, 결정적인 변화를 유발한 것은 바로 동기의 측면이라고 파악한다. 따라서 맥켄드릭이 '소비성향의 증대'라고 부른 것,[14] 그리고 본질적으로 산업혁명에 부수하는 것으로 고려되던 것이 이제는 대체로 사회적 경쟁심리(*social emulation*)[15]라는 동기를 언급하는 것을 통해 설명된다. 해럴드 퍼킨은 다음과 견해를 유포시켰다.

> 소비수요가 산업혁명의 핵심이었다면, 사회적 경쟁심리는 소비수요의 핵심이었다. 18세기경 잉글랜드와 스코틀랜드 저지(低地) 지방에서는 거의

---

13) 이 문제가 갖는 이 같은 중요한 차원에 대해서는 아래의 47~65쪽에서 보다 상세하게 논의한다.

14) McKendrick, Brewer and Plumb, *The Birth of a Consumer Society*, p. 11.

15) 〔역주〕 사회적 경쟁심리: 많은 사람들이 소비와 관련된 저술들에서 'emulation'을 단순하게 '모방'으로 번역하는 경향이 있다. 하지만 이 용어는 단순한 모방(*imitation*)과는 전혀 다른 의미이다. 예컨대 엘리자베스 1세 시대 귀족들의 '소비의 광풍'을 다룬 맥크랙켄(McCracken)의 저작 《문화와 소비: 소비재와 소비활동의 상징적 성격에 대한 새로운 접근》(*Culture and Consumption: New Approach to Symbolic Character of Consumer Goods and Activities*)에서의 용례를 보더라도, 'social emulation'은 여왕 앞에서 다른 귀족들보다 훌륭한 의상을 입고, 보나 나은 연회를 베풀고, 보다 나은 선물을 바치고 하는 등의 경쟁상태를 의미한다. 또한 캠벨이 인용하고 있는 퍼킨의 논의에서도 이는 사람들이 "이웃사람에게 지지 않으려고 허세를 부리는" 경쟁상태로 묘사된다. 그럼에도 불구하고 이 용어가 모방이라고 번역되는 것은 18세기 이후 낮은 지위에 있는 사람들이 높은 지위에 있는 사람들을 따라서 소비하는 경우에도 이 용어가 확대되어 사용되다보니 오해되고 있기 때문이다. 하지만 우리는 여기서 소비의 동기라는 측면을 강조하고 또 일반적으로 사용되는 'social competition'과 구분하기 위해 '사회적 경쟁심리'라고 번역했다.

> 모든 사람들이 화폐로 소득을 수령했고, 또 거의 모든 사람들이 "이웃사람에게 지지 않으려고 허세를 부리는 데에" 화폐소득의 상당 부분을 지출할 태세를 갖추고 있었다.16)

그가 감지한 바에 따르면, 사회계층체계가 비교적 개방적이면서도 또 세밀하게 등급화된 영국에서는 인접 사회적 층위들 간에 교체가 쉽게 이루어질 수 있었기 때문에, 사회적 경쟁심리는 특히 실질적인 동기였고, 그 결과 그것은 개인들로 하여금 열심히 일하고 소비를 증대시키도록 자극하는 중요한 요인이었다. 퍼킨의 주장은 다른 논자들에 의해 이미 채택되었으며, 소비혁명의 성격과 기원에 관한 맥켄드릭과 그의 동료들이 제시한 좀 더 상세한 논의에서 주요한 발판이 되었다.17)

경제사가들과 사회사가들은 대체로 이론 — 경제학에서 끌어온 것이든 사회학에서 끌어온 것이든 간에 — 을 매우 비공식적이고 '지식제공적인' 방식으로 사용한다. 그리하여 설사 누군가가 (베블런식의 사회적 경쟁심리 이론이 주도하는) 소비혁명의 '표준적' 해석을 특정 저작 속에서 발견하더라도, 그 책에 제시된 주장의 본뜻을 정확히 파악하거나 특정 용어와 표현들에 부여된 의미를 정확히 해석하기란 쉽지 않다. 게다가 베블런식 이론의 일부 약점들을 보완하고자 하는 명백한 시도 속에서 다른 이론적 관점들이 자주 경쟁심리에 대한 강조와 혼합되기 때문에, 사태가 더욱 악화되고 있다. 그 결과, 뒤죽박죽된 주장들을 서로 연관짓거나 평가하기가 더욱 어려워졌다. 그럼에도 불구하고 여기서 문제 삼고 있는 쟁점이 갖는 결정적 중요성은 그러한 뒤얽힌 주장들을 다시 풀어헤쳐 놓고 평가하려는 시도를 불가피하게 요구한다. 그리고 우리는 맥켄드릭의 논의를 그러한 시도를 하기 위한 전범으로 삼을 것이다.

베블런의 과시적 소비이론(*theory of conspicuous consumption*)과 그가 유

---

16) Perkin, *Origins of English Society*, pp. 96~7.

17) 또한 Eric Pawson, *The Early Industrial Revolution: Britain in the Eighteenth Century* (London: Batsford Academic, 1978), pp. 77~8도 보라.

한계급(*leisure class*)의 역할에 대해 강조한 것은 분명 근대 소비사회의 출현에 대한 맥켄드릭의 설명에서 중심적 위치를 차지하고 있다. 첫째로, 맥켄드릭은 부유층이 수행한 역할에 핵심적 역할을 부여한다. 그는 1760년대와 1770년대에 부유층이 진정한 '소비탐닉'(*orgy of spending*)을 통해 새로운 소비시대를 '선도해 나갔다'고 파악한다.[18] 하지만 이에 덧붙여 그리고 결정적으로 그는 사회의 중간층이 부유층의 사치를 모방하고 이어 하류층이 중간층을 모방했다는 사실이 어떻게 새로운 소비성향을 불러일으키는 결정적 계기가 되었는지를 강조한다. 그러므로 맥켄드릭이 들려주는 이야기는 "18세기의 조밀하게 등급화된 사회층위들을 통해 이전보다 훨씬 더 깊숙이 침투한 사회적 모방(*social imitation*)과 경쟁적 소비"에 관한 이야기이다.[19] 그는 이 과정을 '베블런 효과'(*Veblen Effect*)[20] 라고 명시적으로 지칭하고, 그것이 "지난 두 세기 만에" 사회 전체를 관류하는 하나의 추동력이 되었다고 판단한다.[21]

수요의 급격한 분출을 설명하는 중심 메커니즘으로서의 경쟁심리라는 테마는, 〔맥켄드릭의 저서에서 —역자첨가〕 "개인들이 자기보다 상위의 계층"을 흉내내는 행위나 시기심과 야망을 동력으로 하여 '추동되는' 행위가 증대하고 있음을 언급할 때, 여러 차례 반복해서 등장한다.[22] 퍼킨과 마찬가지로, 맥켄드릭은 비교적 개방적인 영국의 사회구조가 이처럼 "한 층위에서 다음 층위로 올라가고자 부단히 노력"하게 하는 데 크게 기여했다는 사실을 강조하는 한편, 런던이 소비습관의 지리적 확산에 결정적이었던 것과 마찬가지로, 하인계급은 경쟁적 모방의 '연쇄'에서 특히 중요한 연계고리였다고 인식한다.[23]

---

18) McKendrick, Brewer and Plumb, *The Birth of a Consumer Society*, p. 10.
19) Ibid., p. 56.
20) 〔역주〕 베블런효과에 대해서는 캠벨이 제 3장에서 자세히 논의하고 있기에 별도의 설명을 생략한다. 제 3장을 참조하라.
21) Ibid., p. 38.
22) Ibid., pp. 14~16.

비록 거기서도 베블런의 이론적 통찰이 (경제학자들이나 경제사가들이 자주 그러는 것처럼) 그 한계에 대한 아무런 논의 없이 사용되고 있기는 하지만, (18세기 상품수요 증대의 기원에 대한 답변으로서의) 경쟁적 소비이론에 대해 가장 명료한 비판을 제기한 것도 맥켄드릭이다. 이를테면 그는 다음과 같이 진술한다.

> 하지만 가계수요의 증대와 소비수준의 상승을 설명하기 위해 하인계급이나 런던의 역할 또는 영국사회의 특성, 구조, 이동성에 주목하는 논의가 갖는 약점 중의 하나는, 비평가들이 즉각 지적할 수 있듯이, 그것들 중의 어느 것도 18세기에 새로운 것이 아니라는 점이다. 하인이 자기 주인을 모방하는 것은 오랫동안 지속된 현상이고, 사회 내에서 하나의 층위에 있는 사람들이 상위집단에 들어가기를 간절히 바라는 것 역시 그만큼 오래된 일이며, 과시적 소비의 중심지로서 런던 또한 전혀 새로운 일이 아니었다.[24]

그가 이처럼 중대한 반론을 제기하고 나선 이유는, 당시 마케팅과 유통영역에서의 새로운 '판매능력' 및 '기법'의 발전, 그리고 특히 광고의 등장을 지적하기 위한 것이다. 그는 그러한 사태들이 다음과 같은 결정적 혁신을 이루었다고 제시한다.

> 영국사회에서 그렇게 많은 성원들이 자기보다 상위에 있는 사람들을 따라하고 싶었던 오랜 간절한 욕망이, 그들로 하여금 모방을 하게 하는 강한 추동력이 되었고, 모방할 수 있게 해주는 새로운 소비능력을 갖도록 해주었고, 또 널리 사용할 수 있는 매우 다양한 신상품들에 더 쉽게 접근할 수 있게 해주었다. 대형 소비시장은 산업혁명의 산물들을 기다리고 있었고, 교묘한 판촉활동들은 그것들을 유행하는 탐나는 것으로 만들 수 있었고, 다량의 광고는 그것들을 널리 알릴 수 있었고, 모든 판매원들은 사람들이 그런 제품들에 쉽게 유혹받게 할 수 있었다.[25]

---

23) Ibid., pp. 20~21.

24) Ibid., p. 22.

우리가 파악할 수 있듯이, 위의 인용문은 왜 18세기 중반에 와서야 경쟁심리라는 동기가 소비수요를 그토록 크게 자극하게 되었는지를 설명하기 위해, 몇 가지 요인들을 끌어들이고 있다. 이들 요인 중에서 '새로운 소비능력' 같은 요인은 이미 제시된 것으로 간단히 처리되고 있다면, '널리 사용할 수 있는 신제품'과 같은 요인은 단지 '공급의 반영으로서의 수요'라는 테제를 그저 재진술하고 있을 뿐이다. 이는 교묘하게 유도되고 통제되는 광고와 판촉활동에 대해 언급하고 있는 마지막 문장 속에 포함되어 있는 것들이 핵심적 주장이라는 것을 의미하고, 또 맥켄드릭 저서의 부제 "18세기 영국의 상업화"가 암시하듯이, 이것이 실제로 그의 계속되는 논의의 중심을 이룬다.

이 같은 상업화과정에는 몇 가지 측면이 있다. 그리고 맥켄드릭과 그의 동료들인 브루어와 플럼이 그것들에 대해 다소 상세하게 논의하고 있으나, 여기서 특별한 관심을 끄는 것은 새로운 수준의 소비수요를 창출하는데 있어 상업화가 기여한 역할이며, 위의 인용문이 함의하듯이, 의식적 조작(*conscious manipulation*)이라는 요인이 바로 그러한 역할을 한 것으로 판명된다. 맥켄드릭이 경쟁심리라는 동기가 왜 그 당시에 특별히 의미를 지니게 되었는지를 설명해 준다고 분명하게 느낀 요소도 바로 그것이다. 그리고 그는 유행에 관한 장의 결론에서 다음과 같이 기술한다: "나는 사회적 경쟁심리의 조작이 어떻게 해서 사람들로 하여금 이전에는 '품위유지용품'을 사던 곳에서 '사치품'을 찾게 만들고 이전에 '필수품'만을 사던 곳에서 '품위유지용품'을 찾게 만들었는지를 … 보여주고자 노력했다."[26] 그런 다음 그는 그 같은 전반적 주장을 뒷받침하기 위해 그 시기에 근대적 광고 및 판매기법이 출현했고 또 조사이아 웨지우드(Josiah Wedgwood)[27]와 조

---

25) Ibid., pp. 22~3.

26) Ibid., p. 98.

27) 〔역주〕 조사이아 웨지우드(Josiah Wedgwood: 1730~1795)는 세계적인 영국 도자기회사의 설립자이다. 그는 근대 마케팅을 발전시킨 주요한 인물로 간주된다. 즉 그는 도자기산업에 활기를 불어넣기 위해 새로움이나 개성에만

지 팩우드(George Packwood)[28] 같은 기업가들이 그것을 성공적으로 이용했다는 점을 지적한다.

유감스럽게도 맥켄드릭은 조작에 대한 강조와 관련된 명백한 난점들을 이전에 자신이 사회적 경쟁심리와 관련하여 인식했던 이의만큼 분명하게 인식하지 못하고 있다. 왜냐하면 공격적인 광고와 판촉활동이 갑작스럽게 출현하여 확산되었다는 설명에도 역시 문제가 있기 때문이다. 제조업자들은 자신들의 제품을 판매하기 위해 오랫동안 시장을 통제하고자 노력하지 않았는가? 그들은 늘 자신들이 사용할 수 있는 모든 수단을 동원해서 소비자들이 자기네 제품을 사도록 설득하고자 하지 않았는가? 게다가 그들이 이전에 성공했던 것보다 18세기 후반기에 그 같은 목표를 달성하는 데 훨씬 더 성공한 것은 대체 어째서인가? 사실 맥켄드릭은 이 같은 난제를 해명하는 중요한 현상을 인지하기는 했으나, 수요의 발생에 대한 자신의 인과적 설명 속에 그것을 분명하게 위치시키는 데는 실패했다. 문제의 현상은 유행, 아니 보다 엄밀하게는 그것의 근대적 변형물이었던 것으로 생각된다.

맥켄드릭은 자신이 '서유럽의 유행패턴'라고 부른 것이 어떻게 해서 18세기에 처음으로 출현하게 되었는지를 보여주는 증거들을 제시한다.[29] 통상적인 의미에서의 유행은 물론 보편적인 사회적 현상이며, 전통사회에서조차도 쉽게 변화한다. 이와 대조적으로 근대 유행의 특징은 형식, 소재, 스타일 면에서 변화가 발생하는 속도가 매우 빠르다는 것이다. 그리고

의존할 것이 아니라 유행을 고려하되 기존의 도자기가 갖고 있는 결점을 제거해나가고자 했다는 점에서 유명하다. 그는 가마에 대한 중요한 연구로 과학자로서의 능력을 인정받아 영국 학술원 회원이 되기도 했다.

28) 〔역주〕 조지 팩우드(George Packwood)는 부자가 되기 위한 제품과 욕망을 생산한 영국 중간계급의 사업가로, 가죽숫돌과 모조보석의 광고로 유명하며, 신문광고의 발전에 크게 기여한 인물로 간주된다. 맥켄드릭과 그의 동료들은 자신들의 저작에서 그의 광고를 18세기 자본주의와 광고의 성장의 정점을 반영하는 것으로 평가한다.

29) Ibid., p. 41.

여러 증거들은 이처럼 속도가 빨라지기 시작한 것은 18세기 중반으로, 조지 2세 시대가 그 전환점이었으며, 그것은 다시 조지 3세 시대 초기에 '유행 광풍'(*fashion frenzy*)으로 이어졌다는 것을 보여준다.[30] 그 결과 이전에는 의상스타일이 바뀌는 데 한 세대가 걸렸던 반면, 지금은 불과 몇 년밖에 안 걸리며, 몇몇 경우에는 심지어 해마다 바뀌기도 한다. 예컨대 1753년에는 자줏빛 색깔이 유행한 반면, 1757년에는 핑크무늬가 있는 하얀 아마포가 유행했으며, 1776년에는 '장미색'이 유행했다가, 1777년에는 비둘기회색이 유행했다.[31] 유행열풍은 부유층에만 국한된 것이 아니라, 사회 전체로 급속하게 퍼져나가, 하인계급에서 산업고용주에 이르기까지 그리고 마침내 농업노동자로까지 확산되었다. 즉 모두가 일정 정도 '유행에' 사로잡혀 있다고 느끼기 시작했다.[32] 런던은 유행의 지리적·사회적 중심지였으며, 새로운 것들이 그곳에서 지방으로 확산되어 나갔기 때문에, 사람들은 런던의 구(舊)시가지에서 떨어진 정도에 따라 의상의 유행 등급을 추적할 수 있다고 주장할 정도였다.[33] 이 새로운 현상의 핵심적 특징이자 독특한 특징은 새로운 것이 소비되는 엄청난 속도였다. 맥켄드릭이 제시한 증거가 명백하게 보여주듯이, 신발디자인의 경우, "유행은 만화경 같은 속도로 변화했다." 이를테면 신발의 앞부리는 날카롭게 뾰족한 것에서 시작해 둥글게 뾰족한 것을 거쳐 네모나게 뾰족한 것으로, 20세기에 그랬던 것만큼이나 쉼 없이 그리고 그와 비슷한 속도로 변화했다.[34]

〔맥켄드릭의 저서는 —역자 첨가〕 근대유행의 출현과 그것이 소비의 상업화 속에서 갖는 중요성에 대한 논의에 하나의 장을 할애하고 있으며, 다른 곳에서처럼 거기서도 유행이 행한 핵심적 역할을 예시하고 확증한다. 그것은 예컨대 수요의 조작이 실제로 유행의 통제를 통해서만, 아니 이 주

---

30) Ibid., p. 54.
31) Ibid., p. 56.
32) Ibid., p. 60.
33) Ibid., p. 74.
34) Ibid., p. 92.

장이 너무 오만하다면, (조사이아 웨지우드가 성공적으로 그랬던 것처럼) 유행을 조심스럽게 이용함으로써만 가능했다는 것을 분명하게 밝히고 있다. 사실 제조업자들이 소비자들의 갈망과 시기심에 그토록 직접적으로 영향을 미칠 수 있는 다른 가용한 메커니즘이 존재하지 않았기 때문에, 사회적 경쟁심리의 조작은 유행을 매개로 해서만 가능했다. 이처럼 〔맥켄드릭에서 —역자 첨가〕 근대적 유행패턴의 출현은 소비자 측에서의 경쟁심리나 생산자 측에서의 조작이 왜 18세기에 그처럼 새롭고 역동적인 형태들을 취하기 시작할 수밖에 없었는지를 설명하는 데 있어 결정적 요소이다.

그 같은 결론은 자연스럽게 맥켄드릭이 인지하고 또 답변하고자 시도한 또 하나의 추가적인 질문, 즉 유행의 보편성과 그 근대적 형태의 독특성과 관련된 질문으로 이어진다. 왜냐하면 유행이 변화를 유발하는 결정적 요인이었다고 한다면, 왜 그것이 18세기 중엽에 그러한 방식으로 작동하게 되었는지에 대한 일정한 설명이 다시 요구되기 때문이다. 이와 관련하여 맥켄드릭이 제시한 답변은 훨씬 더 복잡하다.

맥켄드릭은 처음에는 유행의 존재를 설명하기 위해, 선천적 욕구라는 개념에 의지하여, 유행을 따르고자 하는 욕망을 '인간조건의 하나의 상수'로 언급하고 싶어했던 것으로 보인다.[35] 그러한 주장은 자연스럽게 그 같은 '욕구'를 처음으로 충분히 표출할 수 있게 '해준' 경제적·상업적 발전에 주목하게 한다.[36] 다행히도 그는 그 같은 단조로운 논증의 노선을 따르지

---

35) Ibid., p. 36.

36) 사치금지법의 폐지가 이 같은 새로운 사치품 소비성향을 조장한 중요한 요인이라고 주장할 수는 없다. 왜냐하면 사치금지법은 훨씬 이전에 폐지되었기 때문이다. 볼드윈(Baldwin)이 기술하듯이, "엘리자베스시대는 영국에서 사치금지법이 절정에 달했던 시기였다". 반면 제임스 1세의 왕위계승은 의상과 관련한 대다수의 형법의 폐기를 예고했다〔Frances Elizabeth Baldwin, *Sumptuary Legislation and Personal Regulation in England* (Baltimore: John Hopkins Press, 1926), p. 249를 보라〕. 과도하게 치장한 것으로 간주된 의상에 대해 제약을 가하고자 하는 시도가 18세기 초반에도 산발적으로 있었지만, 그것들은 별다른 호응을 받지 못했고, 어떠한 경우에도 대체로 무시되었던 것으로

않고, 대신에 그는 다음과 같이 언급하면서 서유럽 유행패턴의 '창출'에서 조작이 수행한 역할을 강조하는 쪽으로 나아간다.

> 유행의 힘이 강력해짐에 따라, 먼저 유행을 불러일으키고 동원하고 이용하여, 그것이 총수요를 유의미하게 증대시킬 수 있게 하는 것이 필요했다. 이를 가능하게 하는 조건들은 꾸준히 유리하게 진전되어 갔다. … 그러나 그 같은 시장상황에 도달하고 그것의 잠재력을 완전히 이용하기 위해서는, 적극적이고 공격적인 판매활동이 여전히 필요했다.[37]

끝으로, 그는 새로운 상업적 접근방법의 중요한 요소는 그것이 "의도적으로 그리고 의식적으로 시장을 통제하고 소비자의 관심을 유지하고 새로운 수요를 창출하는 것을 목표로 하고 있다"는 것이라고 결론지었다.[38] 하지만 맥켄드릭이 새로운 수준의 소비수요를 창출하는 데 있어 유행이 수행한 역할의 문제로 되돌아감에 따라, 근대적 유행패턴의 기원의 문제는 사라져버린 것으로 보인다. 그렇다고 하더라도 꼭 지적하고 넘어가야 할 것은, 유행패턴의 기원에 대한 설명이 제시될 경우에는, 그것은 어찌되었든 하나의 요소, 즉 시장의 의식적 조작의 측면에서 설명되고 있다는 것이다. 하지만 이미 지적한 것처럼, 그러한 설명은 서유럽 유행패턴이 이미 존재했다는 사실에 근거한다. 이러한 설명에는 분명 몇 가지 해결되지 않는 문제들이 여전히 남아 있다.

실제로 혹자는 보다 노골적으로 18세기 소비혁명에 대한 '표준적' 설명 — 지금까지는 맥켄드릭과 그의 동료들이 제시한 설명이 가장 치밀하다 — 은 새로운 소비성향의 기원 내지는 보다 일반적인 근대 소비주의의 기원에 대한 설명으로는 적절하지 못하다고 결론 내릴지도 모른다. 그러한 설명은 기껏해야 그런 설명과 연관되어 있는 것으로 여겨지는 각종 요소들, 즉

보인다.

37) McKendrick, Brewer and Plumb, *The Birth of a Consumer Society*, p. 63.

38) Ibid., p. 69.

경쟁심리에 의한 지출, 유행 그리고 시장조작을 위한 의식적 시도와 같은 요소들을 항목별로 나열할 뿐이다. 거기에서 그러한 요소들 간의 관계에 대한 철저한 이해나 그러한 요소들이 상호작용을 통해 그 같은 변화를 초래한 정확한 방식 — 그렇게 했다고 간주할 수 있는 방식— 에 대한 진술은 찾아볼 수 없다. 각 요소들과 관련한 핵심적 문제는 당시에 각 요소가 증대시킨 효과에 대한 납득할 만한 설명을 제시하는 것이다. 다른 어떤 것보다도 그러한 설명을 제시하기에 용이한 것이 유행 — 앞서 출현했던 것과는 아주 분명하게 대비되는 — 이다. 하지만 근대 서구의 유행패턴이라는 새로운 추동력을 이미 고려한 바 있는 요소들을 가지고 다시 설명할 경우, 그것이 가진 설명력은 모두 상실된다. 하지만 이 정도의 설명실패는 각 요소들을 번갈아가며 끊임없이 교차시켜 언급하는 것에 의해, 그리고 사용된 이론적 관점들이 인지할 수 없는 결함들을 포함하고 있지만 그것이 근본적이라는 사실에 의해, 그럴싸하게 얼버무려진다.

소비혁명에 대한 이러한 '표준적' 설명이 안고 있는 일련의 결함들 중 어떤 것은, 단지 그러한 설명의 중심을 차지하는 근대 유행현상에 대한 통상적인 이해방식을 면밀히 검토해 보기만 하면, 다시 말해 그러한 설명이 다시 사회적 경쟁심리에 의해 설명되고 있다는 사실을 깨닫기만 하면, 금방 알 수 있다. 즉 사회과학자들은 대체로 유행은 기본적으로 위세 있는 집단들의 경쟁이라는 짐멜의 견해를 받아들이고 있다.[39] 이 경우 실제로 그것은 사람들이 마침내 순환적 설명을 종결시킨 것처럼 보이기도 한다. 그것은 제품의 새로운 수요는 새로운 경쟁심리적 소비동기가 갑작스럽게 작동하기 때문에 생겨나며, 제조업자들은 새롭고 역동적인 '유행'형태가 존재하기 때문에 이러한 동기를 이용하고 조작한다고 주장한다. 하지만 이제 유행현상들은 전적으로 소비동기의 존재를 전제로 한다는 것이 드러나고

---

39) Georg Simmel, "Fashion", *American Journal of Sociology*, 62 (May 1957), 541~58. 이 글은 *International Quarterly* 10 (1904)에 실렸던 것을 재수록한 것이다. 또한 Herbert G. Blumer. "Fashion", *International Encyclopedia of the Social Sciences*, David L. Sills (ed.), 1968도 보라.

말았다. 이러한 설명은 분명 동어반복적이며, 우리에게 소비혁명의 역동성에 대한 어떠한 통찰도 제공해 주지 못한다. 이론의 수준에서 볼 때, 이 결론은 근본적 약점을 강력하게 시사한다.

소비와 문화변동

경제사라는 분과학문을 뒤로하기 전에, 그리고 산업혁명에 수반하여 발생한 새로운 소비수요의 기원과 관련한 수수께끼를 뒤로하기 전에, 18세기 소비주의가 갖는 몇 가지 특성들을 지적해 둘 필요가 있다.

이들 특성 중 첫 번째는 산업혁명의 전면에 위치해 있던, 그리하여 혁명을 완수하는 데 있어 중요한 역할을 수행한 사회층과 관련되어 있다. 맥켄드릭은 이와 관련하여 다음과 같은 적실한 질문을 던진다.

> 당시 태동하던 영국 섬유산업의 면직물, 모직물, 아마포, 견직물들을 누가 구입했는가? 대량으로 생산된 맥주를 누가 소비했는가? 스태퍼드셔 도기공장에서 쏟아져 나온 도자기를 누가 샀는가? 버밍햄을 번영시킨 토대가 된 버클, 버튼, 핀 및 온갖 작은 금속제품을 누가 샀는가? 셰필드의 나이프와 포크, 인기 출판사의 책, 여성잡지, 어린이 장난감, 묘목 등을 누가 샀는가? 초창기의 소비산업 제품은 어떤 집안에서 구입했는가?[40]

그는 에버슬리(Eversley) 교수를 인용하면서 "산업혁명의 기반은 아주 가난하지도 않고 아주 부자도 아닌 일단의 노동인구들에게 일상생활용품을 가정판매하는 것을 통해 마련되었다"[41] 는 취지로 이들 질문에 답한다. 달리 말하자면, '중간 정도 소득의 구매층', 즉 "장인, 상인, 재산이 많은 농

---

40) McKendrick, Brewer and Plumb, *The Birth of a Consumer Society*, p. 171.
41) Ibid., p. 172.

부, 엔지니어, 사무원 등으로 구성된 초창기 부르주아"[42]가 그러한 제품들을 구입했다. 포슨(Pawson)은 "그것은 본질적으로 중간계급 수요로서, 시골의 농민과 젠트리 그리고 도시의 전문가와 상인이 뒷받침한 중간계급의 수요였다"는 데에 동의한다."[43] 물론 부유층은 마구 소비하며 그들이 차지하던 수적 비율 이상으로 전체 수요에 기여했다. 그러나 그들은 늘 그래왔다. 또한 산업혁명이 그 여세를 몰아감에 따라, 하층계급도 전체 수요 증대에 기여했다는 지적도 옳다. 그럼에도 불구하고 산업혁명 초기에 수요를 매우 급격하게 팽창시킨 원천은 사실상 중간계급이었다는 것은 사실인 듯하다.

맥켄드릭 등의 연구가 밝혀낸 18세기 소비혁명의 두 번째 중요한 특징은 앞서 제시한 맥켄드릭의 인용문에서 열거한 제품들과 관련되어 있다. 다시 말해, 그것은 새로운 수요의 대상이 된 품목들의 실제적 성격과 관련이 있다. 왜냐하면 통상적인 생각과는 반대로, 초기 산업혁명과 가장 밀접하게 연관된 제조업들은 자본재보다는 소비재를 생산하는 산업들이었으며, 그중에서도 '사치성' 소비재를 생산하는 산업들이 지배적이었다. 써스크(Thirsk)는 17세기 경제 '프로젝트' 및 그와 연관된 '산업고용'의 절대 다수가 '비필수품'의 생산과 어떻게 관련되었는지를 보여주었다. 사실 당시 농촌지역에서 출현한 직업들은 주로 "장난감, 버튼, 핀, 레이스 등 정치인들이 쓸데없는 것이라고 분류한 제품들 — 사실 실제로도 그러했다 — "을 제조하는 것과 관련되어 있었다.[44] 그녀는 그 밖의 사치품들로 거울, 브로치, 카드, 인형 그리고 이쑤시개까지 거론한다.[45] 그 이후의 시대에 대한 맥켄드릭, 브루어, 플럼의 연구 역시 (비록 그들이 지적한 바와 같이, 필수품 범주에 속하는 것으로 여겨질 수 있는 것이 끊임없이 재규정되고 있었음에도 불구하고) 새로운 수요가 실제로 '필수품' 이외의 것들과 관련되어 있

---

42) Ibid.

43) Pawson, *The Early Industrial Revolution*, p. 77.

44) Thirsk, *Economic Policy and Projects*, pp. 7~8.

45) Ibid., p. 14.

다는 통념을 그리 불식시키지는 못한다. 그럼에도 불구하고 그들이 제시하는 사례들을 놓고 볼 때, 장난감과 놀이도구, 소설, 미용용품, 관상용 꽃나무 그리고 무엇보다도 패션의류 등과 같은 제품들은 아주 부자가 아닌 사람들이 쉽게 '필수품'이라고 지칭할 수 있는 종류의 구매품이 전혀 아니었다는 것은 분명하다.

18세기 영국 소비혁명을 보다 면밀하게 검토하면, 또한 보다 광범한 문화혁명이 수반되고 있었다는 것을 알 수 있다. 이것은 전혀 놀랄 만한 결론이 아니다. 왜냐하면, '소비'는 대체로 경제학자들이 복잡한 형태의 (인간적으로) 의미 있는 행위로부터 끌어낸 추상개념인 것만이 아니라, 새로운 소비성향이 가치 및 태도의 변화 속에서 발생하는 방식이기도 하다는 점이 이미 지적되었기 때문이다. 추측컨대, 이러한 가치 및 태도의 변화가 갖는 의미는 만족추구적 행동이라는 경제적 측면에만 국한되는 것이 아니었다. 이 같은 점은 비록 부분적이기는 하지만 경제사가들도 인정한다. 왜냐하면 이 주제에 대한 그들의 논의 역시 여가의 증대 및 어린아이들에 대한 태도 변화와 같은 일반적인 문제를 포함하는 쪽으로 확대되고 있기 때문이다.[46] 하지만 수요혁명이 어떻게 그러한 보다 광범위한 발전과 관련되는지, 또는 당시에 발생한 많은 혁신들 중에서 어떤 것이 소비혁명의 일부로, 아니면 그것과 밀접한 관계에 있는 것으로 고려되어야 하는지조차도 여전히 불분명한 채로 남아 있다.

플럼 교수가 입증한 바와 같이,[47] 여가혁명이 이러한 전반적인 변화유형에 필수불가결한 요소였다는 것은 분명하다. 연극이나 경마 등 지금은 우리가 통상적인 레크리에이션의 한 부분으로 받아들이는 매우 광범위한 활동들이 이 시기 동안에 근대적 형식을 취하게 되었다. 이러한 점에서 볼 때, 당시에는 분명 그러한 활동들과 관련한 지출은 사치스러운 것으로 분류될 수밖에 없었고, 여가는 정의상 대체로 비필수적 활동이었고, '건강한

46) 예컨대 J. H. Plumb, "Commercialization and Society", McKendrick, Brewer and Plumb, *The Birth of a Consumer Society*, pp. 265~335를 보라.

47) Ibid., pp. 265~85.

레크리에이션'을 하나의 중요한 인간욕구로 보는 근대적 견해는 당시까지는 널리 받아들여지지 않았다. 플럼 교수가 자신의 연구 말미에서 "내가 지금까지 기술한 모든 활동은 중간계급 관객의 성장을 보여준다"라고 논평하는 데서 분명하게 드러나듯이, 거기서도 역시 중간계급이 새로운 구매층을 주도하고 있었다. 그가 상술한 활동들은 연극, 음악, 무용, 스포츠, '문화적 오락' 등으로, 그러한 것들은 일반적으로 "부유한 젠트리와 신중간계급이 갈망하는" 것들이었다.48)

맥켄드릭 등이 다만 내친 김에 언급한 18세기 소비혁명의 또 다른 측면은 근대소설의 발전과 소설 독자층의 출현이었다. 이 세기 동안 연간 신간 서적 출판이 4배로 늘어나면서, 도서시장, 특히 소설시장이 급격하게 팽창했다. 동시에 새로운 마케팅 및 유통 기법이 도입되었는데, 그중 가장 주목할 만한 것이 이동도서관의 출현이었다. 한편 '작가'라는 전문직종이 얼마간 확립되었다.49) 이 분야에서도 역시 '소설창작업'50)의 발전과 함께 상업화가 아주 뚜렷하게 나타났다. 이는 공격적인 광고로 이어졌고, 높은 출판비용을 만회하기 위해 정기구독방식 및 분책출판이 고안되었다. 대부분의 논자들은 이 분야에서도 수요의 대부분이 중간계급, 보다 구체적으로는 중간계급 여성에 의해 이루어졌다는 데 의견을 같이한다. 테일러(Taylor)가 기술한 바와 같이, "여성이 소설 독자층 중 단연 최고로 많은 부분을 차지하고 있다는 데에는 이론의 여지가 없다".51) 테일러의 관찰결

48) Ibid., pp. 282, 284.

49) Ian Watt, *The Rise of the Novel: Studies in Defoe, Richardson and Fielding* (Berkeley: University of California Press, 1957); Leo Lowenthal and Marjorie Fiske, "The Debate over Art and Popular Culture in Eighteenth Century England", Mirra Komarovsky (ed.), *Common Frontiers of the Social Sciences* (Glencoe, Ill.: Free Press, 1957), pp. 33~96; J. M. S. Tompkins, *The Popular Novel in England 1770~1800* (Lincoln, Nebr.: University of Nebraska Press, 1961).

50) John Tinnon Taylor, *Early Opposition to the English Novel: The Popular Reaction from 1760~1830* (New York: King's Crown, 1943), p. 40.

과는 이 시기에 발생한 또 다른 중요한 사회문화적 발전, 즉 낭만적 사랑의 등장에 주목하게 하는 데 기여했다. 이것이 소비혁명의 한 '부분'을 이룬다고 말할 수 있는지는 분명하지 않지만, 그것은 소설시장의 성장과 아주 밀접하게 연관되어 있었다.

18세기 후반에 출간된 소설들은 비록 다른 주제들도 다루기는 했지만, 낭만적 사랑이 다른 주제들을 압도하고 있었다. 그것은 고딕소설(*Gothic novel*)[52] 에서보다는 당시의 대부분의 소설에 널리 퍼졌던 '감상주의적' 장르, 아니 분명하게는 '낭만주의적' 장르에서 더 두드러지게 등장했고, 사실 그러한 경향은 현재까지 이어지고 있다. 사랑이 거의 보편적 주제였다는 사실이 그러한 소설에 대해 흔히 제기된 도덕적 반감의 주요 이유들 중의 하나였다. 왜냐하면 그러한 소설이 '정사기법의 무언의 교사'로 기여하는 것으로 여겨졌고, 또 "여성의 마음을 타락시켜" 젊은 여성들이 부모의 말을 듣지 않고 가출하도록 부추긴다고 생각했기 때문이었다.[53] 이것은 소설 속의 사랑과 현실세계 속의 사랑이 밀접하게 연관되어 있었다는 것을 강력하게 암시한다. 그리고 사실은 그것이 바로 스톤(Stone) 교수가 주장했던 것이다.

반감에도 불구하고 … 낭만적 사랑과 낭만주의 소설은 1780년 이래로

---

51) Ibid., p. 54.

52) 〔역주〕 고딕소설: 18세기 후반부터 19세기 초엽 사이에 영국을 비롯한 전 유럽을 풍미한 스타일의 소설로, 고딕로망스(*Gothic romance*) 라고도 한다. 고딕풍(風)의 건물을 배경으로 한 유령, 살인 등의 기괴한 사건을 다룬 것이 많았고, 신비감과 공포감을 나타내려는 것이 목적이었다. H. 월폴의 《오트란토의 성》(*The Cast1e of Otranto*, 1764) 을 시작으로 절정기에는 A. 래드클리프의 《유돌포의 괴기》(*The Mysteries of Udolpho*, 1794) 와 M. G. 루이스의 《수도사》(*Ambrosio or the Monk*, 1795) 등 많은 작품이 발표되었으나, 현재까지 걸작으로 남아 있는 작품은 많지 않다. 여성이 주된 독자였으며, 샬롯 브론테의 《제인 에어》(*Jane Eyre*, 1847) 와 대프니 드 모리에의 《레베카》(*Rebecca*, 1938) 등이 고전적 작품으로 꼽힌다.

53) Ibid., p. 65.

> 함께 성장했으며, 그중 무엇이 원인이고 무엇이 결과인지는 결말짓기가 불가능한 문제이다. 다만 말할 수 있는 것이라고는 역사상 처음으로 낭만적 사랑이 유산계급들 사이에서 남부끄럽지 않은 결혼동기가 되었고, 동시에 같은 주제를 다룬 … 소설들이 쇄도했다는 점이다.[54]

비록 사랑이 18세기의 발견물은 아니었지만, 당시에 사랑에 대한 태도가 크게 변하여 사랑을 최신의 유행으로 만들었을 뿐 아니라, 위의 인용문이 지적하듯이, 어엿한 결혼동기가 되었다. 이것은 분명 새로운 것이었다. 왜냐하면 이전에도 젊은이들이 종종 사랑에 빠지기는 했지만, 그런 이유만으로는 결혼이 승락되지 않았고, 친척과 친구들도 그러한 부적절한 결합을 막으려고 했을 것이기 때문이다.[55] 이제는 처음으로 낭만적 관념이 감정의 지위로까지 상승하여, 그 어떠한 것도 장애물이 될 수 없었다. 사랑이, 그리고 사랑만이 배우자를 선택하는 데 있어 최고의 고려사항이 되었다. 실제로 우리가 낭만적 사랑을 특징짓는 것으로 인식하고 있는 모든 특징들이 이 시기에 처음으로 분명하게 모습을 드러냈다. 이를테면,

> 모든 수준에서 완전하게 결합할 수 있는 사람은 세상에 단 한 사람만이 존재한다고 생각한다. 그 사람의 퍼스낼리티를 너무나도 이상화시키기에, 인간본성의 통상적인 결함과 어리석음은 시야에서 사라진다. 사랑은 종종 천둥번개와 같은 것으로 첫눈에 불꽃이 튄다. 사랑은 다른 모든 고려사항들, 특히 물질적 고려사항을 무시하게 할 정도로 세상에서 가장 중요한 것이다. 그리고 마지막으로, 사랑이 낳는 행위가 다른 사람들에게는 지나치고 불합리하게 보일 수 있다고 하더라도, 개인적 감정을 거리낌 없이 표현한다는 것은 칭찬받을 만한 일이다.[56]

---

54) Lawrence Stone, *The Family, Sex and Marriage in England 1500~1800* (London: Weidenfeld and Nicolson, 1977), p. 284.

55) Ibid., p. 282.

56) Ibid.

왜 이러한 일련의 확신들이 바로 18세기 후반에 영국에서 현저하게 드러났는지에 대해서는 충분한 설명이 이루어지지 않았다. 이에 대해 제시된 설명이라고는 낭만적 사랑은 궁정연애(*courtly love*)[57]에서 발전한 것으로, 연정(戀情)에 대한 종교적 가르침이 순수한 세속적 맥락 속으로 이식되며 더욱 확장된 것이라는 정도였다.[58]

소설읽기를 포함한 여가시간 활동의 전반적인 확대는 유행 및 낭만적 사랑의 등장과 함께 모두 18세기 영국에서 처음으로 출현한 일단의 문화적 현상의 중요한 부분으로 간주할 수 있으며, 아직까지는 다소 불분명하지만, 여러 가지 점에서 그것은 우리가 소비혁명이라 불러온 것과 관련이 있다. 이것들 각각의 출현에 대한 설명은 소비혁명 자체에 대한 설명만큼이나 충분하지 못하며, 아직까지는 이 모든 것들이 신념, 가치, 태도의 근본적인 변화를 수반한 것으로 보일 뿐이다.[59]

---

57) 〔역주〕 궁정연애(*courtly love*): 기사도적(騎士道的) 사랑이라고도 한다. 중세 유럽의 서정시와 로맨스에 많이 표현된 연애관이다. 사랑을 바치는 남자와 귀부인과의 관계는 가신과 군주의 관계와 매우 비슷하다. 11세기 말 남부 프랑스의 아키텐과 프로방스의 궁정 음유시에 처음 나타난 이 개념은 사고와 감정의 혁명을 불러일으켜, 그 영향은 서구문화에 지금까지도 뚜렷이 나타나 있다. 궁정연애를 하는 남자는 자기의 귀부인을 섬기기 위해 존재했다. 당시의 결혼은 보통 사업적인 이해관계나 권력동맹의 밀약의 결과였기 때문에, 그가 바치는 사랑은 예외 없이 합법적인 혼인관계를 벗어난 부정한 것이었다. 궁극적으로 남자는 자신이 전능한 사랑의 신을 섬기고 성녀(聖女)를 숭배하고 있다고 생각하게 되었다. 궁정연애에서는 부정(不貞)이 가장 치명적인 죄악이었다(한국브리태니커 온라인에서 인용).

58) 이에 대해서는 Denis de Rougemont, *Passion and Society*, trans. Montgomery Belgion, rev. edn (London: Faber and Faber, 1956)를 보라. 그리고 이와는 다소 다른 견해로는 John Alan Lee, "The Romantic Heresy", *Canadian Review of Sociology and Anthropology*, 12 (1975), 514~28을 보라.

59) 이러한 다양한 현상들이 서로 밀접하게 연관되어 있다는 것은 아주 분명해 보인다. 낭만적 사랑은 소설의 주요 주제를 이루었을 뿐만 아니라 중요한 여가시간 활동이기도 했다. 동시에 인기소설이 급격히 달라지면 의복의 유행도 달라졌고, 이는 다시 잠재적 연인들을 유혹하는 데 중요한 역할을 했다. 물론 무도회, 음악회, 경마대회 등은 그들을 이어주는 중요한 기회를 제공했다.

소비의 정당화

물론 이 같은 질서의 변화가 사회 내에서 아무런 비평이나 반대 없이 발생한 것은 아니다. 왜냐하면 그러한 변화는 전통적인 그리고 승인된 행위형태들로부터 벗어나 있기 때문이다. 일부 사조(思潮)가 그러한 변화를 정당화하는 데 기여하여 그러한 비난을 철회하도록 하지 않는 한, 그러한 변화는 자연스럽게 수용되지 않으며 확산될 수도 없다. 정당화 문제라고 칭할 수 있는 이 문제는 (비록 앞서 언급한 일련의 문화혁신과 관련해서는 아니지만) 소비혁명과의 관계 속에서 지적되어 왔다. 하지만 일반적으로 이 문제는 단지 경제변동의 자명한 결과로 기록되거나 취급되고 만다.

그리하여 이를테면 써스크는 아담 스미스 시대에 "영국 가정에서 당연한 것으로 간주되던" 소비재가 "1540년대에는 유치한 하찮은 것 내지 불필요한, 심지어는 해로운 탐닉이라고 비난받았다"고 기술하기까지 한다.[60] 반면 민친턴(Minchinton)은 관습과 유행을 소비와 연관시켜 논의하면서, 경제변동 자체가 불가피하게 금욕주의를 포기하게 만든다고 파악한다.

> 그러나 소비의 변화에서도 마찬가지로 중요한 것은 마음의 태도였다. 청교도라고 하면, 대체로 물질적 욕망에 대한 지출을 억제하고자 하는 것을 연상시켰다. … (이런) 종교적 태도는 생산이 느리게 성장할 때에는 적절하지만, 산업화와 함께 성장의 속도가 빨라질 뿐만 아니라 지속

마지막으로 들 수 있는 공통된 요소가 이들 영역 모두에서 여성들이 중요한 역할을 수행했다는 것이다. 여성은 또한 소비혁명에서도 마찬가지의 역할을 수행했다. Neil McKendrick, "Home Demand and Economic Growth: A New View of the Role of Women and Children in the Industrial Revolution", Neil McKendrick (ed.), *Historical Perspectives: Studies in English Thought and Society in Honour of J. H. Plumb* (London: Europa Publications, 1974), pp. 152~210을 보라.

60) Thirsk, *Economic Policy and Projects*, p. 23.

> 되고 누가(累加)될 때에는 종래의 가난이 준 교훈은 호소력을 상실하는 것으로 보였다. 기술변화의 속도가 빨라지면서, 풍요의 꿈을 가능하게 하는 풍족함이 어렴풋이 감지되기 시작했다. 물질적 욕망을 강화하기 위해 철학자와 경제학자들은 금욕주의보다는 쾌락주의적 계산법을 설파했고, 관습과 인습의 제약을 침식시키는 것을 돕고 나섰다.[61]

우리가 소비자가 주도한 수요의 폭증이 무엇보다도 경제성장을 불러일으킨 요인이었다고 가정할 경우, 경제변동과 생활수준의 상승이 금욕주의적 태도를 약화시킨다는 주장은 오히려 현재 논의 중인 문제를 당연한 것으로 간주하는 것이다. 따라서 우리가 검토해 보아야 할 것은 '소비윤리'가 철학자와 경제학자의 저작에 의해 정당화되었다는 주장이다.

맥켄드릭은 이 주제를 조이스 애플비(Joyce Appleby)의 자료를 활용하여 검토한다. 그리고 그는 17세기 말경에도 "소비수준의 점진적 상승이 갖는 건설적이고 유익한 측면들을 파악한 동시대 저술가들이 다수 존재했다"는 것을 보여준다.[62] 더들리 노스(Dudley North),[63] 존 휴턴(John Houghton), 니콜라스 바번(Nicholas Barbon)[64] 같은 인물이 바로 그러한 사람들이다. 그리고 맥켄드릭은 "경제를 새로운 번영의 수준으로 이끌 수 있는 무한한 욕구를 가진 소비하는 동물이라는 인간관은, 1690년대의 경제학문헌과 함께 태어났다"는 취지로 애플비 교수를 인용한다.[65] 하지

---

61) Minchinton, "Convention, Fashion and Consumption", p. 22.

62) McKendrick, Brewer and Plumb, *The Birth of a Consumer Society*, pp. 14～16.

63) 〔역주〕 더들리 노스(Dudley North, 1641～1691) : 영국 무역상인으로, 하원에 들어가 경제문제에서 지도적 역할을 했다. 그의 유일한 저서 《교역론》(*Discourses Upon Trade*, 1691)은 익명으로 발표된 단편이지만, 화폐량의 인위적 조절이라든지 이자율의 법적 인하는 경제논리에 반(反)한다고 주장하며 시종일관 자유방임론을 전개한 점에서 주목받았다.

64) 〔역주〕 니콜라스 바번(Nicholas Barbon, 1640～1698), 영국의 경제전문가로, 영국화재보험의 창립자로 알려져 있다. 그는 《교역론》(*A Discourse of Trade*, 1690)에서 "낭비는 인간에게는 해롭지만, 상업에는 해롭지 않은 악이다"라고 말하기도 했다.

만 그도 역시 지적하듯이, 그러한 관념은 거의 한 세기 동안 널리 받아들여지지 않았다. 사실 그러한 견해에 대한 도덕적 반대는 1724년에 출간된 맨드빌(Mandeville)[66]의 《꿀벌의 우화》(*Fable of the Bees*)에 대한 적대감과 함께 더욱 강렬해졌다. 이 우화는 탐욕, 낭비, 자만, 질투, 허영 같은 개인적 악덕의 추구가 사치품 수요를 자극하고 그렇게 하는 과정에서 고용을 창출하고, 부를 증대시키고, 전반적으로 공공선에 기여했다고 주장했다. 그 책은 부도덕하고 사악한 책이라고 널리 비난받았다.

하지만 정치경제학적 이론화가 대체 얼마만큼이나 소비행동을 정당화하는 데 기여한 것으로 진지하게 간주할 수 있는지에 대해 회의하기에 충분한 이유들이 존재한다. 맥켄드릭은 더들리 노스와 아담 스미스 그리고 (아이러니하게도) 맨드빌 같은 저술가들이 자신이 소비혁명의 '지적 기원'이라 부른 것을 제공하고 있다고 믿는다. 왜냐하면 그들이 일반적 통념을 공박했기 때문이다.[67] 그러한 통념의 핵심은, 부유층은 낭비적으로 지출할 것으로 기대되는 반면(그 과정에서 단골, 고용, 부가 창출된다), 사회의 다른 부류들은 검약과 자제의 윤리를 견지하리라는 것이었다. 이 소비옹호론자들이 제시한 반대논지는 (맨드빌의 경우에서와 같이) 보다 높은 수준의 소비를 조장하는 데서 나올 것으로 기대되는 일반적인 이득을 강조했다는 점에서 그 성격상 매우 공리주의적이다. 이들이 제시한 논지에서 가장 중요한 것은 소비가 더욱 생산을 자극한다는 것이었다. 그러나 소비가 생산에 기여한다는 것과 관련하여 소비를 정당화하는 것이 소비보다 생산을 높이 평가하는 성향을 전혀 변경시키지 못한다는 사실은 그렇다손 치더

---

65) Ibid.

66) 〔역주〕 버나드 드 맨드빌(Bernard de Mandeville, 1670~1733): 네덜란드 출신의 영국 풍자작가이자 사회경제사상가이다. 《꿀벌의 우화》에서 "개인의 악덕은 숙련된 정치가의 교묘한 관리에 의하여 공익이 된다"는 패러독스를 주장했다. 경제활동의 동기로서 이기심을 중시하고, 모든 사람이 자신의 쾌락 본능에 따르는 것이 사회전체에 가장 좋은 것이며, 진보란 사치하려는 욕망을 가진, 스스로 사치품을 살 수 있는 사람들에 의존한다고 주장했다.

67) Ibid., p. 13.

라도,[68] 그런 논지가 그것에 대해 제기된 일련의 도덕적 반감보다 더 커다란 영향력을 가진다고 볼 수는 없다. 결국 겸양, 절제, 검약, 검소, 근면 같은 가치들을 옹호하고 또 사치, 탐욕, 허욕, 탐닉, 나태, 시기 등을 비난하는 주요한 근거는, 전자는 유익하고 후자는 무익하다는 것 때문이 아니라, 도덕적 미덕이 악덕에 대비되고 있기 때문이다. 그리고 비록 일부 상황에서는 바람직한 결과가 악덕을 실행하는 데서 나오는 것이 사실일 수도 있지만, (맨드빌이 그렇게 지적하여 혐오를 받았듯이) 그것이 악덕을 미덕으로 전환시킬 만한 충분한 이유가 되는 것은 아니다.[69] 달리 말해, 도덕적 주장이 공리주의적 고려에 의해 쉽게 무너질 것 같지는 않다. 반대로 도덕적 주장은 단지 다른 도덕적 주장들에 의해서만 성공적으로 되받아쳐질 수 있을 것 같다.

따라서 사치를 '옹호'한다는 것이 대체 무엇을 뜻하는지를 좀더 세밀하게 고려할 필요가 있다. 비셔트(Vichert)는 존슨 박사(Dr Johnson)가 과연 그답게 '사치를 옹호했다는' 보스웰(Boswell)의 견해를 언급한다.[70]

---

68) 소비가 생산에 기여한다는 것과 관련하여 소비를 '정당화하는' 것은 실제로는 소비를 '정당화하는' 것이 전혀 아니다. 왜냐하면 노동가치의 도덕적 우위는 그대로 남아 있기 때문이다. 그것은 오히려 일정한 수준의 사치성 소비는 묵인되어야만 한다는 불가피한 결론을 지적하고 있는 것이다. 하지만 개별 소비자가 자신의 금욕주의적 경향을 되받아치는 데에 그러한 논지를 성공적으로 활용할 수 있다고 사람들이 주장하고 나서지 않는 한에는, 새로운 사치품 소비성향을 정당화한 신념과 가치는 다른 곳에서 찾아야 한다.

69) 도덕적 및 금욕적 근거에서 사치성 소비에 대해 제기된 강력한 반감을 보여주는 것으로는 Gordon Vichert, "The Theory of Conspicuous Consumption in the Eighteenth Century", Peter Hughes and David Williams (eds), *The Varied Pattern: Studies in the Eighteenth Century* (Toronto: A. M. Hakkert, 1971), pp. 253~67을 보라.

70) 〔역주〕 존슨(Samuel Johnson, 1709~1784)과 보스웰(James Boswell, 1740~1795): 사무엘 존슨은 영국 시인이자 비평가이자 사전편찬가이다. 보통 존슨 박사라고 부른다. 그가 편찬한 《존슨 사전》은 영어권 최초의 학문적 사전으로 표준영어를 확립하는 데 공헌했다. 보스웰은 영국의 변호사로, 1763년 존슨과 만나 친교를 맺고, 그의 인격에 감동되어 기회가 있을 때마다 존슨 박

보스웰에 따르면, 존슨 박사는 '사치품'에 돈을 쓰는 것을 옹호했다. 왜냐하면 사람들은 그렇게 함으로써 가난한 사람들에게 선을 행하고, 그들을 게으른 상태에 있게 하기 — 사람들이 자선을 베푼다면, 이러한 결과가 초래될 것이다 — 보다는 "근면성을 발휘하도록" 하기 때문이다.[71] 하지만 이것이 자선과 반대되는 것으로서의 사치성 지출을 지지하는 주장인 것처럼 보일지는 모르나, 그것이 사치성 소비 자체를 신성화하는 것은 아니다. 비셔트는 실제로 인용문에서 다음과 같은 구절을 빼버린다: "사실 나는 사치품에 돈을 지출하는 것보다 그것으로 직접 자선을 베푸는 것이 더 큰 미덕일 수 있다는 것을 인정한다." 이것은 사치품이 가져다주는 이득을 지적하는 것이 그것을 도덕적으로 정당화하는 것과 동일하지 않다는 것을 분명하게 보여준다. 존슨 박사는 맨드빌이 악덕이나 공공이익에 대해 정의를 내리지 않았다는 점에서가 아니라 부에 대해 기여하는 것이라면 무엇이든 공공에 이익이 된다고 가정했다는 점에서 맨드빌을 비판하기까지 한다.[72] 사실 존슨의 사치품 옹호방식은 성격상 순전히 공리주의적인 것이지, 개인적 금욕주의에 맞서는 것은 아니다.

사치품을 생산하고 유통할 자유에 대한 그 같은 지적 옹호를 사치품 소비의 도덕적 정당화와 혼동해서는 안 된다는 것은 분명하다. 혹자는 그 같은 형태의 행위를 조금도 찬성하지 않으면서도 전자를 지지할 수 있다(특히 당신이 사치품 거래로부터 돈을 버는 상인이라면). 그렇기 때문에, 개인적 금욕주의의 실천이 사치품 소비의 일반적 효용을 인정하는 것과 양립할 수 없는 것은 아니다.

엘리 헥셔(Eli Heckscher)는 사치에 대한 지적 정당화가 형식상 순전히

사의 언동을 세밀히 관찰하고 대화를 기록하고 편지를 수집하여 풍부한 자료를 바탕으로 영국 전기문학의 백미라고 일컬어지는 《새뮤얼 존슨전》(1791)을 썼다.

71) Ibid., p. 256.

72) *Boswell's Life of Johnson*, ed. George Birkbeck Hill, rev. and enlarged edn by L. F. Powell, 6 vols (Oxford: Clarendon Press, 1934), vol. 2, pp. 291~2.

공리주의적인 경향이 있으며 또 그것이 금욕주의적 주장의 본질을 이루고 있는 근본적인 도덕적 반감과 직접적으로 대립하지 않는다는 사실을 인정한다. 그는 다음과 같이 기술한다.

> 중상주의는 원칙적으로 사치에 대한 그 어떤 윤리적 태도도 거부했다. 중상주의가 유일하게 중요한 것으로 고려하는 것은 특정한 조치가 중상주의가 이끌고자 하는 방향의 경제적 삶을 얼마나 많이 진전시키는가 아니면 방해하는가 하는 것이다. 그리하여 끝으로, 중세의 관점과는 전혀 달리, 사치가 시골의 생산품들을 위한 시장을 보장하고 "돈을 유통시켜 주는 경우, 구매자의 지위와는 전혀 무관하게 사치를 정당화하는, 실제로는 사치를 조장하는 의식적인 경향이 발생하여 공공연하게 승인되었다."[73]

이 같은 종류의 '정당화'는 동기부여(*motivation*) 문제를 당연한 것으로 간주한다. 즉 그것은 사람들이 사치품을 소비하고 싶어하며, 단지 정당화가 필요한 것은 떳떳한 마음을 가지고 그렇게 할 수 있도록 하기 위해서라고 가정한다. 또 다른 설명들은 거래를 자극하는 욕망이 "돈을 유통시키거나" 또는 (존슨 박사의 경우에서처럼) 잠재적 거지들에게 일거리를 제공해 주며, 이것이 소비자들의 실질적인 사치품 구매동기를 구성한다고 가정한다. 이것은 사실이 아닌 듯하다. 왜냐하면 그것들은 분명 제조업자와 상인이 지지하는 주장이기 때문이다. 그들은 금욕주의적 도덕의 옹호자들이 '악덕'의 확산을 억제하고자 시도하면서 자신들의 거래를 방해하지는 않을까 하고 걱정한다. 그런데 통제받지 않는 사치품 시장에 대한 그러한 간절한 바람이 이 시기 동안 보다 일반화되고 강화되었다는 것 또한 사실일 수 있으나, 이것들이 소비혁명의 '지적 기원'이라고 진지하게 제시할 수는 없다. 왜냐하면 그러한 설명들이 소비자들과 관련한 도덕적 문제를 다루고 있지 않다는 것은 분명하기 때문이다.[74]

73) Vichert, "The Theory of Conspicuous Consumption", p. 260에서 인용.

소비와 프로테스탄트 윤리

소비혁명과 그로 인한 근대 소비사회의 출현을 설명하는 문제가 사회학의 하나의 중심 쟁점, 즉 프로테스탄트 윤리의 운명이라는 쟁점과 어떻게 연관되어 있는지를 파악할 수 있게 하는 것도 바로 이 지점이다. 왜냐하면 사치품 소비를 정당화하는 논의를 전개하는 과정에서 파생된 주요한 반박들도 분명하게 이에 근거하고 있기 때문이다. 청교도주의는 오늘날까지도 강렬한 도덕적·종교적 관심에 기반하여 금욕과 근면의 윤리를 신봉하고 모든 게으름, 사치, 방종을 비난하는 전통적 사상으로 인식되고 있다. 그리고 이것이 새로운 소비성향을 도덕적으로 반대하는 주요한 전거였다고 가정할 수밖에 없다. 이것 자체는 전혀 놀랄 만한 것이 아니다. 왜냐하면 내전[75]에서 의회주의세력이 승리한 후 한 세기도 채 안 되어 청교도주의가 영국사회에서 지배적인 문화적 동력이 되었기 때문이다.

하지만 문화사에서 중요한 수수께끼들 중의 하나를 이루고 있는 놀라운 것은, 여러 증거들은 소비혁명이 장인 및 자작농과 함께 영국사회에서 가장 강한 청교도 전통을 지닌 분파, 즉 중간계급 또는 상인계급을 통해 이루어졌다는 것을 강력하게 보여준다는 점이다. 앞서 지적했듯이, 이것은 새로운 수요의 주요 근원들에 대한 탐구에서 나온 결론이었다. 동시에 이러한 수요는 장난감이나 패션의류 같은 사치품과 관련된 것이지만, 춤이나 스포츠, 소설읽기처럼 즐거움을 탐닉하는 것들도 포함된 것으로 관찰되었다. 달리 말해, 이러한 중간계급 소비혁명의 실체를 형성한 것은 바로 '청교도적' 전망을 가진 사람들로부터 가장 비난받기 쉬울 것으로 여겨지던 유형의 행동이었다. 어떻게 이런 일이 일어날 수 있었을까?

---

74) 경쟁적 동기의 역할에 대한 표준적 설명에서 강조하고 있는 사치성 소비 그 자체를 정당화하는 데에 그토록 관심을 집중하는 것에는 다소 이상한 점이 있다. 혹자는 경쟁심리를 정당화한 저술가들에게 초점이 맞추어져 온 것이 아닌가 하는 상상을 할 수도 있다.

75) 〔역주〕 1642~46년과 1648~52년에 있었던 찰스 1세와 의회와의 분쟁.

이러한 매우 수수께끼 같은 문제에 대해 가장 즉각 떠오르는 답변은 실제로 소비혁명에 대한 '표준적' 설명에서 매우 널리 이용되는 경쟁심리이론을 확장시키는 것이다. 앞서 지적했듯이, 이 이론은 새로운 소비성향이 어떻게 발생했는지를 조사하고 설명하기 위해 사용된다. 그것은 많은 사치품 소비는 소비자의 사회적 지위를 나타내는 기호로서 중요하며 그래서 자신보다 상층의 사람들이 드러내는 유형을 따라하고 싶은 심리는 상향적 사회이동의 열망과 같은 것이라고 가정한다. 이 이론은 당연히 사회계층 체계 최상층에 있는 사람이 지배적인 유력자이자 취향의 중재자이고 그 결과 모든 하위계층이 조만간 그들의 가치와 태도를 채택하고자 한다고 본다. 이런 식으로 볼 때, 경쟁심리를 소비수요 발생의 핵심으로 보는 사람들이, 또한 경쟁심리를 한때 청교도적 성향을 지녔던 영국사회의 중간계층이 청교도적 신념을 버리고 보다 관대하고 '귀족적인' 생활방식을 채택하게끔 한 메커니즘으로 보는 것은 어쩌면 당연하다. 그 후 그러한 견해는 17세기 말과 18세기 초를 특징지은 일련의 역사적 사건들에 의해 강화되었다. 왜냐하면 스톤 교수가 생각하듯이, 바로 그 시기에 다음과 같은 일이 일어났기 때문이다.

> 청교도적인 금욕주의와 세속적 감각주의라는 두 개의 서로 다른 세계관이 지배계급의 충성심을 얻으려고 경합하고 있었다. 1640년에서 1660년 사이에 전자가 승리하고, 그 승리를 남용하여 무력으로 그것의 가치를 강요하고자 시도하다가, 결국 몰락했다. 그 결과 쾌락주의에 대한 강한 반발이 일어났고, 그러는 동안 청교도주의는 소수집단이 신봉하는 입장으로 전락했다. 그리하여 17세기에 영국은 두 유력한 퍼스낼리티 유형 사이에서 동요하고 있었다. … 그러나 사회의 중간계층과 상층계층 내에서 권위와 애정과 성에 대한 태도가 결정적으로 변화한 것은 이 같은 토대 위에서 반(反)청교도적 성격 유형이 문화적 우위를 확보한 1660년 이후였다. [76]

76) Stone, *The Family, Sex and Marriage*, pp. 224~5.

이 논지는 분명 매력적이다. 예컨대 내전 이전과 왕정복고시기[77] 동안에 공히 귀족적 생활방식은 사치를 좋아하고 쾌락을 추구하는 것이었고, 실제로 사회의 모든 수준에서 그것을 모방함으로써 그것이 소비수요를 자극하는 토대로 기여했을 수도 있다. 그러나 익히 알다시피 대다수의 귀족은 청교도와 이들의 불관용적이고 교조적인 금욕주의적 사고방식에 적대적이었으며, 그리하여 실제로 모든 '반청교도' 문화운동의 결집점으로 기여할 수 있었다.

그렇지만 마찬가지로 그 같은 테제는 문제를 해결하는 것처럼 보일 뿐이다. 청교도적 성향을 지닌 중간계급이 상층계급을 모방한 결과 그들이 자신들의 사치성 소비의 금지를 폐기했다고 볼 경우, 그 다음으로 그들이 귀족계층을 경멸하는 경향에서는 어떤 일이 일어났는가? 결국 청교도주의 자체는 전통적으로 상층계급이 드러낸 바로 그 같은 도덕적·종교적 방종에 맞선 하나의 대응이었다. 그리고 가장 호되고 파괴적인 전쟁은, 종교적으로 고무된 부르주아가 바로 그 계급과 그들의 문화적 에토스에 대항하여 치른 전쟁이 아니었던가? 올리버 크롬웰의 의회파(Roundheads) 후예들이 한 세기도 안 되어 왕당파(Cavaliers) 후예들과 매우 밀접하게 연관된 생활방식을 모방하고자 애쓰는 것이 가능했을까?[78]

귀족층에 대한 청교도의 반감은 일과 검약에 최고의 가치를 부여하면서 귀족이 무위와 탐닉으로 인해 타락했다고 생각하는 종교적 세계관에 깊이 뿌리박고 있었다. 다음으로 청교도들은 빈민은 궁핍으로 인해 타락한 것으로 여겼기 때문에, 중간계층만이 미덕을 유지할 수 있다는 믿음을 가지고 있었다. 게다가 그들은 세속적인 혈통귀족(*aristocracy of blood*)에 대항

---

77) 〔역주〕 찰스 2세 즉위시기(1660~88).

78) 홀러(Haller)는 '정신적 평등주의'(*spiritual equalitarianism*)를 영국의 '혁명적 청교도주의의 중심적 힘'으로 파악했다. William Haller, *The Rise of Puritanism, or the Way to the New Jerusalem as set forth in Pulpit and Press from Thomas Cartwright to John Lilburne and John Milton, 1570~1643* (New York: Harper, 1957), p. 86을 보라.

해 자신들을 정신귀족(*aristocracy of the spirit*)이라고 주장했다. 그들이 정신적 조건, 성품, 내적 가치를 그 어떤 세속적 고려사항보다 우위에 있는 것으로 설정하자, 그것은 사회적 신분이라는 관념 자체에 대한 분명한 적대감으로 이어졌다. 이러한 경향은 공화국(*Commonwealth*) 시기[79]에 출현한 수평파(*Leveller*)[80]와 디거파(*Diggers*)[81]와 같은 많은 종교운동의 특징적 양상이었으며. 그 후 (신분에 관계없이 '그대' 또는 '그대에게' 말고는 다른 식으로 사람들을 부르기를 거부하는) 퀘이커교도에게서도 오랫동안

---

79) 〔역주〕 역사적으로 영국 청교도혁명 때의 국왕부재 시기. 즉 1649년 공화정체의 성립부터 1653년 호국경(護國卿) 정권 성립까지의 시기를 코먼웰스라고 한다. 이 시기에 국내적으로는 의회와 군대가 대립을 계속했으나 대외적으로는 의회파에 의한 식민지 지배가 확립되었다. 또한 스코틀랜드군을 무찌르는 등 내전 후 일단 안정을 이룬 시기였다.

80) 〔역주〕 수평파는 영국 내전과 공화국(*Commonwealth*) 시기에 공화주의적·민주적 운동을 추진한 집단을 지칭한다. 수평파라는 이름은 이 운동이 '사람들의 재산을 균등하게' 하려 한다는 점을 나타내기 위해 적대진영의 사람들이 붙인 것이다. 수평파 운동은 1645~46년 런던과 그 주변지역에서 의회를 지지하는 급진세력 가운데서 시작되었다. 당시 내란은 의회와 국민의 이름을 걸고 진행되었으며, 수평파는 실질적인 주권이 국왕과 귀족들을 배제하고 하원으로 이양되어야 한다고 요구했다. 또한 성인 남자의 보통선거권, 의석의 재분배, 1~2년마다 의회를 열어 입법기관이 진정한 대의기구가 되어야 한다는 점, 정부의 권한을 지방공동체로 분산할 것 등을 주장했다. 소규모 자산가들의 편에 서서 경제개혁안들도 내놓았는데, 즉 법률상으로 완전한 평등, 상거래 독점의 폐지, 인클로저 운동으로 집중된 토지의 재개방, 등기 소작농에 대한 차지기한의 보증, 징병(징발) 및 군에 대한 숙식 제공 금지, 가혹한 법률의 개정, 1/10세의 폐지(또한 국교회 십일조의 폐지), 신앙과 결사의 완전한 자유 등을 요구했다.

81) 〔역주〕 디거파는 영국 청교도혁명 당시 가장 좌파적 성격을 띠었던 당파를 말한다. 중세의 공동체를 이상으로 삼고 1649년 4월 농촌 프롤레타리아에 의한 농업공산주의 실현을 위해 G. 윈스터리를 지도자로 하여 서리 주 세인트조지스힐의 공유지에서 공동경작을 실시하였다. 그들은 토지공유와 임금 노동관계 폐지를 주장하며 온건한 수평파에 대해 진정한 수평파로 자칭하며 노샘프턴·켄트·버킹엄셔 등지에서도 이 운동을 벌였으나 정부의 탄압으로 1년 만에 해체되었다.

분명하게 나타났다. 이러한 종교적 유산을 감안할 때, 소비혁명을 불러온 새로운 사회적 경쟁심리의 열풍이 이들 사회적 분파에서 처음으로 등장했다는 견해는 받아들이기 어려워 보인다.[82]

어쨌든 각종 증거들은 "귀족과의 경쟁심리로 인한 금욕주의의 폐기" 테제를 실제로 뒷받침하지 않는다. 왜냐하면 위에서 언급한 문화적 혁신의 일부를 유심히 살펴볼 경우, 그것은 중간계급과 함께 처음으로 생겨난 것으로 보이기 때문이다. 예컨대 소설읽기 습관은 귀족에게서 이어받아 유행한 것이기보다는 사회의 중간계층들 사이에서 발전해 온 것으로 보인다. 특히 고딕소설의 성행은 사실상 중간계급의 취향을 구체적으로 드러내는 것이었다. 마찬가지로 낭만적 사랑의 예찬도 귀족보다는 중간계급에서 성행했다. 당시의 신흥부르주아가 귀족층을 '모방했던' 것도 전혀 의심할 바 없는 사실이었지만, 특정 분야에서는 귀족이 아니라 신흥부르주아지가 사회에서 취향을 만들어내는 사람들로 기능했으며, 그러는 과정에서 오랫동안 영국 엘리트의 생활방식을 특징지어 온 것과는 아주 다른 가치와 태도를 드러냈다는 것도 매우 분명하다. 그러므로 중대한 질문은 새로운 소비성향을 촉진시킨 가치와 태도의 기원 및 성격과 관련된다. 즉 그것들은 실제로 사회적 신분상 아래에 속하는 사람들이 새로 채택한 전통적인 귀족적 가치와 태도에 지나지 않는 것이었는가? 아니면 그것들은 권력과 영향력을 처음으로 획득한 사회집단의 에토스를 표현하는 새로운 가치는 아니었을까?

보다 넓은 관점에서 고찰해 보면, 근대의 대중적 사치성 소비가 이전에는 소수의 귀족엘리트 사이에서 유포되었던 생활방식이 사회 전체로 하향 보급된 결과로 초래되었다는 생각은 어딘가 역설적인 측면이 있다. 왜냐하면 이 이론이 좀바르트(Sombart)와 베블런(Veblen)에 의해 처음으로 (아주 다른 방식으로) 정식화된 이후 일정한 지지를 받아 왔고, 그 결과 로

82) 설령 왕정복고가 보다 엄격한 형태의 프로테스탄티즘 그리고 특히 칼뱅주의의 패배를 알리는 전조였다는 것을 받아들인다 하더라도, 깊게 뿌리박힌 도덕적 태도가 그렇게 빠르게 일소되기란 불가능해 보인다.

스토우(Rostow) 이론과 같은 경제적 근대화 이론 속에 뿌리내리고 있기는 하지만, 그것은 맑스와 베버가 진전시킨 산업혁명 및 근대산업사회의 출현에 대한 견해와는 부합하지 않기 때문이다. 이들 이론가의 견해에 따르면, 근대 '자본주의'사회의 출현은 부르주아가 기존의 지배계급과 대결하여 승리하고 그들의 봉건적 세계관을 근대의 '합리적' 이데올로기로 바꾸어놓음으로써 이룩한 것이었다. 이 견해에 따르면, 승리한 부르주아의 윤리가 (그것이 형태상으로 프로테스탄트 윤리이건 아니면 단지 자본주의윤리이건 간에) 낡은 귀족주의적 윤리에 반대하고 나섰고 마침내 그것을 물리쳤다.[83] 그렇다면 이 같은 논지를 받아들일 경우, 산업혁명이라는 드라마에서 중간계급이 생산과 소비의 측면과 관련하여 모순되는 배역을 맡는 것이 어떻게 가능한가? 중간계급은 한편으로는 귀족주의 윤리에 대항한 것으로 간주되고, 다른 한편으로는 그것을 받아들인 것으로 간주된다.

18세기 소비혁명을 설명하면서 경제사가들이 받아들인 '표준적' 설명에는 무언가가 누락되어 있는 것으로 보인다. 이 표준적 모델은 본질적으로 경쟁심리를 강조한다. 하지만 이 모델은 왜 사람들이 당시에 훨씬 더 경쟁심리에 빠져들어야만 했는지에 대한 이유를 충분히 설명하지 못한다. 앞서 언급한 요소들은 자의식적인 시장조작 — 이것은 이미 존재하던 근대적 유행패턴에 크게 의존한 것으로 보인다 — 내지 유행 자체 — 좀더 면밀히 검토해보면, 이것 역시 다른 이름하에서 이루어지는 경쟁심리에 의한 행동인 것으로 보인다 — 이다. 만약 수요가 산업혁명에서 핵심적이었다면, 의당 유행이 그 수요에서 핵심적이었을 수도 있다. 하지만 그 현상의 기원과 작동방식에 대한 적절한 설명은 아직까지 전혀 제시되지 않고 있다.

그렇지만 소비혁명의 몇몇 중요한 특징들은 이미 지적되었다. 이를테면 소비는 (적어도 초기단계에서는) 주로 중간계급의 일이었으며, 그것은 주

83) 이 견해는 부르주아지가 귀족의 권력과 부, 그리고 그에 따라 일정 정도는 그들을 상징하던 대상을 물려받은 것으로 제시한다. 하지만 이런 식으로 그 과정을 파악하는 데 집중하는 것은 실제로 소비를 '탈윤리화'하고 또 소비를 기본적 가치를 표현하는 하나의 행동형태로 바라보지 못하게 한다.

로 사치품 또는 비(非) 필수품의 새로운 수요로 이루어졌다. 동시에 그것은 영국사회에서 발생하던 대규모 변동 — 가치와 태도의 변화를 수반한 변동 — 과 분명하게 연관되어 있었다. 이때 제시되는 분명한 사례들이 여가열풍 및 여가시간 추구, 소설의 수요와 연관된 소설문학의 등장, 낭만적 사랑의 예찬이다. 이러한 변화는 다시 전통적 가치를 지지하는 사람들의 반발을 불러일으켰고, 따라서 일정한 정당화가 요구되었다.

표준적 설명은 이 과정이 17세기 말과 18세기 초 동안에 소비 자체를 옹호하는 논지를 펼친 다양한 경제학자들과 사상가들에 의해 성공적으로 파악된 것으로 본다. 하지만 그것들은 기본적으로 소비나 사치의 본질적 가치와 관련한 주장들이기보다는 (사치품의 생산과 유통과 판매가 방해받지 않고 이루어지도록 하는) 효용과 관련하여 이루어진 견해들이었다. 그것 자체로는 그것들이 탐닉에 대한 뿌리 깊은 도덕적 반감을 극복하거나 사치성 소비를 덕행의 한 형태로 간주할 수 있게 하는 데 어떻게 기여할 수 있었는지를 알기가 어렵다. 이 문제는 아주 중요하다. 왜냐하면 본질적으로 청교도 기질을 가진 영국 중간계급이 어떻게 해서 사치성 재화와 서비스에 열광적으로 지출하는 데 탐닉할 정도로 자신들의 금욕주의를 더럽혔는지를 이해하기가 어렵기 때문이다. 통상적으로 제시된 답변 — 영국 중간계급이 귀족의 무절제한 생활양식을 모방함으로써 자신들의 금지사항을 넘어서버렸다는 — 은 받아들이기 매우 어려우며, 추가적인 질문을 제기하는 데 기여할 뿐이다. 그러므로 머리에 떠오르는 유일한 합당한 대안은 소비혁명이 실제로는 특정 부르주아의 소비윤리, 즉 영국사회에서 이들 분파에 독특한 일련의 가치와 신념에 의해 이루어졌으며, 그것이 소설읽기와 낭만적으로 동기지어진 행동뿐만 아니라 사치성 소비의 탐닉을 정당화하는 데에도 기여했다는 것이다. 이는 그것이 무엇이었는지 그리고 그것이 어떻게 발전할 수 있었는지를 숙고할 것을 촉구한다. 그러나 우선 왜 표준적 설명이 근대 소비행동에 대한 만족스런 설명을 제시하지 못하는지를 보다 면밀하게 검토할 필요가 있다.

제 3 장

근대 소비주의의 수수께끼

근대세계에서는 소비의 생산이 생산의 소비보다 더 중요해지고 있다.
— 존 루카치

18세기 영국 소비혁명을 설명하려는 시도들이 제기한 쟁점들을 탐색하는 과정에서 가장 주요한 난점으로 부각된 것은 이론적 문제였다. 다시 말해, 새로운 소비성향의 기원을 설명하는 데 이용된 개념틀은 그 같은 작업을 수행하는 데에 그리 적합하지 못했다. 새로운 사회적 경쟁심리 — 이것은 소비욕구를 조작하고자 하는 생산자들의 적극적인 시도와 결부되어 있다 — 의 분출에서 도출된 수요증대와 관련한 관념들은, 그 원인과 결과를 효과적으로 구분할 수 있는 논리적으로 연관된 일련의 명제에 도달하지 못했고, 또한 심지어 납득할 만한 의미 있는 주관적 행위유형을 구성하는 데에도 이르지 못했다. 특히 가치 및 태도변화가 수행한 중심적 역할이 적절하게 탐구되지 않았고, 그에 따른 행동의 변화를 입증하는 데 기여할 만한 지적 운동과 관련된 고찰과 통합되지도 못했다. 하지만 이 같은 결함에 대해 역사가들을 탓해서는 안 된다. 왜냐하면 그것은 사회과학 — 특히 경제학과 사회학 — 의 특징이고, 역사가들은 그것에 의지할 수밖에 없기 때문이다. 소비혁명을 만족스럽게 설명할 수 없는 이유는, (비록 아이러니하게도 이것이 적어도 부분적으로는 과거에 역사가들이 소비혁명의 중요성을 평가하지 못한 탓이기는 하지만) 근대 소비행동에 관한 만족할 만한 설명이 없기 때문이다.[1] 그런 탓에, 근대 소비자들의 행동을 설명하는 문제(그리고 18세기에 발생한 사건들을 설명하는 문제)와 현대 소비자의 한층 더 높아진 재화욕구 성향을 설명하는 문제 — 이는 200년도 더 전에 그것이 처음으로 출현했던 때보다 설명하기가 결코 더 쉽지 않다 — 는 그 근본에 있어서 동일하다. 이것이 바로 자민족중심성(*ethnocentricity*)의 확산에 의해, 그리고 사회과학자들이 근대 소비주의의 가장 특징적인 양상들을 간과하는 경향에 의해 가려져 있는 기본적 진실이다.

이것이 진실인 이유는 하나의 신비가 소비행동을 에워싸고 있기 때문이거나 또는 적어도 근대산업사회에는 소비행동을 에워싸고 있는 하나의 신비가 존재하기 때문이다. 그 신비는 제품선택과 관련된 것도 아니고, 집단마다 소비형태가 다른 이유와 관련된 것도 아니다. 또 그것은 한 사람이 일정 가격에서 얼마만큼의 제품을 기꺼이 구입하는가 하는 문제나 어떤 종류의 잠재의식이 그런 결정에 영향을 미치는가 하는 문제와 관련된 것도 아니다. 그 신비는 이런 문제들보다 더 근본적이며, 바로 근대소비 그 자체의 본질과 관련된 것이다. 근대소비의 특징은 그것이 외관상 끝없는 욕구추구를 수반하는 활동이라는 데에 있으며,[2] 근대소비의 가장 특징적인 점이 바로 이 같은 만족할 줄 모르는 성격이다. 프롬(Fromm)이 진술하듯이, "현대인은 더욱 더 많은 재화를 무한히 갈망한다".[3] 또는 오닐

---

1) 그간 소비라는 주제를 경제학이라는 분과학문에 맡겨놓는 경향이 있었다. 이는 대체로 18세기에 형성되기 시작한 공리주의 전통의 산물이다. 경제학은 매우 몰역사적인 분과학문이기 때문에, 경제학의 탄생과 동시에 발생한 소비혁명을 설명하는 문제에 마주치는 것을 피할 수 있었다.

2) 근대 소비주의가 다양한 경제적·사회적·기술적 혁신을 통해서만 가능할 수 있었다는 것은 두말할 필요도 없다. 대량생산이 그중 하나이며, 광고와 신용판매 역시 그러한 것들 중 하나이다. 그럼에도 불구하고 근대 소비주의에 기여한 모든 요소들이 밝혀졌을 때조차도, 근대 소비주의는 여전히 설명되지 않은 채로 남아 있을 것으로 보인다. 설명되지 않고 있는 것은 바로 하나의 유의미한 행위 유형으로서 근대 소비주의이다.

(O'neill) 이 표현하듯이, 근대 소비자는 '경제적 긴장'을 학습해야만, 즉 모든 욕구와 욕망은 결코 충족될 수 없다는 점을 깨달아야만 한다.[4] 욕망의 완전한 충족은 결코 발생할 수 없다. 왜냐하면 "하나의 욕구가 충족되었을 때, 통상적으로 몇 가지 욕구가 갑자기 분출하여, 다시 그 자리를 메우는" 외견상 끝없는 대체과정이 일어나기 때문이다.[5]

그렇다고 해서 만족할 줄 모르는 성질 자체가 특히 이해하기 어렵다거나 그것이 근대사회에만 국한된다고 말하는 것은 아니다. 왜냐하면 인간이 탐닉에 빠질 수 있다는 것을 보여주는 증거들은 모든 문화에 허다하기 때문이다. 혹자는 스페인 정복자들이 금에 대한 만족할 줄 모르는 탐욕을 가지고 있었다거나, 이와 유사하게 돈 후안은 여성에 관한 한 만족하기 어려웠다고 말할 수도 있다. 하지만 그러한 결코 만족할 줄 모르는 욕구는 알코올중독이나 약물중독의 경우처럼 일반적으로 단일 품목에 집중되어 있다. 이와는 대조적으로 근대 소비자는 (비록 그런 유혹에 빠지지 않는다는 것은 아니지만) 그 자체로 지칠 줄 모르는 기본적 욕구로부터 생겨나는 만족할 줄 모름을 특징으로 한다. 이러한 끝없는 욕구는 그 선조들의 유해로부터 불사조처럼 끊임없이 발생한다. 그러므로 하나의 욕구가 충족되자마자 다른 욕구들이 연달아 아우성치며 충족되기를 기다린다. 이 욕구가 충족되고 나면, 제 3의 욕구가 출현하고 그 다음에는 제 4, 제 5의 욕구 등이 끝없이 분출된다. 이 과정은 끝이 없으며 중단되지 않는다. 근대사회의 거주자들은 아무리 많은 특권을 가지고 있든 아무리 부자이든 간에, 자신들이 원하는 것이 전혀 없다고 선언하는 경우는 거의 없을 것이다. 이것이

3) Erich Fromm, "The Psychological Aspects of the Guaranteed Income", in Robert Theobald (ed.), *The Guaranteed Income: Next Step in Economic Evolution?* (New York: Doubleday, 1964), pp. 175~84, 특히 p. 179를 보라.

4) John O'Neill, "The Productive Body: An Essay on the Work of Consumption", *Queen's Quarterly*, 85 (Summer 1978), 221~30, 특히 p. 225를 보라.

5) Rom J. Markin Jr, *Consumer Behaviour: A Cognitive Orientation* (New York: Macmillan, 1974), p. 195.

분명한 사실이라는 점은 의아한 일이다.[6] 그렇다면 어째서 욕구들이 (특히 대체로 새로운 제품 및 서비스와 관련될 때) 지칠 줄 모르고 끊임없이 출현하게 되는가?[7]

이 같은 끊임없는 욕구의 출현은 전통사회가 발전 내지 근대화 과정과 연관된 일련의 변동을 겪으면서 발생하는 '기대상승 혁명'에 기인하는 것으로 묘사되어 왔다.[8] 이 기대상승 혁명이 소비자들로 하여금 지속적으로 실현가능성을 넘어서는 기대를 발전시키도록 하는 결과를 초래하는 것으로 생각되었고, 관찰자들은 그러한 변동을 다시 '좌절상승 혁명'으로 묘사했다.[9] 좌절이 만족을 능가하는지 여부는 러너(Lerner)가 '욕구-획득 비율'(*want-get ratio*)이라고 칭한 것에 달려있다. 하지만 좌절감이 그리 크지 않더라도, 그리고 그에 따라 그 비율이 1에 가깝다고 하더라도, 근대 소비행동에서 나타나는 주요한 사실은 욕구와 획득 간의 간극이 실제로 결코 메워지지 않는다는 점이다.

근대 소비주의를 특징짓는 역동성이 근대인의 특징인 창의성에 연원하

---

6) 흥미롭게도, 만약 크리스마스 같은 때나 생일이 다가올 때 무엇을 선물로 받고 싶은가라는 질문에 대해 한 개인이 가지고 싶은 것이 아무것도 없다는 식으로 대답한다면, 이것은 상호성의 규범을 위반한 것은 물론 심리적 본성을 속이고 있는 것으로 여겨진다.

7) 일부 욕구는 분명 음식물과 의복처럼 반복적으로 필요한 물건을 제공해주는 제품과 관련되어 있고, 따라서 이런 욕구가 주기적으로 재현되는 것은 이해할 만하다. 하지만 하나의 욕구가 취하고 있는 형태는 그것을 야기한 필요와는 무관하다. 이를테면 음식물에 대한 필요는 규칙적인 간격을 두고 경험되지만, 그 같은 필요는 때에 따라 햄버거나 중국음식 또는 단 하나의 초코바에 대한 욕구로 이어질 수 있다. 따라서 하나의 구체적인 욕구는 필요의 맥락에서 어떤 선호를 표현하지만, 반복적인 필요라는 속성은 욕구가 가진 끊임없이 변하는 속성을 설명해주지 못한다.

8) Daniel Lerner, *The Passing of Traditional Society: Modernizing the Middle East* (Glencoe, Ill. : Free Press, 1958).

9) Richard Martin, Steven Chaffee and Fausto Izcaray, "Media and Consumerism in Venezuela", *Journalism Quarterly*, 56 (1979), 296~304에서의 논평을 보라.

며 이 창의성이 새로운 재화와 서비스를 끊임없이 생산하게 한다는 주장은 반박의 여지가 있다. 그러한 평가는 일면 타당하기도 하지만, 새로운 '발명'과 새로운 '욕구' 사이에는 결정적 간극이 존재한다. 모든 발명이 기존의 필요를 충족시키기 위해 이루어진다고 주장하기는 어렵지만, 거의 대부분의 발명이 현재의 욕구를 좀더 효율적으로 충족시키기 위한 시도에 의해 이루어진다고 말할 수 있다. 그리고 그러한 발명이 현재의 필요를 만족시키지 못한다면, 그 어떤 새로운 욕구도 생겨나지 않을 것이다. 이 같은 합리적인 도구적 동학은 자원의 경제적 이용에는 심대한 영향을 미치지만, 한 소비자가 가진 독특한 기본적 만족유형에는 그리 영향을 미치지 않는다. 이런 측면에서 볼 때, '소비'가 의미하는 바에 대한 순수한 경제적 개념과 보다 광범위한 사회적 행위개념을 구분하는 것이 매우 중요하다.

순수한 경제적 의미에서 소비는 경제적 자원을 소모하는 과정을 일컫는다. 또 이러한 측면에서 소비는 생산의 논리적 대응물이다. 하지만 그것은 (예컨대 사고로 불에 '타버린' 물건을 가리킬 때처럼) 인간의 그 어떠한 만족도 수반하지 않을 수도 있다. 그러므로 인간의 견지에서 파악되는 소비란 "인간의 욕구를 만족시키는 데에 재화를 사용하는 것"10) 을 일컬으며, 대체로 의식적 동기를 가지고 수행된 행동의 결과이다. 하지만 인간은 그 어떤 통상적인 경제적 의미에서의 자원 — 시간이나 인력의 사용을 제외한 — 을 전혀 사용하지 않는 활동으로부터 만족을 얻을 수도 있다. 예컨대 자연미를 음미하거나 우정을 나누면서 느끼는 즐거움이 그런 것들이다. 소비습관은 자원의 이용방식을 혁신하거나 만족형태가 바뀜으로써 변화할 수도 있다. 앞으로 보게 되듯이, 여기서 채택하는 입장은, 후자가 전자보다 욕구의 만족할 줄 모르는 속성과 더 밀접한 관련이 있다는 것이다.

욕구의 지속적인 소멸은 욕구의 창출만큼이나 수수께끼이다. 왜냐하면 끊임없는 욕구창출은 당연히 제품(그리고 그에 따라 욕구)을 급속히 진부

10) Hazel Kyrk, *A Theory of Consumption* (London: Isaac Pitman, 1923), p. 4.

한 것으로 만들어버리기 때문이다. 그렇다면 욕구들은 어떻게 그것들이 발생하는 것만큼이나 돌연히 그리고 쉽게 사라져 버리는가? 사람들이 얼마 전까지만 해도 열렬하게 바라던 욕구들이 어떻게 해서 금방 사라지게 되는가? 그리하여 적어도 근대소비사회는 가는 곳마다 널려있는 신제품 광고만큼이나 산더미 같은 폐기물, 중고잡화 염가판매, 신문의 중고품 판매광고, 중고차 판매장으로 상징된다.

그러한 행동을 당연한 것으로 받아들이고 또 (비록 그것이 도덕적으로 바람직하지 않다고 하더라도) 그것을 아무튼 전적으로 '정상적인' 또는 '합리적인' 행위양식으로 가정하는 경향이 널리 퍼져 있다. 하지만 실제로는 그러한 견해는 심리학에 의해서도 그리고 인류학에 의해서도 뒷받침되지 않는, 단지 뿌리 깊은 자민족중심성의 산물일 뿐이라는 점은 그리 인식되지 못하고 있다.[11]

왜냐하면 이는 분명 전통적인 유형이 아니기 때문이다. 문자문화 이전의 사회와 전산업사회에서 소비는 삶의 다른 측면들과 마찬가지로 주로 관습과 전통에 의해 좌우되었으며, 그러한 요소들은 욕구에 대한 열려있는 관념들보다는 고정된 관념을 드러내 준다. 그런 사회들에서 습관은 규범적 승인을 통해 누적되어 획득된 것이 아닐 뿐만 아니라, 또 개인이 심사숙고하거나 사회가 묵인한다고 해서 소비의 유형이 부단히 변화하는 것도 아니다. 리즈먼과 러너(Riesman & Lerner)는 '전통지향적인' 사람에게는

---

11) 근대 소비자들이 자신들의 행동이 현혹당하고 있다는 점을 잘 알아채지 못하는 것처럼 보인다는 사실은, 소비자들이 자신들의 행동이 의지하는 가치와 태도를 매우 당연시하고 있음을 보여주는 증거이다. 사회과학자들이 주요한 관심을 기울여야 했던 것도 바로 그 같은 분명해 보이는 가정들이다. 구매습관에 관한 (상업적으로 뒷받침된) 광범위한 심리학적 및 정신분석학적 연구는 물론 소비자의 사회-인구학적 선호에 대한 수많은 연구들이 있었지만, 불행하게도 근대 소비주의 정신을 조망할 수 있는 비교역사적 연구들은 거의 수행되지 않았다. 단지 사회인류학에서만 근대 소비행동이 신비한 채로 남아있음을 때때로 인식하고 있을 뿐이다. 이와 관련해서는 Mary Douglas and Baron Isherwood, *The World of Goods: Towards an Anthropology of Consumption* (Harmondsworth, Middx.: Penguin Books, 1978)를 보라.

어째서 "존재하는 것이 … 존재할 수 있는 모든 것"인지를 강조해 왔다.[12] 동시에 어떤 한 개인이 새로운 욕구를 애써 충족시킴으로써 자신의 상황을 '향상'시키고자 노력하는 것은, 전체 공동체에 위협적일 뿐만 아니라 근본적으로 비도덕적인 것으로 간주된다. 농민은 대체로 '제한된 재화'라는 관념, 즉 "토지, 부, 건강, 사랑 등과 같이 삶〔속에서〕 욕망하는 모든 것들은 … 양적으로 유한하게 〔존재하며〕 항상 부족하게 공급된다는" 관념을 가지고 살아가기 때문에, 한 사람의 지위가 눈에 띄게 향상된다는 것은 전체 공동체를 위협한다.[13] 게다가 전통적 생활방식은 신에 의해 정당화되기 때문에, 그 같은 '자기추구' 역시 불경한 것으로 간주된다.[14] 하지만 전통적 소비자와 근대 소비자를 가장 결정적으로 구분해주는 것은, 전통적 소비자가 비록 새로운 것을 실제로 악의 화신으로 간주하지는 않더라도, 새로운 것을 두려워한다는 것이다.[15]

따라서 특별한 설명이 요구되는 문제는 소비 일반이 아니라 근대산업사회를 특징짓는 특정한 유형의 소비이다.[16] 어쨌거나 문자문화 이전의 전

---

12) David Riesman and Daniel Lerner, "Self and Society: Reflections on some Turks in Transition", in David Riesman, *Abundance for What? And Other Essays* (New York: Anchor Books, 1965), pp. 382~96, 특히 p. 391을 보라.

13) George M. Foster, "Peasant Society and the Image of Limited Good", *American Anthropologist*, 67 (1965), 293~315, 특히 p. 297을 보라.

14) Lerner, *Passing of Traditional Society*, p. 400.

15) Georg Simmel, "Fashion", *American Journal of Sociology*, 62 (May 1957), 546.

16) 사회과학자들이 근대 소비주의가 갖는 만족할 줄 모르는 속성을 무시하는 경향을 띠게 된 근본 이유는, 고전경제학이 소비자의 욕구 및 취향의 기원을 자신의 탐구영역에서 벗어나 있는 것으로 간주했기 때문이다. 이것은 이 중요한 문제를 도외시하게 하는 불행한 결과를 초래했을 뿐만 아니라, 도구적 행위의 합리성을 근대 소비주의의 전형적인 특성으로 제시하는 과정에서 경제학은 끝없는 욕구의 추구를 '자연적이면서' 동시에 '비합리적인' 것으로 보이게 만드는 데 성공했다. 근대 소비주의의 성격의 이해에 관한 한, 사회과학이 수단에 가정된 합리성보다는 목적의 명백한 비합리성에 주목했더라면, 지금보다는 더 나았을 것이다. 파슨스가 지적했듯이, 이처럼 행위의 목적을 사실상

산업사회에서 살았던 사람들에게서 나타나는 삶의 유형과 연관된 많은 소비행위들에 필수적이었던 생물학적 토대를 평가하기는 그리 어렵지 않다. 게다가 그러한 사회에서 소비는 생산활동과 명백히 구분되는 활동이 아니다. 그 결과 그러한 사회에서는 소비 자체가 별다른 설명을 요구하지 않으며, 그것도 그저 전체 생활방식을 이해하는 데 필요할 뿐이다. 그리하여 어떤 소비관행을 관찰하든 간에, 그 집단의 문화와 전통을 철저하게 이해하는 것과 같은 별개의 이론이 요구되지 않는다. 따라서 인간은 어쨌든 만족할 줄 모르는 욕구를 드러내는 '타고난' 성향을 가진다는 관념은 역사학이나 인류학에서는 뒷받침되지 않는다. 그와는 반대로, 이들 문제와 관련하여 '정상적인' 어떤 유형이 존재한다면, 그것은 고정되고 제한적이고 익숙한 일련의 전통적 유형의 욕구들이다.

애석하게도 사회과학자들은 이 점을 간과했으며, 그 결과 그들은 보편적이고 몰역사적인 소비행동이론을 발전시키는 경향을 띠게 되었다. 근대 소비행동이 갖는 실로 수수께끼 같은 성격을 인식하지 못한 까닭은, 대체로 이처럼 그것의 적절한 역사적 의미를 인지하지 못했다는 점과 그것이 자연스럽게 산출한 자민족중심성 때문이다. 따라서 그들은 현대의 소비관행을 특별한 것으로 간주하는 대신에, 대체로 전근대인들은 산업경제를 결여한 탓에 우리처럼 행동하는 것을 방해받았을 뿐이라고 판단하고 만다. 이 같은 식으로 근대적 유형이 역사에 내재하는 것으로 제시되고, 그것의 특이한 성격은 목적론적으로 정당화된다.

소비현상에 대한 경제학의 지배적 접근방법은 미시경제학의 한계효용이론과 연관되어 있다.[17] 효용은 소비품목에 내재하는 속성에 부여되는

임의적인 것으로 다루는 것은 공리주의 사회사상의 주요 특성이자 하나의 주요한 약점이다. Talcott Parsons, *The Structure of Social Action: A Study in Social Theory with Special Reference to a Group of Recent European Writers* 2nd edn (Glencoe, Ill. : Free Press, 1949), pp. 59~60을 보라.

17) 〔역주〕 미시경제학의 소비이론에는 (여기서 캠벨이 논의하는) 알프레드 마셜(Alfred Marshall) 등이 제창한 고전적인 한계효용이론 외에도 그 뒤에 전개된 파레토(Pareto)와 힉스(Hicks)가 제시한 무차별곡선이론(*theory of indif-*

이름으로, 소비자는 그러한 속성으로부터 만족을 얻는다. 다음으로 그러는 동안에 소비자는 항상 자신의 효용과 만족을 극대화하는 방식으로 행동하는 것으로 상정된다. 그리하여 소비자는 자신의 가처분소득과 일반시장가격에 의해 설정된 한도 내에서 시장에서 합리적으로 행동함으로써, 자신의 효용과 만족을 극대화하려고 노력한다. 그리고 그가 시장에서 거래하는 이유는 자신의 욕구와 취향을 만족시킬 필요 때문이다. 소비자의 욕구와 취향은 대체로 소비자의 퍼스낼리티에서 발원하는 것으로 간주되고 (또는 적어도 그 이론의 목적상 그렇다고 가정된다), 그것은 소비자의 선택을 통해 드러난다. 그리고 소비자의 실제 행동은 소비자의 근원적인 선호를 충실하게 반영한다고 가정된다. 이 같은 관점에 입각한 고전적 정식은 욕구 및 취향의 기원과 그것들이 발전하거나 변화하는 방식에 대해서는 아무 것도 설명해주지 않는다. 게다가 한계효용이론이 소비자가 제품에 대해 가질 수 있는 관심의 정도를 그 소비자가 그 제품을 이미 얼마나 가지고 있는가에 따라 예측하고 있기는 하지만, 그 이론은 소비자가 다양한 욕구들의 만족에 대해 가질 수 있는 차별적 선호에 대해서는 그 어떤 통찰도 제공하지 못한다. 이런 식으로, 한계효용이론에서는 모든 욕구가 똑같은 절박성을 가지는 것으로 가정된다.

한계효용이론이 비록 소비자 선택의 일정한 측면들을 분석하는 데 하나의 강력한 도구라는 점이 입증되기는 했지만, 그것이 소비행동이론의 면모를 갖추고 있지 못하다고 판명된 것은 이미 오래 전의 일이다. 이 같은 측면에서 볼 때는, 효용이론에 대한 익히 알려진 비판들 — 합리성과 만족의 극대화와 관련된 가정들에 대한 의문과 같은 — 도, 그것이 너무나 많은 것을 놓치고 있다는 단순한 평가만큼이나 적실하지 못하다. 욕구와 취향의 성격과 기원에 대해 설명하고자 시도조차 하지 않고 단지 사람들이 재화를 구매하는 이유를 매우 어렴풋하게 암시하기만 하는 이론은 소비행동

---

ference curves), 그리고 힉스 및 폴 사무엘슨(Paul Samuelson)이 제시한 현시선호이론(*theory of revealed preference*)이 있다.

이론이라고 불릴 만한 자격이 없다.

이러한 결함들이 여타 학자들에게는 물론 경제학자들에게 이미 오래 전에 드러났음에도 불구하고, 그간 그것들을 치유하려는 노력은 거의 이루어지지 않았다.[18] 그 대신에 그러한 부적실성들 중 보다 분명한 것을 보정하려고 시도하는 가운데, 다른 분야에서 도출된 관점들이 한계효용이론에 추가되었다. 하지만 이 전략도 소비행동에 대한 포괄적인 만족스러운 이론을 발전시키기에는 분명 역부족이었다. 하지만 이들 '통합적' 관점과 그것들이 그러한 간극들을 메우는 데 기여한 정도에 대해 살펴보기에 앞서, 어떻게 해서 효용이론이 (합리성을 제외할 때) 근대소비의 가장 특징적인 양상을 정확히 설명할 수 없는지를 상술하는 것이 유익할 것 같다. 우리가 앞서 살펴보았듯이, 근대소비의 독특한 특징은 새로운 욕구가 더 선호된다는 것, 그리고 특히 그러한 욕구들이 급속하게 그리고 겉으로 보기에 끝없이 창출되고 있다는 것이다.

한계효용이론이 소비자가 자신의 만족을 극대화하고자 한다고 가정하고 있음에도 불구하고, 그것은 새로운 제품에 대한 욕구가 어떻게 해서 발생하는지를 분명하게 제시하지 않고 있다. 한계효용이론은 현재 소비되고 있는 제품으로부터 획득된 익히 알고 있는 만족을 제쳐두고, 아직 알려지지 않은, 따라서 추정할 수 없는 만족을 그저 제시하고 있을 뿐이다. 그렇다면 어떤 소비자가 현재의 만족을 상실할 것이라는 점을 전적으로 확신하

---

18) 초기의 비판으로는 Henry Waldgrave Stuart, "The Phases of the Economic Interest", in John Dewey (ed.), *Creative Intelligence: Essays in the Pragmatic Attitude* (New York: Henry Holt, 1917), pp. 282~353 그리고 Kyrk, *A Theory of Consumption*을 보라. 현대의 비판은 Douglas and Isherwood, *The World of Goods*에서 찾아볼 수 있다. 이러한 문제들을 일반적으로 무시하고 있는 경제학자들 중에서 주목할 만한 예외적인 연구이자 보다 실재론적인 가정에 근거하여 소비이론을 구축하고자 하는 하나의 유망한 시도는 Tibor Scitovsky, *The Joyless Economy: An Inquiry into Human Satisfaction and Consumer Dissatisfaction* (New York: Oxford University Press, 1976)에서 찾아볼 수 있다.

면서도, 습관성 구매를 통해 자신의 희소자원의 일부를 양도하는 것을 대체 어떻게 합리적으로 정당화할 수 있을까? 이미 오래 전인 1917년에 헨리 월드그레이브 스튜어트(Henry Waldgrave Stuart)는 이 문제에 대해 다음과 같이 개관했다.

> 우리는 개인이 이른바 새로운 경제적 요구와 관심을 획득하고 있음을 어떻게 미루어 알 수 있는가? 회고라는 아주 명백한 오류에 의해서가 아니라면, 우리는 그러한 현상을 이른바 잠재적 또는 암묵적인 욕망의 단순한 분출로 간주할 수 없다. 새로운 제품과 새로운 생산수단은 '만족'을 가져다주고, 그리하여 상상할 수 없었고 따라서 그 어떤 서술적 방식으로도 미리 예측할 수 없었던 객관적 결과를 초래한다.[19]

이 주장에 따르면, 어떤 대가를 치르더라도 자기만족을 극대화하기로 결정한 진정으로 '합리적인' 소비자는 그냥 새로운 제품이나 서비스를 손에 넣으려고 애쓰지 않을 것이다. 스튜어트가 지적하듯이, 그것은 '계산'보다는 모험 내지 도박에서 더 잘 드러나는 속성이다.[20] 따라서 도구적 소비행위의 특징으로 간주되는 그 같은 '합리성'을 설명하기 위해 도입한 가정들

---

19) Stuart, "Phases of Economic Interest", p. 347.

20) Ibid., p. 309. 다른 사람들이 우리에게 신제품이 현재 소비하고 있는 제품보다 훨씬 더 큰 만족을 가져다줄 것이라고 알려줄 때, 우리가 그 사람들을 믿는 것은 비합리적이 아니라고 주장할 수 있다. 하지만 그러한 주장은 개인들의 기호가 동일하다는 관념을 전제로 할 뿐만 아니라 서로 다른 제품들이 제공하는 만족을 비교할 수 있는 일정한 기준을 가정하고 있다. 이 두 가정 모두는 한계효용이론에 의해 거부된다. 마찬가지로, 자신의 가처분소득이 증가한 소비자가 자신의 잉여를 신제품을 시험해보는 데 사용하는 것은 비합리적이지 않다고 주장할 수도 있다. 왜냐하면 그렇게 하더라도, 그는 현재의 어떠한 만족도 상실하지 않기 때문이다. 하지만 만족을 가져다주는 것으로 이미 알려진 제품을 보다 더 많이 소비하는 데에 새로운 부를 사용하는 것이 더 합리적인 전략일 수도 있다는 것은 여기서도 여전히 사실이다. 앞서 지적했듯이, 사실은 이것이 전통적 소비자가 전형적으로 행하던 것이다. 앞의 pp. 28~29를 보라.

이, 실제로는 매우 '비합리적이고' 수수께끼 같은 형태의 행동으로 보이는 그것의 또 다른 주요한 특징 — 즉 새로운 제품에 대한 만족할 줄 모름 — 을 산출하는 결과를 낳는다.

경제학자들(그리고 여타 일부 사회이론가들)이 소비행동이론을 구축하고자 노력하는 과정에서 특히 한계효용이론의 이 같은 결함들을 어떻게 보완하는지를 살펴보기 위해서는, 갤브레이스(Galbraith)가 《풍요로운 사회》(*The Affluent Society*)[21] 제 10장과 제 11장에서 개관한 소비에 대한 논의를 간략히 검토하는 것이 유용할 것 같다. 이 책은 소비행동이론을 충분히 발전시키는 것을 목적으로 하지는 않았다. 이 책에서 갤브레이스가 설정한 목적은 자신이 시대에 뒤쳐져 있고 아무런 도움이 되지도 않는 것으로 간주한 당대의 경제적 신화를 폭로하는 것이었다. 그럼에도 불구하고 이 책에는 한 가지 유익한 점이 있다. 왜냐하면 이 책은 특히 경제학자들이 소비를 행동의 추상적 측면으로서보다는 실제 현상으로 간주하도록 요청받을 때, 일반적으로 상정하는 가정들을 들추어내고 있기 때문이다.

갤브레이스의 주요 관심은 모든 생산증대 — 이를테면 국민총생산의 증대 같은 것으로 제시되는 — 를 생산된 제품의 성격이나 그 제품이 만족시키는 욕구와는 무관하게 반드시 좋은 것으로 간주하는 견해가 얼마나 비합리적인지를 입증하는 것이다. 이 같은 가정을 비판하기 위해, 그는 근대사회에서 소비자의 재화수요가 어디에서 연원하는지를 검토하고, 고전경제이론에 의문을 제기한다.[22] 고전경제이론은 욕구의 기원을 탐구하지 않은 채, 욕구가 더 많이 충족된다고 하더라도 욕구의 절박성은 그만큼 분명하게 감소되지 않는다고 가정하는 경향이 있다. 갤브레이스는 다음과 같은 논지를 통해 그 같은 입장을 반박한다.

만약 개인의 욕구가 절박하다면, 그 욕구는 그에게 있어 원초적이어야

21) Kenneth Galbraith, *The Affluent Society*, 3rd edn rev. (Harmondsworth, Middx.: Penguin Books, 1979).

22) Ibid., p. 136.

> 한다. 만약 그 욕구가 자신이 꾀한 것이 틀림없다면, 그 욕구는 절박하지 않을 수도 있다. 그리고 무엇보다도 욕구가 그 욕구를 충족시켜 주는 제품을 생산하는 와중에 일부러 만들어져서는 안 된다. 왜냐하면 그것이 생산의 절박성은 욕구의 절박성에 기초한다는 전반적 주장을 근거 없는 것으로 만들어 버리기 때문이다. 만약 그 같은 생산이 욕구를 창출한다면, 우리는 생산을 욕구충족을 위한 것으로 옹호할 수 없다.[23]

어떤 논거들이 사회에서 일어나는 재화생산을 '옹호'해주는 것으로 간주될 수 있는지를 검토하는 것을 잠시 미루어 둔 채, 갤브레이스가 이 입장을 계속해서 전개하고 있다는 점은 흥미롭다. 왜냐하면 그 과정에서 그가 소비욕구의 기원을 설명할 때 사회과학에서 발견할 수 있는 세 가지 주요 사유노선을 동시에 활용하고 있기 때문이다.

그중 첫 번째가 본능주의적 전통(*instinctivist tradition*)이다. 이는 욕구를 인간의 생물학적 유전형질에 기인하는 것으로 보고, 그것을 '필요'(*needs*)의 범주와 융합시키고자 한다. 이 견해는 갤브레이스가 계속해서 "그 자체로 이미 설정되어 있는 욕구" 그리고 "독자적으로 결정되어 있는 욕망과 욕구"에 대해 언급하는 데서 분명하게 드러난다.[24] 분명 이들 욕망은 타인의 활동으로부터도 그리고 문화의 제약으로부터도 '독립적'이다. 이는 그가 앞에서 '절박성'을 언급한 것에서, 그리고 그가 배고픈 사람을 설득할 '필요가 없는' 사람의 실례로 들면서[25] 절박성을 '독립성'의 기준으로 사용하는 데서 분명하게 드러난다.[26] 본능주의적 관점에 따르면, 욕망은 소비자에게 미리 프로그램으로 짜여 있으며, 욕구를 '창출하는' 어떤 부가적인 행위가 없더라도 재화가 공급되면 욕구는 스스로 그 모습을 드러낸다.

---

23) Ibid., p. 143.

24) Ibid., pp. 137~45 곳곳.

25) 〔역주〕 이와 관련하여 갤브레이스는 자신의 저서에서 배고픈 사람에게 식욕은 이미 본능에 의해 독자적으로 결정된 욕구이기 때문에, 그에게 음식의 필요성을 광고나 판매술을 통해 설득할 필요가 없다고 진술하고 있다.

26) Ibid., pp. 147~8.

이와 대조적으로, 두 번째 전통은 적극적인 욕구창출의 관념을 강조한다. 이 전통에서는 '욕구'가 소비자에게 내재하는 요인으로부터 발생하는 것이 아니라, 광고와 판매술과 같은 매개수단을 통해 소비자 내에서 의도적으로 만들어지는 것이라고 가정한다. 갤브레이스는 소비자들이 "새로운 아침식사용 시리얼이나 새로운 세제를 그토록 많이 원한다면, 억지로 소비자들의 욕구를 불러일으키기 위해 그렇게 많은 비용을 들일 필요가 있는가?"라고 지적하면서,[27] 그러한 욕구들은 '절박하지 않고', 따라서 어쩌면 '실제로' 그것들을 원하지 않을 수도 있다고 가정한다. 우리는 (위의 문장에서 '억지로'라는 단어를 반영하고 있는) 이 같은 관점을 욕구에 관한 조작주의적(*manipulationist*) 이론화의 전통이라 부를 것이다.

세 번째이자 마지막 조류는 갤브레이스가 '수동적' 욕구창출이라 부른 것으로, 그것 역시 욕구는 '타고난' 것이 아니라 만들어진 것이라고 (그리고 그의 표현으로는 '절박하지 않은 것'이라고) 가정하지만, 하나의 핵심적 역할을 소비자 자신에게 귀속시킨다. 왜냐하면 소비자는 다른 소비자의 행동을 모방하거나 따라잡고자 함으로써 새로운 욕구를 획득하기 때문이다. 여기서 갤브레이스는 '제 2의 욕구'에 관한 케인스(Keynes)의 논평을 인용한다. 그러한 욕구는 자기의 동료에 뒤지지 않거나 앞서고자 하는 노력의 결과로 생겨난다.[28] 우리는 이 전통이 소스타인 베블런(Thorstein Veblen)의 저작에 크게 빚지고 있다는 점에서 그것을 욕구창출에 관한 베블런식 관점이라고 부를 것이다.

---

27) Ibid., p. 147. 갤브레이스는 소비자가 다른 브랜드의 시리얼이나 세제보다도 그 제품들을 원하도록 설득하는 데 그처럼 많은 비용이 지출된다는 사실을 간과하고 있는 것으로 보인다.

28) Ibid., p. 144.

본능주의

본능주의적 관점은 표준적으로 사용되던 어법을 통해, 특히 '잠재적 욕구'(*latent want*)와 '잠재적 수요'(*latent demand*)라는 개념을 사용하여 소비를 경제학적으로 이론화하는 가운데서 수립된다. 어떤 점에서 보면, 〔경제학적 이론화에서 — 역자 첨가〕 그러한 용법은 중요하지 않다. 왜냐하면 앞서 지적했듯이, 고전적 접근방법은 욕구의 기원을 고려하지 않기 때문이다. 그렇기 때문에, 욕구를 본능의 산물로 간주하는지 아니면 다른 사람들의 행동이나 종교적 개입의 결과로 여기는지는, 경제학자들의 이론화에서는 그리 중요하지 않다. 왜냐하면 경제이론 내에서 욕구개념은 자명한 것이거나 공리의 지위를 가지는 것이지 그 어떤 실질적 의미에서도 경험적 탐구의 산물이 아니기 때문이다. 다른 한편 경제학자들은 인간사라는 현실세계를 논의할 때 욕구개념을 무시하는 경향이 있다(갤브레이스도 마찬가지인 것으로 보인다). 게다가 실제의 사건들을 설명하는 과업을 특히 더 많이 떠맡고 있는 경제사가들에게는 이 같은 함정에 빠져들게 하는 유혹이 항존한다.

이 마지막 논점은 앞장에서 논의한 바 있는 《소비사회의 탄생》(*The Birth of a Consumer Society*)에서 잘 예증된다. 왜냐하면 그 책에는 책의 저자들이 욕구가 실제로 개인에 내재하며 그것은 적절한 상황에서만 작동한다고 가정하고 있음을 보여주는 풍부한 증거들이 들어 있기 때문이다. 예컨대 맥켄드릭은 1670년대 날염한 옥양목의 판매증가를 논의하면서 '잠재적 가내수요의 폭발'을 언급한다.[29] 그는 또한 이전에는 '소비성향'이 재화의 불충분한 공급으로 인해 억제되고 있었다고 지적하며, '유행의 동력'을 '해방시킨' 요인들에 대해서도 서술하고 있다. 한편 그는 생산자의 활동을 논의하면서 "생산자들이 해방시키고자 시도하는 잠재적 수요의 종류"에 대해서도 언급한다.[30] 이 같은 종류의 유출론적(*emanationist*) 표현의

---

29) McKendrick, Brewer and Plumb, *Birth of a Consumer Society*, p. 14.

바탕에 자리하고 있는 본능주의는 '취득본능의 해방'[31] 이라는 초기의 언급에서 가장 잘 드러난다. 이들 사례는 그것의 근간을 이루는 가정 — 소비행동은 재화에 대한 수요의 형태로 실제로 표현되는 것보다 앞서 존재하는 내재적 힘과 관련해서 가장 잘 이해된다는 가정 — 의 성격을 드러내주고도 남는다.

의심할 바 없이, 그러한 어법이 갖는 매력 중의 일부는, 그것이 '본능적' 힘이 작동하고 있음을 암시함으로써 강렬함과 절박성을 표현해주고, 그렇게 하여 그 같은 초기의 수요폭발을 동반한 역동성의 일부를 성공적으로 전달해준다는 것이다. 하지만 불행하게도, 그 증거는 그것이 아니었더라면 사건을 매우 불분명하게 묘사했을 뻔했던 것을 부각시키기 위해 사용된 것이 아니라, 그것이 일정한 설명력을 가지고 있는 것으로 간주하고 있다. 하지만 어떤 것이 사실인지를 판단하기는 어렵다.

한편으로, 본능주의적 가정 또는 잠재성 가정이 지닌 설득력은, 인간행동은 생물학적으로 음식과 주거지 같은 것을 실제적으로 필요로 한다는 명백한 사실에 기반한다. 하지만 그러한 충동들에 의해 동기지어지는 행동은 불특정하며, 특정 제품을 추구하는 소비자의 행동이 이미 결정되어 있고 또 명확하게 규정되어 있는 경우와는 뚜렷이 대비된다. 욕구의 발생이 유전형질에 토대한다는 입장에 반대하는 주장은, 실제로 이 같은 필요와 욕구 간의 차이에 기초한다. 다른 한편, 만약 '잠재적'이라는 용어의 사용이 함의하고 있는 견해가 기껏 모든 인간은 기꺼이 모종의 제품과 서비스의 소비자가 될 잠재성을 가지고 있다는 것이라면, 그것은 바로 내재적 범주로서 욕구관념이 매우 부적절하다는 것이 사실이기 때문이다. 그러한 가정이 제시하는 또 다른 주장은 소비행동이 일정한 '현시'의 과정 — 즉 이전에는 다만 '잠재적'이었던 것을 '현실화'하는 과정 — 일 수 있다는 것이다. 이것이 소비를 정확하게 묘사하는 것이라면, 그것은 소비를 동기를 부

---

30) Ibid., pp. 35, 63, 28.

31) Ibid., p. 16.

여받은 행위로 규정하는 데서 논리적으로 도출된다. 모든 합목적적인 인간행동은 형태상 목적론적이며, 따라서 '잠재적인' 것의 '현시'라는 성격을 띤다. 하지만 이 동기부여과정의 정확한 성격은 중요한 논쟁의 대상이다.[32]

본능주의적 입장과 연관된 특징들 중의 하나는, 그것이 인간의 동기구조에는 '필요-욕구'의 위계가 존재한다고 가정한다는 것이다. 필요는 생물학에 기초하는 것으로, 그것은 보다 상위의 '욕구'들을 경험하기 전에 충족되어야만 한다.[33] 그리고 이 견해에 따르면, 일정한 '필요'가 충족되고 나면, 그것은 즉각 '보다 상위'의 욕구를 불러일으키며, 이어서 그 욕구가 충족되면 그 욕구는 위계상 그보다 '더 높은' 욕구로 대체된다. 마킨(Markin)은 이 개념을 에이브러햄 매슬로(Abraham Maslow)의 저작과 연관시킨다. 매슬로는 (오름차순으로) 욕구의 목록을 제시한다. 그 첫 번째 욕구가 공기, 물, 음식, 고통의 제거 및 여타 생리학적 요구들이고, 그 다음에는 무사, 방어, 일상과 같은 안전에 대한 욕구가 자리하고, 애정과 우호관계와 같은 '사랑의 동기'가 그 위에 자리한다. 그 다음으로 자기존중과 위세 같은 '존경의 동기'가 뒤따르고, 마지막에 자기성취와 같은 자아실현의 동기가 자리한다.[34] 갤브레이스는 "사람들이 육체적 욕구를 충족시

---

32) (이를테면 갈까마귀가 반짝이는 물건에 관심을 드러내는 것으로 보이는 것처럼) 인간은 재화를 획득하고자 하는 성향을 타고난다거나 일정 정도 그것에 의해 미리 틀지어져 있다는 관념은 대중적이기는 하지만 분명 지지받기 어렵다. 인간행동은 그것이 극히 유동적이라는 데 그 특징이 있으며, 따라서 수시로 요구되는 재화의 종류도 매우 다르다는 사실을 차치하더라도, 그 같은 주장은 근대 소비자들은 재화를 '획득하지 않거나' 처분하려는 경향 또한 드러낸다는 점을 간과하고 있다.

33) 인간의 동기가 전적으로 필요와 관련하여 이해될 수 있다는 관념은 오늘날 일부 심리학자들로부터 심히 의심받고 있다. 이 같은 회의주의적 주장에 대해서는 Michael A. Wallach and Lise Wallach, *Psychology's Sanction for Selfishness: The Error of Egoism in Theory and Therapy* (San Francisco: W. H. Freeman, 1983), pp. 217~25를 보라.

34) Markin, *Consumer Behaviour*, p. 195.

키고 난 후에 심리적 욕망이 그 자리를 이어받는다"[35] 고 언급함으로써, 이 견해에 동의하고 있다.

이처럼 위계를 가정하는 것은, 분명 '본능주의적' 욕망의 비(非) 보편성 문제 — 즉 전체 인류는 하나의 공통된 일련의 소비욕구를 드러내지 않는다는 사실 — 에 대처하기 위한 시도이다. 이를테면 전통적인 사람들에게 근대인이 드러내는 욕구가 존재하지 않을 경우, 전통적인 사람들은 여전히 기본적 필요를 '충족'시키는 데 몰두하고 있다고 주장함으로써 그 같은 점을 설명한다. 그 같은 주장은 의심스러운 근거에 토대하고 있다. 왜냐하면 그 같은 위계의 존재를 뒷받침하는 증거들은 논쟁의 여지가 많기 때문이다(인간은 사랑이나 자기존중과 같은 '상위'의 욕구를 위해 생물학적 충동의 명령을 거부하기도 한다는 점을 보여주는 자료들도 많이 있다).[36] 그뿐 아니라, 이 모델에서는 한 수준에서의 욕구 '충족'을 뒷받침하는 증거가 '상위'의 욕구를 출현시키는 경향이 있으며, 그것이 이 모델에 동어반복의 분위기를 드러내게 한다.[37]

개별 소비자의 욕구를 미리 틀지어진 유전된 성향의 방출로 표현하는 것은, 인간욕망의 특징인 가변성과 편차를 이해하기 매우 어렵게 만든다. 만약 인간욕구의 다양성이 원래 유전되는 것이라면, 어째서 개인은 일생에 걸쳐 자신의 욕구유형을 지속적으로 변화시키는가? 또는 욕구가 필요와 유사하다면, 왜 그것이 모든 사회에서 동일한 형태를 띠지 않는가? 게

---

35) Galbraith, *Affluent Society*, p. 136.

36) 사회적 지위나 위세 같은 '보다 상위'의 욕구가 '보다 하위'의 생물학적 욕구를 대체하기도 한다는 것을 보여주는 증거로는, 미크로네시아의 포나페아 사람들 사이에서 일어났던 얌 재배 경쟁에 대한 헤르스코비츠(Herskovits)의 언급과 "고귀한 위세를 열망하는 사람의 가족들은 굶을 수도 있다"는 그의 논평을 보라. Melville J. Herskovits, *Economic Anthropology: A Study in Comparative Economics* (New York: Alfred A. Knopf, 1960), p. 462.

37) 이 같은 욕구의 위계 관점은, 그것이 오직 근대사회에서만 '최상위'의 욕구가 적절하게 표출된다고 암시하고 있다는 점에서, 진화론적 자민족중심주의(*ethnocentrism*)를 강력하게 연상시키기도 한다.

다가 만약 한 잠재적 욕구가 적절한 제품이 소비자에게 나타날 경우에만 현시된다면, 어떻게 해서 그 제품의 소비가 종종 그 욕구를 완전히 소멸시키는 것처럼 보이는가? 물론 만약 그 욕구가 진정한 생물학적 토대에서 나왔다면, 그것은 계속해서 스스로 회복될 것이다. 그렇다면 실제로 어떻게 해서 욕구하지 않는 일이 발생하는가? 또한 개인들은 잠재적 비(非) 욕구를 가지는가? 본능주의적 입장이 전혀 지지를 받을 수 없다는 것이 이제는 분명해졌을 것이다. 어쨌든 간에, 그것은 오래 전에 지적되었듯이, 회고의 오류에 의거하고 있다.[38] 왜냐하면 그것은 잠재적 욕구를 설명하기 위해 상정된 행동(하나의 제품에 대한 수요의 존재) 바로 그것을 잠재적 욕구 개념의 존재를 뒷받침하는 증거로 인용하기 때문이다.

조작주의

갤브레이스가 경제학이론이 욕구의 기원을 설명하지 못하는 점을 보완하고자 노력하는 가운데서 제시한 세 가지 관점 중 두 번째 것이 조작주의, 또는 소비자가 외부기관의 행위를 통해 제품을 원하도록 '강요받는다'는 견해이다. 이것은 앞서 지적했듯이 18세기 소비혁명에 대한 표준적 설명에서 두드러지게 나타나는 논지이다. 흥미롭게도, 이 관점은 본능주의와 극명하게 대조된다. 왜냐하면 이 관점은 개인이 특정 목표를 추구하는 데 있어 이미 틀지어진 어떤 행위경향을 가지지 않는다고, 즉 광고매체를 통해 욕구를 '주입받기' 전까지는 동기를 가지지 '않는다'고 간주하는 경향이 있기 때문이다. 이 은유가 암시하듯이, 이 관점은 '피하주사식' 매스미디어 작용 모델[39]이라고 불려온 것에서 유래한다. 이 모델은 영화, 텔레비

38) Stuart, "Phases of Economic Interest", p. 347.

39) 〔역주〕 피하주사모델(*'hypodermic' model of the workings of the mass media*)은 매스미디어 효과에 관한 이론 중 초기시기(1920~40)를 지배한 강효과이론의 하나이다. 이 이론은 매스미디어는 거의 모든 수용자에게서 균일하고 강력하

전, 신문과 같은 근대사회의 다양한 미디어 각각이 피하주사바늘처럼 그 청중들에게 특정 메시지를 주입하는 기능을 한다고 시사한다. 이 경우 소비자의 '혈관'으로 주입되는 것은 특정 제품이나 서비스에 대한 '욕구'이다. 분명 이 이론은 소비자에게 수동적 역할을 부여하는 반면, 새로운 욕구를 부단히 그리고 지속적으로 창출하는 번거로운 작업은 광고주와 시장조사자 같은 생산자 대행기관의 몫으로 상정한다.

이 같은 조작주의적 입장에는 다양한 설명들이 있다. 그것들은 소비자가 비록 조야하게나마 그 과정에 기꺼이 참여하는 정도와 관련하여 그리고 소비자에게 이식된 의도들의 구체성과 관련하여 차이를 보인다. 한 극단적인 견해는 소비자가 잠재의식적 기법을 통해 직접 통제받는 구매습관을 가진다고 주장한다. 이것이 바로 밴스 팩커드(Vance Packard)가 《숨어있는 설득자들》(*The Hidden Persuaders*)[40]에서 제시하여 인기를 끈 테제

게 행동이나 태도의 변화를 가져온다고 파악한다. 이 이론은 매스미디어가 마치 주사바늘처럼 수용자에게 메시지를 주입시킴으로써 그 효과가 직접적이고 즉시적이며 또한 강력하게 나타난다는 점에서 '피하주사이론'으로, 수용자가 매스미디어의 메시지라는 외부의 자극에 기계적인 반응을 보인다는 의미에서 '자극-반응이론'으로, 매스미디어의 메시지가 마치 수용자에게 탄알처럼 날아가서 강력하게 박힌다는 의미에서 '탄환이론'이라고도 불린다. 이 이론들은 두 차례의 세계대전을 거치는 동안 영화와 라디오를 이용한 각국의 선전활동이 많은 사람들에게 효과를 발휘했다는 사실에 근거하고 있다. 하지만 이 이론은 수용자를 송신자가 마음만 먹으면 조작할 수 있는 수동적 존재로 상정하고 있다는 점에서 크게 비판받았다. 그 후 1940년대 중반부터 1960년대 중반까지는 이전과는 정반대로 제한효과이론이 대두되었다. 즉 매스미디어의 효과는 모든 수용자에게 균일하게 즉각적으로 나타나는 것이 아니고 수용자의 선유경향이라는 변인의 차이나 사회인구학적 변인의 차이에 따라 다르게 나타나므로, 그 효과가 매우 제한적이라는 것이었다.

40) Vance Packard, *The Hidden Persuaders* (London: Longmans, 1957).
〔역주〕 벤스 팩커드(Vance Packard, 1914~96)는 미국의 저널리스트이자 사회비평가이다. 1950년대에 미디어가 대중을 어떻게 조작했는지를 다룬 그의 저작 《숨어있는 설득자들》은 대중사회학(*pop sociology*)의 선조로 간주되기도 한다. 그 책에서 팩거드는 소비동기연구와 다른 심리학적 기법들이 광고업자들에 의해 제품에 대한 기대를 조작하고 욕망을 유인하는 데 어떻게 이

였다. 이 견해는 경험적으로 별로 뒷받침을 받지 못하며, 그리 진지하게 고려할 필요도 없다. 또 다른 극단적인 견해는 정보와 권고에 단지 노출되는 것만으로도 소비자에게서 욕구를 유발시키기에 충분하다고 생각한다.[41] 비록 소비자가 생산자로부터 받아들이는 정보가 소비행동에 영향을 미친다는 명백한 사실을 인식하는 것도 필요하지만, 그저 제품에 관심이 끌렸다는 이유만으로 쉽게 그 제품에 몰입하고 또 구매할 가능성이 있는 사람은 매우 쉽게 암시에 걸리는 사람들뿐이다. 그러므로 광고가 소비자의 상품수요에 영향을 미친다는 사실은 욕구의 기원을 설명하는 데 도움이 되지도 않을뿐더러, 조작이 이루어졌다는 것을 입증하지도 못한다. 소비자가 잠재의식적 통제에 종속되어 있다거나 아니면 "블로그 비스킷을 사자"와 같은 단순한 권고문구가 제시될 때 소비자는 매우 쉽게 암시에 걸려 행동하는 경향이 있다고 시사하는 극단적 견해들 사이에는, 소비자들이 자신들의 기호에 반하는 방식으로 행동한다거나 자신들의 최상의 이익과는 반대로 생산자에게 이익이 되게 행동한다는 것을 의식하면서도, 이런 저런 방식으로 '설득당하거나' 심지어 '강요당하기'까지 한다는 것을 시사하는 여러 이론들이 있다.[42]

당연히 이 견해에 대한 대다수의 비판들은 피하주사식 모델 일반에 대해 오랫동안 가해진 비판과 동일하다. 첫째로, 광고(그리고 여타 판매촉진

용되는지를 탐구한다. 그리고 그러한 기법들의 도덕성에 의문을 제기한다. 하지만 대중적 인기에도 불구하고 주제를 다루는 방식이 일화적이며 통계가 엄격하지 못할 뿐 아니라 갤브레이스나 베블런과 같은 학자들의 사고를 통속화한 데 지나지 않는다는 비판을 받았고, 학계로부터 특별한 인정을 받지도 못했다.

41) 이것은 공급증대가 소비자의 반응을 자동적으로 촉발한다는 인식하에 수요를 하나의 반사현상으로 제시하는 초창기의 견해를 재진술한 것일 뿐이다. 이 견해는 욕구의 기원이라는 중요한 문제를 비켜 간다.

42) 이 같은 입장을 취하고 있다는 사실은, 그 이론들이 대체로 소비자의 욕구를 '허위'로 지칭하고 있는 데서 분명하게 알 수 있다. 이러한 용법의 많은 사례들 중 하나로는 Mike Featherstone, 'The Body in Consumer Culture', *Theory, Culture and Society*, 1 (1982), 18~33을 보라.

요소들)가 소비자에게 작동하는 전체 문화적 영향력들 중의 한 부분을 차지할 뿐이라는 것은 분명한 사실이다.[43] 소비자에게 영향을 미치는 또 다른 것들로는 노동조합, 교회, 전문가, 정부기관 등 매우 상이한 이해관계를 가진 각종 집단 및 기구들의 견해를 들 수 있다.[44] 둘째로, 어떤 다른 미디어의 청중들과 마찬가지로 재화시장도 동질적이지 않고, 따라서 메시지의 효과는 누가 그것을 수용하느냐에 따라 크게 다를 것이다. 세 번째이자 마지막으로는, 소비자들이 상업적 메시지를 그저 아무 생각 없이 또는 무분별하게 '받아들이거나' '섭취하는' 것이 아니라 어느 정도 분별력을 가지고 또 목적의식을 가지고 반응한다는 것을 보여주는 증거들도 많이 있다.[45] 이 마지막 지적은 전혀 놀랄 것이 못 된다. 왜냐하면 '조작'은 실제로 조작할 무언가가 있어야만 시도할 수 있는 것이며, 조작은 다시 무엇이 소비자의 기존 동기를 구성하든 간에 그것과 일정 정도 타협하는 것이 필요하기 때문이다. 그러므로 다른 사람들을 한 사람의 원망에 따라 행동하게 만드는 데 성공하기 위해서는, 그들의 동기와 관련해서 무엇인가를 알고 있어야 한다. 왜냐하면 그럴 경우에만, 그들의 성향을 자신에게 이익이 되도록 전환시키고자 하는 기대를 품을 수 있기 때문이다. 소비자를 '조작'하고자 하는 사람들에게 이 같은 사실이 갖는 커다란 중요성은 동기조사가 근대 마케팅 및 광고에서 하나의 필수적 측면으로 발전해 온 것에서 확인할 수 있다. 마케팅이나 광고의 이름으로 행해지는 활동은 대체로 소비자들의 꿈, 욕망, 원망을 발견하고자 하며, 광고업자들은 이것들에 기초하

---

43) 여기서조차 경쟁제품의 판촉자들은 공히 다른 제품의 영향력을 침식시키고자 한다는 점을 지적해 둘 필요가 있다.

44) 일부 저자들처럼, 근대사회의 모든 집단이 직·간접적으로 상품생산자의 이익을 대변한다고 주장하는 것은, 개별 제조업자의 목적과 특정 사회형태의 지속적 생존을 혼동하는 것이다. 반면 개별 소비자들이 자신들이 경험한 사회화 때문에 그들이 가지고 있는 욕구를 소유하고 있을 뿐이라고 지적하는 것은, 모든 문화에 적용되는 자명하고 별로 도움이 되지 못하는 사실이다.

45) 광고의 효과를 유용하게 요약해 놓은 것으로는 Gillian Dyer, *Advertising as Communication* (London, Methuen, 1982), pp. 72~86 곳곳을 보라.

여 제품의 '메시지'를 고안한다. 이를테면 이성(異性)에게 매력적이게 보이고자 하는 공통된 욕망은 이 같은 방식으로 스팟크림과 시가에서 아페리티프(식욕증진을 위해 식사 전에 마시는 술 — 역자)에 이르는 제품들을 파는 데 도움이 되도록 이용될 수 있다. 그리고 제품에 대한 사람들의 욕구가 '조작'의 결과라는 주장이 종종 제기되는 것도 바로 이런 의미에서이다.

하지만 이들 입장에 대해 두 가지 점을 지적하는 것이 중요하다. 첫째로, '조작당하고' 있는 것은 각 개인의 기본적 동기구조가 아니다. 그와는 반대로, 그것은 정확히 말해 '조작'하기로 마음먹은 것이다. 따라서 비록 일각에서는 소비자들의 욕망과 꿈이 '이용당하고' 있다고 주장할 수도 있지만, 소비자들의 꿈과 욕망이 그저 광고업자의 행위에 의해서 꾸며질 뿐이라고 주장할 수는 없다. 둘째로, 재화와 서비스의 생산자들이 자신들의 대리인들을 통해 실제로 조작하는 것은 소비자들이나 그들의 욕구가 아니라, 정확히 말하면 각 제품에 부착되어 있는 상징적 의미이다. 대리인들은 실제로 메시지를 조작한다. 그렇다면 다음 같은 중대한 질문이 제기된다: 메시지의 수용이 어떻게 소비자의 욕구창출로 이어지는가? 사회과학자들은 이 질문이 제기하는 논쟁적인 쟁점과 소비자들이 규칙적으로 끝없이 욕구하는 것과 관련된 쟁점에 주안점을 두는 대신에, 대체로 '조작' 및 '이용'의 문제에 과도하게 몰두해 왔다. 이는 공리주의의 지배적인 영향력과 그것이 산출한 두 가지 주요 가정에서 기인하는 것으로 보인다.

그중 첫 번째 가정은, 소비자가 제품과 서비스로부터 얻을 수 있는 유일한 진정한 만족을 제공하는 것은 그것들이 고유하게 지닌 효용이라는 관념이다. 그러므로 소비자가 '다른' 이유로 인해 (말하자면 제품의 비공리주의적 측면과 연관된 메시지와 관련된 이유로 인해) 그 제품을 사도록 설득당한다면, 소비자는 어떤 점에서는 속고 있는 것이다. 이것이 바로 하나의 제품을 단지 바람직한 이미지와 연계시키고자 하는 형태의 '무(無)정보적' 광고에 대해 자주 가해지는 반박에서 바탕을 이루고 있는 것이다. 하지만 하나의 제품의 사용을 통해 얻어지는 만족이 그 제품과 연계된 이미지와 관념으로부터 분리될 수 없다는 점은 분명하다. 예컨대 철갑상어 알을 먹거나 샴페인을 마시는 것은 일반적으로 호사스런 삶을 연상시킨다. 그러므로 그런 제품의 광고가 (그 제품들의 칼로리나 알코올 함량과 같은 '효용'에 관한 정보를 무시한 채) 그 같은 연상을 불러일으키는 데 집중하는 것은 소비자를 오도하는 것이 아니라 잠재적 만족과 직접적으로 연관된 정보를 강조하는 것이다. 달리 말해, 이미지와 상징적 의미는 그 제품의 구성성분만큼이나 그것의 '실제적' 부분이다.46)

두 번째이자 밀접한 관계가 있는 가정은, 합리적 계산보다는 감정과 상상이 소비자가 재화와 서비스를 선택하고 구매하는 과정에 개입하는 경우, 그러한 과정은 '조작' 내지 '이용'을 동반한다는 것이다. 이 견해는 소비는 정의상 합리적 과정이며 실제로 그것에 근접해야만 한다는 공리에 의거하고 있다. 그러므로 광고와 마케팅 전략을 소비자의 감정과 상상에 영향을 미치는 것을 분명한 목적으로 하여 소비의 합리적 성격을 우회하고자 하는 것으로 이해할 경우에도, 그러한 전략들은 비록 '이용'은 아니더라도 '조작'을 동반한다. 하지만 여기서도 역시 이 가정은 타당하지 않다. 왜냐하면 소비행동은 인지의 문제인 것만큼이나 〔호오(好惡)의 문제에서 그 중요성이 분명하게 드러나듯이〕 감정과 기분의 문제이기도 하기 때문이다. 사실 감정적 집착의 차원은 그 어떤 합리적 계산의 문제보다도 소비에서 더 기본적이라고 말할 수 있다. 그러므로 어떻게 보더라도 많은 광고 '메시지'의 감정적 성격이 '조작'의 존재를 드러내주는 표시라고 (또는 적어도 제품에 대한 모든 메시지가 그렇다고) 가정할 만한 합당한 근거는 없다.47)

조작문제에 대한 이 같은 논의는 소비자에게서 욕구가 어떻게 형성되는

---

46) 그리하여 조작주의적 입장은 한편으로는 소비자가 제품의 상징적 의미에 대해 가지는 관심을 무시하고 다른 한편으로는 공리주의가 상정한 견해를 광고업자의 상징적 조작과 대비시키는 방식으로 설득력을 획득한다.

47) 가격이 단지 한 제품에 부착되어 있는 하나의 상징적 의미, 즉 소비자의 구매의지에 영향을 미치는 조작이듯이, 바람직함 역시 한 제품에 부착된 하나의 상징적 의미, 즉 소비자의 구매의지에 영향을 미치는 조작이다. 개인이 (가격이 마음에 들지 않는 제품을 구매할 때는 아니지만) 이미지가 마음에 들지 않는 제품을 구매할 때 속고 있다고 가정하는 것은 묘하게도 자가당착적이다.

지와 관련한 중요한 문제로부터 주의를 딴 데로 돌리게 하는 경향이 있다. 이를테면 광고업자의 형식을 취하는 생산자의 대리인들이, 소비자들에게 어떤 제품에 대해 욕구를 가지게 하려고 노력하는 과정에서 그 제품에 부착된 상징적 의미와 '메시지'를 실제로 조작하고자 하고 또 그들이 자신들의 제품과 사람들의 일반적 욕망을 일치시키고자 노력함으로써, 그렇게 하고자 한다는 점은 분명 받아들일 수 있다. 하지만 그러한 견해는 (비록 다른 경우들에서는 아닐지라도 몇몇 경우에서는) 그것이 실제로 어떻게 이루어지는가 하는 문제와 개별 소비자가 그 과정에서 어떤 역할을 하는가 하는 문제를 여전히 미해결된 채로 남겨놓고 있다. 욕구창출의 규칙적·지속적 계기를 재화의 처분 내지 비(非)욕구의 문제와 함께 검토하는 문제 역시 미해결 상태로 남아 있다.

베블런식 관점

갤브레이스가 소비자를 이론화하는 세 가지 조류로 제시한 것 중 마지막 입장은 소비자를 자신의 욕구를 창출하는 데 적극적으로 참여하는 것으로 보는 입장이다. 하지만 소비자는 다소 우연한 방식으로 그렇게 한다. 왜냐하면 소비자는 사회적 지위의 유지와 향상에 우선적으로 관심을 기울인 결과, 그 부산물로 욕구창출에 참여하기 때문이다. 이 관점은 거의 전적으로 소스타인 베블런의 저작에서 도출된 것이다. 다시 말하지만, 소비혁명에 대한 표준적인 역사적 설명에 대해 이 같은 논지가 갖는 중요성은 이미 지적한 바 있다. 역사적 설명 속에서 베블런식 입장은 조작주의적 욕구창출과 관련된 주장들보다 훨씬 더 중요한 위치를 점하고 있다.

베블런의 소비행동이론은 인류학자들에게는 오래 전부터 친숙했지만, 공리주의가 근대인의 행동에 상당한 영향을 미친 탓에 가려져 있던 통찰에 바탕을 두고 있다. 그 통찰이 바로 소비라는 행위는 심오한 사회문화적 의의를 지니고 있으며, 단순히 경제적 측면에서 바라봐서는 안 된다는 단순한 사실이다. 왜냐하면 상품은 그것이 가져다주는 고유한 만족 때문만이 아니라 기호나 상징으로서도 중요성을 가지기 때문이다. 따라서 디긴스(Diggins)가 간파하듯이, 베블런은 산업사회를 이해하는 데 있어 궁극적인 문제는 상품이 어떻게 만들어지느냐가 아니라 그것이 어떤 의미를 지니는가 하는 것이라고 주장한다.[48] 이 같은 고찰은 공리주의 전통의 조야한 물질주의를 교정하는 데 매우 필수적이며, 근대 소비행동의 특징을 설명하는 문제에 보다 현실주의적 토대를 제공해준다.

하지만 유감스럽게도 베블런은 유독 사회적 지위문제에만 집중하여 소비가 상징할 수 있는 의미의 종류를 고려하는 데에만 너무나도 치중했다. 《유한계급론》(*The Theory of the Leisure Class*)[49]에서 개관되듯이, 그의 견해는 상품의 소비가 욕구를 만족시킨다는 통상적으로 받아들여지는 기능 말고도 한 사람의 부(富)의 수준이나 '금전적 능력'을 드러내주는 데 기여한다고 강조했다. 그러므로 소비행위는 사회적 지위를 표시하는 것이기도 하다. 소비의 이 같은 기능은 소비자가 잘 이해하고 있으며, 사실 그 중요성은 욕구의 직접적 만족에 맞먹을 정도이다. 이와 관련하여 베블런은 다음과 같이 설명한다.

> 사회의 어떤 계급도, 심지어는 가장 비참한 빈민조차도 모든 습관적인 과시적 소비를 그만두지 못한다. 이 소비 범주의 최신 품목들은 절대적 궁핍이라는 절박한 상황에 놓일 경우를 제외하고는 포기되는 법이 없다. 최신의 장신구를 구입하거나 마지막 금전적 체면치레를 위해서라면, 아무리 비참하고 불편한 생활도 감내할 것이다.[50]

이 견해는 인간의 동기와 사회의 성격 모두와 관련된 신뢰할 만한 핵심적

---

48) John P. Diggins, *The Bard of Savagery: Thorstein Veblen and Modern Social Theory* (Brighton: Harvester Press, 1978), p. 100.

49) Thorstein Veblen, *The Theory of the Leisure Class: An Economic Study of Institutions* (London: George Allen and Unwin, 1957)

50) Ibid., p. 85.

가정들에 바탕을 두고 있다. 이를테면 베블런은 많은 인간활동의 배후에 있는 동기는 경쟁심리이며, "부(富)의 소유가 명예를 가져다주기"[51] 때문에 "축적이 추구하고자 하는 것은 금전적 능력의 측면에서 공동체의 나머지 사람들보다 더 높은 자리를 차지하는 것"[52] 이라고 가정한다. 이 견해는 자존심과 그것의 짝인 시기심을 인간행위의 근본 동인으로 간주하는 것처럼 보이게 한다. 만약 소비가 본질적으로 높은 지위라는 희소상품을 획득하기 위한 경쟁적 분투를 현시하는 것으로 분명하게 간주될 경우, 그것은 마치 누군가가 그 동학의 원인 문제에 대해 마침내 답변한 것처럼 보일 수도 있다. 그리하여 놀랄 것도 없이, 경제학자들은 한계효용이론의 파라미터 내에서는 해명할 수 없는 현상을 지칭하기 위해 '베블런 효과'(*Veblen effects*) 라는 용어를 사용해 왔다.[53]

경제학자들은 일반적으로 자신들이 설정한 본질적으로 개인주의적 소비행동모델과 공리주의적 소비행동모델을 두 가지 형태로 수정하면서 베블런의 이름을 사용한다. 첫째는 보다 구체적으로 베블런효과라고 불리는 것으로, 상품의 가격은 단지 경제적 가치나 효용의 지표가 아니라 그 자체로 문화적으로 중요한 상징이라고 인식하는 것과 관련된다. 이 경우 경제학자들은 베블런의 논지를 따라 소비가 금전적 능력을 드러내는 기능을 하는 곳에서는 상품가격이 높을수록 수요가 증가한다는 점을 받아들인다. 두 번째는 '밴드왜건'(*bandwagon*) 효과와 '스놉'(*snob*) 효과라고 불리는 것을 포괄하는 것으로,[54] 한 개인의 상품소비는 다른 소비자의 행동에 영향

51) Ibid., p. 25.

52) Ibid., p. 31.

53) David Seckler, *Thorstein Veblen and the Institutionalists: A Study in the Social Philosophy of Economics* (London: Macmillan, 1975) 을 보라.

54) 〔역주〕 이 세 가지 효과를 소비심리의 측면에서 설명하면, 베블런효과는 가격이 높을수록 소비를 자극하는 효과로, 사회적 지위를 드러내기 위한 과시적 소비심리를 표현한다. 밴드왜건효과가 다른 사람들이 많이 살수록 소비를 자극하는 효과로, 유행을 좇아가는 소비심리를 주로 표현한다면, 스놉효과는 희귀성이 높을수록 소비를 자극하는 효과로, 개성추구적 소비심리를 표현한

을 받는다는 사실을 인정하는 것과 관련된다. 한 개인의 재화나 서비스의 수요는 다른 사람들이 그것들을 소비하고 있는 것으로 보인다는 사실에 의해 증가하거나(밴드왜건효과), 다른 사람들이 그것들을 소비하고 있다는 사실에 의해 감소한다(스놉효과).[55]

효용이론에 대한 이러한 베블런식 수정은 그것의 지나친 단순성과 관련해서는 물론이고, 그것이 담고 있는 인간동기 개념의 측면에서도 주목해 볼 필요가 있다. 그것은 소비자가 구매한 제품과 서비스가 지닌 상징적 메시지나 소비행위가 갖는 공동체적 및 결사적 차원을 충분히 파악하지 못하고 있는 매우 제한적인 가정들이다. 한 상품의 가격은 분명 일정한 중요성을 지니는 하나의 문화적 상징이며, 소비자는 그것을 구매하여 과시적으로 드러내 보이면서, 자기 주변 사람들에게 하나의 메시지를 전달한다. 이 메시지는 말하자면 실제로 "내가 얼마나 부자인지, 즉 내가 이 비싼 물건을 살 만큼 얼마나 돈이 많은지"를 보여주는 것과 매한가지일 수 있다. 그러나 제품과 서비스들은 다른 문화적 의미들, 특히 '취향'과 '스타일' 문제와 관련된 의미들을 상기시키며, 따라서 하나의 상품과 서비스를 구매하고 과시하는 것은 그런 종류의 메시지를 전달하려는 욕망에 더 많이 기인하는 것일 수도 있다. 그런 경우에, 가격은 그리 적합한 상징이 아닐 수도 있으며, 소비자의 결정에 있어서나 그가 전달하고자 하는 메시지에 있어서나 전혀 중요하지 않을 수도 있다. 마찬가지로 앞서 제시한 대안들로는 한 개인의 소비습관이 다른 사람의 행위에 영향을 받는다는 사실을 적절하게 묘사할 수 없다. 그것보다는 일반적으로 소비자들은 한 집단이 보여주는 소비유형을 따르고 다른 집단이 보여주는 소비유형으로부터 벗어나는 식으로 소비하고자 한다고 지적하는 것이 더 현실적일 것이다. 그러므로 밴드왜건효과와 스놉효과는 대안적 행동유형이 아니라 "다른 사람과 관련

다고 할 수 있다.

55) Harvey Leibenstein, "Bandwagon, Snob, and Veblen Effects in the Theory of Consumers' Demand", in Edwin Mansfield (ed.), *Microeconomics: Selected Readings*, 4th edn (New York: Norton, 1982), pp. 12~30.

된" 하나의 행동유형을 구성하는 속성이다. 하지만 보다 더 중요한 사실은, 준거집단이론(*reference group theory*)[56] 이 보여주는 것은 모방적 행동 및 다른 사람에게 지지 않으려는 행동이 갖는 실제적 성격이 얼마나 복잡한가 하는 것이며, 어떤 한 사람이 자신의 행위경로를 결정할 때 그가 긍정적·부정적·상대적·규범적 준거집단(또는 역할모델) 등 다양한 준거집단을 이용할 수 있다는 점이다.[57] 이것이 의미하는 바는 '베블런효과'라는 항목하에 제시되는 소비행동에 대한 설명은 명백히 부적절하며, 진지하게 검토할 가치가 없다는 것이다. 기껏해야 그것은 소비행동의 사회적 차원에 관한 적절한 이해가 이루어질 경우에, 사회과학이 진전시켜야 할 방향을 개관해 놓은 것에 지나지 않는다.[58]

경제학자들이 '베블런효과'에 대해 제시한 해석 역시 그것이 담고 있는 인간동기에 관한 가정의 성격을 드러내고 있다. 특히 '밴드왜건'과 '스놉'이라는 용어의 사용이 그 같은 점을 여실히 드러낸다. 비록 문제가 되고

---

56) 〔역주〕 준거집단이론의 기본 전제는 인간의 대부분의 행동은 준거집단에 의해 영향을 받거나 궁극적으로는 그것에 의해 결정된다는 것이다. 덧붙여 특정한 감정이나 태도 역시 준거집단의 영향을 받아 형성되는 것으로 본다. 준거집단이론은 가장 중요하게는 사람들은 유의미한 타자의 기준을 자기평가, 비교, 선택의 기초로 삼는다는 원리에 기초한다.

57) 준거집단이론에 관한 자료로는 Robert K. Merton, *Social Theory and Social Science*, rev. and enlarged edn (Glencoe, Ill: Free Press, 1968), pp. 225~386을 보고, 그것을 소비행동에 적용한 논의로는 A. Benston Cocanougher and Grady D. Bruce, "Socially Distant Reference Groups and Consumer Aspirations", in Harold H. Kassarjian and Thomas S. Robertson, *Perspectives in Consumer Behaviour*(Glenview, Ill.: Scott, Foresman, 1973), pp. 309~14를 보라.

58) 이 같은 설명들이 지닌 근본적인 부적절성은 라이벤슈타인(Leibenstein)이 '비합리적 수요'(*irrational demand*)라고 부른 것, 즉 "계획적이지도 계산적이지도 않고 갑작스런 충동과 변덕 등에 의한 구매, 그리고 합리적 목적에 기여하지 않고 갑작스런 변덕과 욕망을 충족시키는 구매"("Bandwagon, Snob, and Veblen Effects", p. 14)를 언급할 때 분명하게 드러난다. 베블런효과 가설에서 제시되는 소비행동에 관한 설명은 이보다 약간만 덜 공허할 뿐이다.

있는 것이, 소비자의 행동이 다른 사람의 행위에 영향을 받는다는 사실이기는 하지만, 그것이 "시류에 편승"한다거나, "한 패가 되기를" 원한다거나, 아니면 "평범한 무리들과는 달라 보이고자 하는" 욕망의 형태를 취한다는 것은 근거 없이 만들어진 가정들이다. 즉 그것들은 일반적으로 사람들을 억지로 행동하게 하는 사람들[59] 사이에서나 최소한 믿을 만한 동기들로 간주된다. 하지만 (베블런이 설정한 전례 말고는) 그것을 입증할 만한 증거가 없으며, 마찬가지로 사람들은 그처럼 불명예스러운 의미를 함의하지 않는 결사적 및 탈결사적 행위를 다른 방식으로 설명할 수도 있다. 다른 사람에게 지지 않으려 하거나 다른 사람과 달라 보이고자 하는 것은, 그 자체로서 칭찬받을 일도 비난받을 일도 아니며, 비교기준으로 취해진 '다른 사람'의 행동에 의해서 그리고 행위의 동기에 근거하여 판단되어야만 한다. 그러므로 이들 설명이 예증하고 있는 것은 다름 아니라 사치성 소비행동에 대해 사회과학계에 퍼져있는 편견과 '타인지향적' 유형의 동기들 속에서 당연한 것으로 간주되고 있는 편견이다.[60]

베블런의 논지는 분명하지 않고 이해하기도 어렵다. 그중 하나가 소비자로 하여금 과시적으로 소비하게끔 추동하는 것에 대한 그의 묘사의 중심에 자리하고 있다. 《유한계급론》 여러 곳에서 그가 경쟁적인 지위추구를 일차적인 동적 메커니즘으로 간주하는 듯이 보이기는 하지만, 다른 곳에서는 그것이 상위 등급에 있는 사람들이 보여주는 이상적인 생활방식을 갈망하는 욕망으로 제시된다. 그러면서도 그는 이 두 과정을 지칭하기 위해 '경쟁심리'라는 동일한 용어를 사용한다. 예컨대 한 곳에서 베블런은 소비자가 다다르고자 분투하는 지출기준은 이미 성취된 것이 아니라 도달범위를 벗어나 있는 것이라고 지적하며, 이처럼 보다 높은 수준에 도달하려고

59) 〔역주〕 이를테면 광고업자나 판촉자를 말한다.

60) 경제학자들이 일반적으로 자기 자신의 만족과 물질적 자기이익을 합리적으로 추구하는 개인들을 긍정적으로 바라보면서도 왜 위세나 사회적 지위를 합리적으로 추구하는 개인들은 다소 부정적으로 바라보는 경향이 있는지를 깊이 생각해 보는 것은 흥미로운 일이다.

애쓰는 동기가 "경쟁심리 — 우리가 우리와 같은 등급에 있는 것으로 분류되곤 하는 사람들을 능가하고자 하도록 부추기는, 시기심을 불러일으키는 비교라는 자극"[61] — 라고 논평한다. 이것은 우리의 삶의 기준을 동료의 삶의 기준과 비교하려는 그 어떤 시도도 시기심과 불만족을 낳고 이것이 우리의 지위를 향상시키려는 반복적인 노력으로 이어진다는 것을 뜻하는 것으로 보인다. 하지만 준거집단이론 내에서 이루어진 연구들은 시기심이 결코 우리가 동등한 것으로 고려하는 사람들과 비교하는 것으로부터 나오는 필연적인 결과가 결코 아니며 또 한 사람의 지위가 갖는 만족은 불만족만큼이나 그저 하나의 결과일 뿐이라는 것을 보여주었다.[62] 어떤 경우에도 베블런은 '방어적' 형태의 과시적 소비보다는 '공격적' 형태의 과시적 소비가 우세하다고 분명하게 가정하고 있다.[63] 왜냐하면 그는 개인은 서로를 '능가하도록' 부추김 받고 있다고 언급하기 때문이다. 이런 의미에서 우리는 그가 사회적 삶을 나란히 정렬된 선상에서 자신의 지위를 유지하는 것에 지배적인 관심을 기울이는 하나의 행렬이기보다는 오히려 모든 사람이 일등이기를 원하는 경주와 같은 것으로 가정하고 있다고 말할 수 있다.[64] 그 책의 다른 곳에서 그는 사람들이 왜 보다 높은 수준의 소비에 이르기 위해 분투하는지에 대해 다소 다른 설명을 제시하고 있다. 그것은 유한계급의 현저한 영향력과 좀더 관련되어 있다.

---

61) Veblen, *Theory of the Leisure Class*, p. 103.

62) Merton, *Social Theory and Social Structure*, pp. 225~386 곳곳.

63) 이들 용어를 사용하고 있는 연구로는 Roger S. Manson, *Conspicuous Consumption: A Study of Exceptional Consumer Behaviour* (Farnborough, Hants.: Gower, 1981) p. 11을 보라.

64) 바로 이 점에서, 우리는 보다 높은 지위를 획득하기 위해 경쟁적으로 애쓰는 것을 지칭하기 위해 "비슷한 지위의 사람에게 지지 않기"라는 표현을 널리 사용하는 경향은 잘못이라고 지적할 수 있다. 만약 소비자의 노력이 이런 식으로 자신의 사회적 지위를 유지하는 데 한정된다면, 소비유형은 별로 변화하지 않을 것이다. 베블런이 염두에 두었던 것은 "비슷한 지위의 사람들보다 앞서가기"임이 분명하다.

사회적 지위는 부(富)와 밀접하게 연계되어 있다는 베블런의 주장은 유한계급의 중심적 위치와 관련된 좀더 근본적인 주장의 한 변형에 불과하다. 베블런은 시간은 돈이라는 주장의 논리를 받아들여, 부와 여가는 위세와 높은 지위의 징표라는 점에서 서로 같은 것이며, 과시적 소비와 과시적 여가는 모두 낭비를 드러냄으로써 명예를 획득하는 방식이라고 주장한다. 그런 까닭에 그가 유한계급이라 부른 것은 사회계층체계의 정점에 있으며, 그보다 아래에 있는 모든 사람들이 갈망하는 기준을 설정한다.

> 평판 면에서 유한계급은 사회구조 상에서 맨 위에 위치한다. 그리하여 그들의 생활방식과 가치기준이 그가 속한 공동체에 평판의 규준을 제공한다. 이들 기준을 준수하며 그것에 일정 정도 근접해 가는 것이, 그 척도상에서 보다 낮은 지위에 있는 모든 계급에게 의무가 된다. 근대의 문명화된 공동체들에서는 사회계급 간의 경계선이 점점 더 모호해지고 가변적이 되었으며, 이런 현상이 일어나는 곳이라면 어디서나, 상층계급이 강요하는 평판의 규준이 그저 사소한 방해를 받기는 하지만, 사회구조를 통해 최하층에게까지 그 고압적 영향력을 확대한다. 그 결과, 각 계층의 성원들은 바로 위 계층에서 성행하는 생활양식을 자신들의 품위의 이상으로 받아들이며, 그 이상에 맞춰 살아가는 데 자신들의 정력을 쏟아 붓는다.[65]

지위갈망에 대한 이 같은 설명이 초기의 설명과 현저하게 다르다는 것은 분명하다. 여기서 그것의 동기는 자신의 동료를 능가하고자 하는 욕망이기보다는 오히려 하나의 이상에 맞춰서 살아가려는 욕망으로, 그것 역시 '경쟁심리'라 지칭할 수 있는 활동이다. 비록 베블런이 '이상'이라는 용어를 때로는 단순히 사람들이 열망하는 생활유형 — 사람들이 드러내는 것과는 대립되는 것으로서의 — 을 분명하게 의미하는 것으로 제시하는가 하면, 다른 경우에는 최상의 도덕적 · 심미적 기준을 구체적으로 표현하고 있는 것으로 간주하는 등 모호하게 사용하고 있기는 하지만, 그가 여기서

65) Veblen, *Theory of the Leisure Class*, p. 70.

염두에 두는 것은 후자인 것으로 보인다. 그러므로 이 같은 관점에서 볼 때, 지위갈망의 역동적 요소는 당연한 것으로 간주되는 경쟁의 맥락에서 다른 사람을 능가하거나 앞지르려는 시도에서 나오는 것이 아니라, 이상적인 생활방식에 맞추어 살아가려고 시도하는 데서 수반되는 필연적인 부단한 노력에서 나온다. 베블런은 먼저 유한계급이 실제로 자신의 문화적 이상에 맞추어 살아간다고 가정하고, 다음으로 각 계급은 자신보다 바로 위에 있는 계급을 그러한 가치들을 자신들보다 높은 정도로 구현하고 있는 것으로 바라본다고 주장함으로써, 자신이 사용한 '이상'이라는 용어의 두 가지 용법을 조화시키고자 한 것으로 보인다. 이런 식으로 베블런은 경쟁적 지위추구와 이상에 의해 동기지어진 행동을 일치시키고자 한다. 그럼에도 불구하고 그것들이 서로 어떤 필연적인 관계를 가질 필요가 없다는 것은 분명하다. 사실 베블런은 서로 다른 두 가지 유형의 사회적 상황을 혼동한 것으로 보인다. 하나는 말하자면 경쟁자나 행위자들 사이에서 강렬한 위세경쟁이 자주 일어나는, 긴밀하게 결합된 유형의 동료공동체이다. 이것이 바로 경쟁상대를 능가하고자 하는 관심이 존재하는 유형의 상황일 것이다. 다른 하나는 상당히 '개방적인' 사회, 다시 말해 인접 계층들 간의 이동에 대해 명확한 법적 또는 종교적 장벽이 없는 사회에서 일어나는 사회이동 현상이다. 이런 종류의 상황에서 일어나는 상향적 사회이동은 분명 새로운 생활양식을 채택할 것을 요구한다. 이것은 모방적인 '경쟁심리'를 상당히 포함하고 있을 수 있는 과정이다. 하지만 이것이 (생활수준의 향상이 그저 그 자체로서 매력적인 것으로 간주되는 것처럼) 사람들이 자존심이나 시기심 때문에 다른 누군가와 경쟁을 하고자 한다는 것을 반드시 의미하는 것은 아니다.

이 같은 오류는 경쟁과 모방을 동일한 것으로 가정한 베블런의 실수와 밀접하게 관련되어 있다. 그러한 실수는 그가 개인들이나 집단들 사이에 보다 높은 지위획득을 위한 경쟁이 존재하는 곳에서는 그것이 이미 높은 지위를 차지하고 있는 사람들을 모방하는 행동형태를 취할 것이라고 주장하는 데서 드러난다. 그러나 이것은 두 가지 중요한 점을 간과하고 있다.

첫째는 (많은 기업가들이 보여주었듯이) 개인들은 모방보다는 혁신을 통해 경쟁자들보다 더 성공을 거둘 수 있다는 것이고, 둘째는 실제로 사회집단들(특히 사회계급들)이 지위를 규정하는 데 사용되는 기준의 문제 바로 그 자체를 둘러싸고 갈등하고 있다는 것이다.[66] 이 중 후자의 주장은 근대사회에서의 가치합의를 상정한 베블런의 가정을 거부하고 그리하여 성원들의 동의가 이루어진 단일한 지위체계가 존재한다는 것을 부정한다는 점에서 더욱 중요하다. 그런 까닭에 자신의 사회적 위치를 향상시키는 보다 성공적인 방법은 당신보다 높은 위치에 있는 사람들의 주장의 도덕적 정당성을 (그들의 위치에서 당신과 같은 사람들에게 유리한 위세의 근거를 내세우면서) 부정하는 것이다. 베블런이 이런 대안을 고려하지 않은 이유는, 유한계급이 근대사회에서 아무도 넘보지 못하는 지배적 위치를 차지하고 있다고 가정하고 있기 때문인 것으로 보인다.

삶의 그 같은 특징이 기본적인 문화적 가치를 표현하는 정도에 관심을 집중하기 위해, 우리가 소비의 시기심 측면을 일관되게 강조하는 베블런의 논지를 버리자마자, 우리는 더 많은 난관에 봉착하게 된다.[67] 우리가 살펴보았듯이, 베블런은 소비의 문화적 중요성을 소비가 지위의 지표라는 점에 있다고 보았다. 그리고 지위는 부(富) 및 여가와 관련하여 측정되었고, 다른 모든 가치들은 그것들의 하나의 징표 내지 파생물로 간주되었다. 동시에 그는 근대사회가 그러한 가치를 최고로 구현하는 단일한 엘리트 유한계급을 가지며, 그 밖의 모든 하위계급들은 유한계급의 이상에 맞추어 살아가는 정도에 따라 등급이 매겨진다고 보았다.

조금만 유심히 살펴보더라도, 이 같은 견해에 가해지고 있는 많은 반박

66) 시기심이 종종 적대감이나 혐오감을 수반하며, 따라서 한 개인이 그것의 정당성을 부정함으로써 상위지위에 대한 다른 사람의 주장에 이의를 제기하는 것은 드문 일이 아니라는 점을 지적하는 것은 이 같은 점에서 적실하다.

67) 소비가 그 같은 의미를 표현하는 정도를 인식하지 못한 것이 베블런 저작의 주요 결점이라는 지적을 한 것은 아더 데이비스이다. Arthur K. Davis, "Veblen on the Decline of the Protestant Ethic", *Social Forces*, 22 (1944), 282~6, 특히 p. 282를 보라.

중 몇몇을 충분히 감지할 수 있을 것이다. 첫째로, 근대사회의 상층지위는 분명 부와 여가 말고 다른 가치들과도 연관되어 있다. 귀족 출신은 이것을 가장 분명하게 보여주는 것일 뿐이다. 둘째로, 부를 찬양하고 여가를 개탄하는 프로테스탄트 전통과 그것을 정반대로 바라보는 보헤미안 전통에 견주어 볼 때, 부와 여가를 모두 '낭비'라는 명예로운 가치를 상징하는 용어로 서로 바꾸어 쓸 수 있는 것으로 간주하는 것은 설득력이 없다. 셋째로, 근대사회를 모든 문화적 리더십을 제공하는 하나의 계급을 가진 문화적 단일체로 간주하는 것은, 보다 복잡한 모습을 보여주는 많은 증거들과도 부합하지 않는다. 리즈먼(Riesman)이 지적하듯이,

> 베블런이 묘사한 상황과는 반대로, 우리에게는 상층계급의 성원들이 생활양식을 지정하고 그 다음으로 그것이 아래로 번져가는 것으로 보이지 않는다. 이 과거유산의 찌꺼기를 수령하고 있는 사람들도 영향을 받을 뿐만 아니라 영향을 미치며, 생활양식을 주도하는 사람들의 소재지는 여러 곳에 퍼져있고, 우리가 생각하기에는, 그리 분명하게 드러나지도 않는다.[68]

베블런의 테제를 입증하고자 하는 그 밖의 여러 시도들은 이 같은 결론을 한층 더 뒷받침해 왔다. 예컨대 로먼과 하우스(Laumann & House)는 벼락부자가 과시적 소비에 가장 적극적으로 참여하는 집단임을 보여주었다. 왜냐하면 대체로 그들은 새로 획득한 사회적 지위를 입증할 필요성을 강하게 느꼈기 때문이다.[69] 자신의 사회적 지위를 확신하는 집단이나 상향이

---

68) David Riesman and Howard Roseborough, "Careers and Consumer Behaviour", in David Riesman, *Abundance for What? And Other Essays* (New York: Doubleday Anchor Books, 1965), pp. 107~130, 특히 p. 120를 보라.

69) Edward O. Laumann and James S. House, "Living-Room Styles and Social Attributes: The Patterning of Material Artifacts in a Modern Urban Community", in Kassarjian and Robertson, *Perspectives in*

동을 향한 어떤 특별한 욕망을 가지지 않는 집단들은, 그처럼 현저하게 과시적으로 소비하려는 경향을 드러내지 않는다. 반면에 벼락부자들은 자신들의 보다 높은 지위에 대한 요구가 받아들여질 가능성이 있을 때, '취향'을 과시적으로 소비할 필요성을 크게 의식한다. 하지만 '취향 창조자'라고 간주되는 사람들은 전통적인 엘리트 '유한계급'의 성원이 아니라, 건축가, 장식업자, 인테리어 디자이너, 패션잡지 기고가 등과 같이 그런 일에 조언을 해주는 전문직 종사자들이다. 벼락부자들은 실제로는 우아한 것으로 간주되는 것에 대한 자신들의 정의를 수용하는 과정에서, 보다 전통적인 상층계급의 기준을 거부한다. 이 연구는 근대사회의 지위체계가 베블런이 주장한 것보다 더 복잡하다는 주장을 뒷받침해주는 것 말고도, 지위의 사회적 차원과 취향의 사회적 차원은 반드시 일치하지 않으며, 단순하게 어느 하나가 다른 하나에 포섭될 수 없다고 주장한다.[70]

넷째로, 소비행동의 주요한 문화적 의미는 소비행동이 드러내는 소비자의 사회적 지위 속에서 발견된다는 베블런의 중심적 주장은 반박을 피해갈 수가 없다. 왜냐하면 소비행동에 공통적으로 부여되는 많은 의미들 중에는 성격상 그 자체로 주요한 의의를 지니는 것들도 있기 때문이다. 다섯째로, 베블런이 소비행위의 문화적 중요성과 동료들 간의 지위획득 경쟁을 근거 없이 등치시킨 것은, 그가 자신의 분석을 쓸데없이 사회적으로 가시적 행위 내지 과시적 행위에 국한시켰다는 것을 의미했다. 그리고 그것은 또한 그로 하여금 오랫동안 지속된 경향을 취하게, 즉 소비가 본질적으로 '타자지향적' 유형의 행동이라고 가정하게 했다. 사적 소비 또는 비과시적 소비가 공적 소비보다 문화적으로 덜 의미 있다거나 기본적인 문화적 가치를 덜 표현한다고 가정하는 것은 아무런 근거가 없어 보인다.[71] 여섯째

Consumer Behaviour, pp. 430~40.

70) 취향의 중개자들은 중상층이나 하상층 계급에 속하지 사회엘리트의 성원이 아니라는 것을 보여주는 보다 진전된 증거로는 Russell Lynes, *The Tastemakers* (New York: Grosset and Dunlop, 1959)을 보라.

71) 베블런의 이론 속에 어떤 비과시적 소비의 동기가 있을 수 있을까를 숙고해보

로, 베블런은 개인들이 자신들의 소비욕구유형을 변화시켜 나가는 메커니즘에 대해 아무런 설명도 하지 않고 있다. 재차 말하지만, 욕구가 창출되었다가 얼마 후에 사라지고 또 다른 욕구로 대체되는 방식을 상세히 설명하지 않고 있다. 자존심이나 시기심이 지배적인 동기일 수 있다든가 모방이 그러한 과정에 연루되어 있다든가 하는 암시 이외에는, 이들 메커니즘은 여전히 미스터리로 남아있다.

마지막으로(그러나 이것이 다른 것에 비해 가장 중요하다), 베블런은 전통적 소비행동과 근대적 소비행동을 구분하는 근거를 제시하지 않았으며, 따라서 근대적 소비행동의 결정적 특징인 만족할 줄 모름과 새로운 것에 대한 욕망을 설명하지 않고 있다. 그의 과시적 소비이론 — 이는 흥미롭게도 무엇보다도 전통적 의례에 의해 영감을 받은 것으로 보인다[72] — 은 모든 인간공동체에 똑같이 적용된다. 즉 모든 공동체가 사람들을 이상에 부응하여 살아가도록 고무하는 한편, 문자문화 이전의 부족사회의 성원들도 현대사회의 개인들과 마찬가지로 치열한 지위획득경쟁을 벌이는 경향이 있다. 그렇다면 왜 흔히 베블런의 이론이 근대 소비주의의 동학이라는 문

는 것은 흥미로운 일이다. 비과시적 소비는 그저 효용의 욕망에 의해 이끌려질 뿐이라는 것이 그것에 대한 분명한 답변이겠지만, 이것은 소비행위의 문화적 중요성에 대한 그의 통찰이 갖는 타당성을 부정하게 될 것이다. 하지만 만약 비과시적 소비가 소비자에게 상징적 의미를 가지는 것으로 인식된다면, 과시적 소비 역시 '내부지향적' 관심을 드러내는 것일 수 있다.

72) 디긴스는 베블런에게 과시적 소비이론의 영감을 불어넣어 준 것은 포틀래치(potlatch)*에 대한 보아스(Boas)의 설명이었다고 암시한다(Diggins, *The Bard of Savagery*, p. 98).
〔역주〕 포틀래치는 북아메리카 원주민들의 의례이다. 포틀래치는 '식사를 제공한다', '소비한다'는 의미를 가지고 있는데, 통과의례뿐만 아니라 후계자를 계승하거나 새집을 짓거나 공적을 가리거나 치욕을 당한 다음에 명예와 위엄을 되찾기 위해 열리는 것으로, 이 포틀래치 의례를 통해 위계서열을 재확립하고 권리를 주장한다. 포틀래치에 초대받은 손님들은 주인이 나누어준 예물들을 받아들일 의무가 있으며, 나중에 그 이상으로 더 크게 포틀래치를 거행해야 자기 위신을 지킬 수 있게 된다.

제에 대해 하나의 답변을 제시하고 있다고 생각하는가? 그 이유는 그의 접근방법이 유독 근대 소비유형의 특징적인 양상인 매우 만족할 줄 모르는 속성을 설명하는 듯이 보이는 것이 사실이기 때문이다. 베블런의 이론이 근대 소비자들이 공격적인 과시적 소비의 방책에 전적으로 몰두한다는 가정에 의거하는 한에는, 만족할 줄 모름이라는 하나의 형태의 가정은 문제의 소지가 있는 또 다른 형태의 가정을 통해서만 '설명'된다. 이 경우에, 그 가정에 해당하는 것이 사람들은 자신의 동료들을 이기고자 하는 거스를 수 없는 욕망에 의해 동기지어진다는 주장이다. 이 심리학적 환원론은 만족할 줄 모르는 소비를 탐욕에 의해 동기지어지는 것으로 보는 종래의 설명만큼이나 유용하다(그리고 설득력이 있다).[73] 다른 한편, 만약 '방어적인' 과시적 소비가 확산되었다고 가정한다면, 그러한 변화가 체계 속으로 어떻게 들어오는지를 설명하기 위해서는 약간 다른 요인에 의지해야만 한다.

다른 이유들로 인해 소비유형이 급속하게 변화하는 사회에서는, 우리는 왜 개인들이 자신의 사회적 지위와 관련한 표식을 계속해서 정확하게 드러내기 위해 자신의 소비습관을 지속적으로 조절할 필요가 있는지를 쉽게 알 수 있다. 이것을 하나의 '개선책'으로는커녕 다른 누군가가 지위서열을 "살그머니 앞지르려는" 노력에 맞서는 하나의 '방어적인' 대응으로 봐서도 안 된다. 좀더 정확히 말하면, 만약 한 개인이 계속해서 유행에 뒤진 옷을 입거나 구식모델의 자동차를 몰고 다니면, 사람들은 그 사람의 지위를 부당하게 평가할 것이다. 하지만 여기서 역동적인 요인은 지위경쟁이나 경쟁심리 또는 심지어 모방이 아니라 유행현상 그 자체이다. 그리고 베블런식 모델이 변화를 설명한 것처럼 보이는 것은 단지 유행이 지위경쟁 심리와

---

73) 베블런은 가시적 소비유형의 변화는 소비가 지위를 나타내는 하나의 지표로서 중요성을 가지는 행동형태라는 점에 근거하여 개인들이 좀더 높은 지위에 오르고자 시도하는 데서 기인한다고 가정한다. 그러나 그의 이론을 활용하는 사람들은 마치 그가 근대 소비자들은 경쟁심리라는 동기에 의해 행동한다는 것을 증명이라도 한 듯이 서술한다. 실제로는 베블런은 사람들의 동기를 드러내는 증거들을 그리 많이 제시하지 않았다.

매우 밀접하게 결합되어 있기 때문이다.

이와 같이 결합된 유행경쟁 심리에 입각한 설명은 대체로 다음과 같은 형태를 띤다: 사회적 서열상으로 상층부에 있는 사람들은, 자신들을 따라잡고자 하는 욕망에서 자신들의 소비유형을 모방하는 바로 아래층의 사람들에 대해 자신들의 우위성을 유지하기 위해, 새로운 유행을 창조할 필요가 있다. 이것은 바로 아래 계층에 있는 사람들에게도 마찬가지이며, 그 아래, 그 아래 그리고 계층체계의 밑바닥에 있는 사람들에게까지도 역시 그렇다. 어떤 한 사회집단이 상위집단의 사람들에게 퍼져 있는 유행을 따라잡는 것처럼 보이자마자, 상위집단의 성원들은 자신들의 우위성을 유지하기 위해 새로운 유행을 채택하려 들 것이다. 이런 식으로 유행은 사회적 경쟁심리의 위력을 통해 도입되고 확산되고 대체된다.[74] 하지만 당혹스럽게도 이 견해는 새로운 유행의 도입을 경쟁심리적 행동에 대한 하나의 반응 — 이것이 엘리트에게 혁신을 부추긴다 — 으로 보면서도, 또한 경쟁심리적 행동을 새로운 유행의 도입에 대한 반응으로 제시한다. 실제로 허버트 블루머(Herbert Blumer)가 지적하듯이, "〔유행에 관한〕 대부분의 사회학적 설명은 유행이란 기본적으로 위세집단의 경쟁심리"[75] 라는 관념에 집중하고 있다. 이러한 사회학적 견해는 왜 지위경쟁이나 경쟁심리가 지속적인 새로움을 공급하는 기능을 하는 제도를 필요로 하는지에 관한 합당한 근거가 전혀 존재하지 않는다는 사실을 간과한다. 이런 식으로, 어떤 하나의 유행의 도입과 확산 — 모든 혁신과 마찬가지로, 이것은 분명 모방에 의해 촉진된다 — 이 근대 서구의 유행유형 전체에 대한 이해와 혼동되고 있다. 경험적 증거는 실제로 이러한 모델을 뒷받침해 주지 않는다. 그 이유는 우리가 살펴본 바처럼, 유행하는 혁신들이 결코 항상 사회엘리트에 의해 도입되는 것은 아니기 때문이다. 그러므로 근대의 유행과 사회적

---

74) 우리가 이미 살펴보았듯이, 유행의 혁신이 반드시 사회엘리트에 의해 도입되는 것이 아닌 것과 마찬가지로, 각종 증거들은 이 모델을 뒷받침해 주지 않는다.

75) *International Encyclopaedia of the Social Sciences*, David L. Sills (ed.), 1968, s.v. "Fashion", by Herbert G. Blumer, p. 342.

상위층을 따라잡고자 하는 욕망 모두가 어떻게 유사해 보이는 행위유형들을 조장하는 데 기여하는지를 파악할 수는 있지만(이 둘이 모방적인 행동으로 간주되는 한, 이것은 사실일 수밖에 없다), 그것들이 소비자의 만족할 줄 모르는 욕구를 생성시키기 위해 어떻게 상호작용하는지는 전혀 분명하지가 않다. 왜냐하면 '유행'이 (베블런의 경쟁심리이론과 결합할 때) 바로 그러한 욕구에 역동성을 공급하는 요소인 것으로 보이지만, 경쟁심리이론에 의거하지 않는 유행지향적 행동에 대한 적절한 설명은 전혀 존재하지 않기 때문이다. 근대 소비주의에 대한 인기 있는 이론은 여러 가지 결정적 요소들을 놓치고 있다.

제4장

전통적 쾌락주의와 근대적 쾌락주의

나에게 새로운 쾌락을 맛보게 해줄 수 있는 사람이라면 누구든지 천 개의 금 조각을 주겠다.

— 크세륵세스

들리는 멜로디도 감미롭지만, 들리지 않는 멜로디는 더 감미롭다.

— 키츠

앞서 전개한 논의를 통해 우리는 보다 적절한 근대 소비이론, 즉 개인들이 새로운 재화와 서비스와 관련하여 어떻게 규칙적으로 그리고 끊임없이 욕구목록을 개발해내는가 하는 중요한 문제를 다루는 이론이 절실히 필요하다는 것을 보여주었다. 기존 이론들은 이 문제에 초점을 맞추지 않는 경향이 있다. 왜냐하면 기존 이론들은 그것을 미디어에의 노출의 명백한 부산물 내지 경쟁심리적 욕망이라는 자극의 의심할 바 없는 결과로 간주하기 때문이다. 따라서 그 이론들은 당연시되는 욕구와 취향의 틀 내에서 이루어지는 제품선택의 합리성에 관심을 집중하곤 한다. 게다가 소비에 관한 사회과학자들의 논의는 소비를 신중하게 분석하기보다는 그것을 도덕적으로 다루는 경향이 있으며, 그로 인해 기존의 이론화가 이데올로기적 성격을 띤 주제 넘는 논평들에 의해 손상되고 있다. 이 두 가지 요인이 결합할 때, 근대 소비행동을 "비합리적이자 비난받을" 행동의 한 형태로 보는 견해가 나온다. 여기서 '비합리적'이라는 것은, 개별 소비자의 관점에서 볼 때 그러한 끊임없는 욕구하기(*wanting*)가 "동기를 가지지 않는다"는 것을 뜻한다. 왜냐하면 개별 소비자는 자신의 통제권 밖에 있는 힘에 의해 그러한 방식으로 행동하도록 강요받고 있기 때문이다. 그리고 '비난받을 만하다'라는 것은, 그러한 행위를 설명하기 위해 의지하는 인간본성 이미지가 그러한 개인을 부정적 측면에서 조명하기 때문이다. 이러한 견해는 정당한 것으로 인정받을 수 없다. 왜냐하면 행동이 '합리적인 것'으로 인식되지 않을 때, 거기에 사용된 의미구조를 파악하지 못한 책임은 사회과학자들에게 있고, 비난받아야 할 사람은 사회과학자이지 소비자가 아니기 때문이다. 그러므로 사회과학자들은 섣불리 자신의 편견을 내세우지 말고, 보다 적절한 근대 소비주의이론을 개발하는 데 좀더 주력해야 한다. 이것이 바로 우리가 앞으로 시도하고자 하는 것이다.

근대소비의 특징이 '사치성' 소비라는 데에는 일반적으로 널리 합의가 이루어져 있는 것으로 보인다. 사치라는 단어가 다양하게 정의되지만, 그 단어는 대체로 (비록 서로 연관이 있기는 하지만) 두 개의 서로 다른 함의를 지닌다. 첫째로, '사치'는 어떤 의미에서는 여분의 물건으로, 욕망하는 어떤 것을 계속해서 더 추가로 욕구하는 것을 뜻한다. 사실 이 용어에 대한 이 같은 정식화에서 중심을 이루는 것이 바로 '필요'(*need*) 개념과 '욕구'(*want*) 개념 간의 대비이다. 이는 좀바르트(Sombart)가 "사치는 필요한 것을 넘어서는 지출"[1]이라고 주장한 데서 분명하게 드러난다.[2] 좀바르트

---

1) Werner Sombart, *Luxury and Capitalism* (Ann Arbor: University of Michigan Press, 1967), p. 59.

2) 〔역주〕 좀바르트는 《사치와 자본주의》에서 여기에서 한걸음 더 나아가 사치를 양적 사치와 질적 사치로 구분하다. 양적 의미에서의 사치는 재화의 '낭비'와 같은 뜻으로, 하인이 한 명이면 '충분'한데도 100명을 고용하는 경우를 말한다. 반면 질적 의미에서의 사치는 보다 좋은 재화의 이용을 뜻하는 것으로, 여기서 파생하는 것이 사치품이다. 캠벨이 첫 번째 의미로 말하는 것이 양적 사치에 가깝다면, 두 번째 의미로 말하는 것은 다소 차이는 있지만 질적 사치에 가깝다. 부언하면, 좀바르트는 《사치와 자본주의》에서 사치란 남녀 간의

는 이처럼 구분하는 다른 논자들과 마찬가지로, 그런 구분은 절대적이 아니라 시간의 경과에 따라서는 물론 개인과 집단들 사이에서도 다양하게 나타난다고 인식했으며, 맥켄드릭이 18세기 영국 소비혁명을 어제의 사치품이 오늘의 필수품이 되는 과정[3] — 이러한 변화는 현대 광고산업의 주요한 목적으로 규명되어 왔다[4] — 으로 묘사한 것에 대해서도 동의했을 것으로 보인다.

'사치'라는 단어에서 발견되는 두 가지 의미 중 나중의 것은 감각적 또는 쾌락적 경험을 가리킨다. 여기서는 명사보다는 동사를 강조하고, 그리하여 대상보다는 활동을 강조한다. 혹자는 '사치품'을 '기본 필수품'에 대비시킬 수도 있다. 그러나 예컨대 온탕에서 '사치 부린다는 것'은 호화로운 감각적·쾌락적 경험과 평범하고 무미건조하고 유쾌하지 못한 경험을 대비시키고 있는 것이다. 누군가가 여러 사람들이 보는 앞에서 또는 좀더 은유적으로 표현하자면 뭇사람들의 찬사를 받으며 '사치를 부릴' 때에도, 이와 유사한 대비가 적용된다. 각각의 경우에서 공통된 특징은 어떤 경험이 갖는 쾌락적 차원을 향유한다는 것이다. 그런데 경제학자들은 사치개념이 갖는 이 같은 측면에 대해 관심을 회피하는 경향을 보여 왔다. 고전 저술가들 중에서는 좀바르트만이 유일하게 트릴링(Trilling)[5] 이 '쾌락-감각-

---

사랑(특히 비합법적 사랑)과 관련된 육욕적 소비행위이며, 이러한 감각적인 소비풍조가 사회 전체에 만연되어 서구사회에 자본주의라는 경제체계를 탄생시켰다고 파악한다.

3) Neil McKendrick, John Brewer, and J. H. Plumb, *The Birth of a Consumer Society: The Commercialization of Eighteenth-Century England* (London: Europa Publications), p. 98.

4) Otis Pease, *The Responsibilities of American Advertising: Private Control and Public Influence, 1920~1940* (New York: Arno Press), p. 22를 보라.

5) 〔역주〕 리오넬 트릴링(Lionel Trilling, 1905~75)은 미국의 평론가이다. 그의 평전 《매튜 아놀드》(*Matthew Arnold*, 1939)는 프로이트 심리학을 공적 인물과 저작의 분석에 활용한 선구적 저작으로 평가받고 있으며, 그의 평론집 《자유로운 상상력》(*The Liberal Imagination*, 1950), 《문화를 넘어서》(*Beyond Culture*, 1965) 등은 사회적·심리적·정치적 통찰력을 문학비평과

사치의 복합체'(*pleasure-sensuality-luxury complex*)[6] 라고 부른 것을 명료하게 해명했으며, '사치에 대한 애착'은 '기본적으로' '순수한 감각적 쾌락'에서 나온다고 인식했다.[7] 스치토프스키(Scitovsky)[8] 는 이 같은 사유노선을 추구한 현대의 유일한 경제학자였다.[9] 이런 관점에서 보면, 생필품은 그저 생존유지 ―'안락'(*comfort*) 이라는 단어로 가장 잘 묘사되는 상태―에 필요한 것인 반면, 사치품은 쾌락을 위한 수단이다. 이런 점에서, 필요와 욕구 간의 원초적 대비는 불안을 줄이기 위한 활동과 쾌락을 가져다주는 활동 간의 차이와 연관지울 수 있다. 그리고 비록 누군가가 이들 활동이 동일한 범주라고 주장할 수는 있을지라도, 그런 주장은 설득력이 없다.[10]

결합시킨 것으로 유명하다. 그는 《문화를 넘어서》에 재수록된 글 "쾌락의 운명"에서 좀바르트가 묘사하고 있는 현상을 "쾌락-감각-사치의 복합체"라고 표현하고, 그것이 캠벨이 이 장의 제사(題詞) 로 인용한 시인 키츠(Keatz) 의 '사랑의 구조'를 형성하고 있다고 지적한다.

6) Lionel Trilling, "The Fate of Pleasure: Wordsworth to Dostoevsky", *Partisan Review*, 30 (Summer 1963) 73~106, reproduced in Lionel Trilling, *Beyond Culture: Essays on Literature and Learning* (Oxford: Oxford University Press, 1980) p. 56.

7) Sombart, *Luxury and Capitalism*, p. 61.

8) 〔역주〕 티보르 스치토프스키(Tibor Scitovsky, 1910~2002) 는 헝가리 출신의 미국 이론경제학자이다. 그는 초기에는 케인스혁명을 신봉하는 후생경제학자로, 《복지와 경쟁》(*Welfare and Competition*, 1951) 이라는 저작을 통해 명성을 획득했다. 1960년경부터 그는 고전경제학의 전통에 도전하며, 인간의 진보는 양적으로뿐만 아니라 질적으로 측정되어야만 한다고 주장했다. 바로 이 같은 소비의 질적 측면을 '즐거움'과 연관시켜 기술한 저작이 바로 여기서 캠벨이 인용하고 있는 《즐거움이 없는 경제》이다. 이 책에서 스치토프스키는 경제적 행위는 문화적인 것으로, 소비유형은 수입의 양에 기반하는 것이 아니라 사람들에게 중요한 것에 기반한다는 점을 보여준다.

9) Tibor Scitovsky, *The Joyless Economy: An Enquiry into Human Satisfaction and Consumer Dissatisfaction* (New York: Oxford University Press, 1976).

10) 다만 경험의 한 측면과 한 부류의 대상을 등치시키는 논리적 난점 때문이기는

사치개념에 대한 이 같은 해석은 소비이론 및 소비행동이론에서 전혀 두드러지게 부각되지 않고 있다. 왜냐하면 일반적으로 쾌락추구가 기존의 공리주의적 틀 속에 융합될 수 있다고 가정되기 때문이다.[11] 하지만 일단 쾌락과 효용이 인간행동의 서로 대비되는 측면들과 관련되는 아주 상이한 개념이라는 것을 인식하자마자, 공리주의적 사고의 틀보다는 쾌락주의적 사고의 틀에 입각한 소비행동이론을 발전시킬 수 있는 길이 열린다. 이 둘을 등치시키는 오류는 벤담(Bentham)의 부주의한 초기 정식화에서 유래하는 것으로 보인다.[12] 거기서 벤담은 효용을 "혜택이나 이익, 쾌락, 선

하지만.

11) 물론 프로이트의 저작에서 유래하는 사유전통은 분명한 예외에 해당한다. 하지만 여기서 제시한 쾌락주의적 행위이론은 '쾌락주의적'이라고 이름 붙여져 왔으나 실제로는 성격상 본능주의 내지는 행동주의 이론들과는 별 공통점이 없다는 것을 분명히 해 두고자 한다. 쾌락을 인간행동의 근저에 깔려 있는 주요 보편적 동기들을 추동하는 힘의 일종으로 보는 견해는 분명하게 기각되어야 한다. 모든 행동이 쾌락주의적이라는 가정을 전적으로 따르지 않고서도, 인간은 자주 지루함보다는 즐거움을 택한다고 가정할 수 있다. 동기는 사회적 구성물이지 심리적 또는 생리적 성향이 아니다. 따라서 결정적인 문제는 '쾌락'이 인간행위의 자의식적이고 의도적인 목적이 되는 상황과 관련된다. 여기서 채택하고 있는 입장은, (비록 인간이 공통적으로 즐거운 것으로 경험하는 행위들이 존재할 수 있지만) '본래부터' 불유쾌한 활동은 전혀 존재하지 않으며, 따라서 쾌락주의적 행위란 쾌락이 의도적이고 자의식적인 목적 — 이것이 취하는 형태는 '취향'이라는 중요한 문화적 개념에 의해 결정된다 — 으로 추구되는 행동을 일컫는다는 것이다.

12) 〔역주〕 벤담의 공리주의 윤리학에서 행위의 기준이 되는 것은 '최대 다수의 최대 행복'이다. 따라서 벤담의 쾌락주의는 소박한 쾌락주의를 넘어 사회 전체의 쾌락 내지 행복을 도모했다는 점에서 사회적 쾌락주의라고도 평가된다. 이러한 벤담의 공리주의에서 가장 중요한 원리를 이루는 것은 "쾌락이나 행복을 낳는 것은 선이고, 고통 또는 불행을 낳는 것은 악이다"라는 명제이다. 하지만 동시에 그에게서 효용의 원리(*principle of utility*)는 "어떤 행위든 그것이 쾌락이나 행복을 증가시키는 경향을 가지고 있는가 아니면 … 감소시키는 경향을 가지고 있는가에 따라 용인하거나 부인하는 원리"를 의미한다. 따라서 결국 벤담의 공리주의에서는 전자의 원리가 후자의 원리에 포섭되며, 쾌락은 효용을 위한 것이 되고 만다.

(善), 행복을 가져다주는 속성"13) 을 가지는 것으로 묘사한다. 하지만 벤담이 언급한 이들 용어는 아주 다른 개념들이기 때문에(또는 적어도 세 번째 것은 앞의 두 가지 것과 등치될 수 없기 때문에), 공리주의가 계속해서 발전하기 위해서는 이 목록에서 몇 가지를 선택할 것이 요구되었고, 종국에는 '선한 것'과 '필요한 것' — 인간욕구 충족시키는 데 기여하는 것 — 을 동일시하게 되어, 그 결과 쾌락개념은 대체로 무시되고 만다.14) 윤리이론에서 쾌락개념과 필요개념이 갖는 중요성 문제를 제쳐두면, 여기서 강조하고 있는 핵심적 논점은 사회학적으로 말해 그 개념들이 서로 대조되는 행위양식과 연루되어 있다는 것이다. 다시 말해, 행위가 '필요의 충족'을 지향한다고 가정하는 인간동기모델은, 쾌락추구지향을 그 공리로 취하는 (그러면서도 그것을 눈에 띄게 다른 것으로 환원하지 않는) 모델과는 다른 가정을 취해야만 한다.

---

13) Jeremy Bentham, "An Introduction to the Principles of Morals and Legislation", in Jeremy Bentham and John Stuart Mill, *The Utilitarians*, 1823 edn (New York: Doubleday, Dolphin Books, 1961), p. 15.

14) 이 같은 논의가 시사하듯이, 공리주의사상 내에는 쾌락개념과 관련하여 무언가 매우 모호한 점이 있어 보인다. 한편으로는 쾌락개념을 효용개념에 통합시키려는 경향이 있는가 하면, 다른 한편으로는 쾌락을 '사치'로 보고, 그리하여 '불필요한' 것으로 보려는 경향도 존재한다. 인간이 쾌락의 '욕구'를 가지고 있다고 말할 수 있는지에 대해서는 결단을 내리기가 어렵다. 감각박탈실험(*sensory deprivation experiment*)*들은 자극에 대한 욕구가 존재한다고 시사하지만, 쾌락 그 자체를 위한 욕구를 입증하기는 어려울 것으로 보인다.

*〔역주〕 감각박탈실험은 하나 이상의 감각을 의도적으로 축소하거나 제거하고 난 후 그 반응을 살피는 것을 말한다. 캐나다 맥길대학에서 사람에 대해 실시한 실험에서는, 피시험자에게 소리, 빛, 촉감 등 일상의 자극을 며칠 동안 차단할 경우, 사람들은 고통을 느끼고 무엇인가 자극을 구하는 욕구가 생기며, 결국에는 정상적인 사고활동도 할 수 없게 되어 환각 같은 이상한 체험이 생긴다는 것을 발견한 바 있다.

쾌락주의적 행동이론

이 같은 대비에서 중심을 이루는 것은 필요 및 만족을 한편으로 하는 개념과 욕망 및 쾌락을 다른 한편으로 하는 개념 간의 의미상의 차이이다. 전자는 원래의 균형상태를 회복하기 위한 행위를 낳은 어떤 상태 및 그것의 동요와 연관되어 있다. 그러므로 필요의 상태는 결핍의 상태이다. 결핍상태는 사람들이 특정의 생존조건을 유지하는 데 필요한 것을 결여한 상태로, 사람들이 이를 깨달을 경우, 그것은 사람들로 하여금 그 결핍상태를 개선할 수 있는 무엇인가를 찾기 위해 그 환경 속에서 탐색활동을 하게 한다. 허기를 느껴 먹을거리 찾는 것이 이 모델의 보기이다. 이와는 대조적으로, 쾌락은 존재의 상태가 아니라 경험의 성질이다. 쾌락이 그 자체로 감각의 한 형태인 것은 아니지만, 쾌락은 특정 유형의 감각에 대한 우리의 좋은 반응을 식별하는 데 사용되는 용어이다.[15] 욕망은 그 같은 유형의 감각을 경험하고자 하는 동기성향을 지칭할 때 사용되는 용어이다. 그리고 욕망은 주로 우리가 알고 있는 쾌락의 원천이 환경 속에 존재할 때 촉발된다. 장래의 배우자감을 만나 성적 행동을 시작하는 것이 이 모델의 보기이다. 우리는 이로부터 만족추구와 쾌락추구가 기본적으로 아주 다른 종류의 활동이라는 점을 알 수 있다. 전자는 교란된 균형을 회복하기 위해 행동하도록 내부로부터 '밀고 나오는' 과정을 함축한다면, 후자는 더 큰 자극을 경험하기 위해 외부에서 '끌어당기는' 과정을 함의한다.[16]

그런데 혹자는 쾌락추구는 단지 만족추구의 한 형태라고 주장할 수도 있다. 이 경우 쾌락은 누군가가 결여하고 있다고 느끼는 상품이며, 따라서 누군가가 추구하는 것은 쾌락이 가져다주는 '만족'이다. 마찬가지로 혹자

15) 이런 견해를 뒷받침하는 것으로는 Gilbert Ryle, *Dilemmas* (Cambridge: Cambridge University Press, 1954), pp. 54~67을 보라.

16) 물론 성적 행동을 욕구가 '밀고 나오는' 것으로 묘사할 수 있는 반면, 배고픔은 음식과의 접촉을 통해 자극받을 수도 있다. 이들 사례는 단지 해당 동기에 의해 추동된 행동과 관련하여 이상형적 모델을 예시하기 위해 선택한 것일 뿐이다.

는 만족추구는 단지 쾌락추구의 한 형태라고 주장할 수도 있다. 이 경우 만족은 우리가 쾌락의 경험이 낳은 상태에 부여하는 명칭이다. 이 두 단어가 갖는 이 같은 묘한 의미들이 흥미롭게도 이 두 개념이 서로 가까운 것처럼 보이게 하지만, 그 둘 간에는 여전히 차이가 있다는 것은 분명하다. 왜냐하면 하나는 존재의 상태를 강조하고 다른 하나는 경험의 성질을 강조하며, 비록 이 둘이 서로 연관되어 있기는 하지만 그것을 직접적으로 등치시킬 수는 없기 때문이다. 그 결과, 만족을 지향하는 행동과 쾌락을 지향하는 행동은 필연적으로 상이한 형태를 취하는 경향이 있으며, 개인들로 하여금 자신들의 환경이 갖는 서로 대조되는 측면들에 주목하게 한다.

대상은 효용 — 또는 만족을 제공하는 능력 — 을 가지고 있다. 이런 의미에서 볼 때, 효용은 실제 사물에 내재하는 속성이다. 즉 음식은 배고픔을 달래 주고, 옷은 따뜻함을 제공하고, 집은 보금자리를 제공하고, 사람들은 호의를 베푼다. 다른 한편, 쾌락은 어떤 대상의 내재적 속성이 아니라, 인간이 특정한 자극을 받았을 때 통상적으로 드러내는 반응의 한 유형이다. 쾌락은 자극의 한 속성이 아니라, 자극에 대해 특정한 방식으로 반응하는 능력을 말한다. 따라서 만족을 추구하는 것은 실제 대상이 갖는 효용의 정도와 종류를 발견하기 위해 그 대상에 관여하는 것인 반면, 쾌락을 추구하는 것은 특정한 자극이 자신 내부에 바람직한 반응을 촉발하기를 기대하며 그 자극에 스스로를 노출하는 것이다. 그러므로 대상이 갖는 만족의 잠재성을 발견하기 위해서는 사람들이 일반적으로 어떤 대상을 활용해 볼 필요가 있는 반면, 쾌락을 경험하기 위해서는 사람들이 감각을 이용하기만 하면 된다. 그리고 더 나아가 한 대상의 효용은 그 대상이 무엇인가에 의존하는 반면, 한 대상이 쾌락에 대해 갖는 의미는 그 대상이 무엇일 수 있는가와 함수관계에 있다. 따라서 오직 현실만이 만족을 제공할 수 있는 반면, 환상과 미혹 모두는 쾌락을 제공한다.

이는 먹기라는 단순한 사례를 통해 살펴볼 수 있다. 왜냐하면 사람들은 한편으로는 주로 음식의 효용과 그것이 결핍상태를 치유하는 기능에 관심을 가지는 반면, 다른 한편으로 먹는 활동에서 얻어지는 쾌락 — 주로 (비록 전적으로는 아니지만) 맛과 냄새가 가져다주는 쾌락 — 에 주의를 기울이기도 하기 때문이다. 그중 하나의 관심이 다른 관심을 수반할 필요도 없다. 왜냐하면 영양가가 아주 높은 물질이 매우 불쾌한 경험을 가져다주는가 하면, (사카린 같이) 즐거움을 가져다주는 물질이 열량이나 영양가가 전혀 없을 수도 있기 때문이다. 게다가 스테이크 냄새나 포도주 향의 경우처럼 음식과 음료는 섭취하지 않고도 감각을 통해 쾌락을 가져다줄 수도 있는 반면, 신체가 필요로 하는 영양분이 혀의 미각기관을 전혀 거치지 않고 직접 주사를 통해 주입될 수도 있다.

이 사례는 만족의 상태와 어떤 것을 즐거운 것으로 경험하는 것 간의 결정적인 차이에 주목하게 한다. 이 중 후자는 우리가 그것에 주의를 기울이는 것과 분리될 수 없다. 따라서 부지중에 있는 어떤 사람이 '만족'상태에 있는지를 묻는 것은 사리에 맞지 않는 일이 아니지만, 그가 쾌락을 경험하고 있는지를 묻는 것은 어리석어 보인다. 감각으로부터 쾌락을 이끌어내기 위해서는 그 감각을 의식하는 것이 필요하다. 왜냐하면 '쾌락'은 실제로 경험한 사람이 내리는 판단이기 때문이다. 길버트 라일(Gilbert Ryle)이 진술하듯이,

> 어떤 사람이 음악에 전혀 주의를 기울이지 않은 채 음악을 즐긴다거나 친구와 다투느라 여념이 없는 상태에서 바람과 진눈깨비에 질색한다는 것은 심리적으로가 아니라 논리적으로는 불가능하다. 누군가가 멍한 상태에서 어떤 것을 즐긴다거나 싫어한다고 묘사하는 것은 일종의 모순이다.[17]

다른 한편, 만족은 행위의 결과를 지칭하는 명칭으로, 그것은 원리상 누구나 접근할 수 있는 것이다. 다른 사람들이 우리가 '즐거운' 어떤 것을 발견하게 될 것이라고 우리를 확신시키기보다는 우리가 '만족스런' 어떤 것을 실제로 발견하게 될 것이라고 우리를 확신시키는 경우가 더 흔한 것은 바

17) Ryle, *Dilemmas*, pp. 58~9.

로 이러한 이유에서이다.

물론 이것이 일군의 사람들이 하나의 자극을 공히 즐거운 것으로 판단할 수 있다거나 개인들이 서로가 좋아하는 것과 싫어하는 것을 예측할 수 없을 수도 있다는 점을 배제하지는 않는다. 하지만 그 같은 공통의 판단은 취향을 공유한다는 사실에 결정적으로 의존한다. 그리고 그러한 사실은 다른 사람의 가치, 신념, 태도 그리고 심지어는 어쩌면 마음가짐에 대한 폭넓은 지식에 의해 뒷받침된다. 달리 말하자면, 다른 누군가의 쾌락경험에 관해 정확한 판단을 내릴 수 있기 위해서는 고도의 지식과 동감적 일체감이 요구된다. 이것은 만족의 경우에는 훨씬 덜하다. 혹자가 말하듯이, 만족은 고도의 상호주관적 타당성을 가질 수 있다. 왜냐하면 결핍은 '불쾌함'에 비해서는 일정 정도 관찰가능하기 때문이다.

대체로 안락추구적 행동은 특정한 필요에 대한 인식에 의해 촉발되고, 따라서 그것이 추구하는 만족상태는 매우 특수한 형태를 띤다. 그리하여 다른 대상들 역시 '효용'을 가지고는 있지만, 만족을 제공할 능력은 지니지 못한다. 이를테면 옷은 배고픔의 고통을 제거해주지는 않으며, 음식은 추위를 막아주지 못한다. 다른 한편 쾌락추구는 그 성격상 이 같은 형태를 띠지 않는다. 왜냐하면 비록 몇몇 '쾌락'이 다른 쾌락들보다 선호될 수도 있지만, 그러한 성질을 일련의 광범위한 경험 속에서 발견할 수 있으며, 그리하여 그런 경험은 상당한 정도로 서로 대체가능하기 때문이다. 예컨대 해변에서 일광욕을 하면서 얻고자 했던 쾌락의 욕망이 나쁜 날씨로 인해 좌절되더라도, 우리는 유원지나 게임장에서 다른 즐거움을 찾을 수 있다. 즉 우리의 쾌락추구를 제약하는 요인은 우리의 환경보다는 우리의 '취향' 속에 더 많이 자리하고 있다.

쾌락은 감각능력에서 나오는 것으로 보이기도 한다. 감각은 자극으로 작용하고, 그리하여 우리 내부에 '흥분'상태를 유발한다. 따라서 쾌락을 가져다주는 것과 가장 직접적으로 관련되는 것은 감각의 실체적 속성이 아니라, 그것이 갖는 자극으로서의 잠재성이다. 하지만 하나의 자극은 기존의 감각경험에 기초하여 감각기관이 감지하는 어떤 것으로서, 단지 맥락적으로만 확인될 수 (그리고 실제로 규정될 수) 있는 것이기 때문에, 계속적인 자극은 지속적으로 변화될 필요가 있다. 어떤 특정 자극이 만약 변하지 않는다면, 그것은 곧 자극이기를 그만두고, 따라서 (음량이나 가락이 변화 없이 무한히 이어지는 음악의 단조로운 선율처럼) 쾌락을 가져다줄 수가 없다. 그러므로 쾌락을 낳는 것은 감각에 내재하는 어떤 것이기보다는 감지되는 감각의 변화이다. 그리고 전혀 변하지 않는 환경이 만족을 가져다줄 수는 있어도, 그것이 쾌락으로 경험될 수는 없다. 각종 활동에서 파생된 감각으로부터 반복적으로 쾌락을 경험할 수 있는 능력이 그 활동에 너무 자주 노출되거나 너무 장기간 노출될 때 위협을 받게 되는 것도 바로 이것에서 연유한다. 이런 점에서, 쾌락의 경험은 이전의 경험과 함수관계에 있다. 하지만 대상이 필요를 만족시킬 수 있는 능력은, 그 대상이 지금껏 제공한 일반적 용도, 그리고 그리하여 그 대상이 여전히 지니고 있는 효용의 정도와 함수관계에 있다. 그러므로 어떤 상황이 갖는 쾌락잠재성은 결정적으로 그것이 과거경험과 관련하여 가지는 자극능력과 함수관계에 있는 반면, 그것의 만족잠재성은 문제의 대상이 일반적으로 '사용되어' 온 정도와 함수관계에 있다.

고통과 쾌락은 이 같은 대안적인 합목적적 인간행동 모델들과 서로 대조적인 방식으로 연루되어 있다. 〔하지만 —역자첨가〕 그것들은 실제로 정반대의 것이 아니기 때문에, 벤담식으로 마치 그것들이 행위동기의 양쪽 끝이기나 한 것처럼[18] 그것들을 다룰 수는 없다. 고통은 하나의 감각으로, 그 자체로 인지되고 기술될 수 있다. 즉 우리는 고통을 '아프다'거나 '욱신욱신 쑤신다'거나 또는 '얼얼하다'는 식으로, 그리고 머리가 아프다거나 다리가 아프다는 식으로 지적할 수 있다. 반면 쾌락은 개인적 감각이라기보다는 어떤 경험의 성질이다. 그리고 쾌락의 위치를 지시하고 묘사하라는 요구를 받으면, 우리는 통상적으로 그 경험의 속성을 상세히 설명하

---

18) 〔역주〕 "인간의 모든 행동은 고통의 회피 또는 쾌락의 획득을 목적으로 한다"는 벤담의 말은 이를 아주 잘 보여준다.

는 것으로 답변할 수밖에 없다. 우리는 분명 발이 즐겁다고 말한다거나, 길버트 라일이 지적하듯이 서로 다른 '감각적' 성질에 따라 쾌락을 분류하는 습관을 가지고 있지 않다.[19]

사실 고통은 배고픔의 '고통'처럼 현재의 또는 곧 다가올 욕구를 우리에게 알려주는 기능을 하는 감각들 중에서 가장 일반적인 감각이다. 그 결과 고통은 만족추구형 인간행동모델에서 하나의 중요한 요소이다. 이 모델은 인간행동은 일차적으로 고통과 불안을 피할 필요성에 의해 '추동된다'고 아주 정확하게 말한다. 욕구의 경감 또한 통상적으로 즐거운 경험이라는 사실 때문에, 고통으로부터 벗어나는 것과 쾌락을 추구하는 것은 종종 혼동되기도 한다. 하지만 쾌락추구가 행위의 (부차적 부수물이기보다는) 일차적 동기인 곳에서는, 주의를 요구하는 어떤 절박한 요구가 존재하지 않을 가능성이 크며, 따라서 피해야 할 어떤 '고통'도 존재하지 않는다. 그와는 반대로, 쾌락주의자가 최우선시하는 욕망은 자극적인 경험이며, 고통 자체는 그런 쾌락적인 흥분을 가져다주는 매우 효과적인 수단일 수 있다.

앞서 지적했듯이, 고립되거나 변함없는 자극은 즐거운 것으로 경험되지 않을 가능성이 크다. 하지만 그것은 고통스러울 수는 있다. 따라서 쾌락은 특정 유형의 자극으로부터 그리고 보다 일반적으로는 일련의 자극들로부터 발생하는 것으로 보인다. 이런 의미에서 쾌락은 연속적인 자극과정과 함수관계에 있다. 다른 한편, 고통은 주로 자극의 강도와 관련된 것으로 보이며, 일단 자극이 발생하면 고통은 특정한 자극역에 도달한다. 이것이 바로 '하나의' 쾌락은 일반적으로 완전한 활동을 의미하는 반면, '하나의' 고통은 그 성격상 개인의 감각을 지칭하는 주요한 이유인 것으로 보인다. 게다가 이것은 쾌락이 고통보다 훨씬 덜 국부적이라는 사실을 설명하기도 한다. 왜냐하면 쾌락의 자극은 일반적으로 더 넓은 영역의 감각기관들을 통해 들어오기 때문이다. 또한 성적 행동의 본성이나 운동과 마사지의 즐

---

19) Ibid. 여기서 제기된 몇몇 쟁점에 관한 보다 진전된 논의로는 David L. Perry, *The Concept of Pleasure* (The Hague: Mouton, 1967)를 보라.

거움이 암시하듯이, 쾌락을 가져다주는 유형들에는 무언가 본질적으로 리듬이 있고 파도와 같은 것이 존재하는 듯이 보이기도 한다.[20] 따라서 쾌락은 개별 자극이라는 음표들로 이루어진 선율인 것처럼 보이는 반면, 고통은 과도한 음량을 지닌 하나 또는 그 이상의 음표인 것처럼 보인다. 안락함은 아주 시끄러운 소음에 노출되지 않은 상태인 반면, 지루함은 전혀 운율이 맞지 않는 자극을 경험하는 데서 나온다. 만약 이것이 실제로 적절한 은유라면, 어떤 사람들이 자신들이 좋아하는 선율 속에서 '파열음'을 감식하는 능력을 개발하는 것은 놀랄 일이 아니다.[21]

마지막으로, 이 논의의 주요 결론을 다시 한 번 더 말하자면, 비록 많은 인간활동이 만족과 쾌락 모두를 가져다주는 종류의 활동이기는 하지만, 만족과 쾌락이 개인과 환경이 맺는 관계의 상이한 측면들에서 나온다는 사실은, 그 지향에 있어 근본적인 선택이 존재한다는 것을 의미한다. 먹기를 예로 들어보면, 즐거움에 관심을 가질 경우에는, 새로운 자극을 경험하기 위해 처음 먹어보는 음식이나 색다른 코스요리를 시식하는 데 주의를 기울일 것이다. 반면 만족에 관심을 가질 경우에는, 먹는 양이나 모든 신체적 '욕구'가 완전하게 채워지는 시점에 주의를 기울일 것이다. 각각의 지향은 하나의 경험의 성질이지만 그로 인해 초래되는 상태에 주의를 집중함으로써 서로 다른 지향을 배제한다.

만족의 극대화를 지향하는 행위와 쾌락의 극대화를 지향하는 행위 사이에서의 이 같은 선택은, 특히 결핍의 경험이나 그것의 위협에서 좀처럼 벗어나지 못하는 사람들에게서는 분명하게 드러나지 않을 것이다. 그 이유

20) 환희나 희열은 즐거움을 주는 유형의 자극에 오랫동안 노출시킴으로써 계획적으로 만들어낸, 전신을 통해 경험되는 쾌락상태로 간주하는 것이 가장 좋을 듯하다.

21) 만약 우리가 쾌락을 인식하게 해주는 것이 실제로 유형화된 자극의 속성인 반면, 고통을 가져다주는 것이 자극의 강도라면, 이것이 바로 인식이 후자보다 전자와 관련하여 더 중요한 역할을 하는 이유일 수 있다. 즉 보다 적극적인 식별과정이 수반되는 곳에서 고통의 자극은 쾌락의 자극과는 전혀 다른 방식으로 우리의 주의를 끌 것 같다.

는 욕구의 불안을 감소시켜 주는 활동이 또한 쾌락을 가져다주기 때문이다. 그러므로 그런 사람들은 이들 목표 중 하나를 선택할 필요가 전혀 없다. 왜냐하면 그들은 단지 자신들의 욕구를 충족시키는 데 집중함으로써, 자연스럽게 즐거움을 누리게 될 것이기 때문이다. 따라서 음식물을 먹는 것이 배고픈 사람에게 가져다주는 쾌락이 실제로 허기상태를 벗어나고자 한 그의 노력의 부산물일지라도, 그것은 그가 겪은 경험의 실질적이고 본질적인 부분이다. 하지만 그 같은 욕구의 충족이 규칙적이고 또 보장되어 있을 때, 그리고 결핍과 관련된 불안이 더 이상 일상적으로 경험되지 않을 때, 그러한 불안의 제거와 동반하는 쾌락도 역시 사라진다. 예컨대 근대인은 규칙적으로 충분한 양의 식사를 하기 때문에, 진짜 배고픔이나 그러한 상태에서 먹기가 가져다주는 쾌락의 강도를 거의 경험하지 않는다.[22]

이런 측면에서 볼 때, 한 개인이 항구적으로 완전한 만족상태를 경험할 경우, 그는 또한 쾌락을 박탈당할 수도 있다는 점을 인식하는 것이 매우 중요하다. 따라서 욕구의 감소 속에서 쾌락을 얻기 이전에, 당연히 욕구와 연관된 불안을 조성할 필요가 있다. 실제로 욕구경험의 소멸은 강력한 자극으로부터 자연스럽게 우러나오는 자극을 제거하고, 따라서 강렬한 쾌락의 가능성을 제거한다. 이와 같이 결핍의 불안과 욕구가 모두 개인의 일상생활의 중요한 부분을 이루는 한에서는, 만족에 더 우위를 부여해야 하는가 아니면 쾌락에 더 우위를 부여해야 하는가 하는 딜레마는 존재하지 않는다. 이 문제를 도마 위에 올려놓는 것이 바로 '풍요'의 도래이다.[23]

---

22) Scitovsky, *The Joyless Economy*, pp. 63~4를 보라.

23) 앞에서 기각한 '욕구의 위계' 관점(pp. 91~92를 보라)이 여기서 일단 기본적 욕구가 충족되자마자 쾌락추구가 인간사에서 그 자체로 하나의 명시적 목적으로 등장한다는 주장을 통해 수정된 형태로 부활하고 있는 것으로 생각될 수도 있다. 하지만 그 어떤 생물학적 또는 심리학적 쾌락추구 '욕구'도 상정되어 있지 않다는 사실은 차치하더라도, 여기서 개관한 것은 쾌락의 상실을 기본적 욕구를 충족시키기 위해 취해진 활동의 결과로 경험하는 과정이다. 따라서 체계적인 쾌락추구의 출현은 보완을 위한 혁신으로 이해할 수 있으며, 미리 설정된 선천적 욕구 '위계'와 관련해서도 아무 것도 함의하지 않는다.

전통적 쾌락주의

그러므로 역사적으로 볼 때, 문명이 시작되고 또 이 딜레마를 처음으로 경험하게 된 것은, 바로 잉여식량을 항구적으로 충분히 효율적으로 공급할 수 있을 정도로 경제가 발전하면서부터이다. 권력과 부(富)라는 특권을 누리던 소수의 엘리트들에게는 규칙적인 욕구충족이 보장되었고, 그 결과 그들은 자신들의 삶의 과정 속에서 쾌락의 상실을 경험했다. 그 다음으로 쾌락은 실제로 인기 있는 중요한 희소상품이 되었고, 그리하여 처음으로 쾌락추구는 그저 다른 목적을 추구하는 행위의 부산물로 평가받기보다는, 그 자체로 명확하게 규정된 독자적인 행위목표의 특성을 지니게 되었다.[24]

만족이 보장된 결과 자연스럽게 쾌락이 상실되자, 전통적 쾌락주의자가 초기에 취한 대응방식은 욕구-만족 경험의 주기를 인위적으로 재창출하고자 하는 것이었다. 예컨대 로마인들은 포식상태를 넘어서까지 계속해서 먹는 쾌락을 즐기기 위해 일부러 자신들을 화나게 만들기도 했다. 이차적 쾌락상태를 반복하기 위한 그 같은 시도와 함께, 식도락가들도 자신의 즐거움을 증대시키기 위해 대응책을 개발했다. 그중에는 식욕의 자극적 충격을 극대화하기 위해 식욕과 연관된 감각을 교묘하게 조작하는 방법도 있었다. 그리고 요리사와 첩이 행했던 것과 같은 '술책'이 개발된 것도 바로 이 같은 맥락에서였다. 하지만 이런 조작은 관례적으로 '쾌락'으로 알려진 활동에 국한되었으며, 실제의 자극을 고의적으로 변형시키는 것을 특징으로 했다.

이 과정의 결정적 특징은 그것에 내재하는 전제주의(*despotism*)로 나아가는 경향이다. 아직까지 쾌락은 주관적으로만 평가될 수 있으며, 환경 속의 대상이나 사건들로부터 야기되는 감각과 함수관계에 있기 때문에, 쾌

24) 우리는 부수적으로 경험한 쾌락을 '이차적' 쾌락이라고 부를 수 있다. 쾌락이 행동의 일차적 목적일 경우, 우리는 그 행동이 '일차적' 쾌락을 지향한다고 말할 수 있다.

락추구자는 당연히 자신을 둘러싸고 있는 모든 것을 더욱더 통제하는 방향으로 가려 한다. 그 같은 통제는 단지 다른 사람들을 자신의 뜻에 확실하게 복속시키는 문제일 뿐만 아니라, 더 나아가 지속적인 조정을 통해 오랫동안 지속된 쾌락을 보장하기 위해 감각의 모든 원천을 완전히 장악하는 문제이기도 하다. 하지만 가장 유력한 개인들조차도 다음과 같은 경우에는 돌이킬 수 없는 좌절을 경험할 것이다. 즉 일부 자극이 "범위를 벗어나"면서 일부 행위가 그들이 예견한 종류의 자극력을 가지지 못할 때나, 자신의 주인을 즐겁게 해주려는 사람들이 주인의 취향 및 분위기의 변화를 성공적으로 예견할 수 없을 때 그러할 것이다.

그럼에도 불구하고 군주는 자신이 경험하는 자극들을 선별하여 조작하기 위해 다른 사람들에게 자신의 상당한 권력을 이용하려 들 것이다. 그렇게 하는 가장 알기 쉬운 방법이 욕구에 상응하는 만족을 산출하기 위해 사용하는 수단들을 다양화하는 것이다. 이를테면 자신의 식탁을 갖가지 방식으로 조리된 온갖 이국적인 음식들로 채우고, 다양한 와인을 곁들이게 한다. 더 나아가 온갖 여흥꾼들이 갖가지 방식으로 군주의 쇠약해진 감각을 자극하기 위해 노력하는 동안, 후궁들로 하여금 성적 욕구를 다양한 방식으로 충족시키게 한다. 이 중 전자는 쾌락적 자극은 '식욕'의 경우에서처럼 비단 미각, 후각, 촉각과 같은 '접촉'감각을 통해서 뿐 아니라 시각과 청각과 같은 '거리'감각을 통해서도 경험될 수 있다는 것을 보여준다. 물론 각종 예술의 쾌락이 발전되는 것도 바로 이 전자의 맥락에서이다. 끝으로, 군주는 사냥이나 심지어 전쟁과 같이 그 자체로 직접적인 자극을 가하는 정력적인 활동을 몸소 행함으로써, 자신의 쾌락적인 경험을 확대하고자 시도하기도 한다. 하지만 쾌락에 이르는 이들 경로 각각은 쾌락주의적 행위가 한층 더 합리화되는 것을 가로막는 심각한 제약들을 포함하고 있다.

식욕을 충족시키는 수단을 조작함으로써 얻게 되는 쾌락은 인간의 몇 안 되는 접촉감각과 그것들이 분별할 수 있는 제한된 감각범위에 의해 크게 제한된다. 예컨대 미각은 짜고 달고 쓰고 신 네 가지 범주만을 구분할 수 있다(후각의 경우도 역시 제한적이다). 제법 권력을 가진 인물이라도 분명 그러한 것들이 가져다주는 새로운 자극적 쾌락의 잠재력을 곧 소모하고 말 것이다. 이에 비해, 시각과 청각과 같은 비식욕적인 거리감각은 훨씬 더 세분할 수 있고, 따라서 그것이 제공할 수 있는 쾌락적 자극의 가능성은 훨씬 더 많다. 이는 과거 및 현재의 문화에서 드러나는 매우 광범위한 예술양식들에서 잘 예시된다. 불행하게도 이 같은 분별능력의 증가는 자각능력의 커다란 감소와 관련이 있으며, 따라서 청각적 자극과 시각적 자극은 미각과 촉각을 통해 매개되는 신체적 흥분능력과 같은 어떤 것을 그 자체로는 가지지 못한다.

따라서 비록 마술사나 곡예사나 무희, 심지어는 운동경기나 검투시합 같은 구경거리들이 군주를 즐겁게 하더라도, 그것들이 제공하는 쾌락 — 식욕이 가져다주는 쾌락에 비해 처음부터 약한 것으로 판단되는 — 은 이내 시들해질 것이다. 다른 한편 음악이나 시, 드라마가 보여주듯이, 예술은 쾌락주의자를 만족시켜 주는 잠재력을 더 많이 가진 듯이 보인다. 그 이유는 단지 그러한 것들이 전통적인 '여흥거리들'이 제공해 줄 수 있는 것보다 더 다양하고 복잡한 자극을 가져다주기 때문이다. 그러므로 쾌락추구의 진일보한 합리화라는 위대한 약속을 제시하는 것으로 보이는 것이 바로 경험의 심미적 차원이다. 하지만 불행하게도 단순한 여흥거리와는 달리, 예술은 쾌락산출이라는 단일한 목적을 위해서만 존재하는 것은 아니다. 실제로 그것이 예술의 기본적 기능인 것도 아니다. 예술은 중요한 종교적 · 정치적 · 도덕적 가치와 신념을 유지하고 전파하는 기능을 한다. 그 결과 당연히 쾌락을 극대화하기 위해 고의로 심미적 자극을 조작하는 데에는 상당한 제약이 가해진다. 군주는 어떠한 경우에도 분명 자신의 권위의 합법적 토대를 침식할 정도로까지 자신의 쾌락을 추구하려 들지는 않으며, 따라서 그는 중요한 이데올로기적 기능을 하는 예술에 투자를 중지하려 하지는 않을 것이다.

하지만 이 문제에 대해 전혀 다른 해결책을 제시하는 듯이 보이는 또 다른 길이 있다. 이것은 쾌락 자체가 마치 강렬한 또는 숙명적인 활동의 부수물인 것처럼 쾌락을 추구하는 것이다. 행위는 그것이 신체에 미치는 일반적 자각효과를 통해 그 자체로 하나의 자극이 되며, 만약 그 행위가 위험이나 불확실성, 위협 등의 요소를 노정하는 사태와 연관될 경우, 감정적 자각 같은 요소도 자극이 될 수 있다. 이 같은 점에 근거해 볼 때, 사냥은 쾌락을 가져다주는 고전적인 엘리트 활동이지만, 싸움의 경우에는 (그것이 진짜 싸움이건 아니면 경기이건 간에) 또 다른 일이 발생할 수 있다. 여기서 쾌락주의자를 짓누르는 문제가 쾌락의 요소에 전념하는 것에 내재하는 곤란이다. 행위의 절박성은 눈앞의 즉각적인 현안에 주의를 집중할 것을 요구한다. 실제적인 위험이 존재할 경우, 특히 그렇다(그렇지만 실제적 위험이 존재하지 않을 경우, 자각의 정도는 낮아진다). 따라서 쾌락의 인식은 경험 자체와 동시에 발생하기보다는 회고적이 되든가 아니면 당연히 예견적일 가능성이 크다. 게다가 이런 종류의 '행위'를 통해 일차적 쾌락을 추구할 경우, 자신의 '만족'수준을 심각하게 위협하며, 스스로를 상해, 고난, 불안, 죽음 등과 같은 잠재적 '고통'에 노출시키는 등, 실제로 극히 불리한 상황에 처할 수 있다. 마지막으로, 여기서도 그와 관련된 활동은 일반적으로 지위귀속에 매우 중요한 의미를 지니며, 따라서 위세의 욕구는 모든 쾌락주의적 경향을 금욕주의를 통해 견제하게 한다.[25)]

25) 이 같은 '행위쾌락주의'(*action hedonism*)는 근대산업사회에서 발견되는 비행(非行)하위집단의 특징 중 하나이다. '흥분추구'나 '스릴'은 그들의 명백한 관심사 중의 하나이다. David Matza, "Subterranean Traditions of Youth", *Annals of the American Academy of Political and Social Science*, 338 (November 1961), pp. 102~18을 보라. 그들에게서는 싸움 역시 여러 합법적·불법적인 위험한 행동과 마찬가지로 하나의 중요한 활동이다. 하지만 그러한 활동들이 주는 쾌락주의적 요소에 대한 관심은 그러한 활동들이 갖는 지위상징기능에 의해 크게 줄어든다는 점을 지적해 둘 필요가 있다. 따라서 그러한 경험이 가져다주는 쾌락이라는 속성은 강인함, 용감함, 사내다움, 충성심, 대담함 등을 드러내고자 하는 관심 속에서 상당 정도 제약된다. 따라서 비록 지루함이 그 같은 활동들을 부추기고, 또 즐거움을 얻고자 하는 관심이 일부 일어나기도 하겠지만, 쾌락추구의 합리화는 보다 우위에 있는 그 같은 다른 가치들에 의해 크게 제약받는다. 드라마는 어떤 측면에서는 실생활의 '행위'경험과 연관된 쾌락의 몇몇 속성들을 대체로 그것들이 동반하는 '치명성'

전통사회에서는 쾌락을 가져다주는 활동들이 다른 중요한 기능들도 수행한다. 이 같은 사실은 전통사회에서 쾌락주의를 한층 더 합리화하는 데 주요한 장애가 된다. 이러한 점에서 식욕의 즐거움을 추구하는 것조차도 만족의 극대화라는 계속되는 지배적 관심으로 인해 어려워진다. 쾌락을 증대시키기 위해 만족의 일부를 희생시킬 필요가 있을 수 있다는 것은 인정되지 않으며, 설령 그럴 필요가 있다고 하더라도 안락-사치의 기호(*sign*)가 갖는 상징적 중요성 때문에 그것은 기각된다. 지나치게 풍족한 형태의 사치는 앞으로 있을지도 모를 결핍에 대비하는 것을 넘어서기 때문에, 그것은 권력과 부를 나타내는 명백한 증거이기도 하다. 그러므로 더 큰 쾌락을 위해 이것 중 일부를 희생하는 것은 다시 한 번 군주의 권위기반을 위협할 수도 있다. 실제로 안락과 쾌락 간의 근본적인 갈등은 인지되지 않고, 쾌락은 점점 더 획득하기 어려워지고 있다는 인식만이 존재하기 때문에, 쾌락과 안락 두 측면 모두에서 사치의 상징은 매우 동일시되는 경향이 있다. 예컨대 연회 때는 매우 다양한 음식들이 푸짐하게 차려지고, 수많은 종복들이 사람들의 욕구와 욕망을 채워주기 위해 시중을 든다. 부와 권력은 공통의 상징을 가진다.

하지만 쾌락추구를 한층 더 합리화하는 방법에는 보다 기본적인 문제가 개재된다. 그 문제는 그 같은 형태의 활동에 내재하는 주관적 성격에서 기인한다. 앞서 지적했듯이, 쾌락은 실제로 자극받은 사람에 의해서만 평가되고, 자극을 가한 사람은 기껏해야 경험, 주체에 대한 지식, 그리고 행동 단서에 대한 통찰력 있는 판단 등에 기초하여 추정할 수만 있다. 이로부터 그 어떤 다른 사람도 쾌락주의자 자신만큼 쾌락의 자극을 제공할 수 있는 그처럼 유리한 위치에 있지 못하다는 결론이 분명하게 도출된다. 왜냐하

없이 경험하고자 하는 시도이다. 그것은 관객-배우의 일체화와 함께 경험을 예술적으로 재현하는 기법을 통해 이루어진다. 실생활의 소재로부터 쾌락을 추출해내는 그와 유사한 '재현'과 '일체화' 기법은 단순한 이야기하기에서도 실행되며, 그것은 시각예술의 중요한 요소가 될 수도 있다. 이것은 미래에 쾌락주의가 발전할 수 있는 가장 유망한 길이다.

면 쾌락주의자는 자신이 욕구하는 자극의 정확한 성격을 평가하고 그것을 다른 사람에게 성공적으로 전달할 필요가 없기 때문이다. 따라서 아무리 군주의 권력이 광대하더라도, 자신이 직접 자극을 창출하고 통제할 위치에 있을 경우에나 원칙적으로 가능한 만큼의 강력한 쾌락을, 군주는 결코 경험할 수 없다. 수세기 후에 쾌락추구의 합리화가 상당히 진전할 수 있었던 것은 이 같은 자율적 쾌락주의의 가능성을 깨달았기 때문이다. 쾌락주의가 단지 소수의 권력자의 관심을 넘어 진정으로 보편적인 지향이 되기 위해서도 역시 이 같은 진전이 먼저 요구된다.

전통적 쾌락주의는 '쾌락'(*pleasure*) 보다는 '쾌락들'(*pleasures*) 에 관심을 갖는다. 이렇게 구분하는 이유는, (다른 무엇보다도) 경험이 쾌락을 가져다주므로 경험을 존중하는 것과 각종 경험들이 가져다주는 쾌락을 존중하는 것 간에는 많은 차이가 있기 때문이다. '쾌락들'에 관심을 가지는 경우는 고대의 유형이다. 그리고 모든 문화 속에서 인간들은 이 같은 의미에서 '쾌락들'을 이루는 활동의 기본목록 — 먹고 마시고 성교하고 교제하고 노래하고 춤추고 놀이하는 것과 같은 — 에 동의하고 있는 것으로 보인다. 그러나 '쾌락'은 경험의 성질이기 때문에, 적어도 원리상 쾌락은 모든 감각에 존재하는 것이라고 판단할 수 있다. 그러므로 개인들이 통상적으로 알고 있는 즐거움의 원천보다 감각의 교묘한 조작에 주의를 기울일 경우, 추상적 수준에서 '쾌락' 추구는 늘 현재의 가능성으로 잠재하고 있다.

이 두 지향은 서로 대비되는 전략을 수반한다. 쾌락들에 관심을 가질 경우, 기본 관심사는 삶의 '쾌락들'을 즐길 수 있는 횟수를 증대시키는 것이다. 따라서 전통적 쾌락주의자는 먹고, 마시고, 성교하고, 춤추는 데 더욱더 많은 시간을 보내려고 애쓴다. 여기서 쾌락의 지표는 삶의 단위당 쾌락발생률이다. 쾌락에 관심을 가질 경우, 일차적 목적은 삶의 과정이 경과하는 동안 한 사람이 실제로 경험하는 모든 감각으로부터 가능한 많이 쾌락의 속성을 쥐어짜내는 것이다. 이 같은 관점에서 보면, 모든 행위가 올바른 방식으로 착수되거나 수행되기만 하면, 그것들은 모두 '쾌락'을 잠재하고 있다. 여기서 쾌락의 지표는 한 사람이 삶 자체 속에 '존재하는' 근본적 쾌락을 실제로 이끌어낼 수 있는 정도이다. 하지만 이 같은 목표를 추구하기 위해서는 그 개인이 특수한 심리학적 기술을 소지해야 할 뿐만 아니라 사회 자체가 독특한 문화를 조성해 왔을 필요가 있다.

근대적 쾌락주의의 성장

근대적 쾌락주의의 발전의 요체는 일차적 관심이 감각에서 감정으로 이동한 데 있다. 왜냐하면 강력하고 오랫동안 지속된 자극이 상당한 정도의 자율적 통제와 결합되는 것은 단지 감정의 매개를 통해서만 가능하기 때문이다. 이것은 감정이 정신적 이미지를 육체적 자극과 연결시킨다는 사실에서 직접 도출된다. 하지만 감정에 의해 매개된 쾌락주의의 잠재성이 완전히 실현되기에 앞서, 여러 중요한 심리문화적 발전이 이루어져야만 한다.

감정이 쾌락의 매우 강력한 원천으로 기여할 수 있는 잠재력을 가지고 있다는 사실은, 감정이 고도의 자각상태에 있다는 점에서 직접 파생한다. 예컨대 강렬한 기쁨이나 두려움은 인간에게서 일련의 생리적 변화를 낳는다. 인간에게서 순전한 자극적 힘은 일반적으로 감각적 경험이 단독으로 유발하는 어떤 것을 능가한다. 이것은 감정의 내용과 상관없이 사실이다. 감사나 사랑 같은 일부 감정은 즐거운 반면, 슬픔이나 두려움 같은 다른 일부 감정은 그렇지 않다는 것은 분명 사실이 아니다. 왜냐하면 쾌락을 획득할 수 없는 감정이란 존재하지 않기 때문이다.[26] 사실 이른바 '부정적인' 감정들이 종종 다른 감정들보다 더 강렬한 느낌을 불러일으키기 때문에, 실제로는 그것들이 더 큰 쾌락의 잠재성을 가지기도 한다. 그러므로 문제는 감정이 대체로 쾌락을 제공할 수 있다는 것이 아니라, 어떤 감정이 쾌락주의적 목적을 위해 이용될 수 있기 전에, 어떤 상황이 마련되어 있어

---

26) 일부 감정들이 통상적으로 다른 감정들보다 더 많은 즐거운 기분을 수반하는 것이 사실이기는 하지만, 이것이 화, 두려움, 슬픔 같은 감정들이 적절한 조건하에서도 쾌락의 원천이 될 수 없다는 것을 의미하지는 않는다.

야 하는가 하는 것이다.

감정은 그 특성상 한 개인의 통제권 '밖'에 있는 어떤 사태로 표현될 수 있다(또는 적어도 후속적인 전개를 무시한다면, 이것은 전기적으로나 역사적으로나 사실이다). 이런 의미에서 볼 때, 그것은 지시를 받은 활동이기보다는 경험된 격동적 행동이다. 매우 강렬한 감정의 영향을 받은 상태에서 사람들이 행하는 행동은 자주 너무 극단적이고 혼란스러워서 그들은 '제정신이 아니라거나' '분별력을 잃어버렸다거나' 심지어는 '미쳤다는' 말을 듣기까지 한다. 개인들은 참지 못하고 웃거나 울고, 격렬하게 춤을 추거나 달리고, 심지어 자기를 때리거나 머리카락을 쥐어뜯는다. 확실히 그러한 종류의 경험은 개인들에게 더 이상 즐길 수 있는 가능성이 거의 없는 과도한 자극들로 넘쳐나게 한다. 게다가 여러 사례들이 보여주듯이, 그런 감정적 자각은 〔두려움이 도피로 이어지고 화가 공격으로 이어지는 식으로 명백한 운동활동(*motor activity*)을 수반하는〕 더 큰 지시적 행동 복합체(*directive behavioral complex*)의 일부에 불과하다.[27] 따라서 개인이 자신의 자각된 상태를 '평가할' 수 있는 능력은, 그 자신이 일정한 형태의 과부하된 감각에 복속되어버림으로써 부정될 뿐만 아니라, 그는 또한 행위의 준비와 성취에 근거하여 자신의 경험의 주관적 차원을 자기성찰적으로 평가하는 것을 외면하게 된다. 그러므로 어떤 감정을 '향유하기에' 앞서, 감정을 의식적으로 통제해야 하고, 감정의 강도를 조절할 수 있어야 하고, 감정을 그것과 연계된 명백한 비자발적 행동으로부터 분리시켜야 한다.

이 같은 형태의 감정통제를 모든 사회적 삶의 특징일 수밖에 없는 정서적 반응의 정돈 및 조정과 혼동해서는 안 된다. 감정통제의 과정은 주로 감정억제와 감정표현의 유형을 조정하는 것에 관심을 기울이며, 주로 공통의 사회화 경험을 통해 이루어진다. 모든 문화는 개인들에게 감정을 표현하고 억제하는 시점과 방법 모두를 학습할 것을 분명하게 요구한다. 이

---

27) 이 같은 맥락에서 '감정'(*emotion*)이라는 단어와 '운동'(*motion*)이라는 단어가 공통의 어간을 가진다는 점을 지적하는 것은 적실하다.

과정은 본질적으로 어떤 상황이 어떤 감정과 연계되어 있는가를 학습하는 것으로 이루어진다. 하지만 그 어떤 표출적 반응도 허락되지 않는 상황에서는, 감정통제가 감정을 억제하는 것 이상으로까지 확대되는 경우는 거의 없다. 달리 말하면, 감정통제는 감정적 경험과 관련한 자기결정과정을 포함하지 않는다. 하지만 한 개인이 자신의 기분의 성격과 강도를 결정하는 능력을 가지고 있다는 것은 일정 정도 틀림없다. 여기에 근대적 쾌락주의의 비밀이 있다.

비록 그 같은 자기조절적 통제가 통상적으로 감정표현과 연관되어 있음을 함축하기는 하지만, 그것이 단순한 감정을 억압하는 능력, 즉 자신의 감정을 통제하는 것 이상이라는 것은 분명하다. 자기조절적 통제는 분명 그 같은 기술의 필수적 요소이다. 그리고 전장에서 두려움을 진정시키려고 애쓰는 한 병사를 두고, 우리는 그가 자신의 자각상태와 그것이 관찰가능한 행위로 표출되는 것 모두를 '통제하려고' 노력하고 있다고 말할 수 있다. 만약 그가 성공한다면, 그의 두려움은 전장으로부터 벗어나려는 행위로 이어지지 않을 것이며, 아마도 조만간 그러한 감정을 경험하는 경향은 일정 정도 감소하게 될 것이다. 하지만 이런 능력은 완전한 감정통제이기보다는 제한된 행동통제이다. 즉 그 효력은 감정경험 자체의 심리적-생리적 차원보다는 겉으로 드러나는 행위에 대해 발휘된다.[28] '자기통제'나 '자기규율' 같은 용어는 이 같은 측면에서 이루어진 성공을 묘사하는 데 적절하다.[29] 감정통제능력의 보다 중요한 부분은, 특히 아무런 '자연발생적' 자극이 없는 상태에서 이루어지는 감정의 의도적 교화와 관련된다. 그리

28) 엄격히 말하자면, 감정적 자각의 모든 측면들이 '행동', 심지어는 피부 밑에서 일어나는 행동까지도 구성하는 것으로 고려할 수 있다. 하지만 사회적 상호작용의 맥락에서 볼 때, 감정적 자각의 명백한 현시는 겉으로 드러난 그 어떤 표식보다도 분명 훨씬 더 커다란 의미를 지닌다.

29) 감정억제가 겉으로 드러난 행동의 통제를 넘어 그 경험의 모든 주관적 차원을 포괄할 정도로 확대될 경우, 무감동이나 무감정 같은 금욕주의적 이상에서 그러한 것처럼, 그것은 감정통제라기보다는 감정소멸이라고 말하는 것이 더 올바를 것이다. 이 길은 분명 근대적 쾌락주의로부터 직접적으로 이탈하게 한다.

고 비록 감정교화가 부분적으로는 감정억제능력의 당연한 결과이기는 하지만, 감정교화는 감정통제의 범위를 넘어선다.30) 그러므로 부정적 의미에서의 감정적 '자기통제'에 도달하는 것은 완전한 자발적 감정통제의 발전을 위한 전조이자 전제조건이다. 왜냐하면 원하지 않는 감정이 존재해서 초래된 문제들이 원하는 감정이 없어서 생기는 문제들보다 더 절박한 반면, 감정을 억누르고자 하는 노력은 기분과 겉으로 드러난 행동 간의 본질적 연계가 단절될 때 성공하기 때문이다. 그러므로 화와 공격을 분리시키거나 두려움과 도피를 분리시킬 때, 감정을 인간경험의 충분히 내면화된 측면으로 규정하는 과정이 시작된다.31)

물론 한 개인이 자신의 감정상태를 결정하고자 한다면, 전형적으로 그러한 반응을 유발하는 불가피한 절박한 삶으로부터 일정한 '거리를 둘' 필요가 있다. 그러므로 지식과 부와 권력의 진전이 기아나 질병, 전쟁 또는 재앙 일반의 위협에 사람들이 노출되는 것을 감소시키는 것만큼, 감정통제의 가능성도 증대시킬 것이라고 예상할 수 있다. 그렇지만 설령 그것이 사실일지라도, 그런 '격리'를 가능하게 하는 문화적 자원의 개발은 훨씬 더 큰 의미를 지닐 것으로 보인다. 왜냐하면 그러한 과정은 어떤 상황을 규정하는 방식을 크게 확대시켜 줄 것이기 때문이다. 일례로 성직자는 침몰하는 배에서 종교집회를 열어 겁에 질린 승객들이 함께 모여 기도하게 하고, 그렇게 하여 환경의 자극에 의한 두려움과 공포를 의례의 자극을 통해 희

30) 한 가지 의미에서 보면, 감정표현을 억제하는 능력은 감정을 표현하기를 원할 때 그것을 표현할 수 있는 능력을 논리적으로 함축한다. 하지만 개인들은 통상적으로 감정적 흥분이 영구히 억제된 상태에서 살아가지 않으며, 따라서 때때로 감정억제를 포기하는 것 이상의 그 어떤 것이 필요할 때가 있다. 게다가 완전한 감정통제는 욕망하는 감정을 선택할 수 있는 능력을 함축한다.

31) 감정이 엉뚱하거나 극적인 종류의 운동활동을 포함한 하나의 행동복합체에 갇혀 있는 한, 그러한 경험의 주체적 차원을 통제할 가망성은 거의 없다. 우리가 할 수 있는 것이라고는, 우리의 실제 경험을 시험하고 조정하거나, 아니면 어린아이들이 놀랐을 때 눈을 감음으로써 (또는 귀를 막음으로써) 종종 그렇게 하듯이, 세상에 대한 정보를 차단하고자 노력하는 것뿐이다.

망과 평온으로 반전시키고자 할 것이다. 대신에 헨리 5세 같은 최고사령관은 지치고 사기가 떨어진 부대원들에게 용기와 결단력을 심어주기 위해 강력하고 암시적인 이미지를 담고 있는 풍부한 수사를 구사하려 할 것이다. 이런 식으로 문화의 상징적 자원은 각종 집단들이 자신들이 처한 상황을 재정의하는 데 사용될 수 있고, 그럼으로써 분위기를 변화시킬 수 있다. 이 과정은 단순한 자기통제를 넘어 확장되어, 하나의 감정을 다른 하나의 감정으로 대체하는 것을 포함한다. 물론 환경에 의해 유발된 감정과 싸우기 위해 이런 식으로 상징에 의해 촉발된 감정을 사용하는 데에는, 그 개인이 한 가지 형태의 외적 결정을 다른 형태의 외적 결정과 단순히 맞바꾸고 있는 것일 수 있다는 문제가 뒤따른다. 개인이 상징적 자원의 사용을 스스로 통제할 경우에만, 진정한 감정적 자결주의(*emotional self-determinism*)가 출현할 수 있다. 여기서 중요한 것은, 이럴 경우 감정에 대한 집합적인 상징적 조작이 갖는 중요성이 쇠퇴한다는 것이다. 개인주의와 함께, 읽고 쓰는 능력이 이러한 측면에서의 발전에 핵심적인 요소인 것으로 보인다. 왜냐하면 그러한 능력이 이전에는 집단에게만 가능했던 일정한 형태와 정도의 상징적 조작을 개인에게도 가능하게 했기 때문이다.

이 맥락에서 강조해야 할 중심적 논점은 오직 근대시대에서만 감정이 개인 '내부' — 세상 '속'과 대립하는 것으로서의 — 에 자리하게 되었다는 점이다. 이를테면 현대세계에서는 감정이 사람들 내부에서 '생겨나서' 사람들로 하여금 행위하도록 하는 매개체로 작동한다는 것이 당연시되지만, 전근대 문화에서는 일반적으로 감정이 현실의 여러 측면들에 내재하는 것으로 인식되고, 그리하여 감정이 인간에게 영향력을 행사한다. 따라서 바필드(Barfield)는 중세시대에는 어떻게 해서 '두려움'(*fear*)과 '즐거움'(*merry*)이라는 단어가 한 개인에 내재한 감정을 함축하지 않고 외부 사태의 속성으로 여겨졌는지를 지적한 바 있다. 즉 '두려움'은 돌발적이고 예기치 않은 사건발생을 지칭하고, '즐거움'은 축제일이나 행사와 같은 사태의 특성을 나타내는 것이었다.[32] '경외'의 태도와 감정은 신의 존재에 대한 인간의 전형적인 반응이 아니라 주로 신의 특성으로 간주되는 경험의 한 측면을 보여주는 또 다른 좋은 예이다. 이들 사례는 어떻게 해서 세상에서 행위의 주요 원천을 이루는 것들이 인간 외부에 존재하는 것처럼 간주되었고, 그리하여 그것들이 인간을 행위하도록 '강요했을' 뿐만 아니라 인간이 감정이라 불리는 독특한 자각상태들로 가득 '채워지게' 되었는지를 보여준다.[33]

베버가 '탈주술화' (*disenchantment*) 라고 부른 과정의 결과, 즉 독자적인 힘 또는 '정신'이 실제로 작동하고 있다는 일반적 가정이 무너짐에 따라, 인간 및 인간과 세계의 관계에 대한 그 같은 견해는 급격하게 변화했다.[34] 이러한 전개과정의 기원은 고대 유대교로까지 거슬러 올라갈 수 있으나, 그것이 가속화된 것은 종교개혁 때부터이며, 계몽시대에 이르러 가장 완연한 모습을 드러냈다. 탈주술화가 낳은 하나의 중요한 결과는, 그것이 탈감정화과정 (*process of de-emotionalization*) 을 동반함으로써, 환경이 더 이상 감정의 일차적 원천이 아니라 비인격적 법칙에 지배받는 '중립적' 영역으로 간주되게 되었다는 점이었다. 이 비인격적 법칙은 자연적 사태를 통제하기는 하지만, 그 자체로 감정을 결정하지는 않는다. 세계관의 이 같은 근본적 전환이 가져온 당연한 결과는, 감정이 몇몇 내적 원천으로부터 발산되어 나온 상태로 다시 개인 '내부에' 자리잡게 되었다는 것이다. 그리고 비록 이것들이 항상 '영적인 것'이 된 것은 아니지만, 외부 세계의 탈주술화는 그와 병행하는 과정으로 심적인 내부세계의 '주술화'를 필요로 했음

32) Owen Barfield, *History in English Words*, new edn (London: Faber and Faber, 1954, pp. 169~70.

33) 현대의 언어용법은, '슬플' 때나 '기쁠' 때에 대한 언급이 함의하듯이, 감정은 사람의 속성이기보다는 상황의 속성이라는 관념이 지속적으로 영향을 발휘하고 있다는 것을 넌지시 보여준다. 하지만 이것은 일반적으로 개인이 당연히 경험해야 할 감정을 스스로 느끼는 것을 의미하는 것으로 해석되며, 따라서 그것은 그 어떤 자발적인 요소도 존재하지 않는 상황과는 실제로 비교할 수 없다.

34) Max Weber, *The Sociology of Religion*, trans. Ephraim Fischoff (London: Methuen, 1965), chs 2, 3, 곳곳.

을 의미한다.[35] 이러한 변화를 묘사하기 위해서는 일련의 새로운 용어들이 필요했으며, 그러기 위해 종래의 단어들이 새로운 용법으로 사용되도록 압력 받았다. '성격', '성향', '기질' 같은 것들이 그 예이다. 이 단어들은 모두 원래는 외부세계의 몇몇 특징을 지칭했으나, 이제는 행동에 주관적으로 영향을 미치는 것을 나타내게 되었다.[36]

이처럼 인간은 외부요인들의 제약력으로부터 점차 분리되었고, 세계의 탈주술화가 이루어졌으며, 그 결과 외부요인의 힘과 감정이 인간존재로 투입되었다, 이 모든 것들은 자의식의 성장과 밀접하게 연계되어 있었다. 이 같은 근대 특유의 능력은 그 자체로 이러한 과정의 산물이며, 그에 따라 인간은 세계가 '대상임'(*object-ness*)과 자신이 '주체임'(*subject- ness*)을 인식하게 되면서, 자신의 의식이 이 둘을 균형 잡고 있다는 점을 인식하게 된다. 외부요인과 감정이 재배치된 새로운 내적인 심적 세계가 '자아'의 세계이며, 이 세계는 다시 (외부세계를 탈주술화한) 차갑고 냉정하고 탐구적인 시선에 점차 종속된다. 이는 '세계'를 인간(즉 관찰자)과 분리된 하나의 대상으로 보는 의식과 '자신'(*self*)를 그 자체로 하나의 대상으로 보는 점차 증대되는 의식이 서로 결합한 결과이다. 이것은 '자부심'(*self-conceit*), '자신감'(*self-confidence*), '자기연민'(*self-pity*) 등과 같이 '자기'(*self*)에다가 하이픈을 붙여 접두사로 만든 단어들이 널리 확산된 데서 드러난다. 이러한 단어들은 16~17세기 영어에서 등장하기 시작하여 18세기에 널리 채택되었다. '자의식'이라는 단어를 처음으로 분명하게 사용한 사람은 콜리지(Coleridge)[37]였다.[38]

---

35) 18~19세기 유럽 낭만주의 운동에서 주요한 역할을 수행한 사상가들과 예술가들이, 그것들을 영적인 것으로 만들려고 노력하는 와중에 '자아'와 '소질'에 초점을 맞추게 되면서, 그러한 과정을 전면에서 이끌어 왔다고 말할 수 있다 (이 책 pp. 332~348을 보라).

36) Barfield, *History in English Words*, pp. 165~9.

37) 〔역주〕 사무엘 테일러 콜리지(Samuel Taylor Coleridge, 1772~1834)는 영국의 대표적인 낭만주의시인이다. 낭만주의 시에서 나타나는 뚜렷한 특징은 개인의 감정과 사고가 중요한 역할을 한다는 점이다.

이러한 발전과 연계되었던 것이 내부세계와 외부세계를 연결하는 법칙을 이해하려는 시도, 즉 각각의 일정한 특징들이 정확히 어떻게 서로 연계되는지를 파악하고자 하는 시도였다. 부분적으로 이것은 외부세계의 여러 측면들이 내부로부터의 특정한 감정적 반응을 촉발하는 방식을 검토하고자 하는 것이었다. 그리하여 '자아'가 환경에 미치는 효과가 앞서 언급한 '성격', '성향', '취향' 등의 용어들로 요약되는 동안에, 대상이 사람들에게 미칠 수 있는 효과와 관련된 단어들, 즉 '즐거운', '매력적인', '재미있는', '감동적인', '감상적인' 같은 단어들이 증식되었다.

이러한 논의에서 결정적으로 중요한 것은, 자의식의 증대가 (그것이 낳은 많은 결과 중 하나로서) 세계 속에서의 인간의 위치와 그것에 대한 인간의 반응 간에 남아있던 여전히 필연적인 연계를 단절하는 결과를 가져왔다는 사실이다. 객관적 실재와 주체의 반응이 이제는 의식을 통해 매개되었다. 개인은 그러한 방식으로 양자를 연결하는 정확한 방식들과 관련하여 매우 다양한 선택지를 가지게 되었다. 신념, 행위, 심미적 선호, 감정적 반응은 더 이상 환경에 의해 지시되는 것이 아니라 개인의 "의지에 의해 결정되었다". 물론 이러한 대비가 과장된 것이기는 하지만, 개인들이 자신들의 충동적 성향을 통제하고, 다른 한편으로 사건들의 상징적 의미를 조작할 수 있다면, 감정표현에 대한 자율적인 통제가 증대했다고 말하는 것은 실로 온당하다.

이러한 방향에서 최초로 역사적으로 분명하게 성공한 것이 바로 프로테스탄티즘이었고, 따라서 (청교도 '성인들'이 바람직하지 못한 모든 감정의 표현을 억제하는 데 실제로 커다란 성공을 거두었기에) 감정통제문제를 논의할 때, 사람들이 자동적으로 청교도윤리를 떠올리는 것은 당연하다. 그러나 전적으로 부정적인 형태의 감정억제 속에서 그 같은 감정통제를 바라보는 것은 잘못일 수 있다. 왜냐하면 일단 그러한 능력이 획득되고 나면, 어느 정도 감정을 통제하는 것이 점점 더 가능해지기 때문이다. 실제로 청

38) Ibid., p. 165.

교도윤리조차도 모든 경우에 감정표현을 금지한 것은 아니었다.[39]

근대적 쾌락주의가 전개되는 과정에서 청교도주의가 수행한 중대한 역할을 강조하는 것은 언뜻 보기에는 다소 이상해 보일 수도 있지만, 그럼에도 불구하고 감상적 쾌락주의의 출현과 관련해서만큼은, 프로테스탄트 종교, 특히 청교도주의라고 알려진 그것의 엄격하고 엄정한 형식을 주요한 원천으로 인식해야만 한다. 그 이유는 바로 하나의 운동으로서의 청교도주의가 감정을 '있는 그대로' 표현하는 것에 대해 공개적으로 적대적인 입장을 취했고, 그 결과 쾌락주의가 요구하는 감정과 행위를 분리시키는 데 일조했기 때문이다. 그렇지만 청교도주의는 거기에 더하여 대상과 사건의 의미를 조작할 수 있는 개인의 능력을 발전시키는 데에 지대한 공헌을 했고, 따라서 감정경험을 스스로 결정해 나가게 하는 데에도 기여했다.

감정을 교화하는 능력의 진전과 관련해서 볼 때만큼은, 문화의 모든 영역 중에서 종교가 가장 중요하다. 그 이유는, 어떤 사람의 죄악(또는 은총) 상태나 구원에 대한 갈구 같은 매우 숙명적인 문제들과 그것들이 유발하는 매우 강력한 감정들은, 비가시적인 신성한 매개체들을 상징을 통해 제시할 필요가 있게 하기 때문이다. 이제 아주 자연스럽게 그러한 감정들을 환기시키는 잠재적 능력이 상징 자체에 부착되게 된다. 이것은 전투나 난파 같은 실제 사건에 의해 유발되는 강력한 감정들 — 이 경우에는 감정은 '상징'보다는 경험된 현실에 의해 유발된다 — 과는 극명하게 대조된다. 종교적 상징은, 앞서 지적했듯이 식별할 수 있는 환경적 자극이 없는 상태에서 감정을 유발하는 데 기여할 수 있는 것과 마찬가지로, 실제로는 경험에 의해 유발된 감정을 중화시키는 데에도 기여할 수 있다.

개인주의가 프로테스탄티즘에서 유례없을 정도로 증진되었다는 점은[40] 이 마지막 논점과 관련하여 특히 중요하다. 왜냐하면 로마 가톨릭에

---

39) 이 책의 pp. 230~245를 보라.

40) 〔역주〕 베버는 《프로테스탄트 윤리와 자본주의 정신》에서 프로테스탄티즘은 그것의 의도하지 않은 결과로 개인주의를 배양했다고 지적한다. 베버는 그 누구도 또 그 무엇도 자신의 구원문제에 대해 전혀 도움이 될 수 없다는 칼뱅

서 상징들은 강력한 감정을 불러일으키는 (그리고 가라앉히는) 데 기여하면서도, 그것들의 통제는 확고하게 성직자의 수중에 놓여있었고, 그리하여 공동의 의례 속에 상황에 따라 배치되었기 때문이다. 이와 대조적으로 프로테스탄티즘에서는 어느 누구도 개인과 성직자 사이에서 매개자 역할을 하지 못할 뿐만 아니라, '마술적' 의례와 우상의 사용이 금지되었다. 그 결과 종교적 감정을 유발하는 데 기여하던 상징들은 추상적이고 일반적인 성격의 것이 되었다. 예컨대 이제 통상적으로 인간이 본질적으로 죄악상태에 놓여 있음을 나타내는 증거로 간주되던 죽음과 숙명은 관, 무덤, 교회묘지, 묘수(墓樹)에서 질병, 고통, 교회의 종에 이르는 속세의 매우 광범위한 대상과 사건들로 표현될 수 있게 되었다. 이것들 모두는 감정표현의 '촉발제'로 작동한다. 이러한 상황은 한 개인이 특정한 감정을 언제 어디서 경험할지를 상당 정도 선택할 수 있게 해 준다. 하지만 이들 감정을 궁극적으로 뒷받침하는 것은 종교적 신념이며, 그러므로 그러한 신념이 진정한 것으로 받아들여지는 한, 그러한 신념을 표출할 시기를 상징적으로 조작하는 능력은 그리 중요하지 않다. 그러나 그러한 신념이 쇠퇴하기 시작할 때, 상당한 변화가 일어날 수 있다.

신념에 의존하는 감정성(*emotionality*)은 분명 사건에 의존하는 감정성과는 아주 다른 현상이다. 왜냐하면 개인이 현실세계에 대한 지배권을 먼저 획득하지 않고서도 자신의 감정에 대한 통제력을 획득할 수 있기 때문이다. 하지만 신념이 당연히 타당한 것으로 간주되는 경우에는, 개인이 악마를 만났을 때 느끼는 공포와 사자를 만났을 때 느끼는 공포 간에는 별 뚜렷한 차이가 없다. 그러나 확신의 약화는 설령 여전히 확신하고 있다고 하더라도 불가피하게 감정의 강도에 영향을 미친다. 하지만 보다 중요한 것은, 그것이 감정의 진정성에 미칠지도 모를 영향이다. 왜냐하면 신념의 진실성에 대한 회의가 구체화됨에 따라 우선적으로 발생할 수도 있는 결과

의 교의는 사람들을 고독하고 독자적인 신앙생활로 나아가게 했다고 파악한다. 즉 칼뱅주의가 신과 인간 사이의 모든 매개적 요소를 제거함으로써, 개인주의를 극도로 고무했다는 것이다.

는, (시간이 경과함에 따라 특정 상징과 습관적으로 연관지어져 온) 감정 그 자체를 제거하는 것이기보다는 감정의 기반을 제거하는 것이기 때문이다. 따라서 개인이 그 감정이 전적으로 필요한 것이 아니라는 것을 알고 있을 때조차도, 그 감정이 발생하는 경향은 여전히 존재한다. 실제로 감정으로부터 쾌락을 얻을 수 있는 것도 바로 이 같은 상황에서이다.

이것은 지옥, 천벌, 사탄, 죄악과 관련한 신념들이 계몽주의의 회의주의와 낙관론적 합리주의에 직면하여 점차 시들기 시작했던 17세기 말과 18세기 초에 그러한 신념들이 맞이했던 운명을 언급함으로써 가장 잘 설명된다. 그러한 신념들이 완전히 사라지지 않았기 때문에, 그러한 신념들이 만들어낸 강력한 감정적 반향들은 여전히 많은 사람들 마음속에 남아 있었고, 그러한 신념들의 통상적인 상징들은 감정적 쾌락을 얻기 위한 수단으로 이용되게 되었다. 그리하여 현실의 종교적 공포를 배경으로 하여, 사람들을 무서워서 '전율'케 하는 음산한 시와 고딕풍의 소설 같은 문예장르가 발전했다.

그러므로 쾌락을 즐기는 데 감정을 이용할 수 있을 정도로 감정을 스스로 결정할 수 있기 위해서는, 개인들이 "불신을 자발적으로 중지할" 수 있는 수준의 자의식을 가질 필요가 있다.[41] 불신은 상징들로부터 상징이 지닌 무의식적 힘을 제거하지만, 불신적 태도의 중지는 그 힘을 회복한다. 하지만 그것은 사람들이 원하는 만큼만 그렇게 된다. 따라서 한 개인은 신념을 조작하고 그리하여 상징에 힘을 부여하든가 아니면 그 힘을 부정하는 과정을 통해 자신의 감정경험의 성격과 강도를 성공적으로 조정할 수 있다. 그것은 상상력을 능숙하게 사용할 것을 요구한다.

등 뒤의 태양의 느낌이나 포도주의 맛 같은 신체적 감각을 위해 상상력을 이용할 수는 있지만, 그것을 실행하기란 대단히 어렵다. 그런 만큼, 그

41) 물론 이 표현은 콜리지에게서 따온 것이다. 전체를 인용하면 다음과 같다: "잠시 동안 불신을 자발적으로 중지하는 것은, 시적 신념을 구성한다"(Coleridge, *Biographia Literia, or Biographical Sketches of my Literary Life*, 2 vols, first edn repr. (London: Rest Fenner, 1817), vol. 2, p. 6을 보라).

저 상상으로 느끼는 감각으로부터 실질적인 쾌락을 얻기란 거의 불가능하다. 이와는 대조적으로, 상상하는 사람에게서 감정을 유발하는 상황이나 사건과 관련한 사실주의적 이미지를 상상을 통해 불러내는 것은 (적어도 근대인에게는) 비교적 수월하다. 감정은 (비록 통제를 받기는 하지만) 그 자체로 쾌락적인 경험에 필요한 모든 자극을 공급할 수 있다. 이것은 그 자체로 너무나도 쉽게 당연한 것으로 간주되고 있는 인간의 능력이다. 하지만 사람들은 그것이 인류가 겪은 경험목록에 비교적 최근에 추가된 것임을 망각하고 있다.42)

---

42) 고대에는 배우들이 선택한 감정을 마음먹은 대로 성공적으로 드러내기 위해 상상력을 사용하는 능력을 가지고 있었을 것으로 늘 가정되었다. 하지만 이러한 가정은 반박의 소지가 있는 듯하다. 이것은 그럴듯한 주장으로 보이지만, 그리스-로마시대나 르네상스시대 또는 엘리자베스시대에 연기를 하기 위해서는 선택한 감정을 마음먹은 대로 실제로 경험할 수 있는 능력을 반드시 필요로 했다고 가정하는 것은 시대착오적일 것이다. 왜냐하면 한 등장인물이 주어진 감정을 경험한다는 사실은 일반적으로 (대사에 덧붙여) 각본에 짜여 있는 제스처와 표현에 의해 전달되는 것이며, 배우가 실제로 그 감정을 경험하거나 관객이 배우가 실제로 그 감정을 경험했다고 믿는 것이 연기에 필요한 것은 아니기 때문이다. 즉 연기를 받아들이는 데 감정이 필요한 것은 아니다. 따라서 비록 연기가 늘 모방과 흉내를 포함해 왔지만, 일반적으로 현실에 대한 다른 사람들의 경험을 모방하고 있다는 의미에서 연기에 또한 자발적으로 다른 인물이 '될' 능력이 포함되게 된 것은 오직 근대시대에 들어와서이다. 어쩌면 이것이 바로 콘스탄틴 스타니슬라프스키(Konstantin Stanislavski)*의 생각이 아닌가 한다.

*〔역주〕 콘스탄틴 세르게예비치 스타니슬라프스키(Constantin Sergeevich Stanislavskii, 1863~1938)는 러시아의 연출가이자 배우이며, 연극이론가이다. 그는 사실적인 수법으로 무대를 시적 상징으로까지 높이는 독자적인 연출 스타일인 '스타니슬라프스키 시스템'을 확립했다. 이 연기법은 무대 위에서 표현되는 배역의 심리와 행동은 희곡에 나타나지 않는 과거나 숨겨진 의도까지 표출해야 함으로, 배우는 직감·상상력·체험 등을 총동원해서 배역과의 동일시를 통해 내면적 연기를 할 것을 강조한다. 러시아혁명 직후에는 낡은 부르주아 연극이라고 비난받았지만, 1930년대에는 사회주의 리얼리즘이라고 재평가되었다. 저서로는 《배우수업》과 자서전 《나의 예술인생》이 있다.

근대적 쾌락주의는 모든 개인들에게 (그들 스스로가 자신들이 경험하는 자극과 그에 따라 자신들이 받는 쾌락에 대해 총체적인 통제력을 행사하는) 그들 나름의 절대군주가 될 수 있는 가능성을 제시한다. 하지만 전통적 쾌락주의와는 달리, 근대적 쾌락주의는 세상 속의 대상과 사건들의 조작을 통해서만 또는 주로 그것을 통해서가 아니라, 그것들이 지닌 의미를 일정 정도 통제함으로써 얻어진다. 게다가 근대적 쾌락주의자는 외부에서 발생하는 감각 없이도 자극을 불러일으키는 아주 특별한 능력을 소지한다. 이러한 통제력은 상상력을 통해 획득되며, 매우 강력한 군주들에게조차 전통적인 현실주의적 쾌락주의에서 얻을 수 있었던 것보다도 쾌락적 경험을 더욱더 극대화할 수 있는 무한한 가능성을 제공한다. 이것은 상상의 능력에는 실제로 그 어떤 제약도 존재하지 않는다는 사실에서만이 아니라 상상의 능력은 전적으로 쾌락주의자 자신의 통제력 내부에 존재한다는 사실에서도 나온다. 근대적 쾌락추구를 특징짓는 것이 바로 이처럼 고도로 합리화된 형태의 자기환상적 쾌락주의(*self-illusory hedonism*)이다.

제5장

근대의 자율적인 상상적 쾌락주의

> 인생에는 두 개의 비극이 있다. 하나는 당신의 마음속에 있는 욕망을 획득하지 못하는 것이고, 다른 하나는 그것을 획득하는 것이다.
>
> — 조지 버나드 쇼

전통적 쾌락주의와 마찬가지로, 근대적 쾌락주의도 여전히 기본적으로 어떤 경험이 가져다줄 것으로 보이는 쾌락이라는 예견된 속성을 획득하고자 하는 욕망에 이끌리는 행동과 관련된 문제이다. 그렇지만 이 둘 간의 차이는 매우 크다. 〔근대적 쾌락주의에서 - 역자 첨가〕 우선 쾌락은 단지 감각적 자극이 아니라 감정적 자극을 통해 추구된다. 동시에 그 다음으로 그러한 기능을 충족시키는 이미지들은 그것을 소비하려는 개인에 의해 상상적으로 창조되거나 변형되며, 그러한 과정은 '실제' 자극의 존재에 그리 의지하지 않는다. 이 두 가지 사실은 근대적 쾌락주의가 은밀하고 자기환상적이 되는 경향이 있음을 의미한다. 다시 말해, 개인들은 자신들의 상상적 · 창조적 능력을 사용하여 자신들이 소비할 정신적 이미지들을 구성하고, 그 이미지들이 제공하는 특유의 쾌락을 소비한다. 이는 몽상하기(*day-dreaming*)나 공상하기(*fantasizing*)의 실행으로 가장 잘 묘사된다.

상상은 인간의 공통된 역량이며, 전통적 쾌락주의에서도 일정한 역할을 한다. 전통적 쾌락주의에서는 주로 기억에서 도출되는 이미지들이 실제로 사건의 예견되는 결과를 의식할 수 있게 (또는 보다 실제적으로는 의식하게) 한다. 이것은 욕망 자체의 탄생에 필수적인 과정이다. 하지만 전통적 쾌락주의에서는 그러한 이미지들을 개인들이 자의식적으로 정교하게 만들어내는 경우는 드물고, 대체로 과거에서 물려받아 그대로 사용한다. 그런 만큼, 전통적 쾌락주의에서 상상은 근대문화 속에서 이루어지는 상상만큼 자기통제 하에 있지 않으며, 따라서 한 개인이 깨어있을 때 '상상하는 것'과 잠잘 때 발생하는 상상은 그 지위상 별반 차이가 없다. 물론 그러한 상상들은 마치 밤에 꾸는 꿈처럼 쾌락을 가져다줄 수도 있지만, 마찬가지로 고통스러울 수도 있다. 이 같은 상상이 개인의 자율성을 결여하고 있다는 점은, 예술적 창조성이 꿈꾸기나 마찬가지로 통상적으로 외적 요인들의 활동으로부터 파생되는 것으로 간주된다는 사실 속에도 반영되어 있다.

이와는 대조적으로, 근대의 자기환상적 쾌락주의에서 개인은 그보다는 훨씬 더 상상의 예술가이다. 사람들은 기억이나 현존하는 환경으로부터 이미지들을 취하고, 또 그 이미지들을 자신들에게 특정한 즐거움을 가져다주도록 하는 방식으로 마음속으로 재배열하든가, 그렇지 않으면 개선한다. 이미지들은 더 이상 과거의 경험으로부터 "주어진 것으로 받아들여지지" 않고, 쾌락을 지도원리로 하여 독특한 산물로 정교하게 만들어진다. 이러한 의미에서 현대의 쾌락주의자는 꿈의 예술가이며, 이를 가능하게 하는 것은 바로 근대인이 소지한 특별한 심적 능력이다. 이 과정에서 중요한 것이 그렇게 자각한 감정으로부터 쾌락을 얻어내는 능력이다. 왜냐하면 이미지가 조정될 때 감정도 조정되기 때문이다. 그것의 직접적인 한 가지 결과로, 설득력 있는 몽상들이 창조되기 때문에, 개인들은 마치 그 몽상들이 현실인양 그 몽상들에 주관적으로 반응한다. 이것이 바로 근대 특유의 능력, 즉 꾸며낸 것인 줄 알면서도 진짜인 것으로 느끼는 환상을 만들어내는 능력이다. 개인은 자신의 드라마 속의 배우이자 관객이다. 그가 그 드라마를 구성하고 그 속에서 주연을 맡고 또 그 자신이 총 관객이라는 점에서, 그 드라마는 '그 자신'의 것이다. 이 모든 것들이 쾌락주의의 성격을 급격하게 변화시킨다. 왜냐하면 근대인은 자신의 몽상 속에서 쾌락을 이끌어낼 뿐만 아니라, 그 꿈에서 얻어낸 즐거움이 실제의 삶 속에서 쾌락이 차지하는 지위에 대한 생각을 근본적으로 바꾸어놓기 때문이다.

근대의 자율적인 환상적 또는 상상적 쾌락주의의 성격은 서버(Thurber)의 월터 미티(Walter Mitty)[1] 그리고 홀과 워터하우스(Hall & Waterhouse)의 거짓말쟁이 빌리(Billy Liar)[2]라는 두 가공인물을 언급함으로써 잘 예시할 수 있다. 왜냐하면 이 둘은 모두 '비현실적' 등장인물이기는 하지만, 과장된 형태로나마 근대인이 겪는 심적 경험의 독특한 특징적 성격을 보여주기 때문이다.

월터 미티의 '비밀생활'은, 제임스 서버의 단편소설 원작[3]이 보여주듯

---

1) 〔역주〕 제임스 서버(James Thurber, 1894～1961)는 인간이 현대사회에서 느끼는 좌절감과 불안을 통찰력을 가지고 유머스럽게 다루어 온 작가이자 카투니스트이다. 단편소설 "월터 미티의 비밀생활"(*The Secret Life of Walter Mitty*, 1941)에서 서버가 그려낸 주인공 월터 미티는 터무니없는 공상에 빠져 사는 현대인의 대명사가 되었다. 이 단편소설은 진부한 일상 속에 눌려 사는 공처가 월터 미티가 일상의 몽상을 통해 탈출구를 얻는 과정을 희극적이면서도 서글프게 그린 작품이다. 이 작품 속에서 월터 미티는 따분한 일상을 이겨보려고 전시의 용감한 조종사, 응급실의 훌륭한 외과의사, 그리고 심지어는 대담한 킬러를 비롯해 자신이 속한 사회로부터 주목받는 '영웅적' 인물이 되기를 꿈꾼다. 하지만 현실로 돌아오면 아내는 그를 헐뜯고 구박하며 한편으로는 아예 '약간 정신 나간' 상태로 간주해 버린다. 월터의 상상은 현실도피수단이지만, 아내는 그를 인생 실패작으로 생각한다. 서버는 "이런 상상은 해롭다기보다 유쾌하며 꿈은 각박한 현실의 탈출구이며 무료한 일상을 생기롭게 만드는 방법"이라고 말한다.

2) 〔역주〕《거짓말쟁이 빌리》(*Billy Liar*, 1959)는 영국의 소설가이자 극작가이며 영화대본작가인 케이스 워터하우스(Keith Waterhouse, 1929～)의 소설로, 나중에 연극, 영화, 뮤지컬, TV시리즈로 각색된 작품이다. 이는 요크셔의 스트레드하우톤(Stradhoughton)이라는 가공의 도시에서 부모와 함께 사는 노동계급 청년 빌리 피셔(Billy Fisher)에 관한 세미코미디 이야기이다. 장의사의 하급직원으로서의 자신의 반복적인 무미건조한 생활에 지친 그는, 월터 미티와 같은 공상에 빠져 거짓말을 하거나 대도시에서 코미디 작가로 살아가는 꿈을 꾸며 시간을 보낸다. 하지만 그의 이 같은 과도한 상상은 커다란 대가를 치르게 된다.

3) James Thurber, *The Thurber Carnival*(London: Hamish Hamilton, 1945), pp. 47～51.

이, 서버가 상상 속에서 창조해낸 존재이다. 그렇기에 월터는 아내와 함께 워터베리 시내로 짧은 쇼핑여행을 하러 가서 자신이 신을 오버슈즈와 개에게 줄 강아지 비스킷을 사는 데 여념이 없는 동안에도, 해군기를 조종하여 허리케인을 통과하고, 중요한 작전에서 결정적인 한 단계를 인계받고, 극적인 법정 자백을 하고, 위험하고 '무모한' 임무에 대담하게 지원하여 단독으로 폭격기를 몰고 가는 등 스스로 여러 모험들을 꾸며낸다. 이런 몽상들은 각기 몇몇 실제의 활동이나 사건에 의해 촉발되지만, 그 관계는 때때로 매우 모호하다. 수술실의 장면은 그의 아내가 그에게 장갑을 껴보라고 재촉할 때 그려지는가 하면, 법정 장면은 부분적으로는 그가 무엇을 구매할 것을 요청받았는지를 기억하고자 하는 것이 계기가 되어, "아마도 이것이 당신의 기억을 새롭게 해줄 것입니다"라는 지방검사의 말과 함께 시작된다.[4] 하지만 환상적 경험이 일단 시작되면, 그것은 다른 등장인물과 전체 주제를 유지하기 위한 대사의 도입과 함께 그 자체로 생명력을 지닌다. 그러한 몽상들 중 그 어떤 것도 몇 분 이상 지속되지 못하는 것으로 보이며, 자신의 망상을 통해 자신을 둘러싸고 있는 세계로부터 비켜나 있던 월터의 주의력은 대개는 돌연 현실이 달갑지 않게 침투함으로써 종결된다.

빌리 피셔는 자신과 다른 사람들에 대한 터무니없는 이야기를 꾸며내는 버릇이 있어 '거짓말쟁이'라는 별명을 얻게 되었다. 그의 아버지는 "어처구니없는 거짓말이 아니고서는 그가 두 마디도 하지 못한다"[5]는 사실을 발견했다. 실제로 그는 친구 아서의 어머니가 임신을 한 것으로 믿게끔 부모를 속이는가 하면, 여자친구 중의 하나인 바바라에게는 자기 아버지가 상선대의 승무원이었다가 포로가 된 적이 있다고 말한다. 빌리의 거짓말은 부분적으로는 자신의 고용주가 그가 일터에 나타나지 않은 이유를 확인하고자 할 때처럼 자신의 전반적 무능력과 무책임성을 감출 필요성 때문이기도 하고, 아니면 바바라가 탄복한 칵테일 진열장을 자신이 만들었다는 것

4) Ibid., p. 49.

5) Willis Hall and Keith Waterhouse, *Billy Liar* (*The Play*) (Glasgow: Blackie, 1966), p. 8.

을 흥분해서 말할 때처럼 자신의 평판을 높이려는 욕망 때문에 부추겨지기도 한다. 그러나 그의 거짓말은 대체로 어떤 목적을 가진 것으로 보이지 않고, 자신의 이익을 도모하려는 것과도 거리가 멀다. 하지만 그것은 결국 그에게 불리하게 작용한다. 그의 어머니가 간파하듯이,

> 나는 왜 그 애가 그런 얘기들을 하는지 모르겠어. 그게 대체 무슨 이익이 된다고. 그렇다고 그 애가 그것으로부터 무언가를 얻는 것 같지도 않아. … 그 애가 말하는 것은 우리가 알 수 있는 거야. 그게 내가 이해하지 못하는 거야. 그 애는 내게 과일가게에서 일하는 청년이 독가스에 중독되었다고 말하거든. 헌데 그 애는 내가 화요일마다 거기에 간다는 사실을 알아.[6]

이 구절이 시사하듯이, 빌리는 자신이 계속해서 거짓말을 하고 있다는 것을 알고 있으며, 거짓말을 할 때 그는 허세를 부리거나 그건 "농담일 뿐이야"라고 주장한다. 실제로 그는 자신이 '아주 왕성한 상상력'을 갖고 있으며, 때로는 그것이 자신을 "압도하는 경향이 있다"[7] 고 바바라에게 고백한다. 이것은 그러한 농담들이 몽상하기 버릇에서 나온다는 것을 암시한다. 그러므로 선천적으로 진실을 말할 수 없는 빌리의 명백한 무능력은 그의 고질적인 공상하기와 그것을 일상적 현실에 강요하고자 하는 데서 연유한다.

한 가지 수준에서 보면, 빌리의 공상은 사적이고 은밀한 행위라는 점에서 월터 미티의 공상과 공통점이 있다. 빌리가 자주 그러한 공상하기에 빠져 있다는 사실은, 그가 또 다른 여자친구인 리즈에게 자신이 '모습을 드러내고 싶지 않은' 욕구를 느낄 때마다 자기가 만든 상상의 나라에 '가고', 또 그 나라의 정부와 국민의 윤곽을 제법 상세하게 그려냈다고 고백할 때 드러난다.[8] 그러한 공상들은 또한 몽상가 자신이 '주연'을 맡았다는 점(빌리

---

6) Ibid., p. 48.

7) Ibid., p. 21.

8) 공상하기가 연속성을 가지며 또 공상이 자주 누적적으로 이루어진다는 사실

는 이 나라의 수상이다) 에서 월터의 공상과 닮았다. 또한 두 경우 모두에서 공상가들이 일상적인 현실세계의 세속성과 지루함을 싫어하며, 현실세계에 대처하는 데 아주 무능하다는 것도 분명하다. 따라서 월터 미티는 아내가 자신의 몽상을 뒤흔들 때 그녀가 '아주 낯설게' 느껴지는가 하면,[9] 그러는 동안에는 정기적으로 억지로 시내로 쇼핑가는 것도 싫어한다. 또한 그는 주차안내원처럼 자신이 잘 해내기가 매우 어렵다고 느끼는 일상적인 업무들에서 손쉽게 능력을 발휘하는 사람들에 대해 못마땅해 한다. 빌리는 또한 북부산업도시에서 살고 있는 자신의 삶에 대해서도 분개한다. 그는 자신이 집에서 성가시게 잔소리하는 무감각한 부모와 직장에서의 따분하고 지루한 틀에 박힌 일 사이에 갇혀있다고 느낀다. 그는 또한 출근할 시간에 맞춰 일어나지 못하고, 면도하거나 구두 닦는 일을 잊어버리는 등 처세성과 능력을 현저하게 결여하고 있으며, 대충 적당하게라도 자신의 업무를 수행하지 못한다. 그러므로 이 모든 점에 비추어볼 때, 공상하기는 그가 지루한 세상은 물론 실패한 세상으로부터도 도피할 수 있게 해주는 것으로 보인다.

하지만 다른 측면에서 보면, 빌리의 공상하기는 월터 미티의 공상하기에서는 나타나지 않는 차원들을 가지고 있다. 우선, 빌리의 공상에는 자신 말고도 실제의 인물들을 포함하고 있으며, 사실 이런 습관 때문에, 그는 많은 거짓말을 하게 된다. 이를테면 그는 자신이 가장 확장시킨 '개인적' 공상 — 장지(葬地)에서의 '소장'(小將) 장면 — 속에서조차 방금 돌아가신 할머니에 대한 가상의 이야기를 꾸며낸다. 그러나 두 번째이자 보다 중요한 것으로, 빌리의 공상은 은밀한 것 말고는 그가 말하는 내용을 통해 그

이 비록 월터 미티의 경우에는 분명하게 드러나지 않지만, 상상적 공상가들은 통상적으로 그러한 모습을 드러낸다. W. H. Auden, "Freedom and Necessity in Poetry: My Lead Mine", in Jerome S. Bruner, Allison Jolly and Kathy Sylva (eds), *Play: Its Role in Development and Evolution* (Harmondsworth, Middx.: Penguin Books, 1976), pp. 584~5를 보라.

9) Thurber, *The Thurber Carnival*, p. 47.

리고 때로는 무언의 행동을 통해 드러난다. 어떤 경우에는 그가 자신의 고용주와 전화로 가상의 대화를 하는가 하면, 다른 경우에는 겉으로는 할머니와 대화를 하면서도(할머니만 얘기를 듣지 않고 있다), 런던에서 보낼 자신의 장래에 대해 공상한다. 이 같은 왕성한 상상력의 공공연한 표현은, 때때로 다른 사람들로 하여금 그의 이야기를 수용하게 하고, 그리하여 그들은 가상의 또는 가공된 놀이에 합류한다. 그는 심한 아일랜드 사투리를 쓰면서, 친구 아서와 함께 틀에 박힌 '성가신 직장일'을 마치고는, 둘이 같이 곧바로 빌리가 TV방송에 공헌한 바를 축하하는 모의 수상식에 참석한다.[10] 빌리는 이 같은 방식으로 자신의 공상을 공유함으로써 부분적으로나마 사회적으로 인정받는다. 즉 그의 행동은 '놀이하기' 내지 '게임'과 동일시된다. 하지만 그가 그것들을 혼자서 하고 있다는 것을 알게 될 때, 그의 행동은 당혹감과 조롱을 낳는다. 끝으로, 월터 미티와는 달리 빌리는 공상하기보다는 몽상한다. 다시 말해, 그는 현재와 미래 행위의 가능한 결과를 예상한다(비록 전혀 가능하지 않지만). 이러한 의미에서, 그는 현재의 경험을 상상적으로 확장한다. 이를테면 그는 만약 런던에 가게 되면, 거기서 한 주일 동안 무엇을 할 것인지를 곰곰이 생각할 때, 그렇게 한다. 다른 한편, 월터 미티의 모든 공상들은 현재 행하고 있는 행위가 가져올 가능한 결과와는 완전히 동떨어져 있는 것으로 보인다.

이 두 경우 모두에서 공상이 가져다주는 쾌락을 향한 욕망이 공상하기의 동기라는 점에는 별로 의심의 여지가 없다. 월터 미티가 쉽게 그리고 빨리 공상에 빠져들었다가 갑자기 현실로 되돌아 와야만 했다면, 빌리는 "자신이 원하는 어떤 상황을 머릿속에서 만들어내어 … 철저하게 그것을 즐긴다." 또는 《더 타임스》(*The Times*)의 드라마 비평가가 표현하듯이, "가장 진부한 비평에 따르면, … 그것은 순수한 탐닉의 쾌락을 위해 그가 한때 빠진 개인적 공상이다."[11] 물론 환상에 빠져드는 여정 또한 현실에

10) Hall and Waterhouse, *Billy Liar*, pp. 16～17.

11) Ibid., p. 102.

서 도피하고자 하는 욕망에 의해 부추겨지지만, 다음으로 그것은 일상의 경험이 즐거움에 이르는 길을 많이 제공해주지 못한다는 사실과도 밀접하게 연관되어 있는 것으로 파악할 수 있다. 따라서 공상하기는 근본적으로 쾌락주의의 한 형태로, 그것을 구분해주는 특징은 쾌락적인 감각이 쾌락주의자 자신이 만들어내는 이미지에서 나온다는 점이다. 이 이미지는 환상으로 알려져 있으나, 자극적 효과를 얻기 위해 여전히 현실로 간주된다.[12] 예컨대 월터 미티의 아내는 그가 '긴장한' 듯이 보이고 자동차를 너무 빨리 몰고 있다고 논평한다.[13] 그의 이 같은 행동 특성은 그의 공상하기가 낳은 직접적인 심리적-생리적 결과이다.

근대적 쾌락주의를 상상을 통해 만들어지는 환상과 연계시키는 것은, 쾌락추구가 개인들로 하여금 현실생활에 전념하지 않게 한다는 점을 분명하게 시사한다. 왜냐하면 그 개인들은 꿈에서나 볼 수 있는 속세를 벗어난 즐거움을 추구하기 때문이다. 그것은 실제로 상당 정도 사실이다. 그리고 그것이 바로 현대문화를 특징짓는 '공상적 세계의' 쾌락주의이다.[14] 사실 거짓말쟁이 빌리는 기회가 주어졌을 때 "자신의 꿈을 실현할" 수 있는 행동경로에 착수하기를 거부한다는 점에서 그 같은 성향을 드러낸다. 즉 리즈와 함께 런던에 가서 대본작가로서 살아가고자 애쓰면서도, 공상에 젖은 자신의 현재 존재를 지속하고 싶어한다. 이런 점에서 볼 때, 그는 자기 꿈을 실현해줄 행동지침에 충실하기보다는 공상 자체에 몰두한다. 그것은 그가 감정에 이끌려 리즈에 대한 은밀한 욕망을 고백할 때 분명하게 드러난다.

12) 이러한 측면에서, 월터 미티나 거짓말쟁이 빌리가 통상적으로 망상에 빠져들고 있다는 것을 암시하는 것은 아무 것도 없다는 것을 지적할 필요가 있다. 왜냐하면 그 둘은 비록 공상하기에 몰두하고 있기는 하지만, 꿈과 현실을 구분할 수 있는 능력을 여전히 가지고 있기 때문이다.

13) Thurber, *The Thurber Carnival*, p. 47.

14) 이와 관련해서는 예컨대 아래(pp. 195~98)의 보헤미아니즘에 관한 논의를 보라.

> 나는 그 집에 초록색 베이즈 문이 달린 방을 하나 갖길 원해. 그 방은 클 거야. 그리고 우리가 그 문을 통해 안으로 들어갈 때, 그것은 우리의 나라가 되지. 어느 누구도 그 방에 들어가지 못해. 어느 누구도 열쇠를 갖지 못할 거야. 그들은 그 방이 어디에 있는지도 몰라. 오직 우리만이 알지. 그리고 우리는 주요 도시의 모형을 만들 거야. 당신이 알다시피, 마분지로. 그리고 우리는 장난감 병정을 사용할 수 있을 거야. 색칠도 할 거고. 우리는 백성들을 위해 지도도 그릴거야. 거기는 비오는 날 오후에 갈 거야. 우리는 그곳에 갈 수 있을 거야. 아무도 우리를 발견하지 못할 거야. 거기에는 한쪽 벽을 따라 죽 이어져 있는 경사진 큰 선반이 있을 거야. 당신은 그것을 큰 책상으로 알겠지. 그리고 우리는 그 위에 많은 백지를 놓고, 우리의 신문을 디자인할 거야. 만약 우리가 원한다면, 우리는 제복도 만들 수 있고. 그건 우리의 나라야. …[15]

그가 구상한 이 '놀이방'은 실제로 그가 공상에 빠져들 수 있게 하는 장소임이 분명하며, 빌리가 삶에서 가장 바라는 것은 마음껏 자유롭게 공상하는 것이다. 그는 리즈와 함께 그런 활동을 하고 싶다는 욕망을 분명하게 표현했다. 그러나 기본적으로 그는 월터 미티와 마찬가지로 그저 공상의 쾌락에 사로잡혀, 자기가 몰두하고 있는 것을 방해받지 않고 마음대로 할 자유 말고는 삶에서 요구하는 것이 거의 없다. 하지만 자신이 구성한 환상을 은밀하게 소비함으로써 얻을 수 있는 쾌락에 관심을 가진다고 해서, 그것이 꼭 그처럼 일상생활을 완전히 내팽개치는 방향으로 나가지는 않는다. 적어도 대부분의 성인들에게는 그렇다. 왜냐하면 쾌락은 대체로 공상보다는 몽상 속에서 추구되기 때문이다.

이 논의와 관련된 다양한 정신적 과정과 활동들을 명확하게 구분하는 것은 그리 쉽지 않을 뿐더러, 환상, 공상, 몽상, 가상적인 상상적 사색, 의식의 흐름, 이 모든 것들은 이런저런 방식으로 연관되어 있는 듯이 보인다. 게다가 이러한 단어들의 용법은 표준화되어 있지 않으며, 유력 저자들

---

15) Hall and Waterhouse, *Billy Liar*, p. 75.

은 저마다 이 단어들의 일부를 매우 독특하게 해석해 왔다. 그중에서도 특히 프로이트가 그렇다. 하지만 그가 '환상'(*illusion*)이라는 단어에 부여한 의미가 여기서 사용하는 의미와 다르다는 점은 분명하다. 프로이트는 "원망충족(*wish-fulfilment*)[16]이 그것의 동기에서 하나의 주요한 요인일 때"[17] 믿음을 환상으로 간주한 반면, 여기서는 가장되거나 현혹적인 인상을 지칭하기 위해 환상이라는 용어를 보다 통상적인 방식으로 사용하고 있다. 따라서 환상의 본질은 사람들이 무엇을 믿는가나 왜 믿는가의 문제가 아니라, 그들이 사실이라고 알고 있는 것과 그들의 감각이 보고하는 것 간의 현저한 차이이다. 거울이 보여주는 또는 실제로는 회화에서의 원근법이 표현하는 심도의 환상은 원망충족의 산물이 아니라 대상에 대한 우리의 지식과 경험 간의 불일치를 사람들이 자연스럽게 받아들이고 있는 하나의 현상이다. 중요한 점은, 비록 우리가 문제의 대상들이 평평한 것이 아닌 다른 어떤 것이라고 믿도록 현혹당하지는 않지만, 우리는 일반적으로 그 대상들을 '확인하고' 그것에 반응한다는 것이다. 근대적 쾌락주의의 중심에 있는 것이 바로 이처럼 '마치 ~인 듯이' 반응하는 것이다. 즉 그것은 실

16) 〔역주〕 프로이트는 《꿈의 해석》에서 "꿈은 (억압된) 원망의 (위장된) 성취"라고 말한다. 꿈이 원망성취라는 것은 꿈은 단지 생각을 표현하는 것만이 아니라 환상적 경험 속에서 이미 충족되어 버린 원망을 나타내는 것이기 때문이며, 꿈에서 표현된 원망이 위장되었다는 것은 꿈에서는 자신의 욕망이 그대로 나타나지 않고 여러 변형과정을 통해 드러난다는 것을 의미한다.

17) Sigmund Freud, *The Future of an Illusion*, trans. by W. D. Robson-Scott, revised and newly edited by James Strachey (New York: Doubleday, Anchor Books, 1964), p. 49. 프로이트는 인도로 가는 신항로를 발견한 콜럼버스의 믿음을 '환상'의 한 사례로 든다. 그 이유는 원망충족이 신항로의 구축에 주요한 역할을 수행했기 때문이다. 반면에 그는 기생충이 대변에서 발생한다는 아리스토텔레스의 믿음을 하나의 '오류'로 기술한다. 그 이유는 원망충족이 기생충의 발생에 아무런 역할도 하지 않았기 때문이다. 첫 번째 사례는 차라리 '망상'(*delusion*)이라고 부르고, 개인들이 자신들이 지각하는 것과 아는 것의 차이를 인식하는 경우들에 한해서 '환상'이라는 용어를 사용하는 것이 나을 것 같다.

제로 감각적 자료가 '꾸며진' 것인 줄 알면서도 '실제인' 것처럼 다룰 수 있는 능력이다. 그런데 비록 거울이 보여주는 심도의 환상이 광학법칙의 단순한 기능이고 또 그 관찰자의 의도적인 정신적 활동과는 전혀 관계가 없다고 하더라도, 월터 미티나 거짓말쟁이 빌리의 공상은 동일한 기본 원리를 예증한다고 말할 수 있다. 그들은 자신들이 상상으로 만들어낸 환경들에 대해 그것들이 현실인 것처럼 반응하면서도, 그들 모두는 그 환경들이 실제로는 '꾸며낸' 것이라는 점을 알고 있다.[18]

앞서 언급한 이미지 구성의 여타 범주들을 성공적으로 구분할 수 있을 경우에, 우리는 서로 연관된 여러 차원들을 유쾌한-불쾌한, 있을 법한-있을 법하지 않은, 가능한-불가능한, 의식적으로 지향된-잠재의식적으로 지향된, 생생하게 인식된-희미하게 인식된 등으로 제시할 수 있을 것이다. 이를테면 의식적으로 생각해내지 않은 생생한 이미지는 꼭 즐거울 필요가 없고, 심층에 깔려있는 열망에서 나온 것일 수도 있다. 마찬가지로 혹자는 (아마 예술적 목적으로) 마음속에 아주 불가능한 장면을 떠올리도록 의식적으로 명령할 수도 있다. 이 논의에서 가장 관심을 끄는 범주는 여기서 '몽상하기'라고 명명한 것이다. 몽상하기는 아주 생생한 미래 이미지들을 (의도적으로 또는 우선적으로) 생각해내게 하고 또 그것들을 즐거운 것으로 느끼거나 그렇게 느끼게 하기 위해 그 이미지들을 다듬는 정신적 활동의 형태를 취한다. 다음으로 그러한 즐거운 이미지들은 그것들이 산출할 수 있는 (그리고 어쩌면 차후에 때에 따라 되살아날 수도 있는) 잠재

18) 사실 그들은 거울의 심도나 원근법 같은 '객관적' 환상의 경우에서보다 그러한 이미지들이 꾸며진 것이라는 점을 더 잘 아는 위치에 있다고 말할 수 있다. 왜냐하면 그들이 의식적으로 그러한 이미지들을 만들었기 때문이다. 하지만 이런 발언은 우리를 상이한 범주들의 감각적 자료들이 갖는 존재론적 지위에 관한 논쟁의 흙탕물 속으로 빠뜨리며, 따라서 이는 여기서는 더 해명할 수 없는 문제인 것으로 보인다. 여기서 정신적 현상들이 철학적 의미에서 '비현실적'이라고 암시할 뜻은 추호도 없다. 다만 행위자들은 대체로 자신들이 처한 현재의 상황과 자신들이 만들어낸 상상적 상황을 명확하게 구분하면서 행동한다고만 말해두고자 한다.

적 즐거움을 위해 탐색된다. 이런 탐색은 다소 '통제된' 방식으로 이루어진다. 개인은 경우에 따라 어떤 때에는 그 이미지가 '바라는 대로' 전개되도록 놔두는가 하면, 또 다른 때에는 그것을 '조정'하기 위해 '개입한다'. 그러한 판단들은 상상된 장면을 생각한 것보다 더 유쾌하게 만들든가 아니면 현실의 제약에 보다 부합하게 하는 데 필요한 것일 수 있다. 그 이미지가 쾌락을 가져다준다는 이유로, 현실의 제약을 고려하여 조정하지 않은 채 그대로 진전되도록 놓아둔 이미지를 우리는 '공상'이라고 부를 것이다. 다른 한편, 개인이 경험과 이해를 통해 믿고 있는 것과 꼭 들어맞는 이미지가 전개될 수도 있다. 이같이 예기된 쾌락을 제공하기 위해 어떤 식으로도 수정되지 않는 이미지를 우리는 '상상적 구성'(*imaginative construction*) 또는 예견(*anticipation*)이라고 칭할 것이다.

공상이란 일반적으로 현실에 의해 제약을 받지 않고 상상력을 발휘하는 것을 의미하며, 그리하여 공상은 투명인간이 되거나 자신을 크리스토퍼 콜럼버스나 윈스턴 처칠 같은 역사적 인물로 그리는 것과 같은 불가능한 것들을 포함할 수 있다. 따라서 비록 상상된 시나리오가 자체의 내적 '논리'에 따라 전개되기는 하지만, 그것은 일상적 삶에서 그 가능성들을 제한하는 요소들에 의해 제약받지 않는다. 이와는 대조적으로, 몽상은 곧 다가올 또는 예상되는 실제 사건을 쾌락지향 속에서 상상을 통해 정교화한 것으로 규정할 수 있고, 그 결과 각종 사태들은 (비록 매우 불가능한 것이라고 할지라도) 가능한 것의 테두리 내에서 유지될 필요가 있다. 이런 점에서, 몽상하기는 미래에 대한 상상적 예견 또는 미래에 대한 사색이라는 정상적 과정에 쾌락추구의 원리를 끌어들인다. 그러므로 어린이와 청소년은 커서 어떤 사람이 될까 또는 어떤 사람과 결혼을 할까 하는 몽상을 하는 반면, 어른은 큰돈이 생기면 무엇을 할까 하는 몽상을 한다. 이 같은 몽상하기와 관련한 핵심적 요점은 다른 어떤 이유에서가 아니라 쾌락을 증대시키기 위해 이미지를 정교화한다는 것이지만, 몽상은 여전히 가능성의 요소를 포함하고 있다. 이것이 바로 몽상을 순수한 공상과 구분시켜 준다.[19)]

물론 기존의 사건들이 전개되었을 수도 있는 방식을 상상을 통해 예견해 보는 것은 모든 사회적 행위의 본질적 구성요소이다. 대부분의 경우에는, 행위를 하는 데 실제로 그리 상상이 요구되지 않는다. 왜냐하면 대부분의 행동은 규칙적이고 반복적인 일상의 틀을 따르고, 그 속에서 기대한 바대로 "사태가 진전되기" 때문이다. 말하자면, 우리는 전에 늘 그 길로 다녔기 때문에 다음에 커브길이 있다는 것을 알고 있고, 또 우리는 오랜 경

---

19) 이 논의의 기저에 깔린 가정은, 대부분의 사적인 은밀한 몽상은 그 자체를 위해 의도적으로 몰입하는 즐거운 경험이라는 것이다. 그렇다고 해서 이것이 모든 공상하기나 이미지 만들기가 즐겁다거나 그것이 그저 쾌락을 추구하는 욕망에 반응하여 발생한다고 주장하는 것은 아니다. 인간의 정신적 삶의 특징을 이루는 의식의 지속적인 흐름 속에서, 기억의 회상이나 각종 사건에 대한 상상적 예견은 커다란 부분을 차지하고 있으며, 그러한 활동들은 필히 즐거운 공상과 뒤섞이고 한데 어우러진다. 이 같은 활동 중 일부는 고통스러운 사건이 갑자기 생생하게 생각날 때처럼 괴로울 수도 있으며, 그중 많은 것은 근심이나 죄책감을 유발하는 문제들에 집중될 수도 있다. 하지만 비참하고 우울한 이미지를 관조할 때조차도, 그것이 가져다줄 공포의 전율 때문에, 우리가 그것들을 곰곰이 생각할 가능성도 분명하게 존재한다. 그러므로 우리의 일상적 관행이 우리가 외적 요구에 따르지 않은 채 정신적 이미지를 발전시킬 수 있게 하는 한에서는, 그 이미지들이 쾌락을 가져다주는 방식으로 전개되는 경향이 있을 것이라고 주장하는 것도 합당해 보인다. 그리고 이 같은 점에서 볼 때, 원망(願望)이 동기부여에서 갖는 중요성에 관한 프로이트의 고찰도 매우 적실해 보인다.

하지만 몽상하기를 필시 억압된 욕망에서 생겨나는 퇴행적이고 카타르시스적인 현상이라고 보는 전통적인 정신분석학적 관점은, 분명 일반적으로 받아들여지지 않고 있다. 비록 실제로 몇몇 공상들이 사회적 터부로 인해 만족을 부정당한 원망들 내지 어린 시절의 경험에 뿌리를 두고 있는 원망들을 표현하는 하나의 방식일지라도, 그러한 공상들이 정상적인 개인의 상상적인 내적 삶의 대부분을 구성한다고 가정할 수는 없다. 몽상하기는 정상적인 건강한 개인들이 가진 정신적 경험의 필수적 부분으로 간주해야만 한다. 이를테면 공상하기가 자각을 감소시키는 카타르시스적 기능을 하며 따라서 그것을 '바로 거기에' 존재하는 인간의 재능 내지 능력으로 볼 때 가장 잘 이해된다는 일반적 가정을 뒷받침해 주는 증거는 별로 없다. Jerome L. Singer, *The Child's World of Make-Believe: Experimental Studies in Imaginative Play* (New York: Academic Press, 19 73), p. 119를 보라.

험을 통해 다른 사람들이 어떻게 행하고 말할지를 알고 있다. 그런 만큼 기억은 이미지의 확실한 원천으로서 기여하고, 그리하여 회상과 예견은 서로 상응하는 활동이 된다. 그러나 삶 속에는 돌이킬 수 없는 뜻밖의 일들이 존재하기 때문에, 우리는 예기치 못한 일들을 각오해야만 한다는 것도 경험을 통해 알고 있다. 자동차사고나 불청객같이 이것이 취하는 형태들은 반가이 맞이할 수 있는 것이 아닐 수도 있지만, 그런 것들은 새로운 것이 아닐 수도 있다. 하지만 그럼에도 불구하고 새롭고 자극적인 어떤 일이 언제라도 일어날 가능성은 남아 있다. 바로 이것이 많은 몽상하기의 출발점이다.

그렇다고 이것이 모든 몽상이 현재에서 시작되어야 한다는 것을 뜻하는 것은 아니다. 왜냐하면 우리는 미래의 특정 시점에서 추정할 수도 있기 때문이다.[20] 이를테면 우리는 다가올 휴일에 일어날 일들 내지는 바라던 사건이 마침내 발생하는 미지의 시점에 일어날 일들에 대해 상상할 수 있다. 마찬가지로 몽상이 행위에 영향을 미친다고 해서, 몽상이 누군가의 현재의 행위경로에서 비롯되어야만 하는 것도 아니다. 왜냐하면 판돈을 휩쓸어버리는 몽상을 하기 위해서는 카지노에 가야 할 필요가 있을 수도 있지만, 어느 날 한 멋진 낯선 사람이 당신에게 한눈에 반하게 하는 꿈을 꾸기 위해서는 무언가를 해야만 하는 것은 아니기 때문이다.

'실제적' 경로에서 벗어나기 위해 정신적 이미지를 상상 속에서 가장 많이 변경할 수 있는 방법은, 쾌락추구를 방해하는 요소들 — 비록 그것들이 삶에 내재하기는 하지만 — 을 그냥 무시해버리는 것이다. 로맨틱한 소설이나 영화에서 남자주인공과 여자주인공은 줄거리에 꼭 필요하지 않는 한

---

20) 사람들이 과거에 대해서는 '몽상하지' 말아야만 하는 특별한 이유가 있는 것은 아니다. 그처럼 무언가를 상상적으로 재구성하는 일에는, 일반적으로 실제로 일어났던 일을 좀더 받아들일 수 있고 또 즐거운 것으로 만들기 위해 "만약에 일어났었더라면 하는" 식의 사유노선을 따라 그것을 수정하는 것도 포함된다. 이것은 가능한 것의 테두리 안에 머물러 있다는 점에서 여전히 공상보다는 몽상에 가깝지만, 그 같은 회고적 작업은 '그 다음 번'의 시나리오들에 바탕하여 예기적 작업으로 서서히 변화할 가능성이 매우 크다.

딸꾹질을 하거나 머리가 아프거나 소화불량에 걸리는 법이 거의 없듯이, 우리의 꿈들 속에서는 삶의 사소한 불편함들도 말끔히 제거된다. 이와 유사하게 생활 속에서 동시에 발생하면 행복한 일들이 꿈속에서는 일상적 사건이 된다. 즉 우리는 중요한 바로 그 순간에 가장 돋보이게 되고, 우리가 막 주문을 하려는 참에 웨이터가 도착하고, 우리가 듣기를 고대하던 바로 그 단어들을 다른 사람이 말한다. 이런 식으로 우리의 상상의 경험은 그 특성상 하나의 완벽한 삶의 모습을 그려내게 되고, 이 명백히 작은 시작으로부터 우리의 꿈은 점차 정교한 예술작품으로 발전하여, 누군가가 합당한 근거를 가지고 기대할 수 있는 것으로부터 점점 더 멀어진다.

공상을 가능하게 하는 환경과 사건에는 아무런 제약이 가해지지 않기 때문에, 적어도 원리상 몽상 속에서보다는 공상 속에서 유쾌한 경험을 할 가능성이 더 커 보인다. 하지만 이러한 이점은, 지나치게 공상적인 시나리오들은 그 실현'가능성'이 없고 그리하여 그 생생함과 효력이 '현실'감 있게 다가오지 못한다는 점에 의해 상쇄된다. 따라서 상상적 쾌락주의에서는 완벽함이 주는 쾌락과 현실적 잠재성이 주는 쾌락 사이에, 즉 구속 없이 상상할 수 있는 즐거움과 예견의 즐거움 사이에 근본적인 긴장이 존재한다. 바로 이 같은 이유에서 기존의 삶의 유형 속에서 아주 작은 변화를 꿈꾸는 것이 실제로는 매우 근사한 불가능한 공상보다 더 많은 쾌락을 가져다줄 수도 있다. 다시 말해, 사소한 꿈이 불가능한 공상이 가져다주는 보다 큰 이론적 쾌락을 보상하고도 남는 것을 실현해 줄 수도 있다.[21)]

이 같은 고찰이 시사하듯이, 몽상하기는 엄격한 의미에서의 공상하기에서는 드러나지 않는 한 가지 차원을 가진다. 그것은 가시화된 이미지의 속

21) 몽상하기의 핵심적 특징 중 하나는, 행동이 일정한 투시력을 가지는 것만큼, 마음의 눈으로 보는 장면도 실제로 가능한 미래의 사건으로 간주된다는 사실이다. 미래를 내다보는 이런 감각은 그 이미지에다가 더 큰 실재성을 가미해 주는 데 도움을 주는 한편, 예견된 사건이 발생하기를 바라는 욕망을 증대시킨다. 이 후자와 관련하여, 몽상하기는 사회적 행위를 동기지우는 데 도움을 주는 매우 중요한 요인으로 간주되어야 한다.

성에서 나오기보다는 그것들이 현시화되는 것을 예상하는 것에서 나온다. 이것은 예견된 쾌락에 가까이에 접근할 때 발생하는 예견이 가져다주는 흥분, 달리 말해 욕망의 요소이다. 물론 월터 미티나 거짓말쟁이 빌리와 마찬가지로, 우리도 공상이 가져다주는 쾌락을 욕망할 수 있다. 그러나 몽상하기의 경우, 그것은 이중적인 욕망을 가질 수 있다. 즉 그것은 몽상이 산출하는 쾌락은 물론 몽상의 실현을 예상하는 것과 관련된 쾌락 모두를 욕망한다(사실 이 둘은 분리할 수 없는 것이 된다).[22] 그러므로 공상과는 달리, 몽상하기는 근대적 쾌락주의의 핵심적 요소, 즉 열망하기(*longing*)라는 요소와 밀접하게 연계되어 있다.[23]

열망하기의 발생

스스로 구성한 상상적 경험으로부터 쾌락을 얻는 능력은, 모든 쾌락주의적 활동의 본질적 성격을 결정적으로 변화시킨다. 중요한 점은 근대적 쾌락주의가 이전 시대에는 알려지지 않은 쾌락추구 형태를 그 속에 포함하고 있다는 것이라기보다는, 몽상할 수 있는 능력이 쾌락주의적 행동의 중요한 특징을 이룰 때 쾌락의 성격을 극적으로 바꾸어놓는다는 것이다. 앞서 지적했듯이, 쾌락추구는 본질적으로 특정의 쾌락원천에 접촉하고자 하는 욕망에 의해 동기지어지는 활동이다. 근대적 형태의 쾌락추구에서 특징적인 점은, 몽상하기의 과정이 욕망의 형성과 그 성취 사이에 끼어든다는 것

22) 몽상하기가 가져다주는 쾌락은 또 다른 측면에서도 이중적인 것으로 간주될 수 있다. 왜냐하면 그것이 마치 예술작품이기라도 하듯이, '외부에서' 상상된 시나리오를 보는 데서 나오는 심미적 쾌락은 물론, '마음속으로' 행동하는 참여자가 되는 데서 얻는 쾌락도 존재하기 때문이다.

23) 개인이 정신적으로 건강하지 못하다고 간주될(또는 실제로 그렇게 되어갈) 위험을 감수하지 않는다면, 열망은 분명 공상하기의 본질적 특성이 될 수 없다. 자신이 투명인간이 되기를 갈망하거나 윈스턴 처칠이 '되기를' 갈망하는 사람을 정상적이라고 간주하기란 쉽지 않다.

이다. 그리하여 욕망하기의 양식과 꿈꾸기의 양식이 혼합되어, 꿈의 요소가 욕망 자체로 들어온다.

몽상하기는 아마도 공상 속의 쾌락과 현실 속의 쾌락을 혼합하는 활동으로 가장 잘 이해될 수 있을 것이다. 우리가 살펴본 바와 같이, 순수한 상상적 상황에서 쾌락을 얻을 수 있는가 하면, 다른 한편 즐거움을 가져다주는 실생활의 활동들도 있다. 이 둘을 결합하기 위해서는 지금까지 마주친 경험의 형태들과는 다른 형태의 실제 경험을 상상하는 것이 요구된다. 그것은 기존의 쾌락을 포함하면서도, 사람들의 '공상'의 내용과 보다 긴밀하게 상응하기도 한다. 비록 정의상 공상은 '실현될' 수 없지만, 공상이 예시하는 노선을 따라 실제 경험을 '완성시킬' 여지는 늘 풍부하게 존재한다. 그리하여 현실로부터 얻어지는 쾌락을 증가시키려는 활동은 '꿈'을 실현시키려는 시도와 합체된다.

보다 전통적인 유형의 단순한 쾌락주의적 행동에서는, 상상이 별로 중요한 역할을 하지 않는다. 왜냐하면 예견되는 쾌락의 성격이 과거의 경험을 통해 알려져 있기 때문이다. 쾌락에 대한 기대가 욕망을 촉발하지만, 사람들이 '기대하는' 즐거움은 대체로 그 사람들이 즐거운 것으로 '기억하는' 것이다. 따라서 새로운 대상이나 활동들은 그것이 가져다줄 수 있는 쾌락이 아직 알려져 있지 않기 때문에 그 잠재력을 의심받는 경향이 있다. 다른 한편 근대적 쾌락주의에서는, 만약 어떤 제품이 미지의 특성을 가지고 있다는 것을 보여줄 수 있다면, 그것은 쾌락추구자로 하여금 그것이 주는 만족의 성격을 상상하게끔 하고, 따라서 그것은 몽상할 수 있는 하나의 기회가 된다. 쾌락주의자가 비록 기억으로부터 소재를 이용하고 있기는 하지만, 그는 이제 앞으로의 만족과 즐거움을 상상을 통해 사색할 수 있으며, 따라서 자신이 호감을 가지고 있는 몽상을 욕망의 실제 대상에 부착시킨다. 이런 식으로, 이미 경험한 쾌락에다가 상상에 의한 쾌락이 더해지고, 알려진 것보다 알려지지 않은 것에서 더 큰 욕망을 경험한다.

따라서 쾌락주의에 몽상하기를 도입하는 것은 욕망을 강화할 뿐만 아니라, 욕망하기 자체를 쾌락적인 활동으로 만들도록 도와준다. 전통적인 사람에게는 만족연기(*deferred gratification*)[24] 가 단순히 좌절의 경험을 의미했다면, 근대인에게 그것은 욕망과 성취 간의 행복한 간극이 되고, 그 간극은 몽상하기의 즐거움으로 채워질 수 있다. 이것이 바로 근대의 자기환상적 쾌락주의의 하나의 독특한 특성 — 욕망하기의 양식이 즐거운 불안상태를 만들어낸다는 사실과 소유하기보다는 원망하기가 쾌락추구의 주요한 관심이라는 사실 — 을 드러내준다.[25]

그 결과 욕망의 대상을 획득하는 것은 예견적 몽상하기와 연관된 쾌락을 제거하고, 그러한 쾌락을 '실제' 경험이 갖는 자극적 성격에서 나오는 쾌락으로 대체하게 된다. 하지만 그런 현실적 쾌락은 (반드시 그 영향에서가 아니라 오히려 완전성의 면에서) 꿈속에서 마주치는 쾌락에 필적할 수는 없을 것이다(소수의 사람만이 강력한 자극을 통해 현실과 조응하는 이미지를 불러낼 수 있을 만큼의 강력한 상상력을 가지고 있다). 왜냐하면 우리가 순수하게 쾌락을 위해 구성하는 이미지들은 그 속성상 결함과 불완전성을 전혀 가지지 않기 때문이다(그러한 이미지를 보여주는 것이 연초점으로 찍은 삶의 사진들이다). 불행하게도 실생활은 그와 다르며, 그리하여 "들리는 멜로디도 감미롭기는 하지만, 들리지 않는 멜로디가 더 감미로운" 것은 분명한 사실이다.[26]

따라서 욕망의 성취는 근대적 쾌락주의자에게는 필연적으로 각성의 경

---

24) 〔역주〕 만족연기라는 용어는 프로이트의 현실원리(*reality principle*)와 쾌락원리(*pleasure principle*)에서 나온 개념이다. 쾌락원리는 긴장을 방출하여 본능적 욕구의 즉각적 만족을 얻고자 하는 경향을 말한다면, 현실원리는 궁극적인 만족을 위하여 현재의 욕구의 만족을 연기하는 것을 말한다. 프로이트에서 전자가 무의식의 세계와 꿈의 세계를 지배한다면, 후자는 의식의 세계와 현실세계를 지배한다.

25) 만족연기가 (종국적인 만족을 동반하는) 쾌락을 고양시킨다는 사실에 대한 에피쿠로스적(*epicurean*) 평가는, 늘 쾌락주의적 행동의 한 특징이 되어 왔다. 새로운 것은 매개시대가 상상적인 예견적 꿈꾸기의 즐거움에 몰두할 수 있게 하기 위해 만족연기를 기꺼이 받아들였다는 것이다.

26) "Ode on a Grecian Urn", in *The Poetical Works of John Keats*, ed. H. W. Garrod, 2nd. edn (Oxford: Clarendon Press, 1958), pp. 260~2.

험이다. 왜냐하면 그것은 현실에 견주어 자신의 몽상을 '검증하는' 것이고, 그 결과 무언가를 잃어버렸다는 것을 인식하게 되기 때문이다. 어떤 실제 경험이 상당한 쾌락을 가져다줄 수 있고, 그중 일부는 예견하지 못했던 것일 수 있지만, 그럼에도 불구하고 꿈-쾌락의 속성 중 많은 것들은 존재하지 않는 것일 수밖에 없다. 사실 한 개인이 '꿈 예술가'로서의 기예가 탁월할수록, 그 같은 각성의 요소는 커지기 쉽다. 따라서 현실에 대한 일정 정도의 불만족은 그것에 골몰하고 있는 쾌락주의자에게는 전망으로 나타나기 마련이며, 그것은 적절한 상황에서 공상으로 전환되기도 한다. 하지만 꿈은 계속 진전되어 새로운 욕망의 대상에 부착됨으로써, 환상적인 쾌락을 다시 한 번 더 경험하게 될 것이다. 이러한 방식으로, 근대적 쾌락주의자는 현실에 맞서는 만큼이나 연달아 현실로부터 계속해서 물러서고, 필요할 때 자신의 몽상들을 늘 다시 만들어내어 그것들을 욕망의 대상들에 부착시키고, 그런 다음에는 그 몽상들이 획득되고 경험되었기 때문에 (그리고 그럴 때에) 그 몽상들을 그러한 대상들에서 '털어내 버린다'.

우리는 이것이 전통적 쾌락주의를 특징짓고 있는 것에서 욕망하기의 성격을 어떻게 바꾸어놓는지를 쉽게 인식할 수 있다. 사람들이 알고 있는 것과 과거에 경험했던 것을 욕망하거나 아니면 현재 도입한 새로운 것에 대해 (만약 궁금하다면) 호기심을 가지는 것은 통상적인 일이다. 그러나 근대적 쾌락주의에서는, 상상력을 이용하여 쾌락을 완성하고 그것을 미래경험에 투사하는 경향은, 어쩌면 사람들이 지금까지 아무도 전혀 경험하지 못한 것을 욕망할 수도 있다는 것을 뜻한다. 하지만 이것은 하나의 실제 대상에다가 환상적인 주문을 걸고, 그런 다음 그것을 우리 꿈속에 있는 것과 동일시하는 문제 이상의 것일 수 있다. 왜냐하면 우리가 현실 속에서 우리 꿈에 상응하는 어떤 것을 실제로 '발견하기'에 앞서, 우리는 우리 꿈의 실체를 믿을 수도 있기 때문이다. 그런 만큼, 우리의 행동은 욕구하는 '미지의' 대상을 찾기 위해 상상에 의해 개시된 하나의 허술한 탐구일 수도 있다. 근대적 쾌락주의의 이 같은 특징적 측면은 '열망하기'라는 용어로 가장 잘 지칭될 수 있다. 이것은 어떤 실제 대상이 존재하지 않은 채 발생한다는 점에서 욕망하기와 다르다. 달리 말하면, 비록 사람들이 항상 뭔가를 욕망하는 것이 틀림없지만, 우리는 무엇인지를 알지 못하는 것을 … 열망할 수 있다.

열망과 (명확한 대상이 없는) 항시적인 불만족은 자기환상적 쾌락주의가 낳은 독특한 광경의 상보적 특징들이며, 이들 둘 다 몽상하기의 실행이 낳은 불가피한 결과라고 말할 수 있다. 왜냐하면 현실의 절박한 상황에 더 많이 집중하기 위해서나 아니면 지나친 공상을 막기 위해, 개인들이 개인적으로 상상적 쾌락을 추구하는 것을 얼마나 억제하고자 하든 간에, 거기에는 그러한 조치가 너무 늦은 것 같다는 인식이 항상 자리하고 있기 때문이다. 그것이 너무 늦은 것 같다고 보는 이유는, 그들이 꿈의 나무에 열린 금지된 열매를 이미 따 먹어버렸기 때문이다. 즉 그들은 비현실적인 삶의 그처럼 특정한 단편을 '살아 왔고' 그것의 기쁨을 맛보았을 것이며, 그 결과 (그들이 원하든 그렇지 않든) 그것의 현실성은 이제 그 기준에 의해 판단될 것이다. 그런 만큼, 몽상하기는 자신들이 이끌어가는 삶에 대해 자신들이 느끼는 방식에 돌이킬 수 없는 영향을 미친다.

물론 이것이 개인들이 '현실을 자각할' 수 없다거나 그들의 꿈과 그들을 둘러싼 현실세계 간의 차이를 인식할 수 없다는 것을 의미하지는 않는다. 실제로는 그것은 어느 때보다도 더 잘 감지된다. 그들은 자신들이 "단지 몽상만 했을 뿐"이며 당연히 "삶은 그것과 다르다"고 말하면서 자책하기도 한다. 그들은 아직 발생하지 않은 사건들에 대해 보다 '실감나게' 예견하기 위해 지식과 이성을 이용하여 자신들의 몽상을 '바로잡으려고' 하기까지 한다. 그러나 이 중 어느 것도 꿈으로부터뿐만 아니라 그 꿈을 현실로 상상하는 것으로부터도 상당한 쾌락이 얻어진다는 근본적 사실을 바꾸어놓지는 못한다. 그 결과 꿈을 바로잡으려는 노력에도 불구하고, 꿈을 실현시키려는 욕망은 그대로 남아 있게 된다. 그들은 꿈이 실현되리라고 기대하지는 않지만, 그 희망은 좀처럼 근절되지 않는다. 따라서 그들이 일반적으로 몽상을 '떨쳐버림'으로써 성공하는 것이라고는, 이미 생겨난 욕망을 무시하거나 억누르는 것뿐이다. 하지만 그 욕망은 아마도 조만간에 어떤 대

상, 사람 또는 사건을 찾아내어 순식간에 그것들과 결합하게 될 것이다.[27]

이상의 분석을 놓고 볼 때, 대중적인 통념과는 반대로, 근대 특유의 쾌락추구는 만족연기와 대립되는 것이 아니라, 그것과 기본적으로 결합되어 있다. 관심의 초점이 몽상하기의 즐거움과 욕망하기에 있기 때문에, 실질적인 만족은 이미 연기되어 있는 상태이다. 사실 만족연기는 그 극치를 경험하기 위해 돌진할 때보다도 쾌락을 이끌어낼 기회를 더 많이 가지게 한다. 왜냐하면 거기에는 성취라는 예견된 드라마에서 이끌어낸 쾌락에 더하여, 욕망이라는 즐거운 불안을 낳는 현재의 결핍이 유발한 '고통'과 연관된 쾌락들도 존재하기 때문이다. 근대적 쾌락주의의 주요 특징인, 쾌락과 고통의 긴밀한 결합은 대체로 여기서 연원한다. 따라서 현대의 쾌락주의자는 만족이 연기되고 방해받는 것을 기꺼이 받아들일 뿐만 아니라 쾌락의 원천을 서둘러 폐기하기도 한다. 왜냐하면 그럼으로써 그는 슬픔, 비애, 향수는 물론 자기연민의 감정을 탐닉할 수 있는 기회를 극대화할 수 있기 때문이다.

근대 소비주의 정신

이제 근대 소비주의의 성격을 설명할 수 있는 적합한 이론을 탐색하는 문제로 되돌아가야 할 때이다. 돌이켜 볼 때, 여기서의 난점은 본능 또는 외적 조작을 강조하는 결정론적 소비행동이론이 소비이론을 지배한 데서 비롯된 것이었다. 반면 개인을 자신의 욕구형성에 적극적으로 개입하는 존재로 설정하는 유일한 사유전통은 경쟁심리적 욕망을 강조했다. 그런데 이 해법은 근대적 소비주의와 전통적 소비주의를 구분하지 못하며, 게다가 근대적 유행이라는 마찬가지로 해명되지 않은 현상 속에 수수께끼를 재

---

27) 물론 이것이 바로 개인들이 '첫눈에 반할' 때 일어나는 일로, 이것은 평소에 가장 바라던 꿈이 실현되는 것과 실제의 특정 인물에게 '홀리는 일'이 서로 결합되는 과정이다.

위치시킬 따름이었다. 앞으로 풀어나가야 할 난제는 새로운 욕구가 어디서 나오는가 내지는 왜 욕구가 무진장 공급되고 있는 것처럼 보이는가 하는 문제뿐만 아니라, 어떻게 해서 개인들은 현재 자신들에게 만족을 가져다주는 제품 및 서비스로부터 초연해지는가 하는 문제까지를 포함한다. 이제는 그런 활동을 근대의 자율적인 상상적 쾌락주의의 성장으로 바라봄으로써, 이들 문제에 대한 답변을 정식화할 수 있음을 알 수 있을 것이다. 실제로 짐작할 수 있다시피, 18세기 영국의 소비혁명과 연계되고 또 소설, 낭만적 사랑, 근대적 유행의 발흥을 가져온 독특한 문화복합체는, 은밀한 몽상하기 습관의 광범한 확산과 연계되어 있었다. 여기서 요구되는 중요한 통찰은, 개인들이 제품에서 만족을 추구한다기보다는 그 제품과 연관된 의미로부터 구성한 자기환상적 경험으로부터 쾌락을 추구한다는 것을 깨닫는 것이다. 따라서 소비의 본질적 활동은 제품을 실제로 선택하거나 구매하여 사용하는 것이 아니라, 제품의 이미지가 그 제품에 부여하는 상상적 쾌락을 추구하는 것이다. 즉 '실제의' 소비는 대체로 이러한 '심리주의적'(*mentalistic*) 쾌락주의의 결과이다.[28] 이런 식으로 보면, 새로움은 물론 만족할 줄 모르는 성격을 왜 강조하는지를 이해할 수 있다.

근대적 소비자는 친숙한 제품보다는 새로운 제품을 욕망할 것이다. 왜냐하면 신제품이 소비자로 하여금 그것을 손에 넣고 사용하는 것이 지금까지 현실 속에서는 전혀 마주치지 못했던 경험을 가져다줄 것이라고 믿게 만들기 때문이다. 그리하여 그가 이미 몽상 속에서 경험했으나 현재 소비하는 친숙한 제품과는 결부시킬 수 없는 이상화된 쾌락의 일부를 그 제품에 투사할 수 있게 된다. 이른바 '신'제품이 실제로 추가적인 효용이나 새로운 경험과 유사한 그 어떤 것도 제공하지 않을 것이라는 주장은 대체로 적실하지 못하다. 왜냐하면 모든 실제의 소비는 어떠한 경우에도 환상에서 깨어나게 하는 경험을 수반하기 때문이다. 중요한 점은 어떤 제품에 대

---

28) 이렇게 볼 때, 베블런은 제품의 효용보다는 그것의 문화적 의미를 강조했다는 점에서 실제로 옳았다. 하지만 불행하게도 그는 그것을 아주 모호한 인간본성이론과 결부시킴으로써 단 한 가지 아주 특수한 형태의 의미만을 강조하고 말았다.

해 '새롭다'는 인상을 가지는 것은 잠재적 소비자로 하여금 자신이 꿈꾸는 쾌락의 일부를 그 제품에다가 부착시키고, 그럼으로써 그 대상의 획득과 사용을 꿈의 실현과 결부시키게 한다는 것이다. 이러한 동일시가 발생하자마자, 그 제품은 '욕망'의 대상이 된다. 왜냐하면 몽상하기의 실행에 의해 생겨난 강렬한 열망의 일부가 해당 제품과 결합되기 때문이다. 따라서 가시적 소비행위는 복잡한 쾌락주의적 행동유형의 작은 부분에 지나지 않으며, 소비의 대부분은 소비자의 상상 속에서 이루어진다.

바로 그 같은 몽상하기의 실행이 열망이라고 지칭되어 온 불명확한 욕망을 유발하기 때문에, 새로운 욕구의 창출에 요구되는 것은 환경 속에 일정 정도 "새로운 것으로 간주될" 수 있는 대상이 존재해야 한다는 것뿐이다. 그리고 그 대상은 환상적 이미지와 동일시되기에 충분할 만큼만 현재 소비되고 있는 대상과 차별성을 지니면 된다.[29] 분명 제품의 '실제' 성격은 소비자가 그것과 관련하여 믿는 것에 비하면, 그리하여 그것이 '꿈의 소재'로서 갖는 잠재력에 비하면 그리 중요하지 않다.

이런 해석에 비추어볼 때, 근대 소비주의 정신은 물질주의적인 어떤 것이 결코 아니라는 것이 분명하다. 현대 소비자가 대상을 획득하고자 하는 만족할 줄 모르는 욕망을 가지고 있다는 관념은, 사람들로 하여금 재화를 가지고 싶어하게 만드는 메커니즘을 심각하게 오해하고 있다. 현대 소비자들의 기본적인 동기는 상상 속에서 이미 맛본 즐거운 드라마를 현실 속에서 경험하고자 하는 욕망이며, 각각의 '신'제품은 이러한 야망을 실현시킬 가능성을 제공해 주는 것으로 간주된다. 하지만 현실은 몽상 속에서 마주친 완벽한 쾌락을 결코 제공할 수 없기 때문에(또는 거의 제공하지 않든가, 부분적으로만 제공하든가, 아니면 아주 이따금 제공하기 때문에),[30] 모

29) 실제로 개인이 꿈꾸는 경험들은 크게 다른 것이 아니라, 대중 로맨스소설이나 서부극의 경우에서처럼, 표준적인 주제에서 약간의 편차를 보이는 경향이 있다. 마찬가지로, 신제품이 새로운 욕망을 환기시키기 위해서는 구제품과 크게 달라서는 안 된다.

30) 오랫동안 욕망하던 제품의 획득을 실제로 꿈을 실현한 것으로 보고자 하는 믿

든 구매는 문자 그대로 미몽에서 깨어나게 하며, 이것이 바로 어떻게 해서 욕구가 그토록 빠르게 소멸되는지 그리고 왜 사람들은 재화를 획득하는 것만큼이나 빠르게 재화를 폐기하는지를 설명해준다. 하지만 몽상하기 자체가 만들어내는 근본적 열망은 소멸되지 않으며, 따라서 욕망의 대체물로 기능하는 새로운 제품을 찾아내기 위해서는 아주 커다란 결단이 요구된다.

환상과 현실의 이 같은 역동적인 상호작용은 근대 소비주의 그리고 실제로는 근대적 쾌락주의 일반을 이해하는 열쇠이다. 이 둘 간의 긴장은 '현재상태'에 대한 불만족과 '더 나은 것'에 대한 갈망에 대한 동시적 인식과 함께 하나의 항구적 양식으로 열망을 낳는다. 그 이유는 원망지향적 몽상하기가 미래를 완전히 환상으로 가득 찬 현재로 변모시키기 때문이다. 사람들은 전통적 쾌락주의에서처럼 감각적 쾌락추구의 사이클을 반복하는 것이 아니라, 상상에 의한 쾌락과 경험에 의한 쾌락 사이의 간극을 좁히려고 지속적으로 노력한다. 사람들이 현실에서 겪는 경험이 무엇이든지 간에, 그들은 그것을 보다 즐거운 것으로 보이게 만들기 위해 그것을 상상 속에서 조정할 수 있다. 따라서 환상은 늘 현실보다 나으며, 기대는 현실보다 더 흥미롭다.

이것이 의미하는 바는, 근대적 쾌락주의에서는 쾌락이 단지 경험의 성질만이 아니라 경험의 자기환상적 성질도 가진다는 것이다. 점차 쾌락은 우리가 스스로 구성해 온 경험들과 결부된 하나의 상품이 된다. 즉 그것은 우리 자신의 욕구에 맞게 우리가 '재단해 온' 어떤 것이다. 하지만 우리는 우리가 그렇게 해 왔다는 것을 알고 있다. 즉 우리는 우리가 경험하고 싶은 것(또는 오히려 경험하고 싶지 않은 것, 즉 실재하는 것)에 대해 '몽상하

음은, 물론 그것을 구매한 후에 당분간은, 특히 그것을 구매하여 사용하기까지의 기간 동안에는 유지될 수도 있지만, 이것이 사실이라고 믿고 싶어하는 욕망은 동틀 무렵에 서서히 환상에서 깨어날 것이다. 실제로 목표의 전치과정을 통해 획득 자체가 꿈의 중심적 목표가 되었을 수도 있다. 하지만 이 중 어느 것도, 현실의 쾌락이 꿈의 쾌락의 경험이 만들어 놓은 기대에 부응하지 못할 것이라는 사실을 변경시키지는 못한다.

고' 공상한다는 것을 인식하고 있다. 하지만 그러한 '현실주의'는 우리가 (환상이 가져다주는 쾌락에는 훨씬 못 미치는) 실제의 쾌락을 제공하는 삶에 대해 불만족하게 만드는 결과를 초래할 뿐이다. 하지만 우리는 어디에선가 환상이 가져다주는 쾌락을 현실 속에서도 틀림없이 경험할 수 있다고 확신한다. 이로부터 현존재에 대한 불만족이 발생하고, 그 결과 새로운 쾌락이 기대된다면 그것이 무엇이든 기꺼이 움켜잡고자 한다. 이것이 바로 근대적 열망의 태도가 갖는 특징이다.

이러한 역동성은 다른 소비자의 활동과는 거의 또는 전혀 관계가 없으며, 그 계기를 유지하는 데에는 모방도 경쟁심리도 필요 없다는 것 역시 분명하다. 욕망-획득-사용-각성-갱신된 욕망이라는 사이클은 근대적 쾌락주의의 하나의 일반적 특징이며, 의복이나 음반 같은 문화상품의 소비만큼이나 낭만적 대인관계에도 적용된다. 그러므로 그것은 '비가시적' 소비와 과시적 소비 모두의 특징이다. 그리고 비록 다른 소비자의 활동과 태도가 새로운 제품이 욕망의 초점이 되는 것에 영향을 미치기는 하지만, 소비는 지위나 위세를 추구하는 태도와 관련된 그 어떤 전제조건도 필요로 하지 않는다.

사람들의 몽상과 사람들이 재화와 서비스를 선택·구입·사용·처분하는 것 간에 밀접한 관계가 있다는 것은 많은 광고의 특성 속에서 분명하게 드러난다. 광고는 일반적으로 특정 제품들을 사람들이 소중히 여기는 환상과 결부시키고, 그럼으로써 욕망을 일깨우고자 시도하면서 필요보다는 꿈에 역점을 둔다. 그러나 제품에 꿈이 부착되는 과정은 전적으로 광고업자의 노력에만 의지하지 않는다. 왜냐하면 개인들은 광고의 이미지나 광고문구의 도움 없이 카탈로그나 상점의 쇼윈도 속에서 보이는 것들을 가지고도 맹목적으로 공상할 수 있기 때문이다. 따라서 비록 광고업자가 사람들이 몽상하고 실제로 그 꿈들을 키워나간다는 사실을 활용하기는 하지만, 몽상하기의 실행은 근대사회에 특유한 것이며, 몽상을 지속적으로 존재하도록 하기 위해 상업적 광고제도가 요구되는 것은 아니다.

버지니아 울프의 단편소설 〈새 드레스〉(*New Dress*)[31]는 몽상과 제품

사용 간의 관계를 일정 정도 시사한다.[32] 한 젊은 여인이 다소 색다른 디자인의 드레스 한 벌을 가지고 있다. 그리고 그녀는 그 옷을 처음 입어보고 거울을 들여다보고는 거기에 비춰진 자신의 모습에 매우 만족해한다.

> 얼굴이 환해지며, 그녀는 갑자기 생기가 돌았다. 근심과 주름살이 없어지고, 그녀가 **꿈꾸던 모습, 즉 아름다운 여인이 거기에 나타났다.** 아주 잠깐 동안 … 화려한 장식의 마호가니 틀 속에서 그녀의 모습, 신비롭게 웃고 있는 매력적인 회백색의 소녀, 그녀의 속마음, 그녀의 영혼이 보였다. 그녀가 그것을 아름답고 은은하고 순수하다고 생각한 것은, 허영심 때문만이나 자만 때문만은 아니었다.[33] (강조 첨가)

불행하게도 후에 그녀가 처음으로 그 드레스를 입고 파티에 갔을 때, 모든 사람이 그녀를 우스꽝스럽게 본다는 확신을 이기지 못한 나머지 "현실을 완전히 깨닫게 되자" 그 꿈은 사라진다.[34] 여기서 우리는 한 제품을 사용

---

31) 〔역주〕 버지니아 울프의 단편소설 〈새 드레스〉는 1925년에 출간된 《댈러웨이 부인》(*Mrs. Dalloway*)을 집필하던 중인 1924년에 집필되어 1927년에 뉴욕 월간잡지 《포럼》(*Forum*)에 발표된 작품이다. 이 이야기는 주인공 메이블이 댈러웨이의 파티에 유행을 거슬러 고풍스런 새 드레스를 입고 도착했을 때, 그녀가 조롱거리가 되고 있음을 확신하고 겪게 되는 비참함과 열등감을 그리고 있다. 울프는 이 소설에서 메이블의 드레스에 대한 다른 사람들의 반응에 대한 느낌을 "접시에 빠진 파리"로 비유하고 있다. 본문 중의 인용부분은 양재사 밀란의 작고 지저분한 작업실에서 그가 만든 옷을 입었을 때 거울에 비친 모습이다. 하지만 그녀가 그러한 공상에 빠진 데에는 양재사의 조언과 그녀의 경제력도 일조하고 있다. 이 소설에서도 드러나듯이, 울프의 소설은 "아주 평범한 일상 속의 개개인의 생각과 감정을 놀라울 만큼 세밀하게 묘사함으로써, 읽는 사람으로 하여금 독특하면서도 보편적인 개개인의 경험세계에 빠져들게 한다는 데 있다"고 평가받는다.

32) Virginia Woolf, *A Haunted House and Other Stories*, 1962 edn (London: The Hogarth Press, 1944), pp. 49~58.

33) Ibid., pp. 51~2.

34) Ibid.

하고 나서 환상에서 깨어나게 될 때, 하나의 꿈과 하나의 제품이 처음에 결합되는 기본 유형을 인식할 수 있다. 물론 누군가의 꿈이 실현되었다는 확신이 그토록 전적이거나 강렬할 필요는 없으며, 여기서 묘사한 바와 같이, 종국적인 각성이 그토록 즉각적이고 완전할 필요도 없다. 그러나 그럼에도 불구하고 그 사이클 자체는 보편적인 것처럼 보인다. 그녀가 자신이 '아름다운 여인'이라고 꿈꾸는 습관이 있었는지 그리고 그 경우에 그 드레스가 꿈이 현실이 되게 하는 마법의 수단인지를 인용문이 어떻게 드러내고 있는지에 주목해 보자. 혹자는 그로 인한 각성이 꿈이 아니라 특정 드레스에 국한되어 있어, 그 꿈이 차후에 다른 드레스에 부착될 가능성이 남아 있는 것은 아닌가 하고 의심하기도 한다.

제품 및 서비스에 대한 상상적 즐거움이 현대 소비주의의 결정적 요소라는 점은, 제품 자체보다는 제품의 표상이 우리 문화 속에서 중요한 위치를 차지하고 있다는 사실을 통해서도 드러난다. 이는 명백한 상업광고나 카탈로그뿐만 아니라 잡지, 정기간행물, 포스터, 카드, 달력, 심지어는 예술작품에서도 사실이다. 이것들 중 많은 것에서 특정 제조업자와 유통업자(즉 광고업)를 위한 표상과, 주로 오락을 위해 만들어진 이미지 간의 경계를 구분하기란 쉽지 않다. 왜냐하면 그것들 모두는 상상적 쾌락주의를 조장하는 동일한 기능을 수행하기 때문이다. 달리 말하자면, 사람들은 소설이나 영화를 즐기는 것과 동일한 방식으로 이들 이미지를 '즐긴다'.[35)] 이미지들이 갖는 꿈의 성격은 이것이 사실이라는 점을 분명하게 시사한다. 왜냐하면 사람들은 통상적으로 자신들이 구입할 여유가 없는 (쉽게 살 수 없는) 제품의 모습을 바라보며 즐기는 것이 사실이기 때문이다.

다음으로 이것은 근대 소비주의의 또 다른 특징, 즉 윈도우쇼핑 습관과 연관된다. 오늘날 사람들이 '가장 살 만한' 것을 확정하기 위해 가격을 비

---

35) 사람들이 광고로부터 '심적 만족'을 얻는다는 것은 오래 전부터 알려진 사실이기는 하지만, 사회과학자들 사이에서는 이것을 상대적으로 사소한 것으로, 즉 사회경제적 행동을 이해하는 데 있어 전혀 커다란 중요성을 가지지 않는 것으로 다루는 경향이 있었다.

교한다는 의미에서 물건들을 '둘러보고' 다닐 수도 있지만, 그들은 실제로는 아무것도 사지 않으면서 '쇼핑하기'에 정신이 팔릴 수도 있다. 하지만 그들은 분명 그러한 경험으로부터 쾌락을 이끌어낸다. 물론 그 즐거움이란 부분적으로는 디자이너와 쇼윈도 장식가의 솜씨를 평가하는 것을 포함하여, 엄밀한 의미에서 심미적이다. 하지만 거기에 더하여, 눈에 보이는 대상을 상상적으로 사용하는 것에서, 즉 살펴본 옷을 마음속으로 '입어'보거나 누군가의 방에 비치된 가구를 '바라보는' 데서 쾌락을 느낄 수도 있다.36)

이상의 고찰로부터, 우리는 근대사회에서 팔려고 내놓은 문화상품들 중 많은 것들이 실제로는 그것이 몽상을 구성하는 데 도움을 주기 때문에 소비된다는 것을 알 수 있다. 이것은 소설의 경우에 가장 명백하지만, 라디오와 텔레비전 프로그램은 물론 회화, 연극, 음반, 영화에도 적용된다. 대부분의 경우에 문화상품이 상징하는 유형화된 자극으로부터 직접적인 감각적 만족을 얻어내지만, 더 큰 만족은 문화상품이 그것을 환상적 즐거움을 위한 소재로 사용하도록 공공연히 유혹한다는 데서 비롯된 것일 수도

36) 사람들이 어떤 새로운 제품을 구입할 가치가 있다고 확신하기에 앞서 그것을 상상적으로 '사용해' 볼 수 있어야 한다는 것은 물론 사실이다. 책상이 너무 큰지 알아보기 위해서는 그것을 '상상적으로 사용해 보아야' 하고, 빨간 구두를 붉은 빛 드레스와 같이 착용했을 때 색상이 잘 어울리는지를 알아보기 위해서는 그 모습을 '상상해 보아야' 한다. 이런 점에서 볼 때 상상능력의 소지는 비록 전통적 소비자에게는 반드시 필요하지 않지만, 근대적 소비자에게는 명백한 필수품이다. 그러나 이것은 욕망의 산출에 필수적인 자기중심적 형태의 상상과는 달리, 상상을 근본적으로 비인격적으로 사용하는 것이다. 이 같은 상상적 실행은 욕구의 파라미터들을 보다 정확하게 구체화하는 경우에만 적실하다. 따라서 어떤 사람은 공부하기에 적합한 책상을 '필요로 하고' 또 어떤 사람은 이미 구입한 드레스와 어울리는 구두를 갖고 싶어한다는 것은 분명한 사실이다. 하지만 책상이나 구두에 대한 욕망을 느끼기 위해서는 (비록 모호하다고 할지라도) 그것들이 자신이 꿈꾸는 모습과 연관되어 있어야만 한다. 그들은 책상에서 공부를 하는 자신의 모습이나 구두를 신은 자신의 모습으로부터 즐거움을 얻을 수 있어야만 한다.

있다. 이런 용도는 그 특성상 필연적으로 은밀하거나 개인주의적이지, 그 성격상 공동체적일 수는 없다.[37]

〔그렇지만 — 역자첨가〕 이것이 음악회나 연극, 영화의 관객들의 경우처럼 개인들이 자기 자신의 사적 세계에 빠진 채 그저 나란히 앉아 있지 않을 수도 있다는 것을 의미하지는 않는다. 또한 이들 사례 중 일부에서는 환상의 성격이 이미 제시되어 있는 것에 의해 강력하게 구조화되어 있기 때문에, 상이한 개인들이 대략적으로 유사한 경험을 할 수도 있다. 그럼에도 불구하고 여기에서조차 개인들은 다른 허구적 등장인물과 일체감을 가지거나 이야기의 대립지점에서 서로 다른 정도의 감정으로 반응할 수도 있다. 이러한 점에서 볼 때, 두 사람이 결코 동일한 소설을 읽을 수 없듯이, 제품에 대해 두 개인이 겪은 경험도 동일할 수가 없을 것이다. 이들 문화상품을 몽상 자체로보다는 몽상을 위한 소재로 제공되는 것으로 인식하는 경향이 있는 것도 바로 이 같은 이유에서이다. 이것이 중요한 이유는, 개인들은 자신이 거주할 '가상의'(*as-if*) 세계를 구성하기 위해서는 각종 단어, 그림, 소리를 적극적으로 이용해야 하기 때문만이 아니라, (어쨌든 문제의 문화상품과 접촉하기에 앞서 있었던) 몽상하기과정은 직접적인 접촉이 중지된 이후에도 오랫동안 지속될 것이기 때문이기도 하다. 즉 특정 영화나 소설과 결부된 이미지들은 즐거움을 가져다주는 방식으로 계속적으로 상기되고 윤색된다. 이런 점에서 볼 때, 거짓말쟁이 빌리가 자신의 상상의 나라에서 그랬던 것처럼, 개인들은 거듭해서 꾸게 되는 유력하거나 반복적인 몽상이나 공상을 가지고 있을 수도 있다. 책이나 영화에서 이끌어낸 이야기나 이미지의 단편들은 자주 이처럼 계속해서 확장되고 있는 꿈

---

37) 욕망이 자기중심적 꿈에 의존한다는 것을 강조한다고 해서, 모든 소비가 순전히 이기적인 관심에 의해 동기지어진다는 것, 즉 어떤 제품에 대한 욕망이 그 제품을 통해 마음속에 쾌락적인 상상적 장면을 그려낼 수 있는 소비자의 능력과 연관된다는 것만을 의미하지는 않는다. 주로 다른 사람에게 선물하기 위해 구입하는 꽃, 초콜릿, 보석 같은 물건들 중 많은 것들이 여전히 이 같은 측면에서 조명될 수 있다.

이라는 건축물의 주춧돌로 사용된다. 이 건축물이 머지않아 엄청난 비중을 차지할 수도 있다.[38)]

또한 이 논지로부터, 우리는 한 개인이 갖는 선호의 전형적인 유형으로 간주되는 '취향'이 대체로 몽상하기와 함수관계에 있음을 알 수 있다. 한 가지 수준에서 보면, 이것은 아주 명백하다. 왜냐하면 만약 한 사람은 탐정소설을 좋아하는 '취향'을 가지고 있고 또 다른 사람은 서부영화를 좋아하는 '취향'을 가지고 있다면, 그것은 그들이 가지고 있는 공상-쾌락의 성격이 다르다는 것을 또 다른 방식으로 말하고 있는 것이기 때문이다. 하지만 그것은 한 개인의 선호 — 말하자면, 고전음악보다는 재즈를 좋아하고 백포도주보다는 적포도주를 좋아하는 것 — 가 그의 몽상과 결합되는 방식에서는 훨씬 덜 명백하며, 개성이나 전기적 경험 같은 요소도 영향을 미칠 수 있다는 점을 인식하는 것이 필요하다. 그럼에도 불구하고 한 개인에게 많은 쾌락을 가져다주는 활동과, 그가 자신의 '마음의 눈' 속에 존재하는 자신을 상상하기를 즐기는 자아 간에는 일반적인 관계가 있다고 여전히 추정할 수 있다.

보다 근본적인 점은, 몽상하기가 갖는 중요성과 보편성을 인식하는 것이, 모든 근대적 소비자들이 공유하는 새로운 것을 추구하고자 하는 기본적인 취향, 그리고 그럼으로써 모든 근대 소비주의 제도들의 가장 중심에 존재하는 것 — 즉 유행현상 — 을 추구하고자 하는 취향을 설명하는 데 도움을 준다는 것이다. 그것은 개별 소비자들이 새로운 유행을 따르도록 조작된다는 주장이나 새로운 유행이 사회적 지위에 대한 강박관념의 결과라는 주장에 의지하지 않고서도, 왜 개별 소비자들이 새로운 유행을 열렬히 추구하는가 하는 질문에 대한 답변을 제공한다. 게다가 그것은 몽상을 실현하고자 하는 노력을 지속하기 위해서는, 고상한 심미적 의미를 지닌 제품들에다가 새로운 것이라는 통제된 요소를 일정하게 도입하는 것이 어째

---

38) Auden, "Freedom and Necessity", in Bruner, Jolly and Sylva, *Play*, pp. 584~5를 보라.

서 필요한지를 이해할 수 있게 해준다.[39] 이론적으로 보면, 은밀한 상상적 쾌락주의는 낭만적 사랑이라는 현상의 경우에서와 마찬가지로 서구의 근대적 유행패턴 없이도 존재할 수 있었다. 개인들은 일생 동안 상호작용하면서 통상적으로 다양한 많은 사람들을 만나게 될 것이고, 그 결과 사람들은 자신들의 꿈을 투영할 수 있는 수많은 '낯선 사람'들이 존재한다는 사실을 확인한다. 이 무수하고 다양한 사람들이 여기서 요구되는 새로움(*novelty*)을 보장해 준다. 하지만 '색다름'(*strangeness*)은 인조제품으로 보장될 수 있는 것이 아니라, 일정한 방식으로 프로그램화되어야 한다. 대개 이것은 '이국적인' 스타일을 정기적으로 수입하거나 아니면 새로운 스타일을 창조함으로써 성취된다.[40]

취향은 상상적 쾌락주의와 근대 유행제도를 연계시켜 주는 결정적 현상이다. 왜냐하면 그 언어학적 용법이 보여주듯이, 취향은 쾌락의 유형화와 심미적 식별과정 모두를 포괄하기 때문이다. '새로운 것'의 끊임없는 소비가 자기환상적 쾌락주의 한가운데에 자리하고 있기 때문에, '취향' — 우리가 쾌락을 가져다주는 물건을 선택한다는 의미에서의 — 의 유형들은 비록 점진적이기는 하지만 끊임없이 변화할 수밖에 없다. 이것은 심미적 기준이 계속 진화한다는 것을 의미하는 한편, 상호작용 속에서 질서가 필요하다는 사실은 그 과정을 통제해야만 한다는 것을 의미한다. 그 결과가 서유럽의 유행패턴이다. 근대적 소비자는 자율적 몽상하기라는 심리적 능력을 소지하고 있기 때문에, 전통적 소비자는 알아채기가 불가능할 정도로, 신

39) 자기환상적 쾌락주의가 가져다주는 쾌락은 대체로 심미적이면서 감정적이다. 왜냐하면 상상 속에서 창조된 장면은 예술작품과 드라마 모두의 특성을 가지고 있기 때문이다. 그러므로 유행현상에서 중심을 차지하고 있는 것은, 심미적이고 감정적인 꿈을 투영할 가능성이 가장 큰 제품들이다.

40) 젊은이들은 분명 부모의 집에서 주로 사용하는 제품과 색다름이라는 측면에서 구별되는 제품에만 자신들의 몽상을 부착한다. 그 이유는 부모가 사용한 제품들이 갖는 친숙함이 그것들을 꿈이 유인하는 욕망의 대상이 되지 못하게 하기 때문이다. 이것이 바로 유행의 주요 변화들이 각 세대와 매우 밀접하게 연관되어 있는 이유이다.

속하고도 지속적으로 자신의 취향을 조정할 수 있다. 이것은 근대적 소비자로 하여금 상상 속에서 서로 다른 '쾌락들'을 실험할 수 있게 하고, 현실 속에서 새로운 취향을 탐색하는 위험을 감수하기에 앞서 상상을 통해 그것을 탐색할 수 있게 해준다.

그렇다고 해서 이것이 근대적 소비자가 대체로 독특한 취향을 드러낸다는 것을 의미하는 것은 아니다. 오히려 그것이 의미하는 것은, 고수되고 있는 취향의 유일하게 고정되어 있는 또는 '기본적인' 기준은 가장 가까이에 있거나 '새로운' 쾌락들을 선호한다는 것이라는 점이다. 그러한 쾌락들은 이미 경험한 것과 머지않아 경험하게 될 것 간의 경계선에 위치하고, 또 상상력이 현재의 현실을 욕망을 부추기는 방식으로 윤색하는 곳에 존재한다. 새로운 것을 추구하는 근본적인 '취향'은 이러한 측면들과 관련해서만 제대로 이해할 수 있다. 즉 환상을 가까운 미래에 투사시켜 현실과 환상의 쾌락을 극대화하고자 노력하기 때문에, 쾌락을 극대화할 수 있는 지평은 언제나 도달할 수 없는 곳에 머물러 있다.

근대 소비주의는 만족을 연기하는 습관을 폐기하고 그것을 즉각적인 또는 조만간의 만족으로 대체하는 것을 특징으로 한다고 주장되어 왔다. 이러한 변화는 소비자들에게 신용을 부여하는 메커니즘이 발달하면서 이루어졌다.[41] 그러한 수단들은 사람들이 비용을 감당할 수 있을 만큼의 충분한 양을 저축할 수 있기도 전에 대상을 사용하는 즐거움을 맛볼 수 있게 해준다. 하지만 이 같은 사실이 개인들이 자신의 욕망을 구체화하자마자 곧바로 자유롭게 그들의 모든 욕망을 탐닉할 수 있다는 것을 의미하지는 않는다. 의심할 바 없이, 일부 욕구들은 창출되자마자 충족된다. 즉 슈퍼마켓에서 염가매출 코너에 팔려고 내놓은 사탕과 초콜릿이 바로 이 전제에 정확히 부합한다. 그러나 신용을 가지고 있다고 하더라도, 근대적 소비자의 자원은 여전히 제한된 반면, 욕구는 그렇지 않다. 따라서 소비자는 어

---

41) Daniel Bell, *The Cultural Contradictions of Capitalism* (London: Heinemann, 1976), pp. 55~7.

떤 한 시점에서는 충족시킬 수 없으나, 그저 연기하고만 있으면 반드시 충족되게 될 욕망을 가질 수 있다. 그러므로 욕구가 지속적으로 충족되고 있다는 사실이, 우리로 하여금 욕구가 지속적으로 창출되고 그 결과 영속적인 '좌절'상태가 초래된다는 사실을 간과하게 하지는 않을 것이다. 주지하다시피, 아주 오랫동안 갈망하던 제품을 구입하여 사용하는 것이 이런 사실을 일시적으로 감추어줄 정도로 기쁨을 가져다줄 수도 있지만, 욕구가 충족되지 못했다는 사실을 금방 알아차리게 될 것이라는 점은 분명한 사실이다. 그러므로 비록 특정 만족이 오랫동안 연기되는 것은 아니지만, 개별 소비자가 욕구하기의 경험에 영속적으로 노출된다는 것은 사실이다. 욕구하기는 욕망의 성취 —'조만간' 환상에서 깨어나게 될 — 와 함께 다만 주기적으로 또 잠시 흩어질 뿐이다.

다음으로 욕구하기가 영속적이라는 사실은, 소비자가 몽상할 수밖에 없는 이유를 설명하는 것을 도와준다. 그 이유는 소유하지 못한 것에 대한 몰입이 소유한 것에 대한 관심을 대체하기 때문이다. 따라서 몽상하기는 유쾌한 상상적 경험을 산출하는 작용을 하여 욕망을 창출하는 반면, 욕구하기는 현실에 대한 불만을 낳아 새로운 제품이 가져다줄 수도 있는 만족에 대해 상상적으로 사색하게 한다.

근대적 소비행동의 특징인 지칠 줄 모르는 욕구는 그들이 가진 영속적인 욕망하기 양식에서 비롯되는 것으로 이해되어야 한다. 다음으로 욕망하기는 꿈이 주는 완전한 쾌락과 현실 속의 불완전한 즐거움 간의 피할 수 없는 간극에서 유래한다. 꿈의 본성 또는 실제로 현실의 성격이 무엇이든 간에, 그 둘 간의 불일치는 지속적인 열망하기를 낳으며, 그것으로부터 특정 욕망들이 반복해서 분출된다.[42] 따라서 이는 근대적 소비자가 아니라

---

42) 근대 소비주의가 하나의 특정한 꿈 — 모든 사람들이 열망하는 특정 생활양식의 밑그림을 이루는 꿈 — 을 가지고 있는 소비자에 의존한다고 생각하는 것은 잘못일 것이다. 특정한 꿈들이 일부 사람들 사이에서 널리 퍼져 있을 수는 있지만, 체계 전체에서 중요한 것은 실제로는 오직 체계 전반에서 개인주의적인 은밀한 몽상하기가 이루어지고 있다는 것이다.

면, 몽상을 하지 못하거나 아니면 자신의 상상적 활동을 비현실적인 공상하기에 국한한다는 것을 의미한다. 실제로 전자는 전통주의의 선택지인 반면, 후자는 소수의 보헤미안들이나 괴짜라고 불리는 사람들이 드물게 드러내는 '비현세적' 반응에 가깝다.

제2부

낭만주의 윤리

제 6 장

또 다른 프로테스탄트 윤리

감상주의자와 자신이 구원받았다고 믿는 칼뱅주의자를 구분하기란 쉽지 않다.

— 존 W. 드레이퍼

자율적인 상상적 쾌락추구를 근대 소비주의가 취한 역동적 형태를 발생시킨 대체적 원인으로 볼 경우, 이는 자연스럽게 그 같은 유형의 쾌락주의를 창출하고 정당화하는 것으로 판명할 수 있는 문화적 발전에 주목하게 한다. 왜냐하면 그러한 문화적 발전이 어떻게 이루어졌든 간에, 그것들을 근대경제의 출현에 결정적인 것으로 볼 만한 합당한 이유가 존재하기 때문이다. 소비혁명이 18세기 후반 영국사회의 중류계층들 사이에서 발생했다는 점을 이미 입증한 바 있기에, 우선 이들 계층의 독특한 경험에 대해 검토해야 할 것으로 보인다. 게다가 앞서 지적한 것처럼, 이 같은 소비성향이 여타의 중요한 사회문화적 혁신 — 서유럽 유행패턴의 출현, 소설의 대중화, 낭만적 사랑과 같은 — 과 연관되어 있다는 점을 염두에 둘 때, 그 자체가 시사하는 명백한 전제는, 낭만주의라고 불리는 지적 · 심미적 운동이 (그것과 긴밀한 관계가 있는 선구자인) 감상주의(*sentimentalism*)와 함께 그 같은 기능을 수행하는 데 기여했으리라는 것이다. 이것이 실제로 아래에서 탐구할 가설이다. 하지만 이 주제에 대해 파고들기에 앞서, 먼저 검토해야 할 난제가 하나 있다. 그것은 비록 감상주의와 낭만주의의 문화적 기원에 관한 문제이기는 하지만, 그보다는 프로테스탄티즘과 자본주의 간의 연계관계에 관한 베버의 테제에서 직접 연유한다.

이 난제에 대해서는 이전에 새로운 유형의 소비행동을 정당화하는 데 기여했다고 주장되어 온 각종 사유경향에 대한 논쟁과 연관시켜 은연중에 언급한 바 있다.[1] 거기서 우리는 새로운 경제적 논의들이 사치성 소비 ― 당시의 소농과 상인 및 장인계급들 사이에서 널리 퍼졌던 것으로 상정된 ― 에 대한 청교도들의 강한 의구심을 충분히 없앨 만큼 강력하다고 주장하는 데에는 하나의 까다로운 난점이 존재한다고 지적했다. 천직에 전념하는 근면성과 검약적 금욕주의 모두를 장려하는 '프로테스탄트 윤리'가 유독 이들 집단 내에 널리 퍼져 있다는 베버의 테제는, 그러한 집단이 어떻게 해서 새로운 소비성향을 보여주는 모종의 움직임을 뚜렷하게 드러낼 수 있었는지를 이해하는 것을 매우 어렵게 한다. 이 같은 맥락에서 베버의 주장은 더들리 노스(Dudley North)나 아담 스미스(Adam Smith) 같은 소비옹호자들의 저작이 중간계급 소비자들이 사치품을 구매하는 것을 도덕적으로 정당하게 만드는 데 기여했다고 주장하고 나선 것에 대해 의구심을 제기하게 하는 데 이용되었다. 하지만 우리가 개진한 앞서의 논의와 관련해 본다면, 이제 베버 테제는 표면적으로는 근대 소비주의가 쾌락주의의 한 형태에 의존한다는 주장을 훨씬 더 강력하게 반박하는 성격을 띠고 있다. 왜냐하면 지금은 이 동일한 집단을 그저 '사치'품을 사기만 하는 것이 아니라 쾌락에 대한 욕망으로 인해 사치품을 구매하도록 동기지어진 것으로 간주할 필요가 있게 되었기 때문이다. 청교도적 사고방식의 상속자들이 이를 믿기는 특히 어려웠을 것으로 보인다. 그렇기에 이것이 바로 우리가 프로테스탄티즘과 쾌락의 관계라는 중심적인 문제에 초점을 맞추어 고찰하게 될 때 마주치는 난제이다. 우리는 앞서 살펴본 것처럼 이 문제의 연원인 베버의 분석을 논의의 출발점으로 삼을 것이다.

---

1) 이 책 pp. 62~74의 논의를 보라.

프로테스탄티즘과 쾌락

막스 베버는 근대 자본주의 정신의 기원을 설명하고 또 로마가톨릭교회의 태도가 어떻게 해서 이윤취득에 대해 그리 적대적이지 않았는지를 입증하고자 시도하면서, 다음과 같은 중요한 질문을 던졌다: "기껏해야 윤리적으로나 용인되던 활동이 어떻게 해서 벤저민 프랭클린이 제시한 의미에서의 소명으로 전환되었는가?"[2] 그는 계속해서 특정의 프로테스탄트 교리, 특히 소명에 대한 루터교식 해석과 예정설에 관한 칼뱅교의 교의가 노동뿐만 아니라 양심적이고 합법적인 부의 축적을 정당화하는 결과를 가져왔다고 주장하는 것으로 그 질문에 답한다. 이 같은 방식으로 그는 특정한 종교적 관념이 어떻게 전통적인 도덕적·종교적 반대를 극복하는 데 기여하고, 그리하여 새로운 경제적 관행을 정당화하는 데 일조하는지를 보여주었다. 근대 소비주의를 설명하는 문제와 관련해서도, 근본적으로 이와 유사한 질문이 당연히 제기된다. 기껏해야 윤리적으로나 용인되던 활동 — 이 경우에는 쾌락추구 — 이 어떻게 해서 현대사회 시민들이 기꺼이 받아들이는 삶의 목적이 될 수 있었을까?[3] 사실 이 질문은 베버가 던진 질문에 대한 논리적 대응물이다. 왜냐하면 산업혁명은 인간의 삶을 각자의 정명에 따라 지배되는 생산과 소비라는 두 개의 뚜렷하게 구분되는 영역으로 확연하게 갈라놓았기 때문이다. 비록 당대의 대부분의 경제이론가들과 마찬가지로, 베버가 소비문제를 본질적으로 문제가 되지 않는 것으로 간주했지만, 그것은 분명 사실이 아니다. 그래서 우리는 베버가 자본주의 정신에 대해 말한 것에 빗대어 근대 소비주의 정신에 대해 다음과 같이 말할 수 있다: 근대 소비주의의 근본적 목적은 "전적으로 비합리적으로"[4] 보인다. 왜냐하

2) Max Weber, *The Protestant Ethic and the Spirit of Capitalism*, trans. Talcott Parsons (London: Unwin University Books, 1930), p. 74.

3) 우리는 여기에다 이들 두 과정이 어떻게 해서 거의 동일한 시기에, 그리고 동일하게 중요한 문화담지자 계급과 결합하여 발생할 수 있었을까 하는 훨씬 더 흥미로운 질문을 덧붙일 수 있다.

면 자극적인 쾌락의 끝없는 추구, 즉 각종 새로운 욕망의 충족은 더 많은 돈을 벌려는 것만큼이나 합리적인 삶의 목적이 결코 아니기 때문이다.

18세기 영국이 쾌락추구를 호의적으로 바라보지 않는 종교적 전통을 물려받았다는 점에는 논박의 여지가 없어 보인다. 왜냐하면 비록 프로테스탄티즘 일반은 아니지만 청교도주의가 세상에 알려진 가장 강력한 반(反)쾌락주의 세력의 하나로 분명하게 자리잡고 있는 것은 틀림없기 때문이다. 베버 자신은 칼뱅주의의 특징인 철저한 금욕주의, 다시 말해, "인간을 합목적적 의지의 우위성에 종속시키고자 하는 시도, 즉 윤리적 결과를 신중하게 고려하여 자신의 행동을 항상 자기통제하에 두게 하고자 하는 시도"[5]를 논증하는 과정에서 이런 견해를 뒷받침하는 몇 가지 증거를 언급한다. 이 같은 목적을 달성하기 위해서는, 인간 속에 존재하는 충동적인 것은 모두 분쇄할 필요가 있었으며, 그리하여 청교도식 금욕주의는 "전력을 다해 한 가지 것 — 즉 삶의 무의식적 향유와 그것이 제공하는 모든 것 — 에 반대했다."[6]

베버는 이를 《스포츠교본》(*Book of Sports*)을 둘러싸고 발생한 싸움을 언급하면서 설명한다. 이 책자는 제임스 I세와 찰스 I세가 그 같은 금욕주의적 태도의 확산을 막기 위해 특별히 법률로 제정한 것이었다. 그들이 직면한 반발은 강렬했다. 왜냐하면 청교도들은 이들 법령이 안식일을 지키지 않는 것을 허용한 것과 베버가 전례에 따라 "성도들이 따르던 규율 바른 삶을 딴 데로 돌리는 것"이라고 부른 것에 대해서는 물론 "무절제한 충동을 무의식적으로 표출"할 기회를 만들어내는 것에 대해서도 분개했기 때문이다.[7] 그들은 "스포츠가 순전히 향락의 수단이 되거나, 자만심, 원초적 본

---

4) Weber, *The Protestant Ethics*, p. 53.
〔역주〕 베버는 모든 적나라한 향락을 엄격히 피하면서 행복주의적이고 쾌락주의적인 모든 것을 전적으로 벗어나 돈 버는 것 그 자체를 목적으로 여기는 자본주의 정신은 개별 개인의 행복과 효용의 관점에서 보면 "전적으로 비합리적"이라고 본다. 여기서 캠벨은 이를 빗대어 표현하고 있다.

5) Ibid., p. 119.

6) Ibid., p. 166.

능, 비합리적 도박본능 등을 일깨운다"는 점에서, 그것에 대해 깊은 의구심을 가졌다.[8] 그들은 삶에 충동적으로 반응하게 하는 모든 인간활동에 대해 이 같은 태도를 견지했다. 이러한 견해는 그들이 인간의 악행을 강조하고 그 결과 어떠한 자연적 감정이나 욕망도 불신하는 데서 연유한다. 어린이들이 그토록 혐오되는가 하면, 부정(不貞) 뿐만 아니라 결혼한 부부의 성교까지도 죄악으로 간주된 것도 바로 이 같은 이유에서였다.[9] 예술과 거의 모든 형태의 오락도 그와 유사하게 의심받았고, 그 결과 베버가 지적하듯이, "'옛 영국의 즐거운' 삶에 금욕주의가 서리처럼 내렸다".[10] 메이폴댄싱 같은 전통적인 농촌 쾌락이 금지되고, 극장이 폐쇄되고, 소설은 '시간낭비'라고 경멸을 받고, 시인은 바람둥이로 단언되었다. 그러는 와중에 신의 뜻이나 건전한 유용성의 이상에 부합되지 않는 것으로 생각되는 모든 활동은 비난받았다. 이를 보여주기 위해, 베버는 퀘이커교도들이 정당하게 추구할 수 있는 오락이 무엇인가를 진술하는 바클레이(Barclay)의 글을 인용한다. 거기서 거론된 것이 친구 방문하기, 역사책 읽기, 수학 및 물리실험, 정원가꾸기, 사업 및 여타 세상사에 대한 토론이었다.[11]

이것으로부터 우리는 청교도주의가 삶에서 모든 쾌락을 추방하려고 시도했던 것은 아니었음을 알 수 있다. 즉 청교도들은 '합리적 레크리에이션', 즉 유용한 목적에 기여하는 것으로 보이는 레크리에이션은 허용했다. 이 같은 맥락에서, 19세기 청교도 후예인 복음주의 신도들과 달리, 그들은 음주를 금지하려고 그렇게 애쓰지는 않았다. 이를테면 그들은 가톨릭의 이상인 독신주의를 지지하지도 않았다. 그리고 성욕의 절제는 미덕이었으나, 그것의 금지는 신의 계율과 충돌했다. 그리하여 청교도 목사는 어린 여자와 결혼하기도 하고 또 여러 차례 결혼하기도 했으며, 여성은 남편으

7) Ibid., p. 167.
8) Ibid.
9) Ibid., p. 263.
10) Ibid., p. 168.
11) Ibid., p. 275.

로부터 의무 이상의 것을 요구할 수 있는 권리를 가졌다.[12] 캐럴(Carroll)이 지적하듯이, 실제로 청교도들은 "결혼 속에서 육체적 사랑과 정신적 사랑을 새롭게 혼합"하려는 노력을 꽤 많이 했다.[13] 하지만 그러한 모든 활동 속에서 쾌락적 요소는 목적 그 자체로 받아들여진 것이 아니라 단지 그것이 신이 요구하거나 이성이 지지하는 행위를 수반했기 때문에 받아들여질 수 있었다. 이런 점에 비추어볼 때, 청교도들이 용인한 것은 단지 2차적 쾌락이었으며, 그것은 다른 이유에서 행한 행동에서 수반된 것이지 쾌락 그 자체를 추구하는 것은 전혀 용납되지 않았다는 점은 분명하다.

하지만 청교도들은 육욕(*voluptuousness*)보다도 허영(*opulence*)에 대해 더 적대적인 편이었다는 것을 지적할 필요가 있다. 그들이 이에 반감을 가진 것은 '허황된 과시' — 즉 신을 찬양하는 것도 아니고 인간에게 유용한 것도 아니며 단지 인간의 자만심을 높여주는 데 기여할 뿐인 어떤 것 — 는 죄받을 일이라는 이유에서였다. 여기서 명백한 표적이 된 것은 인간의 치장, 특히 의복의 치장이었다. 모든 불필요한 장식이 육신숭배의 확실한 징표로 간주된 것도 이런 맥락에서였다.[14] 퀘이커교도들이 즐겨 입은 수수하고 단순한 옷은 이 같은 태도를 예증해주는 것이기는 하지만, 베버는 한 각주에서 17세기 초 암스테르담에서 있었던 망명자들의 종교집회가 어떻게 해서 10년 동안 "전도사 부인들의 패션 모자와 드레스" 경연장이 되었는지에 대해 언급하고 있다.[15] 베버는 계속해서 부의 사용에 대한 청교도들의 태도가 어떻게 해서 허황된 과시라는 한편과 육욕의 억제라는 다른 한편 사이에서 중도적 입장을 견지하려고 했는지에 대해 설명한다. 다시 말해, 욕구는 가능한 한 건전하고 분별력 있게 충족되어야 했지만, 욕망에

12) Samuel Eliot Morison, *The Intellectual Life of Colonial New England* (Ithaca, NY: Great Seal Books, 1960) p. 10.

13) John Carroll, *Puritan, Paranoid, Remissive: A Sociology of Modern Culture* (London: Routledge and Kegan Paul, 1977), p. 6.

14) Weber, *The Protestant Ethics*, p. 169.

15) Ibid., p. 274. 의복을 치장하려는 모든 의도에 대한 이 같은 명백한 적대감은 18세기 중간계급을 사로잡은 유행열풍을 이해하는 것을 특히 어렵게 만든다.

영합해서는 안 되었다. 그들의 이상은 안락이지, 안락-사치(*comfort-luxury*)가 아니었다.

프로테스탄트 윤리가 부(富)의 획득을 금한 것은 아니었다. 분명 그랬다. 왜냐하면 그것은 부의 축적을 정당화하는 것으로 보이기 때문이다. 부의 획득을 정당하지 못한 것으로 만드는 것은 소유물의 향유였다. 베버가 지적하듯이, 그것은 재화획득 활동을 신이 원하는 어떤 것으로 만듦으로써 전통주의적 윤리의 금지로부터 재화획득을 해방시키는 심리적 효과를 낳았다.[16] 비난받은 것은 부의 비합리적 사용 — 탐욕, 즉 자기 자신을 위한 부의 추구 — 이었다. "이 같은 부의 비합리적 사용은 그들〔청교도〕의 규율이 육신숭배라고 비난한 외향적 형태의 사치 속에서 예증되었다. … 다른 한편 그들은 신의 뜻에 따라 개인과 공동체가 필요로 하는 것을 위해 부를 합리적·공리주의적으로 사용하는 것을 승인했다."[17] 베버가 논평하듯이, 이것이 바로 지출이 안락이라는 관념을 구성한다는 이유로 그것이 윤리적으로 허용되는 한도이다. 이와 동시에, 청교도는 시간과 재능을 허비하지 않는 정연하고 규율잡힌 삶을 솔선할 것을 요구받았다. 그 결과 "부와 정력 모두를 낭비하는 각종 형태의 탐닉은 엄준하게 비난받고 저지되었으며, 그리하여 청교도주의는 인간에게서 낭비적 지출과 세속적 쾌락을 제거했다".[18] 베버가 내린 전반적인 결론은 다음과 같다: "이 같은 프로테스탄트의 현세적 금욕주의는 … 소유물의 자의적인 향유에 강력하게 반대했고, 그러면서 또한 소비, 특히 사치성 소비를 〔금지했다〕."[19]

16) Ibid., p. 171.

17) Ibid.

18) *Encyclopedia of Religion and Ethics*, ed. James Hastings (1908), *s.v.* "Puritanism", by H. G Wood (Edinburgh: T. and T. Clark, 1908).

19) Weber, *The Protestant Ethics*, p. 171~2. 우리가 앞으로 살펴보듯이, 청교도주의가 육욕에 대립되는 것으로서의 허영, 즉 쾌락-사치(*pleasure-luxury*)에 대비되는 것으로서의 안락-사치를 비난한 상대적 정도를 평가할 줄 아는 것이 중요하다. 왜냐하면 비록 청교도주의가 하나의 개혁운동이던 그 초기 단계에서는, 이것들이 비난받는 동시에 밀접하게 연관되었지만, 칼뱅교의 교의가 대

이 같은 외관상 명백한 결론은 프로테스탄티즘과 사치의 관계에 관한 문제, 즉 사치가 쾌락추구의 문제로 인식되는가 아니면 필요 이상의 재화의 공급으로 이해되는가하는 문제에 대해 일말의 논쟁의 여지도 남겨 놓지 않는 것처럼 보일 수도 있다. 하지만 거기에는 그것 이상의 관계가 있다. 하지만 베버가 이것이 사실이라고 생각하지 않은 데에는 그럴 만한 합당한 이유가 있었을 것으로 생각할 수도 있다. 즉 베버가 일차적으로 관심을 기울인 것은 프로테스탄티즘과 경제적 행위 일반의 연계관계보다는 특정 형태의 프로테스탄티즘과 부 창출의 철학 내지 '정신' 간의 연계관계였다. 그리고 그가 칼뱅주의와 루터주의에 대해서뿐 아니라 자신이 '현세내적 금욕주의'(*inner-worldly asceticism*) 라고 부른 이상화된 구성물에도 관심을 집중했던 것도 바로 그 같은 관계 속에서였다. 이것은 그의 비판가들로 하여금 그가 자신의 주장을 뒷받침하기 위해 그리고 더 나아가 그것을 논쟁의 여지가 없는 해석으로 만들기 위해 대표성 없는 종교적 텍스트를 선택했다고 비난하게끔 했다.[20] 여기서 채택한 입장은 베버테제의 정확성보다는 완결성이 문제가 되는 쟁점이라는 것이다. 다시 말해, 그가 스스로 설정한 과업의 성격을 놓고 볼 때, 프로테스탄티즘의 중요한 특징을 이루는 것에 대한 그의 설명에 과도하게 흠잡을 만한 근거는 별로 없어 보이지만, 우리가 제기한 문제가 요구하는 것은, 그러한 현상을 보다 폭넓게 고려해야지 그가 설정한 경계 내로 한정해서는 안 된다는 것이다.

중을 통제하지 못하게 되자, 이들 '악'을 구별하여 평가하는 사유흐름이 등장한다. 많은 논자들이 청교도사상이 쾌락을 과도한 안락보다 더 큰 악으로 간주하는 경향을 이끌었다는 것을 당연시했지만(Tibor Scitovsky, *The Joyless Economy: An Inquiry into Human Satisfaction and Consumer Dissatisfaction* (New York: Oxford University Press, 1976), pp. 205~6을 보라), 반대의 사유흐름들도 존재했으며, 그러한 흐름들은 그것들을 야기한 각종 종교적 관념의 틀보다도 오래 지속되었다.

20) 이 논쟁을 요약적으로 논의하는 것으로는 Gordon Marshall, *In Search of the Spirit of Capitalism: An Essay on Max Weber's Protestant Ethic Thesis* (London: Hutchinson University Library, 1982), pp. 82~96을 보라.

우리의 관심이 생산체계로서의 근대경제보다는 소비체계로서의 근대경제에 있다는 사실은, 프로테스탄트 교의와 가장 관계가 있는 사항과 관련하여 우리가 베버와 다른 평가를 내릴 만한 합당한 근거를 가지고 있음을 의미한다. 사실 그 같은 상반된 관심이 프로테스탄트 사상의 다양한 조류들에 대한 상반된 평가로 이어질 가능성이 아주 커 보인다. 실제로도 베버는 상상적 쾌락주의를 출현시키는 데 있어 가장 중요했던 세속적 행동을 합리화시킨 윤리의 발전을 그리 중요하지 않은 것으로 설명한다. 이것은 일정 정도 사실이다. 그렇지만 어쩌면 놀랍게도 칼뱅주의가 턱없는 중요성을 부여받고 있다는 것이 재차 입증되고 있는 것도 사실이다. 그리고 이런 맥락에서 볼 때, 징표교의(*doctrine of signs*)에 대한 베버의 다소 선택적인 해석에 이의를 제기할 만한 이유가 있다. 보다 중요하게는, 18세기 소비혁명을 둘러싼 문화적 환경에 대해 관심을 갖는다는 것은, 프로테스탄트 사상의 발전을 17세기 말과 18세기 초까지 거슬러 올라가 추적할 필요가 있음을 의미한다. 이것이 바로 베버가 빠뜨리고 만 것이었다.

베버가 프로테스탄티즘에 대한 자신의 논의의 전거로 삼은 것은, (루터와 칼뱅의 저작 말고도) 10권으로 된 《청교도 신학자 총서》(*Works of the Puritan Divines*)에 등장하는 여러 신학자들과 함께 16~17세기 영국과 유럽의 청교도 신학자들, 특히 박스터(Baxter, 1615~91), 베일리, 스펜서(Spener, 1635~1705)의 저작이었다.[21] 이에 덧붙여 베버는 1658년의 사보이선언(Savoy Declaration),[22] 1644년의 특수침례교회의 신앙고백서,[23] 웨스트민스터 신앙고백(1643~47)[24] 같은 교회교리의 공식 선언

21) Weber, *The Protestant Ethic*, p. 259.

22) 〔역주〕 사보이선언은 1658년 런던 사보이 궁에 모인 영국 회중교회주의자들의 대회가 준비한 신앙진술서로, 서문·신앙고백·규율강령 세 부분으로 이루어져 있다. 교리 면에서는 주로 장로교 웨스트민스터 신앙고백(1646)을 재진술한 것이지만, 교회정치에 관한 선언에서는 각 지역교회들의 자치권을 옹호했다. 다른 회중교회주의자대회에서 준비한 신앙진술서처럼, 교인들이 공유하는 신앙진술서로 간주될 뿐, 교리법으로 간주되지는 않았다.

23) 〔역주〕 1644년의 특수침례교회의 신앙고백서는 1644년 런던의 7개 칼뱅주의

문을 활용하고, 개별 종교사상가와 종교개혁가의 저작에 관한 자신의 방대한 지식에서 끌어들인 각종 예증자료들로 여기저기를 보충했다. 이 방대한 자료는 17세기 말까지의 시기를 포괄하는 것이었으며, 베버의 주요 관심은 첫째는 프로테스탄트 교리와 로마 가톨릭 교리를 대비시키는 것이었고, 둘째는 다양한 프로테스탄트 교회들 사이에서 나타나는 주요한 몇몇 차이들을 밝혀내는 것이었다. 하지만 그는 이 시기 이후 신학이나 실천윤리의 형태 속에서 이루어진 프로테스탄트 종교의 발전에 대해서는 논의하지 않았다. 사실 그가 논의하면서 열거한 많은 사상가와 개혁가들 중에서 오직 두 사람만이 진정으로 18세기 인물이라고 할 수 있는데, 친첸도르프(Zinzendorf, 1700~60)[25]와 존 웨슬리(John Wesley, 1703~91)[26]가

침례교회가 발표한 첫 신앙고백서, 즉 '제1차 런던고백서'를 말한다. 이들은 "자유의지를 믿으며, 구원의 영원성을 부인하고, 원죄를 부인하며, 행정관료를 거부하고, 침례를 나체로 베푼다"는 거짓된 소문에 대항하기 위하여 이 고백서를 제시했다. 강력한 칼뱅주의의 은총의 교리를 선언하면서도 전도해야 할 인간의 책임을 아울러 강조함으로써 복음주의적 칼뱅주의를 특수침례교회의 표식으로 만들었다. 양심의 자유와 신자의 침수례 원리를 포함시킴으로써 장로교와 차이가 있음을, 그리고 행정관료의 합법성을 강조함으로써 재침례교와 차이가 있음을 선언했다.

24) 〔역주〕 웨스트민스터 신앙고백(*The Westminster Confession of Faith*)이란 1647년 영국 웨스트민스터에서 모인 신학자와 목사들의 총회에서 승인된 신앙고백서이다. 1643년 영국 의회는 "학식있고 거룩하며 분별력 있는 신학자들"이 웨스트민스터 대성당에 모여 영국 성공회의 전례, 교리, 권징 등의 기준을 정해줄 것을 요청했다. 이 회의는 5년 동안 지속되었고 그 결과, 웨스트민스터 신앙고백서가 작성되었다. 스코틀랜드와 잉글랜드와 아일랜드에 있는 그리스도의 교회들의 통일된 신앙고백의 내용이었다. 그 이후 세계 여러나라의 장로교회들은 이 내용을 성경에 계시된 기독교 신앙의 표준 진술로 인정하고 있다.

25) 〔역주〕 친첸도르프는 독일 작센 주 드레스덴에서 출생한 루터파 경건주의자로, 파리에 유학하여, 특히 A. H. 프랑케의 감화를 받았다. 30년전쟁에서 생긴 모라비아파(派) 망명자들을 영내로 맞아들여 1722년 신앙공동체 마을 헤른후트("주의 가호가 함께"라는 뜻)를 창설했다. 1727년 이것을 형제단으로 조직하고 그 지도자가 되었으나, 후에 작센 정부로부터 추방당했다. 이들

그들이다. 그리고 감리교만이 그가 집중적으로 다룬 18세기에 일어난 유일한 종교운동이다. 이렇듯 비록 그가 19세기 말까지 이르는 시기의 칼뱅교, 루터교, 침례교에 관한 각종 연구를 거론하며 내친김에 '후일' 특정 교의들이 맞이할 운명에 관해 논평하고는 있지만, 그의 분석은 실제로는 1700년에서 멈춘다.

물론 감리교는 이 점과 관련해서는 예외이다. 베버는 한 각주에서 그것은 자신이 훨씬 나중에 발생한 것으로 간주한 여타의 금욕주의운동과는 다르다는 점을 인정한다.[27] 하지만 그는 계속해서 감리교를 친첸도르프식의 경건주의 — 이것 역시 18세기 현상이다 — 와 연관지으며, 그것을 계몽주의운동에 대한 하나의 '반발'로 묘사한다. 이런 입장은 실제로 그로 하여금 감리교를 마치 칼뱅교, 루터교, 경건파, 침례교와 동시대에 존재한 것처럼 다루게 한다. 감리교에 대한 그의 간략한 논의 속에서, 그가 분명 감리교를 프로테스탄트 사상의 한 형태로 보았지 그것보다 진일보한 것으로 간주했다는 점을 보여주는 지적들은 거의 찾아볼 수 없다.

이것이 의미하는 바는, 베버가 자신이 개관한 프로테스탄티즘이 그것의 완전히 발전한 형태이며, 그 후에 일어난 모든 것은 세속화와 합리화의 힘에 직면하여 그것이 서서히 몰락하고 쇠퇴하는 과정 — 그가 자신의 책의

형제단은 유럽 여러 나라와 미국에까지도 선교사를 파송할 정도로 해외전도에도 적극적이었으며, 교회의 기초는 신조에 있는 것이 아니라 경건에 있다고 하여, 비경건한 합리주의나 고정화되어버린 정통주의에 맞서 심정(心情)의 종교를 강조했다. 이는 슐라이어마허를 비롯한 19세기 독일 신학자들, 그리고 영국의 J. 웨슬리에게도 크게 영향을 미쳤다

26) 〔역주〕 웨슬리는 링컨셔 주 엡워스에서 영국 성공회 주교 새뮤얼 웨슬리(Samuel Wesley)의 아들로 태어났다. 개인의 회심을 강조하는 복음주의자들인 모라비안의 영향을 받았는데, 이는 성사를 통한 신의 은총을 강조하는 성사적 교회인 성공회 신앙에 맞지 않았다. 그래서 감리교를 창시했지만, 웨슬리 본인은 교회에서 독립할 생각이 없었기 때문에, 평생 성공회 신부로 사목했다. 웨슬리의 감리교 창시는 영국 성공회에 복음주의라는 새로운 신앙 전통을 낳았다는 평가를 받고 있다.

27) Ibid., p. 252.

유명한 마지막 단락들에서 설득력 있게 요약한 과정 — 이었다는 입장을 취하고 있음에 틀림없다는 것이다. 이를테면 비록 그가 프로테스탄티즘의 몇몇 특징들이 어떻게 해서 19세기에 이르기까지 온전히 지속되었는지를 보여주는 각종 증거를 인용하기는 하지만,[28] 그것은 18세기에 청교도주의가 공리주의로 진화되는 것이 목도되었다는 점을 전제로 하고 있다. 여기서 이 후자의 테제에 대해 이의를 제기할 의향은 없다. 그와는 반대로 우리는 근대 합리주의와 공리주의가 프로테스탄트 사상의 특정 조류들 속에서 나타나는 철학체계를 그 주요 원천으로 하고 있음을 실제로 받아들인다.[29] 쟁점이 되는 것은 종교제도가 17세기 말 이후에 계속해서 진화했는가, 그리고 만약 그랬다면, 그것이 경제적 행동의 성격에 어떤 유의미한 영향을 미친 것으로 간주할 수 있는가 하는 것이다. 이 문제는 특히 계몽운동을 분명한 '세속화' 압력으로 규정하는 것이 올바른가 하는 문제로 전화된다.

신정론과 베버

신정론 문제,[30] 즉 특히 고통, 악, 죽음, 부정의의 문제와 관련하여 신이

---

28) 심지어 베버는 당시 존속하던 예정설 같은 교의를 여러 곳에서 언급하고 있다. 쾰러(A. Kohler)의 연구에 대한 언급은 p. 226을 보라.

29) 이 주장에 대한 일차적 출처는 Elie Halevy, *The Growth of Philosophical Radicalism*, new edn (Boston, Mass.: Beacon Press, 1955)이다. 그렇지만 Basil Willey, *The Eighteenth Century Background: Studies on the Idea of Nature in the Thought of the Period* (London: Chatto and Windus, 1961), pp. 10~11도 보라.

30) '신정론'이라는 용어는 도덕적 악과 자연적 악을 고려함으로써 초래된 비난에 맞서 1690년대에 라이프니츠가 신을 옹호하기 위해 만들어낸 말인 것으로 보인다(*Dictionary of the History of Ideas: Studies of Selected Pivotal Ideas*, ed. Philip P. Wiener, *s.v.* "Theodicy", by Leroy E. Leomker, New York: Charles Scribner's Sons, 1968을 보라). 그것은 신의 이상과 악의 존

인간을 대하는 방식을 설명하는 문제[31]에 관한 베버의 논의는 특히 불완전하다고 판정할 수밖에 없다. 서구 종교에서 신을 초월적이고 불변적이고 전지전능한 것으로 바라보는 관념은 그 같은 신의 권능과 선함이 어떻게 신이 창조한 세상의 불완전함과 조화를 이룰 수 있을까 하는 문제에 주목하게 했다.[32] 동양에서도 신을 비인격적이고 초인격적인 존재로 보는 관념이 여전히 세상의 불완전성을 설명하는 문제를 제기하고 있다. 그러므로 이 문제는 모든 종교에서 이러저러한 형태로 존재하며, 베버는 자신이 발견한 해답을 "이론적으로 순수한 여러 형태"로 나누어 개관했다.[33]

그가 검토한 첫 번째 가능성은 그와 관련된 메시아적 종말론과 세상을 신의 본성과 일치하게 만들 다가오는 혁명 — 즉 지상에 신의 왕국을 수립하는 것 — 에 대한 믿음이다. 그러나 그는 계속해서 그러한 견해가 완전히 초월적이고 헤아릴 수 없는 신과 악의 소용돌이 속에 깊숙이 빠져든 인간 사이의 간극을 더욱더 강조하게 됨에 따라, 그것이 어떻게 해서 예정설에

재의 양립가능성을 연구하는 것을 뜻하는 다소 넓은 의미로 급속하게 사용되기 시작했고, 보다 일반적으로는 여전히 철학적 신학과 동의어로 사용되었다. 베버는 원래의 의미에 아주 가까운 뜻으로 사용했는데, 《프로테스탄트 윤리와 자본주의 정신》에서나 세계종교에 관한 그 어떤 논문에서도 그가 라이프니츠를 언급하지 않고 있는 것은 매우 의아하다.

31) 신정론 문제에는 여러 차원이 있다. 첫째는, 자연적 악이라는 일반적 문제와 이것을 전능하고 자비로운 신이라는 관념과 조화시키는 데 따르는 난점이다. 둘째는, 이 악이 사람들 사이에서 각기 다르게 분포되어 있음을 설명하는 문제이다. 세 번째는, 그것과 연관된 사회적으로 구조화된 불평등과 부정의의 문제와 어떤 종류의 초자연적 정당화가 그 문제들을 정당화하기 위해 취해질 수 있는가 하는 문제이다. 이 세 가지 차원은 편의상 신정론이라는 단일한 문제의 철학적 · 도덕적 · 이데올로기적 측면이라고 각각 칭할 수도 있다. 우리 논의는 베버의 저술에서 등장하는 앞의 두 차원에 초점을 맞추고 있다. 세 번째 차원에 관해서는 Bryan Turner, *For Weber* (London: Routledge and Kegan Paul, 1981), pp. 142~76을 보라.

32) Max Weber, *The Sociology of Religion*, trans. Ephriam Fischoff, introduction by Talcott Parsons (London: Methuen, 1965), p. 139.

33) Ibid.

대한 믿음으로 진전될 가능성이 큰지를 보여준다. "자주적이고 전적으로 불가해하고 자의적이며 (전지전능성의 결과) 이미 정해진 신의 결정은 지상에서의 인간 숙명뿐만 아니라 사후의 인간 운명까지도 정해 놓았다."[34] 베버가 지적하듯이, 이것은 신정론 문제에 대한 해답이기보다는 존재양식으로부터 그것을 정의하는 방법이다.

예정설 말고도 베버는 자신이 보기에 세상의 불완전성 문제를 "체계적으로 개념화하여" 다루는 두 가지 종교적 전망을 구체화한다.[35] 그 하나가 조로아스터교와 마니교가 주로 제기하는 이원론이고, 다른 하나는 인도의 업(業)이라는 교의이다. 베버는 이 후자를 "신정론 문제에 대한 가장 완전한 공식적 해답"이라고 묘사한다. 왜냐하면 그것은 세상을 각 개인이 자신의 운명을 주조하는 완전히 연결되어 있는 자족적인 윤리적 응보의 우주로 간주하고, 그 세계 속에서 개인들은 잇따르는 화신 속에서 죄와 덕으로 끊임없이 보상받기 때문이다.

그런데 베버는 이것들은 신정론 문제에 대한 이상형적 '해답'이며, 현실에서는 구원의 종교가 이 세 가지 형태로부터 그 구성요소들을 다양한 방식으로 함께 혼합되어 결합하고 있으며, 그 결과 "신과 세상의 관계 그리고 신과 인간의 관계에 대한 여러 종교이론들 간의 차이가 이들 순수형태의 하나 또는 다른 것과 얼마나 근접한지에 의해 측정되어야 한다"[36]는 점을 분명히 하고 있다. 이 단서를 염두에 둘 경우, 신정론 문제에 대한 해답에는 오직 이 세 가지 이상화된 유형만이 있다는 베버의 생각이 과연 옳은가 하는 문제가 여전히 제기될 수밖에 없다. 왜냐하면 비록 베버가 논의하지는 않았지만 단순히 이들 이상형의 구성요소 내지 그것들의 결합물로 보이지 않는 문제를 다루고 있는 또 다른 사유전통들이 존재하기 때문이다. 이를테면 이 문제에 관한 매우 복잡한 그리스사상 — 그것이 플라톤사상이든, 에피쿠로스사상이든, 스토아사상이든 간에 — 이 이 세 가지 도식에

34) Ibid., p. 143.
35) Ibid., p. 144.
36) Ibid., p. 147.

성공적으로 통합될 수 있는지가 분명하지 않으며, 존 힉(John Hick)이 '이레네우스(Irenaean) 유형의 신정론'[37]이라 부른 것을 어디에 위치시킬지도 정확히 알기 어렵다.[38] 이런 이유 때문에, 모든 신정론을 베버가 개관한 세 유형의 측면에서 이해할 수 있다는 그의 주장에 다소 의구심이 생길 수밖에 없으며, 마찬가지로 그것들이 세상의 불완전성 문제 — 그가 논의에서 빠뜨린 것보다 더 "체계적으로 개념화한" — 를 다루는 형태를 대표한다는 주장에 대해서도 의심할 수밖에 없다.[39] 여하튼 베버의 목록에서 빠진 한 가지 중요한 신정론이 있다. 그리고 이 같은 누락은 서구종교에 대한 그의 분석이 16세기 말을 넘어서지 못한 것과 밀접한 관련이 있다.[40] 그것이 바로 라이프니츠의 이름과 가장 밀접하게 연관된 18세기 낙관론의 철학적 신학이다. 그러나 이것은 부분적으로는 칼뱅주의에 대한 반발로 제기된 것이기에, 무엇보다도 "체계적으로 개념화된" 특정 신정론의 운명에 대해 면밀하게 탐구할 필요가 있다.

칼뱅의 예정설 교의는 신정론 문제를 해결하려는 서구의 신학적 노력의 논리적 또는 역사적 종착점으로 온당하게 간주될 수 없으며, 더구나 칼뱅의 뒤를 이은 사상가들이 그의 견해를 정교화 내지 세련시켰거나 종교를 전적으로 거부한 것에 불과하다고 볼 수도 없다. 그와는 반대로, 파스칼, 스피노자, 라이프니츠, 칸트 같은 저명한 인물을 위시한 17세기와 18세기

---

37) John Hick, *Evil and the Love of God* (London: Macmillan, 1966).

38) 〔역주〕 존 힉에 따르면, 이레네우스의 신정론에서는 악이 신이 설정한 '창조의 목적'을 이루는 데 필요한 것으로서 규정된다. 이 논리에 따르면, 창조에는 시간이 걸리며 악, 죄, 고통은 신의 완전한 뜻과 그 뜻이 아직 완결되지 않은 현상태 사이의 일시적인 거리차로 인해 생겨나는 불가피한 부산물이다.

39) Weber, *Sociology of Religion*, p. 144.

40) 베버가 후일 프로테스탄티즘의 보다 이신론적 견해들을 논의하지 않은 것은 그것들이 '구원종교'라는 자신의 개념과 부합하지 않았고, 반대로 현세를 '선'으로 받아들임으로써 구원의 욕구를 제거하는 경향을 보였기 때문이라고 주장할 수도 있다. 하지만 설령 이 같은 주장이 받아들여진다고 하더라도(그리고 실제로 구원개념이 제거되기보다는 재해석된다고 하더라도) 신정론 문제는 여전히 남아 있다.

초의 일련의 철학자들이 갈수록 불신 받던 칼뱅주의의 자리를 채워줄 철학적 신학을 구축하기 위해 상당한 노력을 기울였다.[41] 회의론적이고 무신론적인 계몽주의사상가들이 전통적 신학을 공격하자 그 같은 신정론이 긴급하게 요구되었다. 그 같은 노력에 공통의 출발점을 전반적으로 제공한 칼뱅사상과 더불어, 17세기 동안 신정론을 구축하는 데 함께 신선한 자극을 제공한 것은 이들 두 요소, 즉 칼뱅주의의 부적합성을 초월할 필요가 있다는 것과 반(反) 종교적 선전과 맞서 싸울 필요가 있다는 것이었다.

예정설 교의와 케임브리지 플라톤주의자들

물론 영국에서 칼뱅교의 교의가 쇠퇴한 데에는 그와 관련된 특수한 역사적 요인들이 있었다. 왜냐하면 저명한 남성들이라면 거의 모두가 칼뱅교도였던 20년이란 세월이 지난 후, 찰스 2세가 왕위에 복위하면서〔크래그(Cragg)는 이 사건을 두고 "청교도 정당의 전복이자 청교도 신학의 패배"[42]라고 묘사했다〕 칼뱅교가 '추방되었기' 때문이었다. 실제로 칼뱅교는 여전히 강력한 세력이었지만, 청교도와 로드파(*Laudian*)[43] 사이에서 일어난

41) 이들 저술가들 가운데서 베버가 《프로테스탄트 윤리와 자본주의 정신》에서 한 번 이상 거론한 유일한 인물은 파스칼이다. 스피노자나 라이프니츠는 언급된 적이 없으며, 칸트는 흥미를 불러일으키는 거론을 딱 한 번 한 적이 있다. 거기서 그는 "윤리와 관련한 칸트의 정식들 중 많은 것이 금욕적인 프로테스탄티즘 관념과 밀접하게 연관되어 있다"(p. 270) 고 시사한다.

42) Gerald R. Cragg, *From Puritanism to the Age of Reason: A Study of Changes in Religious Thought within the Church of England 1660~1700* (Cambridge: Cambridge University Press, 1950), p. 13.

43) 〔역주〕 로드파는 로드 대주교와 그의 신념, 특히 영국교회가 로마가톨릭교회보다 원시기독교교회의 신앙과 관행을 더 충실히 보지하고 왕은 신성한 권리에 의해 통치한다는 신념을 추종하는 종파를 말한다. 로드 대주교는 왕의 측근으로서 친정정치체제를 강화하기 위해 의회와 대립하였으며, 국교를 강제하고 비국교도들을 탄압했다. 청교도와 그 외 종교적 반대파들을 박해한 일

정치투쟁과 교권투쟁의 와중에 형세가 일변하여 칼뱅교 지지자들이 점차 수세에 몰리게 되었다. 이런 쇠락은 일정 정도는 공화정 기간 동안 청교도들이 보여주었던 불관용, 광신, 종파투쟁에 따른 불가피한 결과였으며, 그 결과 일반 주민들이 신앙문제에 대한 교조적 태도를 전반적으로 거부하자, 그들은 마침내 몰락하게 되었다.[44] 그러므로 칼뱅교의 몰락은 일정 정도는 그것이 가진 폐쇄적이고 비타협적인 교의체계 — 이것은 필시 강한 반발을 불러일으킬 수밖에 없는 것이었다 — 의 성격 자체에서 비롯된 과정으로 보아야 할 것이다. 하지만 칼뱅교의 교의에 대한 비판은 광신과 편협성에 대한 단순한 혐오 그 이상에 의지하고 있었으며, 그러한 비판은 칼뱅교의 주요 결함이라고 알려진 것에 대한 지속적인 신학적 공격으로부터 그 지적 힘을 획득했다.

종교개혁이 종교적 탐구의 문제에서 개인의 자율성이 갖는 중요성을 최초로 유의미하게 표현한 것이기는 했지만, 프로테스탄트의 주요 교리는 16세기 말 이전에 대체로 잘 체계화되었고, 그 결과 지적 창의와 발전이 그리 크게 진척되지 못했다. 동시에 칼뱅은 신의 사랑보다는 정의를 강조하고 또 이성보다는 신념을 신앙의 기반으로 삼음으로써 자신의 신정론을 논리적으로 분명하게 폐쇄시켰다. 회고해 보면, 특히 그 교리가 만들어 놓은 가혹한 형태의 가르침에 비추어보면, 일부 개인들이 그 같은 근본교리에 이의를 제기하는 자유로운 합리적 탐구정신에 이끌린 것은 어쩔 수 없어 보인다. 칼뱅교의 교조주의가 갖는 완전성에 맞선 이 같은 반발의 전반적 성격을 툴록(Tulloch)은 다음과 같이 요약한다.

> 그것은 그 주요 원리를 받아들이고 또 그것을 주저하지 않고 성 바울의 가르침과 일체시키는 사람들에게는 최고로 만족스러운 것이었지만, 그것을 무조건적으로 받아들이지 않는 다른 사람들이 보기에는 거기에는

로 인해 하원에서 재판을 받고 처형당했다.

44) 크래그가 논평하듯이, 칼뱅주의는 "절제를 결여한 무분별성과 과도한 무규율" 탓에 영국 국민들로부터 멀어져 그들의 "마음을 사로잡지" 못했다(ibid., p. 31).

기독교사상이 자유롭게 작동할 여지가 전혀 없었으며, 그것의 엄격한 논리적 완결성은 기독교사상과 즉각 대립각을 세우게 하는 경향이 있었다. 요컨대 칼뱅교 교의체계는 그 의기양양한 논리가 최고 절정에 다다르자 곧바로 붕괴되었다. 절대예정설 교의는 전체 교의의 근본원리였다. 어거스틴 자신도 이 교의의 가장 극단적 결과에 위축되지 않았고, 칼뱅도 그러했다. 하지만 그러한 결과들은 많은 사람들로 하여금 말하자면 논리적 측면보다도 기독교적 측면에 반감을 가지게 할 정도였다. 그들의 종교적 관심을 그들에게 그토록 극히 중요하게끔 만든 영적 감정에 대한 열광 자체가, 그들로 하여금 거칠고 야만적으로 보이는 논리의 결과로부터 물러서게 했다. 그들은 그러한 결과로 인해 귀착된 체계가 비록 모순이 없다고 하더라도, 그 어딘가에는 결함이 있음에 틀림없다고 생각했다. 왜냐하면 결국 신의 자비심이라는 관념은 결국 신의 전능함만큼 본질적이고, 만약 우리가 신과 절대의지 사상을 분리할 수 없다면, 우리는 신과 절대선 사상도 분리할 수 없기 때문이다. 그와 동일한 은총이 한편에서는 예정설의 결정론 — 그 자신의 자의적 선택이나 "단지 더할 나위 없는 쾌락"에 따라 구원이 이루어지는 — 으로 귀결되고, 다른 한편에서는 신의 사랑 — 본능적으로 만인의 선을 바라고, "모든 사람이 구원받기를 원하는" — 이라는 형태를 취한다.[45]

이것은 당시 칼뱅교에 대한 반감의 토대를 말로 표현한 것이었다. 그리고 의혹과 불평이 점점 더 충실한 신도들을 엄습함에 따라, 그 반감이 청교도주의 외부에서보다도 내부에서 일고 있었다는 점을 인식하는 것이 중요하다. 이를테면 정통파에서 최초로 유의미하게 이탈한 종파인 아르미니우스파(*Arminianism*)[46]가 1580년대 네덜란드의 칼뱅교도 공동체 사이에서 등

---

45) John Tulloch, *Rational Theology and Christian Philosophy in England in the Seventeenth Century*, 2 vols (Edinburgh: William Blackwood, 1874), vol. 1, pp. 8~9.

46) 〔역주〕 아르미니우스파/아르미니우스주의는 칼뱅의 예정설에 대해 자유주의적인 반동으로 일어난 그리스도교 신학운동의 한 교파로, 네덜란드의 개혁파 신학자이며 레이든(Leyden) 대학 교수였던 아르미니우스(Jacob Arminius)에

장했다. 이 종파를 촉발시킨 것은 타락 전 선택설(*Supralapsarianism*) 대 타락 후 선택설(*Infralapsarianism*) 논쟁[47]이었다. 이것은 신의 불변의 천명이 아담과 이브로 하여금 죄를 짓도록 예정한 것으로 고려해야 하는가 하는 문제였다. 칼뱅이 주장한 것처럼, 만약 그렇다면, 그것은 신을 죄악의 창조자로 만들었다는 항의를 받을 수 있지만, 만약 그렇지 않다면, 왜 아담과 이브의 후손들 역시 자신들의 운명을 '자유롭게' 결정할 수 있는 것으로 고려해서는 안 되는가? 칼뱅교의 핵심교의인 예정설에 초점을 맞추면서, 이 쟁점은 필연적으로 계속해서 그와 연관된 일련의 문제들을 유발했다. 이를테면 칼뱅교에서 신은 사람들에게 자신에게 복종하라고 명령을 내리고 그런 다음 자신이 이미 벌을 준 사람들에게 구원을 제공한다는 점에서, 징벌적인 동시에 가혹한 것으로 등장한다.[48] 정통 칼뱅교가 비록 이론상으로는 인간의 의지가 구원의 작업에 일정 정도 기여하는 것을 허용하기는 했지만, 신의 은총이라는 독자적 활동이 지나치게 강력하게 강조됨으로써, 신의 의지가 절대적 운명으로 보이고, 신 자신이 도덕적이고 자애로운 인물이기보다는 자의적인 인물로 보이게 했다.

서 연원한다. 아르미니우스는 신이 어떤 사람은 저주받도록 선택했다는 생각을 반대하면서, 그러한 이론은 불가피하게 신을 죄의 근원자로 만든다고 확신했다. 그에 따르면, 신의 뜻인 영원한 사랑이 인간의 운명을 정하고 중재한다. 그러나 아르미니우스주의로 알려지게 된 이 운동은 아르미니우스보다 훨씬 자유주의적인 경향을 띠었다.

47) 〔역주〕 타락 전 선택설과 타락 후 선택설은 개혁주의 신학 내에서 예정의 순서를 설명하는 두 이론으로, 두 이론을 옹호하는 학자들 사이에서 심한 논쟁이 있었다. 타락 전 선택설은 ① 신이 구원할 자를 선택한 후, ② 그 목적의 성취를 위해 선택할 자와 버릴 자를 창조했으며, ③ 그 계획의 완성을 위해 인간의 타락을 허용했고, ④ 선택된 자를 위해 구원의 길을 열어주었다는 입장이다, 반면 타락 후 선택설은 ① 신이 인간을 창조한 후, ② 타락의 허용을 작정했고, ③ 타락자 중 일부를 선택하여, ④ 구원의 길로 인도했다는 입장이다.

48) 이들 쟁점에 관한 논의로는 D. P. Walker, *The Decline of Hell: Seventeenth-Century Discussions of Eternal Torment* (London: Routledge and Kegan Paul, 1964)를 보라.

배교자가 되기 전에는 정통 칼뱅교도였던 아르미니우스는, 인간의지라는 자유로운 활동이 구원에 있어 필수적인 공동결정요인이라는 견해를 제창했다. 이 입장은 (아르미니우스 추종자인 존 웨슬리의 표현대로) "신이 모든 사람을 구원할 것"이라고 믿게 했다.[49] 칼뱅교도들은 그것이 순전히 인간적 요소를 통한 구원을 부추기고 그리하여 고대 이단인 펠라기우스주의(*Pelagianism*)[50]에 빠져 신의 은총의 과업을 부정했다고 주장하며, 그것을 '이단'으로 몰아붙였다. 이들 이단자들에 대한 이 같은 비난과 야만적인 억압강령에도 불구하고, 아르미니우스교로 개종하는 사람은 늘어만 갔고, 17세기 중엽 영국에서 아르미니우스교는 널리 확산되었으며, 내전기에는 왕의 지지자들 대다수가 아르미니우스 신학의 입장을 신봉했다.

하지만 칼뱅교에 대한 아르미니우스파의 반감은 프로테스탄티즘 내에서 급속하게 증식하던 수많은 종교집단에 교파 하나를 더 추가하는 교리논쟁 그 이상의 것이었다. 왜냐하면 그것은 하나의 '교리이론'을 이루는 것만큼이나 하나의 '방법'이었으며, "프로테스탄트운동에 억제되었던 합리적 측면"을 부활시키는 것으로 간주될 수 있기 때문이었다.[51] 그렇다고 해서 예정설의 원리들에 대한 도전이 갖는 장기적 함의를 과소평가해서는 안 된다. 왜냐하면 그 원리들이 성 아우구스티누스 시대 이래로 기독교적 사유를 이끌었기 때문이다. 그리고 예정설 원리의 폐기는 기독교 전통의 성격이 급격하게 변화하리라는 것을 예고하는 것이었다. 그러나 이러한 진전

---

49) Gerald R. Cragg, *The Church and the Age of Reason 1648~1789* (London: Hodder and Stoughton, 1962), p. 144.

50) 〔역주〕 펠라기우스주의는 5세기 펠라기우스와 그의 추종자들이 가르친 그리스도교 이단이다. 인간본성의 선함과 인간의 자유의지를 강조했다. 펠라기우스는 그리스도교도들 사이에 만연해 있는 도덕적 태만을 걱정했으며, 자신의 가르침을 통해 그들의 행위가 개선되기를 원했다. 인간이 악하기 때문에 죄를 지을 수밖에 없다고 하는 사람들의 주장을 거부한 이들은, 신은 인간이 선과 악 사이에서 자유롭게 선택하도록 했다고 주장했고, 따라서 죄란 한 인간이 신의 법을 저버리고 자발적으로 범한 행위라고 했다.

51) Tulloch, *Rational Theology and Christian Philosophy*, p. 25.

을 가능하게 한 것, 그리고 특히 성경해석에 있어 사적 판단의 원칙 — 모든 사람은 스스로 성경의 진리를 검토하고 판정할 수 있는 확고한 권리를 가진다는 관념 — 을 확립할 수 있게 한 것은 아르미니우스파의 반감이 창출한 새로운 지적 분위기였다.[52] 하지만 그것은 칼뱅교가 그저 용인할 수 있는 어떤 것이 아니었다. 왜냐하면 종교는 교리 속에 성공적으로 경전화되어 있는 것을 진리로 간주하기 때문이다. 아르미니우스파는 교리관념 그 자체를 문제시하고, 나아가 한 기독교도가 실제로 다른 기독교도에게 무엇이 진리인지를 결정할 수 없다고 설파하는 동시에, 교리나 신조에 대한 그 어떤 신앙고백도 기독교회에 실제로 불필요하다고 주장하며, 프로테스탄트 신학에 진정으로 새로운 정신을 제시했다. 그것은 케임브리지 플라톤주의자들(*Cambridge Platonists*)의 저작에서 가장 완전한 형태로 표현되었다.

1660년 이전에 영국에서 득세하던 칼뱅교가 어떻게 해서 왕정복고에 의해 실제로 실추되었는지 그리고 아르미니우스파가 당시 위력을 떨치게 된 영국 국교회 가톨릭 '로드파'의 한 특징을 이루었는지에 대해서는 이미 지적한 바 있다. 하지만 이 집단의 신학은 그들이 반대한 청교도의 신학만큼이나 교조적이었고, 넓은 의미에서 아르미니우스파의 한 특징인 자유로운 탐구정신은 거의 수용하지 않았다. 이 탐구정신은 영국에서는 청교도와도 영국국교회 가톨릭 로드파와도 무관하게 당시에 출현하던 제 3의 집단에 의해 표출되었다. 자유주의 또는 '광교회파'(*Latitudinarian*)[53] 사상가집단으로 대부분 케임브리지 에마뉴엘 칼리지 소속 학자들로 확인된 이들은

52) Ibid., p. 31.

53) 〔역주〕 광교회파는 17세기의 성공회 성직자들 가운데 그 신조와 관행이 보수파들에 의해 비정통으로, 또는 좋게 봐도 정통에서 벗어나 있는 것으로 간주된 성직자들을 일컫는다. 처음에는 케임브리지 플라톤주의자들을 가리키는 말이었으나, 나중에는 그리스도교 교리의 도덕적 확실성을 세우는 근거를 전통적인 주장보다는 이성에 의존하려 했던 성직자들을 가리키는 데 사용되었다. 이 교파는 반드시 받아들여야만 하는 내용을 교리로 규정하는 한편, 다른 가르침에 대해서는 자유를 허용했다.

'케임브리지 플라톤주의자'의 후예로 알려지게 되었으며, 프로테스탄티즘이 감정적 쾌락추구를 정당화하게 하는 데 중요한 역할을 했다.

그들은 실제로 진정한 의미에서 하나의 '학파'라기보다는 공통의 입장을 공유한 소규모 학자집단이었으며,[54] 그들 모두가 비록 분명한 칼뱅교도는 아니었지만, 청교도 출신이었다. 그러나 그들은 "교조주의시대를 지배하던 모든 정통을 초월한다"[55]는 신념을 진전시켰다. 이런 점에서 그들은 영국의 자유주의적 합리주의 신학의 단초를 형성한다.[56] 그들의 입장에 대해 크래그는 다음과 같이 표현한다.

> 거의 예외가 없을 정도로 케임브리지 플라톤주의자들은 청교도 출신이었다. 그들 대부분은 청교도들의 열정의 요새에서 교육받았다. 하지만 그들은 청교도로 분류될 수 없다. 그들은 청교도주의의 가장 고상한 자질의 일부 — 이를테면 도덕적 진실성 — 를 보지하고 있었으나, 그 신학을 버렸다. 그럼에도 불구하고 그들은 칼뱅교를 저버려야 이용할 수 있는 주요 대안들을 받아들이지는 않았다. 그들은 청교도의 교조주의를 싫어하는 것만큼이나 로드 대주교의 엄격성도 싫어했다.[57]

따라서 그들은 영국 국교회를 받아들이면서도(그들은 비국교도가 아니었다), 영국 국교회주의의 성격을 싫어하고, 두 교파에게 합리성, 관용, 깊은 윤리적 · 종교적 관심의 메시지를 설파하여 17세기 영국을 특징지었던 종교갈등의 중간지대에 위치했다고 말할 수 있다.[58]

---

54) 누구를 정확히 이 집단의 성원으로 간주해야 하는지를 놓고는 당연히 일부 견해차가 있기는 하지만, 벤저민 위치코트(Benjamin Whichcote), 존 스미스(John Smith), 랠프 커드워스(Ralph Cudworth), 헨리 모어(Henry More)는 거의 모든 사람들이 제시한 목록에서 등장한다.

55) Gerald R. Cragg, *The Cambridge Platonists* (New York: Oxford University Press, 1968), p. vii.

56) Tulloch, *Rational Theology and Christian Philosophy*, p. 31.

57) Cragg, *The Cambridge Platonists*, p. 8.

58) 브레드볼드(Bredvold)는 케임브리지 플라톤주의자들은 "점잖고 겸손한 신학자

네덜란드의 아르미니우스파와 마찬가지로 케임브리지 플라톤주의자들도 칼뱅교의 예정설개념과 그 함의에 깊은 불쾌감을 표시하며, 그 교의에 격렬히 반발했다. 그들은 자신들이 "이 자의적인 신의 숙명론"[59] 또는 "부도덕한 신성한 운명"[60] 이라고 부른 것을 재삼 공박하며, 그 같은 불변의 천명은 신이 만든 것일 리 만무하다고 주장했다. "왜냐하면 그것은 인간이 선하고 정의롭다는 관념에 반하기 때문이다. 이것이 뜻하는 것은 어떤 선한 사람도 무한히 선하지 못하기 때문에 무한한 선은 믿을 수 없다는 것이다."[61] 위치코트(Whichcote)는 "그것은 권력보다 아름다우며, 의지나 주권보다, 즉 신의 공정함, 신의 후의, 신의 정의, 지혜 등보다 아름다운 신 속에 존재한다"고 주장했다.[62] 따라서 그들은 칼뱅교도들이 인간에게 영원한 고통의 죄를 부여한 교의와 신을 동일시함으로써 "**신에게 … 불명예스럽고 굴욕적인 견해**"를 표방한다고 칼뱅교도를 비난하며, "신이 자신의 피조물의 비참함을 설계하고 즐긴다는"[63] 는 것은 있을 수 없는 일이라고 주장했다. 칼뱅교의 신관(神觀)에 대한 이 같은 거부는 자주 헨리 모어(Henry More)의 경우처럼 어린 시절에 때때로 경험한, 신의 선함에 관한 깊은 개인적 확신에 기반하는 것이었다. 그는 자신의 경험을 다음과 같이

들로 그들의 자비로운 관대함과 자애심은 그들에게 다가오는 피로에 지친 학자에게 하나의 청량제이다"라고 다소 호의적으로 묘사한다〔Louis I. Bredvold, *The Natural History of Sensibility* (Detroit, Mich. : Wayne State University Press, 1962), p. 8을 보라〕.

59) Cragg, *The Cambridge Platonists*, p. 10.

60) Ernst Cassirer, *The Platonic Renaissance in England*, trans. James P. Pettegrove (New York: Gordian Press, 1970), p. 81.

61) Tillotson, (Cragg, *From Puritanism to the Age of Reason*, p. 34에서 인용함).

62) Cassirer, *The Platonic Renaissance*, p. 82.

63) R. S. Crane, "Suggestions toward a Genealogy of the 'Man of Feeling'", *A Journal of English Literary History*, 1 (1934), republished in R. S. Crane, *The Idea of the Humanities and other Essays Critical and Historical* (Chicago University of Chicago Press, 1967), vol. 1, pp. 188~213, 특히 p. 189를 보라.

기록한다.

> 나는 대략 열네 살 되던 해까지 고명한 **칼뱅교도**인 부모님과 **선생님** 밑에서 자랐다. … 그러나 거기〔이튼〕에서나 다른 어디에서도 나는 **운명**에 관한 엄격한 교리를 그대로 받아들일 수 없었다. … 게다가 나는 천성적으로 그 같은 견해를 매우 혐오했으며, 따라서 **신의 정의**와 **선**에 대한 확신이 확고하고 흔들리지 않았다. 어느 날 … 나는 **이런 문제들을 나 자신과 관련하여 생각해 보고 칼뱅의 교리를 마음속으로 상기하면서**, 스스로 진지하고 신중하게 나 자신과 관련하여 다음과 같이 결론내렸다: **만약 내가 모든 것이 저주와 모독으로 가득 찬 지옥으로 떨어질 것으로 예정된 사람들 중 한 명이더라도, 나는 거기서 신을 향해 스스로 순종하고 참을성 있게 행동할 것이다.** … 그 일이 마치 하루나 이틀 전에 이루어진 것처럼, 나의 **명상**은 내 기억 속에 그리고 내가 서 있는 바로 그곳에 확고하게 새겨져 있다.[64)]

모어의 설명에서 특히 흥미로운 것은, 신은 어떤 식으로든 자신이 만든 계율보다도 더 고차원의 것에 의해 제약받을 것이라는 점을 함축한다는 점이다. 즉 정의에 대한 요구는 실제로 그 계율을 철회할 것을 요구한다. 이 같은 암시는 케임브리지 플라톤주의자들의 저작 속에서 등장하는 중요한 사고경향과 일치한다. 그 관념은 도덕적 가치는 신의 의지와는 무관한 하나의 기반을 가지며, 그 결과 신조차도 정의를 위반하지 않고는 죄 없는 사람을 벌할 수 없다는 것이다. 이를테면 칼뱅교도는 옳은 것은 신이 그렇기를 바라기 때문에 옳은 것이라 주장하는 반면, 플라톤주의자들은 옳은 것과 잘못된 것에 대한 구분은 영원·불변하다고 주장했다.[65)] 이 논점은 이것과 예정설에 대한 (보다 아르미니우스적인 방식의) 초기의 공박 사이에 중요하고도 유의미한 차이가 있음을 보여준다. 왜냐하면 케임브리지 플라톤주의자들은 그 이름이 함의하듯이 칼뱅의 체계에 대한 자신들의 신학적

---

64) Ward, *Life of More*, (Cassirer, *The Platonic Renaissance*, p. 81에서 인용함).
65) Cragg, *The Cambridge Platonists*, p. 10.

대안을 구축하기 위해 철학에서 소재를 끌어들였기 때문이다.

그리스 철학자들은 명목적으로는 이교도이기는 하지만 신앙을 올바르게 해석하는 데 일정한 역할을 한 것으로 인식되었으며, 초기 교회의 교부들은 신학을 구성하는 작업에서 특히 플라톤의 가르침을 일반적으로 이용했다. 하지만 종교개혁 시대까지만 해도 성서와 계시종교의 중요성을 크게 강조했기 때문에, 자연신학[66] 형태로 이루어진 철학의 공헌은 무시되었다. 청교도들은 성경 이외의 어떤 다른 전거에도 의존하지 않기에, 다른 어떤 '이교도' 책자에 의지하는 것을 두고 종교문제를 계몽하려는 것이라고 비난했다.[67] 하지만 고전철학에 대한 관심이 르네상스에 의해 부활되었고, 그 후 여러 학자들에 의해 활발하게 논의되었다. 이를테면 케임브리지 신학자들은 (비록 청교도대학이기는 하지만) 종합대학 구성원으로서의 역량 덕분에 이 전통의 계승자가 되었고, 이 전통을 아우구스티누스적 기

---

66) 〔역주〕 자연신학이란 신의 존재 및 그 진리의 근거를 초자연적인 계시나 기적에서 구하지 아니하고, 인간의 이성이 인식할 수 있는 자연적인 것에서 구하는 신학을 말한다. 초자연의 특정한 교리에 의지하는 신학에 대응하는 것으로, 이신론이 그 전형이라 할 수 있다.

67) 청교도들을 예술 및 고전학문에 적대적인 사람들로 보는 대중적인 이미지는 왜곡된 것이다. 다우든(Dowden)의 지적에 따르면, 청교도 신사는 "학자이면서 음악애호가이자 문학애호가"이며, 크롬웰의 군목이었던 피터 스테리(Peter Sterry)는 티치아노(Titian)와 반다이크(Van Dyke)의 작품을 좋아했는가 하면, 밀턴의 아버지는 소곡을 작곡했고, 아들에게 그리스·로마의 시를 읽도록 권했다〔Edward Dowden, *Puritan and Anglican: Studies in Literature* (London: Kegan Paul, Trench, Trubner, 1910), p. 21을 보라〕. 뉴잉글랜드 청교도 중 한 사람인 모리슨(Morison) 역시 비록 청교도들이 연극을 금지하기는 했지만 실제로는 "고전, 순수문학, 시, 과학적 연구"에 대한 관심을 자극했다고 지적한다(Morison, *The Intellectual Life of New England*, p. 4). 하지만 그렇다고 해서 그들이 신학적 문제와 관련하여 고전 저술가들을 권위 있는 전거로 기꺼이 받아들일 준비가 되어 있었다고 말하는 것은 아니다. 베버가 지적하듯이, 웨스트민스터 신앙고백이 구원에 필요한 모든 것이 성경 속에 담겨 있다는 교리를 포용한 반면에 칼뱅은 루터가 초기 시절에 그랬던 것처럼 아리스토텔레스와 고전철학 일반을 크게 불신했다(Weber, *The Protestant Ethic*, p. 244).

반보다는 플라톤적 기반에서 신학을 재구성하는 데 이용했다. 현대의 한 호의적인 논평자는 "교회를 옛날의 충실한 양성소로, 즉 플라톤철학으로 되돌려놓은 것"[68] 이 케임브리지 사람들의 목적이었다고 지적한다. 하지만 윌리(Willey)가 지적하듯이, "2세기의 그리스 교부들이 기독교를 공인된 철학과 접목시켰다면, 플라톤주의자들이 볼 때, 그것은 철학을 공인된 기독교에 접목시키는 문제였다".[69] 여하튼 "프로테스탄티즘 내에서 새로운 세력"이 생겨났는데, 그것은 칼뱅교와도 루터교와도 닮지 않았다.[70] 종교사상의 진화에서 결정적인 전환점을 이루고 18세기 감상적 이신론(*deism*)[71] 의 기틀을 마련한 것도 바로 철학의 이 같은 활용이었다. 카시러(Cassirer)는 그 이유를 다음과 같이 설명한다.

> 프로테스탄티즘 내에서 이들 세력을 일깨우는 데 최초로 성공한 것은 철학이다. 그리고 바울과 아우구스티누스의 교리가 가진 편협성으로부터 프로테스탄티즘을 구출하기 위해 최종적으로 의지한 것도 이들 세력이었다. 네덜란드에서는 벨(Bayle)과 휘호 그로티우스(Hugo Grotius)가, 독일에서는 라이프니츠가, 영국에서는 케임브리지 사상가들이 온갖 장애에도 불구하고 이러한 목표를 신중하게 채택하고 영속적으로 유지했다.[72]

이러한 목적을 위해 활용된 철학적 전통은 피렌체에 있는 플라톤아카데미(*Platonic Academy*)에서 유래했고, 존 콜렛(John Colet), 에라스무스

68) Cragg, *The Cambridge Platonists*, p. 15.

69) Basil Willey, *The English Moralists* (London: Chatto and Windus, 1964), p. 172.

70) Cassirer, *The Platonic Renaissance*, p. 38.

71) 〔역주〕 이신론은 성서를 비판적으로 연구하고 계시(啓示)를 부정하거나 그 역할을 현저히 후퇴시켜서 그리스도교의 신앙 내용을 오로지 이성적인 진리에 한정시킨 합리주의 신학의 종교관이다. 먼저 영국에서 1696년 톨런드와 틴 등이 주장하였고, 이어 프랑스에 이입되어 볼테르와 디드로 그리고 루소 등이 제창하여 유럽 각지에 퍼졌다.

72) Ibid., p. 83.

(Erasmus), 토머스 모어가 그것을 영국에 소개했다. 플라톤아카데미는 플라톤만큼이나 플로티누스(Plotinus)에도 의지했으며, 이데아의 역할, 영혼의 본질, 이성의 위상, 도덕적 개념의 영원성 등에 관심을 집중했다.

케임브리지 플라톤주의자들은 인간의지의 구제 불가능한 타락이라는 칼뱅교의 교의를 부정하기 위해, 플라톤의 에로스교의 그리고 특히 플로티누스가 발전시킨 도덕적 삶의 자기충족성에 관한 가르침을 열렬하게 받아들였다. 그 결과 이전에 신의 은총을 강조하던 것이 이제는 신의 사랑에 대한 강조로 대체되었고, 그리하여 신앙은 더 이상 이성에 반하지 않게 되었다. 이와는 반대로 그들은 모든 사람들 속에 존재하는 신성한 속성인 분별 있는 신앙, 이성, 자비를 제창했다. 하지만 여기서 이성은 18세기 합리주의자들이 우상화한 한정된 의미의 이성의 능력이 아니라, "정신적인 것들을 식별해 내는 정신적 능력"이다.[73] 올바른 이성(*Right Reason*)이라는 고대 교리와 일관되게, 플라톤주의자들은 이성은 명석한 머리뿐 아니라 순수한 가슴의 문제이기도 하며, 신에 대한 진정한 지식은 머리와 가슴이 함께 결합하여 작동할 때만 얻을 수 있다고 주장했다. 그 내부에서 하나의 살아있는 원리로 느끼는 신은 지향해야 할 목표였다. 그리고 이는 종교가 의례나 교리를 넘어선 겸양과 자비심을 지닌 깊은 도덕적 확신의 문제라는 것을 의미했다. 이런 식으로, 케임브리지 플라톤주의자들은 칼뱅교 신학을 거부하는 한편, 청교도답게 도덕에 열중하고 물질세계를 경멸했다. 이것은 관심의 초점을 내세에서 구원을 받는 것에서 현세에서 진정한 정신적 삶을 살아가는 것으로 이동시키는 데 기여했으며, 그리하여 기독교적 인간주의를 발전시키는 데 기틀을 마련했다. 신을 사랑의 신으로 강조하고 '신의 형상'으로 인간을 창조했음을 강조함으로써, 자연스럽게 훌륭한 기독교도의 주요한 특징으로 자비심을 강조했고, 그리스도라는 모범과 함께 성서의 권위가 자애심 그리고 그와 연관된 연민과 슬픔의 감정을 강조하는 전거가 되었다. 그러나 프로테스탄트 사상의 이 같은 전개는 새로운 신정

73) Willey, *The English Moralists*, p. 183.

론이 칼뱅의 신정론을 대체할 것을 요구했다. 그리고 실제로 이 일을 수행한 장본인은 케임브리지학파 성원이 아니라(비록 거기에도 유사한 인물들이 많이 있기는 했지만), 독일 철학자 라이프니츠였다.

라이프니츠는 생전에 출간한 유일한 본격적인 철학서인 《신정론》(*Theodicy*)에서 신의 본성과 현세 속의 악의 존재를 조화시키려는 해묵은 문제와 맞서 싸웠다. 사실 라이프니츠는 프랑스의 회의주의자 피에르 벨(Pierre Bayle)이 제시한 주장을 공박했다. 벨은 종교적 믿음은 오직 신앙에만 의존할 수 있다고 주장했다. 왜냐하면 악의 문제는 기독교 자체가 이성에 반한다는 것을 의미하기 때문이었다.[74] 라이프니츠는 악의 존재가 전능하고 자비로운 창조자와 양립할 수 있다는 것을 입증하기보다는 그런 생각에 대한 반박들을 물리치는 데 집중했으며, 그럼으로써 일신론적 믿음을 고수하는 것이 비합리적이지 않다고 주장했다.[75]

라이프니츠는 에피쿠로스가 확인한 바 있는 전능함과 자비로움이라는 신의 특성이 제시하는 수수께끼 같은 문제를 다루면서, 서로 구별되는 세 가닥으로 이루어진 주장을 펼쳤다. 신은 기꺼이 악을 막고자 하나, 그럴 능력이 없는 것인가? 그렇다면 신은 무능하다. 신은 악을 막을 수 있지만, 기꺼이 그렇게 하지 않는 것인가? 그렇다면 신은 자비롭지 못하다. 신은 악을 막을 수도 없고 기꺼이 그렇게 하지도 않는 것인가? 그렇다면 악은 어디에서 연원하는가? 첫째, 라이프니츠는 유일하게 완벽한 존재인 신의 독특성을 보존하기 위해 만물의 불완전성이 논리적으로 필요하다고 주장한다. 논리학의 법칙이 그 같은 구분을 요구하며, 그러한 구분을 견지한다고 해서 신을 비난할 수는 없다. 둘째로, 라이프니츠는 다양한 논의를 진전시키며, 우리에게 악으로 보이는 것이 좀더 넓은 관점에서 보면 선한 것으로 보일 수도 있으며, 그러므로 부분적인 결함이 실제로는 전체를 향상시킬 수도 있음을 보여준다. 이를테면 어떤 그림의 경우처럼, 한 부분을

74) G. Macdonald Ross, *Leibniz* (Oxford: Oxford University Press, 1984), p. 103.

75) 이 같은 논의의 과정에서 라이프니츠가 칼뱅교의 예정설을 공박하고 아르미니우스 편에서 타락 전 선택설 대 타락 후 선택설 논쟁에 끼어들었다는 것은 흥미롭다.

따로 떼어놓고 보면 그것이 추하게 보일 수도 있지만, 그 부분을 그림의 나머지 부분들과 결합시켜 놓을 경우, 그것이 그림을 더 아름답게 하는 데 기여할 수도 있다. 그러나 셋째이자 가장 중요하게는, 그는 "이것이 모든 가능한 세계 중에서 최상의 것이다"라는 일반적인 주장을 펼친다. 그리고 그를 유명하게 한 것이 바로 이 주장이다.

그것의 요체는 신의 전능함보다 신의 선함과 지혜를 더 강조하는 것이기에, 신은 자신의 자비로움에 의해 일정 정도 '제약받는다'. 이 주장은 우리가 알고 있는 세계는 신이 만들 수 있었던 무한한 세계들 중의 단지 하나일 수 있다는 것이다. 하지만,

> 참으로 무한한 선과 결합한 신의 '지고의 지혜'는 최상의 것을 선택할 수밖에 없다. 왜냐하면 덜 악한 것이 선의 일종이듯이, 덜 선한 것도 그것이 더 큰 선을 가로막는다면 악의 일종이기 때문이다. 그리고 신의 행위도 더 나은 행위를 할 수 있는 가능성이 있다면, 그 속에는 바로잡아야 할 어떤 것이 있을 수 있다.[76]

그러므로 신은 가능한 한 최상의 우주 — 최대한 많은 양의 선을 가진 세계를 포함하여 — 를 그것이 실제로 자신에게 다시 무너져 내리지 않게 창조할 도덕적 책무가 있다. 신은 서로 양립하는 동시에 서로 배타적인 가능성들에 대해 어떠한 통제도 할 수 없는 듯이 보이며, 그리하여 신이 아무 것도 창조하지 말았어야 했다는 말을 들을 정도로 만물을 창조한 것에 대해 비난받는다. 이 주장은 모든 '악'은 보다 큰 선의 맥락에서 파악되어야 한다는 주장과 함께, 라이프니츠의 신정론으로 이어진다. 라이프니츠의 신정론은 모든 것은 최선의 것을 위해, 여기서는 모든 가능한 세계 중에서 최상의 세계를 위해 존재한다는 견해를 특징으로 한다.

---

76) Gottfried Wilhelm Leibniz, *Theodicy*, trans. E. M. Hughes from C. J. Gerhardt's edition 1875~90, edited, abridged and with an introduction by Diogenes Allen (Don Mills, Ontario: J. M. Dent, 1966), p. 35.

라이프니츠의 견해가 널리 유포되자, 고트프리트 마틴(Gottfried Martin)은 다음과 같이 주장했다.

> 18세기에 이 저작 《신정론》이 미친 영향을 추측하기란 거의 불가능하다. 이 저작은 아마 적어도 독일에서 가장 많이 읽힌 18세기의 책이었을 것이다. 이런 의미에서 이 책은 바로 계몽주의의 화신이었다.[77]

분명 볼프(Wolff) 같은 추종자들이 라이프니츠의 신정론적 논지를 널리 보급시키는 일을 한 반면(그리고 왜곡했다고 말할 수도 있다), 볼테르(Voltaire)가 《캉디드》(*Candide*)에서 제기한 공박은 그들의 영향력을 보여주는 증거이다. 아서 러브조이(Arthur Lovejoy)가 《신정론》을 충만의 원리(*principle of plenitude*)에 대한 호소를 담고 있는 것으로 보고 그리하여 '존재의 대사슬'(*great chain of being*) 관념[78]의 여러 전거들 중의 하나로 보는 것이 옳든 그르든 간에, 라이프니츠가 이신론과 계몽주의의 자연종교[79]를 뒷받침한 철학적 신학의 기틀을 마련하는 데 도움을 준 것은 분명

---

77) Diogenes Allen, ibid., p. 16에서 언급된 내용이다.

78) Arthur O. Lovejoy, *The Great Chain of Being: A Study of the History of an Idea* (Cambridge, Mass.: Harvard University Press, 1961), pp. 52~64. 디오게네스 앨런(Diogenes Allen)은 라이프니츠는 "존재의 대사슬 관념을 필요로 하지도 사용하지도 않는다"(*Theodicy*, p. xix)고 주장하면서 러브조이의 주장에는 지지할 만한 것이 별로 없다고 느낀다.

79) 〔역주〕 자연종교는 계몽주의 시대에 있었던 합리주의 종교로, 계시종교와 대립되는 개념이다. 계몽시대의 합리주의자들은 종교의 본질이란 기성 종교의 교의·신조 속에 있는 것이 아니라 이성이나 경험에서 종교의 본질을 발견할 수 있다고 주장한다. 이 자연종교에 탐구는 ① 종교개혁 이후 격렬하게 전개된 가톨릭과 개신교의 논쟁과 투쟁으로 그리스도교의 권위가 동요되기 시작하고, ② 과학의 발달과 교역의 확대로 그리스도교의 세계관에 대한 의문이 제기되기 시작한 17~18세기의 지적인 상황을 반영하여 나타났다.

프랑스의 보댕이나 영국의 허버트에 의해 전개되어 영국의 로크 등에 의해 이신론으로 발전된 자연종교는 "종교란 모든 인간에게 선천적인 것이고, 따라서 특별한 계시라는 것은 소용없을 뿐 아니라 해로운 것"이라 하여 계시종교

하다. 신정론 문제에 대한 라이프니츠의 해법은 베버의 그 어떤 이상형과도 상응하지 않는 것으로 보인다. 그것은 세계의 불완전성을 일정한 미래 시기로 투사하여 해소하는 대신에, 그 불완전성이 지금 실제로 '해소되고' 있다고 주장한다. 이신론은 그것이 다만 일부나마 힌두교의 가르침과 연결되어 있을 수 있다는 것을 명백히 거부한다.[80] 분명 칼뱅교에는 인간이 신의 계획을 알 수 없듯이 특정한 악이 전체의 선에 기여하는 바를 인간이 알 수는 없다는 인식이 존재하지만, 예정설의 특정 요소를 제거하는 것과 자비를 강조하는 것에서 알 수 있듯이, 그 둘은 분명하게 구분된다.[81]

이 철학은 '낙관주의' 철학이라고 불렸고, 그 자체로 18세기 유럽 전역에 유포된 전반적인 '진보적' 전망에 크게 기여했다. 그것이 낙관주의를 논리적으로 정당화하는지는 논란의 여지가 있지만, 결국 그것은 볼테르가 씁쓸히 관찰한 것처럼 악의 불가피성을 체념하고 받아들인다. 그리하여 그것이 금욕주의적 생활태도를 보다 철저하게 이끌게 되었다고 말할 수도 있다. 하지만 그것이 행한 것은, 칼뱅교의 교의가 그것에 드리운 어두운 그림자로부터 신은 근본적으로 자비롭다는 관념을 구출하는 것이었으며, 나아가 인간과 자연 모두를 그러한 신의 자비로움을 예증하는 신이 고안할 수 있는 '최상의 것'으로 제시하는 것이었다. 이처럼 그것은 청교도주의가 확립한 인간본성 및 천부적 감정에 대한 부정적 판단을 제거하는 데 결정

에 반대하고, 최고신의 존재, 영생에 대한 희망, 상선벌악에 대한 신앙 등이 참된 종교의 본질적 핵심이라고 보았다. 이러한 사상은 톨란드, 뉴턴, 볼테르 등의 계몽사상가들에 의해 계승되었고, 루소는 모든 올바르고 참된 종교는 선과 미에 대한 사랑에서 성립된다고 주장하여, 그리스도도 계시도 구속도 없는 종교를 주창하기도 했다. 교회는 이 자연종교 사상을 이단으로 배척했다.

80) 이 가능성은 존재의 대사슬 관념 — 어쩌면 업(業)의 교리의 '냉혹한' 형태로 간주될 수도 있는 — 의 중심성에 관한 러브조이의 주장을 받아들일 경우에만 존재한다.

81) 베버는 "예정설의 신조가 신의 선을 말살한다"고 지적했지만, 이러한 사실이 프로테스탄티즘의 전개에 미친 결과에 대해서는 탐색하지 않았다(Weber, *Sociology of Religion*, p. 202).

적 역할을 했다.

하지만 케임브리지 플라톤주의 신학이 기독교적 감상주의의 방향으로 나아가게 하는 데 작동한 또 하나의 결정적 요인이 있었는데, 그것은 바로 케임브리지 플라톤주의자들이 베이컨(Bacon)과 홉스로 대표되는 당시 막 출현하던 경험주의철학 전통에 대해 격렬하게 반대했다는 것이다. 경험주의 철학은 칼뱅교보다 더 무섭고 위험스런 적으로, 칼뱅교를 급속하게 대체하고 있었다. 앞서 지적했듯이, 케임브리지 플라톤주의 신학은 사실 많은 측면에서 경험주의 전통의 상속자였으며, 세속적인 가정(假定)의 틀 내에서 그것의 가치와 태도를 진척시켰다. 카시러가 지적하듯이, 이 둘 모두는 법률을 존중하는 사고방식을 드러내면서도 자연을 지배하고자 하는 시도 속에서는 지식보다 행동을 강조하는 적극적인 신념이었다.[82] 게다가 인간본성에 대한 근본적인 비관주의적 평가는 공히 사회제도가 지닌 중요한 규율적 역할을 강조하게 한다. 그리고 이 같은 견해는 홉스의 《리바이어던》(*The Leviathan*)에서 설득력 있게 표현되었다.

홉스는 플라톤주의자들이 거부한 거의 모든 것들, 즉 무신론적, 유물론적, 결정론적, 비관주의적 철학을 재차 제시했다. 플라톤주의자들이 철학과 종교의 통일을 열정적으로 신봉할 때, 실제로 홉스는 종교에 맞서서 철학을 이처럼 이용했다. 윌리는 존 스미스(John Smith)와 랠프 커드워스(Ralph Cudworth)를 인용하여 플라톤주의자들이 홉스의 유물론에 맞서 이상주의적 지각 및 지식 이론, 그의 결정론에 맞서 의지의 자유 이론, 그의 무신론에 맞서 영혼의 불멸성과 신의 존재에 대한 주장 등을 강변하며, 홉스의 논지를 반박하기 위해 얼마나 애썼는지를 보여주었다.[83] 그러나 플라톤주의자들과 홉스의 싸움이 초래한 가장 중요한 결과는, 그것이 그들의 도덕관을 바꾸는 데 자극제가 되었고 그 결과 그들이 인간 본연의 선을 강조하게 되었다는 것이었다.

82) Cassirer, *The Platonic Renaissance*, p. 50. 앞서 언급한 관련 참고문헌들도 보라.

83) Willey, *The English Moralists*, pp. 174~82.

케임브리지 플라톤주의자들은 칼뱅교가 도덕을 비록 정의롭기는 하나 경외로운 신의 의지 정도로 환원하는 것을 혐오한 것과 마찬가지로, 홉스가 도덕을 단순히 우리의 정서와 '관련된' 것이기는 하나 지상의 리바이어던이 내린 명령에 의해 결정된 것쯤으로 다루는 것을 받아들일 수 없었다. 그들은 이 둘 모두에 반대하여 옳음과 그름의 구분은 사물의 속성 그 자체에 영원히 고정되어 있다고 주장했다. 게다가 인간의 마음은 신의 마음의 유한한 반복 내지 반영이기 때문에, 인간의 생각은 (그것이 진실일 때) 신의 사고에 대한 독해이다.[84] 이런 식으로, 정신적으로 깨달은 개인은 선하고 옳은 것에 관한 직접적인 직관적 지식을 가질 수 있게 된다. 동시에 이 플라톤주의자들은 홉스의 인간상에 대해서도 강한 어조로 반박했다. 홉스에서 인간은 기본적으로 자존심과 자긍심 같은 이기적 열정에 의해 동기를 부여받고 있기에, 만약 "인간들 모두가 경외감을 가지는 공동의 힘"에 의해 지배받지 않는다면, "전쟁이라 불리는 상태, 즉 만인에 대한 만인의 전쟁상태"[85]에 빠질 가능성이 크다. 다시 한 번, 인간은 신의 부분적 모습이기 때문에, 인간은 자비심 같은 중요한 속성을 신과 공유하며, 따라서 당연히 다른 사람들과 조화롭게 어울리는 성향을 지닌다. 이는 인간 이성이 다른 사람에 대한 친절이 자기 자신의 개인적 행복이라는 목표에 도달하는 최선의 수단이라고 그에게 알려주기 때문만이 아니라, 사랑과 호의의 행위를 하려는 경향이 내재하기 때문이기도 하다. 왕정복고 이후 몇 년 동안 이 주제는 크레인(Crane)이 "'천부적 미덕'에 대한 반(反) 홉스적 전도사"[86]라고 부른 것에 의해 여러 차례 되풀이하여 등장했다. 그 결과 1680년대 중엽부터 "인간을 호의적인 관점에서 연민과 자비의 충동을 자연스럽게 느끼는 피조물로 묘사하는 것이 자비설법을 설교하는 전도사가 해야 할 마땅한 의무의 일부가 되었다".[87]

---

84) Ibid., p. 179.

85) *Leviathan*, (Crane, "Suggestions toward a Genealogy", p. 205에서 인용함).

86) Ibid., p. 206.

87) Ibid., p. 207.

이 시점에서 잠시 쉬어 가면서, 종교적 믿음과 도덕적 신념이 사회적 행위에 영향을 미치는 방식에 대해 간략히 재고하는 것이 유익할 것 같다. 앞에서와 마찬가지로 여기서도 베버의 저작을 논의의 출발점으로 삼을 것이다.

《프로테스탄트 윤리와 자본주의 정신》을 읽어 보면, 베버가 종교적 가르침이 개인의 행동에 교훈적인 방식으로 직접 영향을 미친다고 여기지 않았음을 알 수 있다. 다시 말해, 신학자나 교회당국이 어떤 활동을 금지 또는 규정하느냐 마느냐는, 종교가 행동에 미치는 영향을 평가할 때, 그 자체로서는 그리 중요한 사안이 아니다. 그리고 그 영향의 성격은 특정 신정론의 논리적 결과인 것처럼 보이는 것으로부터 연역되는 것도 아니다. 예컨대 베버가 지적하듯이, 예정설은 "그것의 오직 논리적 결과"로서 숙명론을 지닌다. 이와는 반대로, 중요한 것은 "특정 종교적 관념에서 파생된 실제적인 종교적 태도에 대해 미치는 심리적 결과"[88] 이다. 베버가 지적하듯이, 칼뱅교의 경우 그것은 결코 숙명론을 초래하지 않는다. 그러므로 그와 관련된 문제들은 실제 종교적 행동이 취하는 방향에 대해 신학이 갖는 함의들과 관계되며, 따라서 그 신도의 주요 관심사의 본질적 성격을 올바르게 규명하는 것에서 출발해야 한다. 이런 문제들을 논의의 중심으로 삼아야만, 교리 변화가 초래하는 결과를 올바르게 평가할 수 있다. 이를테면 베버는 예정설 교의가 신도들로 하여금 자신이 은총의 지위를 획득했는지를 증명하는 증거를 찾게 하는 방식을 추적한다. 이 점을 염두에 두고 이제 우리가 후기 칼뱅교의 신정론과 라이프니츠와 케임브리지 플라톤주의자들이 제창한 종교철학으로 관심을 돌리면, 우리는 이들 가르침이 그것들의 영향을 받은 광교회파 프로테스탄트 교도들의 행동에 어떤 결과를 초래했는가 라는 그와 비슷한 질문을 할 수 있게 된다.

예정설 교의의 폐기가 (베버가 옳게 지적하듯이) 자신의 선택을 증명하고자 하는 칼뱅교도들을 특징짓던 각별한 절박성을 제거한 것처럼 보일 수

88) Weber, *The Protestant Ethic*, p. 232.

도 있지만, 그렇다고 해서 아르미니우스파가 구원의 목표에 초연했던 것은 아니다. '자연종교'로의 전환 및 내세에서의 구원문제에 대한 이신론자들의 명백한 무관심과 함께 이런 측면에서 중대한 변화가 일어났다. 그러자 베버가 기독교에서 중심적이라고 여긴 문제들 — 즉 내가 구원받기 위해 무엇을 해야 하는가? 그리고 나의 구원을 어떻게 확신할 수 있는가?— 이 점차 시들해져갔다. 하지만 이것이 개인들이 더 이상 아무런 실제적인 종교적 관심도 가지고 있지 않았음을 의미하는 것은 아니다. 거기에는 또 다른 형태의 종교적 관심이 자리하고 있었다. 케임브리지 플라톤주의자들은 그것과 관련하여 이를테면 다음과 같은 질문들을 제기했다: 내 안에 있는 신성을 구현하기 위해 나는 무엇을 해야 하는가? 그리고 내가 영적으로 선택받은 사람들 중의 하나라고 어떻게 확신할 수 있는가? 이런 질문들은 다음과 같은 질문들로 합체된다(그리고 궁극적으로는 대체된다). 나의 진정한 미덕을 실현하려면 나는 무엇을 해야 하는가? 그리고 내가 고결한 사람들 중의 하나라고 어떻게 확신할 수 있는가?

이 마지막 논점은, 종교적 가르침이 실제 행위에 미치는 영향에 대한 베버의 관심이 그저 한 사회의 이상 — 그것이 선이든 진실이든 정의든 미든 간에 — 의 정식화가 행동에 영향을 미치는 방식에 대한 분석의 특수한 사례일 뿐이라는 것을 보여주는 데 기여한다. 따라서 이들 모든 질문은 다음과 같은 좀더 일반적인 질문들로 제시될 수 있다: 나 자신의 성격이나 행동양식 속에 이들 이상을 구현하기 위해 나는 무엇을 해야 하는가? 그리고 내가 실제로 그 이상을 실현한다는 것을 어떻게 확신할 수 있는가? 그러므로 모든 사회 — 이들 사회가 자기 문화 속에 종교적 신념체계를 구현하든 아니면 비종교적 신념체계를 구현하든 간에 — 에 각 이상의 내용이 실제 행동에 영향을 미치는 방식에 대한 본질적으로 베버적인 접근방법을 적용할 수 있을 것이다. 그것의 결정적인 고리는 이상적인 것을 실현하도록, 보다 특수하게는 그것에 도달했다는 것을 재확인하도록 요청을 받는 행동의 형식이다.

이제 케임브리지 플라톤주의자들의 저작에서 제창되고 있는 이상적인 기독교인으로 되돌아가 보자. 우리는 그것을 자비로운 인간으로 지적한 바 있다. 즉 이상적인 기독교인은 자기 동료에게 연민과 동정심으로 자선활동을 행하여 신성함의 이상을 선행으로 예증한 사람이다. 이 목표를 달성하기 위해서는 종교와 신의 계획을 성경과 세상에서 나타나는 대로 진정하게 이해하는 것이 필요하지만, 타인의 곤경에 동감하여 그들에 대한 진정한 사랑과 동정심을 가지고 행동함으로써 마음속에 있는 신을 충분하게 표현하는 것이 보다 중요하다. 실제로 그렇게 행동하고 그 결과 이러한 감정들을 경험하는 경우에만, 진정한 신성을 지니고 있음을 확인하고 또 미덕을 획득할 수 있다. 이것이 바로 진실로 선행을 하는 개인들은 그들의 자선활동이 연민과 동정이라는 남을 사랑하는 감정에서 우러나온다는 사실에 의해 다른 사람들과 구분된다는 점을 명기하고 있는 징표교의이다.[89] 이 같은 방식으로 낙관적인 자비의 신정론은 경건주의 교파의 청교도사상을 네오플라톤철학과 연계시키며, 기독교적 감성이라는 '감정주의' 윤리를 창출하는 데 기여했다.

라이프니츠의 신정론이 실제로 이러저러한 형태로 계몽주의 세계관의 실질적 토대를 마련했다는 점은 널리 인정받고 있지만, 그것은 일반적으로 하나의 세속화 또는 탈주술화 운동이었다는 주장이 제기될 수도 있다. 그리고 그것은 종교가 삶에서 수행한 역할을 감소시키는 데 기여했다. 그렇기 때문에 이것을 새로운 종교운동과 연관된 것으로 제시하는 것은, 서구문명의 이 중대한 전환점에서 나타나는 보다 유의미하고 장기적이며 반(反)종교적인 특징을 간과하거나 경시하는 것이다. 이러한 반론을 무시할 수는 없는 이유는, 계몽주의는 당시 널리 확산된 회의주의와 불신앙에 근거를 제공한 사조의 출현을 분명히 목격했기 때문이다.[90] 그러나 이것을

---

89) Crane, "Suggestions toward a Genealogy", p. 200을 보라.

90) 계몽주의사상이 반종교 및 불신앙의 발흥에서 행한 역할에 대한 논의로는 Franklin L. Baumer, *Religion and the Rise of Scepticism* (New York: Harcourt Brace, 1960)을 보라. 19세기 및 20세기와 관련해서는 Colin Campbell, *Toward a Sociology of Irreligion* (London: Macmillan, 1971), 제 3장을 보라.

그것의 주요한 결과로 간주하는 것은 단기적 결과와 장기적 결과를 혼동하는 것이다. 왜냐하면 그것의 가장 직접적인 결과가 바로 후에 이신론 또는 '자연'종교라고 알려지게 된 새로운 형태의 종교를 창출하는 것이었기 때문이다.

이신론과 자비의 신정론

러브조이는 '동일과정설'(*uniformitarianism*)[91]을 이신론의 근간을 이루는 중심원리라고 규명한다. 이 경우에, 모든 사람에게 균일하고 동일한 것으로 가장 중요하게 고려되는 것이 이성의 능력이다.[92] 그 결과, 의견이나 취향의 차이는 오류의 증거로 간주되는 반면, 보편적으로 용인되는 것은 진실의 징표가 된다. 여기서 '자연'은 표준적인 것과 보편적인 것을 뜻하기 위해 사용되는 핵심용어이자 모든 분쟁을 해결하는 최종 항소법정이다. 따라서 종교에 관한 한, 기독교 내에서뿐만 아니라 세계종교 일반 사이에서도 나타나는 신앙과 관행 간의 매우 분명한 차이는, 진실일 수 있는 유일한 믿음은 전체 인간들 사이에서 발견되는 믿음, 즉 '자연종교'라고 불리게 된 것이었다고 시사했다. 이 자연종교의 진리는 두 방법 중 하나를 통해 발견할 수 있다. 즉 각 개인이 전통이나 외적 권위에 영향을 받지 않고

91) 〔역주〕 동일과정설은 이미 형성된 지질현상이나 생명현상은 과거나 현재나 동일한 근본원리에 의하여 형성된 것이라는 지질학의 근본을 이루는 이론이다. 1832년 케임브리지의 학자인 윌리엄 휴얼이 이 이론을 소개했을 당시에는, 지구가 초자연적인 방법으로 창조되었고 성서의 노아의 홍수와 같은 일련의 격변에 의해 영향을 받았다는 견해(격변설)가 유력했다. 격변설적인 견해와는 반대로, 동일과정설은 암석에 보존된 현상들은 현재에도 계속되는 지질작용으로 완전히 설명할 수 있다고 주장한다. 다시 말해, 현재는 과거를 푸는 열쇠가 될 수 있다는 것이다.

92) Arthur O. Lovejoy, *Essays in the History of Ideas* (New York: George Braziller, 1955), pp. 82~6.

자신의 이성의 능력을 사용함으로써 또는 실제로 모든 인간이 공통으로 가지고 있는 신념과 가치, 즉 '만민일치'(*consensus gentium*)로 알려진 것을 검토함으로써 발견할 수 있다. 이 두 가지 방법은 동일한 결론에 이르며, 이것들은 신의 진정한 목소리를 대변하는 것으로 여겨졌다. 이성이라는 '내부의 빛'(*inner light*)에 대한 호소도 그리고 '만민일치'에 대한 호소도 신학논쟁과 철학논쟁에서 새로운 것이 아니었지만, 그 차이점은 계시와 교회 권위를 모두 무시하고 오직 이 두 기준만을 진리를 결정하는 데 사용한다는 점이었다.[93] 개인들이 자신의 이성을 발휘하면서도 유사한 결론에

---

93) 계몽주의가 초래한 종교사상의 변화는 이보다 훨씬 더 심원한 것으로, 토마스 쿤의 용어로 사실상의 패러다임혁명을 이루는 것이었다〔Thomas S. Kuhn, *The Structure of Scientific Revolutions*(Chicago: University of Chicago Press, 1962)를 보라〕. 러브조이는 우리가 계몽주의와 연관시킨 일반적 세계관이 어떻게 해서 플라톤사상의 두 근본적인 조류 중 하나에서 유래한 것으로 이해할 수 있는지를 개관한 바 있다. 그는 이것들을 '내세성'과 '현세성'이라고 명명했는데, 전자는 감각의 세계는 여러 가지 점에서 실재하지 않으며, 진정한 실재와 선은 내세의 '이상적인' 영역에만 존재한다는 가정을 뜻하며, 후자는 감각의 세계를 그 자체로 진정으로 실재하는 것으로 받아들이는 것을 뜻한다(Lovejoy, *The Great Chain of Being*, pp. 26~8). 그가 주장한 대로, 18세기까지 기독교 및 서구사상을 지배한 것은 전자인 '내세적' 조류였지만, 당시 계시에 근거한 기독교신학의 거부는 후자인 '현세적' 조류로 강조점이 전환되는 것과 동시에 발생했다. 러브조이의 이 같은 대비와 그가 사용한 용어 자체는 세계의 종교에 대한 베버의 분석과 (비록 어법에서는 분명하게 대비되기는 하지만) 일부 유사하다. 이 후자의 논의에서 중심적인 것은, 경험적 실재의 세계와 (서양종교와 동양종교를 특징짓는) 신성한 세계의 관계를 근본적으로 대비시키는 것이다. 서양에서는 초월적인 전능한 신에 대한 관념이 두드러지며, "신이 무(無)로부터 전적으로 예속적이고 인간적인 속성을 지닌 세계를 창조한다"(Weber, *Sociology of Religion*, p. 178). 베버가 강조하듯이, 이 같은 견해는 종교가 자기 신격화의 경로를 취하거나 "진정으로 신비롭게 주관적으로 신을 소유"할 수 있는 어떤 실제적인 가능성도 배제하는 경향이 있다. "왜냐하면 그것은 피조물에 불과한 것을 불경하게 신격화하는 것으로 보이기 때문이다"(ibid.). 하지만 동양에서는 감각의 세계를 특수한 창조물로 간주하지 않고, 단지 "인간에게 드러나는 어떤 것", 즉 사물의 본성 속에 영원히 존재해 온 어떤 것으로 본다. 그리고 이 같은 실재하는 경험세계에 대한 관념은

도달하지 못할 때, 또는 실제로 사실이냐 아니냐에 관해 모든 인간이 공히 받아들이는 동일한 판단에 이르지 못할 때, 당연히 하나의 중요한 문제에 직면하게 된다. 그러나 처음에는 이것이 자연종교의 가정들을 손상시키는 것으로 간주되지 않았다. 왜냐하면 한 민족의 특유한 역사나 한 개인의 독특한 경험으로부터 발생하는 편견에 의해 이성의 빛이 어두워지는 것으로 간주되었기 때문이다.

계시와 교회권위에 대한 거부는, 악의 존재에 대한 전통적인 기독교적 설명이 더 이상 받아들여지지 않는다는 것을 의미했다. 원죄, 타락, 악마, 내세에서의 인과응보, 이 모든 것이 이성에 의해서도 뒷받침되지 못하고 인간 일반에 의해서도 받아들여지지 않는 편협한 '미신'에 불과하다는 이유로 버림받았다.[94] 하지만 계몽주의의 이신론적 종교는 기독교 특유의 사유전통을 완전히 제거하는 데 성공하지 못했을 뿐더러, 실제로는 항상 프랑스 계몽철학자들에게 매우 독특한 고도의 합리주의적 형식을 취하지도 않았다. 특히 영국에서 그것은 종교철학의 완전한 관점을 구축하기보다는 하나의 요소를 구성하는 경향이 있었다. 케임브리지 플라톤주의자들은 계몽사상을 활용하여 중간계급의 반(反) 금욕주의적이고 감정적인 성향과 청교도에 기반한 종교성을 서로 조화시켰다. 그들은 기독교의 초자연적 가르침을 격하시키고 모든 사람들에게서 균일한 것을 신앙의 토대로

서양에서 폐기된 것이 아니라 "인과응보 사슬의 최종적 결과, 계몽 그리고 그에 따른 지식과 행위의 통일에 대한 통찰"(ibid., p. 179)의 출발점으로 받아들여졌다. 베버가 지적하듯이, "이러한 길은 완전한 신이 영원히 불완전한 세계를 창조했다는 완전한 역설에 직면해 있는 모든 종교에서 언제나 폐쇄되어 있었다"(ibid.). 러브조이가 시사하듯이, 이제 이것은 라이프니츠의 신정론—세계를 '완벽에 가까운' 것으로 보이게 만들고 그리하여 자기신격화, 범신론, 각종 형태의 신비주의 등을 서구문화에서 실제로 가능하게 만드는 의도하지 않은 결과를 낳은—과 확연하게 구분되는 것으로 보인다(계몽주의라는 사상혁명은 이러한 구분을 전도시켰다).

94) 계몽사상가들은 이 점에 있어서 플라톤과 아리스토텔레스 같은 고전 저술가들의 견해에 크게 영향 받았다. 계몽사상가들은 이들의 판단이 역사와 관습에 덜 압도되었기 때문에 이들이 근대인보다 덜 편견에 젖었다고 여겼다.

삼는 등 자연종교 내용의 많은 부분을 받아들였다. 플라톤주의자들은 모든 사람이 공히 이성을 소유한다는 점뿐만 아니라 동정심, 자비, 동료의식을 공히 소유한다는 점을 강조했다. 이런 식으로 그들은 실제로 이신론을 합리주의적 토대보다는 '감상주의적' 토대 위에서 해석했다.

왕정복고가 일어난 후 몇 년 동안 이 자비의 신학은 케임브리지 플라톤주의자들로 구성된 소규모 학계 외부로 확산되어, 보다 영향력 있는 성직자들 사이에서 점차 더 많이 수용되었다. 크레인은 아이작 배로(Isaac Barrow), 로버트 사우스(Robert South), 존 틸롯슨(John Tillotson), 리처드 컴벌랜드(Richard Cumberland), 새뮤얼 파커(Samuel Parker), 헤지카이어 버튼(Hezekiah Burton), 리처드 키더(Richard Kidder), 존 스콧(John Scott), 에드워드 펠링(Edward Pelling), 윌리엄 셜록(William Sherlock), 길버트 버넷(Gilbert Burnet), 리처드 벤틀리(Richard Bentley), 새뮤얼 클라크(Samuel Clarke)를 비롯해 "스튜어트 왕조 말기에서 하노버 왕조 초기에 이르는 시대에 이제 막 중요한 성직을 차지하기 시작한 그리 힘이 없는 많은 사람들"을 언급한다.[95] 이들 모두는 하나로 결집하여, '선'을 고취하고, 자비로운 감정과 행위의 미덕을 설파했다.

그들은 부분적으로는 자비 — 모든 사람에게 전반적으로 친절을 베푸는 형식을 취하는 — 를 종교의 본질로 제시함으로써, 칼뱅교가 지배하던 시기 내내 끝없이 전개되던 교리논쟁과 교리싸움에서 벗어나고자 했다. 윌리가 표현하듯이, 그들은 "잠자는 교의를 그냥 놔둘"[96] 생각으로, 의심스럽고 불확실한 견해에 대해 시비를 거는 것보다 선을 행하는 것이 훨씬 더 낫다고 주장했다.[97] 그러나 그들은 이것에 그치지 않고 그것을 강조하기 위해 성서의 탁월한 권위, 특히 고린도전서 13장과 자선행위 및 자비로운 감정에 대한 찬양을 내세웠다. 그리스도 자신도 선을 예증하는 존재로 제시되었다. 왜냐하면 그리스도는 인간의 곤경에 대한 연민과 동정으로 행

95) Crane, "Suggestions toward a Genealogy", p. 193.
96) Willey, *The English Moralists*, p. 217.
97) Crane, "Suggestions toward a Genealogy", p. 194.

동하고, 결국에는 자선이라는 지고의 활동 속에서 자신의 삶을 희생했기 때문이다. 그러나 동시에 이런 주장들은 자연종교에서 파생되는 것으로, 보다 분명하게 인지할 수 있는 주장들에 의해 보충되었다.

거기에는 세 가지 주요한 요소가 자리하고 있었다. 첫째, 신이 지닌 선과 사랑에 일차적 강조점을 두는 것은 그러한 속성이 인간 속에서 가장 신성한 것을 구성한다는 것을 의미하며, 이런 점에서 인간은 신의 모습을 본떠 만들어진 것이다.[98] 하지만 이 주장은 단순히 성서의 권위에만 의지하지 않는다. 왜냐하면 (편견이나 무지로 뒤덮이지 않을 때) 모든 인간의 본질적인 '선한 본성'이 삶의 관찰 가능한 사실로 드러나기 때문이다. 둘째, 이러한 선은 신의 사랑처럼 감정에서 우러나오며, 단지 박애적인 행위를 구성하기만 하는 것은 결코 아니다. 이런 점에서 볼 때, 여기서 제창되는 것은, 인간이 선**하기** 때문에 선을 **행해**야 한다는 것이기보다는 자연스런 자비로운 감정이 자선활동 속에서 스스로 표출될 수 있도록 해야 한다는 것이다. 감정에 대한 인간의 감수성과 관련한 독특하고 새로운 일정한 가르침이 출현한 것도 이런 맥락 속에서이다. 본래 인간이 지닌 다른 사람을 동정하고 동감하는 능력은, 선이 계속해서 실현되도록 신이 많은 사람들에게 심어놓은 각별히 신성한 성질이라는 주장이 제기되기도 했다. 윌리엄 클라겟(William Clagett)이 표현하듯이,

> 신은 이 세상의 모든 피조물 중에서 **인간**에게만 다른 사람들의 기쁨과

---

98) 신의 선함을 조금만 숙고하더라도 인간은 자비의 감정을 마음에 품게 되며, 만일 그렇지 않다면 인간은 그 어떤 자비로운 감정도 경험하리라고 기대하기 어렵다고 주장되기도 했다. 배로가 표현하듯이, "그토록 훌륭한 선이 우리를 감동시키지 않는다면, 우리는 무엇을 존경하고, 무엇을 사랑할 수 있겠는가? 매우 감상적인 헤아림에 의해서도 감정이 따뜻해지지도 부드러워지지도 않는 그 가슴은 얼마나 심하게 차갑고 무정할까?"〔Isaac Barrow, *The Works of the Learned Isaac Barrow … being all his English Work; published by his Grace Dr. John Tillotson, late Archbishop of Canterbury*, 5th edn, 3 vols (in 2) (London: A. Miller, 1741), vol. 3, pp. 299~300을 보라〕.

> 슬픔에 영향을 받고 다른 사람들이 느끼는 불행을 느낄 수 있는 자질을 부여했다. 우리는 이것을 서로 돕고 구제하는 데 널리 이용한다(강조는 원저자).[99]

새뮤얼 파커도 신은 인간에게 '천부적 연민과 동정'이라는 열정을 부여하여 각 개인이 인류 전체의 선을 위해 행동하도록 했다는 동일한 주장을 일찍이 개진한 바 있다.[100] 크레인이 지적하듯이, 이 과정은 실제로 사실로 받아들여졌을 뿐만 아니라 거의 기계적으로 발생하는 것으로 간주되었다.

> 대부분의 인간에 대해 말하자면, 그들의 마음은 너무 온화하고 그들의 천부적 감정은 너무 인간적이어서, 그들은 일종의 숙명적이고 기계적인 동정심으로 인해 고통 받는 사람들을 동정하고 불쌍히 여길 수밖에 없다. 고통 받는 사람들의 신음소리는 눈물과 한숨을 자아내게 하며, "그들의 비참함을 구제할 수 없다는 것은 인간에게는 고통이다".[101]

이러한 주장은 아이작 배로에 의해서도 개진되었다. 그 역시 어느 누구도 감명을 받지 않고서는 보지도 듣지도 심지어는 상상하지도 못한다고 주장했다.

셋째, 18세기 초에 접어들면서, 자비로운 감정과 잇따른 호의적 행위가 동반하는 내적 쾌락에 준거하여 이런 주장들을 보충하는 일이 점점 더 흔해졌다. 쾌락이 미덕의 자연적 부수물이라는 관념은 고전 철학자들에게서 흔히 제시되었고, 또 내세에서의 보상을 강조하는 칼뱅교에 대한 반발 속에서 그리고 부정(不貞)한 기독교도가 보다 육체적인 향락으로 빠지는 것을 막기 위한 맥락에서, 그런 관념을 강조하게 된 것으로 보인다. 이유야 어떻든 간에, 이 테마는 많은 주목을 받았다. 이와 관련하여, 틸롯슨은

---

99) Ibid., p. 195.

100) Ibid., pp. 206~7.

101) Ibid.

"세상에는 선한 인간이 선한 행위를 하면서 얻는 기쁨과 만족에 비견할 만한 감각적 쾌락은 없다"고 설파했는가 하면, 리처드 키더(Richard Kidder)는 "선을 행하는 것을 동반하는 기쁨과 즐거움이 있으며, 그 안에는 일종의 육욕이 자리한다"고 공언했다.[102] 아이작 배로는 1671년 다음과 같이 지적하며 이런 주장을 재차 전면에 내세웠다.

> 자연이 우리로 하여금 우리 삶의 보존에 필요한 행위를 실행하도록 하게 하기 위해 그런 행위에다가 감각적 쾌락을 부착시켰던 것처럼, 그것은 다른 사람에게 친절을 베푸는 것이 그것을 실행하는 사람의 마음에 매우 감미로운 맛을 동반하도록 만들었다. 사실 선행보다 더 순수하고 감미로운 기쁨을 가져다주는 것은 없다. 인간은 선을 행함으로써 고결하게 육욕적일 수도 있고, 건전한 쾌락주의자가 될 수도 있다.[103]

이 구절은 상당히 흥미롭다. 왜냐하면 배로는 비록 청교도는 아니지만, 독실한 영국 국교도들처럼 여전히 냉정하고 침착한 프로테스탄트 도덕적 전통의 계승자였기 때문이다. 그런 까닭에 그가 (비록 선이라는 대의 속에서뿐이긴 하기만) 육욕성을 옹호했다는 것은 지적할 만한 가치가 있다. 하지만 한편으로는 그의 추론이 가치 있는 까닭은 그것이 청교도가 쾌락의 허용을 정당화하는 방식을 상기시키기 때문이다. 그것은 그 추론이 또한 특정 활동은 즐거움을 동반하도록 기획되었다 — 먹는 행위나 출산은 이를 보여주는 분명한 사례이다 — 는 주장에 기반하고 있다는 점, 그리고 그것이 사람들이 그러한 활동을 해야만 하는 것은 신의 의도라는 견해를 뒷받침한다는 점을 상기시켜 준다. 물론 그것은 신의 목적을 실현하기 위해 필요한 것이지 쾌락 자체를 위한 것은 결코 아니다. 배로도 동일한 논지를 활용한다. 그리고 비록 그가 자비를 행하면서 얻게 되는 쾌락을 위해 자비를 마구 베풀 것을 주창했을 것 같지는 않지만, 그가 선택한 단어들은 그

102) Ibid., p. 211.

103) Crane, "Suggestions toward a Genealogy", p. 211에서 인용함.

런 마음가짐을 시사한다.

다른 논자들은 자신들이 지금까지 자비예찬에 열광해온 것은 그냥 둔 채, 크레인이 '이기적 쾌락주의'(*egoistic hedonism*)의 한 요소라고 지칭한 것을 들추어낸다. 크레인은 새뮤얼 파커에게서 다음과 같은 예를 끌어낸다.

> 사랑과 친절 행위는 그 자체로 감사한 것이며, 인간본성의 기질에 부합한다. 그리고 모든 인간은 자신들이 행하는 모든 온후한 열정이 가져다주는 자연스럽게 우러나오는 감미로운 결과를 느낀다. 자신에게 내적 기쁨과 만족을 가져다주는 것보다 더 큰 자기만족감을 주는 것은 없다. 미덕을 통해 이루어지는 모든 해결책은 그 자체로서 기쁨을 배가한다. 처음에는 그것이 우리 본성에 맞는다는 사실이 가져다주는 직접적인 쾌락을 통해 우리 마음을 울리고, 그런 다음 우리 마음은 그것 자체의 가치와 그것이 가져다주는 평온함에 대한 즐거운 성찰들을 스스로 즐긴다.[104]

여기서 제시된 것과 같은 자신의 선행과 관련한 명백히 이기적인 자기만족은 실제로는 그것이 가져다줄 수 있는 쾌락을 위해 자비를 탐닉하는 것과 유사하다. 하지만 여기서 초점을 맞추어야 할 것은 행위가 아니라 감정이라는 점을 명심해야만 한다. 17세기 말과 18세기 초의 케임브리지 플라톤주의자와 광교회파 영국 국교도 성직자들이 설교한 것처럼, 자비예찬은 실제로 '이타적인' 형태의 감정적 쾌락주의를 자극하는 데 도움을 주었다고 결론을 내릴 수 있다.

이제 우리는 배로와 새무얼 파커 같은 사람들에 반대하여, 타인에 대해 자연스럽게 우러나오는 우리의 동정심과 연민이 마찬가지로 고통을 경험하게 할 수도 있다고 주장할 수 있다. 왜냐하면 우리는 우리보다 어려운 처지에 있는 사람들의 궁핍, 슬픔, 고통을 대신해서 경험하기도 하기 때문이다. 그리고 비록 이런 감정이 우리로 하여금 자선활동을 하게 할 수도 있지만, 그런 미덕의 '육욕성'은 그것에 선행하는 고통을 메우기에는 충분하지

---

104) Ibid., p. 212.

않을 수도 있다. 그러나 이 같은 견해는 실제로 자비예찬이 지닌 쾌락주의적 장점을 반박하기보다는, 그것의 또 다른 원천이 되었다. 자비로운 인간에게서 드러나는 감정적 쾌락에 관한 다음의 인용문은 스코틀랜드 도덕주의자 데이비드 포다이스(David Fordyce)의 글에서 따온 것이다.[105)]

> 그의 즐거움은 나쁜 사람의 즐거움보다 더 많고, 만약 그 수가 적을 경우 훨씬 더 강렬하다. 왜냐하면 그는 반향을 통해 다른 사람들의 기쁨을 함께 나누며, **일반적인** 또는 **특정한** 행복의 증대 모두가 자신의 행복에 실제로 무언가를 부가해주기 때문이다. 다른 사람들에 대해 그가 가진 우호적인 **동정심**이 그를 냉정한 사람이 느끼지 못하는 일정한 고통에 빠뜨리는 것도 사실이다. 하지만 동정심에 빠져드는 것은 일종의 유쾌한 방출이다. 그것은 그가 빠지고 싶어 하는 슬픔이다. 그것은 마음을 포근하게 녹이고, 자기만족적인 즐거움으로 귀착하는 일종의 즐거운 고통이다(강조는 원저자).[106)]

여기서 '즐거운 고통'이라는 표현과 슬픔에 빠짐이라는 언급 속에서 새로운 논조가 들린다. 이것은 아직도 여전히 쾌락이라는 감정의 문제이지만, 이제 쾌락주의 속에 함축되어 있는 감정은 즐거움과 기쁨이라는 긍정적 감정뿐만 아니라 슬픔, 고통, 절망이라는 여러 어두운 감정도 포함되어 있다. 이러한 감정들이 또한 어떻게 해서 18세기 감성윤리(*ethic of sens-*

105) 비록 이 논의가 성격상 영국적 사조에 초점을 맞추기는 하지만, 스코틀랜드 계몽주의 사상가들이 검토 중에 있는 논의의 발전에 중요한 공헌을 했다는 점을 인식하는 것이 중요하다. 매우 분명하게 영향을 미친 흄과 아담 스미스 말고도, 프랜시스 허치슨(Francis Hutcheson), 더갤드 스튜어드(Dugald Steward), 아담 퍼거슨(Adam Ferguson), 케임즈(Kames) 경, 몬보도(Monboddo) 경 모두 그 시기의 지적 논쟁에 상당한 기여를 했다. Louis Schneider, *The Scottish Moralists: On Human Nature and Society* (Chicago: University of Chicago Press, 1967)와 Gladys Bryson, *The Scottish Inquiry of the eighteenth Century* (New York: Augustus M. Kelly, 1968)을 보라.

106) Crane, "Suggestions toward a Genealogy", p. 188에서 인용.

ibility)에 결정적 요소가 되었는지를 이해하기 위해서는, 칼뱅교의 운명 그리고 특히 감정과 관련된 칼뱅교 가르침을 재차 조망할 필요가 있다.

칼뱅주의와 감정

베버의 주요 관심이 근대 부르주아 자본주의 정신의 기원을 설명하는 것이라는 점을 감안하면, 그가 로마가톨릭 윤리에서 나타나는 일반적으로 '비합리화된' 성격과 관련해서나 경건주의에서 나타나는 보다 큰 감정성과 관련해서 프로테스탄트 금욕주의, 특히 칼뱅주의에서 나타나는 합리적 성격을 강조할 수밖에 없었던 것은 이해할 만하다. 이런 맥락에서 보면, 칼뱅교 교리의 '대단한 일관성'이 사람들을 합목적적 의지라는 지고의 가치에 복속시키고 그리하여 "한 사람으로 하여금 자신의 일정한 동기 — 특히 〔금욕주의가〕 감정에 반하여 그에게 가르쳐 준 동기 — 를 견지하고 그것에 의거하여 행동하게 하게끔 하는" 엄격한 시도로 이어지게 되는 방식을 베버가 강조한 것도 역시 이해할 만하다.[107] 이를테면 우리가 베버의 논의로부터 구성한 전형적인 칼뱅교도의 형상은 아무런 감정도 드러내지 않는 극도로 진지하고 냉철하고 합리적인 개인의 모습이다. 그리고 이는 물론 (약간 부드러운 형태를 취하게 되면) 현재 우리가 사용하는 '청교도'라는 용어의 용법과도 맞아떨어진다. 하지만 이러한 고정관념으로 이어지기 위해서는 몇 가지 중요한 단서조건이 필요하다.

우선 칼뱅교의 금욕주의가 갖는 형식합리성을 이런 식으로 강조한다고 해서, 베버가 칼뱅교의 교리 그리고 특히 예정설이 신도들에게 미친 심리적 영향을 설명하는 과정에서 감정적 요소에 부여한 주요한 역할을 간과해서는 안 된다. 베버가 말한 것처럼, 윤리적 요구가 한 개인이 친척 장례식에서조차 슬픈 기색을 전혀 드러내지 않을 정도로까지 "감정에 반하여" 행

---

107) Weber, *The Protestant Ethic*, p. 119.

동하게 할 수도 있지만, 그렇다고 해서 그것이 그에게 아무런 감정도 존재하지 않는다는 것을 의미하지는 않는다. 그와는 반대로, 베버는 그 개인들은 다른 신앙의 추종자들보다 더 큰 감정을 경험한다고 주장한다. 예컨대 그들은 지옥에 떨어질지 모른다는 가공할 공포를 동반하는 자기회의라는 엄청난 번민은 물론 "미증유의 내적 고독감"[108] 까지도 경험했을 것이 분명하다. 실제로 누군가가 선택받은 사람 중의 하나라는 것을 보여주는 몇몇 위안을 주는 징표를 절박하게 바라게 하는 것은 해결되지 않은 내적 긴장으로부터 유발되는 바로 이 같은 엄청나게 강력한 감정들이다. 이처럼 청교도를 특징짓는 것은 감정의 부재가 아니라 특정한 종류의 매우 강력한 감정의 존재이다. 청교도에서 독특한 점은 그러한 감정을 표현하는 것에 대한 전반적인 부정적 태도이다.[109]

칼뱅주의의 이 같은 감정적 차원은 잉글랜드에서 특히 중요했다. 홀러(Haller)가 지적하듯이, 잉글랜드에서 칼뱅교도들은 제네바식 신정정치를 수립할 수도 없었고, 심지어는 스코틀랜드의 경우처럼 신앙과 교리의 통일조차 확립할 수 없었다. 그 결과 그들은 신앙문제에서 폭넓은 의견 차이를 용인해야 했을 뿐만 아니라, 예정설의 핵심교의를 매력적으로 보일 수 있게 만듦으로써 정통교리를 일정 정도 확립해야만 했다.[110] 그들은 (현세와 관련하여) 예정설이 가진 심오한 평등주의적 함의를 역설하고 그 상상력을 통해 사람들의 감정에 호소함으로써 그렇게 해나갔다. 그리하여 홀러가 "다정한 실천적 영국 저술가"라고 부른 사람들은, 명목적으로는 감정에 대한 칼뱅의 깊은 의구심에 집착하면서도, 실제로 설교와 저술을 통해 자신들의 청중과 독자들에게 아주 강한 감정을 불어넣고자 했다.[111]

108) Ibid., p. 104.

109) 베버가 지적하듯이, "칼뱅은 모든 순수한 느낌과 감정을 그것이 아무리 고상하더라도 의혹을 가지고 바라보았다."

110) William Haller, *The Rise of Puritanism, or the Way to the New Jerusalem as set forth in Pulpit and Press from Thomas Cartwright to John Lilburne and John Milton, 1570～1643* (New York: Harper Bros., 1957), pp. 84～5.

111) Ibid., p. 27.

그들은 자신들의 최종 운명에 관한 보통사람들의 의구심과 공포심을 매우 신중하게 이용했고, 그 결과 많은 사람들이 근심에 시달려야 했다. 따라서 초기 청교도주의 시대는 특히 "격정과 긴장을 좀처럼 잠재우지 못했을 뿐만 아니라 어쩌면 결코 벗어나지도 못한"[112] 시대이다.

이런 견지에서 볼 때, '열광'의 폭발과 강렬한 감정분출이 잉글랜드 공화국 시기[113] 동안에 일어난 종교운동을 특징지었다는 점이나 칼뱅교도들이 이러한 무규율한 감정을 때때로 분출하지 않은 것은 아니었다는 점이 발견된다고 해서 그리 놀랄 일은 아니다. 이 같은 사실은 어떻게 그러한 감정분출에 맞서 드디어 냉정한 사리판단을 기치로 내세우게 되었는지를 설명하는 데 도움을 준다. 그런데 비록 공동체적 형태의 감정표출이 신학적으로 거의 정당화되지 않았고 또 당연히 엄격한 칼뱅교 윤리로부터 이탈된 것으로 간주될 수 있다고 하더라도, 개개의 정통파 신도들을 어떤 상황에서도 감정을 정당하게 표출하지 못하는 사람으로 묘사하는 것은 온당치 못하다.[114] 왜냐하면 청교도들은 자기확신 말고도 감정을 함축하는 또 다른 개인적 특질로 유명했기 때문이다. 그들은 그런 특질을 그리 억제하지 않았고, 그것은 거의 오늘날까지도 독실한 칼뱅교도의 특징으로 남아 있다. 물론 이것은 우울증 성향이다. 베버는 "심한 우울증과 침울함"은 청교도들의 특징으로, 그것의 심리적 기반은 "자연상태의 〔자발성의〕 붕괴"[115]에 있다고 저적한다. 그러나 그는 그런 감정적 성향이 선택의 증거를 찾는 목자의 욕구의 맥락이나 장기적 문화변동과정에 어떤 중요성을 가지는지를 검토하지는 않는다.

우울증이 청교도들 사이에 만연했다는 것은 동시대인들에게 다 알려졌

112) Ibid.

113) 〔역주〕 왕정이 폐지되었던 1649~60년의 기간

114) 청교도를 에워싸고 있는 자주 발생하는 격렬한 열정을 알고 싶다면, 존 버니언(John Bunyan) 《천로역정》(*Pilgrim's Progress*) 이나 아니면 그의 자전적인 저작 《죄인 중의 괴수에게 넘치는 은총》(*Grace Abounding to the Chief of Sinners*) 만은 읽어볼 필요가 있다.

115) Weber, *The Protestant Ethic*, p. 261.

던 사실이었다. 버튼(Burton)은 《우울증의 해부》(*Anatomy of Melancholy*)라는 책에서 "그들은 아주 미친 것은 아니지만 분명히 심각한 우울증에 걸렸으며, 정신병원에 있는 사람들보다도 더 헬레보레인(강심제의 일종 - 역자)을 필요로 한다"[116] 고 지적한다. 물론 청교도들은 자신들의 상태가 모종의 의학적 치료를 필요로 한다고 생각하지 않았다. 왜냐하면 그들은 그것에다가 진심에서 우러난 정신적 의미를 부여했기 때문이었다. 그러므로 슬픔, 침울, 낙담, 비탄, 자기연민, 절망을 동반하는 낙망의 구렁텅이에 주기적으로 빠져드는 것은 단지 칼뱅교의 매우 염세적이고 두려운 신조의 자연스런 부수물이 아니었다. 그것들은 또한 독실한 칼뱅교도들이 경험하도록 조언 받은 어떤 것이기도 했다. 이를테면 청교도들이 죽을 수밖에 없는 자신들의 운명을 계속해서 상기하고 자기 자신의 장례식이나 지옥의 고통 속에서 보낼 내세의 생생한 현실을 상상하면서 매일 일정 시간을 보내게 하기 위해 해골로 장식한 반지를 끼도록 장려한 것도 자신들의 영혼을 위한 것이었다.[117] 시체, 무덤, 묘지, 납골당 그리고 임종 및 죽음과 관련된 모든 것들을 정관(靜觀)하게 하거나 괴로움, 고통 그리고 심지어 질병까지 환영받았던 것도 동일한 이유에서였다.[118] 이런 상황에서 우울증이 곳곳에서 다양한 형태로 표출되었을 뿐만 아니라 널리 인정받기까지 했다고 해서, 전혀 놀랄 일이 아니다. 하지만 비탄과 절망 그리고 그와 유사한 특질을 드러내게 한 데에는, 그 같은 음울한 정신적 연습이 우리의 영혼을

116) Amy Louise Reed, *The Background of Gray's Elegy: A Study in the Taste for Melancholy Poetry 1700~1751* (New York: Russell and Russell, 1962), p. 12에서 인용.

117) Gordon Rattray Taylor, *The Angel-Makers: A Study in the Psychological Origins of Historical Change 1750~1850* (London: Heinemann, 1958), p. 117.

118) 찰스 웨슬리(Charles Wesley)는 이러한 태도들을 시구(詩句)를 통해 예증하고 있다. "아, 사랑스런 죽음의 모습/ 지상의 광경은 공평하지 않네." "고통, 나의 오랜 친구, 고통/ 좀처럼 내 곁을 떠나지 않네/ 다시 네 자리로 돌아온 것 환영해/ 신이 허락한다면 여기에 머물러 줘"(Rattray Taylor, ibid., p. 119에서 인용).

은총의 선물을 받도록 준비하는 데 가치가 있다는 견해보다도 더 근본적인 유인이 작동하고 있었다. 그것은 베버의 논지와 부합하게, 있음직한 매우 강력한 심리적 제재에서 연유하는 것이었다.

대안적 징표교의

베버는 칼뱅의 가르침이 실제 행위에 대해 갖는 결과에 관한 논의에서 개별 신도에게 다음과 같은 질문들이 갖는 중요성을 강조한다: "나는 선택받은 사람 중의 하나인가?" 그리고 "나는 내가 이런 은총의 상태에 있다는 것을 어떻게 확신할 수 있는가?"[119] 베버가 지적하듯이, 자신이 신의 선택을 받은 대행자라고 느끼고 자신의 구원을 확신했던 칼뱅에게 이것은 아무런 문제가 될 것이 없었다. 그럼에도 불구하고 칼뱅은 개별 기독교도들은 자신이 선택받은 사람의 하나인지를 확실하게 알 수 없고 단지 그리스도를 신임할 수 있을 뿐이라고 가르쳤다. 그는 사람들이 자신의 행동에 근거하여 개인이 선택받는지의 여부를 연역할 수 있다는 관념을 분명하게 거부했다. 왜냐하면 그것은 신의 비밀을 강탈하려는 온당치 못한 시도이기 때문이었다. 즉 선택된 사람은 진정 신의 보이지 않는 교회(*invisible church*)에 속한다.[120]

하지만 이 같은 엄격한 입장은 대다수 칼뱅 추종자들에게는 받아들이기 어려운 것이었다. 그래서 자신들이 (또는 다른 사람들이) 은총의 상태에 있다는 것을 확인시켜 주고 그리하여 구원의 확실성을 넌지시 말해 주는, 눈으로 확인할 수 있는 몇몇 징표를 가질 수 있게 되는 것이 대단히 중요하

---

119) Weber, *The Protestant Ethic*, p. 110.

120) 〔역주〕 칼뱅신학에서 보이는 교회와 보이지 않는 교회는 예정설 때문에 중요하다. 눈에 보이는 교회가 구체적인 개별 교회라면, 보이지 않는 교회는 신의 눈에만 보이는 것으로 믿어야만 하는 종교로, 이것을 알고자 하는 것은 올바른 태도가 아니다.

게 되었다. 이것이 결정적이게 된 이유는, 그것을 통해 개인이 일정한 마음의 평화를 얻을 수 있기 때문만이 아니라 베버가 지적하듯이 그것에 근거하여 성찬식에 참가하는 것이 허락되고 그리하여 교회의 성원권을 획득할 수 있기 때문이었다.[121] 그러므로 한 사람의 은총 상태를 확인하려는 여러 시도들에 따르는 어려움 때문에, 사람들은 특히 목회활동에 열중했고, 여러 해결책들이 개발되었다. 그중에서 베버는 특히 두 개의 해결책을 확인했다. 하나는 개인은 자신이 선택받은 사람 중의 하나라고 여겨야 하는 절대적 의무를 지닌다는 믿음이다. 왜냐하면 이와 관련한 의심은 악마가 주입한 것일 가능성이 매우 크기 때문이며, 동시에 자기확신의 결여는 신앙심의 부족을 드러내는 것일 수도 있기 때문이다. 다른 하나는, 의심을 극복하고 그리하여 선택과 관련해 확신을 가지기 위한 가장 적절한 수단으로 강력한 세속적 활동을 추천하는 것이었다.[122]

베버가 자신의 주요 이분법 개념들 중 하나, 즉 종교적 예언에 관한 전형적 모델과 도구적 모델의 이분법을 불러낸 것도 바로 이 같은 논지 속에서이다. 왜냐하면 그는 종교 신자가 "자신이 성령의 그릇 속에 있다고 느끼거나 아니면 신의 뜻의 도구라고 느낌으로써 자신이 은총의 상태에 있다고 스스로 확신할"[123] 수 있게 되는 방식에 대해 묘사하기 때문이다. 베버는 첫 번째 모델을 루터교 및 경건파와 연관시키고, 나중의 모델을 칼뱅교와 연관시키는데, 이는 칼뱅이 모든 순수한 느낌과 감정을 의혹의 눈초리로 보았고, 또 신앙은 오직 그 객관적 결과만을 가지고 증명해야 한다고 생각했다는 데 근거한다. 그 결과 칼뱅교도는 특정한 유형의 행동 속에서 진정한 신앙의 열매를 보게 되는 사람들이 되었다. 그리고 이와 관련하여 베버는 다음과 같이 언급한다: "선행은 구원을 얻는 수단으로는 무익할 수 있지만, … 그럼에도 불구하고 선행은 선택의 징표로 불가피한 것이다. 선행은 구원을 얻는 인위적 수단이 아니라 천벌의 공포를 떨쳐버리는 기술적

121) Ibid., p. 111.

122) Ibid., p. 112.

123) Ibid., pp. 113~14.

수단이다."[124] 말하자면 칼뱅교도들이 자신의 구원을 확신하게 되는 것은 바로 이런 방식을 통해서이다.

하지만 베버가 이 경우에 이상형적 구성물을 사용하고 또 루터교를 그 중 하나와 그리고 칼뱅교를 다른 하나와 밀접하게 연관시킨 것이, 그로 하여금 한 사람이 자신이 선민이라는 확신을 획득하는 문제를 다루기 위해 제기된 또 다른 반응을 간과하게 하는 결과를 낳은 것으로 보인다. 왜냐하면 비록 베버가 루터교 내에서 그리고 실제로는 경건파 내에서 일반적으로 은총의 선물에 대한 주관적 경험을 더 크게 강조한다는 점을 강조한 것은 분명 옳았지만, 그것이 칼뱅교에 부재하는 것은 아니었기 때문이다.[125] 실제로 베버는 칼뱅의 교의와 나중에 목자들이 일반적으로 평범한 칼뱅교도에게 한 충고의 내용을 혼동하지 말라는 자신의 경고를 무시한 것으로 보인다. 이를테면 비록 칼뱅이 모든 느낌과 감정에 깊은 적대감을 가진 탓에 그가 합리적인 윤리적 행동의 중요성을 크게 강조하기는 하지만, 모든 후속 세대의 칼뱅교도들 역시 그러했던 것은 아니었다. 실제로 은총의 상태에 부여된 중요성을 감안할 때, 그 같은 경험이 지닌 정확한 성격이 관심의 초점이 될 수밖에 없었다는 것은 루터교에서만큼이나 칼뱅교에서도 피할 수 없는 것이었다고 말할 수 있다. 그러므로 그런 만큼 칼뱅교도들도 당연히 그런 경험과 연관된 (감정적 태도변화를 포함한) 모든 태도변화에 관심을 가졌다. 그것이 그저 선행이라는 헌신적이고 엄격한 삶을 고지할 뿐이라는 점에서 그것 자체가 루터교도보다는 칼뱅교도에게 목적이 되지 않았다는 것은 사실일 수도 있다. 하지만 그것은 여전히 관련된 개인의 행

124) Ibid., pp. 115.

125) 베버는 종교 신자를 '성령의 그릇'으로 보는 관념을 신의 은총에 대한 신비하고 개인적인 내적 경험에 전념하는 것과 연계시키는 반면, 종교 신자를 신의 뜻의 도구로 보는 관념은 냉정하고 책임을 다해야 하는 외적 노동윤리와 연관시킨다. 그런 까닭에 루터교는 전자 모델을 구현하고 칼뱅교는 후자 모델을 구현하는 것으로 보인다. 하지만 칼뱅교 내에서조차도 어떤 사람이 구원의 은총을 받았다는 확신은 실제로 개인이 외적 기준만을 가지고 평가할 수 있는 것은 결코 아니며, 어떤 독특한 주관적 상태를 포함하는 것으로 인식된다.

동을 변화시키는 사안일 뿐 아니라 인정받아야만 하는 사안이기도 했다. 모든 칼뱅교도들이 비록 루터교도들이 일반적으로 따르는 신비주의와 감정주의의 길을 취하지는 않았지만, 주관적 경험에 관심을 가진 것은 이런 이유에서이다. 왜냐하면 칼뱅교도가 자연적 감정에 대해 얼마나 의심하든지 간에, 그는 자기 마음속에서 그리스도의 구원의 은총이 작용하고 있음을 인식할 수 있으며, 그리하여 그 과정의 여러 단계를 거치면서 '올바른' 태도와 감정을 성공적으로 드러낼 수 있기 때문이다. 이것들 중에서도 슬픔과 비통이 부각되었다. 존 버니언이 《천로역정》에서 논평한 것처럼, "천벌로부터는 물론 모든 죄로부터도 그리스도가 구원해줄 것이라는 바람과 함께, 죄의 목격, 죄의식, 죄에 대한 후회는 마음속에 그리스도의 은총이 작용하고 있음을 실제로 보여주는 증거이다".[126] 그리하여 단지 행동에서가 아니라 성격특성에서 은총의 상태를 나타내는 징표를 찾으려는 경향이 진전되었다. 강력한 자기확신이 그런 징표 중의 하나이지만, 구원의 은총의 경험을 보여주는 독특한 특징으로 간주되는 것으로부터 파생되는 다른 징표들도 있었다.

그리하여 칼뱅교에 대한 대안적인 성격윤리 내지 이상이 출현하여 중요한 변화를 겪게 되면서, 칼뱅주의 일반 그리고 구체적으로는 예정설의 교의가 쇠퇴해갔다. 한편 감정상태가 특별한 정신적 의의를 지니며 그 결과 특정한 감정표현은 두터운 신앙심을 나타내는 징표로 간주할 수 있다는 관념은, 하나의 일관된 신학체계인 칼뱅주의가 (그것을 대체한) 계몽주의에 기초한 자비의 신정론으로 합체되어 붕괴된 이후에도 지속되었다.[127] 마침내 개인이 구원의 은총을 경험했는지의 여부를 결정하는 문제가 교회 성

---

126) John Bunyan, *The Pilgrims [sic] Progress, From this World to that which is to come* (London: George Virtue, 1848), p. 35.

127) 보다 경건주의적이고 신비적인 형태의 프로테스탄티즘과 비교하여 칼뱅교 내에서 감정적 감성이 수행한 상이한 역할을 인식하는 것이 중요하다. 전자에서 강렬한 감정상태가 일차적으로 신의 경험이나 신과의 결합에 이르기 위한 수단이었던 반면, 후자에서 감정성은 한 사람이 선택받은 지위에 있다는 것을 보여주는 징표일 따름이다.

원권 문제와 관련하여 가장 결정적인 것이 되었다. 그리고 이러한 징표를 확인하는 것과 관련된 목자적 가르침이 처음으로 발전된 곳도 다름 아닌 뉴잉글랜드의 청교도 거류지였다.

영국 국교회 내의 청교도 일파에게 우선 제기된 주요한 문제는, 그 명칭이 시사하듯이, 그 구성원들에게 명백하게 무가치해 보이는 모든 사람들의 조직을 '정화'(*purify*) 하고자 하는 욕망이었다. 이 같은 정화의 토대가 된 것이 성 어거스틴이 이단 도나투스파(Donatist)[128]에 대항하여 발전시킨 보이는 교회와 보이지 않는 교회라는 교의였다. 어거스틴의 주장에 따르면, 보이지 않는 교회는 신이 구원하기로 예정된 살아있는 사람, 죽은 사람, 태어날 사람 모두로 이루어지는 반면, 보이는 교회는 그리스도를 믿는다고 고백한 살아 있는 사람들만을 포함한다. 하지만 이들 모두가 구원받기로 예정된 것은 아니었다. 왜냐하면 보이는 교회는 죄지은 사람들을 포함하고 있을 수밖에 없기 때문이었다. 청교도들이 볼 때, 17세기 영국 국교회에 많은 죄지은 사람들이 포함되어 있었다는 것은 매우 분명했으며, 그리하여 그들은 영국 국교회가 보이지 않는 교회에 더욱 가까이 다가가게 하는 조치를 취하도록 촉구했다. 하지만 그들의 관점에서 볼 때, 국교회를 개혁하려는 노력은 좌절되었으며, 그리하여 그들 중 많은 사람이 보다 진정한 그리스도운동을 결성하기 위해 분리를 선언했다.

분리주의자들은 처음에는 자신들의 성원들에게 영국 국교회를 거부하

---

128) 〔역주〕 도나투스파는 북아프리카에 있었던 그리스도교 단체이다. 312년 카르타고의 주교로 카이실리아누스를 선출함으로 말미암아 생겨난 문제 때문에 가톨릭교에서 갈라져 나온 교파로, 그 이름은 지도자 도나투스(355년경 사망)의 이름에서 비롯되었다. 역사적으로는 소아시아의 몬타누스파와 노바티아누스파 운동 및 이집트의 멜리티우스파가 생겨난 초대 그리스도교의 전통에 속한다. 교회문제에 대한 국가의 간섭을 반대했고, 키르쿰켈리오파라 부르는 농민전사(戰士)들이 있어서 종말론적인 희망과 결합된 사회혁명 계획을 가지고 있었다. 철저히 종교적이었던 이들의 목표는 참회의 삶과 거기에 뒤따르는 순교였다. 도나투스파 교회는 차례로 북아프리카를 통치했던 로마·반달족·비잔틴의 계속되는 압제에도 불구하고, 북아프리카에서 그리스도교가 사라진 중세 초반까지 존속했다(브리태니커 백과사전).

고 기독교의 근본교리에 찬동하라는 것 말고는 요구할 것이 거의 없었다. 하지만 그들은 보이는 교회를 가능한 한 보이지 않는 교회에 가까이 근접하게 만들어 스스로를 사악한 무리들과는 다른 진실한 신도집단으로 보이게 하는 데 전념하게 되면서, 해결해야 할 결정적이면서도 어려운 문제에 봉착했다. 만약 교회가 충실한 신도들의 단체로 보이고자 한다면, 그 충실함을 판단하는 것은 누구인가? 누가 그 단체에 가입하는 것을 허락받아야 하는가? 그들이 제기한 문제들에 대해 모건(Morgan)은 다음과 같이 설명한다.

> 보이는 교회를 가능한 한 훨씬 더 보이지 않는 교회로 만들기 위해서는, 사람들은 잠재적 성원들 속에서 구원의 은총의 징표를 찾아야만 한다. 설령 그 징표가 틀릴 수 있다는 것을 알고 있더라도(오직 신만이 누가 구원받기로 선택되었는지를 **알고 있다**), 모든 후보 성원 속에서 누가 확신의 가능성을 지니고 있는지를 평가하려고 노력하는 것이 필요하다(강조는 원저자).[129]

이처럼 현존하는 기준이 가진 명백한 결점 때문에, 구원의 은총을 나타내는 징표에 대한 관심이 대두되었다. 실제로 영국 국교회에서 그랬던 것처럼, 신앙고백이 요구되었다. 그러나 그것은 진정한 신앙을 검증하기에는 부적절한 것으로 인식되었다. 그럼에도 불구하고 청교도들은 그 신조를 이해하고 있다는 명백한 증거를 요구했고, 또 단순히 신조를 암송하는 것으로는 그러한 요구를 충족시킬 수 없었다. 동시에 '선행'을 강조하는 것만으로는 위선자를 확실하게 가려낼 수도 없었다. 따라서 청교도들은 그리스도교회 성원으로서 적합한지를 검증하는 결정적 요소로서 구원의 은총을 나타내는 징표에 더욱 커다란 중요성을 부여하지 않을 수 없었다.

실제로 이것은 신앙고백에 은총의 작동을 경험한 것에 대한 발표가 포

---

129) Edmund S. Morgan, *Visible Saints: The History of a Puritan Idea* (New York: New York University Press, 1963), p. 34.

함되어 있는가, 즉 개인이 그런 사태를 경험했다고 어떻게 확신하게 되었는지가 검증의 방식으로 채택되었다는 것을 의미했다. 슈나이더(Schneider)는 그 과정을 다음과 같이 요약한다.

> 한 명의 성도로서 인정받기 위해서는, 종교의 원리를 알고, 결백하고 추문이 없어야 하고, 공개적인 신앙고백 — 자신의 영혼 속에서 겪은 구원의 은총의 경험에 관한 정교하고 명시적인 진술을 전제조건으로 하는 — 을 하는 것이 요구되었다.[130]

실제로 성원자격 신청자는 그 진정성을 평가받기 위해 그들 경험의 성격에 대해 반대심문을 받기가 일쑤였다. 그리고 비록 이 엄격한 성원 적합성 검증이 처음에는 주로 신앙심 없는 자들을 가려내고자 하는 욕구에서 비롯되기는 했지만, 원로들이 어느 누구도 누가 신의 선택을 받은 사람 중의 하나인지를 알 수 없다고 생각함에 따라, 검증은 갈수록 점점 더 은총의 징표를 가졌다는 개인의 주장의 타당성을 확인하기 위한 검사를 닮아갔다.[131] 모건이 논평하듯이, 그 이유는

> 비록 칼뱅이 어떤 사람이 신의 선택을 받은 사람 중의 하나인지에 대한 신뢰할 만한 견해를 확립하기란 불가능하다는 점을 아주 분명히 하기는 했지만, 그럼에도 불구하고 그는 불안해하는 기독교도들이 자신들의 가능성을 예견할 수 있는 수많은 단서들을 제시해 놓았기 때문이다.[132]

특히 칼뱅은 정화(淨化) — 신에 대한 복종 속에서 인간행동이 점차 개선되

---

130) Herbert Wallace Schneider, *The Puritan Mind* (Ann Arbor, Mich.: University of Michigan Press, 1958), p. 20.

131) 베버가 경건파에 관해 논의하면서 한 신도의 주관적 은총상태를 평가하는 관행에 대해 언급하고 있지만, 그는 이것을 징표교의가 발전되는 과정에서 하나의 중요한 요소로 간주한 것 같지는 않다(Weber, *The Protestant Ethic*, p. 244).

132) Morgan, *Visible Saints*, p. 67.

는 것— 가 비록 그 자체로는 한 사람을 구원받도록 도와줄 수는 없지만 그가 구원받았다는 징표가 될 수는 있다고 분명히 밝혔다. 하지만 저주받은 사람들조차도 자선활동을 할 수 있기 때문에, 한 사람이 구원의 은총을 경험했는지의 여부를 결정하는 문제에 실제적인 강조점이 두어졌다. 그리고 이 문제와 관련하여 그 경험을 전반적으로 개관한 문헌들이 점차 쌓여갔다. 즉 확신을 가진 '성도들'이 일반적 유형을 식별해 낼 수 있도록 하는 방식으로 그간 발생한 여러 가지 일들을 기술했고, 이것을 하나의 길잡이로 이용하여 개인은 자신의 경험이 얼마나 희망과 절망의 근거가 되었는지를 판단할 수 있었다. 모건이 논평하듯이, 어떤 "청교도에게 신앙의 표식은 보기에 애처롭고 때로는 현혹적이었지만, 그것들은 갖가지 형태를 하고 있었다. … 특정 인간의 영원불변의 조건을 발견하고자 하는 것을 금하는 칼뱅의 훈령은 과장된 것으로 보였다".[133] 만약 진정한 신앙이 이런 식으로 높은 정도의 개연성을 가진 것으로 인식될 수 있다면, 그것은 분명 교회의 성원자격을 검증하는 기준으로 사용될 수 있을 것이다. 왜냐하면 인간은 단지 자신의 경험이 그러한 유형을 따랐는지를 보여주기만 하면 되기 때문이다. 처음에는 개인들이 스스로를 검증하라고 권고를 받기만 했고, 이 같은 자성(自省)이 신앙의 표식이 되었으나, 나중에는 교회의 승인을 받을 후보들은 신의 은총이 자신들에게 깃들게 된 방식을 공개적으로 시연해 보일 것을 요구받았다.[134] 이 같은 관행은 1640년경 뉴잉글랜드에서 확립되어, 그곳으로부터 후에 영국으로 도입되었다. 모건은 그 같은 경험의 전형적인 모습을 다음과 같이 요약적으로 설명하고 있다.

> 처음에는 신의 명령을 어렴풋하게 그리고 잘못 인식하고 그것을 잘 지키는 것에서 자긍심을 가지지만, 또한 많은 경우 다시 타락하기도 한다. 실망과 재난은 세상에 또 다른 방식으로 발작적으로 귀를 기울이게 한다. 조만간 진정으로 정당한 공포나 확신이 그 개인으로 하여금 자신

133) Ibid., p. 72.
134) Ibid., p. 89.

> 이 처한 가망 없고 무력한 처지를 볼 수 있게 하고, 자신의 올바름으로는 자신을 구원할 수 없으며, 그리스도만이 자신의 유일한 희망이라는 것을 알게 한다. 그런 연후에 구원의 은총이 자신에게 스며들면, 항상 그런 것은 아니지만, 때때로 그 신도는 언제 어디서 그 은총이 자신에게 다가왔는지를 정확하게 진술할 수 있다고 확실하게 느끼게 된다. 자신의 확신이 결코 완전하지 못했으며 자신의 정화가 자신의 죄스러운 마음 때문에 상당 부분 방해를 받았다는 것을 진술하는 데 마음을 졸이는 후보자에게서는, 믿음과 불신 사이에서 끝없이 싸움이 발생한다.135)

이 설명에서 특히 흥미를 끄는 것은, 하나의 강렬한 개인적인 주관적 경험이 여기서 종교적 가치를 검증하는 중요한 기준으로 사용되고 있다는 점이다. 정밀한 검증의 대상이 되는 것은 한 개인의 지식이나 행동이 아니라 그의 내적 존재상태의 성격과 속성이다. 제기된 의문들은 일반적으로 죄에 대한 자신의 '수치심'이나 뉘우침의 깊이와 진실성, 자신의 죄스러움을 비통해하는 것의 진정성, 의심의 만연, 거듭되는 절망의 연속과 같은 문제와 관련된 것이었다. 이들 문제에 일정한 경험규칙이 공통적으로 적용되어 온 것으로 보인다. 이를테면 "믿음을 갈구하는 진실한 슬픔"은 그 자체로 신앙의 확실한 징표였다거나, 성도의 가장 확실한 세속의 징표는 그의 불확실성이었다는 것 등을 들 수 있다.136)

홀러는 이와 동일한 관념이 영국의 청교도들 사이에 얼마나 만연되었는지를 보여준다. 당시 영국에는 "참된 신앙은 선택의 은총을 드러내는 것"이라는 가정이 일반화되었다.137) 이들 '성도들'은 그리스도의 능력을 진정으로 믿었기 때문에, 자신들이 저지른 악을 혐오하며 죄와 부단한 전쟁을 치렀고, 육욕과의 끊임없는 투쟁은 자신들이 선택되었음을 보여주는 증거로 여겼다. 그와 동시에 영국에는 "죄와 갱생의 기술(記述) 심리학'이 발전

---

135) Ibid., p. 91.

136) Ibid., p. 70.

137) Haller, *The Rise of Puritanism*, p. 88.

되었다. 이것은 나중에 일종의 정신적 자조(自助)의 토대가 되었으며, 사람들에게 그들 자신의 정신을 '치유하는' 방법을 가르쳐주는 것을 목표로 하는 일단의 문헌들이 쏟아져 나오게 했다.[138] 홀러가 논평하듯이,

> 모든 사람은 개종자이든가 쉽게 개종될 사람이었고, 일단 개종되면 어떤 사람의 내적 삶도 일상적인 투쟁과 모험의 가능성으로 가득 찼다. 그 결과 모든 사람의 정신건강 상태는 그 사람 자신에 대한 예리한 관심 및 다른 사람에 대한 동정적인 호기심의 대상이 되었다. 이것은 자연스럽게 개인의 사건사를 기록하고 비교하게 했으며, 신앙고백, 회상, 일화를 끊임없이 퍼뜨리게 했다. 이 같은 영적 한담으로부터 일단의 전설문학과 한 가지 형태의 대중문학이 발생했다. 이것들이 보다 형식적인 종교논문과 설교만큼이나 아주 교훈적이고 확실히 매혹적이라는 것이 곧 알려졌다.[139]

영적 자서전이나 일기는 이처럼 정신적 자조를 예찬하는 데 있어 필수적 도구였으며, 그것은 어떤 사람의 경험을 글로 적어둠으로써, 그가 구원의 은총을 정말로 경험했다는 것을 다른 사람들이 믿도록 하기까지도 했다. 그런 기록물은 실제로 일종의 "성령이 수여한 증서" 역할을 했다.[140]

그러므로 결정적으로 한 사람이 구원받았는지는 알 수 있게 되었지만, 그것을 알기 위해서는 우선 그 사람의 내적 경험을 유심히 살펴보고, 그런 다음 두 번째로 그 경험 속에서 구원의 은총을 나타내는 표식으로 이미 확인된 유형을 찾아낼 필요가 있었다. 그것은 다음과 같은 이유에서였다.

---

138) Ibid., p. 92.

139) Ibid., pp. 95~6.

140) Ibid., p. 115. 흥미롭게도, 홀러는 고해실의 폐지가 프로테스탄트 윤리의 발전에 미친 결과에 대한 베버의 논평에 견주어서(*The Protestant Ethic*, pp. 106, 124를 보라), 모든 죄의 세부내용들을 글로 열심히 적어두는 청교도의 습관이 '비밀참회의 기능'과 동일한 심리적 기능을 했음을 시사한다. 다시 말해, 청교도들은 자신의 영혼서로 평정을 찾고는 떳떳한 마음으로 잠자리에 들 수 있었다(Haller, *The Rise of Puritanism*, p. 100을 보라).

> 거의 셀 수 없을 정도로 많은 설교와 대중적 종교논문들 속에서, 청교도 설교자들은 교의의 작동을 예증하는 심리적 유형을 기술해 놓았다. 모든 성도들이 체현한 것으로 상정되고 구원받기를 원하는 모든 사람이 바라마지 않을 수 없는 그 교의는 자신의 사례 속에서 재차 예증되게 될 것이다. … 그 사람들은 … 자신의 정신 속에서 작동하는 예정설의 법칙을 강렬한 자기성찰을 통해 따르도록 가르침 받았다. 이론적으로는 그들이 자신들의 의지로 갱생의 과정을 불러일으키거나 진전시킬 수 있는 것은 아무것도 없다. 그들은 자신들이 경탄할 수밖에 없는 법칙에 따라 예정된 결말을 향해 전개되는 드라마를 보기만 할 수 있을 뿐이었다. 그러나 그 드라마가 진행되는 극장은 인간의 가슴이며, 임종 장면으로 곧바로 치닫는 그들의 운명은 그 결과에 따라 결정된다. 매우 조마조마한 호기심을 가지고, 그들은 신의 은총이 그 갱생활동 속에서 작동하고 있다는 징표에 관한 자신들의 아주 비밀스런 생각들을 검토해 보고, 자신들이 그렇게 절박하게 찾던 것을 태연히 바라보았다.[141]

이러한 갈망하던 사건을 목도하게 된 그들은, 이제 유혹에 대한 지속적인 투쟁에서 겪은 심한 절망과 낙담이 군데군데 섞인 확신뿐만 아니라 자신이 선택된 사람들 중의 하나라는 것을 보여주는 외적 징표 — 죄에 대한 진정한 통탄과 같은 — 를 자연스럽게 드러내게 되었다.[142]

---

141) Haller, *The Rise of Puritanism*, pp. 90～1.

142) 거기서 자연스럽게 구원의 은총의 경험을 보여주는 징표가 대중의 마음속에서 (특히 병적 흥분의 성격을 지닌) 놀랍고 강렬한 감정적 경험과 연계되는 경향이 생겨났다. 그 결과 날카롭게 외치고 졸도하고 겉으로 드러나는 발작이 일반적으로 은총의 선물의 증거로 여겨지게 되었다. 청교도 성직자들은 이러한 그릇된 신앙에 대해 거듭된 경고를 쏟아내야 했다(Schneider, *The Puritan Mind*, pp. 124～5를 보라). 이 같은 비정통적인 관념들이 만연했다는 것은 징표에 대한 명확한 교리가 널리 필요했다는 것을 말해주며, 구원의 은총의 '그릇된' 징후와 '참된' 징후를 구분하는 데 많은 어려움이 있었다는 것을 보여준다. 실제로 그릇된 징후란 강렬한 형태의 감정표현이라기보다는 '우아한 감정'을 의미했다. 그리고 전자가 바로 감상적 신학의 발전에서 중요한 것이었다.

이 같은 징표교의는 베버가 규명한 교의와 마찬가지로 칼뱅의 원래 가르침을 곡해한 것이었으며, 동일한 확신에 대한 절박한 필요에서 생겨난 것이었다. 그것은 세속적 성공에 대한 강조와 나란히 존재한 것으로 보인다. 그리고 수치심, 슬픔, 절망을 강조한 탓에, 그것은 자주 "우울한 태도와 감정화된 자기타락"이 "마음속의 신앙심의 외적 징표"이라는 가정,[143) 그리고 심지어는 "죽음에 대한 갈망과 그것에 대한 명상 속에서 느끼는 기쁨"이 선택의 명백한 증거라는 가정[144)으로 단순화되곤 했다. 하지만 감정에 대한 강조가 자기연민에 있든, 자기타락이나 병적 상태에 있든, 그것이 강조하는 요점은 매우 강력한 종교적 제재규약이 감정표현을 허용했거나 사실상 승인했다는 것이다. '성도'의 표식인 진실된 믿음, 신성, 고결은 어떤 특정 행위에 의해서가 아니라 독특한 형태의 심원한 감정적 감성을 통해, 그리고 단지 교회 성원자격을 얻고자 할 때가 아니라 일생을 거쳐서, 마음속에서 개인에게 드러날 수 있을 뿐 아니라 다른 사람들에게도 드러날 수 있게 된다. 이 같은 방식으로 개인의 감정표출과 근본적인 정신상태 사이에 연결고리가 형성되었고, 이것은 칼뱅주의가 쇠퇴한 후에도 오래 지속되었으며, 18세기에 일어난 감성과 낭만주의 운동에 심원한 영향을 미쳤다.

칼뱅주의에서 감상주의로

이제 우리는 어떻게 해서 칼뱅파 청교도주의조차 감정에 사로잡히고 그것의 표현에 특별한 가치를 부여하게 되었는지를 평가할 수 있게 되었다. 그리고 비록 이러한 것들이 자비예찬에서 강조하는 것들과 외관상 매우 다르

143) John W. Draper, *The Funeral Elegy and the Rise of English Romanticism* (London: Frank Cass, 1929, repr. 1967), p. 319.

144) Ibid., p. 67. 실제로 드레이퍼(Draper)는 청교도들의 심리적 이상을 '격앙되고 고양된 우울'(ibid., p. 320)이라고 묘사한다.

지만, 그것은 독실한 신도의 지표와 동일한 일반적인 중요성을 지니는 것이었다. 그러므로 칼뱅주의 특유의 예정설 교의가 폐기되자마자, 프로테스탄트의 목회사상의 두 줄기를 함께 엮을 수 있는 길이 열렸다.

우리는 이미 17세기 후반에 있었던 칼뱅교에 대한 반발을 지적하고, 칼뱅주의를 대신한 아르미니우스 및 플라톤의 영감을 받은 교리가 발전하여 칼뱅주의를 대체해가는 과정을 추적한 바 있다. 하지만 이 운동과 연계된 계몽주의의 낙관주의 역시 웨스트민스터 신앙고백에서 밑그림이 그려진 기본 원칙에 여전히 집착하는 칼뱅교도들에게 영향을 미쳤다. 그 결과 칼뱅교도들 사이에서 "그 교리의 엄격한 정신이 일정 정도 약화되었고" 그들의 종교는 "소생력을 상실했다".[145] 즉 트레블리언(G. M. Trevelyan)의 표현으로는, "앤 여왕 치하에서 국교 반대파들이 단정치 못한 마음을 가지고 교리를 신봉하자 그들의 할아버지들은 슬픔에 빠졌고, 회의와 분열 속에서 신음하고 눈물을 흘렸다".[146] 그리하여 비록 신학상에서는 아무런 공식적인 변화가 없었지만, 칼뱅교도는 스스로 신의 불변의 판결에 점점 더 집착하지 않게 되었고, 지옥의 불에 대한 설교는 줄어들었고, 칼뱅주의는 더욱 "추상적인 성서 중심의 교조주의"로 변모해 갔다.[147]

그러한 변화는 당시 비(非)국교도들이 경험하던 상이한 정치·경제상황과 밀접한 관계가 있었다. 당시 상황은 "점점 더 세속적인 측면에서 희망과 두려움의 표현"[148]이라고 버크(Burke)가 제시한 의미에서의 '세속화'를 진전시키게끔 하는 것으로 보였다. 비국교도들은 무자격자를 실제로 퇴출시켰고, 그에 따른 '종파적' 심성의 약화가 확실히 그 과정에 기여했다. 물론 더욱 번창한 것들도 있었다. 이 시기에 교역, 특히 인도 및 동

---

145) Ibid., pp. 236, 238.

146) Hoxie Neale Fairchild, *Religious Trends in English Poetry*, 3 vols (New York: Columbia University Press, 1939~49), vol. 1, p. 41에서 인용함.

147) Cragg, *From Puritanism to the Age of Reason*, p. 36.

148) Peter Burke, *Popular Culture in Early Modem Europe* (London: Temple Smith, 1978), p. 257.

방과의 교역이 급속히 증대했으며, 당연히 상인계급이 큰 이익을 보았다. 이것이 신앙심을 손상시켰다는 인식이 널리 퍼졌다. 이에 웨슬리는 후에 "나는 부자가 늘어나는 것이 두렵다. 그와 동일한 비율로 종교의 본질도 감소했다"149) 고 논평했다. 반면 베버는 다음과 같이 지적했다: "청교도의 이상이 부의 유혹이라는 엄청난 압력에 무너져 갔다". 그리고 "우리는 낮은 신분에서부터 상승하고 있는 계급들 사이에서 매우 성실한 청교도 신자들을 어김없이 발견하며, … 그리고 또한 이들이 옛 이상을 거부하는 경향이 있음을 자주 발견한다". 150) 혹자는 이 과정이 금욕주의를 훼손시킨 '부의 유혹'이라는 단순한 문제가 결코 아니고, 기대수명 연장을 비롯한 삶의 질 향상의 경험이 세계에 대한 태도를 유의미하게 변화시킨 것은 아닌가 하고 의심했다. 이 경우 태도변화는 예상할 수 있는 바대로 낙관적 방향을 취했으나, 드레이퍼가 무미건조하게 논평하듯이, 하나의 역설적인 결과를 낳았다.

> 새로운 해방이 처음에는 보다 부유하고 보다 지적인 비국교도, 즉 상층 부르주아에게만 영향을 미쳤다. 그러나 이 상위계층에 비국교도 성직자들이 꽤 많이 포함되게 되자, 이들 집단, 그리고 특히 장로교 성직자들이 새로운 견해에 점차 물들게 되었다. 그 초기 단계의 경우 그것은 (만약 형용모순적 표현을 인정한다면) 낙관주의적 칼뱅주의라고 묘사할 수 있을지도 모른다. 151)

드레이퍼가 계속해서 개관하는 바에 따르면, 낙관주의는 계몽주의사상과 물질적 성공이 합류하면서 나타난 산물이다. 그는 그 이유를 다음과 같이 제시한다: "종교투쟁의 전장을 버리고 평화와 풍요의 화려한 길을 따르는 일단의 사람들에게 확장된 의미에서의 만물, 특히 인간본성의 진실성은

149) Weber, *The Protestant Ethic*, p. 175에서 인용.

150) Ibid., p. 174.

151) Draper, *The Funeral Elegy*, p. 237.

삶의 자연적 태도로 보였다."[152]

그러면 '세속화'가 증대하던 이 시기에 종교적 감정에 어떤 일이 일어났는가? 새로운 낙관주의에 직면하여 옛 교리가 약화되면서 "격앙되고 고양된 침울함", 즉 신앙심을 상징하던 우울증이 간단히 사라졌는가? 그것은 사라진 것이 아니라 그 기능과 의미 모두가 변형된 것으로 보인다.

전통적인 종교적 확신의 약화는 신앙과 감정의 관계의 미묘하지만 아주 중요한 변화를 동반한 것으로 보인다. 레슬리 스테픈(Leslie Stephen) 경은 다음과 같이 논평하면서 이를 적절히 요약했다: "우리는 지옥을 믿기 때문에 우울한 것이 아니라 우울하기 때문에 지옥을 믿는다."[153] 달리 말하면, 죄, 지옥, 불변하는 천벌에 대한 옛 믿음이 이전 수십 년 동안의 강렬한 확신과 함께 더 이상 신봉되지 않게 되었지만, 그것들과 연관되었던 주관적 상태를 폐기하기를 꺼렸다. 어쩌면 앞서 제기한 이유들로 인해, 신앙과 감정의 관계는 감정표현이 신앙표현의 자리를 대체하는 데 기여한다는 식으로 인식되었다. 드레이퍼는 "종교와 슬픔을 동일한 것으로" 여기는 사람들이 있었다고 지적한다.[154] 하지만 어쨌든 중요한 점은, 이같이 종교에 의해 발생한 감정이 그 자체로 쾌락의 원천이 되었고, 그리하여 그런 감정을 폐기하기를 꺼려하는 사태가 널리 퍼졌다는 것이다.

칼뱅주의적 성격을 띤 종교교리가 '향유'할 수 있는 감정이 생겨날 수 있게 하기 위해서는, 분명 믿음이 크게 약화될 필요가 있다. 즉 소수의 사람들만이 최초의 청교도들이 공통적으로 경험한 전적인 절망이나 절망적인 공포 속에서 (프로이트가 우리에게 가르쳐준 교훈을 염두에 두면서조차) 상당한 쾌락을 발견할 수 있었다. 하지만 일단 확신이 관례화되면, 감정적 방종의 가능성은 실제적인 것이 된다. 동시에 믿음을 버리면, 일부 계몽주의적 합리주의자가 바라던 바처럼, 그 가능성은 그 내용에서는 물론 형식

---

152) Ibid., p. 239.

153) Eleanor M. Sickels, *The Gloomy Egoist*: *Moods and Themes of Melancholy from Gray to Keats* (New York: Octagon Books, 1969), p. 150에서 인용.

154) Draper, *The Funeral Elegy*, p. 246.

에서도 소멸된다. 하지만 확신과 포기라는 두 극단 사이에 믿음이 단지 감정상태나 분위기를 나타내는 상징 — 쾌락을 얻기 위해 어느 정도 마음 내키는 대로 조작할 수 있는 — 만이 되는 위치가 존재한다. 물론 한 개인의 감정이 진정한 종교적 확신에서 발로하는지 아니면 가식적인 감상적 마음에서 생겨나는지를 결정하는 것은 항상 쉽지만은 않다. 드레이퍼가 영(Young)의 시 〈밤의 사색〉(*Night Thoughts*)과 관련하여 질문들 던지듯이, "영이 밤에 대해 시를 쓴 것은 그의 영혼의 미래가 상스러웠기 때문일까 아니면 현재의 그의 경험이 '즐거웠기' 때문일까?"[155] 그는 그 차이는 칼뱅교도와 감상주의자 간의 차이라고 지적한다. 그럼에도 불구하고 감정이 정말로 진정한 것이 아니라 적어도 어느 정도는 그것이 가져다주는 쾌락을 위해 인위적으로 자극된 것이라는 사실은, 대체로 다음 두 가지를 통해 알 수 있다. 즉 그것은 첫째로 표현의 강도가 그 사태가 '자연스럽게' 요구하는 것을 다소 넘어서는 경향이 있다는 사실에 의해, 그리고 둘째로는 감정표현 속에 포함된 자의식과 성찰의 표식에 의해 알 수 있다. 이 두 가지 사항이 감상주의의 전형적인 특징이다.

개인들이 자신들의 종교적 명상을 통해 쾌락을 얻기 시작한 것은 대략 이 시기쯤인 것 같다. 드레이퍼는 청교도의 장례식 만가(輓歌)에 담긴 소재에 대해 논의하며, 다음과 같이 지적한다. "시간이 지남에 따라 쾌락이 마법에 의해 불러낸 공포와 비탄에서 나오고 있다는 것이 점점 더 명백해지고 있다."[156] 그리고 17세기 후반부에는 '새로운 태도'가 출현하여 "삶과 죽음의 우울증이 그 자체를 위해 탐닉되고 유쾌한 것으로 받아들여졌다". 드레이퍼는 이 같은 변화를 두고 "칼뱅파 비국교도들 사이에 감상주의가 발로한 것"[157]이라고 규명했다. 17세기의 죽음의 공포는 18세기 특유의 우수에 잠긴 슬픔에 대한 애착에 길을 내주기 시작한다. 시클스(Sickels)가 논평하듯이, 죽음은 그것이 고통을 느끼게 하는 힘의 일부를 상실하면

155) Ibid., p. 309.
156) Ibid., p. 93.
157) Ibid., p. 236.

서 낭만화되어 간다.[158] 천벌에 대한 공포 같은 진정한 종교적 동기가 점차 가식적인 종교심의 형식으로 발전되면서, 처음에는 그저 깊은 종교적 감상의 표현이었던 우울증이 갈수록 그 자체를 위해 탐닉되어 갔다.

이런 변화를 고찰하는 한 가지 방식은, 청교도들이 강력한 종교적 감정이라는 질긴 고기에 대한 '취향'을 발전시켰고, 또 그들의 확신이 약화되었을 때 자신들의 식욕을 만족시킬 대안 요리를 찾아 나섰다고 간주하는 것이다. 드레이퍼는 중간계급이 자신들의 종교 속에서는 더 이상 표현할 수 없는 감정을 '갈구하고' 또 '과잉' 감정을 우울증 속에서 표현할 필요가 있었다고 언급한다.[159] 반면 시클스는 "우리는 우리를 위해 잃어버린 강렬한 믿음과 감정을 때때로 대리경험을 통해 되찾으려 하며, 공포, 후회, 절망도 결코 이 규칙에서 예외가 아니"라고 논평한다.[160] 혹자는 청교도들이나 그들의 심성을 물려받은 사람들은 강력한 감정의 자극에 빠져들게 되었고, 지금은 원래 감정의 대체물을 찾던 중이었다고 말할 수도 있다.[161] 그러한 대체물이 발견되는 분명한 장소가 문학이다. 문학 속에서는 인위

158) Sickels, *The Gloomy Egoist*, p. 157.

159) Draper, *The Funeral Elegy*, p. 241.

160) Sickels, *The Gloomy Egoist*, p. 157.

161) 악마, 악, 지옥, 불변하는 천벌에 대한 믿음 같은 '부정적인' 기독교적 믿음이라 불릴 수 있는 것에 관한 한, 종교적 확신의 상실이 갖는 중대한 심리적 결과에는 충분한 주의가 기울여지지 않아 왔다. 그 이유는 개인들은 그런 믿음이 전형적으로 일으키는 공포와 불안이라는 엄청난 짐으로부터 벗어나는 데서 상당한 구원을 경험하는 동시에, 그들은 또한 심적 상실감도 경험할 수 있기 때문이다. 그것은 바로 공포와 그와 연관된 낙담, 경외, 두려움의 감정이 강렬한 자극으로 경험되는 강력한 상태를 구성하기 때문이다. 그 결과 비록 당사자가 당시에는 이것을 충분히 평가할 수 없다고 하더라도, 거기에는 그런 상태를 수반하는 일종의 '쾌락'이 존재한다. 그러므로 그 같은 감정이 없는 삶은 재미없는 것으로 간주될 수도 있다. 이것은 전장에서 포화에 노출된 병사의 경우와 유사하다. 비록 그들이 현명하게 최전선 밖에 있고 싶어한다고 하더라도, 그들이 평화 시의 존재로 되돌아왔을 때 상당한 상실감을 느끼는 것은 특별한 일이 아니며, 그 상실감은 부분적으로는 여전히 강력한 부정적인 감정이 가져다줄 수 있는 강렬한 쾌락적 삶과 연계되어 있다.

적으로 만들어진 느낌이 실생활의 '생생한' 상황을 통해 대리로 경험될 수 있다. 이것이 바로 묘지파 시인들(*graveyard poets*)[162]과 고딕풍 소설가들이 제시하고자 한 것이었다. 시클스가 지적하듯이, 종교적 공포상태의 약화와 공포-낭만주의의 부상 사이에는 역사적 연계는 물론 분명한 심리적 연계도 존재한다.[163] 그것 말고도 브레드볼드(Bredvold)가 고찰하듯이, 1750년경에 우울증을 활용한 고딕파는 엄밀히 말해 공포(*terror*)가 아니라 전율(*horror*)과 관련되어 있었다. '실제적' 감정인 공포는 사람들을 두려움에 휩싸이게 만들 의도로 비극에서 오랫동안 사용되었다. 다른 한편, 전율은 좀 더 자의식적이고 음흉한 감정으로, 그것으로부터 우리는 대체로 쾌락적인 전율을 느낀다.[164] 이제 우리가 드레이퍼의 논지를 따라 결론을 내릴 수 있는 지점에 도달한 것이 분명하다. 즉 1660년에서 1670년 사이에 청교도주의에서 발생한 것은 "중간계급이 칼뱅주의에 근거해서가 아니라 감상주의에 근거해서 프로테스탄티즘을 재해석했다"는 것이다.[165]

이제 우리는 청교도적 '감정주의'의 두 조류, 즉 자비예찬과 연관된 호의적인 친절과 칼뱅교도의 고딕풍의 자기연민적인 병적 상태가 결국 감정의 쾌락에 관한 공동의 관심 속에서 만나게 된 방식을 인식할 수 있다. 앞서 지적했듯이, 이 둘은 마음속의 신앙심을 보여주는 결정적 징표였다. 그리하여 그것들은 그 징표의 표현을 신학적 · 철학적으로 정당화하는 것인 동시에, 자비예찬의 전통 내에서는 그러한 온후한 감정에 내재하는 쾌락을 강조하는 경향이 커가고 있었다. 프로테스탄티즘 내에 있는 감상주의의 명백한 근원을 나타내기 위해 할 수 있는 것이라고는, 이들 두 조류가 공감능력을 통해 서로 뒤섞이는 방식을 보여주는 것뿐이다. 우리가 데이비

---

162) 〔역주〕 묘지파 시인들은 18세기 중엽 묘지를 배경으로 하여 인간의 죽음에 관한 명상을 시로 읊은 영국의 시인들을 일컫는다. 파넬의 "죽음에 관한 야경시", 에드먼드 영의 "야상곡" 등이 대표적인 작품이다.

163) Sickels, *The Gloomy Egoist*, p. 345.

164) Bredvold, *The Natural History of Sensibility*, p. 85.

165) Draper, *The Funeral Elegy*, p. 22.

드 포다이스의 인용구를 가지고 지적한 것처럼, 자비예찬 속에서 강력하게 강조되는 이것이, 사람들로 하여금 다른 사람들의 경험에 동정적으로 합체되게 함으로써, 원치 않는 고통과 번민에 노출될 수 있는 가능성을 열어놓았다. 흥미롭게도, 포다이스는 이것을, 선한 사람이 '슬픔에' 빠지는 것을 실제로 '좋아하는' 것처럼, 슬픔으로부터 '일종의 쾌락적인 번민'을 얻는 하나의 이점으로 판정한다.166) 이제 우리는 이 같은 형태의 감정적 마조히즘을 칼뱅주의의 조류에서 유래하는 것으로 인식할 있으며, 그것이 얼마나 쉽게 외관상의 이타적 감상주의와 융합될 수 있는지를 지적할 수 있다. 고통, 괴로움, 죽음을 경험하고 싶어하는 욕망과 함께 슬픔, 우울, 자기연민을 드러내고자 하는 관심은 이 세상에 있는 가엾고 비참한 모든 사람들의 곤경에 대한 동정심의 표현과 쉽게 연계된다. 동시에 죽음과 질병 같은 숭고한 전망에 대해 명상하는 것이 사람들의 영혼에 좋다는 관념은, 불행한 사람과 공감하라는 훈령으로 받아들여져, 사람들이 그를 돕게 할 수 있다. 그리하여 감상주의 예찬에 본질적인 동정과 자기연민은 서로 맞바꿀 수 있는 것이 된다.

감상주의의 또 다른 결정적 요소는 인간이 선천적으로 선하다는 믿음이다. 얼핏 보면, 칼뱅파 청교도주의와 정반대 견해인 것으로 보이는 이 같은 믿음이 발전할 수 있었던 데에는 몇 가지 원천이 있다. 첫째로, 우리가 지적한 대로, 아르미니우스파는 예정설을 거부함으로써 그리고 구원은 모든 사람에게 열려 있다는 가르침을 거부함으로써 이런 방향으로 발전할 수 있었다. 페어차일드(Fairchild)는 이 과정을 다음과 같이 개관한다.

> 아르미니우스파는 정통 가톨릭에 확고하게 정착하지 못하고, 그 평정성을 잃고 만다. 은총의 실제적 수단으로서의 신성교회와 성례전 개념을 제거하라, 전통적인 중재이미지를 약화시켜라, 인간은 신의 도움을 필요로 한다는 것을 크게 강조하라, 초월적인 신을 우리 안에 있는 신보다 덜 생생하게 느끼게 하라 — 이리하여 이단 펠라기우스파의 입장을

166) 위의 p. 122를 보라.

> 재진술한 것에 지나지 않고 또 선천적 선과 보편적 자비를 직접적으로 예찬하는 아르미니우스파가 생겨난다.[167]

둘째로, 이와 유사한 가르침이 보다 '열광적인' 분리주의 분파가 강조한 내적인 빛(*Inner Light*)[168] 이라는 교의에 부여한 중심성으로부터 출현할 수 있었다. 즉시적이고 사적인 계시가 성서, 천계(天界), 교회권위에 우선한다는 이들의 주장은, 신도 각자가 자신을 "말씀으로 만든 육신"(*Word made flesh*)으로 볼 수 있게 된다는 것을 의미했다.

하지만 프로테스탄티즘 안에는 세 번째 길이 있었다. 그것을 통해 사람들은 원죄 교리에서 천성 또는 선의 교리로 나아갈 수 있었다. 이것은 겉보기와는 달리 칼뱅주의 자체를 경유하는 길이었다. 페어차일드가 제시하듯이, 이 주장은 홀러의 분석에 의거한다.[169] 그것은 칼뱅파 청교도주의를 자신이 구원받았다고 믿는 개인에게 엄청난 자기확신 — 세속적 지위와 등급은 품성과 내적 가치에 비하면 하잘 것 없다는 확신을 둘러싸고 형성된 자기확신 — 을 고무시켜 주는 하나의 신념으로 인식하는 데서 출발한다. 게다가 만물이 예정되어 있기 때문에, 삶의 시련이 가져오는 결과에 대해 아무런 두려움이 있을 수 없다. 페어차일드는 이신론의 영향하에서 이 같은 성격유형이 어떻게 발생하는지를 다음과 같이 기술한다.

> 계몽주의의 합리주의적 영향 아래서, 칼뱅교도의 형식적 믿음은 그의 내적인 종교적 감정보다 더 급속하게 쇠퇴한다. 그는 자신의 신조를 대부분 상실하지만, 자신의 신조를 반영하고 있을 뿐만 아니라 그 신조가 조장한 감정을 희석되고 완화된 형태로 간직하고 있다. 자기 내부에 있는 신이 자기 위에 존재하는 신보다도 분명해질 때, 그는 비로소 감상주의의 기본적 태도 — 어떻게 해서든 우주의 본성 안에서 확실한 증거를

167) Fairchild, *Religious Trends in English Poetry*, vol. 1, p. 545.

168) 〔역주〕 내적인 빛은 마음속에서 느껴지는 그리스도의 빛을 말한다.

169) Haller, *The Rise of Puritanism*, pp. 89~90.

> 찾아내야만 하는 내적 덕성과 자유에 대한 의식 — 를 지니게 된다. 지옥의 불이 그의 낙관주의를 우울함으로 물들게 하기에 충분하듯이, 내세성은 자신이 이룩해놓은 문명으로부터 그가 때때로 움츠리게 하기에 충분하다.[170]

바로 이에 근거하여, 드레이퍼가 "자신이 구원받았다고 믿는 칼뱅교도와 감상주의자"를 구별하기 어렵다고 논평한 반면,[171] 페어차일드는 "장-자크(루소를 말함—역자)는 제네바에서 자랐어야 마땅했다"는 견해로 위의 구절을 우회적으로 표현한다.[172]

이제 우리는 18세기 영국 청교도에서 발전한 사상 및 그와 연관된 '윤리'에는 하나가 아닌 두 개의 강력한 문화적 전통이 있었다고 결론을 내릴 수 있다. 첫 번째 것은 베버가 규명한 것에 상응하며, 따라서 흔히 '프로테스탄트 윤리'라고 지칭되는 것으로, 합리성, 도구성, 근면, 성취를 강조하고, 안락보다는 쾌락에 더 의구심을 드러낸다. 이 전통은 계몽주의적 회의주의의 영향을 받아 무신론적이고 경험주의적인 전망을 낳으며, 이는 마침내 공리주의로 발전한다. 두 번째 것은 예정설에 대한 아르미니우스파의 반발에서부터 케임브리지 플라톤주의자와 광교회파 영국 국교도로 이어지는 것으로, 칼뱅교의 징표교의가 '낙관적인 감정주의적인' 견해와 합체되어, 처음에는 자비와 우울함 예찬으로 발전하다가 후일 완연한 감상주의로 귀착한다. 이 두 경우 모두에서 문화담지자는 중간계급이며, 각각은 그 나름의 방식으로 산업혁명을 완수하고 사실상의 '부르주아적' 생활방식을 정당화하는 데 중대한 기여를 한다.

---

170) Fairchild, *Religious Trends in English Poetry*, vol. 1, p. 546.

171) Draper, *The Funeral Elegy*, p. 18.

172) Fairchild, *Religious Trends in English Poetry*, vol. 1, p. 545. 실제로 메이슨(P. M. Masson)은 자신의 선천적 선함에 대한 루소의 감상적 믿음은 칼뱅교의 선택교의에서 연유한 것이었다고 주장했다〔P. M. Masson, *La Religion de J. J. Rousseau*, 3 vols(Paris: Hachette, 1916), vol. 1, p. 37을 보라〕.

제 7 장

감정 윤리

> 우리는 사람들 각자가 연기(演技) 속에서 드러내는 감정의 정도를 가지고 그들의 영혼을 판단해야 한다.
>
> — 세바스찬 머시어

통상적으로 18세기를 이성의 시대라고 묘사하지만, 그것을 무조건적으로 받아들인다면, 그것은 심히 잘못된 이름일 수 있다. 이와 관련하여 브레드볼드(Bredvold)는 다음과 같이 지적한다.

> 18세기가 산문과 이성의 시대였다는 매튜 아놀드(Matthew Arnold)의 언명을 우리는 더 이상 적절한 것으로 받아들이지 않는다. 18세기는 감상의 시대이기도 했으며 또 아마도 19세기보다 18세기에 문학과 실생활 모두에서 더 많은 눈물을 흘렸을 것이라는 점을 우리는 잘 알고 있다.[1)]

바필드(Barfield)는 전형적인 18세기 신사의 '상상적 이중생활'에 대해 언급하면서 동일한 점을 지적하고 있다. 이 신사는 한편으로는 "도덕적 세계와 물질적 세계의 질서와 이성" 속에서 살아가고, 다른 한편으로는 "그 자신의 작은 세계 속에서 감성"(*sensibility*)으로 살아간다.[2)] 앞에서 넌지시

---

1) Louis I. Bredvold, *The Natural History of Sensibility* (Detroit, Mich.: Wayne State University Press) p. 5

시사했듯이, 이 '이중생활'의 두 측면을 서로 대립되는 것으로 간주해서는 안 된다. 왜냐하면 세계의 탈주술화 과정은 그것이 동반하는 경험의 자발적 재주술화를 방임하고 또 조장하는 데 기여했기 때문이다. 그러므로 이성의 시대는 필시 감상의 시대이기도 하다. 하지만 이 후자의 용어가 갖는 적절한 의미를 잘못 이해할 위험이 도사리고 있다. 그 이유는 이 시기 동안에 일어난 일상적인 행동은 일정한 주의를 기울이지 않을 경우 시대착오적인 해석을 피하기 위한 것으로 받아들여지기 때문이다.

'감상적'(*sentimental*)이라는 단어는, 그것과 밀접히 연관된 '감성'이라는 용어와 함께, 비록 그 기원이 14세기까지 거슬러 올라가지만, 18세기에, 특히 그 용어가 유독 유행했던 1740년대와 1750년대에 영국에서 처음으로 널리 사용되었다.[3] 레이먼드 윌리엄스는 브래드쇼 부인이라는 특정 인물을 인용하며, 다음과 같이 논평한다: 1749년에 '감상적'이라는 단어는 "교양 있는 사람들 사이에서 크게 유행한다. … 멋지고 호감 가는 모든 것은 **감상적인** 사람 … **감상적인** 산책 … 등과 같은 단어 속에서 이해되었다"(강조는 원저자).[4] 오늘날에는 '감상적'이라는 단어는 일반적으로 "과도하게 감정을 탐닉하는 경향"[5]을 의미하며, 문학평론가나 비평가들 사이에

---

2) Owen Barfield, *History in English Words*, new edn (London: Faber and Faber, 1954) p. 177.

3) 여기서 감성이라고 규정한 감정윤리가 전적으로 새로운 문화현상을 구성했다는 점을 인식하는 것이 중요하다. 크레인(Crane)이 논평하듯이, "18세기가 고대 또는 르네상스 전통으로부터 완연하게 도출해낸 것은 철학이 아니었다. 그것은 세상에서 새로운 어떤 것—하나의 교리, 더 정확히 말하면 여러 교리의 복합체—으로, 윤리사상이나 종교사상을 막론한 모든 학파의 대표자들이 1750년 이전에 수백 년 동안 그들에게 늘 제시되어 있기는 했지만 못마땅하게 여겼던 것이었다. 고대에도 중세시대에도 16세기에도 그리고 청교도와 기사당원이 득세하던 영국에서도 '감정을 지닌 남자'는 '대중적 형태'가 되지 못했다."(R. S. Crane, "Suggestions toward a Genealogy of the 'Man of Feeling'", *A Journal of English Literary History*, 1 〔1934〕, pp. 189~90을 보라.)

4) Raymond Williams, *Keywords: A Vocabulary of Culture and Society* (Glasgow: Fontana/Croom Helm) 1976), p. 237.

서는 대체로 '감상적', '감상성', '감상주의'라는 뜻으로 해석된다. 이를테면 《프린스턴 시 · 시학 백과사전》(*The Princeton Encyclopedia of Poetry and Poetics*) 에 수록된 "감상성" (*sentimentality*) 이라는 항목의 저자는 그것의 의미를 "자극이 허용하는 것보다 … 더 많은 감정에 빠짐"이라고 (다소 경멸적인 어조로) 묘사하면서 자기연민의 존재와 성숙한 감정통제의 부재를 가끔씩 암시하는가 하면,[6] 시클스(Sickels) 는 '감상주의'를 "자기 자신을 위해 감정을 탐닉하는 (그리고 표현하는) 교의 또는 관행"으로 좀더 신중하게 다시 표현한다.[7] "자기 자신을 위해" 감정에 빠진다는 것은 물론 그것이 가져다주는 쾌락적인 자극을 위한 것이라는 것을 다른 방식으로 말하는 것이며, 이것은 버지니아 울프(Virginia Woolf) 가 분명하게 인식한 것이다. 울프가 '감상주의'를 '쾌락의 철학'이라고 부른 반면, 프랜시스 비클리(Frances Bickley) 는 그것을 '쾌락적인 감정엽색'이라고 불렀다.[8]

그런데 브래드쇼 부인이 항목별로 나눈 사람, 연회, 산책은 그 각각이 감정적 쾌락의 원천으로서 기여하기 때문에 감상적인 것으로 판단된다는 점에는 의심할 여지가 없다. 하지만 만약 이것이 그녀가 의미하는 모든 것이라면, 그것은 의심의 여지가 있다. 왜냐하면 에라메차(Erämestä) 의 연구가 명백히 보여주었듯이, 그 단어는 18세기가 시작하면서부터 다소 다른 의미를 띠게 되었기 때문이다.[9] 그래서 사실 오늘날에도 여전히 그렇

---

5) *Collins Dictionary of the English Language* (1979), s. v. 'sentimental'.

6) Alex Preminger (ed.) *The Princeton Encyclopedia of Poetry and Poetics*, enlarged edn (Princeton, NJ: Princeton University Press, 1974).

7) Eleanor M. Sickels, *The Gloomy Egoist: Moods and Themes of Melancholy from Gray to Keats* (New York: Octagon Books, 1969), p. 38.

8) 이 두 언급은 모두 Lodwick Hartley, *Laurence Sterne in the Twentieth Century: An Essay and a Bibliography of Sternean Studies 1990~1965* (Chapel Hill, NC: University of North Carolina Press, 1966) p. 38에 들어있다.

9) Eric Erämestä, *A Study of the Word "Sentimental" and of Other Linguistic Characteristics of Eighteenth-Century Sentimentalism in England* (Helsinki: Annals Academiae Scienitiarum Fennicae Ser. B, 74 〔1951〕, no. 1)

듯이, '감상'이라는 명사가 하나의 판단을 의미할 경우, 그리고 특히 그것이 복수로 사용될 때, 그것은 "생각 또는 견해"를 의미했다(우리는 그 경우에 적합한 '감상들'을 표현하는 누군가를 언급한다).[10] 하지만 당시 표명된 견해는 통상적으로 도덕적인 것이었기 때문에, 그것의 의미는 '감상적'이라는 형용사로 바뀌었다. 그 다음으로 18세기 후반부에 그 단어는 점차 "생각과 감정"을 의미하게 되었고, 그와 관련한 도덕적 함의는 그 세기의 마지막 몇 십 년 동안에도 지속되다가 생각에 대한 언급은 모두 사라지고, 그 용어는 "세련된 또는 도덕적 감정"을 뜻하게 되었다.[11] 그러므로 이 점을 염두에 둘 때, 1749년에 그토록 유행하던 그 단어는 감정적 쾌락을 낳는 어떤 것뿐만 아니라 어떻게든 도덕적 태도를 표현하는 어떤 것을 함의했던 것으로 지적할 수 있다. 물론 감상주의와 초기 프로테스탄트사상 간의 유관성을 분명하게 입증해주는 것은 바로 감정과 도덕성 간의 이 같은 밀접한 연관이다. 그 같은 연관성은 '감성'이라는 단어의 경우에서 보다 분명하게 드러난다.

감성 예찬

18세기에 감성은 하나의 중요한 그리고 거의 신성한 단어였다. 왜냐하면 그것은 "인류의 진보라는 관념을 간직하고 있었기 때문이었다. 감성은 하나의 근대적 속성을 지닌 것이었다. 즉 그것은 고대인들에서 발견되지 않는 근대적 조건의 산물이었다."[12] 톰킨스(Tompkins)의 저작에서 따온 이 인용구가 시사하듯이, 감성은 하나의 개인적 속성으로 간주되었다. 그러나 그것은 이상적인 성격을 지칭하는 명칭이기도 했으며, 그 둘은 실제로

10) Ibid., p. 39.

11) Ibid., p. 59.

12) J. M. S. Tompkins, *The Popular Novel in England 1770~1800* (Lincoln: University of Nebraska Press, 1961), p. 92.

는 서로를 조금씩 변화시키는 경향이 있었다. 첫 번째 의미에서, 그것은 유전적 특성, 즉 어떤 사람의 기질 또는 성향의 한 측면으로, 그 사람이 '천부적 감성'을 가졌다면 그런 식으로 반응할 수밖에 없다고 인식되었다.[13] 그러나 이러한 속성들이 점차 칭송과 찬사를 받게 됨에 따라, 그것들은 또한 이상적인 성격 유형, 즉 "감정을 지닌 남자"(*the Man of Feeling*)[14] 형을 확립시켜 갔다.

그러면 감성이 수반한 것은 무엇인가? 기본적으로 그것은 여린 감정에 대한 민감함으로, 눈물을 보이는 것에서 전형적으로 드러난다. 하지만 다음에 제시된 디드로(Diderot)의 구절에서 드러나는 바와 같이, 신체적 징후는 단순히 눈물을 글썽거리는 것보다 훨씬 더 다방면에 걸쳐 나타날 수 있다. 거기서 디드로는 자신이 좋은 사람 또는 좋은 행동을 생각하고 있을 때 자신이 경험하는 황홀한 상태에 대해 묘사하고 있다.

> 그 같은 광경이 나를 달콤함과 상냥함으로 가득 차게 하고, 만약 내가 그것을 상실하면, 삶 자체가 무의미해질지도 모를 열정과 감격을 내 안에서 불러일으킨다. 그런 까닭에 마치 나의 마음이 내 육신을 벗어나 팽창하는 것 같다. 다시 말해, 마치 그것이 내 몸에서 헤엄치는 것 같다. 내가 무엇인지를 알지 못하는 유쾌하고 돌연한 감동이 내 전신을 훑고 지나간다. 숨쉬기조차 어렵다. 그것은 나의 몸의 모든 표면을 자극하여 전율하게 한다. 나는 그것이 무엇보다도 눈썹 꼭대기에, 그리고 머리카락 뿌리에 있는 것처럼 느낀다. 그런 다음 찬미와 쾌락의 표식들이 환희

13) 어떤 개인은 '천부적 감성'을 지니고 있는 것으로 간주되었지만, 그 같은 성향은 계발되거나 발전시킬 수 있는 것으로 간주되기도 했다. 일반적으로 이것은 일정한 감성을 지닌 사람들 속에서 쉽게 감정적 반응을 일으킬 수 있는 것으로 간주되는 자극들에 자신을 노출시키고 그런 다음 자신 속에서 그 같은 반응이 발생하도록 노력하는 것을 수반한다. 이 같은 상황은 분명 감정을 탐닉할 수 있는 기회를 제공할 수 있다. 이런 구분은 자연스럽게 카리스마에 대한 베버의 논의를 떠올리게 한다(Max Weber, *The Sociology of Religion*, trans. Ephraim Fischoff (London, Methuen, 1965), pp. 2~3을 보라).

14) 이 문구는 1771년에 첫 발간된 헨리 매킨지(Henry Mackenzie)의 책 제목이다.

> 의 표식들과 뒤섞여 내 얼굴에 나타나고, 눈에 눈물이 가득 고인다. 이것이 내가 고결한 삶을 사는 사람에 실제로 관심을 가질 때 내가 바라는 모습이다.[15]

"감정을 지닌 남자" 속에서 이 같은 반응들을 촉발할 수 있는 대상이나 상황 또는 사건들은 실로 다양하다. 이와 관련하여 시클스는 다음과 같이 지적한다.

> 그는 자기 자신 속에서 아니면 다른 사람 속에서 느끼는 매우 사소한 기쁨과 고통에도 정교하게 적응한다. 그는 기뻐서 기절할 수도 있으며, 또는 실연당하여 죽을 수도 있고, 경쟁상대의 행운에 환호할 수도 있으며 또는 지구 정반대에서 들려온 슬픈 이야기나 애완용 생쥐의 죽음에 눈물을 흘릴 수도 있다. (그가 통상적으로 그렇듯이) 시적인 마음이 내키면, 그는 자신이 잘 알지 못하는 흑인에 대해서 뿐 아니라 실연당하여 죽은 연인이나 짝 잃은 나이팅게일에 대해서도 연가를 쓸 수 있다.[16]

또한 시클스가 지적하듯이, 감정을 지닌 남자는 대체로 다른 사람의 행복보다는 비통에 동화되기 쉽다. 그 결과 감상적 문학은 현저히 멜랑콜리한 색조를 띤다. 즉 감성과 멜랑콜리는 '가까운 자매'이다.[17] 사실 케임브리지 신학자들의 주장 속에서도 감성과 자비가 긴밀하게 연계되어 있으며, 앞서 살펴보았듯이, 그 연계는 다른 사람의 고통에 동화되는 능력에 달려 있다. 동감의 능력은 감상주의문학 전반에 나타나는 공통 주제이다.

따라서 이 같은 이상적인 성격은 특별한 도덕적 의미를 지닌 감정에 민감하다는 것에 집중되어 있는 것으로 보일 수 있다. 비커스(Vickers)의 표현으로, 감성이란 "고결한 감정, 특히 연민, 동정, 자비의 감정 — 즉 타산적 심성에 반하는 것으로서의 정에 흐르기 쉬운 마음의 감정 — 에 대한 최

15) Bredvold, *The Natural History of Sensibility*, p. 32.
16) Sickels, *The Gloomy Egoist*, p. 195.
17) Ibid.

상의 감수성(*sensitivity*)과 그러한 감정의 자발적인 표현"을 뜻한다.[18] 이런 식으로 볼 때, 우리는 감성을 은총의 선물 자체와 유사한 카리스마적 속성으로 볼 수 있다. 사실 이런 식으로 감성을 한 사람의 영혼이 (비록 탁월하지는 않더라도) 선하다는 증거로 간주하는 것은 이례적인 것 같지는 않다. 웰렉(Wellek)이 논평하듯이, 우리는 분명 어떤 사람이 드러내는 감정의 정도를 가지고 그의 영혼을 판단하는 경향이 있었다.[19] 특히 로렌스 스턴(Laurence Sterne)은 감성을 신이 내린 선물로 보는 입장을 견지하고 있는 것으로 보인다. 그는 그 능력을 "생리적인 것과 정신적인 것의 혼합으로, 즉 신과 인간이 접촉하는 인간 신경체계 속에 존재하는 감정들의 혼합으로 간주하며, 그것을 인간의 사랑과 자비의 근저에 있는 동력으로 고양시킨다."[20] 이 같은 견해와 일치되게, 스턴의 독자들은 자신들의 감정에 대한 일정한 정도의 자축(自祝)을 경험한 듯이 보인다. "그와 마찬가지로 그들도 눈물의 선물은 〔그들〕 본성의 미덕과 고상함의 증거라고 쉽게 확신했으며, 눈물이 넘칠 때, '나는 내가 영혼을 가졌다는 것을 확신한다'고 외쳤다."[21]

감정표현이 감성예찬 속에서 두 가지 기능을 수행하는 데 어떻게 기여했는지를 이제는 알 수 있다. 한편으로, 감정을 지닌 남자(또는 여자)[22]

---

18) Brian Vickers, Introduction to Henry Mackenzie, *The Man of Feeling* (London: Oxford University Press, 1967), p. ix.

19) René Wellek, *A History of Modern Criticism: 1750~1950*, vol. 1, *The Later Eighteenth Century* (London: Jonathan Cape, 1955), p. 73.

20) Maxmillian E. Novak, *Eighteenth-Century English Literature* (London: Macmillan, 1983), p. 157.

21) Joseph Texte, *Jean-Jacques Rousseau and the Cosmopolitan Spirit in Literature, A Study of the Literary Relations between France and England during the Eighteenth Century* (New York: Burt Franklin, 1899),. p. 289.

이것은 칼뱅교의 징표교의가 어떻게 해서 감성이라는 세속적 윤리로 나아가게 되었는지를 여실히 보여준다. 실제로 감성의 이상(理想)을 다른 어느 논자들보다도 더 대중화시킨 스턴은 성직자였으며, 그것을 통해 그 둘을 분명하게 연계시킨다.

들이 실제로 자신들이 그 같은 매우 중요한 개인적 자질을 가지고 있다는 것을 다른 사람들에게 그리고 보다 중요하게는 자신들에게 성공적으로 확신시키고자 한다면, 그들에게는 감정표현이 필요하다. 루이자 스튜어트 부인이 회상했듯이, 열네 살 되던 해에 헨리 맥켄지(Henry Mackenzie)의 《감정을 지닌 남자》(*The Man of Feeling*)를 처음 읽었을 때, 그녀는 "진정한 감성을 인정받을 만큼 충분히 울지 않으면 어떡하나 하고 남몰래 걱정했었다".[23] 다른 한편으로, 감정표현은 이런 식으로 미덕의 한 표식으로 기여한 것 말고도, 그것이 가져다주는 내적 쾌락을 위해 탐닉되었다. 그리하여 감정주의적 쾌락주의가 건전하게 윤리적으로 정당화되었다.

진정한 감성과 연계된 감정들이 실제로는 쾌락적인 것으로 경험된다는 사실은 당시에 널리 퍼져있던 각종 표현들 속에서 분명하게 드러난다. 그 중 많은 것들은 '쾌락'을 연민, 슬픔, 자비, 사랑, 비통, 공포 같은 것들에서 얻어지는 것이라고 언급한다.[24] 아주 흥미롭게도, 여기서 제시한 전반적인 주장의 관점에서 보면, '사치'라는 단어가 유독 두드러지게 나타났다. 그리고 톰킨스는 1760년에서 1790년 사이에 출간된 소설에서 그 사례들을 유용하게 수집한다. "나는 이전에는 그토록 눈물의 사치에 빠져든 적이 전혀 없었다." "연민 … 즉 최대의 사치를 감성의 영혼이 맛볼 수 있다." '사치스런 비애'로서의 감성. "그것은 당신의 독자들에게 내가 느낀 그 같은 사치스런 연민의 일부를 낳을지도 모른다." 마지막으로, 그녀는 "슬픔의 온갖 육욕에 빠지기"와 "일종의 즐거운 고통"으로 그 목록을 끝낸다.[25]

---

22) 이 이상을 남자들보다는 여자들이 더 열광적으로 받아들였다고 믿을 만한 근거가 있다.

23) Vickers, Introduction to *The Man of Feeling*, p. viii.

24) 감정이 쾌락의 원천일 수밖에 없는 이유를 설명하려는 현대의 각종 시도에 대한 또다른 증거와 논의로는 A. O. Aldridge, "The Pleasures of Pity", *A Journal of English Literary History*, 16, 1 (March 1949), 76~87, 그리고 Earl R. Wasserman, "The Pleasures of Tragedy", *A Journal of English Literary History*, 14, 4 (December 1947), 283~307을 보라.

25) Tompkins, *The Popular Novel in England*, p. 103.

우리는 감정이 가져다주는 기쁨을 보여주는 더 많은 사례들을 당시의 삶과 문학에서 찾아볼 수 있다. 톰킨스가 거론한 다른 사례들 중에는 다음과 같이 소리치는 인물이 있다: "그런 소리 하지마, 나는 그럴 거야! 나는 눈물 흘리는 걸 좋아해, 나는 슬퍼하는 걸 즐겨. 내 마음이 갈기갈기 찢기는 게 나의 행복이고 기쁨이야."[26]

지성과 감성

제인 오스틴(Jane Austen)의 소설 《지성과 감성》(*Sense and Sensibility*)은 우리에게 하나의 이상적인 성격으로서의 감성에 대한 가치 있는 통찰을 제시할 뿐만 아니라, 그와는 반대도 그것을 '상식'으로 간주할 수 있다는 점을 우리에게 상기시키는 데 기여한다. 엘리노어와 마리안느라는 두 자매는 이 소설 제목에 제시된 대안을 각기 구현하고 있다. 비록 제인 오스틴이 일정 정도 풍자를 끌어들이고 '감성'이라는 단어가 그녀의 소설에서 '해학적 함의'를 지니는 것으로 고려되고 있다는 점을 염두에 둘 필요가 있기는 하지만, 소설이 전개되는 바대로, 마리안느가 일정 정도의 지성을 그리고 엘리노어가 일정 정도의 감성을 가지고 있다고 해서,[27] 그것이 그들의 태도와 행동을 설명하고자 하는 우리 목적에 도움이 덜 되는 것은 아니다. 반대로 풍자의 요소는 기본적인 '이상형'을 더 잘 식별해 낼 수 있게 해준다고 말할 수 있다.

우리가 자신 있게 지적할 수 있는 첫 번째 논점은, 마리안느의 성격에서 제시되는 바와 같이, 감성의 이상은 감정이 가져다줄 수 있는 쾌락을 위해 감정을 기꺼이 탐닉할 채비를 분명히 하고 있다는 것이다. 그녀는 그런 기회가 그냥 지나가게 놔두지 않는데, 놀랜드가 떠난 것이 그중 하나로, 그

26) Ibid.

27) Darrel Mansell, *The Novels of Jane Austen: An Interpretation* (London: Macmillan, 1973), pp. 46~7.

것은 그녀에게 다음과 같이 변론하게 한다.

> 언제나 너에 대한 미련을 버릴 수 있을지! 언제가 되어야 다른 곳을 고향이라고 느낄 수 있을지! 오! 행복이 가득한 집아, 지금 이곳에서 너를 보는 내 심정이 얼마나 괴로운지 너는 알까, 어쩌면 이제 더 이상 이곳에서 너를 바라보지 못할지도 몰라! 그리고 너, 나와 친했던 나무들아! 너희는 언제나 그대로겠지. 우리가 떠난다고 해도 잎이 말라버리지도, 또 우리가 더 이상 너희를 보지 않더라도 가지가 꼼짝하지 않지는 않겠지! 그래, 너희는 언제나 그대로일거야. 너희로 인해 누가 기뻐하고 누가 슬퍼하는지도 모르고, 너희 그늘 아래로 거니는 사람이 바뀌는 것에도 관심이 없겠지! 그런데 누가 남아 너희를 즐길까?[28]

이 인용문은 우리가 살펴본 바와 같이 감상주의의 현저한 특징인 자의식적 반응 및 과도한 감정주의의 특성을 명백히 보여준다. 쾌락이 이 같은 감정 표현에서 나온다는 것은 의심의 여지가 없다. 그리고 나중의 한 구절에서 보면, 마리안느는 놀랜드와 관련한 또 다른 감정표현으로부터 그와 유사한 기쁨을 얻는다. 그것은 가을에 떨어지는 낙엽을 상상적으로 회상할 때 불꽃처럼 발화한다.

> 마리안느가 탄성을 질렀다. "오! 예전에 얼마나 황홀한 느낌으로 낙엽 떨어지는 것을 보았던가! 산책할 때면 낙엽이 바람에 날려 내 주변에 빗발치듯 떨어지는 것을 보며 얼마나 기뻐했던가! 그 계절, 하늘, 그 모두가 얼마나 멋졌던가! 이제는 그것들을 바라보는 사람은 아무도 없겠지. 그것들을 그저 귀찮게 여기고, 급히 쓸어버려, 가능한 한 눈에 띠지 않게 하겠지."[29]

이것은 필요한 감정을 불러일으키는 환상적인 환경을 만들어내는 데 상상

---

28) Jane Austen, *Sense and Sensibility* (London: Avalon Press, 1949), p. 31.
29) Ibid., p. 80.

력을 사용하는 근대적 능력을 보여주는 좋은 사례이다. 여기서 마리안느는 떨어지는 낙엽을 의도적으로 이용하여 향수를 경험하기를 바라고 있다. 이때 그녀는 낙엽을 "보이지 않으나" 보고 싶어하는 이미지를 불러내기 위한 수단으로 보고 있다. 향수는 자기환상적 쾌락주의자에게 매우 적합한 감정이다. 왜냐하면 비록 '고향'이 의미하는 것과 관련된 일반적 관념과 상징들이 있기는 하지만, 그런 감정을 유발하는 구체적인 촉발요인은 필시 대체로 자기준거적이기 때문이다. 이를테면 일부 자극들은 그들의 '고향' 사회에 있는 모든 것들을 연상시킬 수 있지만, 다른 몇몇 자극들은 개인의 독특한 사적 경험에 의존할 것이다. 이것은 한 사람이 특정 대상이나 장면 또는 사건을 향수를 유발하는 촉발요인으로 선택할지의 여부를 결정하는 데 커다란 역할을 한다.[30]

감성을 이상적인 성격으로 기능하게 하는 도덕적 요소는 마리안느의 행동 속에서 잘 예시된다. 왜냐하면 그것이 감정'윤리'를 구현한다고 말할 수 있기 때문이다. 감정윤리에서 핵심을 이루는 것은 아무런 제약 없이 강력한 감정을 표현할 의무이다. 엘리노어가 지적하듯이, 마리안느는 그 자체로 칭찬받지 못할 것이 아닌 감상을 억제하는 것은 "이성을 진부하고 잘못된 관념에 수치스럽게 복종시키는 것"으로 여겼다.[31] 그녀에게 감정절제는 미덕이 아니라 악덕이었다. 왜냐하면 그녀는 감정을 지닌 여자는 자기 열정을 맘껏 표현할 의무를 지녔다고 생각했기 때문이다. 이것은 "마리안느가 아마도 위안으로서의 격한 감정에 젖은 것이 아니라 그것을 하나의 의무로서 키우고 고무했으리라는" 엘리노어의 회상에서 분명하게 나타난다.[32] 뒤에서 우리는 다음과 같은 구절을 읽게 된다.

---

30) 흥미롭게도 감정촉발의 이 같은 자기준거적 형태는 여전히 '감상적'이라는 형용사를 사용하는 데서 확인된다. 그 대상은 그것이 '감상적 가치'를 지닌다고 말하는 특정 개인들에게 특별한 반향을 불러일으킨다.

31) Austen, *Sense and Sensibility*, p. 52.

32) Ibid., p. 71.

> 마리안느가 윌러비와 헤어진 첫날밤에 조금이라도 눈을 붙일 수 있었더라면, 그녀는 자신을 절대 용서할 수 없을 것으로 생각했을 것이다. 그녀가 잠을 잤을 때보다 수면이 더 필요해서 침대에서 일어나지 못했더라면, 그녀는 다음날 가족들을 정면으로 보기가 부끄러웠을 것이다.[33]

따라서 윌러비에게 퇴짜 맞은 후에 엘리노어가 마리안느에게 적어도 겉으로는 조금 자제하라고 설득하자, 마리안느는 자신은 "느낄 수밖에 없고" 또 다른 사람들이 어떻게 생각하든 간에 자신은 "비참할 수밖에 없다"고 단언한다. 물론 부분적으로는 감정을 드러내기로 한 이 같은 결정은, 자제 그 자체는 대수롭지 않은 감정이라는 징표이자 감성의 결여를 보여주는 표시라는 견해에 의해 유발된다.[34] 이것이 바로 마리안느가 자신의 언니를 겨냥해 쏟아낸 비난이다. 그러나 감정에 빠지는 것이, 인습을 무시하기에 충분할 정도로, 심지어는 실제로 다른 사람들이 부적절하다거나 무례하다고 여기는 행동을 정당화하기에 충분할 정도로 중요한 하나의 의무로 보이는 것도 분명하다. 엘리노어가 여동생에게 윌러비를 너무 도와주는 것 아니냐고 질타하자, 마리안느는 자신은 실제로 "마음을 터놓고 성심을 다했다"고 대답한다. 하지만 엘리노어는 아마도 그때 마리안느가 "신중을 기하고 마음 내키지 않아 하고 무감동해 하고 눈을 속이고자 했어야" 한다고 생각했을 것이다.[35] 그 후에도 때때로 "마음을 터놓고 성심을 다하려는" 마리안느의 헌신은 다른 사람들을 당혹스럽게 만드는 행동으로 이어진다. 하지만 마리안느는 남의 반응에는 전혀 관심이 없다. 그녀가 "성심을 다한다"는 것에 집착하는 것은, 그녀가 인습을 싫어하고 그것을 무시하는 경향이 있다는 것을 의미하지만, 동시에 그녀는 자신이 취향이나 감성이 없다고 여기는 사람들에게 결례를 범하는 것을 꺼리지 않는다.

---

33) Ibid., p. 76. 이 풍자적인 어조가 이 논평이 담고 있는 진실을 부정하는 것은 아니다.

34) Ibid., p. 92.

35) Ibid., p. 48.

이 점은 지적할 만한 가치가 있다. 왜냐하면 그것은 감성윤리가 얼마나 '내부지향적'(*inner-directed*) 성격을 띠는지를 보여주기 때문이다. 18세기의 감성은 너무나도 자주 하나의 '유행'으로 지칭되었으며, 그것은 분명 그런 현상에 대한 하나의 설명일 뿐 아니라, 그런 행동이 단지 모방과 경쟁심리라는 사회적 힘으로부터 생겨났다고 암암리에 오도하는 것이기도 하다. 모든 형태의 사회적 행동에는 분명 모방의 요소가 있다. 하지만 중간계급이 이상적으로 보는 성격과 관련하여 볼 때, 자존심이 다른 사람의 승인을 받으려는 성향보다 더 중요할 가능성이 크다. 동시에 자신에 대한 좋은 평판을 받고 싶어하는 어찌할 수 없는 욕망은 그 이상 속에 함유되어 있는 가치들 — 그것은 금욕주의적일 수도 있고 쾌락주의적일 수도 있다 — 과 무관하다. 내부지향성이 청교도의 감정성보다 청교도의 금욕주의와 더 밀접하게 연계되어 있다는 가정은 온당하지 못하다.

감성의 이상이 '내부지향적'이라고 말할 수 있는 데에는 또 다른 의미가 있는데, 그것은 상상력이라는 능력과 연관된다. 한때 윌러비가 마리안느의 삶에 들어와 있었을 때, 그녀의 행위를 결정하는 데 도움을 준 것도 바로 이 상상력이었다. 그의 형상은 그녀가 몽상 속에서 "상상을 통해 그려낸" 모든 것이었기 때문에,[36] 그의 용모와 풍채는 "그녀가 늘 상상을 통해 애독소설의 주인공 모습으로 그렸던 것과 똑같았다".[37] 마리안느는 그녀가 한창 때에 엄청나게 많은 소설을 읽은 데서 나온 것으로 사료되는 그런 종류의 '왕성한' 상상력을 가지고 있었으며, 이것이 그녀로 하여금 현실에 대해 엉뚱한 기대를 하게 했다. 그 기대는 그녀가 에드워드를 윌러비로 착각할 때 일어난 일처럼 그녀의 지각을 심히 왜곡하기도 했다.[38] 하지만 그녀의 강한 상상력과 몽상취미는, 그녀가 이를테면 "자기 침대에서만큼이나 혼잡한 가게 안에서도 자기 생각에 쉽게 집중할"[39] 수 있을 뿐만 아니

36) Ibid., p. 49.
37) Ibid., p. 44.
38) Ibid., p. 78.
39) Ibid., p. 179.

라 "슬픔을 조용히 생각하며 우울한 실의"를 달래는 등[40] 마음을 내부로 돌릴 능력을 지니고 있다는 것을 뜻하기도 했다. 달리 말해, 그녀가 자신과 관련한 환상적 세계관을 구축하는 데에 자신의 상상력을 이용하면서도, 자신은 사적이고 격리된 내적 상상력의 세계 속으로 은신할 수 있었다. 감성의 이러한 특징은 원시-낭만적(*proto-romantic*)이며, 이후의 전개 방향을 예기한다.

모든 감정을 최대한 표현해야 한다는 도덕적 의무와 감정이 가져다줄 수 있는 쾌락은 자연스럽게 서로를 뒷받침하며, 감성을 지닌 사람이 감정에 빠져들게 하는 경향이 있다(거기에는 감정을 억제하려는 성향이나 책무가 전혀 존재하지 않는다). 이 점은 마리안느의 행동과 관련하여 거듭 강조되고 있다. 윌러비가 갑작스럽게 떠난 것에 괴로워하고 있을 때, 그녀는 "아무 기력도 없었다. 왜냐하면 그녀는 자신을 통제하고 싶은 욕망이 전혀 없었기 때문이었다".[41] 한편 다음 날 그녀는 비참한 자신의 감정을 그대로 분출하고, 그들끼리만 함께 했던 곳을 방문하고, 그들이 좋아했던 곡들을 피아노로 연주하는 등 분주하게 보냈다.[42] 나중에 자신에 대한 윌러비의 마음이 변한 것을 알았을 때, 그녀는 "억누를 수 없는 격렬한" 슬픔을 분출한다.[43] 이 모든 것이 그녀의 언니의 행동과는 날카롭게 대조된다. 언니의 행동은 금욕주의를 분명하게 구현하는 것으로 제시된다. 그녀는 남다른 '마음의 평정'을 유지한다. 그것은 "힘들고 부단한 노력"을 한 끝에 획

40) Ibid., p. 173.
41) Ibid., p. 75.
42) Ibid., p. 76.
43) Ibid., p. 209. 마리안느의 행동이 아무런 고려 없이 이루어진 행위라는 의미에서 충동적인 것은 결코 아니라는 점은 이 같은 분석에서 도출된다. 그녀는 자신이 무엇을 하고 있는지를 알고 있으며, 그런 식으로 행동하는 것이 옳다고 생각한다. 그런 만큼, 그녀의 행동은 사전에 생각했던 것 — 어쩌면 '사전에 상상된'이나 '사전에 시연된'이 더 나은 용어일 수도 있지만 — 이라고 정당하게 말할 수 있다. 마리안느의 행동을 아무런 의문 없이 '충동적'이라고 일컫는 경우는 공리주의적이자 결과론적인 윤리적 관점뿐이다.

득한 것이다.[44] 그리고 마리안느가 열병에서 회복되어 죽을 위험에서 벗어났을 때, 엘리노어는 흔히 열리는 축하모임에 참석하지 않는다.

> 〔그녀는〕 기분 좋을 수가 없었다. 그녀의 기쁨은 다른 종류의 것이었고, 유쾌함과는 다른 어떤 것으로 이어졌다. 마리안느는 생명, 건강, 친구 그리고 몹시 사랑하는 어머니를 되찾았고, 최상의 안락감으로 마음이 가득 차 있다고 생각했으며, 그러한 생각을 뜨거운 감사로 발전시킨다. 그러나 그것이 결코 기쁨으로 외부로 표현되거나, 말이나 웃음으로 이어지지는 않았다. 엘리노어의 가슴 속에 있는 것이라고는 만족, 침묵, 강인함뿐이었다.[45]

이것은 감정을 드러내지 않으려는 모진 결단과 (비록 실제로 독선적이지는 않으나) 확신에 찬 자기만족감을 결합한다는 점에서 금욕주의적이기보다는 칼뱅주의적인 것으로 보인다. 하지만 ('최상의 안락'이라든가 '뜨거운 감사'가 함의하듯이) 강한 감정을 경험하고 진정한 금욕주의가 요구하는 대로 그것을 바람직하지 않은 것으로 간주하지 않는다고 지적하고 있는 것은 흥미롭다. 따라서 감정표현에 대한 그들의 태도에서만, 그 자매는 서로 정확히 대조되는 것으로 제시되고 있는 듯이 보인다.

감성예찬을 구성하는 성분들 대부분은 마리안느의 성격과 일치한다. 그녀는 강력한 감정으로 가득 차 있고, 충동적으로 감정을 표현하며, "그녀의 견해는 전적으로 낭만적이다".[46] 그녀는 울어야 할 때와 동료를 피해야 할 때를 알고 있으며, 다른 사람들의 감성을 판단하는 방법을 알고 있다. 반면 그녀는 멜랑콜리한 요소도 잘 드러난다. 왜냐하면 그녀는 그러한 "계기들 대부분을 귀중한 (즉 가치 있는) 비참함으로 만드는 방법을 알고 있고, 그때 그녀가 '번민의 눈물'을 '좋아하고' '사치스런 고독'을 즐길 수

44) Ibid., pp. 211~12.
45) Ibid., p. 250
46) Ibid., p. 54.

있기 때문이다.[47] 하지만 그녀는 다른 사람들의 곤경에 대해 비록 아주 자비롭지는 못하지만 '다정한' 감성을 가질 수도 있다. 이를테면 그녀는 자기 언니가 무시당했다고 느낄 때에는 뭔가를 표현해야 한다는 마음이 일지만,[48] 윌러비에게는 연민을 느끼기에 충분할 정도로 민감하다. 그러나 무엇보다도 마리안느에서 가장 두드러지는 (그리고 실제로 그 책 줄거리의 중심을 이루는) 감성의 특성은 아마도 낭만적 사랑에 대한 열정이다.

낭만적 사랑은 전체 감성윤리의 한 요소에 지나지 않으며 그리하여 그것이 유독 18세기에 부각되었다는 점은 그러한 보다 포괄적인 문화운동과 관련해서만 이해할 수 있다는 점을 인식하는 것이 중요하다. 낭만적 사랑에 대한 믿음은 더 넓은 맥락에서 나타나는 믿음과 아주 유사하지만, 단지 개인들 간의 이성(異性)적 관계에만 적용된다. 이런 의미에서 낭만적 감성은 감성 일반의 특수한 경우에 지나지 않는다. 낭만적 사랑의 핵심 요소에 대해서는 앞서 개관한 바 있다. 그리고 거기서 우리는 "개인의 감정을 자유롭게 표현하는 것은 그로 인해 일어나는 행동이 다른 사람들에게 과장되고 터무니없는 것으로 보이더라도 칭찬할 만한 것"[49] 이라는 관념이 얼마나 중요한지를 지적했다. 그리고 앞서 살펴보았듯이, 이것이 바로 감성의 하나의 근본 원리이다. 스톤(Stone)이 거론하고 있는 낭만적 사랑의 또 다른 요소들은 또한 일반적 감성 속에도 그에 필적하는 것들을 지니고 있다. 이를테면 첫눈에 반한 사랑은 '감성철학'에서 '첫인상'에 부여하는 중요성의 특수한 한 사례에 지나지 않는다.[50] 그와는 반대로 "사랑은 세상

---

47) Ibid., p. 241.

48) Ibid., p. 191.

49) Lawrence Stone, *The Family, Sex and Marriage in England 1500~1800* (London: Weidenfeld and Nicolson, 1977), p. 282.

50) **첫인상**은 제인 오스틴의 소설 《오만과 편견》(*Pride and Prejudice*)의 원래 제목이었던 것으로 보인다. 만셀(Mansell)은 첫인상을 "첫눈에 반한 사랑에 대한 전통적 표현"이라고 언급한다(Mansell, *The Novels of Jane Austen*, p. 78). 그는 또한 이 개념의 현재성과 중요성 모두를 보여주는 조경술 관한 현대의 저작으로부터 다음과 같은 글을 인용한다: "그러한 결과들이 **첫인상**을

에서 가장 중요한 것이며, 다른 모든 고려사항들, 특히 물질적 고려사항은 사랑에 희생되어야 한다는"[51] 관념은 감성과 관련해서는 정신적인 것이 물질적인 것에 비해 우월하다는 일반적인 확언을 그저 반향할 뿐이다. 마리안느는 "부와 위엄이 행복과 무슨 관계가 있는가?"라고 묻고, 계속해서 돈이 행복을 가져다줄 수 있다고 생각하는 언니를 질책한다. 언니는 "자기 자신에 관한 한, 능력 외에 그 어떤 것도 실제적인 만족을 가져다줄 수 없다"고 말한다.[52] 끝으로, 성격의 이상화 그리고 세상에서 완전한 친교를 맺을 수 있는 다른 사람은 오직 한 명뿐이라는 믿음은, 감성 속에 '진정한' 내지 '특별한', 또는 '소중한' 우정이라는 관념을 가진 비(非) 연인이라는 그것의 대응물을 가지고 있다. 만셀은 "감성소설들에서는 젊은 여인들이 만나자마자 갑작스런 계시록적 우정에 빠져드는 것은 거의 의무에 가깝다"고[53] 지적하며, 제인 오스틴의 소설 《사랑과 우정》(*Love and Friendship*)에 나오는 로라와 소피아를 예로 든다. 거기서 둘은 만나자마자 "서로 껴안고 남은 생애 동안 서로 우정을 함께 하기로 맹세한 다음, 곧장 가장 내밀한 가슴속 비밀을 서로 털어놓는다".[54] '자매 같은 행복'으로 귀착되는 이와 유사한 갑작스런 친밀성이 《노생거 수도원》(*Northanger Abbey*)에 나오는 캐서린과 이사벨라 사이에서도 일어나, 서로 교분을 맺은 지 불과 얼마 안 되어 이사벨라는 캐서린에게 자기가 자기 자신에 대해 아는 것보다도 캐서린에 대해 더 잘 안다고 토로할 수 있는 상황에까지 이른다.[55] 감성소설에 등장하는 '사랑' 개념과 '우정' 개념의 관계에 대한 만셀의 입장은 매우 독특하다. 그는 "그 두 개념이 한 구절 속에서 함께 결합되어 나타나

받아들일 수 있게 해주는 인간마음의 일반적 성향…에 의해…산출되었기에, 연구에 매우 필요한 〔조경술의〕 예술원리는 존재하지 않는다."(ibid., p. 48. 강조는 원저자)

51) Stone, *The Family, Sex and Marriage*, p. 282.

52) Austen, *Sense and Sensibility*, p. 81.

53) Mansell, *The Novels of Jane Austen*, p. 14.

54) Ibid.

55) Ibid.

는 경우가 자주 있음을 관찰하고는, 이 경우에 '사랑'은 '우정'의 이성애적 표현이며, 그 둘이 함께 어우러져 감성의 총화를 이룬다"고 논평한다.[56)]

마리안느는 낭만적 감성의 신조를 확고하게 신봉하는 사람으로 묘사된다. 그녀에게 사랑은 한 남자에 대한 "거역할 수 없는 열정에 희생되는 것"[57)]을 의미한다. 그 이유는 그의 취향이 그녀 자신의 취향을 너무나도 똑같이 반영하고 있어 "한 사람이 다른 사람의 모든 감정에 동감할 수밖에 없기"[58)] 때문이다. 이 같은 상호공감은 기질 또는 '성향'의 공통성에서 나오며, 그것이 결여되어 있을 경우에는 획득될 수 없다.[59)] 그 같은 관계는 단 한 명의 다른 사람하고만 단 한 번만 이루어질 수 있으며, 그리하여 '진정한' 사랑은 일생 동안 딱 한 번만 경험할 수가 있다. 따라서 두 번째 결혼, 실제로는 낭만을 구실로 한 두 번째 애정은 그녀에게 하나의 저주이다.[60)] 우리는 이미 그녀가 '사랑에 빠졌을' 때 어떻게 행동해야 하는지를 알고 있음을 살펴보았다. 말하자면, 서로 사랑할 때는 들떠서 충동적으로 행동하고, 떠났을 때에는 슬픔과 우울에 빠지고, 완전히 이별했을 때는 더욱 낙담한다.[61)] 이 모든 것들이 더해져서 '연인'의 역할을 분명하게 규정한다. 그 역할형태는 좀더 광범한 감성철학에서 도출된 것으로 볼 수 있다.

이제 특히 중요한 하나의 질문을 검토해야 할 때이다. 감성윤리에서 의

---

56) Ibid., p. 16. 만셀이 지적하듯이, 《지성과 감성》에서는 이와 유사한 돌연한 우정이 엘리노어가 루시 스틸을 처음 만났을 때 넌지시 시사되어 있다. 실제로 그녀가 '지성'에 몰두하는 것에 대해 엘리노어는 아무런 반응도 보이지 않는다(*Sense and Sensibility*, p. 113).

57) Austen, *Sense and Sensibility*, p. 301.

58) Ibid., p. 23.

59) Ibid., p. 56.

60) Ibid., p. 54. 하지만 마리안느는 그 시기의 소설에서 묘사되고 있는 대부분의 여주인공과는 사뭇 달랐다. 왜냐하면 그녀는 눈이 맞아 도망가지도 않았고, 또 실제로 그렇게 하는 것에 찬성하지도 않기 때문이다. 콜로넬 브랜던은 청춘기에 마리안느와 기질이 매우 흡사한 한 소녀를 사랑했으며, 둘이서 도망갈 계획을 짠 적이 있었다고 엘리노어에게 고백한다(ibid., p. 168).

61) Ibid., p. 41.

무적 요소는 어디에서 도출되는가? 감정탐닉이 고결한 감정의 표현과 연계되면서 정당성을 부여받는다는 점을 전제할 때, 무엇이 감정을 그렇게 만드는가? 마리안느로 하여금 자신의 감정을 맘껏 탐닉'해야' 한다고 느끼게끔 하는 근거는 무엇인가? 그것이 자주 인습을 위반하고 그녀의 친척과 친구들을 괴롭히고 또 그녀 자신의 이익에 별로 또는 전혀 도움이 되지 않는 것이 분명할 때, 어떻게 해서 그녀는 감정을 절제하지 않은 채 그처럼 충동적으로 행동하는 것이 옳다고 느낄 수 있는가? 분명 그녀는 그것이 자신이 마땅히 행동해야 할 방식이라고 느끼고, 또 비록 소설이 끝나갈 때 그녀가 약간의 '지성'을 획득했다고 말할 수 있기는 하지만, 그것은 단지 그녀의 초기 행위가 윤리적이지 못하다기보다는 현명하지 못한 것으로 만들 뿐이다. 거기에는 종교에 관한 언급이 실제로 거의 없고, 자비파 프로테스탄트신학이 여전히 감성을 윤리적으로 정당화하는 데 작용하고 있다는 것을 암시하는 증거도 거의 없다. 그렇다면 어디서 그 정당성을 도출하는가?[62] 이 질문에 대한 답변을 찾을 수 있는 몇몇 단서들을 소설의 텍스트 속에서 발견할 수 있다. 그중 하나는 '취향'이라는 용어를 감성과 같은 의미의 용어로 사용하는 공통적 경향이고, 다른 하나는 그림처럼 아름다운 것의 예찬에 대한 언급을 포함한다. 그러나 거기에는 어쩌면 특히 깊은 뜻을 포함하고 있는 사건 하나가 있다.

그것은 위트웰에 가기로 예정된 여행과 관련되어 있다. 그때 마리안느와 윌러비는 앨런햄에 있는 집을 바라보며 단 둘이 하루를 보내기 위해 파티 도중에 몰래 빠져 나왔다. 그리고 그녀는 나중에 그 부적절한 행동 때문에 언니한테 질책 당한다. 마리안느는 변명하는 도중에 자신이 "〔자기〕 생애에서 그처럼 즐거운 아침을 보낸 적이 없었다"는 것을 알게 된다. 그

62) 종교는 감성예찬을 정당화하는 데 모종의 역할을 한다. 기독교와 대립되는 것으로서의 자연종교는 그것이 이성예찬을 정당화하는 데 기여하는 것과 동일한 일반적 방식으로 감상예찬을 정당화하는 데 기여한다. 하지만 윤리체계와 미학체계가 그것들을 발생시키는 세계관과 무관하게 발전되면서, 그 같은 관계는 더 간접적이 되었다.

런데 이 말은 엘리노어로 하여금 "활동의 즐거움이 항상 그것의 적절함을 증명하는 것은 아니"라고 다소 잘난 체 하는 말을 하게 한다. 이 말에 마리안느는 다음 같이 대꾸한다.

> 엘리노어, 반대로 그것보다 더 강력한 증거는 있을 수 없어. 만약 내가 한 일에 실제로 부적절한 점이 있었다면, 나는 그때 그것을 알아챘을 거야. 왜냐하면 우리는 잘못 행동하고 있을 때를 항상 알고 있고, 그런 확신이 들면 나는 아무런 기쁨도 느끼지 못해.[63]

우리가 잘못을 저지르고 있을 때를 "우리는 항상 알고 있다"는 마리안느의 확고한 주장이 사회적 교섭을 지배하는 각종 규범과 관습을 잘 알고 있는 데서 나온 것 같지는 않다. 그런 규범과 관습에 기초했을 경우, 그녀는 언니처럼 자신이 잘못을 범하고 있다는 것을 알고 있었을 것이다. 그러므로 자신이 잘못을 범하지 않았다는 그녀의 확신은 다른 근원에서 나온 것이 틀림없으며, 이는 그녀가 그것을 직관적으로 획득했다는 것을 함의한다. 그와 동시에 마리안느는 실제로 쾌락과 예절의 관계에 대해 엘리노어와 정반대되는 진술을 피력하고 있는 것으로 보인다. 즉 마리안느는 쾌락을 예절의 '증거'로 본다. 이것은 다소 깜짝 놀랄 만한 제언이다. 왜냐하면 당신이 뭔가 잘못을 저지르고 있다는 것을 알고 있다는 사실이 당신이 그것을 즐기지 못하게 한다고 주장하는 것과, 어떤 행위가 쾌락적이기 때문에 그것은 옳을 수밖에 없다고 단언하는 것 사이에는 매우 심대한 차이가 있기 때문이다. 따라서 이 인용문은 쾌락과 미덕이 직접적으로 연계되어 있다는 것을 함축한다는 점에서 특히 흥미롭다. 이것은 앞서 논의한 선함과 승인된 감정표현의 관계를 넘어서는 어떤 것이고, 그리하여 자비와 우울함에 대한 프로테스탄트의 예찬을 넘어 진전되고 있음을 보여주는 것으로 보인다. 또한 그것은 근대 쾌락주의의 출현에서 가장 결정적인 중요성을 지니는 문화적 발전이기도 하다. 이러한 전환이 어떻게 일어났는지를 이해

63) Ibid., p. 64.

하기 위해서는, 쾌락과 선이 오랫동안 서로 밀접하게 연계되어 온 문화적 삶의 한 영역을 고찰할 필요가 있다.

중간-고전주의 미학

주로 아리스토텔레스에서 그 관념이 연원하는 고전미학 전통은, 예술의 기능은 도덕적 교훈을 제공하면서도 즐거움을 주는 것이며 미(美)는 오래 전부터 확립된 원리에 부합하는 각종 기법을 통해 이 목적을 달성하는 그러한 작품의 독특한 성질을 이룬다는 공리에 바탕하여 성립했다. 이 원리들은, 예술은 있는 그대로 자연주의적 방식으로 자연을 '모방하는' 것이 아니라 조화와 균형과 질서의 가치가 지배하는 내용과 형식을 이상적으로 표현하는 방식으로 자연을 '모방해야' 한다는 것을 명시하고 있었다. 그것의 주요 주제는 주로 그리스-로마시대에서 영감을 얻은 것으로, 고귀한 영웅들의 공훈을 형상화하는 서사시적 테마들로 이루어졌다.

18세기 신고전주의는 이러한 가정들의 대부분을 재확인하면서도, 이들 가정을 보다 구체적인 계몽주의적 관념과 연결시키고자 했다. 이를테면 동일과정설이 다른 분야에서와 마찬가지로 미학에도 열광적으로 적용되는가 하면, 인간본성은 오직 하나뿐이라는 견해를 따라 미의 창출을 지배하는 보편법칙을 발견하려는 시도도 활발하게 펼쳐졌다. 여기서 만들어진 가정도 역시 그 같은 불변의 규칙들은 직접적인 합리적 성찰을 통해 또는 실제로 모두를 즐겁게 하는 것에 대한 관찰을 통해 발견할 수 있다는 것이었다. 러브조이가 설명하듯이,

> 게다가 동일과정설은 이신론에서 그랬던 것과 똑같이 신고전미학에서도 이중적인 방식으로 작동했다. 한편으로 독자나 관람객은 예술작품의 가치나 '미'를 판단하는 데 있어 때때로 오로지 자신의 판단이나 느낌—이것이 편견을 제거하고 진정한 '일반적 성격'을 표현하는 것이라면

—에만 의지해야 할 때가 있다. 다른 한편으로 그는 만민일치를 가치의 기준으로 받아들이고, 모든 사람이 항상 좋아하는 것만을 좋아해야 하는 경우도 있다.[64]

하지만 고전연구방법은 이들 방법 중 그 어느 것보다도 다소 안전하다. 왜냐하면 오랫동안 존중받아 오던 것이 미의 진정한 기준에 부합하기 마련이기 때문이다. 추정컨대 세 가지 방법 모두 궁극적으로는 후원자와 마찬가지로 예술가에게도 자명한 것으로 간주되는 동일한 진리를 발견하는 것으로 귀착될 것이다. 예술가와 후원자 모두는 자신들을 모든 인간이 진정으로 아름답다고 인식한 것을 표현하고 또 평가하는 인류의 대표자로 바라보았다. 그런 철학은 특이한 것이나 독창적인 것을 위한 여지를 거의 남겨두지 않으며, 종교에서처럼 예술에서도 '열광'은 의심받았다.[65]

이 신고전미학 전통은 18세기 영국에서 새로운 풍요한 집단이자 날로 영향력이 증대하던 도·소매상인, 자영농민, 숙련장인에게 그리 호소력을 지니지 못했다. 왜냐하면 그것의 주요 주제가 그들의 관심과는 너무나도 거리가 멀었고, 그 표현방식이 그들의 취향에 적절하게 부합하기에는 비감정적이었기 때문이었다. 동시에 그들 중 일부는 전통이 지닌 유서 깊은 성격을 일정 정도 존중해야 한다고 느꼈고, 그 전통 내에서 활동하는 장인에게는 물론 그의 작품을 합당하게 감정할 수 있다고 주장하는 사람들에게도 상당한 위세가 부여된다는 점을 인정했다. 그러므로 미학 자체가 18세기 후반에 문화적 헤게모니를 둘러싼 계급투쟁의 전장이 된 것은 바로 그 같은 양가적 태도의 맥락에서였다. 왜냐하면 중간계급이 도덕적·문화적 우위성을 당연시하는 엘리트의 주장에 이의를 제기하기 시작하면서, 그들은 자신들의 미학적 독특성을 정당화할 수 있는 그 어떤 주장도 자신들이 가지고 있지 못하다는 것이 자신들에게 불리하다는 것을 점차 깨닫게

---

64) Arthur O. Lovejoy, "The Parallel of Deism and Classicism", in *Essays in the History of Ideas* (New York: George Braziller, 1955), p. 92.
65) Ibid.

되었기 때문이었다.

18세기 영국 귀족계급이 비도덕성과 무절제성에 대한 비판에 가장 취약했던 것처럼, 신흥 중간계급도 저속하다는 비난, 즉 행동적 측면과 심미적 측면 모두에서 '취향'이라는 단어가 가진 의미를 결여하고 있다는 비난에 무척 취약했다. 이러한 비난에 대항하기 위해 본질적으로 '부르주아적인' 미학과 행동규범을 발전시키고, 상층계급 신고전주의가 아닌 바로 그것이 '훌륭한 취향'[66]을 대변한다고 주장하는 움직임이 생겨났다. 이것은 상당 정도 이 엘리트 전통의 일부였던 미학과 관련한 고전적 관념 중 일부를 채택해야만 성취할 수 있었다. 왜냐하면 미학과 관련해서는 그 어떤 자생적 부르주아학파도 실제로 존재하지 않았기 때문이었다. 그러나 동시에 어떤 미학을 채택하든 간에, 그것은 여전히 이들 계급을 특징짓던 실제적 쾌락 선호 형태를 반영해야만 했고, 그렇지 않았더라면 물론 그것은 채택되지 않았을 것이다. 그 해결책은 근본적으로 프로테스탄트적인 태도들을 합체하는 방식으로 본질적으로 신고전주의적인 관념을 채택하는 것이었다. 그것은 개별 예술가들이 일정 기간 동안 달성하기 위해 투쟁했던 것으로, 페어차일드가 말장난을 하여 '중간-고전주의'(*middle-classicism*) 라고 일컬은 전통을 발생시켰다. 그가 지적하듯이, 신고전주의 형식과 이상을 열망하던 많은 부르주아 문필가와 시인들은 그러한 형식과 이상에 "얼마간의 신흥 중간계급의 신앙심, 도덕적으로 절박한 요구, 건전한 공리주의, 억제된 감정주의"를 부여했다.[67] 계속해서 창작되던 '잡종'작품이 갖는 고민

66) 이 용어는 귀족계급과 중간계급이 서로 다른 의미를 부여하면서 논쟁의 초점이 된다. 이 책 pp. 286~298을 보라.

67) Hoxie Neale Fairchild, *Religious Trends in English Poetry*, 3 vols (New York: Columbia University Press, 1939~49), vol. 1, p. 202. 페어차일드가 지적하듯이, 경건파 기독교신앙은 본질적으로 반(反)신고전주의 세력이었다(ibid., p. 218). 하지만 중간계급의 결단과 결부된 종교적 확신의 약화가 귀족주의의 약화만큼이나 좋은 것으로 간주되면서, 이런 움직임의 요소들은 신고전주의와 혼합되어 간다. 프로테스탄트 전통에 고전적 관념을 도입하는 것을 통해 이루어진 근대 쾌락주의문화의 진전에서 이 같은 계속되는 미학혁

은, 그것이 어느 누구도 즐겁게 하지 못할 수 있을 뿐만 아니라 그 창작자와 감정자가 진정한 취향을 소지하지 못하고 있다는 비난을 받을 수도 있다는 것이었다. 귀족주의적인 신고전주의 미학체계를 부르주아적 형태의 미학체계로 대체하는 것만이 중간계급의 취향과 자존심 모두를 성공적으로 만족시킬 수 있었다. 마침내 이것은 페어차일드가 언급한 도덕적 · 감정적 특성을, 감상주의 철학을 산출한 것과 같은 방식으로 특정한 고전적 관념과 혼합함으로써 이룩되었다. 그리고 매우 아이러니하게도 이 대안적인 윤리-미학적 전통에 가장 크게 기여한 인물이 바로 귀족인 샤프츠베리 백작 3세(the Third Earl of Shaftesbury)[68] 였다.[69]

이미 우리는 케임브리지 플라톤주의자들이 동감적으로 고무된 자비능력을 인간 특유의 소유물인 '이성'으로 대체한 윤리학이론을 어떻게 발전시켰는지를 살펴보았다. 샤프츠베리는 1711년에 출간된 《인간 · 예절 · 의견 · 시대의 특징들》(*Characteristics of Man, Manners, Opinions, Times*) 속에서 이 같은 윤리학이론에 토대하여 저술했으며, 광범한 고전적 전거를 폭넓게 활용하여, 인간 — 단지 의식을 지닌 것 이상의 인간 — 이 직관적인 도덕적 감각, 즉 선하고 올바른 것에 대한 '인식'이나 이해는 물론 그

명은 두 번째로 주요한 발전을 이루는 것이었다(첫 번째 주요한 발전은 앞서 살펴보았듯이 자연종교의 발전이었다).

68) 〔역주〕 샤프츠베리(Shaftesbury, 1671~1713)는 영국의 정치가 · 철학자로, 영국 이신론의 주요 대표자였다. 그의 철학은 인간에 내재하는 자연스러운 도덕감을 강조하는 케임브리지 플라톤주의자들의 영향을 받았다. 그의 도덕철학은 감정설, 특히 자연적 도덕관에 기초를 둔 것으로, 홉스의 "인간은 고립된 존재이다"라는 주장에 반대하여 "인간은 사회적 존재"라고 주장했으며, 또한 원죄에 관한 전통적 그리스도 교의에도 반대하여 선과 미가 조화를 이루는 낙관적 세계관을 주창했다.

69) 이것은 중간계급문화로 볼 수 있는 것 그 자체가 합리주의적 공리주의와 감상적 경건주의로 구성되어 있다는 것보다는 덜 아이러니하며, 그 결과 전자에 대한 귀족주의적 공격이 종종 후자를 도와주는 경향이 있었고, 그 역의 경우도 있었다. 실제로 샤프츠베리는 윤리학에서의 홉스적 전통에 반대했으며, 부르주아적인 반(反) 귀족주의적 미학을 후원할 의도도 없었다.

것을 실행하려는 천부적 욕망을 지니고 있다고 제시했다. 샤프츠베리에 따르면, 어떤 사람이 보상 받기를 바라거나 처벌을 두려워하는 것만으로는 선한 사람일 수 없다. 즉 덕행은 자유롭게 선택하는 행동일 뿐이며, 그것은 한 사람의 존재 자체로부터 직접 나온다. 선한 사람은 전혀 해로운 짓을 할 수 없으며, 따라서 상이한 행위경로의 옳고 그름을 숙고할 필요가 없다.

> 그〔선한 사람 —역자〕는 결코 사리추구와 이익에 관한 세세한 규칙에 의거하여 그 문제를 신중하게 따지거나 … 고려하지 않는다. 그는 깊이 생각하지 않고 어떤 의미로는 불가피하게 자신의 본성에 입각하여 행동한다. 그리고 만약 그렇지 않을 경우, 그는 자신의 성격에 부응할 수 없을 것이며 자신이 모든 경우에 진정으로 예의바른 사람이라고 생각할 수 없을 것이다.[70]

브레드볼드가 논평하듯이, 그런 교의는 미덕의 관념을 "열정과 감정의 문제"에 지나지 않는 것으로 축소한다. 그리고 그러한 열정과 감정이 판단이나 관습적 도덕이나 법 또는 심지어 의식 이상으로 '도덕적 감각'을 고양시킨다. 하지만 사실 이것은 샤프츠베리의 입장이다. 왜냐하면 그는 그 같은 직관능력이 결국에는 최고의 것이라고 주장하기 때문이다.

> 결국 … 그것은 우리가 원리라고 부르는 것일 뿐만 아니라 사람들을 지배하는 취향이기도 하다. 사람들은 확신을 가지고 "이것은 옳고 저것은 틀렸다"고 생각할 수 있다. … 하지만 만약 사태의 평판이 정직과 역의 관계에 있다면, … 그 행위는 분명 이 후자의 길을 향해 나아갈 것이다.
>
> 나는 이처럼 취향이 잘못 설정된 곳에서는 그 자체가 종교적 규율에 기인하는 양심조차도 경시되고 말지나 않을까 우려한다.[71]

---

70) Bredvold, *The Natural History of Sensibility*, p. 13에서 인용함.

71) Ibid., p. 14.

그 같은 교의가 어떻게 감성예찬을 뒷받침하는 데 기여했는지는 명백하다. 그 교의는 무엇이 선한지를 지적하는 데는 오직 감정에만 진정으로 의지할 수 있다는 듯이 주장한다.[72] 그리고 이제는 마리안느가 우리가 잘못을 저질렀을 때를, "우리는 항상 알고 있다"는 자신의 믿음을 어디서 끌어낼 수 있었는지를 알 수 있다.

하지만 직관적인 도덕적 감각 자체의 존재에 대한 샤프츠베리의 의견보다 훨씬 더 중요한 것은, 그가 동일한 논지를 미학으로 확장시켰다는 사실이다. 그는 선과 미의 고전적 관계를 좇아 고결한 영혼은 (신의 창조물인 자연세계에서와 마찬가지로) 반드시 조화에 의해 특징지어져야만 하고, 그 결과 거기서는 선 속에 미가 있고 미 속에 선이 있다고 주장했다. 그는 다음과 같이 주장한다: "아름다운 것은 조화롭고 균형잡혀 있다. 조화롭고 균형잡힌 것은 참된 것이다. 그리고 아름다우면서 동시에 참된 것은 그 결과 모순이 없고 바람직한 것이다. 그러한 것을 발견할 수는 없을까?"[73]

---

72) 샤프츠베리의 윤리철학은 여기서 함의하고 있는 것보다 훨씬 더 복잡하다. 이를테면 거기에는 상당한 금욕적 요소가 들어있지만〔Esther A. Tiffany, "Shaftesbury as Stoic", *PMLA*, 38 (March 1923), no. 1, 642~84를 보라〕, 그는 감상주의의 주요 특징이 된 과도한 감정표현은 결코 승인하지 않았다. 그럼에도 불구하고 직관적인 도덕적 감각 — 합리적으로 파악되기보다는 '느껴지는' — 을 옹호하는 그의 주장은 그런 움직임을 상당 정도 지적으로 뒷받침해 주었다. 샤프츠베리의 철학에 대한 상세한 논의로는 Stanley Grean, *Shaftesbury's Philosophy of Religion and Ethics: A Study in Enthusiasm* (Athens: Ohio University Press, 1967); Basil Willey, *The English Moralists* (London: Chatto and Windus), pp. 216~32를 보라. 그리고 Bredvold, *The Natural History of Sensibility*도 보라.

73) Bredvold, *The Natural History of Sensibility*, p. 15. 물론 이와 동일한 입장에 대한 보다 세련된 재진술을 우리는 후에 키츠(Keats)에서 만나게 된다. 그러나 한편으로는 선천적인 도덕적 감각 및 그것과 미와 진리에 대한 판단과의 밀접한 관계에 대한 관념은 프랑스의 루소에 의해 채택되고, 프랜시스 허치슨(Francis Hutcheson)에 의해서도 채택된다. 그것은 루소에 의해 주류 낭만주의사상에 직접 들어오고, 허치슨은 그것을 흄과 아담 스미스 그리고 그 밖의 스코틀랜드 도덕철학자그룹의 성원들에게 전파했다.

그런데 샤프츠베리가 선과 미를 연계시킨 최초의 인물은 아니었다. 그 둘을 연계시킨 것은 고전사상의 공리였다. 사실 그는 인간이 선과 미에 대한 지식을 획득할 수 있게 해주는 선천적인 능력을 가지고 있다는 점을 깊이 통찰하거나 쾌락이 그것들을 자연스럽게 이어주고 있다는 점을 고찰한 최초의 인물도 아니었다. 그가 주장한 것, 다시 말해 본질적으로 새로운 것은 그러한 통찰들이 이성보다는 감정에 의해서 획득된다는 것이었다. 이것은 공식적인 규칙을 미의 규명이나 선의 공식화 모두와 무관하게 보이게 만드는 결과를 낳는다. 왜냐하면 미와 선은 이제 "누군가의 감정에 대한 신뢰"만으로도 확인될 수 있기 때문이다. 하지만 쾌락이 오랫동안 아름다움을 규정하는 특성이 되었기 때문에, 이제 그것은 (감정탐닉의 형태로) 미덕의 지표로 기여할 수 있게 되었으며, 그리하여 쾌락의 감정을 자극하는 것이라면 무엇이든지 아름다운 것이자 선한 것이라는 결론이 자연스럽게 도출된다.

이것은 도덕적 행위에 새로운 가능성을 열어준 혁명적 결론이었다. 쾌락획득이 어떤 행동의 미덕을 보여주는 지표라고 주장하는 것이 고전적 전통 내에서도 이론적으로 가능했지만, 이 같은 노선의 주장은 최고의 지위를 부여받는 이성에 의해 엄격히 제한되었으며, 이러한 입장은 모든 강렬한 감정에 대해 심대한 의혹을 제기하는 것에 의해 뒷받침되었다. 이것이 고대인들이 가졌던 의문의 여지없는 권위와 결합되었을 때, 그것은 불변의 규칙이 선하고 아름답다고 간주되는 것을 관장하며 사람들이 쾌락적인 것으로 경험할 수 있는 것을 엄격하게 제한한다는 것을 의미했다. 예술과 마찬가지로 도덕은 규칙에 의한 제약과 그것을 따르는 것 모두를 포함했다. 그리하여 샤프츠베리는 도덕과 미학을 모두 감정적 직관의 문제로 만들어 버림으로써, 미에 대한 고전적 검증을 이성이나 전통과 무관하게 미덕에 적용할 수 있는 길을 열어 주었다. 행위의 한 경로가 "올바르다고 느낄" 뿐만 아니라 거기에 더하여 쾌락까지도 가져다준다는 사실은, 그 행위의 적실성 덕분에 이제는 하나의 강력한 주장으로 진전될 수 있었다.[74)]

그러므로 샤프츠베리의 이론이 이룩한 것은 윤리학과 미학을 그 둘을 포괄하는 용어인 감성과 실제로 서로 바꾸어 쓸 수 있게 만든 것이었다.[75] 대체로 감성은 자신에 대한 슬픈 감정, 타인에 대한 슬픈 감정, 아름다움으로 인한 감동을 포괄했으나, 모든 반응은 선의 표식으로서 똑같은 중요성을 지니는 것이었다. 따라서 미에 대한 반응성은 결정적인 도덕적 자질이 되었고, 그리하여 이 같은 측면이 조금만 결여되어 있어도 그것은 하나의 도덕적 과실이 되었다. 반면 그에 상응하여 덕은 미학적 성질이 되었고, 그 결과 어떠한 도덕적 과실도 '나쁜 취향'이 되었다. 이것은 징표교의의 중요한 확장이다. 왜냐하면 그것은 '취향'을 한 개인의 가장 중요한 속성으로 만들기 때문이다. 이 점은 《지성과 감성》으로 되돌아감으로써, 그리고 한 개인의 '취향', '감성', '미덕 — 마리안느는 이들 용어를 대체로 유의미하게 서로 바꾸어 사용하고 있다 — 이 실제로 어떻게 평가되는지를 지적함으로써 예증할 수 있다.

한 사람의 윤리적 감성은 대체로 그것들이 타자, 특히 어린아이, 가난한 사람, 동물들과 같은 파토스의 평범한 상징들을 다루는 방식에 의해 판단되었다. 그리고 만약 그들이 '진정한 섬세함'을 실제로 지니고 있다면, 그들은 진정한 동정심을 경험하고 드러낼 것으로 기대되었다. 그런 감정은

---

74) 샤프츠베리의 가르침과 감성철학의 발전이 갖는 또 하나의 중대한 결과는, 이제는 쾌락적 감정 그 자체를 받아들일 만한 행동동기로 거론할 수 있게 되었다는 점이다. 사람들이 특정 감정으로부터 쾌락을 얻는다는 사실은, 그것이 유발하는 행위가 옳고 선하며, 그리하여 감정의 경험자체가 행위의 충분한 근거로 거론될 수 있음을 말해준다. 실제로 감정이 강력할수록 또는 쾌락이 강렬할수록, 그것이 만들어낼 수 있는 덕성에 대한 요구는 더 커진다. 물론 이것은 당시 출현하던 낭만적 사랑에 대한 예찬 속에서 발생한 바로 그것이었으며, 거기서 '열정'은 행위를 기꺼이 정당화할 수 있는 유일한 것이 되었다. 뿐만 아니라 그것은 소비주의에도 상당한 영향을 미쳤다. 그것은 애호라는 수사가 구매를 정당화하기에 충분하게 되었다는 것을 의미했다.

75) 덕과 미가 18세기 사상에서 (비록 규명되지는 않았지만) 서로 밀접하게 연계되었다는 점은 '덕의 달콤한 매력', '도덕적 우아함', '도덕적 아름다움' 같은 당시 통용되던 일부 표현들에서 드러난다(Bredvold, *The Natural History of Sensibility*, p. 19를 보라).

관대한 박애주의적 행위를 하도록 유도할 것으로 추정되었다. 이 같은 점에서 '무감성'은 잔인함과 동의어가 되었다.[76] 하지만 특히 첫 만남이나 그들이 타자를 다루는 방식을 쉽게 관찰할 수 없는 경우에, 한 개인의 감성을 평가하는 보다 직접적이고 편리한 방법은 그들의 미적 취향이나 미에 대한 감각을 통해서이다. 이것은 마리안느가 스콧(Scott)과 쿠퍼(Cowper)와 포프(Pope)[77]에 대해 윌러비가 지녔던 감정을 확인하는 과정에서 행한 것처럼 간접적으로 이루어질 수도 있고,[78] 아니면 엘리노어의 그림과 같은 특정 예술작품에 대해 한 개인이 보이는 반응을 관찰함으로써 또는 공연예술에 대한 그들의 평가를 통해서, 이를테면 마리안느의 피아노 연주에 대해 보일 수밖에 없던 반응에 의해 보다 직접적으로 이루어질 수도 있다. 보다 중요하게는, 사람들은 자신이 직접 수행하는 것을 통해 감성을 증명하도록 요청받을 수도 있다. 이를테면 가난한 에드워드는 쿠퍼를 읽음으로써 자신의 감성을 드러내도록 요구받는다. 그리고 마리안느는 그가 생생한 감동을 가지고 쿠퍼를 읽어내지 못했기에 '무감각하다'고 평가한다.[79] 마찬가지로 자연의 아름다움에 대한 한 사람의 반응은 픽처레스크(*picturesque*)를 결정적 평가기준으로 삼는 하나의 척도로서 기능할 수도 있다.

픽처레스크란 1770년대와 1780년대에 크게 유행한 용어로, 자연 속에서 시각적으로 인상적인 것을 뜻한다. 그것은 말 그대로 그림 같은 것이

---

76) 어린아이와 말 못하는 동물들에 대한 중간계급 특유의 감상적 관심은 물론 중간계급의 박애주의적 관심의 전통도 18세기 감성의 이 같은 차원에 그 기원을 두고 있다고 볼 수 있다(Tompkins, *The Popular Novel in England*, pp. 105~6 및 Appendix II를 보라).

77) 〔역주〕 스콧(Sir Walter Scott, 1771~1832)은 스코틀랜드 태생의 시인이고, 쿠퍼(William Cowper, 1731~1800)는 영국의 시인이자 찬송가 작가이며, 포프(Alexander Pope, 1688~1744)는 영국 시인이다.

78) 이 작가들의 목록은 그것이 감성을 지닌 사람의 문학적 취향을 보여주고 있다는 점에서 흥미롭다. 쿠퍼와 스콧이 매우 저명한 작가로 그려지는 반면 포프는 '그저 그런 인물로' 겉치레로 칭찬받고 있다는 점은 놀랄 것이 못 된다(Austen, *Sense and Sensibility*, p. 48).

79) Ibid., p. 23.

다. 프라츠(Praz)는 "옹이투성이의 떡갈나무 아래에 있는 오두막집과 늙은 집시, 고집 센 당나귀, 부드러운 빛, 어두운 그림자가 어우러져 있고" 그 옆에 사팔뜨기 목사의 딸이 있는 모습은 픽처레스크한 화제(畵題)의 전형적인 본보기일 것이며,[80] 픽처레스크의 유행은 회화에는 물론 정원설계에도 심대한 영향을 미쳤다고 주장한다. 에드워드는 마리안느가 만약 부자였다면 "늙은 뒤틀린 나무를 칭송하는 방법을 자신에게 알려주는 책을 모두 구입했을" 것이고 말함으로써,[81] 그녀가 픽처레스크를 좋아하는 것을 놀린다. 그러나 그는 자신이 그 같은 취향을 가지고 있지 않아 감각적이거나 유용한 것을 좋아한다고 고백해야만 한다.

> 저는 멋진 경치를 좋아하지만 픽처레스크의 원칙에 입각해서 좋아하는 것은 아닙니다. 저는 꼬부라지고, 뒤틀리고, 말라비틀어진 나무는 좋아하지 않습니다. 키가 크고, 곧고, 잎이 무성한 나무를 훨씬 더 좋아합니다. 저는 무너지고 부서진 오두막도 좋아하지 않습니다. 저는 쐐기풀이나 엉겅퀴, 히스꽃도 좋아하지 않습니다. 저는 망루보다는 아늑한 농가를 좋아합니다. 그리고 세상에서 가장 멋진 산적들보다 건강하고 행복한 마을사람들이 저를 더 기쁘게 합니다.[82]

에드워드가 그 감성예찬에 실제로 찬동하지 않는 것이 분명하지만, 마리안느도 자신이 다니는 성당의 독실한 신도이기 때문에, 아마도 에드워드는 그녀가 자신을 부득이하게 부정적으로 평가하는 것을 어느 정도 침착하게 받아들일 수 있을 것이다. 그렇지만 그녀와 가치관을 공유하는 사람

---

80) Mario Praz, *The Romantic Agony*, 2nd edn, trans. Angus Davidson (Oxford: Oxford University Press, 1970) p. 21; B. Sprague Allen, *Tides in English Taste (1619~1800): A Background for the Study of Literature*, 2 vols (New York: Rowman and Littlefield, 1969), vol. 2, pp. 228~9; Tompkins, *The Popular Novel in England*, Appendix IV.

81) Austen, *Sense and Sensibility*, p. 82.

82) Ibid., p. 86.

들은 그 같은 부정적 평가를 결코 받아들일 수 없을 것이다. 왜냐하면 그들은 '올바른' 심미적 판단을 표현하지 못하는 것을 미덕이 결여되어 있음을 보여주는 직접적 증거로 보기 때문이다. 이러한 견해는 소비유형과 관련하여 심원한 함의를 지닌다. 왜냐하면 이들 개인은 자신들의 취향을 돋보이게 하는 모든 대상들을 자신들의 도덕적 입장을 보여주는 것으로 간주하기 마련이기 때문이다. 17세기에서 18세기까지 중간계급이 어떻게 해서 사치품 소비에 대한 자신들의 태도를 그토록 분명하게 바꾸었는가 하는 수수께끼 같은 문제에 대한 그럴 듯한 답변을 바로 여기서 찾을 수 있다. 이 두 시기에는 도덕적 문제, 특히 한 사람의 영혼이 갖는 본질적인 선과 관련하여 확신을 얻는 것에 각별한 관심이 있었다면, 윤리이론 상의 변화는 상이한 형태의 행동들 속에서 그것이 추구되었다는 것을 의미했다. 이제 감성표현이 금욕주의보다 더 중요해졌다. 감성표현은 한 사람이 훌륭한 취향을 지녔다는 것을 보여주는 증거로 지속적으로 요구되는 것이었다.

앞서 지적한 바처럼, 맥켄드릭은 소비혁명을 "오랫동안 새로운 소유물을 획득하기에 충분한 소득을 지니고 있던" 가족이 "이제는 … 그 물건을 소유**해야만** 한다고 느꼈기"[83] 때문에 발생한 것으로 묘사하면서(강조 첨가), "18세기 후반에는 사회의 대다수 성원들이 좋든 싫든 유행에 빠질 **수 밖에** 없게 되었음을 느꼈다"[84] 고 덧붙인다(강조는 원저자). 그렇다면 그 같은 강박충동의 성격이 본질적으로 도덕적이기만 할 수 있을까? 당시 그들이 알 수 있는 것은 기존의 취향개념의 심미적-윤리적 성격뿐이었다. 그러므로 중간계급이 그렇게 열심히 "유행을 좇고" 그리하여 탐욕스럽게 '사치'품을 소비한 것은, 바로 그들이 그토록 강력한 청교도적 유산을 가지고 있었기 때문이었다. 그들이 그렇게 한 것은 미덕을 결여하게 될지도 모른다는 (그리고 그럴 거라고 생각하는) 깊은 우려 때문이었다. 따라서 그들의

---

83) Neil McKendrick, John Brewer and J. H. Plumb, *The Birth of a Consumer Society: The Commercialization of Eighteenth-Century England* (London: Europa Publications, 1982), p. 28.

84) Ibid., p. 40.

지배적인 관심은 금전적 강점을 드러내어 자신들의 지위를 향상시키기보다는 '취향'을 표출하여 자신들의 특성을 지켜내는 것이었다.

취향의 문제

이제 취향이라는 현상이 이 책에서 초점을 맞추는 전반적 문제의 해결에 얼마나 중요한지가 분명해졌을 것이다. 취향이 쾌락추구 및 이상적 성격의 정식화와 동시에 연루되면서, 그것은 소비자행동을 심미적·윤리적 사유체계의 지적 내용의 변화에 접합시키는 데 기여한다. 게다가 그것은 분명 근대 소비주의의 전형으로서 반복적으로 표면화된 그것의 제도, 즉 서유럽 유행패턴의 근본을 이루고 있다. 그러므로 근대사회에서 취향과 관련하여 발견되는 상이한 사조들을 규명하기에 앞서 이 개념을 둘러싸고 18세기에 전개된 논의들의 역사적 배경을 간략하게 검토할 필요가 있다.[85)]

비록 이 단어가 17~18세기 이전부터 엄격한 미각적 의미로 오랫동안 사용되기는 했지만, 스핀간(Spingarn)이 지적하듯이, 그것이 유럽의 비평계에서 중요한 용어로 처음 사용된 것은 바로 그 무렵이었다.[86)] 한편 웰렉(Wellek)은 그것은 "18세기 초가 되어서야 정교한 이론화의 주제"[87)]가 되었다고 진술한다. 이처럼 취향에 대한 관심이 고조된 주요 이유는, 신고전주의가 자연과 예술 속의 일부 대상이 왜 쾌락적이거나 아름다운 것으로 간주되는지를 결정하는 보편규칙 내지 보편법칙을 발견하고자 시도했기 때문이었다. 고전적 표준 자체는 처음에는 의문의 대상이 되지 않았으며,

---

85) 사회과학자들이 이 중요한 현상을 상세하게 고려하는 데 게을렀던 것은 유감스런 일이다. 러셀 린스의 저작 《취향제조자》(Russell Lynes, *The Tastemaker*, New York: Grosset and Dunlop, 1959) 같은 특별한 서술적 연구를 제외하면, 이 주제는 미학자와 문화사가들 몫으로 남겨져 있었다.

86) *Princeton Encyclopedia of Poetry and Poetics*, s. v. 'Taste'.

87) Wellek, *A History of Modern Criticism*, p. 24.

단지 당대의 새로운 경험적 정신과 부합하는지만이 검토되었다. 그런데 18세기가 진전되면서 이들 표준이 감정적 감성과 대립하게 됨에 따라, 경험적 탐구는 자신이 해결하는 것보다도 더 많은 문제를 제기하게 되었고, 그러자 용인할 수 있는 새로운 보편적인 취향의 표준을 탐색하는 것이 점점 더 관심의 초점으로 떠올랐다.

애디슨(Addison)은 1712년에 《스펙테이터》(*Spectator*)[88]에 쓴 일련의 기사 — 그는 이 신문을 통해 그 후 70~80년 동안 주요한 논쟁의 대상이 되었던 많은 주제들을 개관했다 — 에서, 취향을 "한 저자의 미를 쾌락과 구별하고 또 결함을 싫어함과 구별할 줄 아는 정신역량"으로 정의했다.[89] 그는 계속해서 자신이 "미각에 영향을 미치는 갖가지 맛의 멋을 우리에게 제공하는 감각적 취향"과 '정신적 취향'의 유사성에 근거하여 이 용어를 하나의 은유로 사용하고 있음을 분명히 한다.[90] 그에 따르면, 취향은 비록 천부적 능력이기는 하지만, 독서와 훈련을 통해 계발될 필요가 있다. 애디슨의 입장은 쉽게 알 수 있듯이 고전적 입장이지만, 그 후 수십 년 동안 점점 더 많이 사용되어 온 그가 제시한 식욕유추 용례는, "취향은 논란의 대상이 아니다"(*de gustibus non est disputandum*)라는 원리[91]를 미학에 적용할 때, 위험을 내포한다.

신고전파가 수용가능한 취향표준을 수립하는 과정에서 마주친 문제점들 중 하나는, 그들이 더 이상 전통의 권위에 호소만 할 수 없게 되었다는 것이다. 왜냐하면 계몽사상이 권위의 모든 원천을 이성의 정밀한 조사에 복속시켰기 때문이다. 따라서 신고전파는 고대인들이 제시한 규칙들이 사실상 옳다고 강변하면서도 합리적 원리에 근거하여 그 규칙의 새로운 근거

88) 〔역주〕《스펙테이터》는 18세기 초 영국의 문학자 애디슨(Addison)과 스틸(Steele])이 런던에서 발행한 신문이다.

89) *Princeton Encyclopedia of Poetry and Poetics*, s. v. 'Taste'.

90) Ibid.

91) 〔역주〕이는 심미적 상대주의를 상징하는 표현으로, 취향은 사람마다 각기 다르므로, 어떤 것이 취향의 문제로 간주되면, 옳고 그름, 참과 거짓을 따질 수 없다는 것을 의미한다.

를 찾고자 했다. 물론 이것은 사려 깊은 자기반성을 통해서만 또는 모든 사람들에서 나타나는 심미적 판단의 공통분모를 관찰함으로써만 확인할 수 있었다. 성직자인 뒤보(Dubos)는 《시와 회화에 대한 비판적 성찰》(*Reflexions Critiques sur la Poesie et sur la Peinture*; 1748년에 영어로 번역됨)에서 "기존에 설정된 모든 교조적 비평은 경험의 법칙에 의해 재고되고 검증되어야 한다"[92] 고 주장했다. 그리고 비록 그의 견해가 종종 이러한 '교조적 비평'과 동일하기는 했지만, 그는 (자신의 제안에 따르면서도) 다소 상이한 결론에 도달한 사상가들의 노선에 문을 열어놓았다. 이들 심미적 경험주의자들로는 허치슨(Hutcheson), 흄(Hume), 제러드(Gerard), 버크(Burke), 케임스(Kames), 블레어(Blair), 레이놀즈(Reynolds), 앨리슨(Alison)이 있는데, 이들 모두 각기 서로 다른 방식으로 심리학적 탐구를 통해 어떤 대상과 속성이 보편적으로 사람들을 즐겁게 하는지를 발견하고자 했다.

이들 저자는 이상적이고 보편적인 하나의 취향표준이 있다고 믿었으며, 당시 증대하던 인식 — 즉 개인적 감성에 바탕을 두는 이 같은 식별능력이 그 어떤 척도도 있을 수 없는 매우 복잡하고 다양한 방식으로 스스로를 표현한다는 인식 — 을 상쇄시키려는 욕망에 의해 동기를 부여받고 있었다. 하지만 그들은 성공하지 못했으며, 후커(Hooker)는 이들 저작에 대한 분석을 통해 다음 같은 결론을 내렸다. 1750~70년 시기에는,

> 미의 성격에 관해서나 취향의 표준에 관해서 그 어떤 합의도 이루지 못했다. 비평가들은 미의 본질에 관한 그 어떤 단일원리에도 동의하지 않았다. 그리고 각기 제시한 원리들은 모호하여 규칙형성에 유용하지 않았거나 객관적 검증을 할 수도 없었다.[93]

---

92) E. N. Hooker, "The Discussion of Taste, from 1750~1770, and the New Trends in Literary Criticism", *PMLA*, 49 (June 1934), no. 2, 577~92, 특히 p. 579를 보라.

93) Ibid., p. 585.

이들 저자는 합의에 도달하기는커녕 서로의 주장을 손상시키는 경향을 보였으며, 그리하여 실제로 전반적인 의혹과 혼동을 가중시켰다.[94]

후커는 취향을 둘러싼 지적 논쟁 전반에 걸쳐 강력한 조류를 형성하던 대중적 견해가 존재했다고 지적한다. 그 견해는 지식인들과 미학자들이 표명하고 있는 혼동스럽고 상충하는 견해들에 불만을 표하고, 그 문제에 대한 단순한 해법을 지지했다. 그가 논평하듯이,

> 대중들 사이에는 취향은 비평가의 법칙으로부터 자유로워야 하고, 미는 분석될 수 있는 것이 아니며, 모든 사람은 자신의 감성에 의해 예술작품에 대해 스스로 판단하는 것이 합당하다는 강한 확신이 존재했다.[95]

이런 포퓰리즘적 동향은 중간계급의 커다란 영향은 물론 증대하는 개인주의를 분명하게 반영하는 것이었다. 특히 이들 중간계급은 신고전주의 저자들의 심미적 온정주의에 의해 점점 더 자극받았다. 그러므로 취향의 문제에서 자기결정을 새롭게 강조하게 된 것은 이해할 만하다.

게다가 감성교의가 연상심리학자들의 연구성과들과 함께 어우러지면

---

94) 이처럼 사태를 전반적으로 혼동시키는 데는 다양한 사유노선들이 기여했다. 이를테면 쾌락적이기는 하지만 전통적인 미학의 규칙 밖에 존재하는 숭고함(*the sublime*)의 개념이 노정한 문제가 그중 하나였다. 다른 하나는, 예술작품의 형언하기 어려운 속성을 강조하면서 미와 취향을 근본적으로 정의할 수 없는 것으로 간주하는 사유학파였다. 하지만 갈수록 중요해진 것은 연상심리학(*associational psychology*)이 행사한 영향력이다. 연상심리학은 미라는 관념과 개인적 심성의 독특한 경험 간의 관계를 강조한다. 이 입장에 따르면, 사람들 각자의 교육과 경험이 그에게 독특하듯이, 사람들은 미와 대면하게 될 때 사실상 개인적 방식으로 반응한다. 흄은 이 전통의 주요인물로서, "취향의 기준에 관하여"(*On the Standard of Taste*)라는 글에서, 미는 그 자체 사물에 속하지 않고 단지 사물에 대한 정신의 반응을 반영할 뿐이라고 주장한다. 이 심미적 주관주의는 낭만주의의 사유에 중요한 영향을 미쳤다.

95) Hooker, "The Discussion of Taste", p. 591.

서, 그러한 견해는 갈수록 지적으로 정당화되는 듯이 보였다. 각자가 선천적이고 직관적인 하나의 심미적 감각 — 판단의 도움 없이도 무엇이 아름다운지를 정확하게 '알' 수 있는 — 을 가지고 있다는 관념은, 샤프츠베리와 허치슨의 사고 속에서는, 그럼에도 불구하고 미에 대한 하나의 보편적이고 균일한 표준이 존재한다는 믿음과 분리되지 않는다. 그러나 미는 자연의 속성이 아니라 단순히 그것에 대한 우리의 반응을 나타내는 이름일 뿐이라는 흄식의 주장은, 감성이 전적으로 주관주의적으로 보일 수 있다는 것을 의미했다. 즉 한 개인의 직관적 감각은 그만의 독특한 것이다. 이런 식으로 지적 사고는 '취향'과 판단을 잇는 모든 연계를 단절하고, 그럼으로써 심미적 상대주의를 정당화하는 듯이 보였다.

이제 언뜻 보기에, 그 같은 교의는 아무런 제약 없이 자신의 취향을 만족시켜 주는 제품이라면 무엇이든지 구매할 수 있는 개인의 권리를 강력하게 강조하는 근대 소비주의에 잘 맞아떨어지는 듯이 보인다. 결국 그것은 자유방임교의의 당연한 결과이며, 후커는 18세기 중엽 보다 전통적인 고전주의에 기반한 계몽주의의 토양에서 그것이 어떻게 해서 옹호받게 되었는지를 보여주는 인용문을 제시한다. 그는 대구절로 이루어진 암스트롱(Armstrong) 박사의 시 "취향"(*Taste*, 1753)을 인용한다.

> 스스로 판단하라, 그리고 발견한 대로 기록하라.
> 재치 있게, 쇠고기나 항구에 관한 것만큼이나 자유롭게.[96]

후커는 1767년 《젠틀맨 매거진》(*Gentleman's Magazine*)에서 한 익명의 평론가와 함께 《트리스트럼 섄디》(*Tristram Shandy*)[97]에 대해 다음과 같은

---

96) Ibid., p. 589.

97) 〔역주〕 로렌스 스턴의 소설(1759~67)이다. 원제는《신사 트리스트럼 섄디의 생애와 견해》(*The Life and Opinions of Tristram Shandy, Gentleman*)로, 당대의 다른 대표적 소설들에서 구현되는 소설기법의 규범을 무시한 혁명적 성격으로 주목받았다.

취지의 논평을 한다: "하지만 취향의 문제만큼은 모든 사람이 스스로 결정해야 한다. 그리고 유머러스한 것은 아름다운 것만큼이나 취향의 문제이다."[98] 사람들이 대중적 취향에 점점 더 부응한 것은 분명 사실이지만, 심미적 판단 문제와 관련하여 사람들을 교육시키고 향상시키려는 시도들이 (18세기가 진전되면서 성공의 가망성이 점점 줄어들기는 했으나 포기되지 않고) 있었다.[99] 그 같은 동향은 미학에 관한 관념들이 부적절해질 것이라는 점을 시사한다. 왜냐하면 개인들은 자신들의 개인적 선호유형에 따라 행동할 것이기 때문이다.

실제로 이것은 이 당시에 출현한 문화적 전통의 한 중요한 조류를 이루는 것이었다. 이러한 입장은 기본적으로 심미적 취향과 미각적 취향을 연계시키는 애디슨의 유추를 하나의 개성으로 간주했다. 그리하여 모든 취향은 일반적 논쟁의 대상이 되지 않는 순전히 개인적이고 주관적인 것으로 고려되었다. 따라서 식품과 음료에서와 마찬가지로 예술에서도 한 개인이 좋아하고 싫어하는 것은 개인적인 것이지 이의를 제기할 수 있는 것이 아니었다. 그 같은 견해는 때때로 관대함과 자유의 정신 — 좋은 취향은 어떠해야 한다고 지시하는 하는 사람들에 맞서 소비(와 예술)의 자유를 주장하는 것 — 에 입각하여 옹호되었다.[100] 하지만 그것은 대체로 선천적이고 직관적인 취향의 교의와 연계된 만큼, 단순한 속물근성을 벗어나지 못하는 경향이 있었다. 왜냐하면 이러한 입장은 개인화된 취향의 형성에 있어 지식과 판단이 갖는 그 어떤 중요한 역할도 배제함으로써, "나는 예술에 대해 아는 바가 별로 없지만, 나는 내가 좋아하는 것이 무엇인지는 안다"는 친숙한 외침에 지나지 않았기 때문이다. 이처럼 취향형성에 있어 판단

---

98) Ibid.

99) Leo Lowenthal and Marjorie Fiske, "The Debate Over Art and Popular Culture in Eighteenth Century England", in Mirra Komarovsky (ed.), *Common Frontiers of the Social Sciences* (Glencoe, Ill. : Free Press, 1957), pp. 66~9를 보라.

100) Francis Gallaway, *Reason, Rule and Revolt in English Classicism* (New York, Octagon Books, 1974), p. 286에 제시되어 있는 주장을 보라.

이 수행하는 그 어떤 역할도 배제하는 것은 18세기 말과 19세기 초 중간계급 및 노동계급문화 모두에 널리 퍼졌던 요소였다. 우리는 그것의 지적 표현을 공리주의에서 발견할 수 있다. 벤담은 제도용 핀과 시에 관한 유명한 구절에서 '좋은' 취향과 '나쁜' 취향의 구분을 관습과 편견의 문제에 불과한 것으로 치부한다. 그리고 비록 그가 나중에 그 구분을 재도입하기는 하지만, 그것은 순수한 도구적 가치하고만 연관된다. 따라서 실제로 그는 취향 개념을 완전히 탈미학화한다.101)

하지만 첫인상과는 반대로, 그러한 관점이 근대 소비주의에만 각별히 우호적인 것은 아니다. 왜냐하면 그것이 소비자주권의 원리를 극단적인 형태로 지지하기는 하지만, 그 체계의 본질적 동학을 희생하여 그렇게 하기 때문이다. 윤리적 및 심미적 개념으로서의 취향은 선택을 용이하게 하기 위해서도 그리고 새로운 욕구창출을 보장하기 위해서도 소비행동에 필수불가결하며, 따라서 그것을 경험의 일부 다른 차원으로 축소시키려는 각종 시도는 그저 전통주의를 조장할 뿐이다. 공리주의자들은 전적으로 소비를 욕구만족과 관련된 합리적 선택의 문제로 만들고자 노력했으며, 그럼으로써 욕망의 요소들을 완전히 제거하고자 했다. 이것은 불가능하기 때문에, 실제로 성취된 것은 개인들이 성장기에 획득한 심미적 가치라면 무엇이든지 승인하는 것뿐이었다. 이것이 바로 자신의 속물근성을 자랑하는 사람은 결코 근대적 취향을 가지지 못하는 이유이다.

전문가와 비평가의 '권위'를 비웃으며 포퓰리즘을 지지하는 사람들도 자신들이 공리주의를 받아들이든 그렇지 않든 간에 동일한 결과에 도달한다. 이는 개인적인 취향은 순수하게 주관적이며 직관적인 문제라는 주장이 경험적으로 허위인 것과 매한가지이다. 사실 개인적 취향은 물려받은 전기(傳記)적 요소에 명백히 영향을 받은 것일 뿐만 아니라 윤리적 및 심미적 사고의 산물이며, 따라서 필연적으로 광범한 지적·문화적 변동을

---

101) *Princeton Encyclopedia of Poetry and Poetics*, p. 845. 실제로 벤담은 만족을 취향의 토대로 삼고자 하는데, 이는 앞서 지적했듯이 안락과 쾌락을 혼동하는 잘못을 범하고 있다.

반영한다. 근대 소비주의는 개인들로 하여금 자신의 취향에 대해 일정한 책임을 질 것을 요구하지만, 이것은 심미적 판단을 피할 수 있는 기회가 아니라 그것을 형성할 필요를 수반하는 경향이 있다. 취향을 탈미학화하려는 시도는 그것의 뿌리 깊은 윤리적 요소 때문에 어떠한 경우에도 실패할 가능성이 크다. 이것은 일반적으로 바람직한 개인적 속성을 일컫기 때문에, 실제로 그런 경로를 따를 준비가 된 사람은 자신이 '취향을 결여하고' 있다고 간주되는지에 신경쓰지 않는 소수의 괴짜들뿐일 것이다.

실제로 적어도 18세기까지만 해도, 취향은 판단이나 지식 또는 평가를 거의 수반하지 않는 단순히 직접적이고 균일한 직관의 문제일 뿐이라는 관념이 거의 진전되지 않았고, 설사 그러한 관념이 출현했더라도 널리 인정받지 못했다. 이를테면 취향의 차이는 불완전한 지식이나 판단 탓이고 심지어 '선천적인' 좋은 취향도 훈련을 필요로 한다고 주장하는 것이 상례였다. 때로는 '진정한 취향'은 소수의 엘리트만이 가질 수 있다는 주장도 제기되었다. 여하튼 18세기 전환기 무렵에는 '선천적' 취향과 '세련된' 취향을 구별하는 것이 통상적이 된 듯하다. 이는 그러한 자질이 보다 개인적인 문제로 간주되는 반면, 판단은 여전히 필수적인 요소로 간주되고 있었음을 암시한다.

만약 하나의 합의된 심미적 표준이 갖는 문제에 대한 포퓰리즘적인 주관주의적 반응을 작동불가능한 것으로 기각한다면, 다소 다른 해법을 찾아야만 한다. 왜냐하면 취향은 널리 퍼진 이상적인 성격의 확고한 한 부분을 형성하기 때문이다. 후커가 제라드의 《취향론》(*Essays on Taste*)에 대해 논평한 한 평론가를 1759년에 주목할 만한 인물로 거론할 때는, "모든 사람들이 취향을 가진 사람으로 생각되기를 바랐다".[102] 하지만 그 책과 당시의 다른 많은 에세이의 내용들을 알게 되었을 때, 사람들은 어떤 고정된 기준에도 합의할 수 없었다. 그 결과 "거의 모든 사람들의 입에서 그 단어는 아주 느슨하고 불확실한 의미로 사용되었다".[103] 이 같은 상황의 결

102) Hooker, "The Discussion of Taste", p. 588.

합 — 즉 매우 존중받는 개인적 자질을 드러내고자 하는 강한 욕망이 존재하기는 하지만, 여전히 고전적 이상을 대체할 만한 공통적으로 합의된 심미적 표준을 발견할 수 없는 사태 — 이 근대적 유행을 발전시켰다. 근대적 유행을 발전시킨 또 다른 결정적 요인은 감정적 쾌락 추구를 자연스럽게 자극하는 새로운 것에 대한 매우 현실적인 요구였다. 유행은 취향에 관한 18세기의 그 어떤 저술가도 해결할 수 없었던 문제, 즉 공통적으로 합의된 심미적 기준 — 실제로 사람들의 현실적 선호에 부합하면서도 또한 이상적 성격의 토대로서 계속해서 기여할 수 있는 — 을 어떻게 발견할 수 있을까 하는 문제에 대한 사실상의 해답이 되었다. 이들 저술가는 그러한 표준의 필요성을 인식하면서도 그것은 보편적인 불변의 규칙들에 기초할 것이라고 분명하게 가정했다. 하지만 사회학적 필요성은 단지 동시에 작동하는 (그리하여 질서정연하고 유의미한 표출적 상호작용이 발생할 수 있는) 특정의 표준이 존재해야 한다는 것이었던 반면, 근대적 쾌락주의의 형태로부터 등장한 심리학적 필요성은 변화를 요구했다. 그 결과 서유럽의 유행패턴으로 알려진 지속적이면서도 질서 있게 변화하는 심미적 기준과 관련된 그 같은 제도가 발전되었다.[104]

사실 유행패턴은 미를 결정하는 고정되고 합의된 하나의 심미적 표준을 구현하고 있다. 즉 이것이 바로 새로운 것을 통해 성취되는 자극적 쾌락의 기준이다.[105] 이것이 바로 그 제도가 반영하는 기본적 취향이며, 그것 없이는 근대사회의 유행은 전통사회의 그것만큼이나 정태적일 것이다. 개별

---

103) Ibid.

104) 용어법이 여기서 하나의 문제가 될 수 있다. 일반적인 유행은 대체로 널리 퍼져 있는 스타일을 의미하는 반면, 특정 유행은 대체로 가장 최근에 또는 가장 많이 인정받는 스타일을 의미한다. 이런 용어들과는 대조적으로, '유행패턴'이라는 용어는 근대사회에서 끝없이 이어지는 개별 유행들을 유발하는 데 기여하는 급속히 변화하는 심미적 표준의 전체 체계를 함의하는 데 사용된다.

105) 심미적 표준의 변화는 쾌락과 자극의 변화의 긴밀한 관계 때문에 쾌락주의적 경험의 새로운 장을 성공적으로 열어주었다.

유행의 기원과 형태 그리고 제조업자와 디자이너가 유행을 조장하고 전파하는 데 수행하는 역할은 실제로 그것의 근간을 이루는 성향의 기원에 비하면 별로 대수롭지 않은 문제이다. 왜냐하면 만약 새로운 것에 대한 대중적 수요가 없다면, 어떠한 새로운 스타일도, 즉 그것이 어떤 형태를 취하든 간에, 그처럼 커다란 열광을 불러일으키지 못하기 때문이다. 많은 관찰자들의 견해와는 대조적으로, 스타일의 변화를 이끄는 기본적인 추동력은 생산자가 아니라 소비자에게서 나오며,[106] 이 같은 일반적 의미에서의 취향이 바로 근대적 유행이 궁극적으로 의존하는 현상이다.[107] 그러나 고전

106) 디자이너와 제조업자들이 소비자가 원하지 않는 제품을 억지로 사게 만든다는 의미에서 유행을 '창조한다'는 생각은, 새로운 유행의 출현과 유행패턴 전체를 작동하게 만드는 메커니즘을 혼동하는 것이다. 예컨대 만델(Mandel)은 다음같이 지적한다: "유행은 전형적인 사회적 현상으로, 그 추동력은 생산자(디자이너) 측에서 나오는 것이지 소비자 측에서 나오는 것이 아니다. 유행을 '만드는' 사람은 파리의 소수의 유력한 드레스메이커이지 '공중'이 아니다"(Ernest Mandel, *Marxist Economic Theory*, trans. Brian Pearce, 2 vols (London: Merlin Press, 1970), p. 66을 보라). 분명 그 드레스메이커들은 특정 스타일을 소개하는 데는 결정적이지만, 그들은 그렇게 하면서 새로운 것에 대한 대중적 요구에 부응하고 있는 것이다.

107) 취향은 실제적 선호유형과 이상적 선호유형 모두를 지칭한다. 실제적 유형으로서의 취향은 자극에 대한 우리의 선택을 규정하는 호오(好惡)의 일관성을 가리킨다. 따라서 그것은 우리의 쾌락의 성격, 또는 보다 정확히 말해 자극의 서로 다른 원천에서 얻어지는 쾌락의 상대적 강도에 대한 우리의 판단을 나타낸다. 물론 이 실제적 유형은 과거의 경험에 의해 크게 영향받을 것이다. 왜냐하면 대부분의 '취향'은 '획득되는' 것이기 때문이다. 다른 한편 취향은 또한 이상적 선호유형을 지칭하기도 하는데, 이것은 미학이론이 아름답다고 지적한 환경의 측면들을 식별하고 평가할 수 있는 개인의 능력을 나타낸다. 따라서 개인들은 단지 첫 번째 의미의 취향을 '가지지만'(그리고 감각기관이 손상되지 않는 한, 그 누구도 그러한 취향 없이 존재할 수 없다), 두 번째 의미에서는 한 개인이 '좋은 취향'을 가질 수도 있고 가지지 않을 수도 있다. 우리는 개인은 자신의 실제적 선호를 이상적 선호와 일치시키기 위해 실제적 선호를 변화시키려고 노력하든가 아니면 자신의 실제적 선택이 심미적 가치를 평가하는 표준이 될 수 있다고 주장하면서 이 두 가지 의미의 취향을 접합시키고자 노력할 것이라고 가정한다.

주의의 몰락과 함께 촉발된 취향을 둘러싼 논쟁은 이 같은 종류의 기본적 태도가 즉각적으로 광범위하게 그리고 보편적으로 채택되게 하지는 못했다. 왜냐하면 미학에 대한 중간계급의 전망과 귀족계급의 전망 사이에는 여전히 결정적인 차이가 있었기 때문이었다. 그 차이는 적어도 몇 십 년 동안 서로 경합하는 두 가지 취향개념이 제창되고 있었다는 것을 뜻했다.

우리가 앞서 살펴본 것처럼, 중간계급은 자신들의 실제적 선호를 승인하는 데뿐만 아니라 (미의 평가를 진정한 감정적 감수성 및 민감성 문제로 전화시키는) 이상적 성격을 증진시키는 데에도 기여하는 미학을 장려하기 위해 정열적인 캠페인에 착수했다. 중간계급은 그것에 맞추어 취향을 의사(疑似) 카리스마적 속성을 지니는 준(準) 정신적 차원으로 제시하는 해석을 내놓았다. 하지만 물론 이것이 특히 귀족계급의 기호인 것만은 아니었다. 귀족계급은 그 같은 정식화를 고무시키는 '열정'이 대중적으로 일고 있음을 간파할 수 있었다. 귀족계급은 여전히 그러한 기호를 귀족태생이라는 것과 긴밀하게 연계시키는 것이 필시 모든 하위계급으로부터 모든 심미적 특권을 배제시킬 수 있을 것이라는 고전적 이상에 기대고 있었다. 따라서 그들은 자신들의 가치를 미에 대한 보편적이고 불변적인 표준과 연계시킬 수 있는 가능성이 더 이상 존재하지 않았지만, 신중함과 우아함을 좋아했다. 이성이 그들을 저버렸기 때문에, 그들은 이제 사회적 수용성에 의지하여, '사회' 내에서 널리 받아들여지는 규범과 관습을 미학의 토대로 활용했다. 따라서 좋은 취향이란 자신과 지위가 같은 사람에게 우아하고 세련된 스타일로, 최대의 쾌락을 가져다주는 행위형식을 의미했다.108)

---

108) 이 같은 분화는 감성이라는 개념의 중핵에 놓여 있는 모순 — 실제적 곤경 및 타인의 실제 감정에 대해 예민한 것과 자신이 강렬한 감정표현에 대해 민감한 것 사이에서 발생할 수밖에 없는 긴장 — 으로부터 생겨난다. 초창기의 감성 옹호자들은 그것들이 서로 조화를 이룰 것이라고 가정한 것으로 보인다. 즉 사람들은 타인의 '고통'에 대한 공감적 일체화를 통해 필시 동정과 공감을 느끼고 그것이 자비로운 행위를 불러일으킬 것이라고 생각했다. 하지만 다른 사람의 감정을 정확하게 확인하고자 하는 우선적인 관심이 자기 자신의 감정표현을 방해하는 것과 마찬가지로, 올바른 감정을 표현하려는 이기적 관심은 다

이것을 달성하기 위해서는 분명하게 합의된 표준이 출현하여 작동할 수 있는 배타적이고 폐쇄적으로 결합된 집단의 발전이 요구되었다. 그것은 귀족집단 내에서 쉽게 성취될 수 있는 것이었다. 그 같은 기준이 실제로 적용될 수 있는 것은, 그 판단이 궁극적으로 예절, 예의, 에티켓에 관한 사회적 규약 및 기준에 부합하는 정도에 근거하여 이루어지는 행동뿐이었다. 그 결과 이 미학의 적용범위는 매우 제한적이었다. 이를테면 그것은 자연이나 예술작품과 관련해서는 거의 사용될 수 없었다. 실제로 드레스조차도 '예술'로 평가되지 않고 행동의 한 측면으로 평가되었다.[109] 하지만 결정적으로는 드레스와 전반적 겉모습은 한 사람이 전체 예절을 체현하고 있는 정도를 보여주는 주요 표식으로, 그리하여 주요한 성격지표로 취해졌다. 여기서도 역시 중간계급의 감성예찬 속에 존재하는 '취향'과 선이 동일하게 근본적으로 등치되고 있다.

마리안느가 "강한 감성과 우아한 세련된 매너"가 없는 어떤 사람을 얕봤다는 지적은 흥미를 불러일으킨다.[110] 감성에 대한 언급은 놀랄 일이 못되지만, 그것을 우아한 세련된 매너와 연계시키는 것은 흥미를 자아낸다. 왜냐하면 그것은 본질적으로 귀족계급의 미덕이기 때문이다. 그리고 후일의 진정한 낭만주의 작가에서는 그것들을 그처럼 아무런 의문 없이 연계시키는 일은 일어나지 않았다. 분명 감성예찬이 최고조에 달한 당시에는, 서로 대조되는 방식으로 정식화된 두 가지 취향개념 간의 긴장은 아직 대체로 암묵적이었고, 그 용어 속에 내포되어 있는 모호함을 거의 인식하지 못했다. 하지만 18세기에서 19세기로 넘어갈 즈음에, 이 같은 모순이 보다 명확히 드러나면서, 중간계급의 개인주의적 감성은 마침내 보헤미안 낭만

른 사람의 곤경을 그대로 공감할 수 없게 할 가능성이 크다. 이 같은 이기적 경향과 이타적 경향은 균형을 유지하기가 어렵다. 그리하여 '취향'이라는 핵심 개념은 대조적인 해석을 낳을 수밖에 없게 되었고, 그 긴장이 궁극적으로는 진심과 예의 간의 갈등으로 표출되게 된 것도 놀랄 일은 아니다.

109) 이것은 결과적으로 공리주의자들이 제기한 것과 유사한 탈미학화 과정을 초래한다.

110) Austen, *Sense and Sensibility*, p. 164.

주의로 전화한 반면, 사회적으로 지향된 배타주의적 엘리트 윤리는 댄디(*dandy*)의 금욕주의적 매너리즘으로 발전했다.

제8장

귀족주의 윤리

댄디에게는 자제심과 자존심이 전부였다.

— 보들레르

우리는 이미 18세기 영국의 소비혁명에 대한 표준적 설명에서 어째서 중간계급의 경쟁심리적 욕망의 강화에 결정적인 역할이 부여되는지를 지적할 기회를 가진 바 있다. 그러한 욕망은 귀족계급이 체현하는 매너, 관습, 사치적 생활양식을 간절히 받아들이고 싶어하는 것으로 묘사되는 한편, 지위를 향상시키려는 야망은 그들의 새로운 소비성향의 한가운데 놓인 역동적인 메커니즘으로 규명된다. 동시에 우리는 사치품에 대한 새로운 열망이 어째서 (이들 사회집단의 문화적 유산의 그토록 주요한 특징인) 청교도적 기질에 의해 고무된 금욕주의의 맥락에서 고려되어야만 하는지도 고찰한 바 있다. 이 문제와 관련하여 널리 채택된 접근방식은 귀족주의적 생활방식의 모방이 금욕주의 쇠락의 원인이자 결과라고 제시하는 것이었다. 하지만 이 '해답'은 그것이 답변하는 것만큼 많은 질문을 회피한다. 이 같은 결론은 대안적인 견해의 발전으로 이어졌는데, 그것은 프로테스탄티즘 자체가 어떻게 해서 (특히 특정한 신고전주의적 미학 관념이 그 같은 강력한 도덕적 전통에 덧붙여졌을 때) 쾌락주의적 성향의 감정주의 윤리를 의도하지 않게 승인하는 식으로 진전시키게 되었는지를 보여주는 데 주안점을 두는 것이었다. 하지만 그 어디서도 귀족주의적 생활방식 자체를 인도하는 윤리의 성격은 고찰대상이 되지 않았으며, 따라서 표준적 견해의 근간을 이루는 기본 전제 — 엘리트 윤리가 '부르주아' 윤리보다 근대 소비주의에 더 기여한다는 가정 — 는 검토되지 않았다. 이제 그 같은 주장이 뒷받침될 수 있는지를 살펴볼 시간이다.

기사도 윤리

영국내전과 그 뒤를 이어 발생한 왕정복고를 다시 한 번 편의상 출발점으로 삼아, '기사도 윤리'를 간략히 검토하는 것에서 논의를 시작할 것이다. 찰스 1세 지지자들이 이 같은 별칭을 얻은 것은 왕에 대한 충성심뿐 아니라 그들 특유의 생활태도 때문이었다. 즉 그들은 열성적이고 지나치게 성실한 사람들을 불신하고, 우발적이고 형식에 구애받지 않는 사람들을 좋아하는 경향이 있었다. 이런 점에서 그들은 사람은 모름지기 연인, 군인, 재사(才士), 사교가(社交家), 음악가, 시인이 되어야 한다고 내세운 르네상스 신사와 조신(朝臣)의 이상에 영향을 받았다. 게다가 귀족출신은 병역에 복무하는 것이 비할 데 없는 명예로운 직업으로 상정되었으며, 신사들은 비록 다방면에서 기예를 갖출 것을 요구받기는 했지만, 그것들 모두에 냉담하게 임하는 것이 중요했다.[1] 조신들에게는 남을 기쁘게 하고, 공적 용무가 아무런 지장을 받지 않게 하는 것이 가장 중요한 책무였다. 이와는 별도로 기사도 윤리에서 중심적 특징을 이루는 것이 명예개념이었는데, 그들에게는 주권자에 대한 의무보다 우월한 가치를 지닌 것은 아무것도 없었다. 가장 잘 알려진 왕당파 시인[2]의 한 사람인 리처드 러브레이

---

1) Maria Ossowska, *The Social Determinants of Moral Ideas* (London: Routledge and Kegan Paul, 1971), p. 141.

2) 〔역주〕 왕당파 시인은 영국의 청교도혁명 기간에 의회를 지지하는 의회당원

스(Richard Lovelace)가 표현하듯이,

> 나는 그대 당신을 그만큼 사랑할 순 없다네
> 내가 명예를 더 사랑하지 않는다면.[3]

동시에 명예를 선망하는 자존심 강하고 독립적이며 성취적인 인간의 이 같은 이상은 거의 전적으로 현세적이었다. 그들에게 종교는 커다란 관심사가 아니었으며, 그들은 정신의 깊이를 파고들려는 시도도 거의 하지 않았다.[4] 그 같은 윤리는 분명 그 반대윤리보다는 쾌락추구에 더 우호적인 것으로 보이며, 청교도 자신들도 분명하게 기사당원들을 방탕한 바람둥이로 간주했다. 오늘날에도 여전히 기사당원의 이미지를 연상시키는 것은 금욕적 모습이 아니라 비싸고 화려한 의상으로 상징되는 자유분방한 모습의 감각적 쾌락이다. 그럼에도 불구하고 그것은 근대 쾌락주의에 기반을 제공할 수 있는 윤리가 아니었다.

그 첫 번째 이유는 열정을 전혀 중요하게 여기지 않는다는 것이다. 그것은 절제의 윤리, 즉 우발적이지만 여전히 제한적인 감상표출의 윤리였다. 스켈튼(Skelton)이 왕당파 시인들에 대해 평가하면서, 그들이 영국의 서정시 전통에 끼친 공헌을 "삶 속의 **사소한** 즐거움과 슬픔"에 대한 찬양으로 규명한 것은 의미 있는 일이다(강조 첨가).[5] 이 같은 열정의 부재가 의미

들에 대항하여 찰스 1세를 지지한 까닭에 왕당파로 불리는 영국 상류계급 출신의 시인집단을 말한다. 그들의 생활양식에서도 기사도적인 면모를 찾아볼 수 있으며, 세련되고 우아한 서정시를 짓는 일을 병사·조신·한량·재사 등 그들이 하고 싶은 것들 중 하나로밖에 여기지 않았다. 리처드 러브레이스, 토머스 커루, 존 서클링 경, 에드먼드 월러, 로버트 헤릭 등이 이에 속한다.

3) R. Skelton, *Cavalier Poets: Writers and their Work, no. 117* (published for the British Council and the National Book League by Longmans, Green, London, 1960), p. 656.

4) Ibid., p. 10.

5) Ibid., p. 656.

하는 것은, 강력한 감정적 자극이 주는 즐거움에 대해 그리 관심을 가지지 않는 이유는 이 같은 일단의 특별한 가치들로부터 나온 것일 가능성이 크다는 점이다. 게다가 그 같은 윤리는 필연적으로 그 지향점에 있어 이타적이었다. 우리가 앞서 지적했듯이, 조신의 행동은 자기 자신보다는 다른 사람들을 즐겁게 해야 했고, 행위결과에 대한 이러한 관심은 당연히 자기만족에 대한 관심을 일정 정도 억제하게 했다. 그러나 무엇보다도 이기적 쾌락주의를 제약한 것은 명예개념이 갖는 지고의 중요성과 그로 인한 다른 사람의 눈에 비친 기사의 평판이었다. 러브레이스의 짧은 시가 함의하듯이, 자존심이 쾌락에 우선했다.

이 두 가지 특징, 즉 절제된 '교양 있는' 행동을 위한 모든 감정적 부절제의 회피와 소수의 사회적 엘리트 내에서의 명예경쟁이 17세기와 18세기 귀족주의 윤리의 독특한 특징을 구성한다. 그것은 실제로 일이 일어난 방식을 강조한다는 의미에서도 그리고 행동 자체가 양식화되고 자의식적이며 관습에 의해 세세하게 지배되기 때문에서도 '틀에 박힌' 윤리였다. 그러므로 설령 이 같은 윤리가 근대의 소비지향적 문화에 적합하게 수정될 수 있다고 하더라도, 그 자체로 그러한 문화를 낳기는 어렵다. 강렬한 감정에 대한 부정적 태도는 감정이 갖는 '스릴'에 대한 관심을 상대적으로 결여하게 만들었으며, 설령 평판에 대한 관심이 심미적 영역에 맞추어진다고 하더라도, 열망하기를 조장하는 강렬한 내관적 상상하기는 존재하지 않는다.

귀족주의 윤리에 이들 특성이 부재하는 하나의 명백한 이유는 고전미학의 영향력 탓이다. 고전미학의 가장 중요한 특징 — 그리스-로마의 전거들에 대한 존중과 관련된 자제, 질서, 조화 — 에 대해서는 이미 지적한 바 있다.[6] 슈킹(Schucking)이 묘사하듯이, 예술에서 드러나는 귀족주의적

6) 그것은 고전주의가 강요하는 감정억제가 개인들이 강렬하게 또는 열정적으로 자신을 표현할 모든 가능성을 제거하기 위한 것이었다는 인상을 주고자 하는 것은 아니었다. 바르죈(Barzun)이 지적하듯이, "고전주의에서도 열정적 감정 표현"이 일정 정도 '묵인되었다'(Jacques Barzun, *Classic, Romantic and Modern*, 2nd edn rev. (Chicago: University of Chicago Press, 1961), p. 47). 그리고

충동은 "난해하고 인공적인 형식을 추구하고, 내밀하며, 사실주의를 싫어하고, … 단순성을 경멸하고, 휴머니즘과 문화를 추구한다".[7] 우리는 그 같은 노력의 문학적 표현을 18세기 영국의 대여행(*Grand Tour*)[8] 관행 속에서 발견할 수 있다. 하지만 당시의 귀족은 고전문명의 문화유물 속에서 심미적 영감 이상의 것을 발견했다. 왜냐하면 그는 자신들의 기념비적인 문예작품으로부터 그리고 특히 스토아학파의 저작들로부터 윤리적 영감을 끌어낼 수 있었기 때문이다.[9]

그는 극장, 공연관람, 스포츠, 게임, 사냥, 섬뜩한 실용적인 농담하기는 물론 제왕숭배, 애정행각, 정사, 에티켓, 결투 등을 거론한다(ibid., p. 46). 그는 또한 교황이나 존슨 박사 같은 금욕주의의 전형적 인물이 겪는 매우 실제적이고 강력한 감정도 지적한다(ibid., p. 47). 하지만 위의 인용구 중에서 핵심단어는 '묵인된'이다. 왜냐하면 여기서 문제되는 것은 강렬한 감정표현이 윤리적으로 승인되는 정도이기 때문이다. 어느 문화에서나 개인은 강렬한 감정을 경험하기 마련이고, 또 그것을 표현할 방법을 발견한다. 그렇다고 해서 이것이 그 같은 행동이 똑같이 승인받는다는 것을 뜻하지는 않는다. 위의 활동들 중 얼마나 많은 것이 성격상 공적이고 공동체적인지, 다시 말해 이를테면 소설읽기처럼 고립되고 자기성찰적인 차원을 지니고 있지 않은지에 대해서도 주목할 필요가 있다.

7) Levin L. Schucking, *The Sociology of Literary Taste* (London: Kegan Paul, Trench, Trubner, 1944), p. 12.

8) 〔역주〕 당시 영국의 귀족 자제가 교육을 마무리하는 과정으로 행하던 유럽일주여행.

9) 비록 그리스의 전거들이 미학적 문제와 관련하여 흔히 거론되기는 했지만, 도덕적 쟁점이 논쟁의 도마에 오를 때는 로마의 저술가들이 선호되었으며, 계몽사상가들은 특히 로마 스토아학파의 인간학과 윤리학을 현존사회에 대한 비판의 토대로 활용했다. *The Dictionary of the History of Ideas: Studies of Selected Pivotal Ideas*, ed. Philip P. Wiener, s.v. "Enlightenment", by Helmut O. Pappe, and "Neo-Classicism", by David Irwin을 보라.

신스토아철학

마크 로버츠(Mark Roberts)는 18세기에는 스토아철학이 "실제적이고 유력한" 도덕적 정설이었다고 주장하고, 자신의 주장을 뒷받침하기 위해 토리당 당수 존슨 박사의 저작들을 활용한다.[10] 특히 그는 유베날리스(Juvenal)[11]의 열 번째 풍자를 고의로 모방하여 쓴 존슨 박사의 《인간소망의 무상함》(*The Vanity of Human Wishes*)에 대해 논하며, 그 시는 약간의 기독교적 견해를 가미했음에도 불구하고 스토아학파의 기본 입장을 드러내고 있다고 주장한다. 이 입장에 따르면, 삶의 고난과 시련은 피할 수 없는 것이며, 따라서 현명한 사람은 단지 그 고난과 시련을 견딜 수 있는 힘을 획득하기 위해 분투할 뿐이다. 즉 행복을 희망하는 것은 어리석은 짓이며, 평화로운 삶은 단지 바라기만 할 수 있을 뿐이다. 현실적 노력은 자신이 열정에 의해 지배받지 않도록 하는 것이며, 이를 달성하기 위해서는 '아파테이아'(*apatheia*)[12] 상태를 유지하기 위해 노력할 필요가 있다. 이것은 감정이 없는 상태, 즉 초연함, 특히 "현세에 대한 깊은 감정적 초연함"을 의미하는 것으로, "우리로 하여금 사태가 실제로 있는 그대로 존재하기를 바랄 수 있게" 해준다.[13] 근대적 단어인 무관심은 비록 그 의미는 상당히 다르지만 이 용어에서 유래한다. 만족이 환경과의 모든 감정적 연계를 단절하는 것 — 어떤 고통에도 끄떡하지 않게 해주는 — 에서 얻어지지 않는 것처럼, 아파테이아는 세상사에 대한 관심의 결여를 의미하지는 않는

10) Mark Roberts, *The Tradition of Romantic Morality* (London: Macmillan, 1973), p. 81.

11) 〔역주〕 유베날리스(Decimus Junius Juvenalis, c 60~140): 고대 로마의 풍자시인.

12) 〔역주〕 아파테이아(*apatheia*)는 정념(情念)이나 외계의 자극에 흔들리지 않는 초연한 마음의 경지를 말한다. 스토아학파는 이것을 인간의 삶의 이상으로 삼았다.

13) Ibid., p. 38.

다. 실제로 사람들은 존재하는 것을 받아들이기로 결정하고, 그 결과 평온해진다.[14] 하지만 한 가지 명백한 문제는 그런 상태에 어떻게 도달하는가 하는 것이며, 그리고 좀더 구체적으로는 감정과 욕망이란 것이 있다면, 어떤 감정과 욕망을 표현하는 것이 정당한 것으로 인정되는가 하는 것이다.

여기에서 다시 한 번 계몽사상의 현저한 특징이 그 모습을 드러낸다. 왜냐하면 천성(*nature*)과 이성(*reason*)이 번갈아 가며 이 딜레마를 해소하는 데 이용되고 있기 때문이다. 대사슬 속의 모든 존재는 그것들이 따를 것이 요구되는 그 고유의 '천성'을 지니고 있다. 이를테면 물고기의 '천성'은 헤엄치는 것이고, 고양이의 '천성'은 쥐를 잡는 것이다. 이와 유사하게 존슨 박사는 인간의 '천성'은 먹고 출산하는 것이지만 폭식과 색욕은 모두 '비천성적'(*unnatural*)이라고 주장한다. 무엇이 인간의 '천성'이고 무엇이 인간의 천성이 아닌지를 결정하는 데 사용되는 것은 물론 이성이다. 왜냐하면 이성은 인간이 가진 가장 독특하고 특수한 특성이며, 바로 이것이 인간을 동물과 구분시켜 주기 때문이다. 따라서 신스토아철학에서 인간은 천성과 이성 모두가 동일한 방향을 직시할 것이므로, 천성의 지시에 부합하게 그리고 이성에 따라 살아가야 한다. 악 그 자체는 존재하지 않지만, 인지적 오류는 악행을 낳는다. 즉 악행은 사태를 있는 그대로 보지 못하고 무엇을 적절한 것으로 보아야 하는지를 제대로 파악하지 못하는 데서 비롯된다. 존슨 박사는 "인간은 왜 시종일관 선행을 행하지 못하는가?"라고 묻는다. "그 이유는 이성은 끊임없이 열정에 짓눌리며, 바로 이것이 오해를 낳기 때문이다."[15] 그러므로 감정은 확고하게 이성의 통제 아래 놓여 있어야 하며, 그렇지 않으면 인간은 현명하게 지각할 수 없게 될 뿐만 아니라 어리석은 행동을 할 수밖에 없게 될 것이다. 이렇게 볼 때, 모든 감정에 대해 깊은 의혹을 드러내고 그 결과 삶 속에서 감정의 역할을 최소화하도록 노

---

14) 이것들은 불교와 명백한 유사점이 있으며, 우리는 신스토아학파가 신정론에 대한 베버의 논의를 확장할 수 있는 또 하나의 적합한 기회를 제공해준다고 생각한다.

15) Roberts, *The Tradition of Romantic Morality*, p. 47에서 인용.

력하게 한 것은 스토아철학이었다. 로버츠가 지적하듯이, "실제로 스토아철학은 그 어떤 종류의 감정도 존재할 여지를 거의 남겨 놓지 않았다. 안전하게 행동을 동기지을 수 있는 유일한 감정은 천성에 부합하는 태도를 가지고자 하는 열망뿐이었다."16)

당연히 쾌락 또한 의혹을 받고 있다. 왜냐하면 그것이 욕망의 만족에 수반하여 발생하기 때문이다. 여기서 존슨 박사의 태도는 특히 단호하다. 오직 합리적으로 정당화된 욕망만이 탐닉될 수 있고, 그런 경우조차 그 욕망을 억제하기 위해 많은 주의를 기울여야만 한다. 왜냐하면 정당한 욕망도 너무 쉽게 또는 너무 자주 만족된다면, 방탕한 취향으로 이어질 수 있기 때문이다. 따라서 그는 다음과 같이 충고한다.

> 조기에 그리고 단호하게 부정하는 것이 끈질긴 욕망을 억제하고 평온함과 순수성을 유지하는 유일한 방책이다. 단순한 만족은 때때로 보류되어야 한다. 온갖 적법한 욕망을 추구하는 사람은 분명코 자신에 대한 통제력을 상실할 것이고, 자신의 모든 욕망을 적법하다고 생각하거나 자신의 이성을 골치 아프고 방해가 되는 것으로 치부하며, 옳고 그름을 따지지 않은 채 자신이 원하는 바를 어떻게든 얻고자 할 것이다.17)

'단순한 만족'이라는 언급은 쾌락에 대한 스토아철학의 입장과 청교도의 입장이 얼마나 유사한지를 보여준다. 왜냐하면 여기서도 역시 욕구의 만족에 동반하여 발생하는 쾌락과 그 자체로서 목적으로 인식되는 쾌락이 중요하게 구분되고 있기 때문이다. 존슨 박사의 견해는 세네카(Seneca)18)가 주장한 바 있는 것이었다. 즉,

---

16) Ibid., p. 48. 이미 주장한 것처럼, 이것은 칼뱅주의보다 더 엄격한 반감정주의적 윤리이다. 왜냐하면 그것은 감정통제보다는 감정제거를 도모하기 때문이다.

17) Ibid., pp. 56~7.

18) 〔역주〕 세네카(Lucius Annaeus Seneca, 4 B. C. ?~A. D. 65) : 로마의 정치가 · 철학자 · 비극작가.

> 천성은 쾌락을 필수품과 뒤섞어 왔다. 그것은 우리가 쾌락을 추구하기 위해서가 아니라 쾌락의 추가가 필수불가결한 생존수단을 우리 눈에 매력적으로 보이게 만들기 때문이다. 쾌락이 그 자체의 권리를 주장한다면, 그것은 사치이다.[19]

이것은 쾌락추구를 가장 분명하게 금지할 수 있는 방도로 그것이 감정억압과 결합할 때, 신스토아철학이 근대쾌락주의를 승인하는 데 기여할 수 없었음을 분명하게 보여준다. 오히려 그것은 그런 윤리의 출현을 강력하게 제약하는 것으로 작동을 할 수밖에 없었고, 그리하여 이런 발전을 저지하는 데 기여한 사조로 간주되어야 한다. 로버츠가 분명하게 밝혔듯이, 존슨 박사가 스토아철학에 심취한 것은 결코 이례적인 일이 아니며, 반대로 그는 18세기를 통틀어 하나의 유력한 사조에 대한 설득력 있는 강력한 대변인이었다고 볼 수 있다. 〈태틀러〉(*Tatler*), 〈스펙테이터〉(*Spectator*), 〈가디언〉(*Guardian*) 같은 잡지들은 빈번히 스토아철학적 감상을 드러내거나 스토아철학의 가치에 기초한 판단을 표방했다. 또한 이것이 지배적인 도덕적 정설을 이루고 있었다는 사실은, 영국 국교회 성직자들이 자비예찬을 제창하는 과정에서 그 정설을 공박하는 데 들인 시간과 노력에 의해 입증된다.

그들이 스토아학파가 친절한 행위를 그것의 기초가 되는 동정적 동일시와 감정으로부터 분리시키는 것은 물론 감정보다 이성을 높이 평가하는 것에 강력하게 반발했다는 점을 기억할 것이다. 이 논쟁은 부분적으로는 스토아철학의 가르침을 개관한 《열정 없는 인간: 또는 세네카의 감상을 따른 현명한 스토아철학》(*Man without Passion: or, The Wise Stoick, According to the Sentiments of Seneca*, 1675)이라는 제목을 단 안토니 르 그랑(Antoine Le Grand)의 저작이 영어로 번역되면서 세네카의 사상이 처음으로 잘 알려진 17세기로까지 거슬러 올라간다. 광교회학파 종교사상가들은 이러한 견해가 인간의 합리성을 너무 과장하기 때문에, 자신들이 중시

19) Ibid., p. 48.

하는 감정에 중요성을 부여하는 데 실패한다고 생각했다. 1694년에 제임스 로드(James Lowde)는 다음과 같이 기술했다: “스토아학파는 **인간**을 전적으로 합리적으로 만들어, 인간을 감성적이지 못하게 하고, 모든 자연적 감정과 육체적 열정을 인간**본성**에서 완전히 제거하려 한다”(강조는 원저자).[20] ‘스토아철학적 무감성’이라는 이 같은 신조에 맞서, 연민과 동정 같은 부드러운 감정에서 우러나오지 않는 실제 자비란 존재할 수 없다는 주장과 함께, 개인을 ‘마음속으로 동요하게’ 하는 기독교적 자비관념이 강조되었다.[21]

18세기 영국 귀족계급의 행동을 검토한 결과, 우리는 그들이 존슨 박사가 제창한 종류의 신스토아철학에 그리 영향 받지 않았거나 설령 영향을 받았더라도 그들은 스토아철학적 감상표현을 상당한 방탕과 위선적으로 결합시켰다고 주장할 수도 있다. 결국 그 당시 귀족의 대중적 이미지는 도저히 세네카의 금욕적 자기절제를 유지하는 그런 개인의 이미지라고 할 수 없다. 이를테면 하박국(Habakkuk)이 종교적 감정이나 강한 도덕적 관습에 의한 제약이 없었다면 영국 귀족계급의 ‘최소공통분모’는 다소의 ‘매너실종’이었으며 미각은 일종의 ‘직업병’이었고, 첩은 사실상 하나의 제도였다고 단언하는 것은 정당해 보인다.[22] 이것은 중요한 지적이기는 하지만, 반드시 강력한 반론인 것은 아니다.

우선 논쟁이 된 쟁점은 귀족주의 윤리의 성격, 즉 널리 행해지는 행동유형이 아니라 매우 고귀한 것으로 승인된 행동형태와 관련된 관념이라는 점에 유념할 필요가 있다. 이 점과 관련해서는, 이상과 현실 사이에 간극이 존재했다는 것을 지적하기보다는 다른 강력한 비(非) 스토아철학 사조가

---

20) Crane, “Suggestions toward a Genealogy of the ‘Man of Feeling”, *A Journal of English Literary History*, 1 (1934), p. 198.

21) Ibid., p. 200.

22) H. J. Habakkuk, “England's Nobility”, in Daniel A. Baugh (ed.), *Aristocratic Government and Society in Eighteenth-Century England: The Foundations of Stability* (New York: Franklin Watts, 1975), pp. 97~115, 특히 p. 114를 보라.

작동하고 있었는지를 탐구하는 것이 더 적절할 것이다.[23] 둘째로, 하박국이 언급한 것과 같은 그런 행동은 필시 귀족계급 고유의 도덕적 규약과 모순되며, 그리하여 그것이 귀족계급에게 비윤리적으로 보인다고 아무 생각 없이 얌전하게 가정하는 것은 잘못이다. 레이먼드 윌리엄스(Raymond Williams)는 약간 나중 시기와 관련하여 "귀족사회에서 절제와 순결이 적어도 청년층에서는 중요한 덕목이 아니었을 뿐더러 심지어 열등함과 우둔함의 징표이기까지 했다"[24]는 것을 간파했다. 그런데 현세적 쾌락 추구가 어떻게 해서 기사도 윤리의 일부가 되었는지에 대해서는 이미 지적한 바 있다. 이것은 세 번째이자 마지막 논평으로 이어지는데, 그것은 과도한 욕구탐닉이 반드시 쾌락주의적 동기의 존재를 나타내는 것은 아니며, 그리하여 실제로 일반화된 금욕주의와 양립할 수 없는 것은 아니라는 점이다. 특히 감정에 대한 부정적 태도는 쉽게 화려한 '방탕'과 같은 것이 된다.[25] 그 이유는 과음, 도박, 외도, 정력적이고 위험한 운동 등과 같은 활동들이 종종 영웅적 또는 남성적 속성을 입증하기 위한 시도로 표현되기 때문이다. 그 결과 그런 활동들은 대체로 공동으로 이루어지고, 강인함 · 정력 · 의지력 · 자제력을 입증하는 것이 주요 관심사가 되는 성격경쟁의 형태를 취한다. 따라서 음주처럼 감각적 쾌락주의가 동기로 작용한 듯이 보이는 활동은 쾌락이 도달하는 지점을 넘어서 추구되는 경향이 있으며, 그것의 목적은 가능한 한 오랫동안 제정신 상태를 유지하는 것이다. 이 사례에서 쾌락은 고통과 동일한 지위를 가지는데, 이 둘은 개인이 자신의 평판을 유

---

23) 여기서 제시하고 있는 가정은 거기에는 종교사상에서 유래하는 어떠한 의미도 존재하지 않는다는 것이며, 비록 그 같은 영향을 미칠 수 있는 고전적인 이교도적 전통 속에 그런 조류가 있었다고 하더라도, 그러한 조류들은 신스토아철학의 견지에서 대체로 간과되었다.

24) Raymond Williams, *The Long Revolution* (London: Chatto and Windus, 1961), p. 38.

25) 이 점과 관련해서 존슨 박사 식의 스토아주의는 기독교에 영향을 받은 듯이 보이지만, 귀족계급에 보다 적합한 '영웅적인' 형태를 정확하게 반영하는 것으로 간주할 수는 없다.

지하거나 높이고자 할 경우 이겨내야만 하는 자극형태들이다. 따라서 감각적 쾌락주의에 대한 일정한 관심이 그 같은 경쟁을 위해 뽑힌 활동들을 선택하는 데 영향을 미칠 수도 있지만, 금욕적 윤리가 여전히 행동의 근저에 있다고 볼 수 있다.[26] 이 사실은 그것이 수반하는 감각성의 거부경향—그 주요 이유는 그것의 '여성적' 연계 때문이다—과 함께 쾌락과 신성과의 관계를 암시하는 주장들에 의해 강화된다. 귀족주의 윤리의 영웅적 금욕주의가 갖는 이들 특성들 중 대부분은 댄디즘이라는 매혹적인 사회문화적 현상을 고찰함으로써 예증할 수 있다.

댄디 윤리

'댄디'라는 용어의 발단은 18세기 말과 19세기 초로 거슬러 올라간다. 그리고 그 어원은 원래 영어였던 것으로 보이나, 그 현상 자체는 곧 프랑스로 수입되었다.[27] 오늘날 이 단어는 통상적으로 세련된 복장에 대해 특별한 관심을 보이는 남자를 지칭하기 위해 사용되고 있다. 그리고 원래의 댄

---

26) 사실 거기에는 이 둘을 연계시켜 주는 논리가 있는데, 그 이유는 만약 각종 활동이 성격을 드러내는 데 기여한다면 그러한 활동들은 어떤 점에서 '중요할' 수밖에 없기 때문이다. 그리고 이는 거기에 위험요소가 존재함에 틀림없다는 것을 의미한다. Erving Goffman, "Where the Action is", in *Interaction Ritual: Essays on Face-to-Face Behaviour* (Harmondsworth, Midd.: Penguin Books, 1967), pp. 149~270을 보라. 그 결과, 집중의 필요와 실패의 두려움이 쾌락추구의 강력한 억제자로 작용하더라도, 활동은 여전히 자극을 환기시킬 것이며, 지루함과 싸우는 데 기여할 것이다.

27) 레이버스(Lavers)에 따르면, 남성패션의 변화는 영국에서 처음으로 발생했는데, 그 이유는 프랑스와는 달리 영국의 귀족계급은 조신일 필요가 없었고 따라서 보다 간편한 옷을 입을 수 있었기 때문이다. 프랑스혁명기 집정부(*Directoire*) 시대의 젊은 멋쟁이들(*Incroyable*)이 후일 받아들인 것은 이 '영국식' 스타일이었다[James Lavers, *Dandies* (London: Weidenfeld and Nicolson, 1968), pp. 12~13을 보라].

디들은 비록 실제로 "옷을 잘 입은 한량"이긴 했지만, 패션보다는 댄디즘에 더 많은 관심을 기울였다.

댄디들은 대체로 겉으로 보기에는 실제로 귀족혈통을 거의 주장하지 않고 특권적 교육을 받지도 않은 작은 배타적 사회집단으로 구성되었다.[28] 그들은 (때로는 빌린 돈으로) 신사의 여가생활을 주도했고, 노름을 하고 술 마시고 극장에 가든가, '사교활동'을 하거나 바람피우거나 복싱과 테니스 같은 점잖은 스포츠를 하는 데 대부분의 시간을 보냈다.[29] 물론 거기에다가 그들은 옷과 전체 외모를 치장하는 데 많은 시간과 돈을 들였다.

브러멀(Burmmell)[30]은 실제로 자신이 댄디라고 자처하지는 않았지만, 댄디의 전형으로 간주되는 인물 중 하나이다. 바이런이 (나폴레옹 및 바이런 자신과 함께) 19세기 세 명의 가장 위대한 인물 중 하나로 거론한 브러멀은 공무원의 아들로 태어나, 제 10연대에 입대하기 전에 이튼과 옥스퍼드에 다녔다. 대중적인 인상과는 반대로, 남성패션에 브러멀이 기여한 것은 화려함이 아니라 품격과 세련미와 섬세함이었다. 그는 스타일을 그리

28) 이런 의미에서 댄디들이 진정한 귀족은 아니었다는 사실이 이 논의에서 그들이 갖는 중요성을 감소시키지 않는다. 왜냐하면 그들은 자신들이 사회의 엘리트 성원으로 간주되기를 바라는 강한 열망을 가진 탓에 자신들이 엘리트주의의 원리라고 본 것에 집착하면서 자신들을 "왕보다도 더 왕처럼" 치장했기 때문이다.

29) T. A. J. Burnett, *The Rise and Fall of a Regency Dandy: The Life and Times of Scrape Berdmore Davies* (London: John Murray, 1981), pp. 52~60 곳곳.

30) 〔역주〕 브러멀(George Bryan Brummell, 1778~1840)은 영국의 멋쟁이 신사이며 웨일스 공 조지(1811년부터 섭정, 후에 조지 4세가 됨)의 친구로, 19세기 초 유행의 선구자로 간주되었다. 일찍부터 자신의 옷에 많은 신경을 썼던 그는 1790년에 입학한 이튼스쿨에서 아주 유명해져 '멋쟁이 브러멀'로 통했다. 옥스퍼드대학교 오리엘 칼리지에 잠깐 다닐 때에도 옷차림과 재치로 유명했다. 런던으로 돌아온 뒤 이튼스쿨 시절에 알게 된 왕세자에 의해 그의 연대장교로 임명되었다. 메이페어에 독신자협회를 만든 그는, 왕세자의 호의와 옷에 대한 안목 덕분에 패션의 권위자로 인정받아 모든 사교모임의 단골손님이 되었다.

혁신시키지는 못했지만, 옷의 소재와 만듦새 모두의 빼어남에 대해 강박적으로 집착한 탓에 매우 유명해졌다. 그는 자기 용모에도 역시 엄격하여 꼼꼼하게 면도하고 피부가 분홍빛이 날 때까지 문지르느라 화장실에서 엄청난 시간을 보냈다. 왜냐하면 그는 향수를 사용하지 않아도 자신의 몸에서 냄새가 나지 않는다는 사실에 상당한 자부심을 느꼈기 때문이다. 그의 주요 관심은 외모 및 품행의 형식과 관련한 일종의 신고전주의적 완벽함을 자신이 어느 정도나 예증하는지를 보여주는 듯했다. 모어스(Moers)가 넌지시 비추듯이, 자신이 입은 아마포로 만든 옷매무새의 완벽함과 신중하게 골라 치장한 장신구와의 조화 면에서 그는 '예술가'였다.[31] 이는 그의 성공비법이 그가 입은 최신 스타일의 옷이 아니라 전반적으로 세련된 이미지를 만들어내고 유지하는 그의 능력임을 보여준다.

복장에서건 품행에서건 세련됨과 우아한 표현은 댄디의 이상에서 핵심적 요소였다. 모든 제스처나 감정표현이 그렇듯이, 복장은 완벽하면서도 절제되었고,[32] 동시에 세련된 화법은 그를 더욱 이지적으로 보이게 했다. 세련된 행동이라는 이 같은 이상에 도달하는 것은 자신의 우월성을 성공적으로 드러내는 것이며, 따라서 거만도 역시 댄디를 규정짓는 특성 중의 하나였다. 그들은 자신들 몸가짐에 가해지는 온갖 상황적 위험을 이겨내기 위해서는 물론 서로 이기기 위해 각자가 복장, 제스처, 어투, 눈짓, (물론 재치와 결합된) 전반적 매너를 통해 서로 겨루기 때문에, 그들 간의 경쟁은 당연히 심화되었다. 브러멀이 여러 해 동안 선도적인 댄디로 또는 당시 언어로 말하면 '남성패션의 첨단'으로 널리 알려지게 된 것은 이 방면에서 그가 보여준 솜씨 때문이었다.[33]

---

31) Ellen Moers, *The Dandy*: *Brummell to Beerbohm* (London: Seeker and Warburg, 1960), p. 35.

32) 댄디는 단순히 멋 부리는 사람(*fop*)이 아니었으며, 비록 비용 면에서는 아닐지라도 무절제한 옷을 경멸했다. 레이버스가 지적하듯이, 댄디즘은 "아름다운 깃털을 **거부**"한다(*Dandies*, p. 10; 강조는 원저자).

33) Moers, *The Dandy*, p. 18.

한 개인이 그 같은 인위적이고 정교하게 정형화된 윤리에 의해 설정된 조건 속에서 성공하기 위해서는 모든 충동과 감정을 지속적으로 통제할 필요가 있다. 그러므로 (특히 심각한 긴장상황에서의) 금욕적 무감각과 냉정함이 댄디의 주요 특성이었다는 것은 놀랄 일이 아니다. 모어스는 댄디가 자신의 이상에 도달하기 위해서는 "엄격하고 자제할" 필요가 있다고 언급한 반면,[34] 보들레르 — 실제로 후일 낭만주의적 댄디가 된 — 는 "우아함과 참신함이라는 댄디 교의가 가장 엄격한 수도원규율만큼이나 커다란 노력을 요구하며",[35] 그 결과 극단적인 자제심이 불가피하게 요구된다고 말했다.[36] 버넷(Burnett)은 행동에 관한 한 "철면피라는 의미에서는 물론 침착함과 자제라는 의미에서의 냉정함이 전부"라고 지적한다.[37] 성격테스트로 기능하는 이러한 냉정함은 사회적 사건들 속에 내재한 위험을 극복하는 데 종종 필요하다(브러멀이 섭정 왕자의 새로운 외투를 공공연히 조롱한 그 유명한 경우에서처럼, 설령 그 위험이 스스로 유도한 것이라 하더라도 말이다). 그러나 그것은 실제로 위험한 상황, 즉 일례로 웰링턴 공작[38]이 이끄는 장교단 — 그중 다수가 댄디였다 — 이 보여준 그 유명한 냉정함에서도 드러났다. 하지만 이러한 금욕적 자제심은, 존슨 박사의 경우에서처

---

34) Ibid.

35) Ibid., p. 282.

36) Cesar Grana, *Bohemian versus Bourgeois: French Society and the Man of Letters in the Nineteenth Century* (New York: Basic Books, 1964), p. 151. 댄디가 보헤미안의 후예라는 그래너(Grana)의 주장은, 전자의 유형이 후자의 유형보다 약 반세기쯤 시기적으로 앞선다는 점을 감안하면 다소 기이한 것으로 판단된다. 이런 이상한 관념은 프랑스사회 및 스탕달, 플로베르, 보들레르 같은 문필가에 대한 그의 배타적 관심에서 유래한 듯하다. 하지만 프랑스에서조차도 댄디즘은 집정부시대에 출현했고, 따라서 보헤미아니즘에 시기적으로 앞선다. 사실 댄디와 보헤미안을 사회학적으로 연계시킨 것은 세 번째 범주인 유미주의자이다.

37) Burnett, *The Rise and Fall of a Regency Dandy*, p. 51.

38) 〔역주〕 웰링턴(Arthur Wellesley Wellington, 1769~1852)은 나폴레옹 전쟁 때 활약한 영국군 총사령관으로, 후일 영국총리(1828~30)를 지냈다.

럼, 열정은 이성의 주권에 복속되어야만 한다고 진술하는 철학에 의해 지시받지 않는다. 실제로 원래의 댄디는 철학을 가지고 있지 않았다. 오히려 절제적이고 자기의식적인 '틀에 박힌' 행위를 강조하고 나섰던 것은 이상적 성격에 대한 심리적 필요성 때문이었다.[39] 게다가 금욕주의는 욕구의 탐닉을 금지하지 않았다. 브러멀이 결혼도 하지 않고 그 어떤 종류의 성생활도 하지 않은 듯이 보이지만, 이것이 댄디들 사이에서 통상적이었던 것으로 보이지는 않으며,[40] 그들 중 대다수는 스포츠와 전쟁이 가져다주는 흥분 이외에도 맛있는 음식, 좋은 술, 부정한 여인들이 가져다주는 쾌락을 향유했던 것으로 보인다. 그럼에도 불구하고 이 같은 명백한 쾌락주의는 대체로 그 어떤 감정성도 전혀 가지고 있지 않았다. 댄디사회에서 인정한 유일한 낭만파인 바이런은 연애행각에 빠진 것 같고, 한편 스크로프 데이비스(Scrope Davies) 같은 보다 댄디화된 그의 친구들은 여자와 순전히 육체적인 관계를 가졌던 것으로 보인다.[41] 모어스는 그 이유가 댄디의 자기숭배와 자기도취에 있을 것이라고 주장하지만,[42] 아마도 자신의 평판을 지키기 위한 지속적인 투쟁이 어째서 항상 절제와 감정통제를 유지해야만

---

39) 흥미롭게도 테일러(Taylor)는 "댄디는 따분할 수도, 심지어 불행하거나 괴로울 수도 있다. 그러나 그는 언제나 스파르타사람처럼 차분함을 유지한 채 미소를 띠고 있다"라고 말하는 보들레르를 인용하면서, 댄디즘의 본질적 특성을 고통을 드러내기를 거부하는 것이라고 파악한다. 그는 다음과 같이 논평한다: "어떤 점에서는 댄디즘은 종교적 믿음이나 금욕주의 모두와 유사해 보일 수도 있다. … 이것은 가학적 고통을 받는 사람의 태도이지 금욕주의와는 전혀 다른 것이다. 그는 자신을 괴롭히는 사람에게 자신의 고통을 드러내어 만족을 주기를 거부한다. 그것은 특정한 형태로 부모가 양육한 데 따른 필연적 결과로 보인다"(Gordon Rattray Taylor, *The Angel Makers: A Study in the Psychological Origins of Historical Change 1750~1850*(London: Heinemann, 1958, p. 250). 하지만 실제 증거들은 공립학교에 다니던 어린 시절이 부모 슬하에서 양육을 받던 때보다 사디즘에 더 많이 노출되고 있음을 시사한다(Burnett, *The Rise and Fall of a Regency Dandy*, pp. 20~1을 보라).

40) Burnett, *The Rise and Fall of a Regency Dandy*, pp. 42~53 곳곳.

41) Ibid.

42) Moers, *The Dandy*, p. 17.

한다는 것을 뜻했는지를 강조하는 것이 보다 적실할 것이다.[43]

댄디가 위험이나 재난에 직면했을 때 침착하게 대응할 것이라는 추론은, 통상적으로 사소한 문제로 간주될 수 있는 것을 중대한 순간의 사안으로 처리하는 것에 기초한 것이었다. 이를테면 위험에 직면하여 (심지어 다리를 잃은 것을 별로 언급할 가치가 없는 것으로 반응할 수 있을 정도로) 엄청난 평정심을 유지하는 웰링턴 공작의 장교단은, 마치 우산을 가지고 다니는 적군을 만나기를 바라기나 하듯이, 자신들의 제복을 깨끗한 상태로 유지하는 데 큰 관심을 가졌다.[44] 혹자는 정상적인 감정적 관심이 전치되었다고 말하고 싶기도 하겠지만, 진실은 복장과 행동거지 같은 명백히 사소한 문제가 댄디윤리에서는 아주 중요했다는 점이다. 이것은 보다 명백한 심미적 판단이 감성예찬에서 중요했던 것과 동일한 이유에서였다. 즉 심미적 판단은 한 사람의 취향감각을 드러내주는 것이었고, 따라서 그 사람 자아의 본질적 속성을 드러내주는 것이었다. 여기서도 항존하는 위험은 역시 미덕보다는 명예와 더 연계되어 있다는 점을 제외하면, '나쁜 취향'을 드러냄에 따라 발생할 수 있는 평판 상실이었다. 하지만 자신의 동료들의 태도와 무관한 내부지향적 판단은 자리할 여지가 거의 없었다.[45] 그렇지만 심미적 판단 자체는 그리 중요하지 않았다. 왜냐하면 취향이 일차적으로 평가되는 것은 행동을 통해서였기 때문이었다. 감성개념이 댄디윤리에서 여전히 모종의 역할을 수행하는 것은 좋은 취향을 식별할 수 있는 능력을 소지하는 것이 높이 평가되기 때문이었다. 하지만 자극에 대한 민감성과 관련해서만큼은, 그것은 감정적 무감각과 색다른 육체적 감수성을 기

---

43) 예컨대 스크로프 데이비스는 유혹이라는 실질적 쾌락보다는 바람둥이로서의 그의 평판을 높이는 데 더 큰 관심을 가졌던 것이 분명해 보인다. Burnett, *The Rise and Fall of a Regency Dandy*, p. 37을 보라.

44) Moers, *The Dandy*, p. 116.

45) 댄디는 자신이 속한 배타적 사회집단에 전적으로 의존한다. 그는 채권자들에 의해 내쫓기거나 그들을 피해 달아날 수밖에 없게 되자마자, 사실상 존재를 상실한다. 이것이 바로 브러멀과 스크로프 데이비스 모두가 처한 슬픈 운명이었다.

이하게 결합시키기 위해, 명백하게 생리적 측면에서 이해되었다. "그의 신경은 평범한 사람보다 더 쉽게 곤두서고, 그의 치아는 흔히 더 식욕을 돋우고, 그의 피부는 더 소름이 돋고, 그의 눈은 그리 흥분하지 않았는데도 둥그레진다. 그리고 그는 자신의 예민함을 자랑한다."[46] 이를테면 브러멀은 낙담한 남자와 같은 방을 써서 감기에 걸렸고, 별난 '예민함' 때문에 채소를 먹지 못하게 되었다고 주장했다. 부분적으로 이것은 왕족이나 귀족가문 사람들의 초인적 감수성에 관한 민속신화 — 왕자와 완두콩이라는 동화에서와 같은 — 와 연속선상에 있는 것으로 보일 수도 있지만, 그것은 분명 비합리적이고 선천적인 심미적 감각의 교의를 채택하여 귀족주의의 맥락에서 사용할 수 있게 하는, 즉 특별한 권력의 요구를 신고전주의와 영웅적 금욕주의 모두와 느슨하게 연계시키는 유일한 방식이기도 하다.

따라서 댄디즘은 변화하는 상황의 도전에 대처하기 위해 전통적인 귀족주의적 가치와 관념을 재작동시킨 것으로 볼 수 있다. 어떤 점에서는 그것은 귀족출신의 중심적 행동원리를 폐기하고 그것을 타고난 고결한 '자아'의 소유자인 신사개념으로 대체했다는 점에서 매우 혁명적이었다. 모어스는 이에 대해 다음과 같이 기술한다: "댄디는 … 자아라는 고립된 주춧돌 위에 서 있다. 그의 마차에는 아무런 문장(紋章)이 없고, … 그의 집 벽에는 선조들의 초상화가 걸려 있지 않고, … 그의 제복에는 아무런 장식이 없다." 또한 대체로 그는 아무런 의무도 애착도 없으며, 아내도 자식도 친척도 없다.[47] 하지만 그와 동시에 많은 전통적인 귀족주의적 생활방식도 이어지고 있었다. 이를테면 명예추구 및 '쾌락'향유와 함께 여가생활이 주요한 활동이 되었다. 그 같은 생활방식을 유지하기에 충분한 부를 획득하는 일과 그 방법의 문제는 통속적인 주제가 되었고, 그리하여 금기시되는 주제가 되었다. 그것은 자기집단 외부에 있는 사람들 모두를 멸시한다는 점에서 배타적이고 속물적이다. 반면 젠체하는 세련된 행동이라는 인위적이

46) Ibid., pp. 20~1.
47) Ibid., p. 17.

고 무책임한 윤리는 존중한다. 지적 · 심미적 관심은 대체로 그 본질상으로 고전주의적이었으나, 그것은 별로 중요시되지 않았고, 종교는 전적으로 경시되었다.[48]

귀족주의 윤리에 대한 이 같은 간략한 요약을 통해 우리는 그 윤리가 기사도 형태로도 댄디 형태로도 자율적인 자기환상적 쾌락주의의 발전에, 그리하여 근대 소비주의 정신에 적절한 토대를 제공해주지 못했음을 알 수 있다. 그렇다고 해서 이것이 귀족계급이 사치성 소비를 하지 않았다고 말하는 것은 아니다. 자존심에 대한 집착은 그들의 사치성 소비가 실제로 사실이었음을 보여주며, 이는 오늘날에도 자기칭송의 기념물로 여전히 남아 있는 많은 호화별장 속에 반영되어 있다. 동일한 동기로 인해 그들은 쉽게 상하는 물건을 일생 동안 마구 소비해버리게 했는가 하면, 대부분의 엘리트들처럼 안락함이 가져다준 지루함을 벌충하기 위해 쾌락을 추구하는 데 그 경비 일부를 써버렸다. 이런 점에서 볼 때, 좀바르트가 사치품 수요를 증진시키는 데 있어 감각적 쾌락의 욕망이 수행한 역할을 강조한 것은 옳았다.[49] 하지만 결정적으로는 댄디는 안락보다 쾌락을 중요하게 평가하지도 않고, 쾌락을 획득하기 위해 안락의 일부를 희생시킬 필요가 있다고 생각하지도 않으며, 실제로 그들 윤리의 성격은 진정으로 합리화된 쾌락주의의 발전을 허용하지도 않았다.

우선은 자존심에 압도적으로 부여한 중요성 때문에, 그리고 그와 관련하여 신고전적인 윤리학과 미학의 전통과 합체해야 할 필요성 때문에, 그 같은 발전이 저지되었다. 그것은 모든 열정과 부절제를 비난하며, 조화와 균형과 함께 형식에 강조점을 두었다. 이러한 경향은 유독 돈과 감상에만

---

48) 칼라일(Carlyle)이 댄디에 대해 퍼부은 비난의 요지는, 댄디는 "옷만 번지르르하게 입은 남자"이지 아무런 정신적 의식도 없다는 것이었다(Thomas Carlyle, *Sartor Resartus*: *Hero-worship and the Heroic in History*, Every man Library edn (London: J. M. Dent, 1921), pp. 204~10을 보라).

49) Werner Sombart, *Luxury and Capitalism* (Ann Arbor, Mich.: University of Michigan Press, 1967).

집착하는 벼락부자와 사회적 거리를 유지할 필요성에 의해 한층 강화되었으며, 이것이 귀족주의적 충동을 한층 더 정교하고 무감각하고 매너리즘적인 윤리 — 스토아철학에 호소함으로써 그 지적 정당성을 획득한 — 로 몰고 가는 데 기여했다. 그와 동시에 영웅적 전통은 명예라는 의미에서의 자존심을 가장 중대한 사안으로 만들었고, 그것은 자신의 동료와의 지속적인 성격경쟁을 통해 구축하고 방어해야만 하는 것이었다. 원래 기사도적 가치는 대체로 전장에서는 용맹성을 보여주고 평화 시에는 후한 호의를 베푸는 것이었다. 하지만 점차 문명화된 사회가 되면서, 기사도적 가치는 품위를 중시하는 가치로, 그리고 마침내 '사회'에 적합한 가치로 바뀌어갔다. 거기서는 17세기의 기사만큼이나 자신의 명예를 지키는 데 온갖 관심을 기울이는 댄디처럼, 품위와 재치를 높이 평가한다. 차이가 있다면, 그것은 그의 평판이 영웅주의나 왕에 대한 충성심에 의지하는 것이 아니라 재치경쟁에서 좋은 결과를 거두는 것과 함께 최고의 권력을 갖는 좋은 취향에 몰두하는 것에 달려있다는 점이다.

그 같은 윤리는 미학에 대한 무관심에도 불구하고 근대 유행패턴을 조장한 것으로 보인다. 그리고 물론 개인 간 경쟁이 혁신을 유도함에 따라, 댄디집단 내에서도 유행이 바뀌었다. 하지만 중간계급이 보여준 것에 비하면, 새로운 것에 대한 실질적인 관심은 전혀 없었고, 오늘날에도 드레스에 대한 귀족주의적 관심은 세련미에 집중되는 경향이 있다. 다음으로 이것은 청교도 전통을 특징짓는 내성적인 내부지향성을 상대적으로 덜 강조하는 데서 유래한다. 댄디의 노력은 이상적인 모델을 상상적으로 깊이 숙고하는 데서 나온 것이 아니라(그 결과 죄책감이 추동한 힘에서 나온 것이 아니라) 타자지향성에서 유래하는 수치심이 추동하는 힘에서 나왔다. 베블런적인 함의를 지닌 그 같은 윤리는 유행의 확산을 촉진했지만, 전체 근대적 유행패턴의 지적 기원을 제공한 것으로 간주할 수는 없다.

그럼에도 불구하고 이러한 결론에 덧붙여야 할 중요한 단서가 하나 있는데, 그것은 기사도윤리와 댄디윤리 모두에서 드러나는 전적으로 남성적 성격에서 유래한다. 이 두 단어 모두는 (이를테면 '청교도'나 '낭만주의자'와는 달리) 유독 남성만을 지칭하며, 어떤 경우에도 여성이 탐구 중인 이상적인 성격을 충분히 예증하기란 불가능해 보인다. 실제로 두 윤리의 특성은 '남성적' 속성을 중심으로 규정되어 있으며, 따라서 전통적인 귀족주의적 사고의 영웅주의적 조류를 답습하고 있다. 이것은 분명 귀족출신 여성들을 규정했던 윤리의 성격은 무엇이며 그것은 남성의 윤리와 정확히 어떻게 연관되어 있는가라는 문제를 제기한다. 남성 귀족계급의 윤리가 비록 세련미와 우아함을 매우 강조하기는 했지만, 그것이 지닌 영웅주의적 요소와 금욕주의적 요소 모두는 분명 '여성'에게 동일한 방식으로 적용되지 않았다. 이것은 남성 귀족계급의 윤리보다는 여성 귀족계급의 윤리가 중간계급의 감성예찬과 훨씬 더 큰 친화성을 지니며, 따라서 취향개념 및 유행에 대한 태도가 그리 크게 다르지는 않았을 수도 있음을 시사한다. 만약 이것이 사실이라면, 그것은 중간계급의 유행상품시장과 상층계급의 유행상품시장이 하나의 체계로 아주 쉽게 통합된 것은 물론 "감성과 세련된 매너의 우아함"이 어떻게 해서 밀접하게 연관되게 되었는지를 설명할 수 있는 길을 다소나마 열어줄 수 있을 것이다.

제 9 장

낭만주의 윤리

키메라의 땅은 오직 거주지로만 적합하다.

— 루소

〔인간은〕 쾌락이라는 중요한 원리를 통해 알고 느끼고 생활하고 감동한다.

— 워즈워스

감성의 쇠퇴

감성예찬은 대략 1750년에서 1770년 사이에 영국에서 그 절정에 달했으며, 19세기 초반 몇 십 년경까지 독자들은 자신들이 한때 깊은 감명을 받았던 맥켄지의 《감정을 지닌 남자》 같은 책을 더 이상 발견하지 못했을 뿐만 아니라,[1] 홍수 같은 눈물을 흘리게 하는 감정을 표현하는 데 그 책이 꼭 필요하다고 여기지도 않았다. 돌이켜 보면, 감정표현을 그토록 강조하던 윤리가 곧 연극으로 변질되어 조롱과 빈정거림의 대상이 된 것은 피할 수 없었던 것으로 보인다. 그리고 18세기 말 이전에 삶과 예술 모두에서 공히 발생하여 19세기 초반 몇 십 년 동안 지속된 멜로드라마풍의 감상에 대해 일어난 뚜렷한 반발이 이를 입증했다.[2]

1) Vickers, Introduction to Henry Mackenzie, *The Man of Feeling* (London: Oxford University Press, 1967), p. viii.
2) Winfield H. Rogers, "The Reaction against Melodramatics Sentimentality

그와 같은 반발은, 상습적으로 그리고 무절제하게 눈물 흘리기 또는 황홀해하기나 자기굴종은 칭찬할 만한 감정의 존재를 드러내는 것으로는 터무니없이 부적절한 방법이라는 견해에 근거할 뿐 아니라, 너무나도 많은 관심을 감정표현에 집중시켜 개인들이 다른 적절한 행위를 할 필요가 있다는 점을 놓쳐버리게 한다는 점을 점차 깨닫게 되는 데서 발생하기도 했다. 보스웰(Boswell)은 길버트 쿠퍼라는 한 특정 인물을 거론하며, 그를 "최후의 **박애주의자** 또는 감상주의자"로 묘사한다. 이들은 "1750년에서 1760년 사이에 크게 유행한 인물들로, **일반적으로** 미덕의 찬미대상이었으며", "매우 상냥한 어투로 **말**을 했다. 〔반면〕 그들의 섬세한 감정은 표현하는 순간 증발되어 버린다. 왜냐하면 그것들은 그들의 습관과 아무런 관계가 없기 때문이다"(강조는 원저자).[3] 이러한 단평은 쿠퍼 씨가 아들이 아프다는 소식을 듣고 매우 흥분한다는 이야기에 의해 촉발되었다. 이 흥분 때문에, 그는 (자신의 감정의 깊이를 증명해 보이기 위해) 비가(悲歌)를 쓰겠다고 선언하는가 하면, 아들 병문안을 하는 것이 좀더 적절한 처사가 아니겠느냐고 동료에게 넌지시 말한다.[4] 분명 그런 행동은 감상주의에 대한 평판을 나쁘게 만들 것이고, 사람들로 하여금 점차 그처럼 과시적으로 드러내는 감정의 진정성을 의문시하게 만든다. 혹자는 자신이 감성을 지닌 사람이라는 것을 입증하는 능력을 그토록 중시하는 분위기 속에서는 비진정성과 위선이 널리 확산되기 마련이라고 말할 수도 있다. 그 결과, 개인들이 자신들의 감정을 위장하거나 자신들의 연민대상에 대한 그 어떤 실제적 관심도 도외시한 채 감정탐닉을 즐기는 데 집중할 때, 그러한 경향이 (당연히 극복되어야 할 것으로 상정하고 있는) 타자의 곤경에 대해 그와 같은 무관심을 초래한다는 이유로 〔감성 — 역자첨가〕 예찬은 공격받았다. 그리하

in the English Novel 1796~1803", *PLMA*, 49 (March 1934) 98~122.

3) James Boswell, *Boswell's Life of Johnson*, ed. Birkbeck Hill, revised by L. F. Powell, 2nd edn (Oxford: Oxford University Press, 1934), vol. 3, p. 149.

4) Ibid.

여 감상주의는 본질적으로 이기적이고 무자비한 행동의 구실이 될 수 있는 하나의 의심스런 철학으로 간주되는가 하면, 감정 자체에 대한 신뢰 역시 의심받았다.[5] 이것이 프랑스혁명을 주제로 하여 1789년 《반(反) 자코뱅 평론》(*Anti-Jacobin Review*) 에 실린 한 만평이 보여주고자 한 취지였다. 톰킨스(Tompkins) 의 묘사에 따르면, 거기에 포함된 내용은 다음과 같다.

> 자유의 모자를 쓴 감성을 지닌 인물은 죽은 울새를 보고 눈물을 흘리며, 왕관장식을 하고 있는 잘린 머리를 짓밟는다. 암시되어 있는 주장에 따르면, 감정은 행동의 믿지 못할 기준이다. 감정을 과도하게 탐닉하면, 도덕적 책임의 속박감이 느슨해지고, 균형감각이 무너지고, 에고이즘을 강화함으로써, 심장이 근본적으로 무감각해진다.[6]

하지만 감성에 대한 비난은 그것이 (제인 오스틴의 소설 제목이 함의하듯이) 상식의 이름으로 수행되느냐 아니면 진정한 감성의 이름으로 수행되

---

5) 레키(Lecky) 는 "소설이나 연극에 나오는 가공의 슬픈 장면에 대해 격정적으로 눈물을 흘리는 과장된 감상성은 자비롭고 비이기적인 본성을 나타내는 확실한 징표가 아니며, 그것은 현실의 슬픈 일에 대한 무관심과 그것을 경감시키려고 노력하지 않으려는 경향과 전혀 모순되지 않는다"는 인식이 증대하고 있다고 논평한다(Walter E. Houghton, *The Victorian Frame of Mind 1830~1870* (New Haven, Conn.: Yale University Press, 1957), p. 278에서 인용). 사실 《감정을 지닌 남자》의 저자인 맥켄지는 바로 이 같은 위험에 대해 경고하면서 다음과 같이 말한다: "종교에서와 마찬가지로 도덕에서도 세련된 감상주의자들이 실제로 존재하지 않는 것은 아니다. 그들은 자신들이 결코 실행하지 못한 미덕에 대해 말하는 것에 만족하며, 그들은 행동으로 표현해야 할 것을 또는 어쩌면 아주 위험스러워 보이는 것을 그냥 말로 때운다. 또 그들은 자신들의 **행동**에 아무런 영향을 미치지 않지만 자신들의 행동과 구분되는 이국적인 것으로 간주되는 **인상**에도 마음을 열어두고 있다"(Louis I. Bredvold, *The Natural History of Sensibility* (Detroit, Mich.: Wayne State University Press, 1962), p. 85, 강조는 원저자).

6) J. M. S. Tompkins, *The Popular Novel in England 1770~1800* (Lincoln, Nebr.: University of Nebraska Press, 1961), p. 111.

느냐에 따라 그 성격이 달라진다. 전자는 감정성과 온갖 종류의 감정탐닉에 대한 광범위한 비난의 일부가 되는 경향이 있다. 즉 전자는 그러한 것들이 개인과 사회 전체에 대해 초래하는 많은 다양한 바람직하지 못한 결과를 지적하는 반면, 합리성과 절제를 우월한 미덕으로 찬양한다. 다른 한편 후자는 어떤 사람의 선함과 그들의 감정적 감성 간의 연계를 중심 교의로 내세우며, 위선적 감성을 퍼뜨리는 세력을 폭로하는 데 집중한다. 이러한 차이에도 불구하고 이 두 비판은 비진정성과 위선만이 아니라 만연한 감상주의의 일부 과도한 표출을 비난하고 있다는 점에서 중첩된다. 그 중에서도 가장 눈에 띄는 것이 감상적인 로맨스소설과 그것에 가장 가까운 장르인 고딕소설이었다. 이 둘은 말하자면 감성예찬의 '배후에서' 출현한 대규모 대중문화상품 산업의 일부를 형성했다. 그것들은 실제로 그 지지자들 사이에서 의도하지 않게 발생한, 감정적 자극이 가져다주는 쾌락에 대한 갈망에 영합하는 것이었다.[7)]

헤이닝(Haining)에 따르면, 고딕소설은 1765년에서 1840년 사이에 영국과 대부분의 유럽에서 "가장 널리 읽히고 향유된 대중문학 형식"이었으며,[8)] 서머스(Sumers)는 1790년대가 그 전성기라고 지적한다.[9)] 비록 앤 래드클리프(Ann Radcliffe)[10)]가 특히 《유돌프의 미스테리》(*The Mysteries*

---

7) "사람들은… 쾌락이나 오락을 위해 늘 소설을 읽지만, … 18세기에는 이런 목적을 추구하는 경향이 그 이전보다 훨씬 더 유별나게 발생한 것처럼 보인다"고 신중하게 표현한 이안 와트(Ian Watt)의 판단은 그 증거에도 불구하고 아주 신중하게 판단되어야 한다. 그렇지만 그는 쾌락을 위한 소설읽기가 무엇을 수반할지에 대해서는 분명하게 밝히지 않고 있다〔Ian Watt, *The Rise of the Novel*: *Studies in Defoe, Richardson and Fielding* (Berkeley: University of California Press), p. 48〕.

8) Peter Haining, *Gothic Tales of Terror*: *Classic Horror Stories from Great Britain, Europe and the United States* (Harmondsworth, Middx.: Penguin Books, 1973), p. 10.

9) Montague Summers, *The Gothic Quest*: *A History of the Gothic Novel* (New York: Russell and Russell, 1964), p. 12. Devendra p. Varma, *The Gothic Flame* (New York: Russell and Russell, 1957)도 보라.

of Udolpho, 1794)에서 스릴러형식 소설의 완전한 가능성을 가장 가깝게 실현한 것으로 통상적으로 인식되기는 하지만, 일반적으로는 호레이스 월폴(Horace Walpole)[11]이 중세풍의 스릴러소설 《오트란토 성》(*The Castle of Otranto*, 1764)으로 이 장르의 기반을 닦아놓았다는 명예를 부여받고 있다. 이 소설들은 자주 중세를 배경으로 설정했기에 고딕소설이라는 명칭이 붙게 되었지만, 그 구성에서는 그 이전에 나온 대중가정소설과 별반 차이가 없었다.[12] 결정적인 추가사항이 있다면, 감정으로 충만한 강력한 분위기였다. 그런 분위기는 대체로 섬뜩한 장소의 활용과 초자연적 개입의 암시에 의해 창출되었다. 이런 장르가 독자에게 제공하는 것은 분명 즐거운 공포라는 차원이었다.[13] 이와 관련하여 헤이닝은 다음과 같이 솔직하게 그리고 웅변적으로 고백한다.

나에게 고딕소설은 늘 현실로부터의 놀라운 〔원문 그대로〕 도피, 먼 나

---

10) 〔역주〕 앤 래드클리프(Ann Radcliffe, 1764~1823)는 영국 소설가로, 고딕소설의 효시인 월폴의 《오트란토 성》(1764)이 출판되던 해에 태어났고, 자신도 고딕소설의 대표작 《유돌프의 미스테리》(1794), 《이탈리아 사람》(1797)을 썼다. 프랑스·이탈리아의 이국적 분위기를 배경으로 한 풍경과 섬세한 감수성 묘사에 뛰어나며, 기이한 줄거리로 인기를 얻었다. 월폴처럼 초자연적인 것을 좋아하는 것이 아니라 기이함도 합리적으로 묘사한 것이 특징이다.

11) 〔역주〕 호레이스 월폴(Horace Walpole, 1717~1797)은 영국의 작가이자 정치가로, 고딕소설의 선구자이다. 심미안이 뛰어난 문학애호가이자 서간문의 대가로 방대한 서간집이 있으며, 《오트란토 성》(1764)으로 유명하다.

12) 서머스(Summers)는 사람들이 가정소설을 고딕소설로 전환시킬 수 있는 방법과 관련하여 현대의 한 풍자작가를 인용한다. 사실 그것은 소재를 대체하는 과정, 이를테면 집을 성으로, 아버지를 거인으로 대체하는 것에 지나지 않는다(Summers, *The Gothic Quest*, p. 35).

13) 포스터(Foster)는 고딕소설이나 '감상적 모험동화'의 주요 목적은 독자에게 감정적 효과, 특히 눈물과 오싹함을 불러일으키는 것이었으며, 독자들 편에는 "무서운 경험에 대한 병적 갈망"이 존재했다고 지적한다(James R. Foster, "The Abbé Prevost and the English Novel" *PMLA*, 42(June 1927), 443~64와 특히 p. 443 및 p. 461을 보라).

> 라와 이상한 경험들을 통한 흥미로운 여행, 미지의 것과의 접촉, 어둠 속의 발소리, 두근거리는 심장고동, 저녁시간의 순전한 오락 같은 것이었다.[14]

이와 같은 소설들이 엄청난 인기를 끌자 출판 붐이 크게 일어 줄거리가 도용되고, 작가들은 표절하고, 기사나 여장부, 유령 등을 소재로 한 빈약한 내용의 싸구려 이야기들이 시장에 넘쳐났다. 이를 두고 헤이닝이 표현했듯이, "요람에서 무덤까지 모든 개인적 감정"이 로맨스소설이라는 문학형식을 부추겼다.

이 같은 소설장르는 비록 인기를 누리기는 했지만 공적 승인을 받지는 못했고, 작가들도 그런 소설을 쓴 것에 대해 통상적으로 사과한 반면, 독자들은 종종 그러한 소설을 해독할 만한 능력이 있다고 핑계대야만 했다. 또 때로는 자신들이 그것을 입수하기 위해 온갖 짓을 한 바로 그 책을 공개적으로 경멸하는 체하기도 했다.[15] 이 모든 것이 비록 감성이 상상에 의해 매개된 쾌락에 대한 요구를 창출하는 데 실제로 기여하기는 했지만, 그것을 탐닉하는 것은 적절한 정당성을 부여받지 못했다는 것을 시사한다.

왜냐하면 탐닉은 바로 당시 고딕소설 자체와 소설 일반, 그리고 독자대중과 그들과 연관된 기본적인 감성 모두에 대해 가해진 수많은 격렬한 공격 속에서 감정적 쾌락이 묘사되는 방식이었기 때문이다. 로저스(Rogers)는 로맨스소설이 '극단적으로' 소비될 경우 "도취약물처럼 처음에는 기분을 붕 띄웠다가 마지막에는 가라앉히는 식으로" 마음에 영향을 미친다고 주장되는 방식을 보고하며,[16] 소설독자 대중은 "그들의 타락한 상상력의 기호에 얼얼한 소스를 영속적으로 공급해줄 것을 요구한다"고 지적한 인물

---

14) Haining, *Gothic Tales of Terror*, p. 124.

15) John Tinnon Taylor, *Early Opposition to the English Novel: The Popular Reaction from 1760~1830* (New York: King's Crown Press, 1943), pp. 8~10.

16) Rogers, "The Reaction against Melodramatic Sentimentality", p. 110.

로 토머스 러브 피콕(Thomas Love Peacock)[17]을 인용한다. 물론 마약과의 유추는 아주 타당하다. 왜냐하면 쾌락에의 갈망은 그 만족과 함께 소멸되기보다는 자주 더 자극받기 때문이다. 그러나 그런 중독은 '새로운' 작품을 계속해서 입수할 것을 요구한다고 지적하는 것 역시 적실하다. 그 이유는 포스터가 지적하듯이, "감성은 강렬한 감정〔뿐만 아니라〕 새로운 것을 갈망하기 때문이다".[18] 그러므로 흥미롭게도 고딕소설과 감상주의소설의 유행에 대해 가해진 공격의 성격 속에서, 우리는 근대 소비주의 정신의 요소들로 규명해 온 바로 그 특징들 — 즉 자기환상적 쾌락에 대한 관심과 새로운 것에 대한 취향 — 을 찾아볼 수 있다. 게다가 이들 소설읽기는 중독적이어서 일종의 감정적·상상적 타락에 빠져드는 것으로 묘사되었을 뿐만 아니라 삶에 대한 일반화된 불만을 낳아 젊은 여성 — 이 같은 전후맥락에서 선택되어 언급되는 인물은 항상 젊은 여성이었다 — 들로 하여금 감상적 소설과 유사한 삶을 기대하게 만드는 것으로 묘사되기도 했다.[19]

이제 우리는 이들 소설의 소비가 세계에 대한 태도를 결정적으로 변화시키는 데 어떻게 일조했는지를 알 수 있다. 그 세계관은 전통적 생활패턴을 너무 따분하다는 이유로 거부하고, 그 결과 상상 속에서 경험할 수 있는 그런 종류의 쾌락을 추구하는 것을 특징으로 한다. 몇몇 풍자작품들은 소설읽기 관행을 겨냥하여, 소설과 흡사한 생활을 하려는 어린 소녀들의 어리석음을 중점적으로 묘사하고 있으며,[20] 소설이 대체로 젊은 여성을

---

17) 〔역주〕 토머스 러브 피콕(Thomas Love Peacock, 1785~1866)은 영국의 소설가이자 시인으로, 특이한 공상소설과 사회풍자소설을 주로 썼다. 작품으로는 《악몽의 수도원》, 《엘핀의 불행》 등이 있다.

18) Foster, "The Abbé Prevost and the English Novel", p. 453.

19) Taylor, *Early Opposition to the English Novel*, pp. 62~75 곳곳 그리고 Rogers, "The Reaction against Melodramatic Sentimentality", pp. 110~11을 보라.

20) 이에 대한 훌륭한 예로는 "Polly Honeycombe" in Richard W. Bevis (ed.), *Eighteenth Century Drama: Afterpieces* (London: Oxford University Press, 1970), pp. 137~61을 보라.

가사의무에 부적합하게 만들고, 부모와 윗사람들에게 무례하게 만들며, 자신의 사회적 위치에 불만을 품게 하고, 또 일반적으로 자신이 달성할 수 없는 것을 추구함으로써 "영웅이 되고자"[21] 하게끔 한다고 비난받고 있음을 폭로한다. 이것 말고도 예측할 수 있는 비난은 소설이 비도덕성을 조장하고 "음모술의 무언의 교사"로 작동한다는 것이다.[22] 테일러(Taylor)가 지적하듯이,

> 그 같은 엉뚱한 환상에 사로잡힌 여성은 늘 소수였다. 그러한 환상은 대략 18세기 순회도서관의 단골손님인 소녀들이 유발한 것으로 인식되었다. 인쇄된 소설 구절이 욕구불만을 부추기고 그것에 저항할 수 없게 만든다고 생각되었다. 그것이 "상상력을 자극하여" 젊은 여성들로 하여금 평범한 경우보다는 색다르고 기이한 것을 기대하게 했을 수도 있다.[23]

이것은 분명 자기환상적 쾌락주의의 탐닉이 세상에 대한 불만감과 꿈의 실현에 대한 일반화된 갈망 모두를 창출하는 과정을 묘사한 것으로 인식될 수 있다. 그럴 경우, 소설읽기가 18세기 후반기에 발생한 전통주의와의 결정적 단절을 이끈 주요한 요소 중의 하나일 가능성이 아주 커 보인다.

감성이 만발한 낭만주의로 진화한 것은 적어도 부분적으로는 감정철학에 대한 비방자에 맞서 그것을 방어해야 할 필요가 있었기 때문으로 파악할 수 있다. 하지만 이것은 진심의 가치와 예의를 과도하게 연계시키고자 하는 시도이다. 왜냐하면 그 같은 윤리가 위선, 가장, 고통에 대한 무관심 그리고 잔학성까지 부추긴다는 비난은, 실제로 이것들이 '진정한' 감성의 산물이 아니라 오히려 인습적 기대가 지배하는 행동의 결과라는 주장만으로도 역공받을 수 있기 때문이다. 그러므로 만약 사람들이 정직하고자 한

---

21) Taylor, *Early Opposition to the English Novel*, p. 62; Rogers, "The Reaction against Melodramatic Sentimentality", p. 106.

22) Taylor, *Early Opposition to the English Novel*, p. 65.

23) Ibid., p. 69.

다면, 그리고 자신이 느끼지 못한 것을 가장하지 않고 자연스런 감정에서 직접 우러나오는 대로 행동한다면, 그런 바람직하지 못한 태도는 생겨나지 않을 것이다. 오직 관습과 에티켓을 감정적 감성과 선행의 원천으로 삼음으로써 감정적 민감성과 선행 간의 연계를 유지하는 주장은 바람직하지 않다. 그 결과 그러한 주장은 '자신'과 '사회'를 ('국외자'일 수밖에 없는 누군가로 정의되는) 진정한 감성을 지닌 사람과 대비하는 것으로 귀결된다. 따라서 댄디가 진심에 대한 예의의 승리를 표상하는 것처럼, 낭만주의자들(그리고 특히 낭만적 보헤미안들)은 그 반대를 표상하게 된다.

이런 전개양상은 당시의 대중소설 속에서도 살펴볼 수 있다. 그러한 소설들에서 어김없이 젊은 숙녀들은 마침내 자기 꿈을 성공적으로 실현하기에 앞서 그 활발한 성격과 섬세한 감성 때문에 '사회'에 의해 '고통 받을' 수밖에 없는 존재로 묘사된다.[24] 하나의 테마로서 그것은 '사악한' 사회에 대항되는 '성스러운' 개인이라는 청교도적 견해의 소리 없는 메아리처럼 보이는가 하면, 또한 저주받은 시인(*poete maudit*)[25] 또는 "감성이라는 모호한 재능 — 그 시인을 타고난 재능을 지닌 운명 때문에 자신이 추방당한 사회의 다른 성원들보다 더 축복받는 동시에 더 저주받게 만드는 — 을 부여받은" 시인이라는 순전히 낭만주의적인 관념을 예기한다.[26] 동시에 이처럼 전통과 인습의 절대적 힘 앞에 머리 숙이기를 거부하는 것은, 자신이

---

24) Rogers, "The Reaction against Melodramatic Sentimentality", pp. 101~2.

25) 〔역주〕 저주받은 시인은 문학비평에서 근대사회의 추방자인 시인을 가리키는 말이다. 근대사회의 통치자들은 그들의 정신적 공허함을 꿰뚫어 보는 시인의 통찰력을 두려워하여 시인을 싫어하고 배척한다. 저주받은 시인이라는 말은 폴 베를렌이 《저주받은 시인》(*Les Poètes maudits*, 1884)이라는 책에서 처음 사용했다. 이 책은 당시 거의 알려지지 않은 상징파 시인들인 트리스탕 코르비에르, 마르슬랭 데보르드 발모르, 빌리에 드 릴 아당, 스테판 말라르메, 아르튀르 랭보 등의 비극적인 삶에 초점을 맞추어, 그들에 대한 평론과 전기를 모은 책이다(《브리태니커 백과사전》에서 인용).

26) M. H. Abrams, *The Mirror and the Lamp: Romantic Theory and the Critical Tradition* (New York: Oxford University Press, 1953), p. 103.

감성을 지닌 사람임을, 즉 가장이나 위선을 결코 허용하지 않는 열정적이고 격렬한 성격을 소유한 사람임을 보여주는 설득력 있는 증거로 간주되었다. "사랑하지 않는 남자와 풍요롭게 살기보다는 자신이 부채모양의 산을 그려서 벌어들인 보잘 것 없는 수입으로 다락방에서 근근이 살아가는 것을 더 좋아하는 가난한 딸들"27) 같은 로저스가 제시한 흥미로운 예에서처럼, 소설은 재차 이 같은 방식으로 가끔은 부모의 권위에 반항함으로써 자신의 진심을 입증하는 젊은 여주인공을 빈번히 소재로 삼고 있다. 그리하여 징표교리 상에서 한 번 더 미묘한 변화가 일어나는 가운데, 한 개인의 진정한 감성은 감정적 감수성의 직접적 표출에 의해 인정받는 것만큼이나 인습에 대한 도전에 의해서도 정당함을 인정받게 되었다.

하지만 이 같은 논증노선은 몇 가지 난점을 낳는다. 그 이유는 인간에 대한 인간의 잔학행위의 책임을 질서정연한 사회적 교류를 위해 실제 감정을 억누르는 경향 탓으로 돌림으로써, (의례, 규범, 제도 등을 갖춘) 전체 사회적 삶의 정교한 구조의 상당 부분이 개인들에게 '바람직하지 못한' 영향을 미치는 것으로 판단하게 할 가능성이 크고, 그리하여 감성의 철학을 점점 더 "세상을 거부하는" 입장으로 몰고 나가기 때문이다. 이는 다시 그 같은 거부를 정당화하는 데 사용할 수 있는 정신적 가치들의 전거를 필요로 한다. 이 문제는 그러한 감성을 실제로 어떻게 극복할 수 있을까 하는 풀리지 않는 문제와 직접적으로 연결되어 있다. 왜냐하면 만약 관습이 사람들의 행위를 지시하지 않는다면 사람들은 서로 무관심하거나 잔인하게 대하지는 않을 것이라고 주장하는 것은, 분명 모든 사람이 천부적으로 밝고 명랑한 감성을 부여받았다고 전제하기 때문이다. 그러나 그것이 물론 실제로 사실이라 하더라도, 어째서 사람들이 애당초 관습적으로 행동하게 될 수 있었는지를 이해하기는 어렵다. 따라서 하나의 새로운 매개체를 사람들의 무감각을 극복하는 힘으로 불러내는 것과 함께, 일부 다른 요소들을 그들의 무감각의 직접적 원인으로 규명할 필요가 있다. 그리고 합리적

---

27) Rogers, "The Reaction against Melodramatic Sentimentality", p. 101.

인 공리주의적 에토스를 그것을 방해하는 힘으로 보는 반면 예술 그리고 좀더 특별하게는 상상능력을 해방자로 선언하는 것이 이 문제를 푸는 방법이다. 하지만 이 같은 문화변동이 어떻게 발생했는지를 정확히 평가하기 위해서는, 18세기 말과 19세기 초 서구사회에서 일어난 광범한 변동의 일부를 이해할 필요가 있다.

이 시기에 발생한 가장 결정적인 두 사건은 프랑스혁명과 산업혁명이다. 우리는 이 두 혁명을 편의상 동일한 단일 격변의 부분으로 간주할 수 있다. 이 격변을 통해 중간계급은 주도적인 사회경제적 집단으로서의 귀족계급을 근대사회에서 몰아냈다. 이 같은 사회성격의 급격한 변화는 처음에는 낭만주의자 1세대에 의해 열광적으로 환영받았지만〔"그날 아침에 살아있다는 것은 축복이었다"는 워즈워스의 시구(詩句)는 이를 증명한다〕, 곧 새로운 기회를 제시하는 것뿐만 아니라 새로운 위협을 제기하는 것으로도 인식되었다. 계속되는 각성의 분위기 속에서, 18세기를 특징짓던 귀족과 부르주아 간의 문화적 분열보다도 중간계급 내부의 분열이 더 중요해졌다.

구(舊) 귀족계급의 쇠락과 상인 및 사업가계급의 현저한 부상은, 귀족에 대한 감상주의적 비판 — 감정적 금욕주의, 경박한 방종, 그리고 정신적 깊이가 없음을 감추고 있는 오만함을 고발하는 — 이 점차 부적절해지고, 감성의 진짜 적(敵)은 벼락부자의 무정한 공리주의적 속물주의에 있다고 인식하게 되었다. 따라서 문화적 위기감이 깊어감에 따라 공격의 초점이 더 큰 위협에 대처하는 것으로 이동하는 한편, 예전의 적에 대한 향수에 젖어드는 경향도 등장했다. 그 결과 감상주의자들은 도덕적 · 지적 · 정신적 지도력을 스스로 주장할 기회를 잡았고, 그와 함께 서민과 일반 대중을 멸시하는 옛 엘리트의 입장을 받아들이고, 자신들이 전체 사회에 관한 법률을 제정할 권리가 있음을 주장했다. 이 같은 재설정된 문화적 전선(戰線)은 근대산업사회의 문화에 장기적으로 심대한 영향을 미치게 되었다. 왜냐하면 이제 진정한 감성으로부터 나오는 행위를 사회가 요구하는 행위 — 냉정하고 비인격적인 경제적 힘의 영역으로 규정되는 — 와 명시적으로 대치시키는 것이 가능해졌기 때문이다. 따라서 이제 인습에 도전하는 행위는 더 나은 세계를 위해 일격을 가할 뿐만 아니라 한 개인의 감성과 진정한 귀족계급의 성원임을 입증하는 데에도 기여할 수 있게 되었다.

낭만주의

유럽의 낭만주의 운동이 흔히 '원초적 낭만주의자'(*proto-romantics*)로 묘사되는 스턴과 맥켄지 같은 문필가와 함께 18세기 감상주의에서 발전되었다는 점과 루소나 청년 괴테 같은 공인된 낭만주의자들이 감성예찬의 주요 인물로 간주된다는 점은 이제 널리 받아들여지는 사실이다. 실제로 이 둘 간의 중첩이 충분히 인정될 경우, 낭만주의가 감상주의를 특징짓는 관념과 태도의 대부분을 구체화하고 있으면서도 유의미한 방식으로 그것들을 수정하고 또 그것들에 다른 것들을 덧붙이고 있으며 따라서 청교도정신에까지 거슬러 올라가는 본질적으로 경건주의적인 감정기류를 한층 더 진전시킨 것이라고 주장하는 것은 이치에 맞게 된다. 낭만주의가 감정성을 중시하는 대중운동, 감각적인 것과 섬뜩한 것에 대한 열망 그리고 그뿐 아니라 널리 연구된 엘리트의 지성주의와 관념론 모두를 포괄하는 것으로 인식될 때, 그것은 더욱 분명해진다.[28] 그리하여 낭만주의를 규정하는 것은 고사하고 그 윤곽을 그리는 문제까지도 문화사가들에게는 매우 곤란하고 골치 아픈 문제가 되었다. 하지만 용감한 또는 무모한 사회학자는 그런 난점들을 먼저 고려하지 않은 채 이 중요한 운동의 성격을 어떤 식으로든 명확하게 규정하려 들지도 모른다.

낭만주의를 규정하는 것이 특히 문제가 될 수밖에 없는 데에는 세 가지 그럴 만한 이유가 있다. 첫째로, 낭만주의라는 현상은 거의 한 세기에 걸쳐 유럽 전역에서 일어난 사회적 태도 및 행동의 변화와 함께 지적 및 문화

---

28) G. S. R. Kitson Clark, "The Romantic Element 1830~1850", in J. H. Plumb (ed.), *Studies in Social History: A Tribute to G. M. Trevelyan* (London: Longmans, Green, 1955), p. 90.

적 삶의 거의 모든 분야에서 전개되었다. 둘째로, 쏘어슬레브(Thorslev)가 지적하듯이,[29] 낭만주의는 정의하기가 특히 어려웠다. 왜냐하면 20세기 첫 10년 동안 제시된 가장 유력한 정의들이 그것에 대한 적대자들, 특히 어빙 배빗(Irving Babbitt), 흄(T. E. Hulme), 엘리엇(T. S. Eliot)에 의해 정식화된 것이기 때문이다. 그 결과 많은 후속 논쟁들은 낭만주의를 정의하는 것만큼이나 그것을 옹호하는 것과도 관련되었다. 셋째로, 낭만주의는 당연히 하나의 통일된 관념체계이기보다는 오히려 하나의 충동으로, 그리고 더 나아가 혼돈을 향한 하나의 충동으로도 제시될 수 있다. 그러므로 논리적으로 보면, "낭만주의에 대한 배타적 정의는… 전혀 낭만적이지 않을" 뿐만 아니라, "만약 낭만주의의 하나의 중요한 측면이 반항정신이라면, 낭만주의에 반항하는 것 역시 낭만적일 수 있다".[30] 이런 주장들을 염두에 둘 때, 러브조이 못지않은 권위자가 낭만주의에 대해 단일한 통일된 정의를 내리는 것은 전혀 불가능하다고 결론을 내리고, 그리하여 우리는 하나의 낭만주의가 아니라 복수의 낭만주의에 대해 말해야 한다고 주장한 것은 결코 놀랄 일이 아니다.[31]

---

29) Peter L. Thorslev Jr, "Romanticism and the Literary Consciousness", *Journal of the History of Ideas*, 36 (July-September 1975), no. 3, 563～72, 특히 p. 563을 보라.

30) Kenneth B. Klaus, *The Romantic Period in Music* (Boston, Mass.: Allyn and Bacon, 1970), pp. 13～14. 바우머(Baumer)가 그러하듯이, 혹자는 낭만주의자들은 불가사의하고 찬양받는 역설을 좋아하는 까닭에 그들이 무엇에 대해 말하고 있는지를 알기가 늘 쉽지 않다고 지적할 수도 있다〔Franklin L. Baumer, *Modern European Thought: Continuity and Change in Ideas 1600～1950* (New York: Macmillan, 1977), p. 269를 보라〕.

31) Arthur O. Lovejoy, "On the Discrimination of Romanticisms", *PMLA*, 39 June 1924), 229～53, *Essays in the History of Ideas* (New York: George Braziller, 1955)에 재수록됨. 바우머가 지적하듯이, 러브조이는 나중의 저작 《존재의 대사슬》〔*The Great Chain of Being: A Study of the History of an Idea* (Boston, Mass.: Harvard University Press, 1936)〕에서 이 입장을 수정한 것으로 보인다(Baumer, *Modern European Thought*, p. 269).

이 같은 판단은 지금은 지나치게 비관적인 것으로 보이지만, 당시에도 그것을 받아들이지 않는 학자들이 있었다. 그중에서 눈에 띄는 학자가 르네 웰렉(René Wellek)이다. 그는 낭만주의는 예술에서는 신화와 상징주의로, 철학과 역사에서는 유기체론으로, 그리고 모든 것들 속에서는 창조적 상상력으로 인식할 수 있다고 주장했는가 하면,[32] 다른 권위자들, 특히 모스 펙햄(Morse Peckham)[33]과 리맥(H. H. Remak)은 그의 발자국을 따라 이 파악하기 힘든 현상에 대해 그들 나름의 정의를 제시했다. 퍼스트(Furst)가 주장한 것처럼,[34] 원래의 난점 중 일부는 관련 준거영역들—사람들이 이를테면 낭만주의를 하나의 원형적 현상이나 역사적 현상으로 언급하든 아니면 좀더 협소하게 미학적 현상으로 언급하든 간에—을 명확하게 구분하지 못한 데서 연유한다. 왜냐하면 만약 그렇게 하는 데에 주의를 기울일 경우, "'낭만주의'가 지닌 함의와 연관되어 있는 광범하고 독특하고 상당히 동시적인 사유, 태도, 신념의 유형이 서유럽에 존재한다는 것을 적시하는 증거가 매우 많이 있다"[35]는 리맥의 결론을 받아들일 수 있을 것으로 보이기 때문이다.

홀스테드(Halsted)는 퍼스트가 주장하는 종류의 구분을 슬기롭게 활용하며, 낭만주의를 "일반적 세계관" 또는 "인간이 직면하는 주요 문제들에 답하는 방식"이라고 넓은 의미로 파악한다.[36] 보다 구체적으로 그는 낭만

---

32) 여러 간행물에 개관되어 있는 웰렉의 입장은 Thorslev, "Romanticism and the Literary Consciousness", p. 563에 이런 형태로 요약되어 있다.

33) Morse Peckham, "Toward a Theory of Romanticism", *PMLA*, 66 (March 1951), 5~23, 그리고 *Beyond the Tragic Vision: The Quest for Identity in the Nineteenth Century* (New York: Braziller, 1962).

34) Lilian R. Furst, *The Contours of European Romanticism* (London: Macmillan, 1979), p. 2.

35) H. H. Remak, "West-European Romanticism: Definition and Scope", Newton P. Stallnecht and Horst Frenz (eds), *Comparative Literature: Method and Perspective* (Carbondale, Ill.: Southern Union University Press, 1961), pp. 223~59, 특히 p. 226을 보라.

36) John B. Halsted (ed.), *Romanticism* (New York: Walker, 1969), p. 2.

주의를 "지적 관심의 전 영역 속에서, 즉 물론 예술 속에서 (그리고 내 생각으로는 똑같은 중요하고 새로운) 종교, 역사, 정치 속에서 서로 연관되어 있는 유사한 관념과 태도들 — 그리고 그것들로부터 파생된 서로 연관된 형태의 행동들 — 을 지칭하기 위한 명칭"[37] 으로 파악한다. 이 같은 관점에서 볼 때, 낭만주의는 르네상스 또는 그 직전의 계몽주의와 마찬가지로 하나의 일반 문화운동이다. 좀더 협소하게는 낭만주의를 통상적으로 사람들이 고전주의나 사실주의에 대비시키는 미학이론과 연관된 예술 및 취향의 한 유형을 나타내는 명칭으로 볼 수도 있다. 끝으로, 혹자는 퍼스트가 주장하듯이, 모든 사회에는 '낭만적' 기질을 드러내는 몇몇 개인들이 존재했으며, 이런 특질이 18세기 말과 19세기 초에 '전염병처럼' 표출되었다고 주장할지도 모른다.[38]

하나의 역사운동으로서의 낭만주의는, 영국, 독일, 프랑스 중 어느 나라를 고려대상으로 삼는가, 그리고 철학, 정치학, 문학, 회화, 음악 중 어디에 초점을 맞추느냐에 따라 그 정확한 연대는 다르지만, 대체로 1790년에서 1830년 사이에 크게 진전된 것으로 규명되었다.[39] 또한 낭만주의는 흔히 계몽주의에 대한 반발로 간주되며, 이사야 벌린(Isaiah Berlin)이 낭만주의를 "유럽사상의 근간을 균열시킨 의식상의 변화"를 상징하는 것으로 묘사한 것도 바로 이런 맥락에서이다.[40] 이 견해는 틀린 것은 아니지만, 낭만주의 운동 역시 계몽주의"로부터 성장했다"는 인식에 의해 보완될 필요가 있다.[41] 존 스튜어트 밀(John Stuart Mill)의 표현으로, 그 같은 반

---

37) Ibid.

38) Furst, *The Contours of European Romanticism*, p. 5.

39) 예컨대 러브조이는 영국 낭만주의의 기원을 1740년대로 추정하는 반면("On the Discrimination of Romanticisms", p. 241), 클라우스(Klaus, *The Romantic Period in Music*)는 낭만주의가 종결되는 시점을 1820년에서 1920년 사이로 본다. 셍크(Shenck)는 유럽의 다른 대부분의 나라에 대해 상세히 설명하고 있다. H. G. Shenck, *The Mind of the European Romantics: An Essay in Cultural History* (London: Constable, 1966)을 보라.

40) Lilian R. Furst, *Romanticism* (London: Methuen, 1969), p. 27에서 인용.

발은 "18세기의 편협성에 대항하는" 것,[42] 다시 말해 합리주의문화와 그것이 창출한 경험주의적 및 물질주의적 사고방식에 대항하는 것이었다. 뉴턴의 발견물이 이러한 '편협성'을 성공적으로 예증하는 것으로 간주되었고, 그리하여 그는 특히 거부대상이 되었다. 왜냐하면 그의 철학은 세상을 미몽에서 깨어나게 하고 모든 삶을 기계의 지위로 환원시켜 "천사의 날개를 꺾어버렸기" 때문이다. 그런 경험의 '해체'는 '살인'과 다를 바가 없는 것으로 판단되었으며, 동시에 그런 접근방법을 사회적 및 경제적 삶에 적용하는 것은 비인간적이고 계산적인 이기주의를 조장하는 것으로 간주되는 공리주의로 귀착되었다.

이 같은 세계관에 대항하여, 실제로는 그것의 한 교정책으로서, 낭만주의자들은 '동적 유기체론'(*dynamic organicism*)[43]의 철학을 설파했다.[44] 그것은 기계의 은유를 성장의 은유로 대체하고, 그리고 동일과정설, 보편주의, 합리주의의 가치를 변화, 다양성, 개성, 상상력의 가치로 대체한다. 하지만 낭만주의가 실제로 하나의 철학으로까지 제시된 것은 아니다. 그것은 오히려 쉽게 체계화되지 않는 감정의 한 양식일 뿐이다. 그래서 낭만주의는 비록 피히테나 쇼펜하우어, 셸링 같은 저명한 철학자를 가지고는 있지만(그리고 또한 실존주의나 현상학 같은 후일의 철학체계에 기반을 제공하기도 했지만), 하나의 철학으로서 적절한 명칭을 부여받지 못했다. 고드프루아-드몽빈(Gauderfroy-Demombynes)이 표현하듯이, "낭만주의는 하나의 감정상태, 즉 감성과 상상력이 이성을 지배하는 마음의 상태이며, 그것은 새로운 것을 지향하고, 개인주의, 반항, 도피, 우울, 공상을 지향하는 경향이 있다."[45] 이 같은 감정상태의 또 다른 전형적인 특징들

---

41) Baumer, *Modern European Thought*, p. 268.

42) Ibid., p. 270.

43) 이는 모스 펙햄의 표현이다("Toward a Theory of Romanticism", pp. 11~12를 보라).

44) 〔역주〕 러브조이(Arthur O. Lovejoy)는 낭만주의시대를 통해 '정적 기계론'(*state mechanism*)에서 '동적 유기체론'(*dynamic organism*)으로 세계관이 이행했다고 파악한다.

로는 현대세계에 대한 불만, 세상사에 대한 끊임없는 걱정, 이상한 것이나 진기한 것에 대한 호감, 공상과 몽상하기의 즐김, 신비주의에 의지하기, 비합리적인 것의 찬양 등을 들 수 있다.[46]

낭만주의적 신정론

비록 낭만주의 철학을 규명하는 것이 어렵기는 하지만, 대부분의 낭만주의자들이 공유하던 전반적인 '신정론' 또는 형이상학적 패러다임을 묘사하는 것은 여전히 가능하다. 이것은 복음주의 프로테스탄티즘의 정신 — 즉 두 사상조류를 통일시키는 촉매제로 기능하는 예술이 갖는 고취능력과 벌충능력에 대한 믿음 — 에 의해 고취된 감상주의적 이신론에서 연유하는 것으로 가장 잘 파악된다. 그러므로 그것은 계몽사상, 그리고 보다 구체적으로는 기독교사상의 다소 특별한 혼합물이다. 이미 우리는 영국 중하층 계급과 노동계급 사이에서는 보다 전통적 신념이 잔존하는 반면, 중간계급의 부유층들은 어떻게 해서 합리주의보다는 감상주의에 의거하여 이신론을 재해석했는지를 살펴보았다. 후일 감상주의의 쇠퇴와 감리교가 창안한 종교부흥의 분위기는, 부르주아문화의 이 두 조류가 다시 한 번 결합하여 날로 세력이 커지던 회의주의적인 공리주의적 사고방식에 공동으로 대항하기에 적합한 환경을 제공했다.

초기의 신정론들과 비교할 때, 낭만주의를 특징짓는 것은, (비록 사랑을 무시하지는 않지만) 창조성이라는 특성을 일차적으로 강조하면서, 신성

---

45) J. Gaudefroy-Demombynes, "The Inner Movement of Romanticism", in Anthony Thorlby (ed.), *The Romantic Movement* (London: Longmans, 1966), pp. 188~142, 특히 p. 138을 보라.

46) 이런 태도들을 예시하고 있는 문헌으로는 Anthony Thorlby (ed.), *The Romantic Movement* (London: Longmans, 1966), Part Two, pp. 145~61을 보라.

한 것 자체를 더 이상 하나의 지명된 인격적 신으로 제시하지 않고 초자연적 힘 — 자연세계에 널리 존재하면서도 하나의 독특하고 개인화된 정신의 형태(즉 그의 '타고난 자질'의 형태)로 각 개인에게도 존재하는 — 으로 제시한다는 사실이다. 이것은 서로 긴밀하게 연관된 두 가지 형태의 종교적 신념을 낳았다. 즉 자연 전체와 관련된 범심론적 신비주의(*pan-psychic mysticism*) 또는 범신론(*pantheism*)[47]이 구원과 구제가 자신의 범위 내에서 일어나는 순전히 인간적인 드라마와 결합했다. 에이브럼스(Abrams)는 낭만주의의 이 후자의 특징을 '생정론'(*biodicy*) 또는 '개인적 삶의 신정론'이라고 지칭하는데,[48] 이것은 '자연-자의식-상상력이라는 새로운 3원 도식'[49]과 융합된 것이기는 하지만, 낙원-타락-구제라는 전통적인 기독교적 도식에 크게 기대고 있음이 분명하다. 실제로 신정론의 이 두 차원은 서로 중첩되고 뒤섞이면서, 한편으로는 개인이 내성적 신비주의로 퇴각하고 다른 한편으로는 구제의 드라마가 사회 — 비록 세계 전체는 아니지만 — 로 투사되는 경향을 불러일으켰다.

그 같은 신정론은 예술과 예술가를 삶의 무대 중앙으로 옮겨놓는다. 실제로 버트런드 러셀(Bertrand Russel)의 지적처럼, 낭만주의적 세계관이 일반적으로 공리주의적 가치를 미학적 가치로 대체했기에, 우리는 그것을 생의 철학(*philosophy of life*) 속으로 외삽된 예술이론으로 온당하게 묘사할 수 있다.[50] 하지만 낭만주의적 미학관은 정통 신고전주의뿐만 아니라 당

---

47) 〔역주〕 범신론은 우주를 하나의 전체로 보고 그것을 신으로 보는 교리를 말한다. 즉 신이란 없고 그 대신 현존하는 우주 안에 나타나 있는 실재·힘·이법(理法) 들의 총합이 있을 뿐이라는 교리이다. 범신론에는 몇 가지 유형들이 있는데, 의식이 전체로서의 자연으로부터 기인한다고 보는 범심론(汎心論 *panpsychism*), 세계는 현상에 불과한 것이며 궁극적인 비실재라고 해석하는 비우주적 범신론(*acosmic pantheism*), 합리적인 신플라톤주의적(유출론적) 범신론, 직관적이고 신비주의적인 범신론이 있다. (《브리태니커 백과사전》)

48) Thorslev, "Romanticism and the Literary Consciousness", p. 566에서 인용함.

49) 이는 제프리 하트만(Geoffrey Hartman)의 표현으로, Thorslev (ibid.)에서 인용했다.

시 널리 유포되던 중간고전주의의 형태와도 달랐다. 즉 그것은 미학적인 것과 윤리적인 것을 등치시키고 '취향'개념을 사용하여 그 두 가지를 통합시키는 것으로 지적되었다. 하지만 이 같은 능력이 어떤 정신적 지각력을 수반하는 것으로 가정되지는 않았다. 왜냐하면 그것은 여전히 모호한 합리주의적 신학 속에 갇혀 있었기 때문이다. 그 결과 '취향'은 이성의 능력과 직접적으로 대립하지는 않았다. 하지만 지나치게 협소한 합리주의에 대한 계속되는 반발과 함께, 그리고 복음주의정신이 감성과 합체되면서, '취향'의 주요 속성은 신성한 진리의 본성을 탐구하는 능력으로 전환되었고, '상상력'의 라벨을 갈아 붙였고, 미학적인 것을 윤리적인 것보다는 정신적인 것과 연계시키는 데 이용되었다. 그 결과 미에 대한 인식은 특권 있는 통찰력의 획득과 연계되었고, 예술적 창조성은 원래 그것을 발로시킨 초자연적 영감이라는 예언적 전통으로 되돌아갔다.[51]

낭만주의자들은 정통 종교에 대한 그리고 특히 그 전통적 형태 속에서 나타나는 계시에 대한 회의적 태도에 물들어 있다는 점에서 계몽주의의 자손이며, 그런 의미에서 의혹은 그들의 경험을 보여주는 근본적인 지표이다. 동시에 그들은 이신론을 특징지어온 자연과 종교적 진리의 연계관계를 여전히 당연시했다. 또한 그들은 인간이 자연 밖에서 자연을 직접 관찰하거나 자연 내부에서 자연을 성찰적으로 여행함으로써 신성을 발견할 수 있다고 가정하는 경향이 있는가 하면, 그런 방식을 통해 도달한 결론들에서 나타나는 불일치를 궁극적으로는 문명이 주제넘게 개입한 결과로 간주한다. 게다가 그들은 라이프니츠의 신정론으로부터 자연적인 것과 선한

---

50) Bertrand Russell, *A History of Western Philosophy: And its Connections with Political and Social Circumstances from the Earliest Times to the Present Day* (London: Allen and Unwin, 1946), p. 707.

51) 시적 영감과 초자연적 홀림이 결합하는 전통적 방식에 대해서는 Abrams, *The Mirror and the Lamp*, p. 189를 보라. 베버 또한 그것에 대해 언급하고 있으나, 도리어 예언적 종교와 예술은 필연적으로 대립하고 서로 화합할 수 없다고 가정하는 경향이 있다(Max Weber, *The Sociology of Religion*, trans. Ephriam Fischoff 〔London: Methuen, 1965〕, pp. 244~5를 보라).

것을 등치시키는 경향을 물려받았고, 그리하여 육신과 정신을 대립시키는 종래의 기독교적 이원론을 거부했다.

하지만 자연을 인간과 세상에 보편적이고 균일하고 '합리적인' 것으로 보는 계몽주의적 '자연'개념과는 대조적으로, 낭만주의자들은 이 용어를 "가장 자연발생적이고, 미리 계획되어 있지 않고, 성찰이나 구상에 의해 영향을 받지 않고, 사회적 관습의 구속으로부터 자유로운" 타고난 속성을 의미하거나 아니면 "인간의 노력과 계획과는 무관하게 생성되는 우주의 부분들을" 의미하는 것으로 해석했다.[52] 따라서 그들은 초자연적인 것을 자연적인 것 속에 '침하시키는' 대신에 자연적인 것을 초자연적인 것의 지위로 '끌어올리게' 되었고,[53] 그렇기에 에이브럼스가 강조했듯이, '자연적 초자연주의'(*natural supernaturalism*)는 그들의 종교적 신념을 가장 잘 지칭한다.[54] 물론 이것은 성장의 은유 및 유기체론적 관념의 사용을 중점적으로 강조하는 것과 일치하며, 필연적으로 인위적인 것 — 세상 속에서건 인간 자체 속에서건 — 은 악을 극복하는 것으로 조명되었다.

낭만주의자들은 또한 계몽주의의 특징인 개인주의를 강조했지만, 여기서도 역시 그들은 그 개념으로부터 다소 새로운 뭔가를 만들어냈다. 왜냐하면 그들의 개인주의는 '양적' 개인주의이기보다는 '질적' 개인주의로, 그 교의는 모든 인류가 공유하고 있는 특징보다는 한 개인이 가진 독특성 또는 특이성을 강조했다.[55] 따라서 자아를 본질적으로 신성하고 독특한 '창

---

52) 이는 아서 러브조이의 표현으로, Abrams, *The Mirror and the Lamp*, p. 198에서 인용했다.

53) 이는 칼라일(Carlyle)의 표현이다(Baumer, *Modern European Thought*, pp. 275~6을 보라).

54) M. H. Abrams, *Natural Supernaturalism: Tradition and Revolution in Romantic Literature* (New York: W. W. Norton, 1971).

55) 질적 개인주의 개념과 양적 개인주의 개념의 대비는 짐멜에서 연유하지만〔Georg Simmel, *The Sociology of Georg Simmel*, ed. Kurt H. Wolff (New York: Free Press, 1964, p. 81을 보라〕, 독특성과 특이성을 언급한 인물은 솅크(Shenck)이다(*The Mind of the European Romantics*, p. 21).

조적' 자질로 바라보는 그들의 관념은, 각 개인의 자결권을 강조하는 계몽주의 정치철학의 측면을 받아들이면서도 그것을 대체로 '자아표현' 또는 '자기발견'의 권리로 해석한다는 것을 뜻했다.

어떤 점에서는, 이것은 창조성은 신성을 가장 큰 특징으로 하는 능력이라는 견해로부터 논리적으로 도출되었다. 왜냐하면 '창조적' 능력은 새롭게 만들어진 것일 뿐만 아니라 색다른 것이기 때문이다. 그러므로 새로운 것은 참신한 것과 등치되며, 개인이 문화적 창조물을 만들 수 있는 능력은 그 개인의 개성과 일치한다. 그 결과 낭만주의자들은 자신의 상상력만큼이나 자기 자신이 지닌 독특한 자질에도 매혹되었다. 이것이 바로 루소가 《고백록》(*Confession*) 에서 분명하게 드러낸 관심사였다.

> 나는 나의 동료들 앞에서 천성 및 나 자신인 인간에 관한 모든 진실 속에서 나타나는 인간의 초상을 제시하고자 한다. 나는 다만 나일 뿐이다! 나는 내 마음의 감정을 안다. 그리고 나는 인간을 안다. 나는 내가 본 어떤 다른 사람도 같게 만들어지지 않는다. 나는 세상에 존재하는 어떤 다른 사람과도 같지 않다고 감히 생각한다. 비록 내가 다른 사람보다 낫지는 않을지라도, 적어도 나는 다른 사람과는 다르다.[56]

이 같은 태도가 개성 — 에고티즘(*egotism*) 이나 거의 마찬가지인 — 에 대한 관심으로 이어지거나 자신에 대한 자부심과 타고난 재능이 나르시시즘으로 발전할 수도 있다는 점을 우리가 알게 된다고 하더라도, 그것은 그리 놀랄 일이 아니다. 왜냐하면 풀레(Poulet) 가 지적하듯이, "낭만주의자는 자신을 중심으로 생각하는 사람"[57] 이기 때문이다. 하지만 그들이 이 중심

---

56) Howard Mumford Jones, *Revolution and Romanticism* (Cambridge, Mass. : Harvard University Press, 1974), p. 233에서 인용. 존스(Jones) 는 또한 계속해서 "낭만주의가 근대성에 기여한 위대한, 즉 독특한 공헌은 모든 인간은 독특하고 자율적인 실체라는 점을 강조한 것"이라고 지적한다(p. 463).

57) G. Poulet, "Romanticism", pp. 40~2 in Thorlby (ed.), *The Romantic Movement*, p. 40.

의 중심에 있는 것으로 발견하곤 했던 것은 무의식적인 심적 상태였다.[58] 이것이 창조성의 원천에 대한 탐색이 도달하곤 했던 지점이었으며, 그들이 (자신들의 철학에 부합하게) 자신들에게 독특한 것이라고 매우 믿는 경향이 있던 것, 즉 자아라는 사적 우주의 바로 그 중심을 이루는 것이었다. 이것이 바로 인간 내부에 존재하는 활력, 즉 이드(*id*)라는 열정과 자극으로, 이는 모든 사유와 감정과 행위의 궁극적 원천으로, 곧 상상력이 위치하는 바로 그 자리로 간주되게 되었다. 만약 이것이 완전한 표현의 자유를 부여받을 수 있다면, 각자는 분명 신처럼 될 것이다.[59]

길(Gill)은 좀더 독특한 프로테스탄트의 사유 및 감정 전통이 낭만주의에 어떠한 기여를 했는지에 대해 논의한 바 있다. 그는 웨슬리식 감리교가 영국 낭만주의 운동에 "숨어 있는 활력의 원천"을 제공했다고 주장했다.[60] 그는 낭만주의는 단순한 문학현상이 아니라 전반적인 문화적 르네상스라고 지적하면서, 그것이 시간과 장소 모두에서 또 다른 위대한 정신적 각성과 중첩되어 동시적으로 발생한 사건이라고 지적한다. 좀더 구체적으로 말하면, 그는 감리교의 찬송가가 "서정적 열정, 순수성, 자연스러움"을 특징으로 한다는 사실[61]과 웨슬리가 후대 인물인 워즈워스(Wordsworth)[62]

---

58) 프로이트식의 무의식 개념이 낭만주의사상에서 연원한다는 증거에 관해서는 W. Riese, "The Pre-Freudian Origins of Psychoanalysis", *Science and Psychoanalysis*, 1 (1958), 24~32 그리고 Lancelot Law Whyte, *The Unconscious before Freud* (London: Tavistock, 1959), 특히 제4장을 보라.

59) 낭만주의에서는 신성이 흔히 독특한 개인적 재능의 형태를 띤다는 사실은, 자기신격화가 베버가 서구의 종교적 전통에서는 가능하지 않다고 간주한 형태로 발생할 수 있다는 것을 의미한다. 왜냐하면 그것이 신성한 특성의 단순한 표현과 다른 것처럼, '홀림'이나 영적 충일과도 다르기 때문이다. 사실 그것은 한 개인이 자기 내부에 가지고 있는 특정한 신성함을 실현해 나가는 발산과정 또는 특수한 자질의 실현과정이다(베버가 *The Sociology of Religion*, pp. 158~9에서 전개한 논의와 비교해 보라).

60) Frederick C. Gill, *The Romantic Movement and Methodism: A Study of English Romanticism and the Evangelical Revival* (London: The Epworth Press, 1937), p. 17.

나 콜리지(Coleridge)[63] 가 그랬던 것처럼 범부들이 사용하던 것과 유사한 단순하고 직설적인 언어를 사용할 것을 주장했다는 사실에 주목한다.[64] 게다가 그는 자비와 친절의 가르침이 유발하는 자선행위를 촉구하는 한편, 웨슬리가 강조한 개인주의를 강조하고, 또 각 영혼은 신이 보기에 독특하다는 견해가 갖는 중요성을 강조한다. 마지막으로, 그는 감리교가 쿠퍼(Cowper)[65] 나 블레이크(Blake)[66] 의 작품에서 드러나는 것과 같은 "찬송시라는 새로운 장르"에 자극을 주었다는 점과 사랑을 통해 완전해진 삶이라는 낭만주의적인 위대한 주제가 어떻게 감리교의 열정, 희망, 개종에

---

61) Ibid., p. 29.

62) 〔역주〕 워즈워스(William Wordsworth, 1770~1850)는 영국 시인으로, 콜리지와 같이 쓴 《서정 민요집》(*Lyrical Ballads*, 1798)으로 영국 낭만주의의 기초를 이루었고, 1843년 계관시인(桂冠詩人)이 되었다. 1850년 그의 사후에 시집 《서곡》이 출판되었다. 그는 단순하고 침착한 표현으로 자연과 인생과의 내면적 교감을 읊었으며, 진지하고 고매한 정신을 가진 시인으로 콜리지와 더불어 호반시인(湖畔詩人)으로 일컬어진다.

63) 〔역주〕 콜리지(Samuel Taylor Coleridge, 1772~1834)는 영국 서정시인이자 평론가로, 시적 창작력이 급속히 감퇴되자 그 괴로움을 노래한 《실의의 노래》는 최후의 수작이 되었다. 대표적 평론으로 《문학평전》이 있으며, 강연, 담화, 수첩 등의 형식으로 셰익스피어론을 비롯한 많은 평론으로 평론사상의 거장의 위치를 확립했다.

64) Ibid., pp. 37~8.

65) 〔역주〕 쿠퍼(William Cowper, 1731~1800)는 영국 시인으로, 목사 집안에 태어나 법률을 공부했다. 타고난 우울증으로 자살을 꾀한 적도 있으며, 과도한 정신적 긴장에서 벗어나기 위해 시 쓰기에 몰두했다. 무운시(無韻詩)의 대작 《과제》(1785)를 비롯하여 익살시·찬송시집 등을 남겼으며, 근대산업사회 번영기에 자연미와 전원생활을 노래함으로써 낭만주의의 길을 열었다.

66) 〔역주〕 블레이크(William Blake, 1757~1827)는 영국 낭만주의 문학시대를 연 시인이자 화가로, 26세에 내놓은 첫 시집 《시적 스케치》는 당대의 신고전주의적 경향에 대한 강한 불만을 담고 있었다. 뒤에 나온 《순수의 노래》(1789), 《경험의 노래》(1794)는 어린이의 관점에서 쓴 문명비판적 시이다. 블레이크는 창문 밖으로 천사를 보았다는 환상가이자 신비가였다. 종교적 명상이 담긴 《셀의 서》(1789), 《천국과 지옥의 결혼》(1790), 《밀튼》(1804~8), 《예루살렘》(1804~20) 등의 예언서들을 냈다.

대한 세속적 견해로 보일 수 있는지를 규명한다.[67] 이 모든 것으로부터 그는 다음과 같은 결론을 이끌어낸다.

> 영국 낭만주의 운동과 관련해 볼 때, 감리교의 경우 … 그 관계가 특히 강해 보인다. 낭만주의적 각성에 관한 그 어떤 공정한 평가도 그 같은 관계를 무시할 수 없을 것이다. 감리교가 낭만주의에 미친 영향은 직접적이었건 간접적이었건 심대했다. 그것은 도덕적 진지함과 윤리적 진정성 — 이것들은 새로운 문학형식에 곧바로 반영되었다 — 을 제공했을 뿐만 아니라 더욱 중요하게는 새로운 상상적 열정을 불러일으키고 감정을 해방시켰다. 감리교는 새로운 자기표현 형식을 발생시켰다. 또한 그것은 새로운 표현형식, 새로운 신의 이미지, 새로운 퍼스낼리티 개념을 낳는 데도 기여했다.[68]

이 테제는 분명 신중하게 검토할 만한 가치가 있으며, 비록 쿠퍼 같은 사람들에게만 분명하게 드러나긴 하지만, 웨슬리주의와 낭만주의 간에 모종의 연계가 있다는 사실은 부정할 수 없다. 한편 웨슬리는 루소의 저작을 직접 읽었으며, 길(Gill)이 지적한 몇몇 유사점들이 두 운동 중 하나가 다른 하나에 직접 기여했다기보다는 두 운동 모두가 유사한 영향을 받았다는 사실에서 연유할 가능성도 있다. 우리가 감성예찬이 어떻게 자비와 감상을 강조했는지를 살펴본 반면, 레키(Lecky)는 18세기에 감정적 시 쓰기 전통이 감리교와 나란히 존재했다는 사실에 대해 논평했다.[69] 끝으로, 웨슬리주의에 주로 매력을 느낀 부류는 낭만주의에 가장 열정적으로 반응한 것으로 보이는 중간계급과 상층 부르주아이기보다는 노동계급과 일부 프티부르주아였다는 점을 인식하는 것이 중요하다. 하지만 이들 근거를 신

---

67) Ibid., p. 147.

68) Ibid., p. 17.

69) 실제로 레키는 18세기의 감정적 시풍을 '감리교의 시적 대응물'이라고 언급한다. 이 구절은 John Draper, *The Funeral Elegy and the Rise of English Romanticism* (London: Frank Cass, 1967)에서 따온 것이다.

중하게 검토해 보면, 낭만주의적 사고방식의 일부 결정적 요소들은 실제로 복음주의적 프로테스탄트 전통 — 웨슬리식 감리교로 대표되든 그렇지 않든 간에 — 말고는 다른 어떤 전통에서도 나올 수 없었다. 이 전통은 단순한 감상보다는 열정을 강조하고, 개종과 구원의 인간 드라마 — 그 속에서 각 영혼은 그만의 독특한 운명을 지닌다 — 를 중심에 두며, '죄 많은' 세상보다는 예언적인 입장을 강조한다.

이 마지막 특징은 계몽주의와 연관된 세계관에서는 유래할 수 없을 뿐더러, 감성예찬도 실제로 유망한 원천 중의 하나가 될 수도 없다. 그렇게 가정된 개인들은 무엇이 옳은지를 '느낄' 수 있는 능력은 있으나 무엇이 진실인지를 '알' 수 있는 능력은 지니지 못한다. 그렇지만 낭만주의 예언자가 자신에게 요구하는 것은 바로 이 같은 몽상력이다. 왜냐하면 그들의 상상력이 연출하는 생생한 장면은 현실의 더 없는 아름다움을 지닌 사물과 이상적 현실의 세계 모두를 그리고 있기 때문이다. 그 결과 낭만주의는 감성을 특징짓는 보다 자기만족적이고 세상을 받아들이는 사고방식과는 전혀 다른 역동적이고 급진적인 성격, 즉 이상주의적 존재론에서 연유하는 역동성을 지닌다. 번바움(Bernbaum)이 지적하듯이,

> 낭만주의자들은 두 세계 간의 차이를 예리하게 인식했다. 하나는 이상적인 진·선·미의 세계로, 이것은 영원하고 무한하고 전적으로 실재한다. 다른 하나는 현실의 외양의 세계로, 이것은 상식적으로 보기에는 유일한 세계이며, 이상주의자가 보기에는 분명 허위, 무지, 악, 추함, 비참함으로 가득 차 있어 그를 실의와 분노에 빠트리는 세계이다.[70]

또는 애버크롬비(Abercrombie)의 표현을 빌리면, "사물의 외양은 상상력이 지각하는 실재, 즉 바라는 바대로 실현된다면 완벽한 상태를 이루는 실

---

70) Ernest Bernbaum, "The Romantic Movement", in Robert F. Gleckner and Gerald E. Enscoe (eds), *Romanticism: Points of View* (Englewood Cliffs, NJ: Prentice-Hall, 1962), pp. 88~96, 특히 p. 91을 보라.

재와 대비된다".[71] 비교는 낭만주의자가 세계를 있는 그대로 받아들이는 것을 불가능하게 만드는 결과를 낳고, 그로 하여금 세계를 마땅히 존재해야만 하는 완벽한 실재로 변형시키도록 노력할 수밖에 없게 한다. 애버크롬비는 이 같은 반응을 세계의 불완전성에 대한 전적으로 신비주의적인 무관심과 구분한다.[72] 그리하여 완벽주의가 낭만주의를 규정하는 하나의 특징이 된다. 하지만 "상상력이 아름다움으로 파악하는 것이 진리일 수밖에 없는"[73] 까닭에, 세계의 실제적 본성에 대한 통찰은 본질적으로 심미적 특성에 대한 강력한 감정적·상상적 경험을 통해서만 획득될 수 있다. 낭만주의자들에게는 "감정이 앎의 방식"이었다거나,[74] 파스칼(Pascal)이 표현했듯이, "가슴은 이성이 알지 못하는 이성들을 가지고 있다"[75]고 하는 것은 온당하지 못하다. 그러나 신화와 상징이 실재에 대한 그 어떤 면밀한 '사실적인' 관찰보다도 더 많은 진리를 포함하고 있다고 하는 것은 온당하다. 낭만주의자들이 꿈 — 몽상이든 밤에 꾸는 꿈이든 간에 — 을 본질적으로 계시적 경험으로 보는 한편[76] 시적 진리는 주관적으로 이해할 문

---

71) Lascelles Abercrombie, *Romanticism* (London: Martin Seeker, 1963) p. 89.

72) Ibid. 이 구분은 베버가 제시한 금욕적-신비적 간의 대비를 연상시키며, 낭만주의가 베버가 '현세 내적 금욕주의'(*inner-worldly asceticism*)라고 지칭한 종교적 반응형태와 많은 공통점을 지니고 있는 것도 사실이다. 그 까닭은 개인이 자신의 '신'에 대한 책무를 지고 있기 때문, 즉 그의 명령을 행해야 하기 때문이다. 즉 개인은 자신의 '진정한 자아'를 '실현'할 의무가 있으며, 이 과정은 베버가 금욕주의와 연계시킨 '신성의 부단한 외재화'와 유사하다(Weber, *The Sociology of Religion*, p. 171을 보라).

73) 이 인용문은 물론 키츠(Keats)에서 따온 것이다. Abrams, *The Mirror and the Lamp*, p. 315를 보라.

74) Halsted (ed.), *Romanticism*, p. 21.

75) Ibid., p. 13.

76) 헤이터(Hayter)가 논평하듯이, "모든 낭만주의 저술가들은 꿈과 문학창조과정은 강한 연계성이 있다고 생각했다. 꿈 이론, 근원으로서 꿈, 기법으로서 꿈이 그들에게 중요했으며, 그들은 자신들의 꿈을 존중하고 활용했다"〔Althea Hayter, *Opium and the Romantic Imagination* (London: Faber and Faber, 1968), p. 67을 보라〕.

제이지 객관적으로 묘사할 문제가 아니라고 주장하면서[77] 꿈에 중요성을 부여했던 것도 바로 이 같은 이유에서였다.

세계를 완벽하게 만들고자 하는 충동 — 이는 보다 나은 것을 꿈꾸는 데서 생겨난다 — 은 부분적으로는 인간의 타고난 선한 본성을 왜곡시킨 각종 제도를 파괴하라는 요구로 표출되었다. 흄(T. E. Hulme)은 이런 무정부적 신념을 출현시켰다는 이유로 루소를 비난한다.

> 낭만주의자들은 루소에게서 인간은 기본적으로 선하고 인간을 억압하는 것은 악법과 악습일 뿐이라고 배웠다. 이 모든 것들을 제거하라, 그러면 인간의 무한한 가능성을 펼칠 수 있는 기회가 있을 것이다. 이것이 바로 그들에게 긍정적인 어떤 것이 혼란에서 나올 수 있다고 생각하게 한 것이며, 이것이 바로 종교적 열광을 발생시켰던 것이다. 모든 낭만주의의 뿌리는 다음과 같다: 인간, 곧 개인은 가능성의 무한한 저장소이다. 그리고 만약 당신이 억압적인 질서를 파괴하여 사회를 재배열할 수 있다면, 그러한 가능성들은 기회를 얻게 되고, 당신은 진보를 이루게 될 것이다.[78]

하지만 앞서 지적했듯이, "악법과 악습"을 인간의 무감각 탓으로 보는 것은 모든 사람에게 이상적인 속성이 잠복해 있다고 가정하는 것이다. 그렇다면 왜 그것들을 직접 몰아내려는 방책을 추구하기보다는 무감정한 사회의 각종 제도를 폐지하거나 개혁하기 위해 분투하는가?

사실 낭만주의자들이 분명한 정치적 선택을 하지 않은 것은 아니었으며, 많은 이들이 개혁과 혁명을 적극적으로 지지했다. 그러면서도 그들은 분명 "정치나 사회적 사안의 조야한 세속성과 물질주의에 무관심하지도"

77) 이 같은 인식론적 주관주의는 진리가 그 성격상 상대주의적이라는 것을 의미하지는 않는다. 왜냐하면 상상력이 드러내는 이상적 진·선·미의 세계는 본질적으로 동일한 것으로 가정되기 때문이다.

78) T. E. Hulme, "Romanticism and Classicism", in Gleckner and Enscoe (eds), *Romanticism*, pp. 34~44, 특히 pp. 35~6를 보라.

않았다.[79] 그러나 추하고 불공정한 사회에 대한 그들의 분노감은 그들로 하여금 예술가로서의 자신들의 노력을 배가하게 했다. 왜냐하면 그들은 자신들이 추구한 완전성은 예술 그 자체를 통해서만 달성될 수 있으며, 자신들이 겪는 근대적 삶의 경험에 의해 감정이 무뎌지는 상태에서 예술 말고 다른 어떤 것도 상상력을 일깨울 힘을 가지고 있지 않다고 믿었기 때문이다. 그리하여 이전에 케임브리지 플라톤주의자들이 사랑과 동정의 진실한 감정에 의해 촉발되지 않는 한 진정한 자선활동은 일어날 수 없다고 주장한 것과 마찬가지로, 낭만주의자들도 진정한 자비와 동정은 상상적 일체감이나 공감에서만 우러나온다고 주장했다. 그 결과 상상력은 개인들이 자발적인 이타적 감정 —'상상력의 결여'와 관련하여 곧바로 설명할 수 있는 — 을 경험하지 못한 상태에서 무감각을 이겨낼 수 있는 결정적 동력으로 불러내졌다.

예술을 통한 도덕회복이라는 낭만주의 교의

낭만주의자들이 지닌 환상적 신념은 그들에게 "사람들을 개종시키고" "영혼을 치유"하고자 하는 열정을 고취했다.[80] 그리고 그들이 그것을 위해 채택한 방법은 열정적 설교라는 프로테스탄트 전통에 많이 빚지고 있으면서도, 직접적인 권유는 삼갔다. 왜냐하면 그들의 예술이론 그리고 좀더 구

---

79) 이는 레이먼드 윌리엄스의 표현이다. 그리고 그는 계속해서 "블레이크와 워즈워스에서 셸리(Shelley)와 키츠에 이르는 시인들"을 제외하면, "당대의 사회에 대한 연구와 비판에 깊은 관심을 가진 창조적 저술가 세대는 거의 존재하지 않았다"고 지적한다. 이어서 그는 낭만주의 시인들이 가담한 다양한 정치활동들을 열거한다〔Raymond Williams, *Culture and Society 1780~1950* (Harmondsworth, Middx. : Penguin Books, 1962), p. 48을 보라〕.

80) 페어차일드는 영국 낭만주의자는 "영혼을 치유하는 교구 성직자"였다고 제시했지만(Abrams, *The Mirror and the Lamp*, p. 328에서 인용), 앞서 제시한 이유 때문에(pp. 344~5를 보라) 예언가와 비교하는 것이 더 적절할 듯하다.

체적으로는 시(詩) 이론은 사람들이 선행 속에서 또는 직접적 가르침의 결과로서의 깨달음 속에서 그것을 얻을 수 있을 것이라는 관념을 포기했기 때문이었다. 이런 점에서 그들은 존슨 박사가 본보기를 보여주었던 신고전주의식의 도덕화를 전적으로 거부했다. 실제로 그들은 사람들이 자신들이 모방하기 위해 내세운 고결한 행위모델들을 따른다고 해서 더 나아질 것이라고 생각하지도 않았다. 그러한 방법 대신에 그들이 강조한 것은 '단어'가 갖는 힘에 대한 프로테스탄트의 믿음의 한 형태로, 시는 그 자체로서 미덕을 창조하기 위해 작동한다는 것이었다.[81] 에이브럼스가 설명하듯이, "존슨과는 대조적으로 워즈워스는 시는 더 나아지기 위해 무엇을 행해야 하는지를 말하고 증명하는 대신에, 감정에 민감하게 하고 그것을 정화하고 강화함으로써 우리를 직접 더 나아지게 **만든다**고 주장한다"(강조는 원저자).[82] 시가 이것을 가능하게 하는 이유는, 시는 우선 시인의 환상적 경험에서 창작되고, 그 같은 '미덕'의 일부가 시 속에서 구현되고, 그리하여 그것들이 독자에 의해 재경험되는 데 시가 이용될 수 있게 되기 때문이었다. 이런 식으로 시는 올바른 행동과 인간의 행복에 필요한 감정상태와 상상력을 불러일으킴으로써, 교육적·개선적 기능을 수행한다. 시인은 "독자를 그 자신의 감정적 마음상태에 빠지게 함으로써 … 〔그리고〕 교의를 가르치지 않고 직접 성격을 형성시킨다".[83] 시의 전반적 기능은 "독자

81) 그들로 하여금 예술 일반의 힘이 아니라 시의 힘을 강조하게 한 것은 '그 단어'에 대해 그 같은 신념이 미친 영향이었던 것으로 보인다. 이 후자의 주장은 조금 후에 나왔다.

82) Abrams, *The Mirror and the Lamp*, p. 330.

83) Ibid., p. 329. 이런 메커니즘의 효능을 의심하는 사람들이 있을 수 있기에, 워즈워스는 《구디 블레이크와 해리 길》(*Goody Blake and Harry Gill*)이라는 '실화'를 언급한다. 이 실화는 자신의 산울타리를 땔감으로 사용하려는 한 가난한 여인을 괴롭히고 방해하여 그녀의 '악담'을 들을 만큼 몰인정한 남자가 어떻게 그 결과 후에 결코 온화함을 느낄 수 없게 되는지를 자세하게 들려준다〔*Preface to Lyrical Ballads* (1802), in Harold Bloom and Lionel Trilling (eds), *Romantic Poetry and Prose* (New York: Oxford University Press, 1973), p. 609를 보라〕.

의 감성과 감정과 동정심을 불러일으키고 승화시키는 것" 또는 일반적으로 말하자면 "인간의 감정을 교화하는 것"이다.[84]

시의 힘을 통한 개인적 회복이라는 방금 말한 이 이론은 셸리(Shelley)[85]에 의해 훨씬 더 열광적으로 받아들여졌다. 하지만 그는 도덕성의 도구로서의 예술의 역할에 대해 상세한 설명을 개진하기보다는 예술형식에 대한 공리주의자의 비난을 반박하는 데에 더 많은 관심을 기울인다.[86] 그 결과 그는 벤담주의자들을 수사적으로 겨냥하는 데만 그친 것이 아니라 사회의 악에 대한 모든 비난을 그들에게 돌리고 싶어한다. 셸리는 이 '효용 주창자들' 또는 '단순한 논객들'을 경멸하며, 사회불안을 야기해 온 만연한 빈곤과 증대하는 불평등의 책임이 그들에게 있다고 주장한다. 즉 셸리는 빈곤과 불평등이 그들이 "계산능력의 완벽한 행사"를 주창하는 것을 통해 만들어낸 것이라고 본다.[87] 그는 시와 자아의 원리를 각각 신과 부의 역할로 배정하면서, 모든 문제는 창조적 능력을 '기계기술의 증진'과 조화롭게 발전시키지 못한 데 연유하며, 또 그 결과 더 나은 사회를 건설하는 데 필요한 지혜가 충분히 존재함에도 불구하고, 상상력의 부족 때문에 그런 일이

---

84) Abrams, *The Mirror and the Lamp*, p. 103.

85) 〔역주〕 셸리(Percy Bysshe Shelley, 1792~1822)는 영국 시인으로, 바이런, 키츠와 함께 19세기 초의 낭만주의문학을 대표한다. 이탈리아에 정착한 후 시극 《속박에서 풀려난 프로메테우스》(1820)와 《서풍의 노래》, 《종달새에게》 등 뛰어난 서정시를 잇달아 발표했다. 1821년에는 키츠의 요절을 애도하는 명상시 《아도네이스》와 낭만파 시관(詩觀)의 최고 선언이라고 할 수 있는 에세이 《시의 옹호》를 발표했다. 그 뒤 단테의 《신곡》을 모방한 대서사시 《삶의 개가(凱歌)》를 집필 중이던 1822년 요트로 항해하다가 폭풍우를 만나 스페치아만에서 익사했다.

86) 공리주의자들은 시가 '잘못된 해석, 그것도 위험할 정도의 잘못된 해석을 낳는다고 공박했다. 그들은 효용에 집착함으로써 심지어 "원장(元帳)이 시의 운에 잘 맞지 않는다고" 논평하기까지 한다(Abrams, *The Mirror and the Lamp*, p. 302를 보라).

87) Percy Bysshe Shelley, "A Defence of Poetry", in Bloom and Trilling (eds), *Romantic Poetry and Prose*, pp. 746~62, 특히 p. 756을 보라.

일어나지 못했다고 주장한다.

> 도덕, 정부, 정치경제에서 가장 사려 깊고 최상을 이루는 것과 관련한 지식에는 전혀 부족함이 없다. … 우리는 그처럼 우리가 알고 있는 것을 상상할 수 있는 창조적 능력을 필요로 한다. 우리는 그처럼 우리가 상상하는 것을 실행하게끔 하는 많은 자극을 필요로 한다. 우리는 삶에 관한 시를 필요로 한다.[88]

그런 다음 그는 시는 온갖 열등한 형태의 지식까지도 포용하는 '신성한 것'이며 따라서 시인은 "세상에서 인정받지 못한 진정한 입법자"라고 주장하고 난 후, 다음과 같이 워즈워스의 테제를 재진술한다.

> 한 사람이 대단히 선해지고자 한다면, 강렬하게 그리고 포괄적으로 상상해야만 한다. 인간이라는 종(種)의 고통과 쾌락은 인간 고유의 것이 되어야만 한다. 도덕적 선의 최대 도구는 상상력이다. 시는 원인에 작용을 가함으로써 그 결과를 강제한다.[89]

이 입장은 재차 인간이 선천적으로 선하다는 것을 당연시하며, 인간의 결점을 단순히 동정심이 결여된 탓으로 돌린다. 러스킨(Ruskin)이 후일 이런 신조에 대해 간결하게 표현했듯이, "만약 사람들이 자신은 물론 타인을 **상상할** 수 있다면, 그들은 자신에 대해서는 물론 타인에 대해서도 즉시 배려한다"(강조는 원저자).[90] 이 주장은 상상력을 하나의 중요한 '신성한' 또는 '신비한' 능력으로 끌어올린다. 그리고 모든 사람들은 이를 통해 성인(聖人)이 될 수 있다. 왜냐하면 빅토리아시대 소설 옹호자의 표현에 따르면, 그것은 "동정심을 일깨우고 마음을 편하게 하고 〔그리고〕 위대한 것을

---

88) Ibid., p. 757.

89) Ibid., p. 750.

90) *Selections from the Writings of John Ruskin, Second Series 1860~1888* (Orpington: George Allen, 1899), p. 231.

존중하고 비천한 것을 싫어하도록 자극하는" 데 기여할 수 있기 때문이다.[91] 시는 개인에게 이러한 유익한 결과를 가져다줄 수 있다. 왜냐하면 "운동이 팔다리를 튼튼해지게 해주는 것과 동일한 방식으로, 시는 인간의 도덕적 성격을 지닌 기관인 능력을 강화시켜주기" 때문이다.[92]

어떤 점에서, 이 이론은 감성을 특징짓는 가정들을 그저 수정한 것일 뿐이며, 추가된 것이 있다면, 시인을 매개자로서 도입한 것이다. 따라서 개인들이 바보 소년이나 버려진 인디언 여인 같은 가련한 광경을 보고 눈물을 터뜨리거나 몸을 숙이는 식으로 직접 반응하는 데 반해, 워즈워스는 그들 편에 서서 그런 감정을 예술적으로 감싸는 시를 쓰는 것으로 반응한다.[93] 게다가 독자들이 이들의 작품을 읽을 때, 그 경험은 독자들이 그의 감정을 공유하기에 충분할 정도로 생생하게 재창조된다. 이런 식으로, 독자들의 상상력과 공감력 모두가 여러 면으로 계발되어, 그들 모두에는 물론 그들이 교제하는 모든 사람들에게도 유익한 효과를 가져다준다. 동시에 이 교의는 간접적인 세련된 신앙부흥운동의 한 형태로 볼 수도 있다. 그러한 신앙부흥운동 속에서 정신적 거장의 예언적 메시지는 문학형식으로 구현되어 있으면서, 독자들의 머릿속에서만 삶에 분출되어, 그들로 하여금 상상적 전망이 참임을 믿게 하고 미래에 다른 삶을 살게 한다.

이 같은 이론이 어째서 시인의 원래의 창조력을 강조하는 것만큼이나 많이 독자의 '재창조'력을 강조하는지는 주목해 볼 만하다. 왜냐하면 시인은 자신이 바라보는 것에 의해 감동받고 또한 그 경험을 감정적인 그리하여 인상적인 예술작품으로 전환시킬 수 있음에 틀림없는 반면, 독자는 시구에 들어 있는 표현을 설득력 있는 환상을 만들어내기 위해 사용할 수 있

---

91) Richard D. Altick, *The English Common Reader: A Social History of the Mass Reading Public 1800~1900* (Chicago: University of Chicago Press, 1957), p. 115에서 인용.

92) Shelley, "In Defence of Poetry", p. 750.

93) 감정을 지닌 일반 사람들은 단순히 외부의 힘에 '반응하는 데' 반해 낭만주의자들은 세상사에 창의적으로 반응할 것으로 기대된다는 점은 주목할 만하다.

기에 충분할 만큼의 상상력을 가지고 있어야만 하기 때문이다. 이런 의미에서 독자도 역시 자신을 '감동시킬' 힘을 가진 이미지를 불러낼 수 있는 창조적 예술가라고 할 수 있다.[94] 그런데 이 같은 과정을 촉진시키고 그리하여 독자의 임무를 원래의 시인의 임무보다 더 단순하게 만들고 또 재창조된 상상적 경험과 그것이 바탕하고 있는 실제 사건을 구분시켜 주는 데 결정적으로 중요한 시의 한 가지 특징이 있다.

우리는 워즈워스의 시 창작과정에 대한 논의를 유용하게 활용하여 전체 성격형성 메커니즘에서 그 같은 요소들을 찾아내어 그 부분들을 설명할 수도 있다. 그는 《서정민요집》(*Lyrical Ballads*, 1802) 제 2판 서문에서 사람들이 어떤 시인 속에서 발견될 것이라고 예상할 수 있는 자질에 대해 개관해 놓고 있다. 놀랄 것 없이 그 시인은 "보통사람들보다 … 더 생생한 감성, 더 큰 열광과 부드러움을 겸비한" 사람으로 묘사되고 있다.[95] 또한 시인은 다음과 같은 사람으로 규정되기도 한다.

> 시인은 존재하지 않는 사물에 의해서도 그것이 마치 눈앞에 있는 것처럼 다른 사람보다 더 감동을 느끼는 성향을 지니고 있으며, 스스로 열정 — 실제 사건이 유발한 열정과 똑같지는 않지만 … 실제 사건이 유발한 열정과 거의 유사한 — 을 불러낼 수 있는 능력을 지니고 있다.[96]

이것 역시 우리가 예상할 수 있는 바와 같이, 좁은 의미의 상상력이 아니라 '가상의'(*as-if*) 감정을 유발할 수 있는 자율적인 자기환상능력에 중점을 두고 있다. 그는 계속해서 시인은 실제로 "자신의 감정을 자신이 묘사하는 다른 사람의 감정에 근접하게 만드는 과정에서" 자기 자신의 감정과 다른

---

94) 소설 읽기와 관련한 정확한 메커니즘에 대해 알려진 것은 거의 없어 보인다. 이 문제와 관련된 몇 가지에 대해 간략히 논의하고 있는 것으로는 D. W. Harding, "Psychological Processes in the Reading of Fiction", *The British Journal of Aesthetics*, 2 (1962), pp. 133~47을 보라.

95) Bloom and Trilling (eds), *Romantic Poetry and Prose*, p. 601.

96) Ibid., p. 602.

사람의 감정을 혼동하는 '착각에 빠질' 수도 있다고 제시한다.[97] 우리는 재차 공감적 일체감에 대한 이 같은 강조를 우리가 창의성에 부여한 강조를 평가하듯이 평가할 수 있다. 즉 시인은 "흔히 즉각적인 외부자극 없이도 생각하고 느끼는 기민함을 더 많이 가지고 있고 또 그런 생각과 느낌을 그 같은 식으로 자기 내부에서 만들어지는 것처럼 묘사하는 능력을 더 많이 가지고 있다는 점에서 다른 사람과 구별된다".[98] 그러나 상상력, 공감, 창조성 그리고 일반화된 감성 외에도 워즈워스가 강조하는 다른 뭔가가 있다. 그것은 시인과 시 그리고 시에 대한 독자의 경험뿐만 아니라 삶 자체까지도 특징짓는 것으로, 그것이 바로 쾌락이다.

쾌락의 철학

워즈워스는 "모든 훌륭한 시는 강력한 감정의 자연스런 흘러넘침이며" 시 쓰기는 "평온에 잠긴 감정"에서 연원한다고 지적하면서,[99] 평온이 사라지고 그것을 실제로 경험할 때까지 시인이 그 감정을 어떻게 '관조'하는지에 대해 묘사한다. 바로 이 같은 분위기 속에서 시 쓰기가 시작된다. 워즈워스는 계속해서 다음과 같이 논의한다.

> 그러나 다양한 원인으로부터 생긴 감정은 그 종류와 정도에 관계없이 다양한 쾌락에 의해 자격을 부여받으며, 따라서 그 어떤 열정도 자발적으로 묘사될 때, 마음은 대체로 즐거운 상태에 있을 것이다.[100]

그러므로 시인은 감정을 '받아들이기'만 하는 것이 아니라 자신에게 즐거

---

97) Ibid.

98) Ibid., p. 607.

99) Ibid., p. 608.

100) Ibid.

움을 만들어내기 위해 그 감정에 "자격을 부여한다". 그리고 실제로 시인은 자기 감정을 다른 사람의 감정과 혼동하는 "착각에 빠진다"는 앞서 제시한 주장과 부합하게, "쾌락을 전달하기 위해 그 감정들을 수정하기만 하는" 시구들이 등장한다.[101] 이렇게 볼 때, 시인은 결코 단순히 경험을 전달하는 매개자가 아니라 경험을 변형시키는 데 결정적으로 관여하는 것이 분명하며, 이 후자의 과정을 지배하는 원리가 바로 쾌락의 생산이다.

이 점에서 워즈워스의 입장은 명확하다. 그는 "시의 목적은 쾌락의 과잉과 공존하는 흥분을 산출하는 것이며", "시인은 단 한 가지 제약하에서만, 즉 한 인간으로서 … 그에게 기대되는 정보를 소지하고 있는 인간에게 즉각적인 쾌락을 제공할 필요성이라는 제약하에서만 시를 쓴다"고 분명하게 진술한다.[102] 비록 그가 시를 "오락이나 무익한 쾌락의 문제"로 보는 사람들을 비난하기는 하지만, 그 이유는 그 같은 견해가 쾌락이 기여하는 고도의 도덕적 목적을 인식하지 못하기 때문이다. 실제로 쾌락을 제공할 필요성이 시인의 기예의 "품격을 떨어뜨릴" 수도 있다고 생각하는 것과는 달리, 쾌락은 본질적으로 고상한 자신의 기능을 드러낸다. 쾌락은 시인의 진리의 매개체에 다름 아니며, 시인이 세상의 아름다움을 인식하게 되는 수단이자 인간의 본질적 존엄성을 표현하는 방식이다. 쾌락은 사실상 인간이 "알고 느끼고 살아가고 감동하게 하는 중요한 기본원리"이다.[103]

고전미학의 전통이 어째서 예술의 목적을 도덕적 진리의 진술과 함께 쾌락을 제공하는 것이라고 가정했는지에 대해서는 이미 지적한 바 있기 때문에, 지금 우리는 워즈워스가 제안한 결정적 변화는 도덕적 통찰과 개선이 쾌락이라는 매개체 그 자체를 통해 이룩되고 그러므로 쾌락이 도덕적 대행자가 된다는 주장이라는 것을 알 수 있다. 워즈워스가 표현하듯이, "우리는 쾌락이 전해주지 않는 동정심은 전혀 가지지 않는다".[104] 이 같은

101) Ibid., p. 602.
102) Ibid., pp. 607, 603.
103) Ibid., p. 603.
104) Ibid.

변화는 시인은 강렬한 감성과 상상력을 지닌 사람일 뿐만 아니라 필시 "자신의 열정과 의지에 즐거워하는" 사람 … 즉 자신 속에 자리하고 있는 삶의 영혼을 다른 사람보다 더 좋아하는 사람, 달리 말해 "삶 자체 속에 존재하는 쾌락"[105]을 찾아내어 즐기는 능력이 남보다 뛰어난 사람이기도 하다는 것을 함의한다.

혹자는 워즈워스가 어쩌면 그 단어가 가진 완전한 의미에서의 쾌락이 삶의 '중요한 기본원리'라거나 시인은 정의상 쾌락주의자라고 함의할 작정은 아니었을 것이라고 생각하고 싶은 유혹을 받을 수도 있다. 리오넬 트릴링(Lionel Trilling)은 이 같은 해석을 강력하게 지지했다.[106] 그는 18세기에는 쾌락이라는 단어에 두 개의 별개의 '도덕적 분위기'가 부여되었는데, 첫 번째 것은 '보통의', '해롭지 않은' 또는 '길들여진' 쾌락을 나타내고, 두 번째 것은 '매우 바람직하지 못한 것'으로, "감각적 향락이 삶의 최고 목적 내지 대상이 되는" 것을 지칭한다고 지적하며, 계속해서 다음과 같이 언급한다.

> **쾌락**이라는 단어가 지닌 어떤 유해함 또는 바람직하지 못함이라는 의미가 지금 언급하는 향락의 원시적 성격과 연관되어 있는 것은 분명하다. 어떤 윤리학자도 우리가 2차적 감정상태라고 부르게 될 것으로서의 쾌락, 즉 충실한 삶의 활동 중의 하나인 매력이나 세련미로서의 쾌락에 반대하는 경우는 거의 없을 것이다. 강력한 반발적 판단을 불러일으키는 것은 극단적 측면에서의 쾌락, 즉 그것이 인간본성의 본질적이고 결정적인 동력의 대상이 되는 때이다. … 하지만 이것이 바로 워즈워스가 우리에게 내가 언급한 문장 속에서 인간본성을 이해할 것을 요구하는 방식이다. 그가 염두에 두고 있는 것은 바로 원시적 또는 극단적 측면에서

---

105) Ibid., *Michael*, line 77.

106) Lionel Trilling, "The Fate of Pleasure: Wordsworth to Dostoevsky", *Partisan Review*, 30 (Summer 1963), 73~106. 이 글은 *Beyond Culture: Essays on Literature and Learning* (Oxford: Oxford University Press, 1980), pp. 50~76에 재수록되어 있다(인용 쪽수는 재수록된 책을 따른 것이다).

의 쾌락이다(강조는 원저자).[107]

물론 이것은 우리가 청교도주의와 신스토아학파에서 마주쳤던 것과 동일한 구분인데, 이 두 경우 모두에서 매우 격렬하게 비난받은 것은 이 같은 '원시적' 측면의 쾌락이었다. 그런데 우선 우리는 쾌락이 미덕과 직접 연계되었으며 또 인간행동의 본질적 구성요소로 주장되고 있음을 발견한다. 실제로 개인들은 쾌락을 이런 형태로 경험할 권리가 있으며, 그것이 곧 그들의 '존엄성'의 본질이다.[108] 그 이유는 쾌락—즉 "모든 현인이 우리에게 가르쳐줄 수 있는" 것보다 더 많이 인간 및 인간도덕에 대해 가르쳐주는 "봄의 숲이 주는 자극"—은 모든 삶과 인간성을 규정하는 속성이기 때문이다. 대부분의 사람이 그런 쾌락을 경험하지 못한다는 것은 그들이 인간성으로부터 소외되어 있다는 표시이며, '그 단어'가 그들에게 버겁다는 사실에 연유한다. 오로지 시만이 '쾌락적 자원'을 가진 덕분에 그러한 소외를 극복할 수 있고, 그리하여 그들을 올바른 상태로 복원할 수 있다.

트릴링이 지적하듯이, 워즈워스는 대체로 '즐거움'이 가져다주는 것과 같은 만족에 자신을 제한하는 쾌락주의자의 대중적 이미지에는 거의 맞아떨어지지 않는다.[109] 그럼에도 불구하고 그는 즐거운 감정을 창출하는 데 있어 상상력이 수행하는 주요한 역할을 강조하는 근대의 합리화된 쾌락주의 철학의 본질적 특성을 분명하게 드러낸다. 쾌락주의자가 감각적 만족은 대체로 배제하면서 연민, 슬픔, 동정, 자비, 즐거움 같은 '고결한 감정'에 즐거운 감정을 한정시키려는 경향이 있었다는 사실은, 그와 18세기 감상주의자 간에는 유사성이 있음을 보여준다. 하지만 그 같은 제한은 그의

107) Trilling, *Beyond Culture*, p. 52.

108) 트릴링이 계속해서 쾌락과 사치의 관계를 논평하면서 사치를 "쾌락을 공공연하고 과시적으로 만드는 수단"으로 규정하고 있다고 지적하는 것은 흥미롭다(ibid., p. 55). 따라서 트릴링은 워즈워스가 쾌락이 인간의 '존엄성'을 구성한다고 강조한 것을 모든 사람은 호구지책을 넘어서서 일정한 정도의 '풍요'를 누릴 삶을 부여받았다는 당시 증대하던 신념의 한 형태로 파악한다.

109) Ibid., p. 53.

주장과 일관되지 않는 것으로 보이며, 쾌락이 삶을 규정하는 속성이라는 주장이 지닌 더 큰 함의를 탐색하는 것은 후일의 낭만주의자들, 특히 키츠의 몫으로 남겨졌다.[110] 그들은 쾌락을 얻을 수 있는 감정의 범위를 확대하여 자존심, 공포, 전율, 질투, 증오 등과 같은 좀더 의심스런 도덕적 입장들까지도 그것에 포함시킴으로써 그렇게 했다. 이 같은 점에서 낭만주의자들은 그 같은 가학성애적 감성 또는 '고통'—프라츠(Praz)는 이것을 낭만주의자들에게 독특한 것이라고 본다—을 강조하게 되었다.[111] 즉 낭만주의자들은 '메두사적' 아름다움이 주는 기쁨 또는 고통에 부속된 쾌락—프라츠는 이것을 낭만주의의 병리를 나타내는 것으로 간주한다—을 강조한다. 이 같은 견해가 포함한 도덕적 판단을 무시할 경우, "자신 속에 자리하고 있는 삶의 영혼을 좋아하는" 사람은 삶 자체 속에 존재하는 쾌락을 열렬히 추구하면서 '비정상적인' 기쁨을 맛보게 될 것이고, 그 결과 시인에게 요구되는 자질은 "악과 양립할 수 없는 것이 아닐" 수도 있다는 점은 분명하다.[112] 후일의 낭만주의자들이 쾌락의 본질과 관련하여 이룩

---

110) 쾌락의 역할과 도덕적 행동의 심리학의 역할에 대한 워즈워스의 견해는 하틀리(Hartley) 식 연합주의(*associationism*)—로크(Locke)에서 유래하는 물질주의적이자 결정론적인 사상의 한 조류—에 크게 빚지고 있다(Baumer, *Modern European Thought*, pp. 175~6을 보라). 하틀리식 연합주의는 또한 매우 낙관적이며, 즐거운 연상을 통해 마음속에 각인된 생각들은 부득이 '낮은 단계'에서 '높은 단계'로 나아가게 될 것이라고 가정하는 경향이 있다. 어쩌면 이것이 워즈워스가 쾌락이 또한 도덕적 타락의 한 요인일 수도 있다는 것을 인식하지 못하게 한 것으로 볼 수 있을지도 모른다.

111) Mario Praz, *The Romantic Agony*, trans. Angus Davidson, 2nd edn (Oxford: Oxford University Press, 1979).

112) Abrams, *The Mirror and the Lamp*, p. 103. 이것은 물론 많은 낭만주의 비판가들에게 하나의 주요한 초점이 되었는데, 그들은 그 같은 '불건전한' 경향이 결국에는 "선정주의, 악마숭배, 사디즘"으로 귀결될 것이라고 생각했다〔F. R. Lucas, "Faeries and Fungi; Or the Future of Romanticism", in Thorlby (ed.), *The Romantic Movement*, pp. 62~4, 특히 p. 61을 보라〕. 여기서 제기된 흥미로운 질문은 삶 속에서 그 같은 '비정상적' 쾌락을 즐기려는 욕망이 그것에 우선하는 상상력의 향유에 얼마나 의존되어 있는가 하는 것

한 또 하나의 그리고 밀접하게 연관된 발견은 그것의 본래 포착하기 어려운 자기소멸적인 특징에 관한 것이었다. 그것은 바로 트릴링의 표현으로 "쾌락에 대한 욕망이 스스로를 부정한다는" 사실,[113] 또는 키츠의 표현으로는 "기쁨은 … 항상 … 작별을 고한다"는 사실이었다. 이러한 이해방식과 함께, 쾌락은 삶을 규정하는 속성인 반면 쾌락상실이라는 아픈 감각은 쾌락주의자를 규정하는 경험일 가능성이 크다는 것을 깨닫게 된다. 따라서 환멸, 우울 그리고 꺼지지 않는 완벽한 쾌락에 대한 강렬한 갈망은 몰입적인 낭만적 쾌락추구자를 특징짓는 속성이 된다.

워즈워스가 쾌락의 본성을 이해한 것에 대해 후일 제기된 그 어떤 수정도 그가 개관한 철학을 근본적으로 변화시키지는 못했다. 예컨대 낭만주의자가 '악'에 잠시 손을 대고자 했던 것은 사회의 비난을 자초했고, 그럼으로써 시인이 자신의 재능을 자책하게 하는 데 일조했다. 한편 쾌락이 본질적으로 덧없는 것이라는 인식은, 지루하고 추하고 근본적으로 '불쾌한' 세상에 대한 좌절감을 증대시키는 작용을 했다. 이 두 가지 사태의 진전은 삶이 가져다주는 만족과 상상 속에서 누릴 수 있는 쾌락 간의 근본적 불일치감을 고조시켰다. 시가 가져다줄 수 있는 보다 직접적인 감각적 기쁨을 탐색하려는 경향 — 키츠와 워즈워스를 비교할 때 보다 분명해지는 — 조차도 이 같은 대비를 더욱더 인식하게 하고, "들리는 멜로디도 감미롭지

이다. 만약 이것이 사실이라면, 이 비판의 본질은 타당한 것으로 받아들여야만 한다. 다른 한편, 드 사드(de Sade)의 이름을 그 같은 경향과 결부시키는 것은 잘못인 것으로 보인다. 왜냐하면 그는 실제로 낭만주의자가 아니라 합리적 자기결정에 대한 계몽주의적 신념의 추종자였기 때문이다. 그는 감성을 경멸했고, 감정적 쾌락 내지 상상을 통해 매개된 쾌락에 아무런 가치도 부여하지 않았다. 이런 점에서 그는 근대적 쾌락주의라기보다는 전통적 쾌락주의의 전형이다. *The Marquis de Sade: The Complete Justine, Philosophy in the Bedroom and other Writings*, compiled and trans. by Richard Seaves and Austryn Wainhouse (New York: Grove Press, 1966; esp. pp. 177~367)을 보라.

113) Trilling, *Beyond Culture*, p. 53.

만, … 들리지 않는 멜로디는/ 더 감미롭다"는 것을 더더욱 깨닫게 하는 데 기여할 뿐이었다.

이제 낭만주의적 신정론이 예술 및 예술가 이론으로 바뀌면서 어떻게 하나의 독특한 이상적 성격을 창출하게 되는지를 알 수 있다. 그 같은 이상적 성격은 예술가에게 가장 분명하게 적용되기는 하지만, 또한 예술가가 만든 작품의 소비자나 '재창조자'에게도 기여한다는 것을 의미하게 되었다. 신성의 주요 특성이 창조성인 것으로 간주되기 때문에, 생산성의 의미에서나 독창성의 의미에서나, 상상력은 가장 중요하고 높이 평가받는 개인적 자질이 되고, 인격적 특질을 이룬다. 예술작품 속에서 그러한 자질을 드러낼 수 있는 능력과 다른 사람이 만든 작품을 완전히 이해할 수 있는 능력 모두는 그러한 자질을 명확하게 보여주는 징표로 작용한다. 게다가 상상력이 드러내는 완전하고 진정한 세계는 필시 미의 영역이었을 것이기 때문에, 그 같은 능력의 어떠한 행사도 쾌락을 동반했으며, 그리하여 상상력의 활용과 쾌락의 경험은 대체로 상응하게 되었다. 따라서 낭만주의자는 쾌락에 대한 이상적인 감성을 지닌 사람이며, 그의 감정의 자발성과 강렬함은 이 같은 사실을 드러내주는 것이었다.[114] 같은 이유에서 그는 그 자신이나 그의 행동을 통해 직접적으로가 아니라 그가 구현한 이미지를 통해 다른 사람에게 쾌락 — 자신에게 그랬던 것처럼 다른 사람들을 정신적으로 새롭게 하고 계몽하는 데 기여하는 — 을 줄 수 있는 사람이었다. 게다가 그의 이상주의적 결단과 개인적 '재능'이 갖는 의무감이 함께 결합되면서, 그는 자신이 인공적이고 물질주의적이며 공리주의적인 사회로부터 소외되어 있다고 느끼게 되었다. 그 결과 그는 일상적인 생활방식에 불만을 느끼고 '자연' 속에서 위안을 찾으려는 데 이끌려, 자신의 '진정한' 자아를 표현하고자 시도하는 한편, 다른 사람을 자신이 지니고 있는 보다 완전한 세계관으로 전환시키려고 한다.

---

114) 상당한 윤리적 의미가 감성예찬에서와 마찬가지로 감정표출에도 여전히 부착되어 있지만, 이제 그것은 그 자체라기보다는 쾌락주의적 능력의 지표로서 더 중요하다.

이 같은 이상적 성격은 우리가 검토하는 것 중에서 유일하게 쾌락의 경험에 높은 도덕적 가치를 부여하면서도 실제로는 안락에 공리주의적으로 몰두하는 것을 평가절하한다. 동시에 그것은 직접적 감각에 비해 특권적인 지위를 부여받는 상상에 의해 매개되는 쾌락으로, 개인이 즐거움을 추구하고 표출하는 것을 뒷받침하기 위해 진전된 건전한 윤리적 근거를 지니고 있다. 실제로 자신들이 그 같은 이상에 따라 생활한다는 것을 확증할 필요가 있는 개인들은 일련의 쾌락을 연속적으로 경험할 수 있는 방식으로 자신들의 삶을 변화시키고자 하며, 자신들이 지닌 일반적인 몽상능력뿐만 아니라 새로운 것과 신기한 것을 향유할 수 있는 자신의 능력을 즐길 것이다. 그들은 또한 보다 완전한 경험을 좀더 널리 멜랑콜리하게 갈망하는 것과 함께, 강력한 감정을 명백하게 억제하지 않고 그대로 분출함으로써 자신의 쾌락주의적 능력을 드러내고자 노력할 것이다. 끝으로, 그들은 자기본위적인 내적 성찰과 굳게 결심한 기행(奇行)을 통해 그들 자신의 독특한 성격을 드러내고자 시도하며, 보다 인습적이고 '상식적인' 도덕의 지지자들에게서 못마땅해 하는 반응을 불러일으키는 데 열중할 것이다.

이 같은 이상적 성격의 발전이 진심의 윤리와 예의 간의 갈등을 유발했다는 것은 그리 놀랄 일이 아니다. 이 갈등은 18세기 말 내내 들끓다가 19세기 전반에 이르러 마침내 폭발했다. 그리고 이 갈등은 부르주아의 승리와 그에 따른 예술가들의 절망에 의해 재능과 공리주의 간의 충돌로 바뀌었고, 마침내 '자아'와 '사회' 간의 뚜렷한 대립의 형태로 굳어졌다. 감성과 상상력을 지닌 사람에게 제시된 일련의 강고한 대안들은 이제 성공**이냐** 고결**이냐**, 효용**이냐** 유희**냐**, 일**이냐** 여가**냐**, 안락**이냐** 쾌락**이냐**, '세속적인 것'**이냐** '정신적인 것'**이냐** 하는 것이 되었다. 왜냐하면 예술가와 낭만주의 성향의 지식인에게 소외는 자연상태가 되었기 때문이었다. 하워드 E. 휴고(Howard E. Hugo)는 "실제의 루소와 가공의 웨더와 하틀리"〔통칭하여 "감정을 지닌 남자"〕 모두는 적어도 두 가지 특성, 즉 "예민한 감정적 감성과 현존하는 사회질서에 속해 있지 않다는 인식"을 공유했다고 지적하면서,[115] 괴테의 희곡 〈토르콰토 타소〉(*Torquato Tasso*, 1789)[116]를 창의적 천재 — 자신이 동료들과는 다르다고 느끼는 인물 — 의 초기 문학표현들 중의 하나를 포함하는 것으로 규명한다.117) 19세기 초엽에는 그 같은 소외가 전염병처럼 번져, 심지어 감성을 진정한 예술인의 두르러진 특징으로 바꾸어 놓기에 이르렀고, 그럼으로써 트릴링이 '저항하는 자아'(*the opposing self*)라고 지칭한 유형의 성격을 널리 출현시켰다.118)

> 자아는 늘 존재했다. … 하지만 19세기 말에 모습을 드러낸 자아는 그 종류가 다르며, 실제로 이전에 출현했던 그 어떤 자아와도 다르다. 몇 가지 주목할 만한 점에서, 자아에는 포착하기 어렵지만, 나에게 매우 중요해 보이는 한 가지 독특한 특성이 존재한다. 그것은 자아가 자리하고 있는 문화에 대한 그것의 강렬한 적대적 상상력이다.119)

이 같은 문화에 대한 '적대적 상상력'은 낭만주의자로 하여금 몽상과 환상이 일어나는 사회로부터 내부로 망명하는 형태를 취하게 하고, 그는 그 속에서 자신의 '내부의 눈'을 통해 행복이 절망을 누그러뜨린다는 점과 타인을 전향시키려는 새로운 시도에는 감화가 필요하다는 점을 발견한다. 그러나 사람들이 "획득과 지출"을 통해 "〔자신들의〕 힘을 허비하게 하는" 세상에 대한 혐오 역시 낭만주의자들로 하여금 사회로부터 물리적으로 벗어나, 외딴 곳의 자연풍광 속에서 안락과 위안을 찾게 하기도 했다. 하지만 낭만주의자들이 자신들의 마음에 맞지 않는 세상으로부터 은둔하는 또 다른 형태가 있었다. 그들은 고립된 상태로는 발견할 수 없는 상호확신과 지

---

115) Howard E. Hugo, "Components of Romanticism", in John B. Halsted (ed.), *Romanticism: Problems of Definition, Explanation and Evaluation* (Boston, Mass.: D. C. Heath, 1965), pp. 30~6, 특히 p. 31을 보라.

116) 〔역주〕 시인과 궁정의 갈등을 그린 괴테의 희곡

117) Ibid., p. 36.

118) Lionel Trilling, *Sincerity and Authenticity* (Cambridge, Mass.: Harvard University Press, 1971), p. ix.

119) Ibid.

원을 추구했다. 이 '내세적인' 집합적 반응이 보헤미아니즘으로, 그것은 일군의 정신적 거장들이 타락한 더 큰 사회의 영향에서 벗어나 자신들의 예술적 재능을 발전시키는 동시에, 자신들이 '선민'의 일원임을 재차 확신할 수 있는 환경을 제공했다.

보헤미아니즘

보헤미아는 낭만주의의 사회적 구현체이며, 보헤미아니즘은 삶을 낭만주의 원리에 순응시키려고 시도한다. 그러므로 근대사회에서 낭만주의의 이상적 성격의 가장 분명하고 명백한 예시적 증거들이 발견되는 장소도 바로 이곳이다. 보헤미아는 또한 효용보다 쾌락을 중시하고, 그리하여 풍요보다는 방탕을 더 높이 평가하는 근본적이자 본질적으로 근대적 경향을 가장 잘 보여주는 본보기로 기능한다. 예술가는 초라한 다락방에서 살아가며 간헐적으로 예술활동을 하고 무책임한 위세당당함과 무절제한 생활에 젖어 있는 배고픈 존재라는 통속적인 고정관념은 이 같은 기본적인 선호를 아주 잘 보여준다. 이 같은 금욕주의와 탐닉의 선호서열은 상업적 성향의 부르주아의 선호서열과는 정반대이다. 왜냐하면 부르주아가 자신의 안락을 계속 추구하면서도 쾌락을 제한하는 경향이 있는 반면, 보헤미안은 자신의 쾌락을 위해 기꺼이 궁핍을 감수하기 때문이다.

우리는 잠정적으로 보헤미아니즘을, 자신들이 공리주의적이고 속물적인 사회로 여기는 것에 의식적으로 저항하고 동인활동을 통해 그러한 사회가 자신들을 '타락시키는' 것에 맞서 서로 의지하고 있음을 발견하는 낭만주의자들의 비인습적이고 파격적인 생활방식 — 이것은 자발적으로 선택한 것이며 또 종종 예술적 추구를 수반한다 — 으로 규정할 수 있다. 그것은 근대적 현상으로, 1840년대에 파리에서 처음으로 모습을 드러냈으며, 이후 유럽과 북미의 모든 주요 도시로 확산되었다. 거기서 그것은 세계적인 삶의 한 가지 항구적 특성으로 자리를 잡았으며, 주기적으로 명멸을 거듭하기는 했으나 완전히 소멸되지는 않았다.[120] 그것은 불운하고 무시당한 천재의 신화, 즉 사회로부터 재능을 인정받지 못하고 끝내 비참하게 생을 마감하는 곤궁한 예술가의 신화였으며, 이것이 보헤미아를 낳는 데 일조했다. 왜냐하면 그것이 유포되고 사람들의 마음을 움직이게 됨에 따라, 젊은 예술가들로 하여금 자신들의 위대함의 증거로 삼기 위해 고통을 감수하고 심지어 '순교'하게까지 만들었기 때문이다. 이런 일이 1840년대에 파리에서 처음으로 발생하게 된 것은, 아마도 프랑스혁명의 여파 속에서 부르주아의 승리가 거의 마무리된 듯한 곳이 프랑스였기 때문일 것이다. 다른 한편 도시는 그 자체가 예술적 자부심을 가진 사람에게 하나의 자석 같은 것으로 작용할 정도로 농촌의 문화적 삶을 지배했다. 게다가 그 곳은 전문교육의 주요한 중심지였고, 부모는 법학, 교육학, 의학을 공부하길 원하지만 가슴에는 시심(詩心)으로 충만하고 머리로는 명예를 꿈꾸는 모든 중간계급 청년들을 끌어들였다.[121]

보헤미안들은 대도시 지역에서 지대가 싼 곳이면 어디든지 몰려들어 그들 나름의 사회세계를 만들어갔다.[122] 그들은 종종 카페나 레스토랑—

---

120) 그래너(Grana)는 보헤미아니즘의 기원은 '하나의 사회학적 수수께끼'와 같은 어떤 것이라고 제시한다. 왜냐하면 그것은 부르주아의 권력 및 영향력의 부상과 동시에 발생했기 때문이다. 이와 관련하여 그는 다음과 같이 질문한다: "부르주아의 한 분파가 확고부동한 사무적 자세로 효율적으로 이윤을 거두어들이는 데 반해 다른 분파는 철학적 절망이나 감성예찬 그리고 비공리주의적 덕목에 자신을 헌신하는 일이 어떻게 발생했는가?"〔Cesar Grana, *Bohemian versus Bourgeois: French Society and the french Man of Letters in the Nineteenth Century* (New York: Basic Books, 1964), p. 17을 보라〕. 우리가 앞서 살펴본 것처럼, 이것은 사실 하나의 '수수께끼'가 아니다. 왜냐하면 중간계급 문화는 오래 전부터 경건주의적 감상주의 조류와 합리주의적 공리주의 조류로 분할되었으며, 그 후 후자의 명백한 승리가 전자의 반발을 불러일으켰기 때문이다. 그와 동시에 중간계급은 자신들이 보헤미아의 '사치'를 '누릴' 만한 지위를 차지하기에 앞서 경제적 지배권을 획득해야만 했다.

121) 이는 그래너가 지적한 것이다(Grana, ibid., pp. 26~7).

122) 여기서 요약한 보헤미아니즘에 관한 논의는 1840년대에서 1960년대까지의 프랑스, 미국, 영국의 자료들에 근거한 것이다. 주요 문헌들은 다음과 같다:

1850년대와 1860년대 뉴욕에 있던 보헤미안 전용 파프스 같은 곳 — 주변에서 지식인 동아리를 형성하며, 거기서 이야기, 잡담, 한담을 나누기 위해 만나거나 시작(詩作) 시합을 하기도 하고 술을 마시고 재치를 뽐내고 남녀끼리 새롱거리고 토론하고 심지어 말다툼하기도 했다.[123] 때로는 그들을 위해 특별 테이블 또는 룸이 마련되기까지도 했고, 그들이 논쟁과 파티를 계속할 수 있는 편의를 제공하기 위해 개점시간이 융통성 있게 조정되기도 했다. 카페는 아주 저렴한 집세조차 낼 여유가 없는 사람들에게는 가끔씩 집이기도 했고, 영세한 자금으로 한정판 문학잡지와 저널을 만들어 출판하는 사무실이기도 했다. 그런 잡지는 눈 깜짝 할 사이에 모습을 드러냈다가 사리지곤 했으며, 다른 잡지로 대체되기도 했다. 일부 보헤미안들은 상업적 예술세계 언저리를 기웃거리거나 실제로 저술이나 무대활동을 통해 수입을 챙기기도 했다. 그러나 대부분은 아니지만 많은 사람들은 예술활동으로는 거의 또는 전혀 수입을 얻지 못했고, 돈을 빌리든가 허드렛일을 하거나 자신들의 재치를 이용하여 근근이 살아갈 수밖에 없었다.[124]

패리(Parry)가 지적하듯이, 보헤미안은 만들어진 것이지 타고난 것이 아니며, "그들 집단의 경우 유전적 특질은 사회 내의 다른 어떤 집단보다도 적다".[125] 그들은 대체로 제법 잘사는 중간계급 부모의 아들이며(지금

Henry Murger, *The Latin Quarter (Scinès de la Vie Bohème)*, trans. Ellen Marriage and John Selwyn, introduction by Arthur Symons (London: Greening, 1908); Arthur Ransome, *Bohemia in London* (Oxford: Oxford University Press, 1984; first published by Chapman and Hall, 1907); Albert Parry, *Garrets and Pretenders: A History of Bohemianism in America* (New York: Dover Publications, 1960; first published 1933); Francis J. Rigney and L. Douglas Smith, *The Real Bohemia: A Social and Psychological Study of the 'Beats'* (New York: Basic Books, 196 1); R. Mills, Young Outsiders (London: Routledge and Kegan Paul, 1973).

123) Parry, *Garrets and Pretenden*, pp. 14~61을 보라.

124) 뮈르제(Murger)는 "진정한 보헤미안은 그들의 재치를 먹고 산다"고 주장한다(*The Latin Quarter*, p. xxx).

125) Parry, *Garrets and Pretenders*, p. xxiii.

은 딸도 있다), 그리 평판이 좋지 않은 '취미삼아' 하는 예술을 하기 위해 (부모가 그들을 뒷받침하기 위해 마련해 놓은) 전통적인 직업을 회피했다. 그 같은 선택은 그들을 편안함과 단절시키고, 궁핍과 빈곤 가장자리의 불안한 생활방식으로 몰아넣었다. 뮈르제가 지적했듯이, 보헤미아는 "대학이나 병원 또는 자료실로 가는 서막"격인 예술가의 경력의 한 단계이지만,[126] 누구나 따라야 하는 생활방식인 것은 아니다.

> 그들 중 많은 사람들은 만약 그들이 결심하기만 했다면 관례적인 삶이 겨우 막 시작되는 나이에 그들을 갑작스럽게 고립시키는 파국은 피할 수 있었을 것이다. 그들은 다만 궁핍이라는 무정한 법칙에 한두 가지는 양보해야 할 것이며, 이는 그들이 이중적 방식으로 살아가는 법을 배워야 한다는 것을 의미한다. 하나는 시인의 삶을 살아가는 것이고 … 다른 하나는 매일 그럭저럭 빵을 마련하는 노동자의 삶을 살아가는 것이다. 그러나 이 이중적 삶은 … 좀처럼 이 같은 유형의 젊은이들을 충족시키지 못한다. 다른 한편 자부심, 즉 비정상적인 종류의 자부심은 상식수준의 모든 충고가 그들에게는 전혀 통하지 않게 만든다. 그리하여 그들은 젊어서 죽고, 때때로 그들 중 일부는 후일에 세상에서 칭송받기 위해 몇몇 작품을 후대에 남겨두기도 한다.[127]

따라서 그들은 굶다시피 하는 시절을 보내고, 밤에 밖에서 또는 차가운 방에서 잠자며, 대부분의 문명화된 사람들이 일상적 삶의 품위로 간주하는 것을 거의 결여하고 있다. 이것 모두가 어떤 타협도 참지 못하는 지독한 자부심의 결과이다.

이 같은 점에서 보헤미안은 수사(修士)와 유사하다. 수사의 빈곤과 마음 편한 고행은 세상의 유혹을 저버리겠다는 유사한 맹세에서 연원한다.[128] 그렇다고 보헤미안이 삶의 좋은 일들, 특히 쾌락을 가져다주는 것

---

126) Murger, *The Latin Quarter*, p. xxi.

127) Ibid., pp. xxiii~xxiv.

128) 보헤미아니즘의 경제적 토대와 수도원생활의 경제적 토대를 비교해 보는 것은

들을 소중히 여기지 않은 것은 아니다. 반대로 그것들을 아주 높이 평가한다. 로렌스 립턴(Lawrence Lipton)은 1920년대에 뉴욕에 살던 한 보헤미안은 여전히 사치스런 취향을 지니고 있었고 오페라에 도취했었다는 점을 입증했다.[129] 그리고 돈이 있으면 값비싼 향락에 흥청망청 허비하는 것이 보헤미안의 특성인 것은 분명해 보인다. 뮈르제가 언급한 바에 따르면, 보헤미안은 횡재했을 때, '가장 오래된 최상의' 와인을 마시는 경향이 있다.[130] 그러나 보헤미안이 거부한 것은 안락이며, 특히 그 안락을 보장해 주는 모든 행위를 거부했다. 그들은 "자신들의 예술가로서의 삶을 위협할 정도로까지 일을 하려 들지 않고",[131] 다른 어떤 방식으로도 예술이라는 숭고한 신을 섬기는 중요한 책무와도 타협하려 하지 않을 정도이다. 따라서 자신들의 시도가 제대로 평가받지 못할 경우, 그들은 대중적 취향의 요구를 충족시키기 위해 그것을 수정하려 하지 않고, 무시당하는 불편을 감수하는 편을 택한다. 그렇다고 해서 그들이 가난을 맹세한 것은 아니었다. 왜냐하면 부의 결핍은 그것 고유의 장점을 거의 가지지 않으며, 그들은 선물로든 아니면 예술작품을 팔아서든 돈을 즐거이 받아들일 것이기 때문이다.[132] 오히려 '부르주아' 사회의 정신적·심미적 빈곤에 대한 그들의 근

흥미롭다. 보헤미안은 수사처럼 자선기금에 의지하든가 준(準) 자족적 공동체를 수립하는 경향이 있는가 하면, 자신의 '영적 통찰력'을 팔려고 하기도 한다. 하지만 자선기금은 모르는 사람이 아닌 친척이나 친구에서 나오며, 공동체도 항시적 수입을 보장할 정도로 충분히 잘 조직되지는 않다. 이런 수단들이 실패할 때, 흔히 임시고용이 주요 호구책이 된다.

129) Lawrence Lipton, *The Holy Barbarians* (New York: Julian Messner, 1959), p. 286.

130) Murger, *The Latin Quarter*, p. xxx.

131) Rigney and Smith, *The Real Bohemia*, p. 23.

132) 립턴은 1950년대 미국의 떠돌이 보헤미안들은 빈곤상태에 특별한 정신적 의미를 부여했다고 주장했다. 그리고 비록 이것이 그들이 불교사상에 관심을 가진 결과였을 수도 있지만, 리그니(Rigney)와 스미스(Smith)가 제시한 증거는 립턴의 주장을 뒷받침해주지 않는다(Lipton, *The Holy Barbarians* p. 264, 그리고 Rigney and Smith, *The Real Bohemia*, p. 23을 보라).

본적 불만은 '안락하고 부유한 자들'의 생활을 상징하는 내구소비재, 즉 주택, 가구, 각종 세간, 자동차, 값비싼 옷 등에 집중되어 있다. 이것들을 거부하는 것은 자기표현의 1차적 수단인 쾌락에 전념할 것을 주장하는 것이다.

근대사회에 대한 보헤미안의 비판이 강조하는 것은 추함, 정신적 공허함, 영웅주의의 전반적 부재이다. 보헤미안은 '창의성의 빈곤'과 "실용적인 목적에 노예가 된 사람들에서 자연스럽게 나타나는 소심한 상상력"을 "부르주아의 가장 큰 흠결"로 본다.[133] 실제로 중간계급이 물질적으로 성공하게 된 것은 바로 그 같은 특질들 때문이었다. 그들이 지닌 검약, 실용성, 규율 있는 근면성이 바로 그 특질들인데, 이것은 초기의 보헤미안이 보기에 중간계급의 영혼의 메마름을 보여주는 증거였다. 그들이 보기에 부르주아는 다음과 같은 것을 대변했다.

> 열정 없는 야망, 욕망의 깊이 없는 소유욕, 위엄 없는 권력, 정신적으로 가치 없고 중요하지 않은 모든 것, 심리적으로 그리고 심지어 생물학적으로도 부적절하고 편협한 자기보호적인 모든 것. 탐욕은 부르주아적 근성이었다. 그러나 실내용 슬리퍼나 코감기도 그렇다.[134]

그처럼 무미건조한 무상상력에 맞서 보헤미안이 내세운 신조가 바로 다음과 같은 낭만주의의 본질이었다: ① 자기표현의 이상 — 이를테면 창조성을 통해 개성을 실현하는 것을 목적으로 하는 것과 같은 — 과 그것을 가로막는 모든 법률, 관습, 규칙의 폐기, ② 쾌락추구, 그리고 향락 — 특히 "사랑의 의례를 위한 … 전당"인 몸을 통한 — 을 위해 자신의 능력을 완전히 계발하는 것이 갖는 중요성,[135] ③ 천재의 아이디어, ④ 합리적 인과성

---

133) Grana, *Bohemian versus Bourgeois*, p. 65.

134) Ibid., p. 69.

135) Malcolm Cowley, *Exile's Return: A Literary Odyssey, of the 1920's* (New York: Viking Press, 1956), p. 60.

의 거부, ⑤ 진정한 재능을 가진 사람의 염세성과 자연적 소외 등이 그것이다.[136] 또한 20세기에 접어들면서, 심리적 적응과 성적 충동의 표현과 같은 개념들과 함께 성평등 교의가 중요해졌는데, 이런 흐름은 프로이트주의의 대중화에 영향을 받은 것이었다.[137]

보헤미안과 댄디를 비교하는 것은 낭만주의 윤리의 몇몇 본질적 특징을 밝히는 데 유용하다. 이들 '쾌락귀족들'은 그 선조들과 마찬가지로 상층계급의 일부 가치들을 받아들였다.[138] 예컨대 그들은 유한생활을 추구하며 "일에 대해 각별한 반감"을 가졌다.[139] 하지만 그들은 제법 사치스런 생활방식을 유지하기에 충분할 만큼의 돈을 가진 적은 거의 드물었고, 댄디와 마찬가지로 과도한 빚을 졌고, 그 빚을 갚은 적도 거의 없었다. 그런 탓에 기껏해야 그들은 명성은 거의 없고 자존심만 남은 빈한한 귀족과 유사했다. 그렇지만 보헤미안에게는 가난하다는 것이 결코 수치가 아니었다. 그들은 또한 파벌이나 사회적 모임을 만드는 경향이 있고, 서로 재담경쟁을 하며, 자신들의 과시적 유흥으로 부르주아 약 올리기를 즐겼다는 점에서 댄디를 닮았다. 하지만 댄디와는 달리 그들은 명예와 명성을 (훌륭한 예절을 숙지했다는 의미에서의) 나무랄 데 없는 사회적 행동양식에 의거하는 것

---

136) Grana, *Bohemian versus Bourgeois*, pp. 67~8.

137) 사실 초기 낭만주의자들은 성평등 운동의 개척자였다. 프로이트가 낭만주의에 지고 있는 빚에 대해서는 이미 지적한 바 있다. 이 신조의 진술에 따르면, 보헤미아니즘은 마치 만족연기의 정신을 분명하게 거부하는 것처럼 보이며, 카울리(Cowley)는 "순간을 위한 삶이라는 관념"을 하나의 항목으로 언급한다 (*Exile's Return*, p. 60). 이것이 어느 정도 사실이라고 하더라도, 그리고 인습으로부터의 해방을 드러내고 쾌락주의적 잠재성을 입증하기 위해 감각적 향락을 즐기라는 압력이 실제로 존재한다고 하더라도, 극치에 도달하는 것을 연기하는 것은 보헤미안 생활방식에 여전히 필히 내재해 있으며, 따라서 몽상하기에 무제한의 기회를 제공한다. 존재방식 그 자체가 빈번히 궁핍을 약속하는 한편, '성공'에 이르는 관례적 통로를 거부하는 것은 명성을 얻으려는 꿈을 지속시켜 준다.

138) 이 표현은 Murger, *The Latin Quarter*, p. 42에서 따온 것이다.

139) Parry, *Garrets and Pretenders*, p. 26.

이 아니라 낭만주의적 이상에 몰입하고 있음을 표현하는 데에 의거했다. 이것은 그들의 동료집단 속에서 쾌락을 탐닉할 수 있는 능력이나 안락에 대한 무관심 또는 기꺼이 부르주아 비난하기 등과 같은 몇몇 증거를 통해 확인할 수 있다. 그러나 낭만주의적 보헤미안이 자신의 개인적 재능에 대해 경의를 표하는 것은, 사회적 이미지에 대한 단순한 관심을 초월하는 영적 차원이 존재한다는 것을 의미했다. 따라서 댄디는 실제로 타인의 눈 속에만 존재했지만, 보헤미안은 자신 내에 존재하는 영혼을, 그리고 자신이 자신의 삶에 헌신하지 않으면 안 된다는 '깨달음'을 충족시켜야만 한다. 낭만주의 윤리의 이 같은 특징이 갖는 결정적인 중요성은 또한 보헤미아니즘을 후일 댄디즘과 낭만주의의 혼합물인 유미주의와 비교할 때 부각된다.

'예술을 위한 예술'이라는 슬로건에서 대략 확인할 수 있듯이, 유미주의는 19세기 후반에 출현한 현상으로, 일반적으로 페이터(Pater),[140] 위슬러(Whistler),[141] 와일드(Wilde)[142] 같은 예술가나 문필가와 관련이 있

140) 〔역주〕 페이터(Walter Horatio Pater, 1839~1894)는 영국의 비평가로 1873년 레오나르도 다 빈치, 보티첼리 등 르네상스기의 화가를 중심으로 한 평론집 《르네상스사 연구》(*Studies in the History of Renaissance*)를 발표했다. 아놀드의 인생론적 비평과 라파엘로 전파(前派)의 심미주의적 태도를 결합했을 뿐만 아니라, 이로써 19세기 말의 데카당스적 문예사조의 선구자가 되었다.

141) 〔역주〕 휘슬러(James Abbott McNeill Whistler, 1834~1903)는 유럽에서 활약한 미국인 화가로, 쿠르베의 사실주의에 끌리고 마네·모네 등 인상파 화가들과 교류하면서 점차 독자적 화풍을 개척했다. 그 뒤 '예술을 위한 예술'을 표방하고 회화가 주제 묘사로부터 해방될 것을 주장했다. 《하얀 소녀》(*The White Girl*, 1863) 등으로 차분한 색조와 그 해조(諧調)의 변화에 의한 개성적인 양식을 확립했다.

142) 〔역주〕 와일드(Oscar Fingal O'Flahertie Wills Wilde, 1854~1900)는 아일랜드의 시인·극작가·소설가로, 예술지상주의의 입장에서 "자연이 예술을 모방한다"고 주장했고, 유미주의를 과시하는 화려한 작품과 사생활로 대중의 인기와 주목을 받았다. 그의 사상은 당시 새로운 심미주의적 예술관과 인생관을 창도한 페이터의 영향을 받았다. 작품으로는 유미사상의 영향으로 향락에 빠진 청년의 이야기 《도리언 그레이의 초상》, 위트와 경구가 넘치는 《윈더미어 부인의 부채》 등이 있다.

다.[143] 비록 유미주의자의 이미지가 댄디를 연상시키기는 하지만, 유미주의는 낭만주의에서 발전되어 나왔다. 낭만주의에서는 예술과 공리주의의 논리적 양립불가능성이 예술로부터 그것의 도덕적 및 정신적 기능까지도 제거할 정도였다. 슈킹(Schucking)이 설명하듯이,

> 그것은 순수하게 심미적인 것을 제외하고는 예술로부터 삶에 대한 모든 영향력을 분리시키고, 그리하여 신성한 숲속으로 예술을 감금했다. 거기서는 성직자가 예술가였다. 예술가인 성직자들은 자신들의 직무를 가끔은 고티에(Gautier)와 후일 그의 경쟁자였던 오스카 와일드처럼 수행했으며, 그들은 때때로 사치에 빠짐으로써 하층민들과 완전히 결별했다. 보통사람들은 그들을 따를 수 없었고, 분별 있는 어떤 사람이 왜 최고로 적절한 형용사를 찾는 데 또는 한 쌍의 모음글자를 맞추는 데 온 종일을 보내야 하는지를 알 수 없었다.[144]

일반 대중으로부터 예술가를 이렇게 분리시키는 것은 자신들이 하나의 특수한 인간종족이라는 낭만주의자의 주장을 논리적으로 확장시킨 것으로 볼 수도 있다. 하지만 유미주의자는 아무런 복음주의적 열정도, 즉 일반 대중에게 전해줄 아무런 구원의 메시지도 가지고 있지 않으며, 예술을 도덕회복을 위한 수단으로 '축소시키고자' 할 수도 없다. 이런 의미에서, 예술은 즐거움을 가져다주고 교육적이어야 한다고 보던 고전적 예술개념은 낭만주의자들에 의해 쾌락을 통한 교육이라는 테마로 바뀌어 왔다가, 이제는 예술은 그저 즐기는 것이어야 한다는 교의로 다시 한 번 변화했다. 존슨(Johnson)이 지적하듯이, 유미주의는 예술을 "오로지 그것이 제공하

---

143) 유미주의에 대한 논의는 William Gaunt, *The Aesthetic Adventure* (London: Jonathan Cape, 1945); Graham Hough, *The Last Romantics* (London: Gerald Duckworth, 1949); R. V. Johnson, *Aestheticism* (London: Methuen, 1969)에 크게 의지하고 있다.

144) Levin L. Schucking, *The Sociology of Literary Taste* (London: Kegan, Paul, Trench, Trubner, 1944), p. 24.

는 즉각적인 심미적 쾌락과 관련해서만" 평가받게 만든다.145) 다른 한편 예술가는 심미안이 있는 거장과 비평가로서의 자신의 역량을 가지고 무엇이 "진정한 쾌락이고" "올바른 취향인지"를 적절하게 판단할 수 있는 자격을 가진 유일한 인물이다.146)

아이러니하게도 이 같은 사태의 진전은 근대 쾌락주의보다는 낭만주의의 운동을 더 추동했다. 왜냐하면 비록 유미주의가 쾌락을 가져다주는 것을 예술의 유일한 목적으로 명시하고, 계속해서 삶 자체가 "예술의 정신에" 접근해야 한다고 제시하고 있음에도 불구하고,147) 그러한 가르침이 예술가로 하여금 쾌락주의적 활동에 탐닉하게 하지는 않기 때문이다. 이는 삶을 예술로 보는 것이 초연한 태도를 이끌고, 이런 태도 속에서 사건들은 '스펙터클', 즉 비평가와 감식가의 눈으로 판단되는 어떤 것으로 평가되기 때문이다. 동시에 예술과 삶 간의 간극은 되돌릴 수 없는 것으로 인식되고, 그리하여 유미주의에는 관조적인 스타일로 축소되는 경향이 있다. 하지만 낭만주의자와는 달리 유미주의자는 주로 현실세계의 추함으로부터 벗어나려 하지 현실세계를 변화시키기 위한 영감을 찾으려 하지 않는다. 무엇보다도 중요한 것은, 유미주의자가 예술에 대해 갖는 궁극적 책임감은 그가 자신의 예술대상을 다른 사람에게는 물론 자신에게도 쾌락을 가져다주는 어떤 것으로 만드는 의무를 지고 있다는 것을 뜻한다는 점이다. 나르시시즘적이고 유약하다는 유미주의자에 대한 대중적 이미지는 바로 이로부터 연유한다. "우리는 우리 자신을 주시하고, 스펙터클이 주는 단순한 경이로움이 우리를 매혹한다"는 와일드의 논평은 이로부터 결과하는 에로티시즘을 요약적으로 보여준다.148)

---

145) Johnson, *Aestheticism*, p. 14.

146) 따라서 유미주의자는 비록 전해 줄 예언적 메시지를 전혀 가지고 있지 않음에도 불구하고, 세련된 자기수양의 기술이라는 면에서는 교사로서의 역할을 한다.

147) Johnson, *Aestheticism*, p. 19.

148) Ibid., p. 42.

유미주의가 자기이미지를 과도하게 강조함으로써 댄디윤리와 가장 근접하게 되는 것도 바로 이 같은 점 때문이다. 그러나 유미주의의 관심은 주로 심미적인 것이지 에티켓을 그리 강조하지는 않는다(하지만 한 종류의 '훌륭한 예절'에 대한 몰두가 실제로 다른 종류의 '훌륭한 예절'과 합체될 수는 있다). 양자가 가지고 있는 공통점은, 사람들은 조밀하게 결합된 사회집단에 의지하여 자신들이 이상에 도달했다는 확신을 할 뿐만 아니라 바로 그 집단으로부터 배제되면 개인적 파국에 이른다는 것이다.[149] 더 중요한 것은 둘 다 자제와 규율을 요구한다는 점이다. 이는 예술을 감정의 문제가 아니라 숙련의 문제로 취급하기 때문이다. 따라서 유미주의에는 비록 '영웅적' 요소는 없지만 댄디즘의 특성과 유사한 감정적 금욕주의의 한 형태가 존재한다. 보들레르(Baudelaire)는 이러한 요소들을 예증하며, 낭만주의자들이 보인 격정성, 과도한 자유분방함, 그리고 모든 감정을 제멋대로 표출하려는 욕망 등에 대해 반감을 표현한다.[150] 와일드 역시 낭만주의가 자연적인 것과 심미적인 것을 동일시하는 것을 거부하며, "모든 나쁜 시는 진정한 감정에서 나온다"고 주장하고 매우 보잘것없는 터너(Turner)[151] 처럼 일몰을 묘사함으로써 워즈워스의 논평을 번복한다.[152] 그리하여 유미주의는 인위적인 것을 예찬하게 된다. 왜냐하면 유미주의자는 자신을 미의 한 대상으로 전환시키려고 애쓰기 때문이다. 따라서 만약 예술이 즐거움을 주기 위한 것이라면 유미주의자는 항시 자기 열정을 억제해야 하

149) 브루멜과 와일드의 운명은 이 점에서 유사하다.

150) Grana, *Bohemian versus Bourgeois*, p. 153.

151) 〔역주〕 터너(Joseph Mallord William Turner, 1775~1851)는 영국 낭만주의 화가로, 수채화와 판화 제작으로 일생을 보냈다. 월슨을 비롯하여 17세기 네덜란드의 풍경화가들의 영향을 받았으며, 국내 여행에서 익힌 각지의 풍경을 소재로 삼았다. 1820년 전후부터는 그의 양식에 변화가 생겨, 자연주의적인 방향에서 벗어나 낭만주의적 경향으로 기울어졌다. 《전함 테메레르》, 《수장》, 《비 · 증기 · 속력》, 《디에프항》, 《노럼성과 일출》 등의 대표작은 그의 낭만주의적 완성을 보여준다.

152) Johnson, *Aestheticism*, p. 80.

고, 모든 사람에게 쾌락을 가져다주기 위해 자신은 매우 신중하게 행동을 해야 한다는 것은 아이러니이다. 또 그의 만족은 자신의 '성찰'과 자신이 다른 사람을 즐겁게 한다는 것을 안다는 것에서 나온다는 것도 아이러니이다. 이것은 행위나 표현을 그리 유인하지 않는 대체로 관조적이고 감상적인 태도이다.[153]

유미주의가 '세상'을 거부하는 강력한 충동을 대변하는 것은 아니라는 결론은 이로부터 나온다. 유미주의는 공리주의는 거부하지만 물질주의는 거부하지 않는다. 왜냐하면 세련되고 희귀하고 아름다운 작은 소비물품 형태의 사치는 실제로 심미적 태도를 상징하기 때문이다. 그 결과, 비록 유미주의가 개인들로 하여금 자신이 미의 대상임을 자각하게 함으로써 유행현상을 촉진시키고 또 그 세기전환기에 취향과 소비패턴에 영향을 미치기는 했지만, 소비주의 정신의 바탕을 이루는 끝없는 갈망, 경험에 대한 불만, 꿈에 대한 열망을 창출하지는 못했다.[154]

실제로 유미주의자들은 예술을 해당 사회의 더 큰 금기와 제약으로부터 벗어난 '도덕 무풍지대'(*morality-free zone*)로 만들려고 시도함으로써, 보헤미안이 가지고 있던, 인습에 도전할 힘을 상실했다.[155] 예술이 예술을 평가할 수 있는 소수의 사람에게 '높은' 도덕성을 부과했다는 주장은, 단지

---

153) 휴턴(Houghton)의 지적처럼, "행동과 구분되는 존재가 순수한 심미적 태도이다"(*The Last Romantics*, p. 281).

154) 유미주의가 특히 라파엘 전파(*Pre-Raphaelites*)와 관련하여 유행에 미친 영향에 대한 상세한 설명으로는 Johnson, *Aestheticism*, and Hough, *The Last Romantics* 뿐만 아니라 Alison Adburgham, *Shops and Shopping 1800~1914: Where, and in what Manner the Well-dressed Englishwoman bought her Clothes* (London: George Allen and Unwin, 1964), 제16장도 보라.
〔역주〕 라파엘 전파(*Pre-Raphaelites*)란 19세기 중반 영국에서 로제티, 헌트, 밀레이가 주도했던 유파로, 그 이름은 르네상스의 화가 라파엘로 이전의 화풍으로 돌아가자는 주장에서 유래한다. 이들은 중세사와 옛 이야기의 장면들을 주로 그렸다.

155) 실제로 그들은 도덕을 무시하는 경향 때문에 타락에 대한 비난에 특히 취약하게 되었다.

그 같은 '존귀한' 개인들이 자신들의 특수한 재능을 계발하기 위해 더 큰 사회에 관여하는 것을 움츠리게 할 뿐이다. 그러므로 예술이 삶의 여타 영역보다 우위에 있다고 주장할 근거는 전혀 없으며, 댄디와 마찬가지로 유미주의자들도 그들 자신의 우월성만 내세우고 있을 뿐이다. 그리고 비록 그들이 사회가 추하다고 비난할 수는 있어도 사회가 '사악하다고' 비난할 수는 없다.156) 따라서 유미주의자들은 사회의 관습에 무관심한 경향을 보였지만, 그것을 조롱할 만한 합당한 근거를 가지고 있기는 못했다. 실제로 그들은 자신들의 평판과 생계를 대개는 좁은 의미의 '사회'에 의존했기 때문에, 그것에 너무 공공연히 도전하고 싶어하지는 않았다. 이와는 대조적으로, 우리가 살펴보았듯이, 보헤미안은 관습을 조롱할 필요가 있었으며, 오직 낭만주의만이 근대 소비주의에 그토록 필요한 동학을 제공할 수 있었다고 지적할 수 있던 것도 바로 이 같은 차이에서이다.

낭만주의의 이상적 성격은, 그와 연관된 예술을 통한 도덕회복 이론과 함께, 근대 소비행동의 근저를 이루는 그 같은 자율적인 자기환상적 쾌락주의라는 형태를 자극하고 정당화하는 기능을 했다. 동시에 예술가의 역할 및 기능에 관한 낭만주의적 관념들은 새롭고 자극적인 문화적 창작품이 계속해서 공급되게 하고, 또 보헤미아를 매개로 유행하던 취향의 한계가 되풀이해서 검증되고 전복되게 하는 데 기여했다. 낭만주의적 세계관은 삶과 예술에서 독창성을 추구하고, 그와 함께 몽상하기, 갈망하기, 그리고 현실부정을 정당화시켜 줄 수 있는 최상의 그럴듯한 동기들을 제공했다. 그리고 그렇게 함으로써, 욕망에 대한 전통주의적 제약과 공리주의적 제약 모두에 맞서 쾌락을 안락보다 우위에 위치시킬 수 있었다.

좀더 구체적으로 말하면, 낭만주의는 역동적인 소비주의에 필요한 '레크리에이션'의 철학을 제공했다. 그 철학은 쾌락추구를 단지 가치 있는 것으로가 아니라 선(善) 자체로서 정당화한다. 왜냐하면 쾌락이 개인에게

---

156) 실제로 유미주의는 타락으로 이어지는 무도덕성에 경도되는 경향을 띠었다. 유미주의와 타락의 관계에 대한 논의로는 Ian Fletcher (ed.), *Decadence and the 1890's* (London: Edward Arnold, 1979)에 실린 글들을 보라.

최적의 능력을 회복시켜 주기 때문이다. 이 같은 점에서, 자기표현 및 자아실현의 철학—아주 흔히 프로이트로부터 영향 받은 것으로 간주되고, 본능적 쾌락주의를 교육과 치료요법 같은 영역에 도입하는 데 기여한—은 근본적으로 낭만주의적 영감을 지닌 것으로 볼 수 있다. 동시에 낭만주의는 근대적 유행패턴이 작동하는 데 필요한 '독창적' 창작품을 공급해줌과 동시에 새로움에 대한 기본적 취향을 널리 확산시켜 주었다. 이는 보헤미아가 수행한 중요한 기능을 근대사회를 위한 사회적·문화적 실험실로, 즉 과학과 기술이 생산에 대해 결정적인 것만큼이나 소비와 관련해서도 결정적이었던 것으로 인정함으로써 가장 잘 예증된다. 이 모든 점에서 낭만주의는 근대인의 행동의 매우 독특한 특징인 지속적이고 끝없는 소비패턴을 윤리적으로 뒷받침하는 데 기여해왔다.

제10장

결론

> 부르주아는 한때 낭만주의자와 철천지원수였다. 하지만 좀더 정확히 말하면, 그들은 단지 그렇게 보였을 뿐이다. 이제 우리는 우리가 (그리고 물론 그들 자신이) 평소 생각했던 것보다 훨씬 더 많은 정도로 낭만주의자가 부르주아였고 부르주아가 낭만주의자였음을 알고 있다.
>
> — 존 루카치

이 책의 서두에서 제기한 문제는 18세기 영국에서 산업화의 개막과 동반하여 발생한 소비혁명을 설명하는 것이었다. 우리는 경제사가들이 수요증대가 갖는 중요성을 소비혁명을 촉발한 결정적 요인으로 규명했고, 그 주요 원인으로 '새로운 소비성향'을 들었다고 지적한 후, 그 같은 성향의 기원을 논의의 초점으로 삼았다. 각종 증거들은 그러한 성향이 근대적 유행이나 낭만적 사랑과 소설 같은 혁신과 어떤 식으로든 관련된 가치와 태도의 변화에서 비롯되었음을 보여주었지만, 이들 변화에 대한 기존의 설명들이 환원론적이거나 순환론적이라는 것이 곧 분명해졌다. 게다가 이 문제는 사회과학 내에서 통용되던 소비행동이론의 일반적 특징이라는 것도 밝혀졌다. 본능주의적 관점, 조작주의적 관점, 베블런식 관점 그 어떤 것도 근대 소비주의의 독특한 특징인 새로운 욕구의 역동적 창출을 만족스럽게 설명하지 못했다. 실제로 이들 관점은 공히 욕구하기를 비합리적이고 비자발적이며 '하찮은' 행동형태로 간주하는 경향이 있다는 점에서는 물론 주체를 몰역사적으로 취급한다는 점에서 심각한 결함을 지니는 것으로 파악되었다.

그 결과, 이 같은 역사적 문제를 해결하기 위해서는 근대 소비주의의 성격을 보다 적절하게 개념화해야 할 뿐만 아니라 인간행동의 이 같은 측면을 본능적 충동이나 환경적 조작의 문제로 환원하지 않으면서도 공리주의가 욕구의 기원 문제를 포착하지 못하고 있는 점을 벌충할 수 있는 이론을 개발해야 할 필요가 있다는 것이 입증되었다. 우리가 택한 해결책은 쾌락주의적 인간행위모델로 돌아가, 이 용어를 효용과 동의어로 다루는 잘못된 습관을 피하고, 만족이 아니라 쾌락을 목적으로 하는 인간행위의 특성에 초점을 맞추는 것이었다. 이 두 가지 목적을 지향하는 행동과, 생계수준 이상의 삶을 영위하는 개인들이 이 두 가지 목적 중 하나를 선택해야 할 가능성이 크다는 사실 간에는 근본적이고 또 커다란 차이가 존재한다는 것을 인식할 때, 전통적 쾌락주의와 근대적 쾌락주의를 구분할 수 있게 된다. 전자는 감각적 경험에, 즉 별개의 표준화된 사건으로 간주되는 '쾌락'에 몰두하는 것으로 규명되었다. 그리고 그런 쾌락을 추구하는 과정에서 쾌락주의자들은 보통 전제주의적 권력을 추구하는 경향이 있다. 이와 대조적으로, 근대적 쾌락주의는 모든 경험의 잠재적 속성으로 예견되는 '쾌락'에 몰두하는 것을 특징으로 한다. 하지만 개인들이 이런 형태의 쾌락을 삶에서 추출해내기 위해서는 환상을 실제 자극으로 대체해야 하고, 또 환상 그리고 그리하여 의식의 감정적 차원을 창출하고 조작함으로써 자신만의 쾌락환경을 구축해야만 한다. 이 자율적이고 환상적인 근대적 형태의 쾌락주의는 흔히 몽상하기와 환상하기로 표출된다.

이 같은 종류의 쾌락주의는 근대 소비주의의 독특한 특징이 갖는 문제에 대한 해결책을 제공하는 것으로 보인다. 왜냐하면 그것은 한 개인이 어떻게 해서 하나의 제품 — 새로움을 보여줄 필요가 있는 어떤 것 — 에 귀속시킬 수 있는 의미와 이미지에 우선적으로 관심을 두게 되는지를 설명해주기 때문이다. 동시에 갈망하기가 주는 기쁨은 실제의 만족이 주는 기쁨에 못지않으며, 각성과 함께 재화의 구입과 사용이 필연적으로 동시에 일어난다. 이런 특성들은 또한 근대소비행동의 역동적이고 비획득적 성격을 설명하는 데에도 도움을 준다. 이 같은 모델은 소비자가 어떻게 '욕구'를 만들어내는지(또 폐기하는지) 그리고 그것이 왜 결코 끝이 없는 과정이 되었는지를 정확하게 이해할 수 있게 해줄 뿐만 아니라, 자발적이고 자기지향적이며 창조적인 과정 — 문화적 이상들이 반드시 연루되어 있는 — 으로서의 소비의 성격에 주목하게 한다. 게다가 이 모델은 근대 소비주의는 이 같은 측면들에서 이해되어야 할 뿐만 아니라 중요한 근대적 현상인 역동적인 유행 역시 자율적인 자기환상적 쾌락주의에 의거하는 것으로 보아야 한다고 주장한다.

우리는 제 2부에서 원래 제기한 문제의 (경제적 · 심리적 차원들보다는) 문화적 · 역사적 · 사회학적 차원들에 주의를 돌렸다. 앞으로 상기하게 되겠지만, 이런 차원들은 프로테스탄트 윤리가 처한 운명, 그리고 새로운 소비성향이 사회 중간층의 사치품 수요의 형태를 취했다는 발견이 낳은 수수께끼와 연관되어 있었다. 만약 이들 계급이 실제로 금욕적이고 청교도적인 '프로테스탄트 윤리' — 그 자체로 자본주의를 구성하는 정연하고 규칙적인 형태의 생산활동에 필수적인 — 의 담지자였다면, 어떻게 그들이 쾌락주의에 기반한 소비주의의 한 형태를 만들어냈을까? 이것은 하나의 사회학적 수수께끼로, 이 수수께끼는 이전에는 한 세기가 넘도록 생산혁명과 소비혁명을 분리하고, 그리하여 금욕주의의 역할과 쾌락주의의 역할을 전혀 다른 세대들에 귀속시킴으로써 해소되었다. 이 해법은 늘 논리적으로 의심의 대상이 되었으며, 지금은 경험적으로도 의문시되고 있음이 밝혀졌다. 그 결과 프로테스탄티즘과 쾌락과의 관계가 탐구대상이 되었다.

우리는 프로테스탄티즘에 대한 베버의 독창적인 분석에 대해 직접적으로 도전하지는 않았지만, 칼뱅이 위대한 교리적 종합을 이룩한 후 기독교내의 혁명에 별다른 관심이 주어지지 않았다는 점과 함께 17세기 말에 그것이 어떻게 사실상 소멸했는지에 대해 지적했다. 하지만 우리는 케임브리지 플라톤주의자들의 주장과 라이프니츠의 대안적 신정론과 함께 아르미니우스파의 반발을 검토함으로써, 자비라는 새로운 종교윤리의 출현을 추적할 수 있다는 것을 증명했다. 이 자비윤리에서 미덕은 연민과 동정이라는 자비로운 감정과 연관되어 있었고, 그 같은 감정의 표현은 멜랑콜리한 감성이 신의 은총의 징표라는 칼뱅교의 가르침과 연관지어졌다. 이것이 바로 선남선녀들이 수많은 심오한 감정, 특히 연민과 멜랑콜리 같은 감정을 (타인의 곤경에 대한 심심한 감성의 형태로) 표현하는 것을 통해 자신의 미덕을 드러내는 감정주의적인 이신론적 윤리의 토대였다. 감정의 정신적 중요성에서 감정 본연의 쾌락 — 그 자체 종말론적 신앙의 감쇠의 산물인 — 으로 계속해서 전이하는 것과 함께, 엄격한 의미에서의 감상주의가 탄생했다.

근대사회의 쾌락주의적 요소는 귀족계급이 삶의 쾌락을 강조한 데서 연유하고 또 18세기 후반 중간계급이 보여준 사치품에 대한 새로운 열광은 그들보다 더 '자유로운' 상위 사회계층에 대한 경쟁심리에서 비롯된 것으로 보아야 한다는 대중적인 주장에 일정 정도 주의를 기울였던 것도 바로 이 지점에서였다. 이 같은 주장은 상층계급의 쾌락주의가 갖는 근본적으로 전통적인 성격 — 과거에 그랬듯이 (적어도 남자에게는) 감정성을 부정하는 금욕적인 사내다움의 윤리를 중심에 두고 있는 — 에 비추어볼 때 설득력이 없음이 밝혀졌다. 이는 초기 '기사계급'의 윤리와 그 후의 '댄디'윤리 모두에서도 마찬가지인 것으로 밝혀졌다. 이 둘 모두는 중간계급의 매우 독특한 특징인 도덕적 내부지향성을 결여하는 사회적 "매너리즘에 빠진" 윤리였다.

하지만 귀족주의 윤리에 대한 검토는 감성예찬에는 존재하나 프로테스탄트전통과는 대체로 맞지 않는 새로운 결정적 요소에 주의를 기울이는 데 기여한다. 이 요소는 귀족계급에게서 '받아들인' 것이었다. 그것은 미학에 대한 관심으로, 오랫동안 고전사상에서, 그리하여 귀족주의적 사고방식에서도 중심을 이루었으며, 지금은 이전의 전적으로 도덕적이고 정신적인 중간계급의 윤리를 급격히 변화시켰다. 또 그것은 야심 있는 부르주아로 하여금 그들 자신의 '중간고전적' 미학을 발전시키게 만들었고, 샤프츠베리 경의 생각에 기초하여 전통적 권위와 이성을 직관과 감정으로 대체했다. 하지만 이렇게 함으로써 그것은 선과 미를 거의 등치시키게 되었고, 감정 속에서 드러나는 쾌락은 이 둘을 나타내는 지표로 작용했다.

부분적으로 이것은 고전주의의 쇠퇴에 따라 제기된, 모든 사람이 동의하는 불변하는 심미적 기준을 찾는 문제에 대한 대응이었다. 귀족계급은 '취향'을 면밀하게 규정된 예절의 기준을 따르는 것과 등치시킴으로써 이 문제를 해결했다. 이와는 대조적으로, 중간계급은 자신들의 종교적 유산에 맞게 '취향'을 아름다움 속에서 쾌락을 취하고 동정적인 것에 대해 눈물로 반응하는 능력 — 이 역시 미덕을 지닌 남자(또는 여자)의 표식이었다 — 을 지닌 도덕적 · 정신적 가치의 징표로 간주했다. 그것은 감정적 쾌락 추구를 강력하게 정당화할 수밖에 없는 윤리였다. 비록 적어도 잠시 동안 귀족주의적 취향개념과 부르주아적 취향개념을 균형 잡으려는 시도가 일기도 했지만, 예의와 진심 간의 긴장이 곧 이 둘을 갈라놓았고, 그와 함께 예술적 '재능'이 보다 소극적인 '취향'개념을 강조하는 전자를 대체했다.

이 같은 변화가 낭만주의로의 이동을 특징지었고, 감성예찬이 그 낭만주의가 조장하는 명백한 위선과 가식 때문에 공격받는 것과 함께, 창조성의 신정론이 마침내 기존의 자비의 신정론을 대체했다. 이것은 진정한 미덕을 지닌 개인에게 '사회'에 대한 대항자의 역할을 배정하는 결과를 가져왔다. 그런 개인은 자신의 재능과 열정을 입증하기 위해서라도 사회의 관습을 부정해야 한다. 동시에 그는 감정에서는 물론 쾌락에서도 대가가 되는데, 그는 다른 사람에게 즐거움을 산출해주는 문화적 창조물을 만들어 자신이 대가임을 입증해야만 한다. 실제로 쾌락은 상상력이 드러내는 이상적인 진리와 아름다움을 인식하는 중요한 수단이 되며(그것은 삶의 '중요한 기본 원리'이다), 따라서 예술을 통해 계몽과 도덕회복을 이룰 수 있게 해주는 수단이 된다. 현재 삶을 부정하는 철학과 물질주의적 공리주의제도에 철저하게 물들어 있는 사회에서는 그 같은 수단들이 긴급히 요구된다. 그러므로 낭만주의자는 자신의 재능을 드러내기 위해 아웃사이더이어야만 할 뿐만 아니라, 자신의 이상에 맞는 삶을 살아가려는 그 어떤 일관된 시도도 필시 그로 하여금 보헤미아로 내적 망명을 하지 않을 수 없게 한다.

이제는 낭만주의 윤리와 근대 소비주의 정신 간의 관계와 관련하여 도달한 결론이 갖는 일반적 성격에 대해 진술할 수 있게 되었다. 자기환상적 쾌락주의라고 이름 붙여진 근대 소비주의 정신은 상상 속에서 창조되고 향유되던 쾌락을 현실 속에서 경험하고자 하는 갈망, 즉 새로운 것의 끊임없는 소비로 귀착되는 갈망을 특징으로 한다. 현실생활에 대한 불만과 새로운 경험에 대한 갈망을 특징으로 하는 그 같은 전망은 근대적 삶에 가장 전형적인 많은 행동들의 중심을 차지하며, 유행과 낭만적 사랑 같은 주요한 제도의 근간을 이루고 있다. 낭만주의 윤리는 근대 소비주의 정신과 기본적으로 합치하거나 '선택적 친화력'을 가지고 있으며, 그 같은 태도를 취하게 하는 데 크게 기여하는 성격 유형과 윤리적 행동을 야기했다고 볼 수 있다. 특히, 진·선·미에 관한 낭만주의적 가르침은 근대소비행동이 현대 산업세계 전반에 확산되는 데 필요한 정당화와 동기 모두를 제공한다.

이 책에서 개진한 테제는 단지 낭만주의 운동이 근대 소비주의의 탄생을 결정적으로 지원했다는 것만이 아니다. 이 책은 또한 낭만주의는 전통주의의 힘을 극복하고 소비주의의 동학에 새로운 추동력을 제공하는 방식으로 작동한 이래 두 세기가 넘게 지속되어 왔다고 주장한다. 우리는 이 같은 일반적 사실을 낭만주의 — 특히 보헤미아니즘이라는 그것의 사회적 형태 속에서 — 와 문화적 소비주의의 역동적 분출이 시간과 공간 모두에서 긴밀하게 결합되어 있다는 점에서 찾아볼 수 있다. 예컨대 파리가 보헤미아니즘의 정신적 고향이자 역사적으로 세계적 유행의 수도라면, 소비주의의 가장 선진적인 실험장소로 오랫동안 간주된 캘리포니아는 1950년대와 1960년대 비트족과 히피족이 전개한 보헤미안운동의 중심지였다. 실제로 시간범위를 좀더 길게 잡아 보면, 보헤미아니즘의 분출과 창조적 소비붐 시대 사이에서 긴밀한 상응관계를 식별할 수 있다. 19세기 초에 발생한 이 둘 간의 초창기의 연계관계 외에도, 사람들은 1890년대, 1920년대, 1960년대에서도 그 같은 관계를 발견할 수 있다. '음란한 1890년대', '재즈시대', '자유분방한 1960년대' 모두는 본질적으로 동일한 특징적 양상을 보여준다. 각각의 시대에 '도덕혁명'이 목도되었고, 그 속에서 억압적인 '청교도주의'로 확인된 것에 도전하기 위해 '새로운 쾌락정신'이 출현했다. 이 정신은 교육받은 젊은이들 사이에서 가장 뚜렷하게 나타났으며, 이들은 술, 마약, 섹스, 예술을 통해 쾌락을 추구하고 자기표현을 하는가 하면, 강렬한 도덕적 이상주의가 무제한의 상업주의와 손을 잡았다.[1]

이 테제에는 몇 가지 문제가 따른다. 그 중에서 가장 중요한 것은 당연히 프로테스탄티즘과 자본주의를 연계시킨 베버의 원래 주장에서 제기되는 것으로 규명된 문제들과 유사하다. 이를테면 다음과 같은 문제들이 있다: 앞서 주장한 연계가 갖는 정확한 성격은 무엇이며, 특히 윤리적 태도와 경제적 행동의 유형이 연계되어 있다는 것을 어떻게 이해할 수 있는가? 혹시 우리가 함의한 인과성의 방향이 거꾸로인 것은 아닌가? 다시 말해, 거꾸로 쾌락주의적 충동이 낭만주의의 성장을 가져온 것으로 고려해야 하지 않는가?[2] 이 같은 의문들은 곧 사회학이론의 근본적인 문제로 이어진다. 이는 현재의 맥락에서는 충분히 탐색해내기 어려운 행위와 문화변동의 성격과 관련한 문제이다. 다른 한편 이런 문제들이 제기되지 않는 체하는 것도 우스운 짓이다. 그러므로 이 문제들을 비록 간략하게나마 고찰하려면, 베버가 그랬던 것처럼 윤리적 이상의 제창과 그 이상이 조장한 행동형태 간의 관계가 갖는 본질적으로 아이러니한 성격을 강조하는 것에서

---

1) 이와 관련해서는 이를테면 Richard le Gallienne, *The Romantic Nineties* (London: G. P. Putnam, 1926); Douglas Goldring, *The Nineteenth Twenties: A General Survey and some Personal Memories* (London: Nicholson and Watson, 1945), James Lavers, *Between the Wars* (Boston, Mass.: Houghton Mifflin, 1961)을 보라. 1960년대와 비교한 자료는 Christopher Booker, *The Neophiliacs* (London: Fontana, 1970), Frank Musgrove, *Ecstasy and Holiness: Counter Culture and the Open Society* (London: Methuen, 1974)와 Bernice Martin, *A Sociology of Contemporary Cultural Change* (Oxford: Basil Blackwell, 1981)에서 찾아볼 수 있다.

2) 베버의 테제가 노정하고 있는 문제점들과 그 테제를 둘러싸고 흔히 제기되고 있는 비판에 대한 논의로는 Gordon Marshall, *In Search of the Spirit of Capitalism: An Essay on Mar Weber's Protestant Ethic Thesis* (London: Hutchinson University Library, 1982), 제 5장과 제 6장을 보라.

부터 논의를 시작하는 것이 유익할 것 같다.

사회적 행위의 아이러니

초기의 낭만주의자들과 그 후 수십 년에 걸친 후계자들 그 누구도 근대 소비주의나 그것이 바탕하고 있는 이기적 쾌락주의정신에 정당성을 부여하고자 하지는 않았다. 실제로 그들은 단지 쾌락주의적 관심이라는 새로운 영역을 상업적으로 이용하기 위해 쾌락추구에 대한 전통적 장애물을 극복하는 식으로 행동하지도 않았다. 우리가 살펴본 대로, 쾌락추구는 문화적 창작품의 원래 창조자가 추구하든 나중의 재창조자가 추구하든 간에 목적 그 자체가 아니라 도덕적·정신적 회복을 위한 수단으로 간주되었다. 그 결과 신고전주의 비평가들이 18세기 후반과 19세기 초 시장에 범람한, "선정적인 행위와 비속한 감상으로 가득 찬" 고딕소설을 쓰레기라고 즉각 비난한 것과 마찬가지로, 낭만주의자들은 단순한 자극과 흥분을 추구하는 사람들을 가차 없이 공격했다. 워즈워스 자신도 "속물적 소설, 구역질나고 짜증나게 하는 독일 비극, 시 속에 범람하고 있는 무익하고 터무니없는 이야기들"을 통렬히 비난했으며,[3] 이런 것들이 모든 문학의 질을 폄하하게 하는 원인이 되었다고 생각했다. 그가 이런 작품들에 대해 반감을 갖는 이유는, 그것들이 쾌락을 가져다주어서가 아니라(왜냐하면 우리가 살펴본 것처럼 이것은 또한 그의 의도이기도 했기 때문이다), "그 작품들이 가져다주는 흥분이 적정한 한도를 넘어서기" 때문이었다.[4] 그 작품들이 가져다주는 감정적 자극에 빠지는 이유는 진리를 전달하거나 도덕적 감성을 창출하는 유일하고 고귀한 목적 때문이 아니라 '무익한' 이유들 때문이었다.

쾌락이 이런 식으로 이기적인 목적에 복무하면서 타락할 수밖에 없는

---

3) Harold Bloom and Lionel Trilling (eds), *Romantic Poetry and Prose* (New York: Oxford University Press, 1973).

4) Ibid., p. 607.

까닭은, 공리주의적인 자유방임철학을 광범하게 수용하고 그에 따라 상업적 힘이 아무런 제약 없이 작동하기 때문이었다. 그리하여 초기의 낭만주의자들은 소비주의를 승인하기는커녕, 근대 지식인의 독특한 특징인 대중문화비판이라는 형식을 창시하고, 무제한적인 이윤추구와 사적 취득을 사람들로 하여금 그들의 생득적 권리인 정신적 계몽을 경험하지 못하게 하는 1차적 요소로 보았다.[5] 이 같은 점에서 우리는 루터나 칼뱅이 기업가가 이윤을 축적하려고 노력하는 것을 찬양하지 않았듯이, 워즈워스와 셸리도 근대 소비자가 새로운 욕구를 충족시키려고 끝없이 노력하는 것을 찬성하지 않았다고 말할 수 있다. 오히려 그와는 반대로 네 사람 모두는 진정한 도덕주의자로서 그런 노골적인 이기적 원리를 축으로 하여 조직된 사회를 혐오했다.

그렇다고 해서 낭만주의자들이 자신들의 작품이 그들이 의도한 것과 다른 식으로 소비될 수도 있다는 것을 몰랐다거나 자신들이 도덕적 쾌락철학을 제창한 것이 그들이 반대하는 집단의 이익에 봉사할 수도 있다는 점을 알지 못했다는 것은 아니다. 결국 신고전주의와 비교해 볼 때, 낭만주의는 실제로 대중적 취향을 구성하고 있는 것을 상당히 용인했고, 따라서 전통적 가치에 대한 대중적 비판의 한 요소로 쉽게 사용될 수 있었다. 워즈워스는 시 쓰기에서 난해한 형식과 심원한 주제를 거부하고 "사람들이 실제

---

5) 현대에 들어와서 이러한 엘리트주의적인 낭만주의적 비판형태를 가장 잘 보여주고 있는 것으로 F. R. Leavis, *Nor shall my Sword: Discourses on Pluralism, Passion and Hope* (London: Chatto and Windus, 1977)를 보고, 좀더 대중적인 형태의 비판으로는 Richard Hoggart, *The Uses of Literacy* (Harmondsworth, Middx.: Penguin Books, 1958)를 보라. 이에 대해 보다 분명한 사회주의적·네오맑스주의적 형태의 비판 — 그럼에도 불구하고 이것 역시 여전히 낭만주의적 전통으로부터 많은 영감을 얻었다 — 을 개진한 것은 프랑크푸르트학파 성원들이었다. 이에 대해서는 B. Rosenberg and D. M. White (eds), *Mass Culture: The Popular Arts in America* (Glencoe, Ill.: Free Press, 1957)에 실린 글들과 A. Arato and E. Gebhardt (eds), *The Essential Frankfurt School Reader* (Oxford: Blackwell, 1978), Part 2)를 보라.

로 쓰는" 언어를 사용할 것을 주장한 반면,[6] 콜리지는 이국적 소재를 다루는 데 앞장섰다. 스콧이나 포 같은 작가들은 그들의 전철을 밟아 미스터리, 호러, 로망스를 소재로 한 단순하게 지어낸 이야기를 열망하는 시장을 열렬히 찾아 나섰다. 그러므로 스탕달이 낭만주의는 "공중에게 삶에 대한 현재의 전망과 함께 최대한의 가능한 쾌락을 제공하는 문학작품을 가져다 준 예술"이라고 (의심할 바 없이 다소 빈정대는 투로) 지적한 것은 전혀 놀랄 일이 아니다.[7]

낭만주의자들이 근대 소비주의에 전반적으로 기여한 사태를 유발했다고 말할 수 있다는 것을 인정하는 것이 근대 소비주의가 늘 낭만주의자들의 의도였다고 제시하는 것과 매한가지인 것은 분명 아니지만, 그것은 낭만주의를 새로운 예술가계급의 '이데올로기'로 바라보는 것은 의미가 있을 수 있다는 사실에 직접 주목하게 한다. 왜냐하면 하나의 전반적 세계관으로서의 낭만주의를 전통적인 귀족주의 윤리에 대한 거부이자 새로이 등장하던 부르주아적 공리주의에 대한 반발로 온당하게 파악할 수 있듯이, 낭만주의적 예술이론을 신고전주의의 제약적 성격과 대중적 상업주의의 속물적 포학성 사이에서 중간 통로를 발견하고자 하는 시도로 간주할 수 있기 때문이다. 고상한 예술가는 유럽예술의 고전적 전통과 일체감을 가지면서도 자신의 새로운 중간계급 청중을 즐겁게 하기 위한 신선한 소재를 얻기 위해 또 고전미학이 부과한 제약 밖에서 예술적 실험을 할 수 있는 일정 정도의 자유를 획득하기 위해 대중적인 지방문화, 특히 '민속'과 동일시되는 문화로 선회할 수 있었다. 동시에 공중의 취향의 최소 공통분모와 변덕 모두에 따라 활동할 수밖에 없는 상업적 예술가는 행위의 일정 정도의 성실함과 독자성을 지키기 위해 예술가의 역할과 기능에 대한 좀더 엘리트적인 고전적 개념들에 의지할 수 있었다. 근본적으로 낭만주의적 성향을 지닌 예술가들은 이 두 전통을 서로 반목시킴으로써 일정 정도의 통합과

---

6) Bloom and Trilling (eds), *Romantic Poetry*, p. 595.

7) John B. Halsted (ed.), *Romanticism* (New York: Walker, 1969), p. 92.

성공을 가능하게 하는 지위를 차지하는 데 성공하기도 했다.

이런 가능성이 존재했던 것은 예술을 통한 도덕회복이론을 강조했기 때문이었으며, 이 이론은 예술가로 하여금 공중의 쾌락요구에 응하면서도 또한 자신의 예술을 위한 신성한 목적과 자신을 위한 '정신적' 역할을 주장할 수 있게 해주었다. 하지만 신고전주의에 비해, 낭만주의는 대중적 취향에 양보를 했고, 이 양보는 예술가들이 새로운 '자유시장'의 조건하에서 계속해서 경제적으로 생존할 수 있게 주었다. 하지만 이것이 낭만주의가 부르주아 예술가계급의 이해관계를 이데올로기적으로 표현한 것에 지나지 않는다거나 그들의 직업적 이상주의가 단지 이기심의 은폐물일 뿐이라고 주장하는 것은 아니다. 왜냐하면 한 집단의 '이해관계'와 그 집단이 지지하는 이상 사이에 (전자를 후자와 관련하여 설명할 수 있다고 반드시 가정하지 않더라도) 일정 정도의 상응관계가 존재한다는 것은 당연한 것으로 간주될 수 있기 때문이다.[8] 여하튼, 이미 보헤미아니즘에 대한 논의에서 살펴보았듯이, 낭만주의 역시 예술가의 '이상'과 '물질적' 이해관계 사이에서 매우 실질적인 긴장을 낳을 수 있다.

'이데올로기적' 이해관계의 기능과 존재를 사후에 인정하는 정도와 관련하여 이 같은 단서조항들을 단다고 하더라도, 낭만주의와 근대 소비주의의 관계가 아이러니한 것으로 보일 수박에 없는 것은 여전히 사실이다. 왜냐하면, 비록 낭만주의자들이 쾌락을 제공하고 몽상하기를 조장하고자 하기는 했지만, 그들이 재화와 서비스의 부단한 추구를 촉진하기 위해 이 둘을 결합시키려 했다고 볼 수는 없기 때문이다. 따라서 동일한 역사의 아이러니가 근대 생산에 동반된 근대의 합리화된 소비의 출현과 맞물려 있다고 지적할 수 있게 된다. 미츠맨(Mitzman)이 지칭한 것처럼, 그것이 바로 '이성의 간계'로, 이로 인해 사람들은 어떤 한 가지를 의도하지만 실제로는

---

8) 그러한 환원이 반드시 이상에서 이해관계로 이어질 것이라고 가정할 특별한 이유도 없다. 개인이나 집단이 가지게 되는 '이해관계' 역시 그들의 '이상'의 산물로 간주할 수 있다. 이 두 개념 간의 관계에 대해서는 아래에서 다룰 것이다(pp. 394~401을 보라).

전혀 다른 어떤 것,[9] 심지어는 실제로 처음에 의도한 바와는 정반대의 결과를 획득하게 된다.

인간행위의 이러한 아이러니한 특성은 베버가 자신의 저작에서 강조한 것이었으며, 그 결과 그의 분석은 빈번히 어떻게 "관념이 그 원래의 의미에 반하여 작동하여 … 자신을 파괴하는지를" 입증했다.[10] 하지만 그는 문화적 비관주의로 빠져들어, 고결하고 이상주의적인 행동이 자신의 토대를 침식하는 데 기여하는 방식 — 최고로 의미 있는 행위가 시간이 지나면서 무의미하게 된다는 의미와 도덕적으로 나무랄 데 없는 행동이 도덕적으로 저급하고 미천한 행동으로 변한다는 의미 모두에서, 좋은 의도가 빈번히 나쁜 결과로 이어지는 방식 — 을 강조하면서 이 개념을 매우 부정적으로 해석하는 경향을 보였다.[11] 하지만 이 음울하고 제한적인 아이러니 개념을 받아들일 만한 합당한 이유는 없어 보이며, 사회적 행위에 대한 적절한 이해는 온갖 의도하지 않은 결과와 실현되지 않은 모든 의도가 지닌 도덕적 중요성이 무엇이든 간에 그것들에 관한 연구를 필요로 한다.[12] 사실 우

---

9) Arthur Mitzman, *The Iron Cage: An Historical Interpretation of Max Weber* (New York: Alfred A. Knopf, 1970), p. 183.

10) Louis Schneider, "Ironic Perspective and Sociological Thought", in Leivis A. Coser (ed.), *The Idea of Social Structure: Papers in Honour of Robert K Merton* (New York: Harcourt Brace Jovanovich, 1975), pp. 323~37, 특히 p. 336을 보라.

11) Werner Stark, "Max Weber and the Heterogony of Purposes", *Social Research*, 34 (Summer 1967), 249~64, 특히 pp. 253~8 곳곳을 보라.

12) 사회학에서 이 문제에 대해 일반적인 논의를 하고 있는 것으로는 다음의 글들을 보라: R. K. Merton, "The Unanticipated Consequences of Purposive Social Action", *American Sociological Review*, 1 (1936), 894~904; R. K. Merton, *Social Theory and Social Structure* (New York: Free Press, 1949), Part 1; Colin Campbell, "A Dubious Distinction: An Inquiry into the Value and Use of Merton's Concepts of Manifest and Latent Function", *American Sociological Review*, 47 (February 1982), no. 1, 29~43; Albert O. Hirschman, *The Passions and the Interests: Political Arguments for Capitalism before its Triumph* (Princeton, NJ: Princeton

리는 아이러니에 대한 버나드 드 맨드빌(Bernard de Mandeville)의 '낙관론적' 견해에 대해 이미 지적한 바 있다. 그의 견해에 따르면, 사회적 이득이 악의 실천에서 직접 흘러나오며, 매우 풍자적인 이 분석전통은 베블런에서도 찾아볼 수 있다. 그러므로 베버가 확인한 의미에서 '탈도덕화하고 있는' 풍자의 실체를 받아들면서도, 그것을 보다 '건설적인' 형태 속에서도 발견할 수 있다는 것을 인식하는 것 또한 중요하다.[13)]

하지만 역사의 아이러니가 베버가 추적한 것과는 반대방향으로 작동할 수도 있다는 것이 함의하는 바는, '의미 없는' 행위가 그것의 이상적이고 초월적인 의미를 다시 획득할 수도 있다거나 사소한 또는 이기적인 목적을 위해 착수한 행동이 이상주의적 내지 이타적인 행위로 발전할 수도 있다는 것이다. 우리가 탐구하고 있는 사례와 관련하여 구체적으로 말하자면, 자기환상적 쾌락주의가 진정한 낭만주의적 이상주의로 발전할 수도 있다. 실제로 이것이 바로 초기 낭만주의시대 이래로 수년간, 그리고 보다 근래에는 1960년대 말과 1970년대 초에 주기적으로 발생한 것이라고 할 수 있다. 이렇게 주장한다고 해서, 그것이 이상주의의 '타락'에 관한 베버의 논

University Press, 1977), pp. 130~6.

13) 실제로 베르너 슈타크(Werner Stark)는 베버가 아담 스미스나 버나드 드 맨더빌 같은 저술가들과 관련된 보다 '진보적인' 목적전치(*heterogony of purpose*) 개념을 거꾸로 뒤집게 된 까닭은 그가 일반적인 문화적 비관주의를 지지하는 경향이 있었기 때문이라고 주장한다(Stark, "Max Weber and the Heterogony of Purposes", p. 253).

결과론적 아이러니와 변형적 아이러니 사이에는 분명한 차이가 있다. 즉 행위가 의도하지 않은 결과나 반대의 결과를 초래한다고 지적하는 것과, 행동 자체가 시간이 지남에 따라 그 성격이 바뀔 수도 있다고 지적하는 것은 다르다. 베버는 자신의 저작에서 이 두 유형을 모두 언급하고 있다. 반(反)물질주의적 프로테스탄티즘이 근대자본주의를 발흥시키는 데 도움을 주었다는 사실은 결과론적 아이러니의 한 사례이다. 다른 한편 청교도 기업가의 실제 행동이 의미 있는 도덕적 행위에서 진정한 칼뱅교 신앙을 상실한 '의미 없는' 도덕적 이윤추구로 변형되었다는 사실은 변형적 아이러니의 한 사례로 볼 수 있다.

평을 부정하는 것은 아니다. 왜냐하면 그것 역시 필시 이 동일한 움직임의 운명이었기 때문이다. 즉 그것은 단지 이 아이러니한 상호교환이 갖는 본질적으로 쌍방향적인 성격을 지적하는 것이다. 낭만주의적 이상주의자도 본의 아니게 이기적인 쾌락주의를 조장하는 방식으로 행동하는가 하면, 자기환상적 쾌락추구자 역시 자신의 행동 유형이 부지불식간에 이상주의적 입장을 드러내고 있음을 발견하기도 한다.14)

그런데 이 책 전반에 걸친 논의의 요지는 바로 진·선·미 개념의 변화가 어떻게 영국역사의 서로 다른 시기들에 이상적 성격을 통해 중간 및 상류 사회계급 '선남선녀들'의 전형적인 행위형태를 변형시키게 되었는지를 지적하는 것이었다. 그러므로 주로 쾌락주의적 이기심에 의해 추동된 행위가 다시 이상주의적 행동을 초래할 수도 있다고 제시하는 것은, 어쩌면 문화 및 문화변동 연구에서 물질주의적 또는 심지어 결정론적 전통에 전반적으로 동감하는 쪽으로 일정한 방향전환을 하는 것으로 보일 수도 있다. 실제로 무엇이 사실인지는 알 수 없다. 왜냐하면 사회적 아이러니가 지닌 근본적인 쌍방향적 성격을 강조하는 이유는 바로 사회문화적 변동의 실제의 역동적 메커니즘을 조명하는 것이 '물질적' 또는 '관념론적' 요소의 상대적 영향에 대한 헛된 논쟁에 참여하는 것보다 더 가치 있고 적실하기 때문이다. 하지만 그렇게 하기 위해서는 '동기부여'와 '정당화'라는 난해한 쌍둥이 개념을 고려할 필요가 있다. 왜냐하면 이 둘은 신념과 가치의 영역을 합목적적인 사회적 행위의 영역과 연결시키는 힘든 작업을 요청하는 용어이기 때문이다.

동기부여와 정당화

소비이론을 논의하는 과정에서 우리는 고전경제학에서뿐만 아니라 좀바

14) 이상주의에 헌신하게 하는 과정은 분명 카리스마에 관한 베버의 논의와 연관되어 있다.

르트나 베블런의 저술들에서도 나타나는 동기부여와 관련된 가정들을 비판한 바 있다. 기본적으로 우리가 반박한 것은 모든 경우 '동기'를 (자존심, 탐욕, 야망, 욕망 같은) 감정이나 만족을 극대화하려는 경향을 언급하는 식으로 심리학적으로 해석하고 있다는 것이었다. 동시에 '동기'를 '행위의 원천'으로 보는 이 같은 관념은 동기를 특정한 역사적 및 사회문화적 장소에 위치시키기보다는 모든 인간에게 보편적으로 귀속시킨다. 분명 동기부여의 본성에 대한 그 같은 개념을 거부하고, 동기지어진 행동이 구성되는 과정에서 윤리적 관념이 중심적 위치를 차지한다는 사실과 함께 본질적으로 창조된 그것의 특성을 인간의 자의식적인 의도의 산물로 인식할 필요가 있다.

베버 자신도 개인은 자신의 행동에 대한 '합당한 근거'를 가져야 하고 그러한 '합당함'과 관련하여 다른 사람은 물론 자신을 만족시키고자 할 필요가 있다는 사실을 강조한 초기 인물들 중의 하나였다.[15] 퀜틴 스키너(Quentin Skinner)가 지적하듯이, 이 같은 사실은 행위자가 자신의 언어를 자신의 계획에 적합하게 만들어야 할 뿐만 아니라 "자신의 계획을 유용한 규범적 언어에 적합하게 만들어야" 한다는 것을 의미한다.[16] 사회적 행위를 발생하게 하는 데 있어 '동기라는 어휘들'이 수행하는 중요성에 대한 이 같은 인식은 후일 거스(Gerth)와 밀스(Mills)에 의해 채택되었고, 적합한 규범적 언어의 활용가능성이 보다 '구체적인' 생물학적 또는 경제적 요인만큼이나 개인의 행위의 자유에 커다란 제약으로 작동한다는 것이 일반적으로 인정되게 되었다.[17] 게다가 '동기부여'와 '정당화' 간의 구분 자

---

15) Max Weber, *The Theory of Social and Economic Organization*, trans. A. M. Henderson and Talcott Parsons, edited and with an introduction by Talcott Parsons (New York: Free Press, 1964), pp. 98~9.

16) Quentin Skinner, *The Foundations of Modern Political Thought*, vol. 1: *The Renaissance* (Cambridge: Cambridge University Press, 1978), pp. xii~xiii.

17) Hans Gerth and C. Wright Mills, *Character and Social Structure: The Psychology of Social Institutions* (London: Roudedge and Kegan Paul, 1954), pp. 112~30.

체가 실제로 더 이상 유지될 수 없다는 인식도 증대되었다. 왜냐하면 마셜(Marshall)이 지적하듯이, "정당화는 단지 행위자가 자신의 동기를 표현한 것뿐일 수도 있기 때문이다".18)

이러한 인식은 보다 중립적인 '설명'을 위해 '동기'와 '정당화'(또는 '정당성 부여') 개념을 폐기하고 그것들에 대한 연구를 동기지어진 행위 자체에 대한 고찰로 대체하는 경향을 낳았다.19) 이 같은 진전은 동기가 하나의 획득된 개념이라는 사실을 강조하는 장점을 가지기는 하지만, 방법론적 상호작용주의의 우세와 그와 관련한 담론에 대한 집착은 개인들이 어떻게 해서 그들 자신의 동기를 구축하는지를 그리 조명하지 않게 되었음을 의미한다. 하지만 그것은 동기담론이 갖는 근본적인 수사적 성격을 인정하는 관점이기도 하며,20) 만약 이러한 통찰이 우리가 사유라고 부르는 사적 언어 형태로까지 확장될 경우, 개인들이 기본적인 자기 수사(修辭)적 과정을 통해 어떤 식으로 동기를 구축하게 되는지를 파악할 수 있게 된다.21) 물론

---

18) Marshall, *In Search of the Spirit of Capitalism*, p. 258.

19) C. Wright Mills, "Situated Action and the Vocabulary of Motives", *American Sociological Review*, 6 (December 1940), 904~13; M. Scott and S. Lyman, "Accounts", *American Sociological Review*, 33 (February 1968), no. 1. 46~62; Alan F. Blum and Peter McHugh, "The *Social* Ascription of Motives", *American Sociological Review*, 36 (February 1971), 98~109; Anthony Wootton, *Dilemmas of Discourse: Controversies about the Sociological Significance of Language* (London: Allen and Unwin, 1975), pp. 86~92 등을 보라.

20) 여기서 주요한 영향을 미친 것이 케네스 버크(Kenneth Burke)의 저작이었다. 그의 저작 *A Grammar of Motives and A Rhetoric of Motives* (Cleveland, Ohio: World Publishing, 1962)를 보라.

21) 흥미롭게도 스콧과 라이먼(Scott & Lyman)은 자신들이 제시한 설명(*account*) 개념이 "한 행위자가 자신의 행동에 대해 질문할 때 그 행위자의 '마음속'에서 일어나는 말로 표현되지는 않으나 언어적인 설명(*explanations*)"을 포함한다고 진술하고는 있지만, 그들은 그 다음에 자신들의 관심을 말로 표현된 설명(*accounts*), 특히 대면적 상호작용 속에서 제시된 설명에 국한시킨다(Scott and Lyman, "Accounts", p. 47을 보라).

이것은 개인들이 자신들의 이익을 계산하는 방식과 관련하여 고전경제학이 제시하는 가정들과 연계되어 있는 것은 물론이고, 사람들이 행위경로를 어떻게 결정하는가 하는 상식적인 관념과도 연계되어 있다. 그러나 만약 이러한 통찰이 동기부여와 정당화가 동일하다는 마셜의 지적과 연계될 경우, 이러한 자기 수사적 담론의 상당 부분이 이기심의 확인이 아니라 도덕적 의무의 승인과 연관되어 있음에 틀림없다는 것을 알 수 있게 된다. 그 성격상 수사적인 이 같은 침묵의 대화의 목적은 결과를 달성하는 것, 즉 충동이나 행위가 발생하도록 영향력을 행사하는 것이라고 볼 수 있는 반면, 설득에서 그러한 영향력 행사가 갖는 하나의 중요한 특징은 옳은 것과 선한 것을 행하고자 하는 욕망, 즉 미덕을 위해 선을 실제로 행하고자 '욕구'하도록 하는 욕망을 발생시키는 것임에 틀림없다.

이 같은 견지에서 보면, 이기심이 항상 그러한 것으로 가정되어 온 것처럼, 윤리적 이념과 가치들이 어떻게 사회적 행동 그 자체가 구축되는 과정에 직접 개입하게 되는지를 알 수 있게 된다. 게다가 그럴 경우, 이기심에 모종의 존재론적 우위를 부여하던 일반적인 경향은 회피된다. 거칠게 표현하자면, 이것은 "선을 행하려는" 또는 "옳은 것을 행하려는" 일반화된 욕망은 어떤 이기주의적 경향만큼이나 인간행동의 내재적 특성으로 가정될 수도 있음을 의미한다. 하지만 이것이 사실이라면, 행동의 이 두 측면은 어떻게 연관되어 있는가?

이 책에서 우리는 소비행동의 성격과 문화체계의 발전을 논의하기 위해서는 이기적 행동과 이상주의적 행동을 구분하는 것이 편리하다는 것을 입증했다. 소비행동 그 자체는 관례에 따라 이기적 성향 — 비록 공리주의적이기보다는 쾌락주의적이기는 하지만 — 에서 비롯되는 것으로 간주된 반면, 청교도주의, 감상주의, 낭만주의 같은 운동에 대한 논의는 도덕적 행동과 이상적 행동 모두의 실체를 당연한 것으로 간주했다. 하지만 이제 이것들 간의 관계를 검토하기 위해서는 이 같은 경직적인 대비를 폐기할 필요가 있으며, 또 실제 행위에서 그것들이 긴밀하게 상호의존되어 있음을 인정함으로써 그것들 간의 (근본적으로 아이러니한) 몇몇 상호연계를 추적할 필요가 있다.

쾌락주의적 이기심과 낭만주의적 이상주의

진정한 이상주의적 또는 도덕적 행위가 시간이 지남에 따라 단순한 쾌락주의적인 자기집착으로 변질되는 방식은 쉽게 이해할 수 있으며, 이에 대해서는 감성예찬의 쇠퇴를 논의하는 자리에서 이미 언급한 바 있다. 거기에서 감상성을 과장되게 표출하는 것이 진정한 동정이나 관심의 감정을 나타내는 것도 아니고, 적절한 자비로운 행동이나 동정적인 행위로 이어지는 것도 아니며, 단지 자기애의 징후일 뿐이라고 제시했었다. 조이스 톰킨스(Joyce Tompkins)는 이 현상을 훌륭하게 묘사하고 있다.

> 자신의 마음의 눈으로 자신이 주시하는 대상 — 감정표출을 유발하는 것이 무엇이든지 간에 — 뿐만 아니라 그것 앞에서 적절한 태도를 취하고 있는 자신을 바라보면서 즉시 가식적으로 자애롭게 눈물을 흘리고 경의를 표할 수 있는 자신의 능력을 즐기는 곡꾼(*weeper*)의 터무니없는 자기희열을 우리는 거듭해서 발견한다.[22]

훨씬 전에 우리는 데이비드 포다이스(David Fordyce)가 자비로운 사람에게 열려 있는 '자기만족적인 즐거움'이라 부른 것과 아이작 배로(Isaac Barrow)가 '고결한 육욕성'이라고 칭한 것에 대해 지적한 바 있다. 크레인(Crane)은 그것을 개인들로 하여금 "자신의 가치에 대해 즐겁게 성찰하는 것을 즐기도록" 만드는 종류의 '이기적 쾌락주의'라고 명명했다.[23] 한 사람의 정신상태를 심사하라는 반복되는 훈령이 한 사람이 선민으로서의 자

---

22) Joyce Tompkins, *The Popular Novel in England 1770~1800* (Lincoln: University of Nebraska Press, 1961), p. 101.

23) 이 책 p. 226 이하를 보라.

신의 지위를 확인해야 할 긴급한 필요성과 결합할 경우, 청교도주의가 어떻게 이런 종류의 위선과 자기애로 이어질 수 있는지는 아주 쉽게 알 수 있다. 자신과 자신의 행동에 대한 이 같은 계속적인 성찰은 자기찬양의 기회를 충분히 제공할 수밖에 없었다.[24)]

다른 한편, 본질적으로 쾌락주의적인 종류의 행위가 어떻게 윤리적 및 이상주의적 형태로 발전할 수 있는지를 인식하기 위해서는 일반적으로 더 많은 노력이 요구된다. 여기서는 각종 이상들이 소비주의 정신을 구성하는 것으로 여겨져 온 상상에 의해 매개된 다양한 쾌락주의와 필연적으로 연루되어 있음을 인식하는 것이 대단히 중요하다. 왜냐하면 그것은 완벽한 또는 '이상화된' 이미지가 당연히 가장 큰 쾌락을 가져다준다는 단순한 이유 때문이다. 이것은 월터 미티나 거짓말쟁이 빌리의 공상 모두에서 분명하게 드러난다. 왜냐하면 각 경우에서 이상화된 자기이미지가 쾌락을 얻게 해주는 중요한 수단이기 때문이다. 완벽한 이미지를 몽상하는 것이 즐겁다면, 자신이 그러한 완벽함을 구현하고 있다고 몽상하는 것은 분명 더더욱 즐겁다. 월터 미티가 자신이 하늘을 나는 대담무쌍한 용사라거나 세계적으로 유명한 외과의사라고 상상함으로써 자신의 공상을 통해 쾌락을 얻는다면, 버지니아 울프의 소설에 나오는 여주인공은 자신을 미의 전형으로 '바라보면서' 쾌락을 얻는다. 우리는 그런 몽상을 자기애나 심지어 유치함의 증거로 채택할 수도 있지만, 사람들은 그런 몽상이 이상을 상상적으로 실현하고 있으며, 또 적절한 상황에서는 현실 속에서 자신의 이상주의적 활동의 토대가 될 수 있다는 사실을 저버릴 수 없다. 따라서 이런 종류의 상상적 실행을 통해 자신 속에서 완벽함을 실현하고자 하는 행동은 쾌락주의적 특성과 이상주의적 특성을 동시에 드러낸다. 자신을 아름답게

24) 그렇다고 해서, 이상주의적 행동이 그 근본에 있어 이기적이라고 주장하는 것이 아니라, 단지 그것이 그런 형태로 변질될 수도 있다는 것이다. 이런 사실을 모든 도덕적 행위가 기본적으로 이기적이라는 것을 나타내는 것으로 받아들여서는 안 된다. 그것은 이기적인 행동을 단지 겸손함 때문에 채택한 진정으로 이타적인 행동의 가면이라고 가정하는 것만큼이나 온당하지 못하다.

만들려고 애쓰는 것이 아마도 그런 행동을 보여주는 가장 명백하고 흔한 예일 것이며, 비록 그것이 온당하게 '이기적'이라고 불릴 수 있다고 하더라도, 그것은 이상적인 것을 충족시키고자 하는 활동이라는 의미에서 '이상주의'를 구성한다.[25] 하지만 그 같은 자기지향적 이상주의는 심미적 차원보다는 도덕적 차원에 주목할 때 특히 중요해진다.

시몬 드 보부아르가 자서전에서 밝혔듯이, 도덕적으로 이상화된 자기이미지는 미학적 원천인 것만큼이나 쾌락의 원천일 수도 있다. 거기서 그녀는 자신이 어린 시절 언니와 함께 모범적인 인물들을 자신들의 쾌락을 위한 기본 소품으로 사용하여 어떻게 공상놀이를 했는지를 밝히고 있다. 그녀는 그런 배역놀이를 하는 동안에 자신이 "긴 머리카락으로 그리스도의 발을 닦아 주는" 막달라 마리아가 되는 상상을 하기도 하고, 아니면 "남성에 의해 고통을 받은 후 현세 또는 내세에서 축복과 영광을 유일하게 받은" 여성들인 잔다르크나 주느비에브 드 브라방(Geneviève de Brabant)[26]과 같은 여주인공이 되는 상상을 종종 했다고 묘사한다.[27] 이런 역할들은 그

---

25) 물론 이상주의적 행동은 이기적 행동의 반대말이 아니다. 즉 '이타적' 행동이 이기적 행동의 반대말이라면, '현실주의적' 행동은 이상주의적 행동의 반대말이다. 하지만 이상은 일반적으로 '비실제적' 실체라는 바로 그 성격으로 인해 일반적으로 자신을 초월하는 것으로 제시된다. 그리고 비록 이상을 자신 속에서 실현하는 데 전념할 수 있지 어떤 다른 형태로 그것을 실현하고자 노력할 수 없지만, 이상의 체계들은 서로 연결되어 있다. 그리고 보다 일반화된 형태에 억지로 주의를 기울이지 않은 채 자신 속에서 이상을 실현하는 데에만 노력을 한정한다는 것은 생각하는 것보다 더 어려울 것으로 보인다. 이상주의적 관심이 순수한 이기심과는 별개로 '영향력'을 행사하는 것도 바로 이 같은 방식이다.

26) 〔역주〕 주느비에브 드 브라방(Geneviève de Brabant)은 중세전설의 여주인공으로, 그녀의 이야기는 부정을 이유로 잘못 고소되어 처벌받았다가 이전의 명예를 회복하는 순결한 아내의 전형적인 실례로 간주된다.

27) Simone de Beauvoir, *Memoirs of a Dutiful Daughter*, quoted by Jerome Bruner, Alison Joly and Kathy Sylva(eds), *Play—Its Role in Development and Evolution* (Harmondsworth, Middx.: Penguin Books, 1976), p. 587에서 인용.

녀로 하여금 온갖 종류의 상상적 고통을 즐기고, "불운과 수치의 기쁨, 즉 그녀를 자칫 마조히즘으로 이끄는 경애감 속에 빠지게" 할 수도 있었다.[28] 여기서 우리는 어린아이가 '성스러운' 인물을 흉내내도록 북돋워주는 것이 자기환상적 쾌락주의의 기회를 얼마나 풍부하게 제공하는지를 알 수 있다. 시몬 드 보부아르가 이런 놀이를 언니와 함께 했지만, 그녀들이 손쉽게 따로 또는 심지어는 몰래 행동했을 수도 있다는 것 또한 분명하다. 쾌락 그 자체는 자신을 이상화된 인물로 생각하는 것에서 나오는 것은 물론, 성스러움의 달성을 동반하는 '운명적' 상황에서도 나온다.

하지만 이상적 이미지와 일체화하려는 습관이 처음에는 주로 그것이 상상적 쾌락추구를 가져다주는 기회 때문에 생겨나기는 하지만, 쾌락주의자의 일체감은 이 같은 과정을 통해 그가 쉽게 현실적 유사성을 믿게 할 수 있다. 비록 허세적 요소가 남아 있기는 하지만(거기에는 대체로 상상의 인물이 **되고자 하는** 욕망도 없고, 확실히 자신들의 운명을 실제로 경험하려는 욕망도 없다), 이상화된 자기이미지를 관조하며 얻는 쾌락은 사람들로 하여금 자신이 비슷한 성질을 지니고 있다고 믿게끔 한다. 하지만 만약 한 개인이 약간의 외적 증거를 입수한다면, 그는 그것을 유일하게 진실인 것으로 간주할 수 있으며, 그것은 반드시 실제로 그로 하여금 특정한 형태의 행동을 취하게끔 한다. 이상화된 자기이미지를 보강하고 보호하기 위해, 그 개인은 이제 일정 정도 자신의 성격을 확인해주는 행동을 해야만 한다. 누군가가 선하다는 것을 확증하기 위해서는 '선을 행하는' 것이 필요하다. 그러므로 쾌락추구가 그 구성에 기여한 자기이미지를 보호하기 위해 결국 '초연한' 이상주의적 행위가 요구된다는 것은 아이러니이다.[29]

만일 상상이 우리가 접촉하는 모든 사람들 속에서 이상을 실현하는 데

28) Ibid.

29) 만약 그런 행동이 한 개인에게 자신이 선하다는 확신을 심어주는 기능을 수행하는 것이라면, 그 행동은 '진정성'을 지녀야만 한다. 즉 그것은 선을 행하려는 욕망이 자신이 선함을 확증하려는 욕망을 압도하는, 본질적으로 자기를 정당화하는 행위이어야만 한다.

에 작동하고, 그리하여 자신이 우스꽝스럽고 하잘 것 없는 사람의 역할을 맡을 경우에도, 비슷한 결과가 발생할 수 있다. 그런 자기비하나 폄하가 가져다주는 감정적 만족은 우리가 앞에서 칼뱅주의에서 유래하는 것으로 지적한 만족과 유사하다. 괴테는 멜랑콜리한 젊은 베르테르로 하여금 다음과 같이 선언하게 했다: "그 성격상 주제넘게 나서는, 즉 시인의 기예가 지닌 환상적 이미지로부터 자양분을 공급받는 우리의 상상력은 우리가 최하위를 차지하고 다른 모든 사람들이 더 훌륭하고 더 완벽해 보이는 위계질서를 상상적으로 만들어낸다."[30] 비록 일부 사람들에게서 그 같은 '마조히즘적인' 반(反)이상의 '실현'을 지향하는 행동을 하게끔 하는 사악한 경향이 존재할 수도 있지만, 이런 식의 상상력 활용은 대체로 이상주의의 발전을 돕는 작용을 한다. 왜냐하면 그 같은 비교의 결과 바람직하지 않다고 평가되는 것은 현실적 자아이기 때문이다. 몽상가는 자신이 자신의 이상적 이미지대로 살아가지 못하고 있음을 너무나도 잘 깨닫고 있는 반면, "다른 모든 사람들은 더 훌륭하고 더 완벽해 보인다". 하지만 어떤 경우에도, 이상이 자신에게 투사되든 아니면 다른 사람에게 투사되든 간에, 이상과 현실적 자아의 성격 사이에서 점점 더 벌어지고 있는 간극을 인식하는 것이 삶의 결정적 특성이 된다.

그러므로 상상적 쾌락주의자에게 중심적인 문제는 구성된 이상과 경험된 현실 사이에서 벌어지고 있는 괴리에 대한 스스로의 인식이다. 즉 쾌락주의적 충동이 이미지를 이상화하면 할수록, 그 이미지와 현실적 자아 간의 불일치는 커진다. 이상에 대한 몽상을 통해 얻어진 쾌락은 현실에서 경험한 쾌락을 '무디게 느끼게' 하는 듯이 보이며, 이것은 결과를 더욱더 만족스럽지 못한 것으로 평가하게 한다. 하지만 이 경우 이런 식으로 '격하된' 현실은 개인이 자신을 고결한 사람으로 인식하게 하고, 무익함과 타락에 대한 인식을 심화시킨다. 실제로 도덕에 민감한 내향적인 사람에게서

30) Johann Wolfgang von Goethe, *The Sufferings of Young Werther*, trans. Bayard Quincy Morgan (London: John Calder, 1976), pp. 80~1.

유발된 죄책감은 강력한 자기비난을 불러일으킬 수도 있다. 그 다음에 그것은 다시 자신이 실제로 선하다는 것을 입증해야 할 필요성을 한층 더 강화시킨다.

이러한 분석으로부터 우리는 자기환상적 쾌락주의의 각종 형태들이 어떻게 해서 자기중심적인 도덕적 이상주의와 연결될 수 있는지를 알 수 있다. 다시 말해, 쾌락추구는 죄의식을 낳고, 그 결과 자신이 선하다는 징표를 필요로 하게 한다는 것이다. 그러나 이것은 여전히 미덕을 대체로 자신에 대한 관심을 초월하는 행동이나 적어도 자신을 일정 정도 더 높은 목표에 종속시키는 행동과 관련하여 정의하기 때문에, 자신이 그러한 확증을 얻기 위해서는 실제로 어느 정도 진정으로 초연한 행위를 행하는 것이 거의 늘 필요하다고 지적하고 있을 뿐이다. 이렇듯 이기적 쾌락주의와 이타적 이상주의는 자신이 '고결하다'는 이미지를 통해, 그러나 이 두 경우 모두에서 성격을 확증하는 행위는 행동을 변화시키는 중요한 지주로 작동한다.

성격개념은 인간행위에 적용할 수 있는 수많은 근대적 어휘들을 관통하고 있는 하나의 공통의 실이다. 이 개념은 개인들이 책임지는 행동의 측면을 지칭하는 데 사용됨으로써, 모든 행위를 도덕적으로 보게 하고, 각 개별 행위자의 '선함'을 주요 이상에 비추어 판단한다. 하지만 여기서 사람들이 "선한 일을 하고자"하는 직접적 욕망이 진·선·미 개념의 변화에 의해 가장 큰 영향을 받았다고 제시하거나, 하물며 성격을 확증하고자 하는 욕구를 통해 간접적으로 영향을 받았다고 제시하는 것도 아니다. 중요한 것은 사람들이 자신이 선하다는 것을 확신시켜야만 한다는 것이다. 이것은 도덕적 내부지향의 전통을 물려받고 있는, 그리하여 특히 도덕적 엘리트 또는 '선민'의 성원이라는 것이 갖는 중요성과 조화를 이루어야 하는 사회집단의 경우에 특히 필요하다.

쾌락주의적 이기심과 이타적 성향의 이상주의를 접합시키는 데 기여하는 자기이미지에 우선적으로 관심을 가짐과 함께, 사회적 행동이 대체로 그 둘의 복합적 산물이라는 것을 인식함으로써, 우리는 근대 소비주의 정신과 낭만주의 윤리가 어떻게 연계될 수 있었는지를 알 수 있게 된다. 그리고 쾌락주의적 관심이 어떻게 자기이상주의(*self-idealism*)로 이어지고, 윤리적 몰입이 어떻게 쾌락주의의 기회를 창출했는지를 알 수 있게 된다. 실제로 이 두 형태는 그저 결합되어만 있는 것이 아니라, 쾌락에 대한 욕망이 이상에 대한 진정한 관심으로 발전되고 윤리적 추동력이 단순한 나르시시즘으로 '변질되는' 과정에 의해 함께 맞물려 뒤엉켜 있는 것으로 이해되어야만 한다. 게다가 그 같은 개별적 과정들이 결합되고 또 거시사회적 측면에서 사회문화운동으로 파악될 때, 근대 소비주의적 전망과 낭만주의 윤리가 어떻게 생성과 변질의 방향 모두 속에서, 다시 말해 즉 상업적 역동성의 시대가 이상주의적 '개혁'으로 발전하는 경향과 이상주의적 격변이 감상주의적 자아추구로 변질되는 경향에 의해서 연결될 수 있는지를 알 수 있게 된다. 일방적 추세가 그러한 변화를 지배한다고 가정할 만한 합당한 근거는 존재하지 않기 때문에, 지난 2백년을 정형화시켜 온 생성-변질-재생성의 순환패턴을 상정하는 것이 온당해 보인다. 이를테면 처음에는 낭만주의가 근대 쾌락주의를 가능하게 했다면, 나중에는 쾌락주의 정신이 낭만주의적 열기를 한층 더 분출시키는 기능을 해왔다.

이런 결론은 우리에게 낭만주의자들이 쾌락을 낳는 문화적 창조물의 공급을 통해 사람들이 도덕적으로 향상될 수도 있다고 가정하고 있다고 해서, 낭만주의자들이 반드시 그릇된 것은 아니었다고 지적할 수 있게 해준다. 실제로 이런 과정이 보다 완벽한 세상을 꿈꾸고 있는 개인들에 의거하는 과정일지라도 그들에게는 잘못이 없다. 그러한 활동이 이상주의 세대에게 기회를 창출해준다고 바라보는 것은 합당할 수 있다. 하지만 이것은 사람들로 하여금 상상적 쾌락을 추구하도록 고무한 것의 하나의 가능한 결과일 뿐이며, 그것의 성공은 보다 일반적인 낭만주의적 전망을 이미 받아들이고 있었는지에 달려 있는 것으로 보인다. 왜냐하면 낭만주의적 전망이 부재하는 곳에서는, 그리고 주로 물질주의적·공리주의적 신념이 널리 확산되어 있는 곳에서는, 낭만주의 시, 소설, 음악이 여가산업이나 오락산업을 위한 원료로나 사용될 가능성이 너무나도 커 보일 뿐이기 때문이다. 그럴 경우, 그 꿈은 이 세계에 대항하기 위해 상상적으로 이해한 이상적 세계관을 수립하는 데 사용되기보다는 권태와 소외를 극복하는 데 사용된다. 하지만 우리가 앞서 지적한 대로, 아이러니는 인간조건에 만연해 있어 이상하고 예기치 않은 방식으로 의도와 결과를 결합한다. 그리하여 낭만주의자들이 때때로 상업주의를 지원했을 수도 있지만, 상업적 이해관계도 부지불식간에 낭만주의를 증진시키는 방식으로 작동했을 수도 있다.[31]

청교도와 낭만주의자: 갈등관계인가 공생관계인가?

만약 이 책의 전반적인 분석이 옳다면, '낭만주의자'와 '청교도'는 (많은 사회학자와 심리학자들이 존재한다고 간주하는 것으로 보이는) 정반대의 문화적 유형을 대표할 수 없다. 낭만주의와 청교도주의는 특히 신성, 인간본성, 인간의 운명과 관련하여 분명 전통적으로 상반되는 신념을 구현해 왔으며, 그 신념은 빈번히 직접적인 태도갈등을 유발했다. 동시에 한 관점에서 중심을 이루는 많은 가치들이 다른 관점에서는 분명하게 모욕당했고, 따라서 그런 가치들이 사실상 모순적이라고 간주되어야 마땅하다는 입장을 뒷받침해 왔다. 이것이 분명 테일러(Taylor)가 낭만주의적 퍼스낼리티 유형과 청교도적 퍼스낼리티 유형이라고 인식하고 그것들을 "내성적-외향적, 권위적-민주적, 비관주의적-낙관주의적" 같은 대비를 통해 대립적으로 규정한 방식이다.[32] 왜 테일러가 다른 것들이 아닌 바로 그 두 유형을 순수하게 대립적인 측면에서 개념화하고 싶어했는지는 쉽게 알 수 있지만,

---

31) 상업제도가 어떻게 낭만주의적 이상주의의 발생에 필요한 틀을 제공할 수 있는지를 보여주는 실례로는 Colin Campbell and Allan Murphy, *Things We Said Today: The Complete Lyrics and a Concordance to The Beatles' Songs 1962~1970* (Ann Arbor, Mich.: Pierian Press, 1980)의 저자 서문 "From Romance to Romanticism", pp. xxi~xxxi을 보라.

32) Gordon Rattray Taylor, *The Angel-Makers: A Study in the Psychological Origins of Historical Change 1750~1850* (London: Heinemann, 1958).

그 둘의 관계에 대한 우리의 역사적·사회학적 이해방식은 우리로 하여금 전례를 따르는 것에 신중을 기하게 한다. 아니면 적어도 그것은 그런 차이가 유사성이 전혀 없다는 것을 의미하지도 않는다는 것을 인식할 수 있게 해준다. 실제로 우리는 분석을 통해 많은 청교도 전통이 낭만주의로 전이되었고, 또 비록 각종 신념이 변형되고 이질적인 요소들이 도입되기는 했지만, 역사적 유사성을 여전히 식별할 수 있다고 제시했다. 테일러조차도 병적 상태와 우울증으로 나가는 공통의 경향에 대해 지적할 때, 유사성을 인정하지 않을 수 없었다. 하지만 테일러는 그 다음에 그 같은 유사한 사실을 자신이 그 두 퍼스낼리티 유형 각각의 형성과 관련된 특징으로 받아들이지 않는 하나의 이유로 다룬다.[33] 그러나 그러한 유사성을 이런 식으로 기각하는 것은 온당하지 못하며, 그것은 근대사회의 문화 내에 존재하는 유력한 전통들의 위상을 잘못 이해하는 불필요한 위험을 초래한다.

'낭만주의' 문화윤리와 '청교도'(또는 '프로테스탄트') 문화윤리가, 그리고 그것들에 바탕한 두 퍼스낼리티 유형이 서로 정반대라는 널리 퍼져있는 믿음—이러한 믿음은 이를테면 벨(Bell)이나 마틴(Martin)이 개진한 현대문화 분석에서 찾아볼 수 있다[34]—은 일반적으로 베버의 영향력과 최근 낭만주의자 세대가 사회과학자들에게 자신들의 신화적 세계관을 채택할 것을 권유하는 데서 거둔 성공이 결합하면서 신뢰를 얻고 있다. 두 개의 오해가 특히 베버테제를 수용하는 과정에서 다소간 직접적으로 파생한다. 첫 번째 오해는 '청교도'와 '청교도주의'라는 단어를, 그리고 가장 용서할 수 없게는 심지어 '프로테스탄트'라는 단어조차도, 마치 그것들이 베버가 칼뱅교 속에서 신성시된 것으로 여긴 고도의 합리주의적·금욕주의적 조류의 기독교사상을 지칭하는 것처럼, 동격으로 다루는 것이다. 그 같은 견해는 반드시 프로테스탄트 종교사상과 청교도 종교사상의 실제 역사적 성격을 왜곡하기 마련이며, 그것들만큼이나 중요한 (그리고 이 책에서 주

---

33) Ibid.

34) Daniel Bell, *The Cultural Contradictions of Capitalism* (London: Heinemann, 1976)과 Martin, *A Sociology of Contemporary Cultural Change*을 보라.

장한 대로, 영향력 있는) 경건주의적 청교도 전통을 간과하는 결과를 낳는다. '청교도'가 아주 강렬하지만 절제된 열정을 가진 사람을 온당하게 의미할 뿐인 경우에도, 흔히 청교도가 감정이 메마른 사람을 함의하는 것으로 받아들이는 것도 바로 이 같은 왜곡의 결과이다. 기존의 용법에 비추어 볼 때, 그 같은 해석이 전적으로 잘못된 것이라고 판단할 수는 없지만, 만약 실제로 그러하듯이 이런 의미가 시간을 거슬러 올라가 투사될 뿐만 아니라 현재의 동향의 안내자로 사용된다면, 그것은 종교적으로 고무된 이 운동의 진정한 성격을 엄청나게 왜곡할 것이고, 따라서 그것과 낭만주의의 밀접한 관계를 모호하게 만들 것이다.

둘째로, 베버가 자본주의 정신을 간략히 다루고 또 그것과 프로테스탄트 윤리를 서로 관련시켜 규정하는 듯한 다소 유감스런 경향을 보이기 때문에, 대다수의 사회과학자들 사이에서는 그 둘 간의 구분을 대수롭지 않게 보는 일이 발생했다. '프로테스탄트 윤리'라는 용어가 베버가 '자본주의 정신'으로 규명한 것을 언급하기 위해 너무나도 자주 사용되고 있으며, 그것의 당연한 결과로 낭만주의자들이 베버가 아이러니하게 발생한 것으로 고려한 자본주의 정신에 대해 적대감을 가질 경우, 낭만주의자는 원천적으로 프로테스탄트 윤리에 대항하는 것으로 제시된다.[35] 낭만주의자들이 가장 혐오한 것 모두를 압축적으로 보여주는 인물은 칼뱅이 아니라 프랭클린(Franklin)이라는 점을 인식할 때, 이것을 가장 잘 평가할 수 있다. 낭만주의 운동이 초월주의(*Transcendentalism*)[36]의 형태를 취한 북미에서는,

---

35) 사회학에서는 이 같은 구분이 갖는 정확한 성격이 무엇인지 그리고 베버가 하나를 다른 하나와 관련하여 규정했다고 비난하는 것이 얼마나 온당한지를 둘러싸고 많은 논쟁이 벌어졌다(Marshall, *In Search of the Spirit of Capitalism*, pp. 119~22를 보라). 그 둘을 어떻게 규정하든 간에 경제적 생산활동을 고무하는 '정신'이 한 종교윤리가 포괄하고자 하는 모든 것을 망라할 수 없다는 점을 감안할 때, 이들 비판이 갖는 타당성은 여기서 다룰 문제는 아니다.

36) 〔역주〕 초월주의는 19세기 중반 에머슨과 소로 등이 주장한 미국의 낭만주의 사상으로, 칸트, 콜리지, 칼라일 등 유럽의 철학자·문학자의 영향을 받으면서도 미국만의 독자적인 발전을 이룩하여, 19세기 중엽 미국의 낙관주의를

프랭클린의 공리주의가 갖는 천박하고 부도덕한 성격을 거듭해서 비판한 인물은 에머슨(Emerson), 소로(Thoreau), 멜빌(Melville), 포(Poe) 같은 경건주의적이면서도 매우 도덕적인 청교도 전통의 후계자들이었다. 특히 에머슨은 시장의 이기적 교의를 거듭 공박하며, 그 대신에 존재와 생성으로서의 자아라는 하나의 전형을 제창했다.[37] 그런가 하면 자본주의 정신에 대한 특히 신랄한 비판가인 소로는 "아무것도, 심지어 범죄조차도 이 간단 없는 사업보다 시와 철학과 삶 자체와 더 대립되지 않는다"고 선언했다.[38] 영국에서는 셸리가 공리주의와 그것을 산출한 자기중심적 상업정신에 대해 가한 공격이 그 뒤를 이은 낭만주의세대들에 의해 지속되었다. 이를테면 로렌스(D. H. Lawrence)는 프랭클린의 신조에 냉소를 퍼부은 사람들 중에서도 유독 특출났다.[39] 물론 그렇다고 해서 낭만주의자들이

뒷받침했다. 초월주의는 어두운 정통적 청교도주의와 이성적이고 차가운 유니테리어니즘에 반대하여 인간 내면의 신성성과 신·자연과의 교류, 개인의 무한한 가능성 등 인간의 밝은 측면을 주장하고, 일상적 경험을 '초월'한 직감에 의한 진리파악을 호소했다. 또 기성 사상체계에 도전하여 개인의 자발성, 자기신뢰, 인습에 대한 반항을 중요시하여 미국적인 특성을 보여주었다. 에머슨의 《자연》(1836)과 에세이집 및 시, 소로의 《월든: 숲속의 생활》(1854)에서 그 진수를 엿볼 수 있다. 한편 동시대 작가인 호손과 멜빌은 인간의 본질적 타락과 한계를 지적함으로써 초월주의의 낙관적·긍정적 인간관과 세계관에 대해 의문을 제기했다. (야후 백과사전)

37) Brian M. Barbour, "Franklin and Emerson", in Brian M. Barbour (ed.), *Benjamin Franklin: A Collection of Critical Essays* (Englewood Cliffs, NJ: Prentice-Hall, 1979), pp. 25~9, 특히 p. 28을 보라.

38) Irvin G. Wyllie, *The Self-Made Man in America: The Myth of Rags to Riches* (New York: Free Press, 1954), p. 140: Barbour, "Benjamin Franklin", in Barbour (ed.), *Benjamin Franklin*, pp. 63~74.

39) 불행하게도, 프로이트의 사상은 1920년대에 민중사상에 동화되어 나가는 과정에서 변형되어, 프로테스탄트 윤리를 자본주의 정신으로 얼룩지게 하는 경향을 한층 강화시키는 작용을 했다. 그 결과 그리니치마을의 보헤미안들은 스스로를 자신들이 '기업적 기독교윤리'라고 규정한 것에 의도적으로 반대하는 집단으로 여겼다〔Malcolm Cowley, *Exile's Return: A Literary Odyssey of the 1920's* (London: Hodder and Stoughton, 1962), p. 62를 보라〕.

칼뱅주의를 실제로 승인했다거나 베버가 칼뱅교의 가르침과 연관시킨 금욕적 종교윤리를 승인했다는 것이 아니라, 적어도 그들 눈에는 그것이 종교체계로서 장점을 가졌고, 그리하여 사람들의 시선을 내세로 돌리게 할 수 있었다는 것을 의미한다.[40]

'청교도'와 '프로테스탄트' 같은 단어는 광범위한 종교운동에서는 점차 단순히 금욕주의적인 합리주의적 요소를 지칭하는 것으로 제한되고 사업에서는 물질주의적이고 이기적인 전망과 점점 더 동일시되어 간 반면에, '낭만주의자'와 '낭만주의' 같은 용어는 문화분석에서 신뢰할 수 없는 도구로 판명되었다.

"낭만주의에 대한 반항도 역시 낭만적일 수 있으며" 그 결과 낭만주의는 "전통에 대항하는 전통"으로 구체화할 수 있다는 점은 이미 지적한 바 있다.[41] 반면 전설과 신화를 즐기는 취미를 가진 낭만주의자 자신은 그런 이해하기 어려운 운동의 성격상 부득이 빈약한 권위자일 수밖에 없었다. 특히 사회학자들이 고안해낸 합당한 근거를 가진 의미의 범주들보다 '보통사람들'이 사용하는 의미의 주관적 범주들을 더 선호하는 근대적 경향을 감안할 때, 이 두 경향 모두는 사회과학이 예리한 통찰을 하는 데 장애물로 작용해 왔다. 이를테면 새로운 세대의 낭만주의자들은 각기 자신들이 실제로 낭만주의자임을 부정함으로써, 말하자면 한 세대로서의 자신들의 독특성을 내세움으로써 신임을 얻는 반면, 분석가들은 그들의 주장의 감정적 진실성을 받아들이면서도 그들이 표방하는 문자 그대로의 의미를 부정

---

40) 낭만주의도 청교도주의처럼 깊은 도덕적 관심을 가진 운동이었음을 기억해두는 것이 중요하다.

41) 이는 오든(Oden)의 표현이다〔Thomas C. Oden, "The New Pietism", in Eileen Barker (ed.), *New Religious Movements: A Perspective for Understanding Society* (New York: Edwin Mellen Press, 1982), pp. 86~106, 특히 p. 86을 보라〕. 실제로 오든은 '대항운동'이라는 이름하에서 전개된 1960년대 문화혁명의 측면이 겉으로는 칼뱅주의적 청교도주의에 반항하면서도 실제로는 어떻게 경건파가 지니고 있던 청교도주의적 프로테스탄트 전통을 '재전유하고' 있었는지를 다소 잘 보여준다(ibid., pp. 93~4).

하고 그리하여 낭만주의적 전통에 속하는 반란 속에서 그 연속성을 인지해야만 했다. 이것은 이해할 수는 있지만 도달하기는 힘든 입장이며, 그 결과 사회학자들은 최근의 낭만주의의 부흥이 '독특한' 것이냐 하는 문제를 둘러싸고 서로 싸웠을 뿐만 아니라, 역사적 전례를 보여주는 증거를 무시하고 신화를 승인하라는 유혹을 받아 왔다.[42)]

가장 역점을 두고 주장할 필요가 있는 것은, 프로테스탄티즘 내에는 그리고 청교도주의로 알려진 유난히 가혹하고 단호한 프로테스탄트의 한 분파 내에서조차도 베버가 칼뱅주의와 경건주의로 나눈 구분에 일반적으로 상응하는 두 개의 주요한 사상조류가 존재하며, 전자는 나중에 합리주의와 공리주의로 진전된 반면 후자는 감상주의와 낭만주의로 발전되었다는 점이다.[43)] 이러한 분할은 실제로 '자본주의 정신' 자체인 전자의 출현에

---

42) 대항문화의 독특성을 둘러싼 논쟁의 실례들은 Kenneth Westhues, *Society's Shadow: Studies in the Sociology of Countercultures* (Toronto: McGraw-Hill Ryerson, 1972)와 Kenneth Keniston, *Youth and Dissent: The Rise of a New Opposition* (New York: Harcourt Brace Jovanovich, 1971)에서 찾아볼 수 있다. 그리고 그에 대한 개관으로는 Colin Campbell, "Accounting for the Counter Culture", *The Scottish Journal of Sociology*, 4 (January 1980), no. 1, 37~51을 보라. 현실에 대한 '낭만주의자들'의 정의를 받아들이고 사회학적 '비난'에 의지하지 말라는 간청은 Brian Salter, "Explanations of Student Unrest: An Exercise in Devaluation", *British Journal of Sociology*, 24 (September 1973), no. 3, 329~40에서 발견할 수 있다. 대항문화를 위한 로작(Roszak)의 변명 역시 역사가 낭만주의적 신화의 만연 때문에 얼마나 왜곡되었는지를 보여준다. 그는 이를테면 '프로테스탄트 윤리' 형태의 기독교가 감정과 감성을 억압하고 자연을 깔보는 물질주의적인 추론적 문화를 낳았다고 기독교를 비난한다〔Theodore Roszak, *The Making of a Counter-Culture* (Garden City: Doubleday Anchor Books, 1969), pp. 250~1을 보라〕. 하지만 그는 이 같은 견해와 블레이크(Blake) 같은 작가 — 동일한 프로테스탄티즘에서 영감을 얻은 인물인 — 에 대한 자신의 승인 사이에 아무런 모순도 인지하지 못하는 것으로 보인다(ibid., pp. 127~201).

43) 빅토리아시대의 복음주의라는 왜곡된 화면을 통해 17세기의 청교도주의를 보려는 경향은 부분적으로는 그것의 심원한 경건주의적 특성을 인식하지 못한 것을 비난하려는 것이다. 하지만 이 복음주의운동이 지닌 바로 그 감상주의와

의해 촉발된 것으로 간주될 수 있다. 존 윌리엄 워드(John William Ward)가 지적하듯이,

> 청교도주의 종교사상에는 원래부터 두 개의 서로 대립적인 추동력 사이에 역동적인 균형추가 존재했는가 하면, 신의 은총의 내향적이고 신비적이고 개인적인 경험과 외적이고 냉정하고 사회적 책임을 지는 윤리 사이에는 긴장 — 즉 신앙과 노동 간의 긴장, 종교의 본질과 그것의 외적 표시 간의 긴장 — 이 존재했다. 초기에는 이러한 대립을 유지하는 데 엄청난 에너지를 쏟아 부었으나, 초기의 신앙심이 결핍됨에 따라 그것은 소명교의의 덕분에 이룬 세속적 성공에 의해 그 기반을 침식당하고, 그 통합체는 둘로 분할되어, 18세기에는 조나단 에드워즈(Jonathan Edwards)와 벤저민 프랭클린으로 귀착되었다. 이 두 사람은 많은 점에서 유사하나 근본적으로 매우 달랐다.[44]

조나단 에드워즈[45]는 비록 '낭만주의자'가 아니었고 심지어는 아르미니우스파의 비판에 맞서 칼뱅주의를 옹호하기조차 했지만, 케임브리지 플라톤주의자들의 사상에 영향을 받은 우주론적 낙관주의라는 그의 브랜드는 후일 뉴잉글랜드에서 발생한 초월주의운동(*Transcendentalist movement*)의 기초가 되었다. 그러므로 청교도주의가 '낭만주의종교'로 전환된 것은 그의 이 같은 옹호를 통해서였으며, 낭만주의종교는 프랭클린의 '정신'만큼

감상적인 인간주의적 특성은 궁극적으로는 청교도주의에서 파생된 것이다.

44) John William Ward, "Benjamin Franklin: The Making of an American Character", in Barbour (ed.), *Benjamin Franklin*, pp. 50~62, 특히 p. 61을 보라.

45) 〔역주〕 에드워즈(Jonathan Edwards, 1703~1758)는 미국 목사이자 신학자로, 초기 청교도의 신앙적 정열이 식고 도덕적으로도 저하되어 있던 뉴잉글랜드에서 일어난 '대각성'운동의 지도자이다. 신의 분노에 대한 설교로 유명하며, 신의 절대적 의지를 좇는 인간의 주체적 의지, 특히 신앙의 감정 측면을 중시했다. 칼뱅주의와 합리주의의 종합을 시도한 여러 권의 신학저서를 남겼으며, 미국 최초의 위대한 조직신학자이다.

이나 종교개혁으로부터 논리적으로 발전한 것 — 즉 그만큼 프로테스탄트 윤리의 후예 — 이었다.[46] 이 같은 문화적 계보에 대한 적절한 평가를 통해 우리는 합리주의적 청교도 전통과 낭만주의적 전통은 서로 다르고 몇몇 측면에서는 서로 대립하기도 하지만, 그것들을 분할하고 있는 것은 실제로는 형제간의 경쟁의 한 형태이며, 역사적으로는 물론 심리학적으로나 사회학적으로도 식별할 수 있는 하나의 유사성을 통해 결합되어 있음을 알 수 있다.

우리는 이를 개인에게 '소명'을 부과하는 심원한 이상주의적 윤리체계 같은 그것들이 공유하고 있는 성격에서 가장 분명하게 찾아볼 수 있다. 이런 측면에서 그 둘은 베버의 용어로 말하면 '금욕주의' 운동으로, 개인이 신비주의 속으로 은둔하기보다는 현세에서 행동할 것을 요구한다. 물론 낭만주의에는 신비적 조류가 있기는 하지만, "세상은 우리가 살아가기에 버겁다"[47] 라는 워즈워스의 표현이 예증하는 것과 같은 보다 전형적으로 '세상을 거부하는' 입장은 "벌고 쓰는" 인위적인 사회세계를 거부하고 있으며, 인간의 죄의 소산인 불완전한 현실에 대한 정통 청교도의 의구심과 밀접하게 연관되어 있다. 게다가 그 둘 모두는 개인주의적인 내부지향적 윤리로, 강한 자기성찰과 영혼탐구를 요구하며, 각각이 상정하고 있는 '현실적 자아'는 서로 다르지만, 외부로부터 주어지는 부당한 요구라고 보이는 것에 저항하기 위해 의지하는 궁극적 권위는 바로 이 내적 현실이다. 이를테면 로작은 1960년대에 청년 히피족이 드러낸 독특한 "냉정한 자기성찰의 속성"과 그들이 영혼탐구 기간 동안 "면밀하게 동기부여를 분석"한 방식에 대해 언급하는가 하면,[48] 오든은 현대 대항운동의 특징인 자기검토를 통한

---

46) 이러한 견해는 Hoxie Neale Fairchild, *Religious Trends in English Poetry* (New York: Columbia University Press, 1939~49), vol. 3, p. 12에 의거한 것이다.

47) 〔역주〕 "The world is too much with us"는 에드워즈가 근대세계가 물질주의에 물들어 있고 자연 자체와 멀어지고 있음을 비판한 단시(短詩)의 제목이다.

48) Roszak, *The Making of a Counter-Culture*, p. 62.

열성적인 정직추구를 전형적인 전통적 청교도의 경건주의와 같은 것으로 정확하게 포착한다.[49]

합리주의적 프로테스탄트 입장과 낭만주의 입장을 사회적 윤리 내지 이상적 성격으로 간주할 때, 그 둘이 그것들이 표방하는 중심적 가치의 측면에서 서로 대립하고 있다는 것은 여전히 사실이다. 이것은 이상과 관련해서도 마찬가지이다. 왜냐하면 그 이상들이 독특하게 체계화된 행위유형을 구축하고 있으며, 그리하여 모든 행위는 하나의 주어진 일관적인 일련의 가치들에 부합하게 수행될 것으로 예견되기 때문이다. 하지만 문화적 이상형과 (개인 또는 사회집단의 행동을 특징짓는 것으로 규명될 수 있는) 절대적 행동유형을 혼동하는 것, 따라서 하나의 윤리를 특정 사회적 위치에서 전형적으로 나타나는 퍼스낼리티 또는 행동유형과 혼동하는 것은 근본적인 오해이다. 이론상 개인은 두 개의 윤리를 따를 수 없으나, 실제로는 그렇게 하는 것이 그리 어렵지 않을 수도 있다. 그 이유는 행동은 논리적 고려만큼이나 심리학적 및 사회학적 고려에 의해서도 유형화되기 때문이다. 따라서 이상적 성격과 퍼스낼리티 유형 간에 또는 사회적 윤리와 생활방식 간에 일 대 일의 관계가 있다고 가정할 만한 합당한 근거는 전혀 존재하지 않는다. 이상이 작동하는 방식과 일관성을 유지하고자 하는 긴장이 존재할 것이지만, 하나의 퍼스낼리티 유형이 하나의 이상적 성격보다 더 '일관적'일 수 있다. 게다가 하나의 사회적 윤리보다도 한 계급집단의 문화가 복잡하고 분화된 사회적 행동유형을 성공적으로 통합하고 전파하여, 대조적

---

49) Oden, "The New Pietism", pp. 95~7. 프로테스탄트 윤리의 '적수'는 그것이 거부하는 것만큼 내부지향적인 모든 구속이라고 인식하는 일반적인 오류는, 적어도 부분적으로는 개인주의를 프로테스탄트 윤리의 주요 특성이라고 간주하는 오해에서 연유한다. 이는 윌리엄 H. 화이트(William H. Whyte, *The Organisation Man*, New York: Doubleday Anchor Books, 1957)와 리즈먼(David Riesman, Nathan Glazer and Reuel Denny, *The Lonely Crowd*, New York: Doubleday Anchor Books, 1966) 두 사람 모두의 주장에 들어 있는 오류이며, 그것을 대체하는 에토스는 무엇이든지 그 형식상 '사회적'이거나 '타자지향적'이어야 한다는 가정으로 귀결된다.

인 가치들에 의해 지배되는 행동을 하나의 전반적인 생활양식으로 통합할 수 있게 해준다. '청교도적' 가치와 '낭만주의적' 가치를 가지고 근대 중간계급이 그것을 성취한 방식의 일면을 양육영역을 간략히 살펴봄으로써 예증할 수 있다.

세속화된 형태의 프로테스탄트 윤리에서 파생된 이상적 성격이 오랫동안 중간계급 사이에서 유포되어 그들의 양육관행의 성격을 규정하고 또 그 결과 그러한 관행을 영속화시켰다고 가정하는 경향이 널리 확산되어 있다. 그것을 뒷받침하는 것이 바로 (비록 지금은 대체로 원래의 초자연적 제재력을 결여하고는 있지만) 여전히 검약, 근면, 자립심, 내화된 자기규율 같은 가치들을 강조하고, 직업에서의 성공을 개인의 도덕적 가치의 증거로 제시하는 이상이다. 하지만 점차 이 이상은 그것을 대신하려는 '쾌락주의적이고', '표출적이고', '관대한' 아니면 '유쾌한' 윤리에 의해 직접적으로 또는 양육 및 교육방식의 변화에 따라 간접적으로 공격받는 것으로 보고되고 있다.[50] 전반적으로 볼 때, 그 같은 공격은 제 1차 세계대전 후에 간헐적으로 일어났다가 1945년 이후에 대체로 성공을 거둔 것으로 보인다. 한 주장에 따르면, 윤리들 간의 갈등을 모순적인 행동유형과 너무 쉽게 등치시키고, 정확히 어떤 형태의 행동이 그와 다른 '비(非) 청교도' 윤리의 수용에 따른 것인지를 신중하게 밝혀내지 못함으로써, 윤리적으로는 대조적이나 심리적으로는 공생적인 특질이 어떻게 하나의 전체 양육유형에서 생겨날 수 있는지를 인식하는 데 실패하고 있다. 이 갈등은 흔히 연기된 만족 대 즉각적 만족 그리고 방해받는 감정표출 대 방해받지 않는 감정표출이라는 한 쌍의 대립을 중심축으로 하여 제시된다. 이것들은 퍼스낼리티의 두

50) 이 용어들은 다음 글들에서 따온 것이다: Bell, *The Cultural Contradictions of Capitalism*; Martin, *A Sociology of Contemporary Cultural Change*; John Carroll, *Puritan, Paranoid, Remissive: A Sociology of Modern Culture* (London: Roudedge and Kegan Paul); Martha Wolfenstein, "The Emergence of Fun Morality", in Eric Larrabee and Rolf Meyersohn, (eds), *Mass Leisure* (Glencoe, Ill.: Free Press, 1958), pp. 86~95.

차원으로, 기본적으로 구분될 수 있는 것으로 파악된 윤리를 기반으로 하고 있다. 하지만 실제로는 그런 행동형태들을 서로 '상충되는' 것으로 제시해야만 하는지는 결코 분명하지 않다.

이들 용어는 우선 정의상 상호의존적이며, '상대 용어'가 없이는 별다른 의미를 지닐 수 없다. 그것은 행동상으로도 마찬가지인 것으로 보인다. 왜냐하면 두 형태 모두를 익히 아는 것이 어느 한쪽 행위를 하기 위한 근본적인 전제조건이며, 가장 분명하게는 사람들이 다른 하나와 대립하는 것으로서 어느 하나를 의식적으로 선호하기에 앞서 이전]에 그것이 전제되어야만 하기 때문이다.[51] 이로부터 한 가지 종류의 행동관행 그 자체가 다른 종류의 행위를 적극적으로 평가할 뿐만 아니라 그 행동의 실행에 필요한 환경을 낳는다는 결론이 도출된다. 우리는 '현실의' 만족연기의 관행이 그 의도나 결과에서 어째서 반드시 반(反) 쾌락주의적이지는 않은지에 대해 이미 살펴보았다. 그 이유는 욕망이 발생하더라도 욕망의 발생 그 자체가 개인의 통제를 넘어서는 경우에는, 그 욕망을 충족시키고자 하는 경향이 그리 쉽게 쾌락주의에 빠져들게 하지는 않는다는 것을 보여주기 때문이다. 근대의 합리적 쾌락주의와 현실적 낭만주의자의 행동에서 특징적인 점은 단지 욕망을 충족시키는 것만이 아니라 그 욕망을 낳을 기회를 포착하는 경향이다. 실제적 만족연기가 아주 중요해지는 것도 바로 이 지점이다. 이로부터 만족연기를 강조하는 양육관행의 형태가 몽상하기와 환상하기를 고무하는 데 기여하고, 개인들이 욕망을 조작하는 전문가가 되는 데 필요한 기술을 발전시킨다는 결론이 도출된다. 또한 그것은 개인들이 '즉각적' 만족에 가치를 두게 될 가능성이 매우 큰 환경을 창출한다.

감정표현을 방해하는 관행과 강한 열정을 높이 평가하는 것 사이에도

51) 따라서 비록 누군가가 어떤 사람에게 "전혀 방해받지 않고" 행동할 수 있게 해준다고 하더라도(이를테면 낭만주의자들이 '매우 순박한 사람'에게 그랬던 것처럼), 아무도 그런 식으로 행동할 수 없다. "아무런 방해를 받지 않는다는" 것은 방해받는 행동유형을 거부하는 것이다. 그러므로 그것은 신중한 행동이지 '생각 없는' 행동은 아니다.

유사한 관계가 존재한다고 말할 수 있다. 여기서도 역시 행동충동을 제약함에 따라 지불하는 대가는 충동을 다른 방향으로 편향되게 한다는 것이다. 그것은 주로 상상적이고 내밀한 쪽일 수 있으며, 그 결과 다른 종류의 행동이 일어날 가능성이 있다. 실제로 만족연기와 감정억제 모두는 함께 작동하며 개인에게 풍부하고 강력한 상상적인 내적 삶을 창출하며, 그것은 '낭만주의적' 퍼스낼리티에 필요한 전제조건이다.

교양, 프라이버시, 개인적 책임감, 극기, 감정억제, 지적 성취 등을 강조하는 것과 함께, 중간계급의 특징으로 간주된 전반적 양육유형이 낭만주의적 퍼스낼리티 특질을 발전시키는 데 이바지했다는 것은 분명해 보인다. 부모가 자기 자식들에게 심어주고 싶어하는 가치와 그들의 양육관행으로부터 나오는 퍼스낼리티 특질을 혼동하는 오해가 흔히 있었다. 그 결과 자녀에게 만족연기와 감정억제를 조장하여 그들을 '청교도'로 성장시키고자 한 시도가 실제로는 몽상하기와 억압된 열정을 낳을 수도 있으며, 그리하여 낭만주의적 퍼스낼리티의 발전에 필요한 조건을 제공하기도 한다는 것을 인식하지 못하게 되었다. 이런 만큼, 청교도주의와 낭만주의 사이의 심리적 연계관계는 그 역사적 연계를 반영한다고 말할 수 있다.

그렇다고 해서 프로테스탄트 윤리의 가치가 한 세대에서 다음 세대로 전수되지 않았다고 제시하는 것은 아니다. 그것은 단지 이 같은 전수를 확실히 하고자 한 노력의 아이러니한 결과가 '낭만주의적' 성향을 지닌 개인을 낳는 데 일조할 수 있었음을 시사할 뿐이다. 물론 이것들이 부정적으로 평가되고 그리하여 견제를 받았기 때문에 '청교도적' 성격이 구축되었을 수도 있다. 반대로 낭만주의적 신념이 채택되어, '낭만주의적' 성격을 노골적으로 창출하는 것을 정당화했을 수도 있다. 하지만 증거는 어떤 성격유형이 선택되더라도 필수적 퍼스낼리티 특질은 상호의존적이라는 것을 보여주고 있다. 이를테면 내향적 성격은 프라이버시나 조용한 독서의 강조처럼 몽상하기를 조장하는가 하면,[52] 감정억제는 예술적 또는 '창조적'

---

52) Jerome L. Singer, *The Child's World of Make-Believe: Experimental Studies*

표현의 전제조건으로 나타난다. '청교도'와 '낭만주의자'는 동일한 퍼스낼리티 특질을 지니고 있다고 할 수 있다. 그들은 단지 그 특질을 다르게 평가할 뿐이다. 이를테면 '청교도'에게는 내성적인 몽상하기와 환상하기가 저항해야만 하는 나태와 방종을 낳는 일종의 유혹의 한 본보기인데 반해, '낭만주의자'에게는 그것이 경험의 가장 가치 있는 측면이다. '청교도'에게는 욕망의 통제가 욕망을 참아낼 수 있게 하기 위한 것인 반면, '낭만주의자'에게 욕망의 통제는 욕망을 창출하고 마음 내키는 대로 드러내는 데 필요하다. 따라서 '청교도'는 자신의 몽상하기 버릇이 즐겁기는 하지만 시간을 낭비하고 일과 현실의 수용을 방해하기 때문에(또는 심지어 비록 신학적 형식이 잔존하기는 하지만 그것은 죄의 증거이기 때문에) 나쁜 것으로 간주하는 반면, '낭만주의자'는 그러한 활동을 자신의 삶의 가장 중심적이고 중요한 측면으로 여긴다.[53]

이것은 중간계급 개인은 '이중적'이며, 그의 내면에는 두 존재가 자리하고 있음을 강력히 시사한다. 이는 만약 누군가가 보헤미안의 빈곤과 결핍의 삶을 피하고자 한다면 이중적인 삶이 필요하다는 뮈르제의 논평은 물론 전형적인 18세기 신사의 '상상적인 이중적 삶'에 관한 바필드(Barfield)의 초기 논평을 연상시킨다. 그 시대는 이성의 시대이자 감성의 시대로 적시되었으며, 페어차일드는 이 두 원리가 동일한 개인 속에서 마주쳤을 수도 있다고 주장했다. 그는 다음과 같이 쓰고 있다.

> 18세기 부르주아는 공리주의적이기만 한 것이 아니라 감상적이기도 하다. 그는 자신의 청교도 선조들의 마음을 움직인 심연한 감정적 희망과

---

of Imaginative Play (New York: Academic Press, 1973), pp. 73 및 198.

53) '청교도적' 성격유형과 '낭만주의적' 성격유형의 구축에 필요한 퍼스낼리티 특질의 성격이 얼마나 근본적으로 상호의존적인지를 인지하지 못하게 된 부분적인 이유는 낭만주의 신화가 갖는 설득력에서 연유한다. 낭만주의 신화는 낭만주의자가 실제로 단순히 그런 식으로 행동하기로 일부러 결정한 사람일 경우 그를 '자연히' 충동적이고, 방해받지 않고, 열정적이고, 창의적인 어떤 인물로 구체화한다.

> 공포의 명백한 흔적을 간직하고 있다. 물론 그는 또한 근대 사업가의 선조이기도 한데, 이 사업가는 무정함과 부드러움이라는 유사한 성향을 드러낸다.[54]

휴턴(Houghton)은 이 마지막 제안을 받아들인다. 그는 어떻게 빅토리아시대 사회에서 "감성이 공리주의를 보완할 수 있었는지"를 지적한다.[55] 이들 논평이 벌인 논전을 놓고 볼 때, 이들 두 쌍의 특질을 모순적으로 보기보다는 보완적으로 보고 또 하나의 전체적인 '청교도적-낭만주의적' 퍼스낼리티체계를 공동으로 구성하는 것으로 보는 것이 적절할 듯하다.

이러한 결론은 또한 자연스럽게 근대사회의 사회적 역할과 지위 속에서 제도화된 청교도 가치와 낭만주의 가치를 모종의 '모순'을 구성하는 것으로 간주해서는 안 되고, 반대로 별개의 행동유형들을 근본적으로 균형을 이루는 하나의 더 큰 체계로 통합시키는 데 기여한 것으로 간주해야 한다는 주장으로 이어진다. 문화적 모순이 사회학적으로는 쉽게 양립가능할 수 있다는 것을 분명하게 인식할 필요가 있다. 말하자면, 직접적으로 대비되는 태도와 신념들이 만약 시간과 공간 속에서 성공적으로 분리되어 표현된다면, 그러한 대립에도 불구하고 그것들이 사람들로 하여금 긴장이나 갈등을 경험하게 하지는 않을 것이다. 이는 청교도주의적-공리주의적 가치와 낭만주의적-감상주의적 가치가 현대의 중간계급사회에서 제도화되는 방식에도 대체로 적용된다. 아마도 이것을 가장 적절하게 예증해주는 것이 중간계급의 생애주기가 청년기에는 보헤미안풍으로, 중년기에는 부르주아풍으로, 그리고 다음에는 일련의 통합된 형태로 이어지는 식으로 분할되는 방식일 것이다.

뮈르제의 저작 《보헤미안 삶의 정경》(*Scenes from Bohemian Life*) 맨 마지막에서 마르셀은 루돌프에게 자신이 친척과 살면서 타락하게 되었고 지

---

54) Fairchild, *Religious Trends in English Poetry*, vol. 2, p. 9.

55) Walter E. Houghton, *The Victorian Frame of Mind 1830~1870* (New Haven, Conn.: Yale University Press, 1957), p. 277.

금은 "선한 것과 안락한 것 말고는 아무것도 더 이상 관심을 가지지 못한다"[56] 고 고백한다. 이것은 젊어서 죽지 않은 대다수 보헤미안들의 운명이며, 보헤미아니즘은 그 자체가 단지 "예술가의 경력을 쌓기 위한 무대"에 머무는 것이 아니라 부르주아적 생활주기의 한 국면 — 케인스턴(Keniston)이 '청년'으로 규정한 것과 많은 점에서 유사한[57] — 으로 보일 수도 있다. 물론 이 삶의 단계가 많은 중간계급에게는 주로 학창시절에 발생하며, 학교 역시 분명 근대사회에서 낭만주의적 가치들이 제도화되는 장소이다. 1960년대 발생한 학생저항에 관한 몇몇 연구들은 이들 운동이 지닌 본질적으로 '낭만주의적' 성격을 부각시키고 있다.[58] 어느 경우에서든 중요한 논점은 청년층의 보헤미아니즘이 후일 '부르주아적' 삶의 성격과 결코 충돌되지 않는다는 것이다.

보다 포괄적인 형태의 주장에 따르면, 낭만주의적 가치와 합리적-공리주의적 가치가 부르주아적 인간의 생활주기 속에서 연속적으로 제도화된다. 그것은 청년층의 낭만주의는 전적으로 그러한 가치에 노출된 전체 유년시절에 정점에 도달한다고 주장한다. 낭만주의의 구현은 완벽한 '유년

---

56) Henry Murger, *The Latin Quarter* (*Scènes de la Vie Bohème*), trans. Ellen Marriage and John Selwyn (London: Greening, 1908), p. 329.

57) Kenneth Keniston, *Youth and Dissent: The Rise of a New Opposition* (New York: Harcourt Brace Jovanovich, 1971), p. 160; Jeanne H. Block, Norma Haan and M. Brewster Smith, "Activism and Apathy in Contemporary Adolescents", in James F. Adams (ed.), *Understanding Adolescence: Current Developments in Adolescent Psychology* (Boston, Mass.: Allyn and Bacon, 1968), pp. 198~231, 특히 p. 215를 보라. 흥미롭게도 블록과 한과 스미스(Block, Haan & Smith)가 제시한 증거뿐만 아니라 케인스턴이 제시한 증거도 보헤미안 청년이 젊은 시절에 '보헤미안'이었던 부모들의 자식임을 보여주며, 이는 사회의 다른 어느 집단보다 이 집단에서 '유전적 특성이 덜' 나타난다는 패리(Parry)의 논평을 다소 약화시킨다.

58) 부커와 머스그로브와 웨스튜스(Booker, Musgrove & Westhues)의 저작 말고도 Nathan Adler, *The Antinomian Stream: New Life Styles and the Antinomian Personality* (New York: Harper and Row, 1972)도 보라.

시절의 에토스'이며, 따라서 성인기를 대변하는 '관료제의 에토스'와는 대립된다.[59] 그 두 에토스 사이에 끼어있는 '청년층'이 그토록 반항과 저항의 시기이기 쉬운 것도 바로 이러한 이유에서이다.[60] 그 같은 견해는 일부 진실을 포함하고 있다. 왜냐하면 아동의 욕구와 관련한 그리고 아동을 양육하고 교육하는 올바른 방식에 관한 관념과 관련한 낭만주의적 가르침과 자유주의적 또는 진보적 사고 사이에는 실제로 직접적인 연계가 존재하기 때문이다.[61] 특히 20세기에는 이러한 사유체계가 매우 커다란 영향력을

---

59) Peter L. Berger and Richard J. Neuhaus, *Movement and Revolution* (New York: Doubleday Anchor Books, 1970), p. 35.

60) 모든 청년층은 물론이고 모든 학생이 '낭만주의적' 가치를 수용한 것은 아니라는 점을 인식하는 것이 중요하다. 그와는 반대로 대다수가 전통적인 '부르주아적' 성공가치를 신봉한다는 증거가 있다. 이에 대해서는 R. Mills, *Young Outsiders: A Study of Alternative Communities* (London: Routledge and Kegan Paul, 1973), p. 22에 제시된 증거를 보라. 이것은 한편으로는 "미국의 교육 및 양육 철학에서 나타나는 발달테제와 인간주의테제 간의 기묘한 불균형"을 강조하고, 다른 한편으로는 "상업과 정치에서 드러나는 이 동일한 테제의 취약성"을 강조하는 관점이다〔Charles Hampden-Turner, *Radical Man* (London: Duckworth, 1971), p. 419를 보라〕. 응석을 받아주는 양육관행이 1960년대에 발생한 학생저항의 원인이었다는 대중적 관념과 명백하게 연관된 주장으로는 Richard Flacks, "The Liberated Generation: An Exploration of the Roots of Student Protest", *Journal of Social Issues*, 23 (July 1967), no. 3, 52~75; reprinted in Kenneth Westhues, *Society's Shadow: Studies in the Sociology of Countercultures* (Toronto: McGraw-Hill Ryerson, 1972)을 보라.

61) 이 점에서는 (비록 재차 프로이트가 가장 흔히 거론되는 인물 중의 하나이긴 하지만) 루소가 가장 생산적인 영향을 미쳤다. 그의 생각은 페스탈로치와 프뢰벨에 의해 채택되어 교육관행 속으로 통합되었다. 프로이트혁명은 양육과정에, 특히 영아보육에 진보적 (또는 대체로 '낭만주의적 성향의') 사상과 관행을 도입하는 데 새로운 추진력이 되었으며, 이것을 울펜스틴(Wolfenstein)이 1914~45년의 시기에 미국에 소상히 소개했다(Wolfenstein, "The Emergence of Fun Morality", 1958을 보라). '응석을 받아주는' 양육관행의 광범한 채택이 새로운 '낭만주의자'세대를 창출하는 데 있어 주요한 요소였다고 제시하는 것은, 오직 낭만주의적 성향의 부모만이 그런 관행을 우선적으로 받아들일 가능성이 클 것이라는 명백한 사실을 간과하는 것이다. 그러므로 자녀의

발휘했기 때문에, 엄격한 '청교도적' 에토스에 심취한 부모들조차도 자신들이 자녀에게 부과한 여러 의무들을 쉽게 수정했을 가능성이 컸으며, 그 결과 그것은 '낭만주의적' 태도를 허용하고 규정하는, 근대사회의 두 개의 결정적인 귀속지위 중의 하나가 되었다. 그렇다고 몇몇 논평자들이 가정하는 것처럼, 이것이 반드시 그들이 '청교도적' 가치의 배제를 주도했다는 것을 의미하지는 않는다. 의사(疑似) 낭만주의적인 표출적 가치를 지난 200년 이상 동안 한 세대에서 다른 세대로 전달하는 데 지극히 중요했던 다른 하나의 결정적인 지위는 물론 여성이라는 지위였다.

우리는 18세기 낭만주의소설과 감상주의소설의 독자들 중에서 여성이 압도적이었다는 점을 이미 지적한 바 있다. 이것은 현재에 이르기까지도 그 장르에 관한 한 여전히 사실이다. 낭만주의적 가치와 가장 부합한 것으로 규명된 활동 중 많은 것들 ―특히 교육, 양육, 복지활동 그리고 어느 정도는 세련된 예술― 이 전통적으로 '여자의 일'로 간주되어 왔다. 분명히 만약 한 성(*sex*)을 '청교도적' 가치의 주요 담지자로 보고, 다른 한 성을 '낭만주의적' 가치의 담지자로 본다면, 명백하게 양립할 수 없는 이들 두 문화가 어떻게 단일 계급집단의 경험으로 통합되어 왔는지를 이해하기는 그리 쉽지 않다. 그러나 이 같은 동일시는 상당한 지지를 받을 수 있는 것처럼 보인다. 결국 중간계급 여성의 역할은 오랫동안 감정적 감수성 또는 '감성'과 관련하여, 특히 동정심, 친절함, 상냥함과 같은 감정과 관련하여, 보다 특별하게는 어린이와 동물에 대한 그런 감정과 관련하여 규정되었지만, 전통적으로도 여성은 또한 직관적 감각을 가지고 있고 '분위기'에 민감한 것으로 믿어졌다. 동시에 중간계급 여성은 현실주의적이기보다는 이상주의적으로, 그리고 좁은 의미에서 낭만주의적으로 묘사되는 경향이 있다. 끝으로, 중간계급 여성의 이 같은 역할은 특히 가구 및 의상과 관련하여 일차적인 심미적 책임을 지는 것으로 여겨진다. 따라서 아내와 어머니는 자주 '취향'의 전문가, 비욕구적 쾌락의 감식가로 여겨진다.[62] 여성과

가치를 부모로부터 직접 물려받은 것으로 간주하는 것은 지나치게 단순하다.

어린이는 성인 남성에 비해 상대적으로 별 권력을 가지지 않았었기 때문에, 그들의 윤리는 소수자 윤리로서, 가부장제에 의해 승인받은 '청교도적' 공리주의윤리에 근본적으로 종속되는 것으로 간주되었다. 그러나 그럼에도 불구하고 소수자 윤리의 존재는 중요했으며, 근래에는 이들 지위집단 간의 권력차이가 줄어들면서 더욱 중요해지고 있다. '프로테스탄트 윤리'와 남성성 간의 밀접한 관계가 문화변동에 관한 사회학적 논의에서 너무나도 자주 잊혀 왔으며, 그 결과 프로테스탄트 윤리를 일부 중간계급을 옹호하는 이상적 성격으로 묘사하는 것이 얼마나 부적절한지를 간과하는 경향이 생겨났다. 결정적으로 중요한 것은, 소수자 윤리의 존재가 청년기에 아버지 속에 구현되어 있는 비감정적 윤리와 불화관계에 있는 남성이 어머니와의 강한 양육적 일체감을 통해 낭만주의적 이상주의를 받아들이는 것을 일부 정당화해 줄 수 있었다는 사실이다. '낭만주의자'는 대체로 정의상 정상적인 '부르주아적' 기준의 잣대로 '자라기를' 거부하는 남성이었다. 이러한 해석을 강하게 뒷받침해주는 것이 케인스턴이 제시한 증거이다. 그는 낭만주의적인 보헤미안적 가치와 태도를 가장 신봉하는 편인 중간계급 청년 남성은 정확히 어머니에 대해서는 동정적으로 생각하지만 아버지에 대해서는 이상주의를 '팽개친' 냉정하고 내성적인 '성공지상주의자'로 간주하는 사람이라고 제시한다.[63] 이 같은 상이한 부모일체감 유형은 테일러가 묘사한 '청교도적' 퍼스낼리티 유형과 '낭만주의적' 퍼스낼리티 유형 간의 대비에 근거하여 구체화되었으며,[64] 허드슨(Hudson)의 연구도 부모에 대한 태도의 차이가 전문영역으로서 예술을 선택할 것인가 과학을 선택할 것인가와 연관되어 있음을 보여준다.[65]

---

62) 이것은 오랫동안 중간계급 여성이 추구하기에 가장 적합하다고 여겨져 온 '세련된' 활동들 —피아노연주, 노래하기, 그림그리기, 꽃꽂이 그리고 물론 자선사업하기 같은 활동들— 속에서 가장 분명하게 드러난다.

63) Kenneth Keniston, *The Uncommitted*: *Alienated Youth in American Society* (New York: Dell Publishing, 1960), pp. 116~17.

64) Taylor, *The Angel-Makers*, 제5부를 보라.

65) Liam Hudson, *Frames of Mind*: *Ability*, *Perception and Self-Perception in*

이 모든 것들은 낭만주의 윤리의 존재가 그 적용 맥락에서 볼 때 여성이나 어린이보다는 청년이나 '유년' 남성에게 훨씬 더 중요하다는 것을 보여준다. 그 이유는 그것이 함의하는 바와 같이 '청교도적' 성격을 발전시키고자 하는 시도가 '낭만주의적' 퍼스낼리티 특질의 정당화를 부정하면서도 실제로는 그것을 창출하기 때문이다. 하지만 청소년기의 소년은 자신을 아버지보다는 어머니와 일체화함으로써, 자신의 잠재적 낭만주의를 일정 정도 정당화할 수 있다. 소녀를 '감상주의자'로 키우는 것이 그와 동일한 정도로 잠재적 '청교도' 특질을 산출하지는 않기 때문에, 그 역의 과정은 아마도 문화적으로 그리 중요하지 않을 가능성이 크다.

이것에서 이끌어낸 결론은, 중간계급 가족은 합리주의적인 공리주의적 가치와 낭만주의적 가치를 공히 자녀에서 성공적으로 전수하며, 이런 점에서 아버지와 어머니는 서로 다른 책임을 진다는 것이다. '낭만주의적' 가치가 어머니의 전반적인 지도하에서 먼저 표출되고, '청교도적' 가치는 (아버지가 더 중요해질 때) 나중에 부과된다. 하지만 만약 다양한 이유로 낭만주의적 가치가 성년기에도 여전히 지배적이라면, 그 개인은 아마도 예술이나 교육, 복지관련 직업의 경력을 쌓아갈 것이며, 심지어 극단적인 경우에는 보헤미아에서 그 시기를 보낼 것이다. '자본주의 정신'이 우세하다면, 대부분의 경우 그것은 개인을 상업이나 사업, 행정의 경력을 추구하는 데 정력을 쏟게 함으로써 '낭만주의' 가치를 삶의 재창조적 측면에 국한시키게 될 것이다.

물론 성인 남성세계를 낭만주의적 신념의 여지가 전혀 없는 세계로 특성화하는 것은 그 자체로 잘못이다. 모든 직업적 역할이 '관료제의 에토스'나 합리적인 공리주의적 자본주의 정신을 표현하는 것은 아니다. 이를테면 이미 언급했던 것, 즉 자기개발과 자기표현을 인정받을 경력을 추구하는 교육과 치료 그리고 양육분야에도 직업 기회들은 존재한다. 돌봄 직업에 대해서도 그리고 어느 정도는 교회에 대해서도 동일한 말을 할 수 있다.

---

the Arts and Sciences (London: Methuen, 1968).

그런 곳에서는 우리가 청교도주의와 낭만주의가 연결되어 있다고 파악한 자비로운 관심과 자선활동 같은 감상주의 전통이 오늘날까지도 지속되고 있다.[66]

그러나 근대사회에서 낭만주의적 가치를 제도화하고 있는 가장 중요한 직업군은 당연히 예술과 관련된 직업이다. 대체로 무보수의 '보헤미안적' 예술직종을 논외로 하더라도, 이것은 여전히 사실이다. 실제로 보헤미안 이미지라는 요소들은 학교, 전문대학, 대학교에서 예술을 가르치는 사람에게는 물론 성공한 예술가에게도 부착되어 있다. 왜냐하면 예술이라는 바로 그 이미지가 본질적으로 낭만주의적인 이미지이며, 예술 자체는 비록 가치 있기는 하지만 좀처럼 보상을 받지는 못하기 때문이다. 예술가와 과학자의 고정화된 이미지에 관한 허드슨의 연구는, 젊은 학생들이 어떻게 전형적인 예술학부 졸업생을 "쾌락추구적이고 무책임한 사람"으로 보는 반면 자연과학부 졸업생을 "보다 청교도적인 사람"으로 보는지를 아주 분명하게 보여준다. 의미론상의 차이라는 측면에서 보면, 예술가는 "따뜻하고, 재미있고, 상상력이 풍부하고, 여성적이고, 나긋나긋하고, 부드러운" 반면, 과학자는 "소중하고, 신뢰할 수 있고, 지적이고, 남성적이며, 엄격하고, 거칠다"고 인식한다.[67] 예술에서의 경력은 '보헤미안' 중간계급의 아이가 '부르주아'의 상업적인 공리주의적 가치를 채택할 필요가 별로 없이 청년기를 거쳐 성인기에 이르게 하는 듯이 보인다.[68]

---

66) 노예제반대, 평화주의 그리고 근래에는 핵무기폐지 같은 도덕옹호운동과 개혁운동이 중간계급 사이에서 확산되고 있는 것은 이러한 전통이 지닌 강점을 입증해준다. 중간계급이 '표출적 정치'를 선호하는 것에 대해서는 Frank Parkin, *Middle Class Radicalism: The Social Basis of the British Campaign for Nuclear Disarmament* (Manchester: Manchester University Press, 1968)을 보라.

67) Hudson, *Frames of Mind*, pp. 36, 45.

68) 하지만 모든 예술가가 좁은 의미의 '낭만주의' 미학을 신봉했다는 듯한 인상을 주는 것은 잘못이다. 일부 예술가들은 자신들이 낭만주의의 과도한 감정주의적 또는 표출적 성향이라고 간주한 것에 맞서 고전 미학 또는 신고전 미학을

'청교도'와 '낭만주의자'가 하나의 퍼스낼리티 체계로 성공적으로 통합될 수 있는 서로 대립되는 이상적 성격을 대표하듯이, 이 둘은 또한 근대성이라는 단일 문화체계 — 이 둘의 공생관계가 중심적 특성을 이루는 체계 — 를 구성하는 명백히 대립되는 문화적 전통을 표상한다. 왜냐하면 비록 청교도와 낭만주의자가 개인들이 때때로 둘 중에서 하나를 선택해야 할 필요를 느끼는 이상들,[69] 그리고 지식인들이 계속해서 서로에 대해 옹호하고자 하는 이상들[70] 을 산출하지만, 이러한 전망들은 연령, 성, 직업,

---

주장했다. 하지만 사회에서 예술가들이 수행하는 역할에 대한 그들의 인식이 반드시 낭만주의적 입장과 동떨어진 것은 아니었다.

69) 그들 가운데서도 예술대학 학생들이 이러한 선택을 가장 잘 알고 있는 듯이 보인다. 이를테면, 톰 나린과 짐 싱산두(Tom Nairn & Jim Singh-Sandhu)는 그들은 자신들이 '위대한 예술가가 되는 것'과 '성공' 중에서 어떤 것을 선택하는가에 어떻게 직면해 있는지 그리고 "몇몇 학생은 렘브란트를 꿈꾸기도 하지만 더 많은 학생들이 자신들이 메리 퀀트나 데이비드 베일리 또는 데이비스 하크니가 되어 가는 것으로 여긴다"고 논평한다("Chaos in the Art Colleges", in Alexander Cockburn and Robin Blackburn (eds), *Student Power: Problems, Diagnosis, Action* (Harmondsworth, Middx.: Penguin Books, 1969), pp. 103~185, 특히 p. 107을 보라).

70) 우리는 이 두 윤리 간의 갈등을 보여주는 증거를 근대사회의 지성사에서 찾아볼 수 있다. 영국에서는 '낭만주의적' 관점과 '합리적-공리주의적' 관점 간의 갈등이 대체로 레이먼드 윌리엄스가 '문화와 사회논쟁'이라 부른 형태를 취했다. 그는 이것의 기원을 20세기까지 이어진 낭만주의자와 벤담주의자 간의 논쟁에서 찾는다. 즉 그는 한편에는 블레이크, 콜리지, 아널드, 칼라일, 러스킨, 헨리 제임스, D. H. 로렌스, F. R. 리비스 같은 작가들을 위치시키고, 다른 한편에는 벤담, J. S. 밀, T. H. 헉슬리, H. G. 웰스, 버트란트 러셀, C. P. 스노를 위치시킨다(Raymond Williams, *Culture and Society 1780~1950*, Harmondsworth, Middx.: Penguin Books, 1961). 실제로 1960년대 초 스노가 촉발시키고, 리비스가 근대세계의 문화적 유형화에 대한 스노의 설명에 강한 이의를 제기한 이른바 '두 문화 논쟁'은 이러한 지적 갈등이 근대사회를 여전히 특징짓는 정도를 뚜렷하게 보여준다. 그 논쟁의 가장 중요한 특징은 서구의 지적 삶이 과학자와 문학적 지식인이라는 두 집단으로 점점 더 분할된다고 선언한 데 있는 것이 아니라, 계속되는 논쟁이 윤리적 전망의 근본적 대립에서 비롯된 상호적대감을 드러내는 방식에 있었다. 이에 대한 자세한 내용은

사회적 역할을 따라서도 차별적으로 제도화되기 때문이다. 그뿐 아니라 그러한 전망들은 개인에 대한 가장 윤리적인 성찰을 제외하고는 모든 것들에서 그 어떤 첨예한 갈등경험도 제거하는 방식으로 차별적으로 내면화된다.[71] 그 결과 이 두 문화가 산업사회의 영속화에 필수적인, 서로 대립되면서도 상호의존적인 형태의 행동이 계속해서 이루어지도록 하며, 소비와 생산, 즉 놀이와 일이 서로 조응하게 한다. 그러므로 그러한 대립이 실제로 문화 내의 '모순'을 표현할 수도 있지만, 그것이 자본주의 자체 내의 모순인 것은 아니다.[72] 반대로 이러한 형태의 문화적 분화는 태동기부터 그

David K. Connelius and Edwin St Vincent (eds), *Cultures in Conflict: Perspectives on the Snow-Leavis Controversy* (Chicago, Ill. : Scott, Foresman, 1964)를 보라. 그것은 단지 지적 전문화에서 잉태된 상호반감과 오해의 문제가 아니라, 오히려 그것은 진·선·미라는 서로 대조적인 (실제로는 전도된) 정의에서 연원하는 도덕적 갈등이었다. 이 정의들은 그 근저에서 '효용'과 '쾌락'을 서로 다르게 서열화한다. 하지만 삶은 지적 체계가 아니며, 이 지적 갈등을 '문화적 모순'으로 잘못 이해해서는 안 된다. 반대로 지식인은 이들 경쟁적인 주장들을 진전시킴으로써 근대성의 문화체계가 역동적으로 진화하도록 도와준다.

71) 베버가 강조했듯이, 개인의 지위설정 내에서 합리화의 원천을 이루는 것은 단일한 이상적 성격에서 파생하는 일련의 가치를 지속적으로 작동시키는 것이다. 상황에 따라 가치를 행동에 차별적으로 작동시키는 것에 이의를 제기할 수 있는 것이 바로 윤리적으로 조장된 그 같은 '통합'의 원천이다.

72) 이 후자의 주장은 규범들의 괴리, 즉 '경제영역'에서 요구되는 행동과 '문화에서 중심적인' 행동의 괴리와 관련된다(Bell, *The Cultural Contradictions of Capitalism*, p. 15을 보라). 그런 주장을 이해하기는 어렵지만, '경제영역'은 소비활동을 제외하고 있고 , '문화'는 과학 및 기술 분야를 제외하고 있는 듯이 보인다. 왜냐하면 벨의 용어를 이렇게 해석함으로써만 "역사적으로 결합하여 하나의 단일한 성격 구조 — 청교도의 성격구조와 그의 소명 — 를 산출한 두 영역이 지금은 갈라졌다"라는 이상한 결론에 도달할 수 있기 때문이다(ibid.). 만약 누군가가 낭만주의가 완전히 승리하고 그 어떤 소비활동도 전혀 존재하지 않는다고 가정한다면, 근대사회의 경제와 문화는 분명 '갈라졌다'고 간주할 수밖에 없다. 다른 한편, 만약 누군가가 경제영역이 반드시 소비와 생산으로 이루어지며 문화가 청교도-공리주의적 전통과 낭만주의적 전통을 모두를 포함한다고 본다면, '모순'은 양립가능성만큼이나 옳은 묘사가 아니다.

사회를 특징지어 왔으며, 그 사회를 계속해서 존재시키는 데 필수적인 것으로 보인다.

근대성의 문화논리는 단순히 계산과 실험 활동 속에 표현되어 있는 합리성의 논리만이 아니다. 그것은 열정의 논리이자 갈망하기에서 연원하는 창조적 꿈꾸기의 논리이기도 하다.[73] 그 어떤 것보다도 더 중요한 것은, 그것들 사이에서 발생한 긴장이다. 왜냐하면 서구의 역동성이 근본적으로 의지하는 것이 바로 이것이기 때문이다. 이 활동적인 에너지의 주요 원천은 과학과 기술에만 있는 것이 아니다. 그것은 유행, 전위예술, 보헤미아에서 나오는 것만도 아니며, 꿈과 현실, 쾌락과 효용 간의 긴장에서도 나온다. 많은 개인들이 일상생활에서 경험하는 서로 갈등하는 긴장들이 그러하듯이, 이것이 바로 이들 쌍둥이 문화전통이 가락에 맞추어 문화적 탱고를 추게 하는 장단의 근원이다. 욕구와 쾌락 사이에서 조화를 이루기 위해 분투하고 보헤미안적 자아와 부르주아적 자아를 화해시키고자 하는 과정에서, 근대적 개인들은 경제적 필연이라는 '쇠우리'에 갇혀 있는 것만이 아니라, 낭만주의적 꿈이라는 성(城)에 살면서, 자신들의 행동을 통해 전자에서 후자로 전환시키기 위해 몸부림치고 있다.

---

73) 드니 드 루즈몽(Denis de Rougemont)이 지적했듯이, 열정은 유럽정신의 독특한 특징이며, 서구 특유의 활력과 정력의 가장 중요한 근원이다(*Passion and Society*, trans. Montgomery Belgion, rev. edn (London: Faber and Faber, 1956), p. 316).

베버 따라 소비혁명의 기원 찾기

1. 콜린 캠벨은 누구인가?

콜린 캠벨(Colin Campbell, 1940~) 은 런던대학교에서 박사학위를 취득하고 현재 요크대학교(University of York) 사회학과 교수로 있다. 원래 종교현상에 관심을 기울이던 학자였으나, 1960년대 후반과 1970년대 초반의 68혁명과 반전운동을 목도하면서 당시 젊은이들의 반문화주의적 행동에 적극 참여하거나 격렬하게 반대하기보다는 그것을 하나의 문화현상으로 보고 연구하기 시작한다. 그는 반문화운동(*counter-culture movement*)의 배후에 낭만주의가 자리하고 있음을 발견하고, 그 후 베버의 생산중심적인 프로테스탄트 윤리테제가 안고 있는 문제점들을 소비중심적인 낭만주의 윤리테제로 보완할 수 있다고 생각하고 양자 간의 관계를 규명하는 작업에 착수한다.

그 결과물이 그 자신이 베버 저작의 자매편이자 비평서라고 말하는 바로 이 책 《낭만주의 윤리와 근대 소비주의 정신》이다. 이 책은 1987년 초판 출간 이래 1990년, 1993년, 1994년, 1995년에 쇄를 거듭할 정도로 인기를 누렸으며, 1992년에 이탈리아어, 2001년에 슬로베니아어, 2002년에 포르투갈어로 번역 · 출간되며 세계적으로 널리 보급되었다.

그는 현재 주로 네 분야에서 적극적인 연구활동을 하고 있다. 첫째가 문화변동과 문화이론(서구의 문화변동, 베버식의 합리화, 청년운동 등)이고, 둘째는 행위이론(베버의 행위이론, 개인적 행위 대 사회적 행위, 동기의 본성과 역할 등)이고, 셋째가 종교사회학(합리화, 세속화, 종교운동 등)이고, 넷째가 소비와 소비주의(패션, 쇼핑, 소비주의 이데올로기 등)이다. 그의 저서로는 우리가 번역한 이 책 말고도 *Toward A Sociology of Irreligion*(1971), *Rationalism in the 1970s*(공저, 1973), *Things We Said Today: The Complete Lyrics and a Concordance to The Beatles' Lyrics 1962~1970*(공저, 1980), *The Myth of Social Action*(1996), *The Shopping Experience*(공편, 1997), *Culture and Consumption*(공편, 2004), *The Easternization of The West*(2007) 등이 있다. 그 외에도 수많은 학술논문을 학술지와 편집서에 발표했다.

2. 이 책을 이끌고 있는 문제의식은 무엇인가?

전통적으로 소비현상은 시장에 대한 경제학적 탐구의 대상으로, 생산의 부산물로 인식되었다. 소비의 사회적 측면이 베르너 좀바르트(Werner Sombart)[1]와 소스타인 베블런(Thorstein Veblen)[2]에 의해 주목되긴 했지만, 소비가 단순히 생산체계를 떠받쳐주는 교환행위가 아니라 그 자체로서 유의미한 것으로 인식되기 시작한 것은 포스트모던 이론가들이 소비에 대해 많은 관심을 기울이면서부터이다. 현대사회학에서 소비사회이론의 전개에 유력한 역할을 한 학자들로는 장 보드리야르(Jean Baudrillard)

---

1) 베르너 좀바르트, 《사치와 자본주의》(이상률 옮김), 문예출판사, 1997.
2) 소스타인 베블런, 《유한계급론》(정수용 옮김), 동녘, 1985.

와 피에르 부르디외(Pierre Bourdieu)[3] 그리고 콜린 캠벨(Colin Campbell)을 들 수 있다.

베블런, 보드리야르, 부르디외의 저작들이 보다 포괄적 의미에서의 '사회적 구별짓기'(*social distinction*)라는 맥락에서 현대 소비사회의 모습을 그리고 있다면, 우리가 번역한 캠벨의 저작은 소비사회의 역사적 토대를 밝히는 현대의 고전으로 손꼽힌다. 그간 소비사회의 출현을 역사적 맥락에서 다룬 저작이 없었던 것은 아니다. 영국 엘리자베스 1세 시대(16세기)의 궁정귀족들의 경쟁적 소비를 정치적 차원에서 다룬 맥크래켄(McCracken)[4]의 연구, 18세기 영국에서 경쟁적 소비가 귀족계급에서 중간계급으로 확산되는 과정을 산업혁명과 함께 출현한 소비혁명이라는 경제적 측면에서 찾고 있는 맥켄드릭 등(McKendrick et al.)[5]의 연구가 있다.

캠벨의 책은 바로 18세기 소비혁명에 관한 맥켄드릭의 연구에 대한 의문에서 출발한다. 근대소비사회의 출현에 대한 맥켄드릭의 설명에서 중심을 이루는 것은 사회적 경쟁심리(*social emulation*)이다. 그에 따르면, 1760년대와 1770년대에 부유층이 진정한 '소비탐닉'(*orgy of spending*)을 통해 새로운 소비시대를 선도해 나갔으며, 사회의 중간층이 부유층의 사치를 모방하고 이어 하류층이 중간층을 모방했다는 사실이 새로운 소비성향을 불러일으키는 결정적 계기가 되었다.[6] 하지만 캠벨은 여기서 매우 중요한 수수께끼를 발견한다. 그것은 바로 여러 증거들은 소비혁명이 장인 및 자

---

3) 피에르 부르디외, 《구별짓기: 문화와 취향의 사회학》(최종철 옮김), 새물결, 2005

4) 그랜트 맥크래켄, 《문화와 소비》(이상률 옮김), 문예출판사, 1996.

5) McKendrick, Brewer and Plumb, *The Birth of a Consumer Society: The Commercialization of Eighteenth-Century England*, Europa Publications, 1982.

6) 위의 책, p. 10.

작농과 함께 영국사회에서 가장 강한 청교도 전통을 지닌 분파, 즉 중간계급 또는 상인계급을 통해 이루어졌다는 것을 강력하게 보여준다는 점이다 (이 책, p. 68). 이는 베버가 《프로테스탄트 윤리와 자본주의 정신》에서 개진한 테제와 정면으로 배치된다. 따라서 캠벨은 다음과 같은 수수께끼 같은 문제를 제기한다: "만약 이들 계급이 실제로 금욕적이고 청교도적인 '프로테스탄트 윤리' — 그 자체로 자본주의를 구성하는 정연하고 규칙적인 형태의 생산활동에 필수적인 — 의 담지자였다면, 어떻게 그들이 쾌락주의에 기반한 소비주의의 한 형태를 만들어냈을까?" (p. 379).

3. 캠벨의 수수께끼 풀기: 베버 방법 따라하기

이렇듯 캠벨은 얼핏 보기에 베버 테제와 모순적인 것 같은 문제를 제기하면서도, 이를 해명하기 위해서는 베버의 방법을 사용한다. 그것이 바로 '이상형' (*ideal type*) 과 '객관적 가능성 판단'이다.

베버에서 이상형은 "하나 또는 그 이상의 관점을 일면적으로 강조함에 의하여, 분산되어 있고 비연속적이고 다소 존재하기도 하고 때에 따라서는 존재하지 않는 수많은 구체적인 개별적 현상들을, 그 같은 일면적으로 강조한 관점에 따라 하나의 단일화된 분석적 구성물로 종합한 것"을 말한다.[7] 이는 연구중인 현상의 구성부분들을 식별할 수 있게 해주는 개념적 지도의 역할을 한다.

반면 객관적 가능성 판단이란 "사건의 원인이라고 고려되는 여러 개의 사실적 요소 중에서 하나 또는 몇 개의 실제적인 인과적 요소들을 어떤 일정한 방향으로 변경된 것으로 생각해 보고, 이와 같이 경과의 조건이 변경

7) 막스 베버, 《문화과학과 사회과학의 방법론》(염동훈 옮김), 일신사, 2003, p. 292 (번역 일부 수정하여 인용함).

되었을 경우에도 마찬가지의 결과를 기대할 수 있는가를 묻는" 방식으로,[8] '사유를 통한 추상'으로서의 인과귀속의 방식을 말한다. 그렇지만 베버에서 이 같은 인과관계는 법칙성이 아니라 개연성을 의미할 뿐이다. 베버는 바로 이 두 방법을 통해 프로테스탄트 윤리와 자본주의 정신 간의 관계를 규명한다.

4. 프로테스탄트 윤리와 자본주의 정신

베버는 《프로테스탄트 윤리와 자본주의 정신》에서 프랭클린의 "젊은 상인에게 주는 조언"을 길게 인용하며, 근대 자본주의 정신의 이상형을 설정한다. 그의 논의를 요약하면 다음과 같다: 첫째, 자본주의 정신은 영리추구를 직업윤리로 정당화하고 의무화하는 심적 태도이다. 돈을 버는 행동을 쾌락이나 욕구의 충족을 위한 수단으로만 보거나, 또는 생계 때문에 어쩔 수 없이 해야만 하는 필요악으로 보는 것이 아니라 도덕적으로 정당한 목적으로 본다. 돈 버는 것은 그 자체로 도덕적 의무이다. 이 정신의 특징은 자신의 직업활동이 의무이고 소명이며 인생의 목적이라고 보는 것이다. 둘째로, 자본주의 정신은 윤리적 뒷받침이 되는 한 합리적 소득 및 영리를 무제한적으로 추구하고자 하는 심적 태도이다. 이 정신은 윤리적으로 정당한 한, 재산취득에 어떠한 제한도 두지 않는다. 즉 이는 일정한 생활수준이나 욕구의 만족을 초과하는 취득행위를 부당하고 탐욕적인 것으로 보는 전통적 정신과는 다르다. 셋째로, 자본주의 정신은 무제한의 영리를 추구하되, 투기적 · 모험적이 아닌 금욕적 · 조직적인 방식으로 추구하는 심적 태도이다.

8) 위의 책, p. 397(번역 수정하여 인용함).

한편 베버는 칼뱅주의 속에서 금욕적이고 합리적인 직업노동을 규정하는 세 가지의 윤리를 찾아낸다. 첫째, 부정한 생활을 방지하고 신앙생활을 증대시키기 위해서는 누구나 부단한 직업노동의 수행이 필요하다. "신의 영광을 위해서는 모든 사람이 예외 없이 부단한 직업노동에 종시해야 한다. 왜냐하면 노동은 인간이 적응하고 만족해야 하는 운명이 아니라 신의 영광을 드높이기 위해 신이 각자에게 부여한 명령이기 때문이다. 노동은 신이 지정한 삶의 자기목적이다." 둘째, 직업노동의 선택이나 수행에서 수익성을 중시해야 한다. "만일 신이 여러분의 영혼이나 타인을 해침 없이 합법적으로 더욱 많은 수익을 얻을 수 있는 길을 제시할 때, 이에 따르지 않고 도리어 수익이 적은 길을 선택한다면, 여러분의 소명의 목적 중의 하나를 스스로 차단하는 것이다. 육신의 쾌락이나 죄 때문이 아니라 신을 위해서 부자가 되기 위해 노동하는 것은 선한 일이다." 셋째, 직업노동을 통해 산출된 부(富)는 비합리적 소비를 억제하고 신의 영광을 위해 합리적이고 생산적으로 사용해야 한다. "인간은 신의 은총을 통해 주어진 재화의 관리자에 불과하다. 인간은 성서에 기록된 종과 같이 자기에게 위탁된 1페니에 관해서도 책임을 져야 하며, 그 중 약간이라도 신의 영광을 위해서가 아니라 자기의 쾌락을 위하여 지출함은 적어도 위험한 일이다."

베버는 결론적으로 이 프로테스탄트 윤리와 자본주의 정신 간의 관계를 사유실험을 통해 다음과 같이 설명한다.

> 현세적인 프로테스탄트의 금욕은 전력을 다해 재산낭비적 향락에 반대해 왔고, 소비, 특히 사치재 소비를 봉쇄해버렸다. 반면에 이 금욕은 재화획득을 전통주의적 윤리의 장애에서 해방시키는 심리적 결과를 낳았으며, 이익추구를 합법화시켰을 뿐만 아니라 신의 뜻이라고 간주함으로써 이익추구에 대한 질곡을 뚫고 나왔다. … 부단하고 지속적이며 체계적인 세속적 직업노동을 단적인 최고의 금욕적 수단이자 동시에 거듭난 자와 그 신앙의 진실성에 대한 가장 확실하고 분명한 증명이라고

> 간주한 종교적 평가는, 우리가 이 책에서 '자본주의 정신'이라고 부르는 생활관의 확장을 위해 생각할 수 있는 가장 강력한 지렛대가 아닐 수 없었다. 그리고 우리가 앞서 말한 소비의 봉쇄를 영리추구의 이러한 해방과 관련시킨다면, 그 외적인 결론, 즉 금욕주의적 절약강박을 통한 자본형성은 쉽게 얻을 수 있다. 벌어들인 것의 낭비를 막는 것이 투자자본으로의 생산적 사용을 야기한 것은 말할 필요도 없다.[9]

이렇듯 베버는 캠벨의 논지와는 정반대의 결론에 도달한다. 그렇다면 과연 베버가 '자본주의 정신'이라고 부르는 심적 태도를 담당하던 것으로 확언했던 "상승하려 노력하던 상업적 중간계급"이 소비혁명의 주체로, 그것도 동시대에 등장한 것을 어떻게 설명할 수 있을까? 전통적 설명은 경쟁심리를 강조하는 것이다. 즉 청교도적 성향을 지닌 중간계급이 상층계급을 모방한 결과 그들이 자신들의 사치성 소비의 금지를 폐기했다는 것이다. 하지만 이러한 설명으로는 청교도 기질을 가진 영국 중간계급이 어떻게 해서 사치성 재화와 서비스에 열광적으로 지출하는 데 탐닉할 정도로 자신들의 금욕주의를 더럽혀 왔는지를 이해하기가 어렵다. 캠벨은 소비혁명은 실제로는 특정 부르주아의 소비윤리에 의해, 즉 영국사회에서 이들 분파에 독특한 일련의 가치와 신념에 의해 이루어졌으며, 그것이 소설읽기와 낭만적으로 동기지어진 행동뿐만 아니라 사치성 소비의 탐닉을 정당화하는 데 기여했을 것으로 추정하며, 베버와 동일한 전략을 취하여 낭만주의 윤리로부터 소비의 동기를 찾아내고 있다.

---

9) 막스 베버, 《프로테스탄티즘의 윤리와 자본주의 정신》(박성수 옮김), 문예출판사, 1988, pp. 126~27.

5. 근대 소비주의 정신: 자기환상적 쾌락주의

캠벨은 "근대 소비의 특징은 그것이 외관상 끝없는 욕구추구를 수반하는 활동이라는 데에 있으며, 근대 소비의 가장 특징적인 점이 바로 이 같은 만족할 줄 모르는 성격"이라고 지적한다(p. 76). 따라서 근대 소비행동에서 나타나는 주요한 사실은 욕구와 획득 간의 간극이 실제로 결코 메워지지 않는다는 것이다(p. 78). 캠벨은 이 같은 소비를 추동하는 의식적 동기를 이상형적으로 구성한다. 캠벨에 따르면, 근대 소비주의 정신을 특징짓는 것이 바로 그가 '자기환상적 쾌락주의'(*self-illusory hedonism*) 라고 지칭한 근대적 쾌락주의이다.

이를 입증하기 위해 캠벨은 베버가 전통주의와 근대 자본주의 정신을 구분했듯이, 전통적 쾌락주의와 근대적 쾌락주의를 구분한다.

> 보다 전통적인 유형의 단순한 쾌락주의적 행동에서는, 상상이 별로 중요한 역할을 하지 않는다. 왜냐하면 예견되는 쾌락의 성격이 과거의 경험을 통해 알려져 있기 때문이다. 쾌락에 대한 기대가 욕망을 촉발하지만, 사람들이 '기대하는' 즐거움은 대체로 그 사람들이 즐거운 것으로 '기억하는' 것이다. 따라서 새로운 대상이나 활동들은 그것이 가져다줄 수 있는 쾌락이 아직 알려져 있지 않기 때문에 그 잠재력을 의심받는 경향이 있다. 다른 한편 근대적 쾌락주의에서는, 만약 어떤 제품이 미지의 특성을 가지고 있다는 것을 보여줄 수 있다면, 그것은 쾌락추구자로 하여금 그것이 주는 만족의 성격을 상상하게끔 하고, 따라서 그것은 몽상할 수 있는 하나의 기회가 된다. 쾌락주의자가 비록 기억으로부터 소재를 이용하기는 하지만, 그는 이제 앞으로의 만족과 즐거움을 상상을 통해 사색할 수 있으며, 따라서 자신이 호감을 가지고 있는 몽상을 욕망의 실제 대상에 부착시킨다. 이런 식으로, 이미 경험한 쾌락에다가 상상에 의한 쾌락이 더해지고, 알려진 것보다 알려지지 않은 것에서 더 큰

욕망을 경험한다. (p. 165)

캠벨에 따르면, 근대적 쾌락주의의 발전의 요체는 일차적 관심이 감각에서 감정으로 이동한 데 있다(p. 135). 근대적 쾌락주의에서 우선 쾌락은 단지 감각적 자극이 아니라 감정적 자극을 통해 추구된다. 동시에 그 다음으로 그러한 기능을 충족시키는 이미지들은 그것을 소비하려는 개인에 의해 상상적으로 창조되거나 변형되며, 그러한 과정은 '실제' 자극의 존재에 그리 의지하지 않는다(p. 149). 개인들은 제품에서 만족을 추구한다기보다는 그 제품과 연관된 의미로부터 구성한 자기환상적 경험으로부터 쾌락을 추구한다. 따라서 소비의 본질적 활동은 제품을 실제로 선택하거나 구매하여 사용하는 것이 아니라, 제품의 이미지가 그 제품에 부여하는 상상적 쾌락을 추구하는 것이다. 즉 '실제의' 소비는 대체로 이러한 '심리주의적'(*mentalistic*) 쾌락주의의 결과이다(p. 170).

이렇게 볼 때, 근대 소비주의 정신은 물질주의적인 어떤 것이 결코 아니다. 현대 소비자들의 기본적 동기는 상상 속에서 이미 맛본 즐거운 드라마를 현실 속에서 경험하고자 하는 욕망이며, 각각의 '신'제품은 이러한 야망을 실현시킬 가능성을 제공해 주는 것으로 간주된다. 하지만 현실은 몽상 속에서 마주친 완벽한 쾌락을 결코 제공할 수 없다(pp. 170~171). 캠벨에 따르면, 환상과 현실의 간극이 근대 소비주의를, 그리고 실제로는 근대적 쾌락주의 일반을 이해하는 열쇠이다. 이 둘 간의 긴장은 '현재상태'에 대한 불만족과 '더 나은 것'에 대한 갈망의 동시적 인식과 함께 하나의 항구적 양식으로 열망을 낳는다(p. 172). 이렇듯 자기환상적 쾌락주의라고 이름 붙여진 근대 소비주의 정신은 상상 속에서 창조되고 향유되던 쾌락을 현실 속에서 경험하고자 하는 갈망, 즉 새로운 것의 끊임없는 소비로 귀착되는 갈망을 특징으로 한다(p. 382). 그는 낭만주의 윤리가 근대 소비주의 정신과 기본적으로 합치하거나 '선택적 친화력'을 가지고 있으며, 근대소비행동이 현대 산업세계 전반에 확산되는 데 필요한 정당화와 동기 모두를 제공했다고 주장한다(p. 382).

6. 그러면 낭만주의 윤리란 무엇인가?

캠벨은 낭만주의를 정의하는 데 따르는 문제를 길게 논의할 뿐 그것을 분명하게 규정하지는 않는다. 다만 그는 고드프루아-드몽빈(Gauderfroy-Demombynes)의 논의를 빌려, "낭만주의는 하나의 감정상태, 즉 감성과 상상력이 이성을 지배하는 마음의 상태이며, 그것은 새로운 것을 지향하고, 개인주의, 반항, 도피, 우울, 공상을 지향하는 경향이 있다"고 언급한다(p. 336). 그렇지만 그는 낭만주의의 윤리를 규정하는 다음과 같은 특징들을 찾아낸다.

첫째, 낭만주의자들은 개인주의를 강조하지만, 그들의 개인주의는 '양적' 개인주의이기보다는 '질적' 개인주의로, 그 교의는 모든 인류가 공유하는 특징보다는 한 개인이 가진 독특성 또는 특이성을 강조한다. 낭만주의자들은 자아를 본질적으로 신성하고 독특한 '창조적' 자질로 바라본다.

둘째, 낭만주의자에게 요구되는 것은 상상력이다. 그들의 상상력이 연출하는 생생한 장면은 현실의 더 없는 아름다움을 지닌 사물과 이상적 현실의 세계 모두를 그리고 있다. 따라서 낭만주의자는 세계를 있는 그대로 받아들이는 것이 불가능하며, 이것은 그로 하여금 세계를 마땅히 존재해야만 하는 완벽한 실재로 변형시키기 위해 노력할 수밖에 없게 한다. 그리하여 완벽주의가 낭만주의를 규정하는 하나의 특징이 된다.

셋째, 환멸, 우울 그리고 꺼지지 않는 완벽한 쾌락에 대한 강렬한 갈망은 몰입적인 낭만적 쾌락추구자를 특징짓는 속성이다. 게다가 상상력이 드러내는 완전하고 진정한 세계는 필시 미의 영역이었을 것이기 때문에,

그 같은 능력의 어떠한 행사도 쾌락을 동반했으며, 그리하여 상상력의 활용과 쾌락의 경험은 대체로 상응하게 되었다. 따라서 낭만주의자는 쾌락에 대한 이상적 감성을 지닌 사람이며, 그의 감정의 자발성과 강렬함은 이 같은 사실을 드러내주는 것이다.

이 중에서도 캠벨이 말하는 소비주의 정신과 직결되는 낭만주의 윤리는 사람들이 자신의 쾌락과 욕망을 점점 더 많이 자각하게 되는 감정주의적 생활방식이다.10) 그에 의하면, 낭만주의는 "개인들이 노된 고동과 규율, 자기부정을 통해 이 세상을 향상시킨다는 생각 대신에 강렬한 감정에 대한 노출과 무수히 다양하고 강렬한 경험을 통해 자신들을 표현하거나 실현하게 한다".11)

그런 다음 캠벨은 낭만주의 윤리와 근대 소비주의 정신의 상응관계를 다음과 같이 설명한다.

> 낭만주의의 이상적 성격은 근대 소비행동의 근저를 이루는 그 같은 자율적인 자기환상적 쾌락주의라는 형태를 자극하고 정당화하는 기능을 했다. … 동시에 낭만주의적 세계관은 삶과 예술에서 독창성을 추구하고 그와 함께 몽상하기, 갈망하기, 그리고 현실부정을 정당화시켜 줄 수 있는 최상의 그럴듯한 동기들을 제공해주었다. … 그리고 그렇게 함으로써, 욕망에 대한 전통주의적 제약과 공리주의적 제약 모두에 맞서 쾌락을 안락보다 우위에 위치시킬 수 있었다. … 동시에 낭만주의는 근대적 유행패턴이 작동하는 데 필요한 '독창적' 창작품을 공급해주는 것과 함께 새로움에 대한 기본적 취향을 널리 확산시켜 주었다. … 이 모든 점에서 낭만주의는 근대인의 행동의 매우 독특한 특징인 지속적이고 끝없는

---

10) 스티븐 마일스, 《현실세계와 사회이론》(박형신 · 정헌주 옮김), 일신사, 2003, p. 111.

11) Colin Campbell, "Romanticism and the Consumer Ethic: Intimations of a Weber-style Thesis," *Sociological Analysis*, 44(4), 1983, p. 287.

소비패턴을 윤리적으로 뒷받침하는 데 기여해 왔다(pp. 375~6).

7. 프로테스탄트 윤리 대 낭만주의 윤리

하지만 캠벨의 이 같은 해석은 다음과 같은 또 하나의 수수께끼를 낳는다: "낭만주의가 18세기 말과 19세기 초 영국에서 실제로 '소비윤리'를 정당화하는 근대 소비행동의 출현을 촉진시키는 데 기여했다면, 어떻게 프로테스탄티즘에서 발로한 (그와 정반대되는) '생산윤리'가 같은 시기에 같은 장소에서 동시에 작동할 수 있었을까? 형식상 서로 대립되는 두 개의 사회윤리 — 하나는 생산을 정당화하고, 다른 하나는 소비를 정당화하는 — 가 어떻게 실제로 나란히 존재했을까?"(p. 27).

캠벨은 또 다른 프로테스탄트 윤리를 검토함으로써 이 질문에 답변한다. 즉 18세기 영국 청교도에서 발전한 사상 및 그와 연관된 '윤리'에는 하나가 아닌 두 개의 강력한 문화적 전통이 있었다는 것이다(p. 254). 첫 번째 것은 베버가 규명한 것에 상응하며, 따라서 흔히 '프로테스탄트 윤리'라고 지칭되는 것으로, 합리성, 도구성, 근면, 성취를 강조하고, 안락보다는 쾌락에 더 의구심을 드러낸다. 이 전통은 계몽주의적 회의주의의 영향을 받아 무신론적이고 경험주의적인 전망을 낳으며, 이는 마침내 공리주의로 발전한다. 두 번째 것은 예정설에 대한 아르미니우스파의 반발에서부터 케임브리지 플라톤주의자와 광교회파 영국 국교도로 이어지는 것으로, 칼뱅교의 징표교의가 '낙관적인 감정주의적' 견해와 합체되어, 처음에는 자비와 우울함 예찬으로 발전하다가 후일 완연한 감상주의로 귀착한다. 캠벨은 이 두 경우 모두에서 문화담지자는 중간계급이며, 각각은 그 나름의 방식으로 산업혁명을 완수하고 사실상의 '부르주아적' 생활방식을 정당화하는 데 중대한 기여를 했다고 파악한다.

하지만 앞서 제기했던 또 다른 수수께끼, 즉 중간계급이 어떻게 '생산윤리'와 '소비윤리'라는 두 가지 상충되는 윤리의 담지자가 될 수 있는가 하는 문제에 대해서는 답변되지 않고 있다. 캠벨은 이 문제를 사회과학에서 흔히 사용되는 이분법적 논리의 부적실성을 지적함으로써 해결한다. 캠벨은 낭만주의와 청교도주의라는 문화적 이상형을 구성하고, 그에 대응하여 낭만주의적 행동유형과 청교도적 행동유형이 일 대 일의 관계에 있는 것으로 상정하는 것은 근본적 오해라고 지적한다. 그에 따르면, 이론상 개인은 두 개의 윤리를 따를 수 없으나, 실제로는 그렇게 하는 것이 그리 어렵지 않을 수도 있다. 왜냐하면 행동은 논리적 고려만큼이나 심리학적 및 사회학적 고려에 의해서도 유형화되기 때문이다(p. 409). 그는 중간계급의 이 같은 이중적 성격을 사회적 행위의 '의도한 목적'과 '의도하지 않은 결과'라는 측면에서 양육관행을 예로 들어 설명한다. 즉 자녀에게 만족연기와 감정억제를 조장하여 그들을 '청교도'로 성장시키고자 한 시도가 실제로는 몽상하기와 억압된 열정을 낳을 수도 있으며, 그리하여 낭만주의적 퍼스낼리티의 발전에 필요한 조건을 제공하기도 한다는 것이다. 이처럼 '청교도적' 성격을 발전시키고자 하는 시도는 '낭만주의적' 퍼스낼리티 특질의 정당화를 부정하면서도 실제로는 그것을 창출한다.

이와 같이 캠벨에서 '청교도'와 '낭만주의자'는 근대성이라는 단일문화체계 — 이 둘의 공생관계가 중심적 특성을 이루는 체계 — 를 구성하는 명백히 대립되는 문화적 전통을 표상한다. 그 결과 이 두 문화가 산업사회의 영속화에 필수적인, 서로 대립되면서도 상호의존적인 형태의 행동이 계속해서 이루어지도록 하며, 소비와 생산, 즉 놀이와 일이 서로 조응하게 한다. 그렇기에 캠벨에 따르면, 근대성의 문화논리는 단순히 계산과 실험활동 속에 표현되어 있는 합리성의 논리만이 아니라 열정의 논리이자 갈망하기에서 연원하는 창조적 꿈꾸기의 논리이기도 하다. 그리고 바로 이 둘이 생산혁명과 소비혁명을 이끌고, 이 양자 간의 긴장이 서구사회의 역동성을 이끌어 왔다. 그리하여 캠벨은 바로 이 "쌍둥이 문화전통이 가락에 맞추어 문화적 탱고를 추게 하는 장단의 근원"이라고 결론짓는다.

8. 합리성에서 감정으로: 소비혁명에 대한 감정사회학적 접근

코리건(Corrigan)은 캠벨이 왜 소비자들이 실제로보다 '관념적인' 방식으로 소비하는지를 이해하고자 시도했다고 평가한다. 즉 베버가 역사유물론의 수준에서가 아니라 관념(프로테스탄트 윤리)의 수준에서 자본주의 발전을 연구하여 맑스의 생산에 대한 접근방식을 보완하려고 시도했던 것과 마찬가지로, 캠벨도 사람들이 가진 특정 종류의 관념(낭만주의 윤리)에 기반한 소비윤리가 있을 수 있다는 가능성을 탐색함으로써 소비문제에 접근하고 있다는 것이다.[12] 이것은 전혀 틀린 말이 아니다. 하지만 이것은 베버와 캠벨의 공통점을 말하는 것이지 두 사람 간의 차이에 대해서는 전혀 언급하지 않고 있다. 이 점을 감안할 때, 이 책이 갖는 의미는 소비행동에 대한 '감정'사회학적 접근이라고 할 수 있다.

베버가 《프로테스탄트 윤리와 자본주의 정신》에서 설명하고자 했던 것은 바로 캠벨과 마찬가지로 관념이 사람들의 이해관심을 조정함으로써 어떻게 사회적 행위를 추동하는지를 밝히는 것이었다. 거기서 베버가 주된 관심을 둔 것은 바로 합리성에 기반한 행위였다. 비록 경건주의에 대한 논의나 가치합리성의 논의에서 감정의 중요성을 인정하기는 하지만, 베버에게서 감정은 사람을 그들의 목적에서 빗나가게 하는 무의식적이고 충동적인 힘이다.[13] 베버의 책에서 감정은 칼뱅교도들에게서 억제되어야 하는

12) Peter Corrigan, 《소비의 사회학》(이성용 외 옮김), 도서출판 그린, 2002, p. 17.
13) 바바렛, 《감정의 거시사회학》(박형신 · 정수남 옮김), 일신사, 2007, p. 73.

대상이었다. 베버에게 중요한 것은 감정이 아니라 합리성이었다.

그러나 캠벨의 소비주의에 대한 논의에서 감정은 핵심적 범주로 부상한다. 캠벨에서 감정은 인간이 합리적으로 행동하는 것을 방해하는 것이 아니라 행위의 목표 또는 목적을 설정한다.[14] 그에 따르면, 근대 소비주의의 배후에 작동하는 감정(*background emotion*)은 쾌락이다. 즉 근대적 소비는 공리주의가 추구하는 만족이 아니라 낭만주의가 추구하는 쾌락을 목적으로 하는 행동이다. 그리고 근대 소비의 만족할 줄 모르는 성격이 초래하는 '열망하기'가 근대 소비주의 정신의 핵심을 이룬다.

또한 캠벨은 중간계급의 이중적 성격에 대한 논의에서 감정, 즉 '동감'과 '반감'이 어떻게 퍼스낼리티를 규정하고 행동의 방향타 역할을 하는지도 잘 보여주고 있다. 이를테면 그는 다음과 같이 언급한다.

> '청교도'에게는 내성적인 몽상하기와 환상하기가 저항해야만 하는 나태와 방종을 낳는 일종의 유혹의 한 본보기인 데 반해, '낭만주의자'에게는 그것이 경험의 가장 가치 있는 측면이다. '청교도'에게는 욕망의 통제가 욕망을 참아낼 수 있게 하기 위한 것인 반면, '낭만주의자'에게 욕망의 통제는 욕망을 창출하고 마음 내키는 대로 드러내는 데 필요하다. 따라서 '청교도'는 자신의 몽상하기 버릇이 즐겁기는 하지만 시간을 낭비하고 일과 현실의 수용을 방해하기 때문에(또는 심지어 비록 신학적 형식이 잔존하기는 하지만 그것은 죄의 증거이기 때문에) 나쁜 것으로 간주하는 반면, '낭만주의자'는 그러한 활동을 자신의 삶의 가장 중심적이고 중요한 측면으로 여긴다(p. 413).

이렇듯 캠벨은 이 같은 복합적 감정이 생산혁명과 소비혁명을 동시에 추동할 수 있었던 것으로 파악하고 있으며, 또한 이를 문화변동 및 역사변

14) 박형신 · 이진희, "먹거리, 감정, 가족동원,"《사회와 이론》, 제13집, 2008.

동의 동력으로 인식하고 있다. 그렇기에 이 책의 가장 큰 의의는 그간 사회학이 추방했던 감정을 다시 사회학 속으로 끌어들였다는 데 있다고 할 것이다.

참고문헌

Abercrombie, Lascelles, *Romanticism* (London: Martin Seeker, 1963).

Abrams, M. H., *The Mirror and the Lamp: Romantic Theory and the Critical Tradition* (New York: Oxford University Press, 1953).

_____, *Natural Supernaturalism: Tradition and Revolution in Romantic Literature* (New York: W. W. Norton, 1971).

Adatto, Kiku and Cole, Stephen, "Classical Theory in Contemporary Sociological Research: The Case of Max Weber", *Knowledge and Society: Studies in the Sociology of Culture Past and Present*, (1981), 137~62.

Adburgham, Alison, *Shops and Shopping 1800~1914: Where, and in what Matter the Well-dressed Englishwoman bought her Clothes* (London: George Allen and Unwin, 1964).

Adler, Nathan, *The Antinomian Stream: View Life Styles and the Antinomian Personality* (New York: Harper and Row, 1972).

Aldridge, A. O., "The Pleasures of Pity", *A Journal of English Literary History*, 16 (March 1949), no. 1, 76~87.

Allen, B. Sprague, *Tides in English Taste(1619~1800): A Background for the Study of Literature*, 2 vols (New York: Rowman and Littlefield, 1969).

Altick, Richard D., *The English Common Reader: A Social Histoiy of the Mass Reading Public 1800~1900* (Chicago, Ill.: University of Chicago Press, 1957).

Arato, A. and Gebhardt, E. (eds), *The Essential Frankfurt School Reader* (Oxford: Blackwell, 1979).

Auden, W. H. "Freedom and Necessity in Poetry: My Lead Mine", in

Jerome S. Bruner, Allison Jolly and Kathy Sylva (eds), *Play—Its Role in Development and Evolution* (Harmondsworth, Middx.: Penguin, 1976), pp. 584~5

Austen, Jane, *Sense and Sensibility* (London: Avalon Press, 1949).

Baldwin, Frances Elizabeth, *Sumptuary Legislation and Personal Regulation in England* (Baltimore, Md.: Johns Hopkins Press, 1926).

Barbour, Brian M., "Franklin and Emerson", in Brian M. Barbour (ed.), Benjamin Franklin: *A Collection of Critical Essays* (Englewood Cliffs, NJ: Prentice-Hall, 1979), pp. 25~9.

Barfield, Owen, *History in English Words*, new edn (London: Faber and Faber, 1954).

Baron, Steve, "The Study of Culture: Cultural Studies and British Sociology Compared", *Acta Sociologica*, (1985), no. 2, 71~85.

Barrow, Isaac, *The Works of the Learned Isaac Barrow…being all his English Works; published by his Grace Dr. John Tillotson, late Archbishop of Canterbury*, 5th edn, 3 vols (in 2) (London: A. Miller, 1741).

Barzun, Jacques, *Classic, Romantic and Modern*, 2nd edn rev. (Chicago, Ill.: University of Chicago Press, 1961).

Baumer, Franklin, L., *Religion and the Rise of Scepticism* (New York: Harcourt Brace, 1960).

_____, *Modern European Thought: Continuity and Change of Ideas 1600~1950* (New York: Macmillan, 1977).

Beauvoir, Simone de, *Memoirs of a Dutiful Daughter*, trans. by James Kirkup (Harmondsworth, Middx.: Penguin Books, 1963).

Bell, Daniel, *The Cultural Contradictions of Capitalism* (London: Heinemann, 1976).

Bentham, Jeremy, "An Introduction to the Principles of Morals and Legislation", in Jeremy Bentham and John Stuart Mill, *The Utilitarians*, 1823 edn (New York: Doubleday Dolphin Books, 1961).

Berger, L. Peter and Neuhaus, Richard J., *Movement and Revolution* (New York: Doubleday Anchor Books, 1970).

Berke, Joseph, *Counter Culture* (London: Peter Owen, 1969).

Bernbaum, Ernest, "The Romantic Movement", in Robert F. Gleckner and Gerald E. Enscoe (eds), *Romanticism: Points of View* (Englewood Cliffs, NJ: Prentice-Hall, 1962), pp. 88~96.

Bevis, Richard W. (ed.), *Eighteenth Century Drama: Afterpieces* (London: Oxford University Press, 1970).

Block, Jeanne H., Haan, Norma and Smith M. Brewster, "Activism and Apathy in Contemporary Adolescents", in James F. Adams (ed.), *Understanding Adolescence: Current Developments in Adolescent Psychology* (Boston, Mass.: Allyn and Bacon, 1968), pp. 198~231.

Bloom, Harold and Trilling, Lionel (eds), *Romantic Poetry and Prose* (New York: Oxford University Press, 1973).

Blum, Alan F. and McHugh, Peter, "The Social Ascription of Motives", *American Sociological Review*, 36 (February 1971), 98~109.

Booker, Christopher, *The Neophiliacs* (London: Fontana, 1970).

Boswell, James, *Boswell's Life of Johnson*, 6 vols, ed. by Birkbeck Hill, revised by L. F. Powell, 2nd edn (Oxford: Oxford University Press, 1934).

Bredvold, Louis I., *The Natural History of Sensibility* (Detroit, Mich.: Wayne State University Press, 1962).

Bruner, Jerome, Jolly, Alison and Sylva, Kathy (eds), *Play—Its Role in Development and Evolution* (Harmondsworth, Middx.: Penguin Books, 1976).

Bryson, Gladys, *The Scottish Inquiry of the Eighteenth Century* (New York: Augustus M. Kelly, 1968).

Bunyan, John, *The Pilgrims [sic] Progress, From this World to that which is to come* (London: George Virtue, 1848).

Burke, Kenneth, *A Grammar of Motives and a Rhetoric of Motives* (Cleveland, Ohio: World Publishing, 1962).

Burke, Peter, *Popular Culture in Early Modern Europe* (London: Temple Smith, 1978).

Burnett, T. A. J., *The Rise and Fall of a Regency Dandy: The Life and Times of Scrope Berdmore Davies* (London: John Murray, 1981).

Campbell, Colin, *Toward a Sociology of Irreligion* (London: Macmillan,

1971).

_____, "Accounting for the Counter Culture", *The Scottish Journal of Sociology*, 4 (January 1980), no. 1, 37~51.

_____, "A Dubious Distinction: An Inquiry into the Value and Use of Merton's Concepts of Manifest and Latent Function", *American Sociological Review*, 47 (February 1982), no. 1, 29~43.

_____ and Murphy, Allan, *Things We Said Today: The Complete Lyrics and a Concordance to The Beatles' Songs 1961~1970* (Ann Arbor, Mich.: Pierian Press, 1980).

Carlyle, Thomas, *Sartor Resartus: Hero-worship and the Heroic in History*, Everyman Library edn (London: J. M. Dent, 1908).

Carroll, John, *Puritan, Paranoid, Remissive: A Sociology of Modem Culture* (London: Routledge and Kegan Paul, 1977).

Cassirer, Ernest, *The Platonic Renaissance in England*, trans. James P. Pettegrove (New York: Gordian Press, 1970).

Clark, G. S. R. Kitson, "The Romantic Element 1830~1850", in J. H. Plumb (ed.), *Studies in Social History: A Tribute to G. M. Trevelyan* (London: Longmans, Green, 1955).

Cobbett, William, *Rural Rides …with Economical and Political Observations*, ed. E. W. Martin (London: Macdonald, 1958).

Cocanougher, A. Benston and Bruce, Grady D., "Socially Distant Reference Groups and Consumer Aspirations", in Harold H. Kassarjian and Thomas S. Robertson (eds), *Perspectives in Consumer Behaviour* (Glenview, Ill.: Scott, Foresman, 1973), pp. 309~14.

Cockburn, Alexander and Blackburn, Robin (eds), *Student Power: Problems, Diagnosis, Action* (Harmondsworth, Middx.: Penguin Books, 1969).

Cole, W. A., "Factors in Demand, 1700~1780", in Roderick Floud and Donald McCloskey (eds), *The Economic History of Britain since 1700* (Cambridge: Cambridge University Press, 1981), pp. 36~65.

Coleridge, Samuel Taylor, *Biographia Literia, or Biographic Sketches of my Literary Life*, 2 vols, first edn repr. (London: Rest Fenner, 1817).

Connelius, David K. and Vincent, Edwin St (eds), *Cultures in Conflict: Perspectives on the Snow-Leavis Controversy* (Chicago, Ill.: Scott, Foresman, 1964).

Cowley, Malcolm, *Exile's Return: A Literary Odyssey of the 1920s* (New York: Viking Press, 1956).

Cragg, Gerald R., *The Church and the Age of Reason 1648~1789* (London: Hodder and Stoughton, 1962).

_____, *From Puritanism to the Age of Reason: A Study of Changes in Religious Thought within the Church of England 1660~1700* (Cambridge: Cambridge University Press, 1950).

_____, *The Cambridge Platonists* (New York: Oxford University Press, 1968).

Crane, R. S., "Suggestions toward a Genealogy of the 'Man of Feeling'", *A Journal of English Literary History*, vol. I (1934), republished in R. S. Crane, *The Idea of Humanities and other Essays Critical and Historical* (Chicago, Ill.: University of Chicago Press, 1967), vol. 1, pp. 188~213.

Davis, Arthur K., "Veblen on the Decline of the Protestant Ethic", *Social Forces*, 22 (1944), 282~6.

Diggins, John P., *The Bard of Savagery: Thorstein Veblen and Modern Social Theory* (Brighton: Harvester Press, 1978).

Douglas, Mary and Isherwood, Baron, *The World of Goods: Towards an Anthropology of Consumption* (Harmondsworth, Middx.: Penguin Books, 1978).

Dowden, Edward, *Puritan and Anglican: Studies in Literature* (London: Kegan Paul, Trench, Trubner, 1910).

Draper, John W., *The Funeral Elegv and the Rise ofenglish Romanticism* (London: Frank Cass, 1929, repr. 1967).

Dyer, Gillian, *Advertising as Communication* (London: Methuen, 1982).

Erämetsä, Erik, *A Study of the Word "Sentimental" and of Other Linguistic Characteristics of Eighteenth-Century Sentimentalism in England* (Helsinki: Annals Academiae Scientiarum Fennicae Ser. B, (1951), no. 1).

Everstey, D. E. C., "The Home Market and Economic Growth in England, 1750~1780", in E. L. Jones and Edmund Mingay Gordon (eds), *Land, Labour and Population in the Industrial Revolution* (London: Edward Arnold, 1967), pp. 206~59.

Fairchild, Hoxie Neale, *Religious Trends in English Poetry*, 3 vols (New York: Columbia University Press, 1939~49).

Featherstone, Mike, "The Body in Consumer Culture", *Theory, Culture and Society*, 1 (1982), 18~33.

Flacks, Richard, "The Liberated Generation: An Exploration of the Roots of Student Protest", *Journal of Social Issues*, 23 (July 1967), no. 3, 52~75.

Fletcher, Ian (ed.), *Decadence and the 1890's* (London: Edward Arnold, 1979).

Foster, George M., "Peasant Society and the Image of Limited Good", *American Anthropologist*, 67 (1965), 392~315.

Foster, James R., "The Abbé Prevost and the English Novel", *PMLA*, (June 1927), 443~64.

Freud, Sigmund, The Future ofan Illusion, trans. by W. D. Robson-Scott, revised and newly edited by James Strachey (New York: Doubleday Anchor Books, 1964).

Fromm, Erich, "The Psychological Aspects of the Guaranteed Income", in Robert Theobald (ed.), *The Guaranteed Income: Next Step in Economic Evolution?* (New York: Doubleday, 1964).

Furst, Lilian R., *The Contours of European Romanticism* (London: Macmillan Press, 1979).

Galbraith, Kenneth, *The Affluent Society*, 3rd edn rev. (Harmondsworth, Middx.: Penguin Books, 1979).

Gallaway, Francis, *Reason, Rule and Revolt in English Classicism* (New York: Octagon Books, 1974).

Gaudefroy-Demombynes, J., "The Inner Movement of Romanticism", in Anthony Thorlby (ed.), *The Romantic Movement* (London: Longmans, 1966), pp. 138~42.

Gaunt, William, *The Aesthetic Adventure* (London: Jonathan Cape, 1945).

Gerth, Hans and Mills, C. Wright, *Character and Social Structure: The Psychology of Social Institutions* (London: Rouledge and Kegan Paul, 1954).

Gilboy, Elizabeth Waterman, "Demand as a Factor in the Industrial Revolution", in R. M. Hartwell (ed.), *The Causes of the Industrial Revolution in England* (London: Methuen, 1967), 121~38.

Gill, Frederick C., *The Romantic Movement and Methodism: A Study of English Romanticism and the Evangelical Revival* (London: The Epworth Press, 1937).

Goethe, Johann Wolfgang von, *The Sufferings of Young Werther*, trans. Bayard Quincy Morgan (London: John Calder, 1976).

Goffman, Erving, "Where the Action Is", in *Interaction Ritual: Essays on Face-to-Face Behaviour* (Harmondsworth, Middx.: Penguin Books, 1967), pp. 149~270.

Goldring, Douglas, *The Nineteen Twenties: A General Survey and some Personal Memories* (London: Nicholson and Watson, 1945).

Grana, Cesar, *Bohemian versus Bourgeois: French Society and the Man of Letters in the Nineteenth Century* (New York: Basic Books, 1964).

Grean, Stanley, *Shaftesbury's Philosophy of Religion and Ethics: A Study in Enthusiasm* (Athens, Ohio: Ohio University Press, 1967).

Habakkuk, H. J., "England's Nobility", in Daniel A. Baugh (ed.), *Aristocratic Government and Society in Eighteenth-Century England.: The Foundations of Stability* (New York: Franklin Watts, 1975), pp. 97~115.

Haining, Peter, *Gothic Tales of Terro: Classic Horror Stories from Great Britain, Europe and the United States* (Harmondsworth, Middx.: Penguin Books, 1973).

Halevy, Elie, *The Growth of Philosophical Radicalism*, new edn (Boston, Mass. Beacon Press, 1955).

Hall, Willis and Waterhouse, Keith, *Billy Liar* (The Play) (Glasgow: Blackie, 1966).

Haller, William, *The Rise of Puritanism, or the Way to the new Jerusalem as set forth in Pulpit and Press from Thomas Cartwright to John Lilburne and John Milton, 1570~1643* (New York: Harper, 1957).

Halsted, John B. (ed.), *Romanticism,* Documentary History of Western Civilization Series (New York: Walker, 1969).

Hampden-Turner, Charles, *Radical Man* (London: Duckworth, 1971).

Harding, D. W., "Psychological Processes in the Reading of Fiction", *The British Journal of Aesthetics*, 2 (1962), 133~47.

Hartley, Lodwick, *Laurence Sterne in the Twentieth Century: An Essay and a Bibliography of Sternean Studies 1900~1965* (Chapel Hill, NC: University of North Carolina Press, 1966).

Hayter, Althea, *Opium and the Romantic Imagination*, (London: Faber and Faber, 1968).

Herskovits, Melville, J., *Economic Anthropology: A Study in Comparative Economics* (New York: Alfred A. Knopf, 1960).

Hick, John, *Evil and the Love of God* (London: Macmillan, 1966).

Hirschman, Albert O., *The Passions and the Interests: Political Arguments for Capitalism before its Triumph* (Princeton, NJ: Princeton University Press, 1977).

Hoggart, Richard, *The Uses of Literacy* (Hamiondsworth, Nhddx.: Penguin Books, 1958).

Hooker, E. N., "The Discussion of Taste, from 1750~1770, and the New Trends in Literary Criticism', *PML4*, 49 (June 1934), no. 2, 577~92.

Hopkins, Jerry (ed.), *The Hippy Papers: Notes from the Underground Press* (New York: Signet Books, 1968).

Houghton, Walter E., *The Victorian Frame of Mind 1830~1870* (New Haven, Conn.: Yale University Press, 1957).

Hoyt, Elizabeth E., "The Impact of a Money Economy upon Consumption Patterns", *Annals of the American Academy of Political and Social Science*, 305 (May 1956), 12~22.

Hudson, Liam, *Frames of Mind: Ability, Perception and Self-Perception in the Arts and Sciences* (London: Methuen, 1968).

Hughes, H. Stuart, *Consciousness and Society* (Brighton: Harvester Press, 1979).

Hugo, Howard E., "Components of Romanticism", in John B. Halsted (ed.), *Romanticism: Problems of Definition, Explanation and Evaluation* (Boston, Mass. D. C. Heath, 1965), pp. 30~6.

Hulme, T. E., "Romanticism and Classicism", in Robert Francis Gleckner and Gerald E. Enscoe (eds), *Romanticism: Points of View* (Englewood Cliffs, NJ: Prentice-Hall, 1962), pp. 34~44.

John, A. H., "Aspects of English Economic Growth in the First Half of the Eighteenth Century", *Economica*, (May 1961), 176~90.

Johnson, R. V., *Aestheticism* (London: Methuen, 1969).

Jones, Eric L., "The Fashion Manipulators: Consumer Tastes and British Industries, 1660~1800", in Louis p. Cain and Paul J. Uselding (eds), *Business Enterprise and Economic Change* (Kent State, Ohio: Kent State University Press, 1973), pp. 198~226.

Jones, Howard Mumford, *Revolution and Romanticism* (Cambridge, Mass: Harvard University Press, 1974).

Keats, John, *The Poetical Works of John Keats*, ed. H. W. Garrod, 2nd edn (Oxford: Clarendon Press, 1958).

Keniston, Kenneth, The Uncommitted.: Alienated Youth in American Society, (New York: Dell Publishing, 1960).

_____, *Youth and Dissent: The Rise of a New Opposition* (New York: Harcourt Brace Jovanovich, 1971).

Klaus, Kenneth B., *The Romantic Period in Music* (Boston: Allyn and Bacon, 1970).

Kuhn, Thomas S., *The Structure of Scientific Revolutions* (Chicago, Ill.: University of Chicago Press, 1962).

Kyrk, Hazel, *A Theory of Consumption* (London: Isaac Pitman 1923).

Laumann, Edward O. and House, James S., "Living-Room Styles and Social Attributes: The Patterning of Material Artifacts in a Modern Urban Community", in H. H. Kassariian and T. S. Robertson, *Perspectives in Consumer Behaviour* (Glenview, Ill.: Scott, Foresman, 1973), pp. 430~40.

Lavers, James, *Between the Wars* (Boston, Mass. Houghton Mifflin, 1961).

_____, *Dandies* (London: Weidenfeld and Nicolson, 1968).

Leavis, F. R. *Nor shall my Sword: Discourses on Pluralism, Passion and Hope* (London: Chatto and Windus, 1977).

Lee, John Alan, "The Romantic Heresy", *Canadian Review of Sociology and Anthropology*, 12 (1975), 514~28.

Le Gallienne, Richard, *The Romantic Nineties* (London: G. P. Putnam, 1926).

Leibenstein, Harvey, "Bandwagon, Snob, and Veblen Effects in the Theory of Consumers' Demand", in Edwin Mansfield (ed.), *Microeconomics: Selected Readings* 4th edn (New York: Norton, 1982), pp. 12~30.

Leibniz, Gottfried Wilhelm, *Theodicy*, trans. by E. M. Hughes from C. J. Gerhardt's edition 1875~90, edited, abridged and with an introduction by Diogenes Allen (Don Mills, Ontario: J. M. Dent, 1966).

Lerner, Daniel, *The Passing of Traditional Society: Modernizing the Middle East* (Glencoe, Ill.: Free Press, 1958).

Lipton, Lawrence, *The Holy Barbarians* (New York: Julian Messner, 1959).

Long, Elizabeth, "Affluence and After: Themes of Success in American Best-Selling Novels, 1945~1975', in Robert Alun Jones and Henrika Kuklick (eds), *Knowledge and Society: Studies in the Sociology of Culture Past and Present* (Greenwich), Conn.: Aljai Press, 1981), vol. 3, pp. 257~301.

Lovejoy, Arthur O. "On the Discrimination of Romanticisms', *PML4*, (June 1924) 229~53; reprinted in *Essays in the History of Ideas* (New York: George Braziller, 1955).

_____, "The Parallel of Deism and Classicism", in *Essays in the History of Ideas* (New York: George Braziller, 1955), pp. 78~98.

_____, *Essays in the History of Ideas* (New York: George Braziller, 1955).

_____, The Great Chain of Being: A Study of the History of an Idea (Cambridge, Mass.: Harvard University Press, 1961).

Lowenthal, Leo and Fiske, Madorie, "The Debate Over Art and Popular

Culture in Eighteenth Century England", in Mirra Komarovsky (ed.), *Common Frontiers of the Social Sciences* (Glencoe, Ill.: Free Press, 1957), pp. 33~96.

Lucas, F. R., "Faeries and Fungi; Or the Future of Romanticism", in A. Thorlby (ed.), *The Romantic Movement* (London: Longmans, 1966), pp. 62~4.

Lynes, Russell, *The Tastemakers* (New York: Grosset and Dunlop, 1959).

McKendrick, Neil, "Home Demand and Economic Growth: A New View of the Role of Women and Children in the Industrial Revolution", in Neil McKendrick (ed.), *Historical Perspectives: Studies in English Thought and Society in Honour of J. H. Plumb* (London: Europa Publications, 1974), pp. 152~210.

_____, Brewer, John and Plumb, J. H., *The Birth of a Consumer Society: The Commercialization of Eighteenth-Century England* (London: Europa Publications, 1982).

Mandel, Ernest, *Marxist Economic Theory*, 2 vols, trans. Brian Pearce (London: Merlin Press, 1970).

Mannheim, Karl, *Essays on the Sociology of Culture* (London: Routledge and Kegan Paul, 1956).

Mansell, Darrel, *The Novels of Jane Austen: An Interpretation* (London: Macmillan, 1973).

Manson, Roger S., *Conspicuous Consumption: A Study of Exceptional Consumer Behaviour* (Farnborough, Hants.: Gower Publishing, 1981).

Marcuse, Herbert. *One Dimensional Man* (London: Routledge and Kegan Paul, 1964).

Markin, Rom J., Jr, *Consumer Behaviour: A Cognitive Orientation* (New York: Macmillan, 1974).

Marshall, Gordon, *In Search of the Spirit of Capitalism: An Essay on Mar Weber's Protestant Ethic Thesis* (London: Hutchinson University Library, 1982).

Martin, Bernice, *A Sociology of Contemporary Cultural Change* (Oxford: Basil Blackwell, 1981).

Martin, David, *Anarchy and Culture: The Problem of the Contemporary*

University (London: Routledge and Kegan Paul, 1969).

Martin, Richard, Chaffee, Steven and Izcaray, Fausto, "Media and Consumerism in Venezuela", *Journalism Quarterly*, 56 (1979), 296~304.

Masson, Pierre-Maurice, *La Religion de J. J. Rousseau*, 3 vols (Paris: Hachette, 1916).

Matza, David, "Subterranean Traditions of Youth", *Annals of the American Academy of Political and Social Science*, 338 (November 1961), 102~18.

Merton, R. K., "The Unanticipated Consequences of Purposive Social Action", *American Sociological Review*, (1936), 894~904.

_____, *Social Theory and Social Structure*, revised and enlarged edn (Glencoe, Ill.: The Free Press, 1968).

Mills, C. Wright, "Situated Action and the Vocabulary of Motives", *American Sociological Review*, 6 (December 1940), 904~13.

Mills, R., *Young Outsiders: A Study, of Alternative Communities* (London: Routledge and Kegan Paul, 1973).

Minchinton, Walter, "Convention, Fashion and Consumption: Aspects of British Experience since 1750", in Henri Baudet and Henk van der Meulen (eds), *Consumer Behaviour and Economic Growth in the Modern Economy* (London: Croom Helm, 1982), pp. 207~30.

Mitzman, Arthur, *The Iron Cage: An Historical Interpretation of Max Weber* (New York: Alfred A. Knopf, 1970).

Moers, Ellen, *The Dandy: Brummell to Beerbohm* (London: Secker and Warburg, 1960).

Morgan, Edmund S., *Visible Saints: The History of a Puritan Idea* (New York: New York University Press, 1963).

Morison, Samuel Eliot, *The Intellectual Life of Colonial New England* (Ithaca, NY: Great Seal Books, 1960).

Murger, Henry, *The Latin Quarter (Scènes de la Vie Bohéme)*, trans. Ellen Marriage and John Selwyn, introduction by Arthur Symons (London: Greening, 1908).

Musgrove, Frank, *Ecstasy and Holiness: Counter Culture and the Open Society*

(London: Methuen, 1974).

Nair, Kusum, *Blossoms in the Dust: The Human Factor in Indian Development* (New York: Frederick A. Praeger, 1962).

Novak, Maximillian E., *Eighteenth-Century English Literature* (London: Macmillan, 1983).

Oden, Thomas C., "The New Pietism", in Eileen Barker (ed.), *New Religious Movements: A Perspective for Understanding Society* (New York: The Edwin Mellen Press, 1982), pp. 85~106.

O'Neill, John, "The Productive Body: An Essay on the Work of Consumption", *Queen's Quarterly*, 85 (Summer 1978), 221~30.

Ossowska, Maria, *The Social Determinants of Moral Ideas* (London: Routledge and Kegan Paul, 1971).

Packard, Vance, *The Hidden Persuaders* (London: Longmans, 1957).

Parkin, Frank, *Middle Class Radicalism: The Social Basis of the British Campaign for Nuclear Disarmament* (Manchester: Manchester University Press, 1968).

Parry, Albert, *Garrets and Pretenders: A History of Bohemianism in America* (New York: Dover, 1960 edn, first published in 1933).

Parsons, Talcott, *The Structure of Social Action: A Study of Social Theory with Special Reference to a group of recent European Writers*, 2nd edn (Glencoe, Ill.: Free Press, 1949).

Pawson, Eric, *The Early Industrial Revolution: Britain in the Eighteenth Century* (London: Batsford Academic, 1978).

Pease, Otis, *The Responsibilities of American Advertising: Private Control and Public Influence, 1920~1940* (New York: Arno Press, 1976).

Peckham, Morse, "Toward a Theory of Romanticism", PMLA, (March 1951), 5~23.

_____, *Beyond the Tragic Vision: The Quest for Identity in the Nineteenth Century* (New York: George Braziller, 1962).

Perkin, Harold, *The Origins of Modern English Society* (London: Routledge and Kegan Paul, 1968).

Perry, David L., *The Concept of Pleasure* (The Hague: Mouton, 1967).

Plumb, J. H., "Commercialization and Society", in N. McKendrick, J.

Brewer and J. H. Plumb, *The Birth of a Consumer Society: The Commercialization of Eighteenth-Century England* (London: Europa Publications, 1982), pp. 265~335.

Poulet, G., "Romanticism", in A. K. Thorlby (ed), *The Romantic Movement* (London: Longmans, 1966), pp. 40~2.

Praz, Mario, *The Romantic Agony*, trans. by Angus Davidson, 2nd edn (Oxford: Oxford University Press, 1979).

Ransome, Arthur, *Bohemia in London* (Oxford: Oxford University Press, 1984; first published by Chapman and Hall, 1907).

Reed, Amy Louise, *The Background of Gray's Elegy: A Study in the Taste for Melancholy Poetry 1700~1751* (New York: Russell and Russell, 1962).

Remak, H. H., "West-European Romanticism: Definition and Scope", in Newton p. Stallnecht and Horst Frenz (eds), *Comparative Literature: Method and Perspective* (Carbondale, Ill.: Southern Union University Press, 1961), pp. 223~59.

Riese, W. "The Pre-Freudian Origins of Psychoanalysis", *Science and Psychoanalysis*, 1 (1958), 24~32.

Riesman, David, and Lerner, Daniel, "Self and Society: Reflections on some Turks in Transition", in *Abundance for What? And Other Essays* (New York: Doubleday Anchor Books, 1965), pp. 382~96.

_____ and Roseborough, Howard, "Careers and Consumer Behaviour", in *Abundance for What? And Other Essays* (New York: Doubleday Anchor Books, 1965), pp. 107~30.

_____, Glazer, Nathan and Denny, Reuel, *The Lonely Crowd: A Study in the Changing American Character* (New York: Doubleday Anchor Books, 1966).

Rigney, Francis J. and Smith, L. Douglas, *The Real Bohemia: A Social and Psychological Study of the 'Beats'* (New York: Basic Books, 1961).

Roberts, Mark, The Tradition of Romantic Morality (London: Macmillan, 1973).

Rogers, Winfield H., "The Reaction against Melodramatic Sentimentality in the English Novel 1796~1830", *PMLA*, 49 (March 1934), 98~

122.

Rosenberg, B. and White, D. M. (eds), *Mass Culture: The Popular Arts in America* (Glencoe, Ill. : Free Press, 1957).

Ross, G. Macdonald, *Leibniz* (Oxford: Oxford University Press, 1984).

Roszak, Theodore, *The Making of a Counter-Culture* (New York: Doubleday Anchor Books, 1969).

Rougemont, Denis de, *Passion and Society*, trans. by Montgomery Belgion, rev. edn (London: Faber and Faber, 1956).

Ruskin, John, *Selections from the Writings of John Ruskin, Second Series 1860 ~1888*, (Orpington: George Allen, 1899).

Russell, Bertrand, *A History of Western Philosophy: And its Connections with Political and Social Circumstances from the Earliest Times to the Present Day* (London: Allen and Unwin, 1946).

Ryle, Gilbert, *Dilemmas* (Cambridge: Cambridge University Press, 1954).

Sade, Marquis de, *The Complete Justine, Philosophy in the Bedroom and other Writings*, compiled and trans. by Richard Seaves and Austryn Wainhouse (New York: Grove Press, 1966).

Salter, Brian "Explanations of Student Unrest: An Exercise in Devaluation", *British Journal of Sociology* 24 (September 1973), no. 3, 329~40.

Schneider, Herbert Wallace, *The Puritan Mind* (Ann Arbor, Mich. : University of Michigan Press, 1958).

Schneider, Louis, *The Scottish Moralists: On Human Nature and Society* (Chicago, Ill. : University of Chicago Press, 1967).

_____, "Ironic Perspective and Sociological Thought", in Lewis A. Coser (ed.), *The Idea of Social Structure: Papers in Honour of Robert K. Merton* (New York: Harcourt Brace Jovanovich, 1975), pp. 323~37.

Schucking, Levin L., *The Sociology of Literary Taste* (London: Kegan Paul, Trench, Trubner, 1944).

Scitovsky, Tibor, *The Joyless Economy: An Inquiry into Human Satisfaction and Consumer Dissatisfaction* (New York: Oxford University Press, 1976).

Scott, M. and Lyman, S., "Accounts", *American Sociological Review*, 33 (February 1968), no. 1, 46~62.

Seckler, David, *Thorstein Veblen and the Institutionalists: A Study in the Social Philosophy of Economics* (London: Macmillan, 1975).

Shelley, Percy Bysshe, "A Defence of Poetry", in H. Bloom and L. Trilling (eds), *Romantic Poetry and Prose* (New York: Oxford University Press, 1973), pp. 746~62.

Shenck, H. G., *The Mind of the European Romantics: An Essay in Cultural History* (London: Constable, 1966).

Sickels, Eleanor M., *The Gloomy Egoist: Moods and Themes of Melancholy from Gray to Keats* (New York: Octagon Books, 1969).

Simmel, Georg, "Fashion", *American Journal of Sociology*, 62 (May 1957), 541~58; reprinted from *International Quarterly* 10 (1904).

_____, *The Sociology of Georg Simmel*. ed. Kurt H. Wolff (New York: Free Press, 1964).

Singer, Jerome L., *The Child's World of Make-Believe: Experimental Studies of Imaginative Play* (New York: Academic Press, 1973).

Skelton, R., Cavalier *Poets: Writers and their Work, no. 117* (published for the British Council and the National Book League by Longmans, Green, London, 1960).

Skinner, Quentin, *The Foundations of Modern Political Thought, vol. 1: The Renaissance* (Cambridge: Cambridge University Press, 1978).

Sombart, Werner, *Luxury and Capitalism*, introduction by Philip Siegelman (Ann Arbor, Mich.: University of Michigan Press, 1967).

Stansill, Peter and Mairowitz, David Zane (eds), *BAMN: Outlaw Manifestos and Ephemera 1965~70* (Harmondsworth, Middx.: Penguin Books, 1971)

Stark, Werner, "Max Weber and the Heterogony of Purposes", *Social Research, 34* (Summer 1967), 249~64.

Stone, Lawrence, *The Family, Sex and Marriage in England 1500~1800* (London: Weidenfeld and Nicolson, 1977).

Summers, Montague, *The Gothic Quest: A History of the Gothic Novel* (New York: Russell and Russell, 1964).

Taylor, Gordon Rattray, *The Angel-Makers: A Study in the Psychological Origins of Historical Change 1750~1850* (London: Heinemann, 1958).

Taylor, John Tinnon, *Early Opposition to the English Novel: The Popular Reaction from 1760~1830* (New York: King's Crown Press, 1943).

Texte, Joseph,. *Jean-Jacques Rousseau and the Cosmopolitan Spirit in Literature: A Study of the Literary Relations between France and England during the Eighteenth Century* (New York: Burt Franklin, 1899).

Thirsk, Joan, *Economic Policy and Projects: The Development of a Consumer Society in Early Modern England* (Oxford: Clarendon Press, 1978).

Thorlby, Anthony (ed.), *The Romantic Movement* (London: Longmans, 1966).

Thorslev, Peter L., Jr, "Romanticism and the Literary Consciousness", *Journal of the History of Ideas*, 36 (July-September 1975), no. 3, 563~72.

Thurber, James, *The Thurber Carnival* (London: Hamish Hamilton, 1945).

Tiffany, Esther A., "Shaftesbury as Stoic", *PMLA*, 38 (March 1923), no. 1, 642~84.

Tompkins, J. M. S., *The Popular Novel in England 1770~1880* (Lincoln, Nebr.: University of Nebraska Press, 1961).

Trilling, Lionel, *Sincerity and Authenticity* (Cambridge, Mass.: Harvard University Press, 1971).

_____, "The Fate of Pleasure: Wordsworth to Dostoevsky", *Partisan Review* 30 (Summer 1963) 73~106; reproduced in Lionel Trilling, *Beyond Culture: Essays on Literature and Learning* (Oxford: Oxford University Press, 1980).

Tulloch, John, *Rational Theology, and Christian Philosophy in England in the Seventeenth Century*, 2 vols (Edinburgh: William Blackwood, 1874).

Turner, Bryan, *For Weber* (London: Routledge and Kegan Paul, 1981).

Varma, Devendra p. *The Gothic Flame* (New York: Russell and Russell, 1957).

Veblen, Thorstein, *The Theory of the Leisure Class: An Economic Study of Institutions* (London: George Allen and Unwin, 1925).

Vichert, Gordon, "The Theory of Conspicuous Consumption in the Eighteenth Century", in Peter Hughes and David Williams (eds), *The Varied Pattern: Studies in the Eighteenth Century* (Toronto: A. M. Hakkert, 1971), pp. 253~67.

Vickers, Brian, Introduction to Henry Mackenzie, *The Man of Feeling* (London: Oxford University Press, 1967).

Walker, D. P., *The Decline of Hell: Seventeenth Century Discussions of Eternal Torment* (London: Routledge and Kegan Paul, 1954).

Wallach, Michael A. and Wallach, Lise, *Psychology's Sanction for Selfishness: The Error of Egoism in Theory and Therapy* (San Fransisco, Calif.: W. H. Freeman, 1983).

Ward, John William, "Benjamin Franklin: The Making of an American Character", in Brian M. Barbour (ed.), *Benjamin Franklin: A Collection of Critical Essays* (Englewood Cliffs, NJ: Prentice-Hall, 1979), pp. 50~62.

Wasserman, Earl R., "The Pleasures of Tragedy: *A Journal of English Literary History*, 14 (December 1947), no. 4, 283~307.

Watt, Ian., *The Rise of the Novel: Studies in Defoe, Richardson and Fielding* (Berkeley, Calif.: University of California Press, 1957).

Weber, Max, *The Protestant Ethic and the Spirit of Capitalism*, trans. Talcott Parsons (London: Unwin University Books, 1930).

_____, *The Theory of Social and Economic Organization*, trans. A. M. Henderson and Talcott Parsons, edited and with an introduction by Talcott Parsons (New York: Free Press, 1964).

_____, *The Sociology of Religion*, trans. Ephriam Fischoff, introduction by Talcott Parsons (London: Methuen, 1965).

Wellek, René, *A History of Modern Criticism: 1750~1950, vol. 1: The Later Eighteenth Century* (London: Jonathan Cape, 1955).

Westhues, Kenneth, *Society's Shadow: Studies in the Sociology of Countercultures* (Toronto: McGraw-Hill Ryerson, 1972).

White, Winston, *Beyond Conformity*, (Glencoe, Ill.: Free Press, 1961).

Whyte, Lancelot Law, *The Unconscious before Freud* (London: Tavistock, 1959).

Whyte, William H., *The Organization Man* (New York: Doubleday Anchor Books, 1957).

Willey, Basil, *The Eighteenth Century Background: Studies on the Idea of Nature in the Thought of the Period* (London: Chatto and Windus, 1961).

_____, *The English Moralists* (London: Chatto and Windus, 1964).

Williams, Raymond, *The Long Revolution* (London: Chatto and Windus, 1961).

_____, *Culture and Society 1780~1950* (Harmondsworth, Middx.: Penguin Books, 1962).

_____, *Keywords: A Vocabulary of Culture and Society* (Glasgow: Fontana/Croom Helm, 1976).

Wolfenstein, Martha, "The Emergence of Fun Morality", in Eric Larrabee and Rolf Meyersohn (eds), *Mass Leisure* (Glencoe, Ill.: Free Press, 1958), pp. 86~95.

Woolf, Virginia, *A Haunted House and Other Stories* (London: The Hogarth Press, 1962).

Wootton, Anthony, *Dilemmas of Discourse: Controversies about the Sociological Significance of Language* (London: Allen and Unwin, 1975).

Wyllie, Irvin G., *The Self-Made Man in America: The Myth of Rags to Riches* (New York: Free Press, 1954).

관련 문헌

Collins Dictionary of the English Language, *s.v.* "Romantic", "Sentimental" (London: Collins, 1979).

Dictionary of the History of Ideas: Studies of Selected Pivotal Ideas, *s.v.* "Enlightenment" by Helmut O. Pappe, "Neo-Classicism" by David Irwin, and "Theodicy" by Leroy E. Leomker (New York: Charles Scribner's Sons, 1968).

Encyclopedia of Religion and Ethics, *s.v.* "Puritanism" by H. G. Wood (Edinburgh: T. and T. Clark, 1908).

International Encyclopedia of the Social Sciences, ed. David L. Sills, *s.v.* "Fashion" by Herbert G. Blumer (New York: The Macmillan Company and The Free Press, 1968).

Makers of Modern Culture: A Biographical Dictionary, *s. v.* 'Weber, Max' by John Rex (London: Routiedge and Kegan Paul, 1981).

Princeton Encyclopaedia of Poetry and Poetics, ed. Alex Preminger (Princeton, NJ: Princeton University Press, 1974), *s. v.* "Sensibility", "Sentimentality" and "Taste".

찾아보기

(용 어)

ㅇ

ㅌ·ㅍ·ㅎ

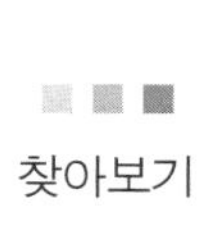

(인 명)

ㄱ·ㄴ·ㄷ

ㄹ

ㅁ

ㅂ

ㅅ

ㅇ

찾아보기

(단행본 · 잡지)

콜린 캠벨 (Colin Campbell, 1940~)
영국 런던대학교에서 박사학위를 취득하고 현재 요크대학교(University of York) 사회학과 교수로 있다. 그는 문화변동과 문화이론, 행위이론, 종교사회학, 소비와 소비주의 분야의 연구에 전력하고 있다. 저서로 *Toward A Sociology of Irreligion*(1971), *Rationalism in the 1970s*(공저, 1973), *Things We Said Today: The Complete Lyrics and a Concordance to The Beatles' Lyrics 1962~1970*(공저, 1980), *The Myth of Social Action*(1996), *The Shopping Experience*(공편, 1997), *Culture and Consumption*(공편, 2004), *The Easternization of The West*(2007) 등이 있다. 그 외에도 수많은 학술논문을 학술지와 편집서에 발표했다.

박 형 신
고려대학교 사회학과를 졸업하고 동대학원 사회학과에서 박사학위를 취득했다. 고려대학교 인문대학 사회학과 초빙교수를 지냈다. 여전히 고려대학교와 한양대학교에서 강의하고 있다. 사회이론, 감정사회학, 사회운동 분야의 연구를 진행하고 있다. 주요 저서로《정치위기의 사회학》,《현대사회의 구조와 변동》(공),《한국의 종교와 사회운동》(공) 등이 있고, 역서로《사회이론의 역사》,《감정의 거시사회학》,《문화사회학이론을 향하여》등이 있다.

정 헌 주
고려대학교 사회학과를 졸업하고, 동대학원 사회학과에서 박사학위를 취득했다. 강원대학교 사회과학연구소 연구교수를 지냈다. 현재 고려대학교 노동문제연구소 연구실장으로 있다. 주요 관심사는 사회계급론, 지구화이론, 사회변동 등이다. 저서로《정보사회의 빛과 그늘》(공),《현대사회와 소비문화》(공) 등이 있고, 역서로《새로운 계급정치》,《소비사회학의 탐색》,《지구시대》등이 있다.